Wolfgang Hardtwig

Deutsche Geschichtskultur
im 19. und 20. Jahrhundert

Wolfgang Hardtwig

Deutsche Geschichtskultur im 19. und 20. Jahrhundert

Oldenbourg Verlag München 2013

Bibliografische Information der Deutschen Nationalbibliothek

Die Deutsche Nationalbibliothek verzeichnet diese Publikation in der Deutschen Nationalbibliografie; detaillierte bibliografische Daten sind im Internet über <http://dnb.d-nb.de> abrufbar.

© 2013 Oldenbourg Wissenschaftsverlag GmbH, München
Rosenheimer Straße 143, 81671 München
Internet: oldenbourg.de

Das Werk einschließlich aller Abbildungen ist urheberrechtlich geschützt. Jede Verwertung außerhalb der Grenzen des Urheberrechtsgesetzes ist ohne Zustimmung des Verlages unzulässig und strafbar. Dies gilt insbesondere für Vervielfältigungen, Übersetzungen, Mikroverfilmungen und die Einspeicherung und Bearbeitung in elektronischen Systemen.

Satz: le-tex publishing services GmbH, Leipzig
Druck und Bindung: Memminger MedienCentrum, Memmingen

ISBN 978-3-11-048491-5

Inhalt

Einleitung   9

Theorieprobleme der Geschichtswissenschaften

1. Begriff und Konzeption der Forschung
   in der deutschen Geschichtswissenschaft   19
2. Theorie oder Erzählung – eine falsche Alternative   37
3. Personalisierung als Darstellungsprinzip   47

Wissenschaft und Institution

4. Berliner Geschichtswissenschaft 1810–1918.
   Etablierung als Wissenschaft   59
5. Berliner Geschichtswissenschaft 1918–1945.
   Pluralisierung und Gefährdung   91
6. Berliner Geschichtswissenschaft 1945–1993.
   Wissenschaft und Parteiherrschaft   119

Geschichtsschreibung und Literatur

7. Geschichte für Leser. Populäre Geschichtsschreibung
   in Deutschland im 20. Jahrhundert   153
8. Der Literat als Chronist.
   Tagebücher aus dem Krieg 1939–1945   177
9. Zeitgeschichte in der Literatur 1945–2000   215

Geschichtswissenschaft und Öffentlichkeit

10. Geschichtskultur in Deutschland von 1850 bis 1871   239
11. Friedrich Naumann in der deutschen Geschichte   289

12. Der Weimarer Demokrat Eduard Hamm 1879–1944.
    Persönliches Profil und politisches Handeln
    zwischen Kaiserreich und Widerstand 313

13. Von der „Vergangenheitsbewältigung" zur Erinnerungskultur.
    Vom Umgang mit der NS-Vergangenheit in Deutschland 357

14. Verlust der Geschichte – oder wie unterhaltsam
    ist die Vergangenheit? 379

Quellenverzeichnis 400

Für Barbara

Einleitung

Unter ‚Geschichtskultur' kann man die Gesamtheit unseres Wissens und unserer Deutungen von Geschichte in modernen Gesellschaften verstehen. Diese legen sich in ihrer Geschichtskultur Rechenschaft über ihre Vergangenheit ab. Geschichtskultur ist nicht statisch, sie wandelt sich vielmehr unentwegt, entwickelt dabei aber auch Kontinuitäten, die ihr das Gepräge nationaler Besonderheiten verleihen. Sie kann als das Resultat der Nationalgeschichten mit ihren Kontinuitäten, Brüchen und Katastrophen verstanden werden, die deren kollektiver Erinnerungsarbeit die Richtung weisen. Die Geschichtskultur einer nationalstaatlich geprägten Gesellschaft repräsentiert den öffentlichen Konsens über Ereignisse und Personen aus der Vergangenheit und deren Bedeutung für die Gegenwart und Zukunft. Dabei schließt ‚Konsens' divergierende Deutungen der gemeinsamen Vergangenheit und Kontroversen über deren gegenwarts- und zukunftsbestimmende Bedeutung und Bewertung nicht aus. Der Konsens entsteht vielmehr im Diskurs und spiegelt so die Deutungsmacht von individuellen Vergangenheitsinterpreten, von gesellschaftlichen Gruppen und Milieus und von staatlichen und sonstigen institutionellen Kulturverwaltern wider.

Geschichtliche Überlieferung und historisches Wissen treten in den verschiedensten Formen auf: als Sachüberlieferung der materiellen Kultur, als gestaltete Umwelt der sozialen Räume, als Resultat historischer Forschung und als Ergebnis unendlich differenzierter, vielschichtiger, auch widersprüchlicher und verschiedene sinnliche und kognitive Wahrnehmungsweisen ansprechender medialer Vermittlungen. Seit dem Aufstieg des modernen historischen Bewusstseins in der Neuzeit entwickeln die Öffentlichkeiten in der europäisch-atlantischen Staatenwelt einen nahezu unbegrenzten Bedarf an Informationen über historische Zusammenhänge. Ob sich dieser Trend nach dem Ende des Gutenberg-Zeitalters und unter dem Vorzeichen der gegenwärtigen digitalen Revolution fortsetzen wird, ist offen. Jedenfalls werden sich die Wahrnehmungs- und Vermittlungsformen von Informationen über die Geschichte tiefgreifend verändern. Die potentiell grenzenlose Informationsflut aus dem Internet, die Globalisierungsprozesse und die beliebige Abrufbarkeit von Geschichtswissen in unterschiedlichster medialer Aufbereitung lösen die symbolische und narrative Verdichtung nationaler Erinnerungen in Gestalt der großen ‚Meistererzählungen' des 19. und 20. Jahrhunderts auf. Die euratlantischen, mehr oder weniger bürgerlich-liberal geprägten Staaten hatten in der Moderne Öffentlichkeiten hervorgebracht, die jeweils über einen mehr oder weniger geschlossenen Kanon jenes historischen Wissens verfügten, das für die nationalen Identitäten als konstitutiv und unverzichtbar galt. Demgegenüber erzeugt der neuerliche revolutionäre Strukturwandel der Öffentlichkeit um die Wende vom 20. zum 21. Jahrhundert Informations- und Vergessensbedürfnisse, die den Prozess der Herstellung von Geschichtswissen und -vermittlung neu organisieren. Ältere Modelle hegemonialer Deutung und Erzählung von Vergangenheit lösen sich tendenziell ebenso auf wie herkömmliche Kompetenzhierarchien. Der Begriff der Geschichtskultur ist aber nach wie vor geeignet, die Gesamtheit der Formen zusammenzufassen, in denen eine Öffentlichkeit Geschichtswissen erzeugt, präsentiert und vorhält.

Der hier vorgelegte Band vereinigt Aufsätze aus den Jahren 1978 bis 2012. Die Mehrzahl stammt aus den vergangenen zehn Jahren, einige kürzere Texte sind aber um die dreißig Jahre alt. Das mag problematisch erscheinen, zumal die Halbwertszeit wissenschaftlicher Erkenntnisse und Neuerungen immer kürzer wird. So kann es einem älteren Gelehrten passieren, dass Nachwuchshistoriker in einem Manuskript, das Titel aus dem Jahr 2005 mit dem Attribut ‚neu' versieht, diese Stelle durchstreichen und ein dickes Ausrufezeichen an den Rand malen. Gleichwohl scheint es mir zulässig, diese ‚alten' Studien in den Band aufzunehmen. Sie und auch die späteren Aufsätze spiegeln Forschungstrends und neu aufgekommene Problemstellungen der vergangenen vierzig Jahre wider, die noch keineswegs ausgeschöpft sind.

Die Studien 1 bis 3 reflektieren die Hinwendung der deutschen Geschichtswissenschaft zum Einsatz von Theorien und die Debatten darüber. Über das Verhältnis von ‚Theorie' und ‚Erzählung' kursieren noch heute erhebliche begriffliche Unklarheiten und Missverständnisse, zu deren Klärung der Aufsatz 2 beitragen kann. Die für die heutige geschichtstheoretische Reflexion wesentliche Unterscheidung von Forschung und Darstellung ist, wie Aufsatz 1 zeigt, eine Dichotomie, die erst in der spezifisch neuzeitlichen Emanzipation der Geschichtswissenschaft von der alteuropäisch-narrativen ‚Historia' entstanden ist und die Theorie- und Methodendiskussion der sich professionalisierenden Geschichtswissenschaft seit dem späteren 18. Jahrhundert begleitet hat. Unter dem Vorzeichen des ‚linguistic turn' scheint sich die Problemstellung von der älteren Privilegierung von ‚Forschung' zur Privilegierung von ‚Erzählung' und damit auch ‚Darstellung' zu verschieben, wobei

‚Erzählung' unter dem Einfluss von Erkenntnissen aus der analytischen Geschichtsphilosophie und der Linguistik auch Bedeutungsgehalte aufnimmt, die bis dahin einem verselbständigten Prozess erklärender ‚Forschung' zugeschrieben wurden. Aufsatz 3 beschreibt ein spezifisches Darstellungsmittel, das sowohl in der traditionellen Form der Meistererzählung wie auch in der Aufbereitung von Geschichte durch die neuen Medien eine wissensorganisierende Rolle übernimmt.

Im Zeichen des ‚linguistic turn' und der gegenwärtigen Medienrevolution stehen auch die Studien 7, 8, 9 und 14, die sich mit dem Verhältnis von ‚belletristischer' und ‚wissenschaftlicher' Geschichtsvermittlung beschäftigen. Auch in der eigentlichen Aufstiegsphase der modernen Geschichtswissenschaft standen sich wissenschaftliche und ‚populäre' Formen von Vermittlung nicht so konträr gegenüber, wie die auf ihre neue Fachkompetenz pochenden Professoren der Geschichte lange geglaubt haben. In der gebildeten Öffentlichkeit des 19. Jahrhunderts erfreuten sich spätaufklärerische Polyhistoren wie Johann Georg Schlosser und Carl von Rotteck und Geschichte(n) schreibende ‚Literaten' wie Gustav Freytag und Ferdinand Gregorovius erheblich höherer Absatzzahlen ihrer Werke als ‚Klassiker' der Geschichtswissenschaft wie Leopold von Ranke, Johann Gustav Droysen und selbst der wortgewaltige und beim Appell an politische Emotionen wenig skrupulöse Kathederheld Heinrich von Treitschke.

Seit dem ausgehenden 19. Jahrhundert trieben zudem Transformationen des literarischen Marktes, die Spezialisierungstendenzen der Universitätsgelehrsamkeit sowie ein Globalisierungsschub im historischen Bewusstsein die Entstehung einer neuen Spezies von Geschichtsschreibung voran. Diese erreichte mitunter ein breites Publikum – mit gelegentlich deutlich dürftigeren Wissensvoraussetzungen als das in der Regel neuhumanistisch geschulte Bildungsbürgertum des 19. Jahrhunderts. Aber auch die Bildungsbürger selbst griffen nun gern zu den neuen Bestsellern aus der Feder von historischen Dilettanten wie Oswald Spengler oder Emil Ludwig oder von schreibgewandten Universitätsprofessoren, die diesen neuen Markt gekonnt bedienten, wie etwa Erich Marcks oder Hans Delbrück. Auch bei Autoren wie Golo Mann oder Christian Graf von Krockow, die zwischen Universitäts- und Literatenlaufbahn pendelten, lassen sich professionelle und ‚populäre' Geschichtsschreibung schwer trennen. Die Darstellungsmittel sind hier wie dort prinzipiell dieselben, sie werden nur von Fall zu Fall unterschiedlich gehandhabt und gewichtet. In der fortschreitenden Arbeitsteilung zwischen Spezialisten und Universalisten deckten und decken die geschichtsschreibenden Literaten und schreibgewandten Professoren vielfach jenen Bedarf ab, der aus der unumgänglichen Selbstisolierung hochspezialisierter Geschichtsforschung enstand und entsteht.

Umgekehrt zeigt sich, dass die lange Zeit vermeintlich kanonische Unterscheidung von fiktionalen und geschichtswissenschaftlichen Texten theoretisch gelockert und in der Praxis der belletristischen Literatur vielfach aufgelöst worden ist. Gerade in Deutschland brachte die immer noch zunehmende Vergegenwärtigung von NS-Diktatur und Zweitem Weltkrieg eine florierende Gattung von literarischen Geschichtserzählungen hervor, die mit Beglaubigungs- und Erzählformen historiographischer Texte arbeiten und vermutlich das historische Bewusstsein der deutschen Leserschaft – neben Fernsehdokumentationen und -stories – stärker prägen als fachhistorische Texte. Sowohl die Literaturwissenschaft wie die Fachhistorie wenden sich daher in theoretischer Absicht neuerdings verstärkt Textgattungen wie dem Tagebuch oder der Autobiographie zu, in denen sich die Subjektivität der Autoren sehr viel machtvoller und unverstellter niederschlägt als in dem als Quellenmaterial traditionell bevorzugten aktenmäßigen Schriftgut.

Geschichtskultur ist außer auf einen funktionierenden literarischen Markt und geeignete Medien auf Institutionen und Organisationen wie Museen und Vereine angewiesen. Im 19. Jahrhundert war sie auch noch substantiell von traditionellen Herrschaftsträgern wie dem monarchischen Staat und seinen Dynasten oder der politisch verfassten Bürgergemeinde abhängig. Die zwei Jahrzehnte der Reaktionszeit und der Ära des Neuaufbruchs zum politischen Massenmarkt und zur deutschen Nationalstaatsgründung 1850 bis 1871 untersucht der – bisher unveröffentlichte – Aufsatz 10. Hier geht es um das ganze Spektrum einer Geschichtskultur, die von den nachrevolutionär bedrohten und verunsicherten Monarchien gestützt und verbreitet wurde. Hier zeigt sich das Gegen- und Ineinander von offiziell-staatlicher, konservativer Geschichtspolitik (die sich gleichwohl der Medien, Formen und Denkmuster bürgerlich-liberalen Geschichtsdenkens bedienen konnte) und einer Bürgerkultur, welche die Geschichte vielfach für die politischen Emanzipationsansprüche der Bürger in Anspruch nahm: innovative und erfolgreiche Formen von Geschichtsschreibung wie Gustav Freytags ‚Bilder aus der deutschen Vergangenheit' oder die meisterhaften ‚Wanderungen durch die Mark Brandenburg' von Theodor Fontane, eine nicht nur offiziös-verherrlichende, sondern mitunter auch realistisch oder gar pessimistisch schildernde Historienmalerei (Adolph Menzel, Carl Theodor von Piloty), neue monarchisch oder vom Bürgertum getragene Museen wie das Schinkelsche ‚Alte Museum' in Berlin oder die ‚Kunsthalle Hamburg'. Symbolische Verdichtungen dynastischer und/ oder bürgerlicher, für die Zukunft als wegweisend erklärter Erinnerungen in Denkmälern und schließlich auch die elaborierten Erzählungen der historischen Fachwissenschaft bilden ein Ensemble von Informationen, Artefakten und Deutungen im Spannungsfeld konservativ-dynastischer und bürgerlich-partizipatorischer politischer Interessen und der Evolution von Medien und künstlerischen Formen im Prozess der säkularen Fundamentaldemokratisierung und Nationalisierung des politischen Denkens und künstlerischen Gestaltens.

Zu den institutionellen Trägern der Geschichtskultur gehört selbstverständlich auch die Universität. Hier wurde und wird die Methodik entwickelt, verfeinert und geschult, mit der die Historie ihren Wissenschaftsanspruch begründet hat und für die Erschließung und Sicherung neuen geschichtlichen Wissens sorgt. Den inoffiziellen Mittelpunkt der kleindeutschen Universitätslandschaft bildete spätestens seit der Mitte des 19. Jahrhunderts die im Jahr 1810 gegründete Friedrich-Wilhelms-Universität in Berlin. Nach den Vorstellungen vor allem des kurzzeitig zuständigen Referenten im preußischen Innenministerium, Wilhelm von Humboldt, sowie des Theologen Friedrich Schleiermacher geplant, etablierte sich diese ‚Akademie' – wie es damals noch vielfach hieß – im Verlauf einiger Jahrzehnte als erfolgreichste und wirkungsstärkste Stätte für Forschung und Lehre im nicht-österreichischen deutschsprachigen Raum. Der Mythos der Berliner Universität als *der* reformorientierten Hochschule entstand freilich erst Jahrzehnte nach der Reichsgründung – allerdings auch in einer Phase stärkster institutioneller Durchbildung und Effektivität dieser Universität. Dass sie zum Mittelpunkt der modernen deutschen Geschichtswissenschaft im 19. und frühen 20. Jahrhundert aufstieg, verdankt sie einer Reihe maßstabsetzender folgenreicher Berufungen, etwa von Leopold von Ranke, Johann Gustav Droysen, Heinrich von Treitschke, Reinhold Koser, Otto Hintze und Friedrich Meinecke.

Die Aufsätze 4 bis 6 behandeln die Geschichte der Neuzeit-Historie an der Friedrich-Wilhelms-(bzw. Humboldt-)Universität zwischen 1810 und 1993. Sie zeigen, in welchem Maße sie in vier verschiedenen politischen Systemen Einflüssen aus der Politik unterworfen war. Am stärksten gilt das für die Jahre zwischen dem Ende des Zweiten Weltkriegs und der ‚Wende' 1989/90, also während der Zeit der sowjetischen Militäradministration und der SED-Herrschaft in der DDR. Gleichwohl muss gesagt werden, dass auch unter den Bedingungen der rigorosen

Parteiherrschaft eine historische ‚Normalwissenschaft' entstand, die bei aller mehr oder weniger erzwungenen Systemloyalität den Quellenbezug und die historisch-kritische Methodik des Historismus zu wahren oder wiederherzustellen versuchte (Aufsatz 6). Demgegenüber zeigt Aufsatz 5, dass die tradierten Objektivitätsideale des Historismus auch während der NS-Herrschaft 1933 bis 1945 vielfach stärker gewahrt werden konnten, als man auf den ersten Blick meinen könnte. Es ist aber nicht zu verkennen, dass ungeachtet der Verteidigung geschichtswissenschaftlicher Unabhängigkeit durch Ordinarien wie Hermann Oncken, Fritz Hartung oder Arnold Oskar Meyer die NS-Politik vor allem durch Neu- und Ausgründungen von Instituten und Lehrstühlen Einflusskerne ‚völkischer' Wissenschaft installierte. In einer Riege junger Privatdozenten schieden sich die Geister zwischen eifrigen Nationalsozialisten und unabhängigen Köpfen, doch erreichten früher oder später alle diese Nachwuchshistoriker hoch angesehene Positionen in der bundesrepublikanischen Geschichtswissenschaft. Stärker als man zunächst meinen möchte, blieb die Weimarer Geschichtswissenschaft in Berlin noch von den aus dem Kaiserreich stammenden Kräften bestimmt. Allerdings setzten speziell Friedrich Meinecke und, wenn auch in der Wirkung durch sein Augenleiden gebremst, Otto Hintze nach der Revolution von 1918/19 mit ihrer politischen Wendung zu Vernunftrepublikanismus und Republikbejahung eine politische – und partiell auch methodische – Neuorientierung durch, deren Früchte allerdings nicht mehr der Berliner Universität, sondern durch die Emigration zahlreicher bedeutender Meinecke-Schüler vor allem den Deutschland- und Europastudien der nordamerikanischen Geschichtswissenschaft zugute kamen.

Die Aufsätze 11 bis 14 wenden sich der Erinnerungskultur in der bundesrepublikanischen Gesellschaft zu. Mit Ausnahme von Aufsatz 14, der das gegenwärtige Verhältnis von Geschichtswissenschaft und ‚public history' diskutiert, konzentrieren sie sich auf Aspekte linksliberaler Politik in Deutschland seit dem späten Kaiserreich und ihrer Präsenz oder Absenz im kommunikativen Gedächtnis der Gegenwart. Aufsatz 11, ursprünglich ein Vortrag in der Naumann-Stiftung anlässlich des 100. Todestages von Friedrich Naumann, würdigt die Reformimpulse in der Sozial- und Kulturpolitik des früh verstorbenen kurzzeitigen ersten Vorsitzenden der 1918 gegründeten Deutschen Demokratischen Partei, bilanziert aber auch seine vom Imperialismus geprägten außenpolitischen Vorstellungen und deren Nachwirkungen bis ins Dritte Reich. Aufsatz 12 (Erstpublikation) skizziert das persönliche und politische Profil eines Naumann-Anhängers und linksliberalen

Politikers in der Weimarer Republik, Eduard Hamm. Hamm hat in der Erinnerungspolitik der Bundesrepublik kaum wortmächtige Fürsprecher gehabt, nicht zuletzt wegen der Unachtsamkeit des in der FDP vereinigten organisierten Liberalismus gegenüber seinen reformbürgerlichen Traditionen. Eduard Hamm vertrat nach einer raschen Verwaltungskarriere als Mitbegründer der bayerischen DDP und als bayerischer Handelsminister 1919 bis 1922 sowie als Reichstagsabgeordneter 1920 bis 1924 die freiheitlichen und unitarischen Ziele des Linksliberalismus gegen die im nachrevolutionären Bayern grassierende Ideologie der ‚Ordnungszelle Bayern'. Im Krisenjahr 1923 organisierte er als Staatssekretär in der Reichskanzlei in der Regierung Cuno den Ruhrkampf und verfocht gegen die wachsenden links- und rechtsradikalen Tendenzen eine gemäßigte, aber auch kraftvolle Ordnungspolitik zur Verteidigung der Republik. Als Reichswirtschaftsminister trug er 1924/25 zur wirtschaftlichen Erholung in und nach der Währungskonsolidierung bei. In den ‚guten' wie in den Krisenjahren der ersten deutschen Demokratie von 1925 bis zum Frühjahr 1933 führte er als Geschäftsführendes Präsidialmitglied des Deutschen Industrie- und Handelstags dessen gemäßigte, republikloyale Politik. Als einer der ganz wenigen linksliberalen Politiker der 20er und frühen 30er Jahre ging er kurz nach der Machtergreifung zum aktiven Widerstand gegen das NS-Regime über, zählte zu den Führungskräften des bisher wenig erforschten Sperr-Kreises in Bayern und bezahlte nach seiner Verhaftung am 3. September 1944 für diesen Einsatz mit dem Leben. Schließlich bilanziert Aufsatz 13 noch die ‚Aufarbeitung' der NS-Vergangenheit in der Bundesrepublik zwischen ihrer Gründung und ihrer Neugründung nach der Wende 1989/90.

Für die Mitwirkung an der Entstehung dieses Sammelbandes habe ich zahlreichen Helfern und Freunden zu danken. Kerstin Brudnachowski und Birgit Lulay erstellten das Manuskript, Martin Rethmeier übernahm es in das Verlagsprogramm des Oldenbourg Verlags, Cordula Hubert zeichnet für die Redaktionsarbeiten verantwortlich. Knut Borchardt sowie Moritz Föllmer, Alexa Geisthövel, Rüdiger Graf, Manuel Limbach, Philipp Müller, Tim Müller, Werner Plumpe, Christine Tauber und Jens Thiel habe ich für die sorgfältige Lektüre des Aufsatzes über Eduard Hamm und für wichtige Hinweise zu danken. Der Band ist meiner Frau gewidmet, die meine Arbeit in den Jahrzehnten der Entstehung dieser Studien immer aufs Intensivste unterstützt hat.

München, 2012   Wolfgang Hardtwig

Theorieprobleme der Geschichtswissenschaften

1. Begriff und Konzeption der Forschung in der deutschen Geschichtswissenschaft[1]

„Es lernet immer ein Mensch von dem andern, man trägt die alten Sachen unter einer neuen Sprache vor, es wird bald dieses bald jenes Buch zum Nutzen derer Wissenschaften geschrieben; bald sind dieselben verbessert und vermehrt worden, bald aber hat etwas, wegen besonderer Umstände, müssen weggelassen werden. Es finden sich Streitigkeiten, welche zur Erforschung der Wahrheit zu wissen nötig sind, und dies alles ist es, was die gelehrte Historie in sich faßt."[2]

Diese Formulierungen im Artikel „Historie" in Zedlers Universallexikon nähern sich bereits stark jenem Gebrauch des Begriffs „Forschung" an, wie er im Wesentlichen seit Beginn des 19. Jahrhunderts geläufig wird. Immerhin heißt es hier noch „*Erforschung* der Wahrheit" und nicht „Forschung"; der Begriff hat seinen Schwerpunkt noch nicht in sich selbst. Was in „Forschung" später als selbständig und eben die Bedeutung des Begriffs charakterisierend vorausgesetzt wird, muss hier noch ausdrücklich gesagt werden: dass Forschung auf Erkenntnis der Wahrheit zielt; auch das zweite, für uns selbstverständliche Bedeutungsimplikat fehlt: dass sich die Erkenntnis nach festen Regeln vollzieht und dass eben darum der Prozess der Forschung als ein Geschehen betrachtet werden kann, welches prinzipiell vom erkennenden Subjekt ablösbar ist. So spricht das 18. Jahrhundert generell kaum von „Forschung", sondern höchstens von „Forschungen", „Nachforschungen", „eigenem Forschen", also immer von einzelnen Aktionen; entsprechend gibt es den „Forscher", welcher sich jedoch kaum vom „Geschichtskenner", „Gelehrten", „Geschichtsfreund" unterscheidet. Auch spricht man weniger von „Forschungen", sondern vor allem von „Abhandlungen", „Aufsätzen", „Untersuchungen", „Betrachtungen" – Studien also, deren überwiegende Mehrzahl sich mit Einzelfragen der Geschichte befasst und durchaus für sich in Anspruch nimmt, „kritisch" zu sein. Man schreibt „kritische Abhandlungen" und untersucht „kritische Gegenstände", man versteht sich weithin als „wahre, kritische Geschichtskunde" – aber auch sehr wohl bereits als „Wissenschaft". Zedler rechnet die Historie neben Philosophie und Philologie zur Erkenntnis „aus dem Lichte der Vernunft"[3] und schließt sich damit jenem Emanzipationsprozess der Historie von der aristotelischen Geringschätzung an, welcher mit Beginn der Neuzeit dezidiert einsetzt, freilich das Bild der Historiographie der Frühneuzeit nicht prägt. Dass die Historie sich bis zum besseren Verständnis der „universalia" erheben will, bleibt die Ausnahme, die „singularium rerum cognitio" die Regel.[4] In der aristotelischen Tradition heißt es: „singularium non est scientia"[5] und die Form des wissenschaftlichen Wissens hatte Aristoteles als „habitus demonstrandi de universalibus ac necessariis"[6] bestimmt. Im 18. Jahrhundert versteht sich die Historie als „Wissenschaft" im alteuropäisch-aristotelischen Sinn. Mit ihrem neuen Ziel, die „Vernunft" in allen historischen Phänomenen wahrzunehmen, bzw. die „Vernunft" zum Kriterium der Beurteilung zu machen, adaptiert sie das Objekt klassisch aristotelischer Wissenschaft, die sich am reinsten in der Philosophie darstellt; mit ihrem Ziel: die historische Erscheinung aus der Vernunft herzuleiten und zu begründen, macht sie sich weithin auch die Methode der Deduktion zu eigen.[7] Sie versteht sich z. T. selbst als Philosophie (z. B. Voltaire, Schlözer, m. E. auch Gatterer) und macht sich zum Prinzip, „so philosophisch wie möglich zu sein". Die literarische Form dieser „Wissenschaft" ist vor allem die Universalgeschichte.

Gleichzeitig jedoch entfaltet sich eine unüberschaubare Einzelforschung, die auch ein Bewusstsein ihrer Differenz zur Universalgeschichte und deren Methode entwickelt. Für unser Thema ist dabei wichtig, dass sich der *Begriff* der „Forschung" mit dieser Forschungspraxis nicht spezifiziert. Im Gegenteil: Gatterer, einer der wichtigen Göttinger Historiker, bemerkt 1768: „Das Pragmatische in der Geschichte besteht ohnehin nicht in der Nutzbarkeit derselben, sondern in der Anwendung des philosophischen Geistes, der überall das Triebwerk der Begebenheiten mit scharfen Blicken zu erforschen [...] sucht."[8] So beginnt zwar gleichzeitig mit der Erhebung der Historie zu einer – klassischen – Wissenschaft die Zersetzung dieser Wissenschaft durch Abwendung von der Deduktion, überhaupt vom „Begriff", und Hinwendung zum Einzelnen und zur Empirie, jedoch verbindet sich der langsam, zunächst in verschiedenen Sonderformen aufkommende Begriff der Forschung nur zögernd mit diesen Aspekten einer modernen – oder zumindest nichtklassischen – Auffassung von Wissenschaft.

I.

Wo jedoch die Korrelation von Forschung einerseits, Empirie und Methode andererseits hergestellt wird, kann wiederum die Verbindung des Forschungsbegriffs zu „Wissenschaft" abreißen. Ein gutes Beispiel für die Verschiebungen und Verwerfungen, wie sie im Übergang vom aristotelischen „Paradigma" von „Wissenschaft" zum modernen entstehen können, bildet der „Entwurf einer Theorie der Geschichte" von dem Hallenser Professor W. Wachsmuth.[9] Wachsmuth gliedert sein Buch in zwei Teile, der erste „betrachtet [...] die Geschichte als einen der menschlichen Erkenntnis objektiv vorliegenden Stoff, und ordnet ihn durch Hineintragung von Vernunftgesetzen zu einem Inbegriff systematischer Erkenntnis. Dazu gehört, daß sein Umfang begrenzt, sein Inhalt bestimmt und geordnet, sein Verhältnis zu dem übrigen menschlichen Wissen angegeben werde. Der erste Teil ist also der Inbegriff der wissenschaftlichen Formen, durch deren Aufdrückung sich die Geschichte zum Inhalte einer Wissenschaft gestaltet, und kann daher Theorie der Geschichtswissenschaft genannt werden"[10]. Hier zeichnet sich ein transzendentaler Wissenschaftsbegriff ab, der jedoch sogleich durchbrochen wird. Denn die Historie würde sich „zu eigner Entwürdigung verengen", „wenn sie nicht das Allgemeine, das unveränderlich über dem Wechsel des Einzelnen schwebt, andeuten wollte"[11]. Geschichtswissenschaft befasst sich nicht mit Einzelnem an sich selbst, sondern nur im Hinblick auf die „Gattung". Inhalt der Geschichtswissenschaft sind „Handlungen menschlicher Freiheit im Staate"[12].

Der zweite Teil „lehrt [...] die subjektive Behandlung des historischen Stoffes, wie er durch Forschung in ein Eigentum des menschlichen Geistes, ein Subjektives verwandelt und mit dem Gepräge desselben durch Darstellung als Kunstwerk zurückgegeben wird. Beide Tätigkeiten verbunden heißen historische Kunst"[13]. Deutlich erkennbar konstituiert sich die Geschichte als Wissenschaft durch die *Vernunft*gesetze – in Anlehnung an Kant. Nicht Wissenschaft, sondern Kunst ist die Forschung, welcher die Aufgaben der kantischen *Verstandes*operation zufallen: die sinnliche Anschauung des historischen Stoffes in den Quellen in Begriffe und Regeln zu fassen. Forschung als Kunst und Wissenschaft stehen sich als Verstandes- und Vernunfttätigkeit gegenüber. Damit ist zwar die „Forschung" eindeutig mit dem „historischen Material", dem Problem der Überlieferung verbunden: Ihr obliegt die Aufgabe,

„die Tatsachen selbst, als des historischen Stoffes, zu erforschen"[14], aber eben dieses ist nicht Wissenschaft, sondern Kunst. Wissenschaft als die „Hineintragung von Vernunftgesetzen" in den Stoff versteht sich selbst nach dem Modell der Philosophie – auch in der Historie. Die aristotelische Zuordnung der Historia zur sinnlichen und vergänglichen Erscheinung wirkt nach, wird aber von einer ontologischen Bestimmung in eine transzendental-erkenntniskritische gedreht. Dadurch lässt sich ἱστορία als „*Wahrnehmung* (Erfahrung) einzelner sinnlicher Erscheinungen"[15] definieren.

Das Herantragen vernünftiger Ideen befreit das Einzelne, Vergängliche, Individuelle von seiner Inferiorität als Erkenntnisgegenstand, aber dieses ist nicht die Leistung der Forschung, welche „die Tatsachen selbst" ermittelt, sondern der Wissenschaft. Das Einzelne gewinnt nun zwar als Gegenstand der Wissenschaft Interesse, aber nicht um seiner selbst willen. Forschung wird zum klar umrissenen Element von Wissenschaft, konstituiert aber nicht selbst den Wissenschaftscharakter der Wissenschaft, sondern schafft als sinnliche Erfahrung nur die Voraussetzung für Wissenschaft als dem Vermögen der Ideen.

II.

Es hat symptomatischen Wert, dass die ausführlichsten Bemerkungen Rankes zur „Art der Forschung" sich im Kontext jener Reflexionen über die wünschenswerte Einheit von Kunst und Wissenschaft finden, die von Platon und Aristoteles ausgehen, zugleich aber die kohärenteste Zusammenfassung dessen darstellen, was Ranke über seine eigene wissenschaftliche Praxis sagt: „Neben dem Wollen und Wagen, dem Streben und Forschen in dem Reiche des Wissens spricht uns die Art der Forschung lebendig an: der stille Fortgang der Untersuchung, die Entwicklung des Höchsten aus dem Geringsten, die Vereinigung der Widerlegung mit dem, was gebildet und gedacht werden soll; des verneinenden Teils mit einem neuen Annehmen und Setzen; das Anknüpfen der Spekulation an das Leben und endlich das augenblickliche Zurückführen auf dasselbe."[16]

Forschung stellt sich hier dar als kontinuierliche, Neues, Unbekanntes erschließende Tätigkeit, die den Zusammenhang von konkreter Erscheinung und Idee aufweist und im Bewusstsein des Allzusammenhangs aller Dinge die Bedeutsamkeit des einzelnen Faktums zur Geltung bringt. Forschung ist zugleich kritisches Verhalten und Produktion. Sie verbindet Empirie mit Theorie und ist sich der Notwendigkeit von Generalisierungen bewusst.

Ranke gebraucht die Begriffe „Erforschung, Forschung, Einzelforschung" später in vielfachen Zusammenhängen. Forschung hat mit der „sicheren, wahren Überlieferung" zu tun, ist als urkundliche Forschung das „Prinzip der Historie überhaupt"[17], zielt auf Ermittlung der „Tatsachen", auch und gerade der verborgenen, geheimen.[18] In den mittleren und späten Äußerungen Rankes wird Forschung durchaus im Sinne eines objektivierten Prozesses gebraucht, meistens dann in der Formulierung als „Einzelforschung". Forschung vollzieht sich nicht nur in Erkundung und Reflexion, sondern auch in Metareflexion: „wir forschen nach einem Grundsatz, aus welchem ihr (der Historie als Wissenschaft) eigentümliches Leben zukäme"[19]. Andererseits spricht Ranke von der „kritisch erforschten Geschichte", fügt aber gegen Hegel gewendet hinzu, diese sei eben die ursprüngliche Geschichte.[20] Forschung ermittelt neben den einzelnen Tatsachen auch deren Zusammenhang, neben der „Erscheinung" auch das „Wesen der Dinge".[21]

In seiner „Idee der Universalhistorie" fordert Ranke als letzten, abschließenden Schritt der „historischen Beschäftigung", wie er den Gesamtvorgang bezeichnenderweise nennt, die „Auffassung der Totalität".[22] Sie vollzieht sich durch „genaues Forschen, schrittweises Apprehendiren und ein urkundliches Eingehen"; „durch Induktion aus dem Wohlerkannten ist dies Divination".[23] „Divination" und „Intuition" werden nicht eindeutig alternativ oder ergänzend zu „Forschung" behandelt.

Rankes Handhabung des Begriffs „Forschung" spottet im Grunde des Versuchs, dessen Bedeutungsfeld genau zu bestimmen. Keineswegs ist „Forschung" als Praxis positiver Wissenschaft gegenüber der Philosophie abzugrenzen. Mit „Forschung" bezeichnet Ranke also verschiedene Operationen des Historikers, ohne sie in einer Methodologie auseinanderzulegen oder zusammenzufassen. Forschung kann Quellenkritik, Bildung von Basissätzen, Bildung von einfachen oder komplexen Theoremen bedeuten, ebenso wie Metakritik oder Verstehen. Eine fundierte Beziehung der Begriffe „Forschung" und „Methode" zueinander ist nicht festzustellen. Der Begriff taucht immer nur beiläufig auf, in ganz wenigen Fällen wird er selbst thematisch. Überhaupt ist bei all solchen Untersuchungen die verschwindende Minderzahl einschlägiger Äußerungen bei Ranke hervorzuheben. Eine Affinität der Begriffe

„Forschung" und „Wissenschaft" zueinander ist zwar vorhanden, doch bleibt die Verbindung locker und offen. Dieser Befund verweist auf die Frage nach Rankes Verständnis von Wissenschaft.

Vor allem fällt die Identifizierung von Wissenschaft und Philosophie ins Auge. In der Wirkungsgeschichte des Historismus hat man immer wieder Rankes vermeintliche Absage an die Philosophie hervorgehoben und dabei Philosophie und Geschichtsphilosophie verwechselt. Allerdings setzt sich Ranke intensiv mit Hegel und Fichte auseinander. Er lehnt den „Einheitsbegriff des ganzen Lebens" ab und das „Construiren der Historie", die Reduktion des „Wissenswürdigen" auf das „principium philosophicum" in der Historie.[24] Er exponiert dagegen die Würdigung des „Mannigfaltigen"[25], die Notwendigkeit der Kritik als „Grundlage der gesamten Auffassung"[26] und „der Erscheinung selbst an und für sich"[27]. Vor allem kritisiert er die Methode, das Einzelne aus dem Allgemeinen abzuleiten: Es kann „aus der allgemeinen Theorie [...] keinen Weg zur Anschauung des Besonderen" geben.[28]

Zugleich jedoch definiert Ranke Historie als Wissenschaft nach dem Modell der Philosophie: Wissenschaft findet erst dort statt, wo das Einzelne auf das Allgemeine hin transzendiert wird, auf den Geist, die Idee, das Leben. „Einzelforschung" ist nur von Belang, wo sie den Zugang zum Ganzen des Lebens eröffnet: „So kommen wir auf historischem Wege bei der Aufgabe der Philosophie an. Wäre die Philosophie das, was sie sein soll, wäre die Historie so klar und vollendet, so würden sie beide völlig übereinstimmen."[29]

Und in einer „Einleitung zur Vorlesung über Neueste Geschichte" aus den dreißiger Jahren schließlich sieht Ranke Philosophie und Historie als zwei Aspekte *einer* Form von Wissenschaft, die als philosophische Wissenschaft konzipiert ist: „In diesem Sinn ist die Geschichte nicht ein Gegensatz, sondern eine Erfüllung der Philosophie. Sie unterscheidet sich dadurch, daß sie das Leben des Geistes nicht sowohl in der Voraussetzung seiner Notwendigkeit deduciert, als in seiner Erscheinung und Entwicklung wahrnimmt."[30]

Historie teilt ihr Ziel mit der Philosophie, die Wege zu diesem Ziel sind verschieden. Aber nicht die Verschiedenheit der Methode, sondern die Identität des Ziels macht die Historie zur Wissenschaft. So überlagern sich in Rankes Konzeption der Historie als Wissenschaft Elemente moderner und alteuropäischer Wissenschaft: *Hier* die Hinwendung zum Einzelnen, zur Tatsache als in sich selbst bedeutsamem Faktum, die Akzentuierung der Kritik, in der Methode die Selbstabgrenzung gegen die Philosophie; Rankes Fragen wollen nur ermitteln, wie es eigentlich gewesen, er fragt nicht nach dem Sinn der Geschichte, er setzt ihn voraus. *Dort* aber das wissenschaftliche Selbstverständnis als Philosophie.

In dieser Zwischenstellung zwischen zwei Konzeptionen von Wissenschaft kann der Begriff der Forschung weder eindeutige Bedeutung gewinnen, noch konstitutiv werden für Wissenschaft. Er hat mit der Ermittlung von Wahrheit zu tun, präzisiert und spezialisiert sich jedoch nicht zum Terminus der Metatheorie, sondern bleibt auch im wissenschaftlichen Gebrauch wesentlich seiner lebensweltlichen Herkunft verhaftet. Als Benennung für die praktische Arbeit der Wissenschaft gewinnt er keinen signifikanten Gehalt. Auch bei genauer Analyse seiner Verwendung treten kaum methodologische Anweisungen für den Historiker zutage.

Forschung stellt neben „Bilden, Dichten, Betrachten" eine Grundverhaltensweise des Menschen dar, das theoretische Verhalten, das in seiner Form keineswegs zeitlich spezifiziert ist. Sie folgt gewissen Regeln, die aber sehr allgemein formuliert sind, so allgemein, dass sie im Grunde von jedermann praktiziert werden können. Diese „Gabe" der Erkenntnis „ist in einem höheren oder minderen Grade möglich, allein in einem gewissen hat sie jedermann. Verstand, Mut und Redlichkeit im Sagen der Wahrheit genügt: Unbefangen und bescheiden im Studium darf jedweder hoffen, dasjenige zu erkunden, zu durchdringen, dem er sein Bemühen gewidmet hat"[31]. Die einfachsten moralischen Eigenschaften beherrschen auch die Wissenschaft. Wissenschaft als Wahrheitsfindung hat sich zwar aus dem unmittelbar praktischen Lebenszusammenhang herausgelöst und wird zu einer eigenen Lebensbetätigung. Das in den Lebensvollzügen immanent wirkende Wissen reflektiert auf sich selbst und artikuliert sich dort, wo es von Forschung, Geschichtsschreibung, Historie spricht, als gesondertes Lebensverhalten. Aber dieses Wissen bestimmt sich nicht selbst als Fundament und Horizont, die vorschreiben, inwiefern die historische Welt überhaupt erkennbar und als wahr erweisbar sein soll. Das moralische Lebensverhalten gibt der historischen „Wissenschaft" die Kriterien ihres Vorgehens vor.

So zeigt sich bei Ranke kein Bewusstsein einer Differenz seiner eigenen Wissenschaft zum Wissenschaftsverständnis vor ihm. Im Gegenteil: Die Definition der Wissenschaftlichkeit von Historie als Teilhabe am Allgemeinen, orientiert an der Philosophie, übergreift den langsam sich Platz schaffenden Faktor „Forschung" und reduziert ihn auf ein quasi technisches Element von Wissenschaft.

Daneben wendet sich Ranke in einer Vielzahl von Äußerungen gegen die Trennung von Wissenschaft und Kunst. In deren Einheit liegt für ihn die Vorbildlichkeit der antiken Historiographie – wobei er als selbstverständlich voraussetzt, dass Thukydides, Livius, überhaupt die Alten, *Wissenschaft* getrieben haben: „Der Gegensatz zwischen Kunst und Wissenschaft ist hier ebensowenig fest und genau als irgendwo, und auch hier muß eben beides zusammenfallen: weil Wissenschaft erkundet, was je geschehen ist, Kunst aber das Geschehene gestaltet und gegenwärtig vor das Auge führt."[32] Ranke greift hier einen Topos auf – und hält ihn in seinen Werken durch –, der sich bereits im 18. Jahrhundert herausgebildet hatte. Dort war immer wieder nach der „Art der historischen Evidenz" gefragt worden. Diese ist nicht die „wissenschaftlich" genannte Evidenz „abstrakter Wahrheiten", sondern eine der „individuellen Dinge", der infolge ihrer Sinnenfälligkeit sogar ein höherer Rang eingeräumt wird.[33] Auch für Ranke steht die Kunst als Erkenntnisweise über der Wissenschaft. Das „Erfinden", „Bilden", von dem Ranke spricht, bringt die Vergangenheit zu idealer Gegenwart. Wesentliche Elemente der spezifisch historischen Bewahrheitung als historische Evidenz sind also der erzählerischen Kunst anvertraut. Der Begründungszusammenhang eines historischen Tatbestandes ist nicht nur ein Resultat der Forschung, sondern entsteht auch als bloßer Erzählzusammenhang. Erzählerische Darstellung von Lebensverhalten rekurriert auf ein Wissen, „das der Mensch immer schon besitzt", sofern er nämlich als ein „immer schon handelndes und immer schon sprechendes Wesen, mehr oder weniger bewußt, nach allgemeinen Regeln verfährt"[34]. Der Unterschied zwischen Historie und Poesie liegt für Ranke dann darin, dass Poesie von der Phantasie Erfundenes, Historie aber wirklich Gewesenes darstellt. Liegt also schon die Wahrheit des Erforschten nicht in einer eigenen Form begrifflichen, urteilenden, schließenden Wissens, so gewiss auch nicht die Wahrheit des künstlerisch Dargestellten. Die Kunst als Darstellung ist konstitutiver Bestandteil der Historie, steht also nicht im Gegensatz zur Wissenschaft, sondern ergänzt sie. Kunst und Wissenschaft, „im Begriff, aber nicht in der Ausübung verschieden", sollten nach Rankes Ansicht niemals getrennt werden.[35] Eine spezifische Rationalität von Historie als Wissenschaft zeichnet sich also nicht ab.

III.

Bei Droysen hingegen wird der Begriff der „Forschung" zentral. Der Historiker, bei Ranke vorwiegend als „Geschichtsschreiber" bezeichnet, wird zum „Forscher"[36]. Seine Tätigkeit besteht darin, „forschend zu gewinnen" und „darzulegen".[37] Die ursprüngliche, lebensweltliche Bedeutung von „forschen": „gründlich, beharrlich suchen", klingt wohl noch an, ist aber unterfangen durch ein stabiles, dicht verspanntes Gerüst von präzisen Bestimmungen. Forschung ist der Gesamtprozess der methodischen Gewinnung historischer Erkenntnis, der sich aufgliedert in Heuristik, Kritik und Interpretation. Die „Systematik" der historischen „Gegenstände" ergibt sich als Gliederung der Gesamtheit des „historisch Erforschbaren".[38] Forschung stellt durch die Heuristik das historische Material bereit und sucht das in der Vergangenheit Geschehene „in der Vorstellung zu rekonstruieren [...] Vorstellungen, die sie [...] durch eine Reihe von Kombinationen, Berichtigungen, Schlüssen usw. gewinnen und weiter entwickeln und berichtigen kann [...]"[39]. Droysens „Historik" ist eine detaillierte und – zumindest der Absicht nach – alle Bereiche strenger historischer Studien umfassende Methodologie und Enzyklopädie der historischen Forschung. Historie insgesamt wird unter dem Oberbegriff „Forschung" bedacht, der Methodologie der Geschichts*schreibung* wird in dem Abschnitt über die „Topik" nur wenig Platz eingeräumt.

So deutet bei Droysen manches auf einen gegenüber Ranke spezifisch „modernen" Begriff von Historie als Wissenschaft hin. Forschung kann nicht mehr der – wenn auch redlichen und mutigen – Arbeit jedes Interessierten und Gebildeten überlassen bleiben. Sie wird dem Fachmann vorbehalten und sondert sich vom ungeschulten Erkenntnisstreben als eigener Aktions- und Interaktionsbereich ab. Auch das Verständnis von Wissenschaft selbst weist bei Droysen nichtklassische, neuzeitlich-moderne Züge auf. Dies lässt sich sagen, auch wenn klassische und moderne Wissenschaft keineswegs mit letzter Eindeutigkeit definiert und gegenseitig abgegrenzt sind. Jenseits der zahllosen hier noch offenen, sowohl wissenschaftsgeschichtlichen wie wissenschaftstheoretischen Fragen lässt sich für unsere Zwecke doch von jener Abbreviation der Bestimmungen klassischer Wissenschaft ausgehen, in denen A. Diemer seine Forschungen zur Struktur alteuropäisch-klassischer und moderner Wissenschaft zusammenfasst[40]: es sind dies „die Absolutheitsthese oder der Absolutheitsglaube, die

Wahrheitsvoraussetzung, das Allgemeinheitspostulat und der logische Ableitungs-Evidenzcharakter". „Alteuropäische" Wissenschaft unterstellt „ewige" Wahrheiten mit absoluter Geltung. Die Wahrheit des durch klassische Wissenschaft gewonnenen absolut sicheren Wissens ist unteilbar und kategorisch. Demgegenüber postuliert Droysen in dem unbestreitbaren transzendentalen Ansatz der Historik gemäß dem modernen Wissenschaftsverständnis den hypothetischen Wahrheitsanspruch geschichtswissenschaftlicher Erkenntnis.[41] Wie Ranke und der spätere Historismus wendet sich Droysen gegen die Deduktion und Erklärung der Einzeltatsachen aus allgemeinen Wahrheiten, wie sie in der Aufklärungshistoriographie ihre letzte Blüte erlebt hatten. An die Stelle des Pragmatismus tritt die Forderung nach der Erkenntnis des Individuellen.[42] In der Geschichte als dem Reich der Freiheit wird die pragmatische Ab- oder Herleitung des einzelnen Ereignisses zwar keineswegs überflüssig, aber sie erweist sich als au fond unzulänglich.

Immerhin hat Droysens Konzeption von Historie als Wissenschaft mit der als so altertümlich geltenden Rankes die Forderung nach empirischem Vorgehen gemeinsam. Vielleicht klingt das Wort „Empirie" bei Droysen noch etwas emphatischer als bei Ranke. Auch dient Droysens Historik nicht zuletzt dazu, empirische historische Arbeit zu lehren. Historische Forschung ist die empirische Ermittlung der „menschlichen, d. h. sittlichen Welt"[43]. Historie unterscheidet sich von „Philosophie, Theologie, Naturbetrachtung usw." dadurch, dass sie „nicht spekulativ dürfe sein wollen, sondern in [...] empirischer Weise, von der einfachen und sicheren Basis des Gewordenen und Erkannten aus vorzugehen habe"[44]. Die Geschichte als Wissenschaft, die „möglichst exakt zu sein" sucht, „ist das Ergebnis empirischen Wahrnehmens, Erfahrens und Forschens ($\iota\sigma\tau o\rho\iota\alpha$)"[45].

Gleichwohl verdankt die Historie ihre Erhebung zur Wissenschaft wie bei Ranke nicht der Empirie. Diese gibt uns nur „Tatsächliches und Einzelnes. Wenn Wissenschaft sein soll, so muss zu dem Einzelnen, das die Empirie gibt, ein Allgemeines hinzukommen, woraus sich erklärt, was ist und geschieht, warum es ist und geschieht, ein Allgemeines und Notwendiges"[46].

Droysen findet diesen Einheit stiftenden Gedanken in der „Kontinuität und Steigerung" der geschichtlichen Welt. Darin hat sie „ihren Gedanken und ihre Wahrheit, und unsere Empirie arbeitet, die Einzelheiten der Vergangenheit, soweit sie irgend noch empirisch zu erfassen sind, zu erforschen, um in ihnen mehr und mehr die Kontinuität empirisch zu bestätigen [...]"[47].

Das Allgemeine, die Kontinuität, lässt sich zunächst als eine formale Struktur begreifen, eine Struktur der Verbundenheit des Früheren mit dem Späteren. Dieser Zusammenhang ist jedoch nicht nur transzendentale Bedingung der Möglichkeit historischer Erkenntnis – was er auch ist –, sondern ist inhaltlich bestimmt als Fortschritt und Steigerung. Dies unterscheidet Droysens Begriff des „Allgemeinen" von dem Rankes. Kontinuität fungiert als logisches Apriori und ist zugleich Eigenschaft unversehens unterstellter „Substanz". Droysen versteht unter Wissenschaft einen Inbegriff von Sätzen, die nach Maßgabe der logischen Prinzipien sinnvoll oder wahr sein sollen. Die Wahrheit der wissenschaftlichen Sätze soll jedoch über ihre logische Konsistenz hinaus im Sein selbst begründet liegen. Ausdrücklich formuliert Droysen: „Jedes Stückchen Material, das unserer historischen Empirie sich darbietet, erforschen wir, um zu sehen, ob und wie es in diese Kontinuität der geschichtlichen Arbeit eingreift, deren Wahrheit uns feststeht, da wir selbst, unser Volk, unsere Bildung, unsere Zustände deren Summe, deren summiertes Ergebnis sind"[48]. Historie als Wissenschaft und damit die Forschung hat dieser zugleich transzendentalen und ontologischen Struktur des Fortschritts Rechnung zu tragen.[49]

Dies fällt gerade dann besonders ins Auge, wenn Droysen auf Aristoteles zurückgreift: „Unsere Wissenschaft ist nicht die Geschichte, sondern die ἱστορία, die Forschung [...]"[50]. Droysen macht durch die Übersetzung von ἱστορία mit Forschung aus der Mitteilung die Erschließung, aus der Erzählung die Konstruktion, die aber nur immer rekonstruieren kann, was ontologisch als Wesen der Geschichte vorausgesetzt ist: Fortschritt zur Freiheit zu sein. Er definiert historische Forschung durch das, was ἱστορία bei Aristoteles gerade nicht hat: ihren Bezug auf das Allgemeine. Das Altertum, sagt Droysen, und bezieht sich dabei direkt auf Aristoteles, sei „nicht zu dem Bewußtsein gelangt, daß die historische Forschung eine eigene Methode haben könne und müsse"[51]. Aristoteles habe die Geschichte nicht als Wissenschaft angesehen, weil sie nur das Einzelne gebe. Historie sei im Grunde für Philologie gesetzt worden. Gerade von Philologie aber distanziert sich Droysen bewusst.[52] Die Ermittlung des rechten Textes und der Nachrichten aus ihm werde erst dann zu Historie als Wissenschaft, wenn diese Kunde auf ihre Teilhabe am Fortschritt der sittlichen Mächte hin geprüft werde. Mit demselben Argument wendet sich Droysen gegen die sogenannte Ranke-Schule.[53] Weil sie die bloße Textkritik (also das, was Droysen Philologie nennt) zur historischen Methode im Ganzen erkläre, gilt sie ihm als „eunuchisch".

Zugleich aber definiert Droysen die Geschichtswissenschaft als das „Ergebnis empirischen Wahrnehmens, Erfahrens und Forschens". Sofern also ἱστορία aristotelisch der Empirie zugeordnet ist, greift Droysen diese Bestimmung auf, übernimmt aber nicht deren dortige Einstufung als „niederer" Erkenntnisart. Droysen beseitigt den aristotelischen Gegensatz von Historie und Wissenschaft, indem er die Differenz von Empirie und Wissenschaft einschmilzt. Elemente klassischen und modern-neuzeitlichen Wissenschaftsverständnisses schieben sich ineinander und geben Droysens Begriff der Forschung seinen signifikanten Gehalt. Forschung ist empirische Rekonstruktion metaphysisch vorausgesetzten Fortschritts der geschichtlichen Welt. Geschichtswissenschaft konstituiert sich durch Forschung als Erkenntnis des Allgemeinen und zugleich als Empirie und Methodizität. Forschung erschließt in methodischem Vorgehen die geschichtliche Arbeit in der *epidosis eis auto*. Sie ist damit nicht frei, die – oder eine – Geschichte etwa als Verfallsgeschichte oder als Wechsel von Fortschritt und Niedergang zu ermitteln. Sie sieht noch im scheinbar Heillosen die List des Fortschritts am Werk. Hier entsprechen sich Theorie und Praxis der Forschung fugenlos. Droysen hat immer nur Fortschritts- und Steigerungsgeschichten geschrieben.

Er zieht seine Definition der historischen Methode zusammen in die Formel: „forschend verstehen". Das „Verstehen" als Form des Wissens konzipiert er vom Dialog her. Dieser ermöglicht den Zeitgenossen die vollkommenste Form der Intersubjektivität im spontanen Akt des „Verständnisses". Die Form des Erkennens auch zwischen Ungleichzeitigen, zwischen Leser und Text, ist als *historisches* Verstehen auf Vermittlung angewiesen. Diese leistet die Forschung: „Auch das nach Raum und Zeit Entfernte, […] das […] von Menschen Gewollte, Getane, Geschaffene ist zu fassen wie das Wort des hier und jetzt zu uns Sprechenden. Das ist das Wesen des ἱστορεῖν. Die Aufgabe des Historikers ist forschend zu verstehen"[54]. Aus heutiger historischer Sicht ist das Verstehen als Form des Wissens dort entstanden, wo sich das Problem ergab, dass das, was wirklich geschehen ist, nicht mit dem zusammenfällt, was „wir Heutigen als wirklich beurteilen"[55]. Historisches Verstehen, so die Hermeneutik, gelingt nur, „wenn der Interpret sein eigenes historisches Verhältnis zu seinem Gegenstand mitreflektiert"[56]. Eben dies tut Droysen mit seiner Unterscheidung von Philologie und Historie. Der Philologe fragt: „was meint der Autor"; ihm genügt das Verstehen. Der Historiker fragt: „wie richtig, d.h. den Geschehnissen entsprechend, die Auffassung in dem gegebenen Fall sein kann"[57]. Die Antwort darauf gibt die Forschung. Sie prüft, über das hinaus, was der Autor *gemeint hat*, wie er sich zu der *von uns vorab gewussten* Wahrheit der Geschichte, dem Fortschritt der sittlichen Mächte verhält. Unsere Perspektive, geprägt von der Geschichte, welche die bloßen Geschäfte hinter sich gelassen hat, ist nicht identisch mit dem Bewusstsein einer vergangenen Gegenwart. Forschendes Verstehen prüft die Meinungen der Vergangenheit auf ihre Wahrheit hin: den Reflex des Fortschritts in ihnen.

IV.

Überblickt man den hier zugrunde gelegten Zeitraum von ca. 1750 bis ca. 1880, so lassen sich mit einiger Vereinfachung folgende Grundzüge der Konzeption von „Forschung" im Zusammenhang von Theorien der Historie und des historischen Wissens herausarbeiten: Der Begriff der Forschung zur Bezeichnung eines eigenen Aktions-und Interaktionsbereichs bildet sich in der Historie heraus, stößt aber die frühere Bedeutung von „Forschungen" im Sinne der alteuropäischen „Studien" lange Zeit nicht ab. Das gilt sowohl für Ranke wie z. B. auch für Burckhardt. Forschung verbindet sich zwar mit der generellen Tendenz zur Positivierung der Historie als empirischer Wissenschaft, doch ist diese Zuordnung nur bei Droysen ganz eindeutig. In dem von Wachsmuth bis Droysen herrschenden Ideal einer zugleich positiven, autonomen und philosophischen Wissenschaft bleibt der Bezug auf das Allgemeine für das Selbstverständnis als Wissenschaft konstitutiv. Während Wachsmuth Forschung als die niedere, weil ans Sinnliche gebundene Verstandesfunktion ausdrücklich von der Definition der Historie als Wissenschaft durch das Vermögen der Vernunft trennt, ebnet Droysen die aristotelische Differenz von Empirie und Wissenschaft ein, beharrt aber zugleich auf der konstitutiven Bedeutung des Allgemeinen für die Wissenschaft. Historische Forschung richtet sich der Intention nach nicht gegen Metaphysik, setzt diese vielmehr überall voraus und will das Metaphysische: den Geist oder das vom Geist her bestimmte Leben, nur auf neue Weise, empirisch, erkennen. So ist die programmatische und für die Forschungspraxis bestimmende Hinwendung zum Individuellen explizit immer metaphysisch begründet, ungeachtet dessen, was darin sonst noch sich ankündigt und wirkt.

Konstitutiv für die Praxis der Historie im 19. Jahrhundert ist der Wille, das Vergangene zu begreifen, nicht bloß zu überliefern. „Begriffene Geschichte" ist das Ziel nicht nur Droysens, sondern auch Rankes. Begreifen, das heißt – ad hoc definiert – Zurückführung auf Gründe. Hier ist der systematische Ort der Forschung. Deren Vollzug ist bei Ranke – wie auch bei Burckhardt – für jeden vernünftigen Menschen möglich, sofern er nur moralisch handelt. Bei Droysen indessen wendet sich das Wissen auf sich selbst zurück, spezialisiert sich als historisches Wissen und macht sich als methodisches Wissen selbst zum Kriterium der Wahrheit. Doch dieses wiederum nicht allein: vorausgesetzt ist immer schon die Wahrheit der *epidosis eis auto*, des Fortschritts aus sich selbst. „Kritik" ist bei Wachsmuth, Ranke und Droysen selbstverständlicher Bestandteil von Historie als Wissenschaft, doch wird – wie übrigens auch bei weniger berühmten Historikern wie Wilhelm Dönniges – zwischen negativer und positiver Kritik bzw. negativer Kritik und schöpferischer Produktion des Historikers unterschieden. Nur Droysen kennt diese Unterscheidung nicht. In dieser Unterschiedenheit der Positionen enthüllt sich der Gegensatz in der Auffassung von Historie primär als Erzählung oder primär als Wissenschaft. Bei Ranke bleibt der Begriff des Geschichts*schreibers* vorherrschend, bei Droysen ist es der des Forschers. Ranke vereint Wissenschaft und Kunst in der „Historie", Droysen wendet sich in einem eigenen Aufsatz gegen die Bezeichnung der Historie als Kunst.[58] Die Darstellung wird im Wesentlichen zur Mitteilung der Forschungsergebnisse, wobei es allerdings auch hier noch – in der „Topik" explizierte – Unterschiede gibt.[59] Diese Wendung spiegelt sich in der Übersetzung von Historia als Erzählung oder als Forschung. Aber selbst bei Droysen ist Forschung nicht autonom. Zwar erhebt sie im transzendentalen Ansatz Droysens den Anspruch, allein in ihrem Vollzug Wahrheit zu setzen. Doch dieser Ansatz löst sich nicht vom metaphysischen Fundament. Rankes „Kritik" ermittelt nur die fehlerhafte oder gefälschte Überlieferung. Diese selbst ist nicht Gegenstand der Kritik, sie ist per se wahr. Droysens Forschung versteht sich zwar als die methodische Gewinnung von Gewissheit durch demonstrierbare Reflexion, zugleich jedoch ist ihr die eine Wahrheit: Geschichte ist Theodizee, immer schon vorgegeben. So wendet sich Kritik zwar gegen den Gegenstand des Denkens selbst, aber nur um Wahrheit von Nichtwahrheit: Geschichte als Fortschritt von den bloßen Geschäften zu trennen.

Der Rückbezug auf metaphysische Wahrheit jedenfalls ist bei allen hier erörterten Historikern nicht bloße historische Verspätung oder Naivität. Er wird vielmehr selbst begründet aus der historischen Situation der sich emanzipierenden Einzelwissenschaften. Wachsmuth hat ganz beiläufig formuliert, was alle große Historie im 19. Jahrhundert für sich in Anspruch nehme: „Die Geschichte gibt mit der Philosophie, durch Allgemeinheit und Erfüllung ihres höchsten Zwecks in sich, Ersatz für die Entfremdung vom Allgemeinen, welche die besonderen Wissenschaften veranlaßen"⁶⁰.

Anmerkungen

1. Der vorliegende Aufsatz ist die geringfügig erweiterte und um einige Belege ergänzte Fassung des Vortrags, der anlässlich des wissenschaftstheoretischen Kolloquiums über „Konzeption und Begriff der Forschung in den Wissenschaften des 19. Jahrhunderts" im November 1975 in Düsseldorf gehalten wurde. Er konzentriert sich im Wesentlichen auf die Zeit der Gewinnung des Forschungsbegriffs um die Wende vom 18. zum 19. Jahrhundert. Wesentliche Aspekte des Themas mussten ausgeklammert bleiben: so vor allem die Konzeption der Forschung bei Theodor Mommsen und später bei Karl Lamprecht. Bei ihnen gewinnt „Forschung" eine neue Dimension, die ins 20. Jahrhundert vorausweist.
2. Artikel „Historie", in: J. H. Zedler, Großes vollständiges Universallexikon, Bd. 13, Leipzig u. Halle 1735, Sp. 281 f.
3. Im Gegensatz zur Erkenntnis „aus dem Lichte der Offenbarung", Artikel „Wissenschaften", in: J. H. Zedler, Universallexikon, Bd. 57, 1748, Sp. 1401.
4. Vgl. Fr. von Bezold, Zur Entstehungsgeschichte der historischen Methodik, in: Internationale Monatsschrift für Wissenschaft, Kunst und Technik, 8 (1914), S. 274–306, hier S. 279 f.
5. Zit. nach H.-M. Baumgartner, Artikel „Wissenschaft", in: H. Krings, H.-M. Baumgartner u. Ch. Wild (Hg.), Handbuch der philosophischen Grundbegriffe, München 1974, S. 1742.
6. Ebd.
7. Vgl. z. B. das Prinzip, „die Wahrheit aus ihren Gründen herzuleiten", A. B. Michaelis, Einleitung zu einer vollständigen Geschichte der chur- und fürstlichen Häuser in Teutschland, 2 Bde., Lemgo 1759/60, zit. nach A. Kraus, Vernunft und Geschichte. Die Bedeutung der deutschen Akademien für die Entwicklung der Geschichtswissenschaft im späten 18. Jahrhundert, Freiburg, Basel u. Wien 1963, S. 34.
8. Zit. nach Kraus, Vernunft und Geschichte, S. 36.
9. W. Wachsmuth, Entwurf einer Theorie der Geschichte, Halle 1820.
10. Ebd., S. 1.
11. Ebd., S. 6.
12. Ebd., S. 10.
13. Ebd., S. 1.
14. Ebd., S. 77, 82 u. ö.
15. Ebd., S. 41; vgl. zum Ganzen S. 47 f.
16. Leopold von Ranke, Tagebücher, hg. von W. P. Fuchs, München u. Wien = Leopold von Ranke, Aus Werk und Nachlaß, hg. von W. P. Fuchs u. Th. Schieder, Bd. I, 1964, S. 100.

[17] Leopold von Ranke, Idee der Universalhistorie, gedruckt in: E. Kessel, Rankes Idee der Universalgeschichte, in: HZ 178 (1954), S. 290–308, hier S. 302; vgl. ähnlich auch S. 298: „[...] je urkundlicher, genauer, ergiebiger die Forschung [...]".

[18] Vgl. Ranke, zit. nach G. Berg, Leopold von Ranke als akademischer Lehrer. Studien zu seinen Vorlesungen und seinem Geschichtsdenken. Göttingen 1968, S. 215, Anm. 95; vgl. ähnlich: Ranke, Idee der Universalgeschichte, S. 306; Leopold von Ranke, Zur eigenen Lebensgeschichte, hrsg. v. A. Dove = Leopold von Ranke, Sämtliche Werke in 54 Bänden, Leipzig 1867–1890, Bd. 53/54, S. 197.

[19] Ranke, Idee der Universalhistorie, S. 292.

[20] Leopold von Ranke, Einleitung zur Weltgeschichte (Einleitung zu einer Vorlesung), zit. nach Berg, Leopold von Ranke als akademischer Lehrer, S. 188, Anm. 49; vgl. ebd., S. 209 f. sowie Leopold von Ranke, Einleitung zu einer Vorlesung über Universalhistorie, in: Kessel, Rankes Idee der Universalgeschichte, S. 306; diese Stellen alle in kritischer Auseinandersetzung mit Hegel.

[21] Ranke, Idee der Universalhistorie, S. 296 u. 301; selbst die „Einzelforschung", von der Ranke gelegentlich spricht, wobei er die Spezialisierung der Forschung nicht nur als ein organisatorisches, sondern auch als theoretisches Problem anspricht, kommt daher immer in allgemeine Zusammenhänge, ja sie hat ihren eigentlichen „Wert [...] darin [...], daß sie in jedem Punkte das Menschliche, Allgemeingültige, das moralische Leben berührt" (Ranke, Sämtliche Werke, Bd. 52, S. 572); vgl. ähnlich Rankes „Einleitung zur Geschichte des 19. Jahrhunderts" von 1869, zit. nach Berg, Leopold von Ranke als akademischer Lehrer, S. 218, Anm. 105: „die Einzelforschung ist immer belehrend, sofern sie zu einem Resultat führt, nirgends mehr als in der Geschichte, wo sie immer auf der Tiefe auf ein lebendiges Element stößt, das eine universale Bedeutung hat."

[22] Ranke, Idee der Universalhistorie, S. 296 u. 301.

[23] Ebd., S. 301.

[24] Ebd., S. 292 f.

[25] Ebd., S. 293.

[26] Zit. nach Berg, Leopold von Ranke als akademischer Lehrer, S. 210.

[27] Ranke, Idee der Universalhistorie, S. 296.

[28] So im „Politischen Gespräch", Ranke, Sämtliche Werke, Bd. 49/50, S. 325.

[29] Ranke, Idee der Universalhistorie, S. 302.

[30] Zit. nach dem Abdruck in Kessel, Rankes Idee der Universalgeschichte, „Schluß einer Einleitung zur Vorlesung über neueste Geschichte", S. 304.

[31] Ranke, Idee der Universalhistorie, S. 297; vgl. dazu ganz ähnlich Ranke, Tagebücher, S. 240.

[32] Ranke, Tagebücher, S. 103.

[33] Vgl. dazu insgesamt: J. Wach, Das Verstehen. Grundzüge einer Geschichte der hermeneutischen Theorie im 19. Jahrhundert, 3 Bde., hier Bd. III, Tübingen 1933, S. 34.

[34] J. Mittelstraß, Neuzeit und Aufklärung. Studien zur Entstehung der neuzeitlichen Wissenschaft und Philosophie, Berlin u. New York 1970, S. 34 f.

[35] Ranke, Tagebücher, S. 101.

[36] J. G. Droysen, Historik. Vorlesungen über Enzyklopädie und Methodologie der Geschichte, hg. von R. Hübner, 5., unveränd. Aufl., Nachdruck Darmstadt 1967, S. 83 u. ö.

[37] Ebd., S. 83.

[38] Ebd., vgl. Gliederung.

[39] Ebd., S. 187.

40 A. Diemer, Die Begründung des Wissenschaftscharakters der Wissenschaft im 19. Jahrhundert. Die Wissenschaftstheorie zwischen klassischer und moderner Wissenschaftskonzeption, in: Beiträge zur Entwicklung der Wissenschaftstheorie im 19. Jahrhundert, Vorträge und Diskussionen im Dezember 1965 und 1966 in Düsseldorf, hg. von A. Diemer, Meisenheim 1968, S. 3–62, hier S. 24 ff.; vgl. zur Problematik generell: A. Diemer, Was heißt Wissenschaft, Meisenheim 1964, sowie die Beiträge in den „Studien zur Wissenschaftstheorie", Bde. I–IV, 1968–1970; eine, an Diemer orientierte, kurze Zusammenfassung des klassischen Wissenschaftsbegriffs gibt Baumgartner, Artikel „Wissenschaft", S. 1743.
41 Den transzendentalen Charakter von Droysens Theorie des historischen Wissens hat zuletzt am schärfsten verfochten: H.-M. Baumgartner, Kontinuität und Geschichte. Zur Kritik und Metakritik der historischen Vernunft, Frankfurt 1972, S. 55–87 passim; gegen eine Überzeichnung von Droysens transzendentalem Ansatz: W. Hardtwig, Geschichtsprozeß oder konstruierte Geschichte. Eine Auseinandersetzung mit H.-M. Baumgartner, „Kontinuität und Geschichte", in: Philosophisches Jahrbuch 81 (1974), S. 381–390; zur Deutung Droysens zwischen Transzendentalphilosophie und Hermeneutik vgl. M. Müller, Historie und Geschichte im Denken J. G. Droysens, in: Speculum Historiale, Festschrift für Johannes Spörl, hg. von Cl. Bauer, L. Boehm u. M. Müller, Freiburg u. München 1965, S. 694–702.
42 Vgl. z. B. J. G. Droysen, Historik, Grundriß, § 7, S. 328.
43 Droysen, Historik, S. 28.
44 Ebd., S. 324.
45 Ebd., S. 185 u. 326.
46 Ebd., S. 27.
47 Ebd., S. 29; vgl. dort die Ausführung des Gedankens insgesamt; vgl. auch ebd., S. 180 u. 184.
48 Ebd., S. 30.
49 Wie immer dieser Fortschritt im Einzelnen aussehen mag, für Droysen ist die Geschichte die Geschichte „der Freiheit und ihres Fortschreitens" (Droysen, Historik, S. 248); vgl. dazu: J. Rüsen, Begriffene Geschichte. Genesis und Begründung der Geschichtstheorie J. G. Droysens, Paderborn 1969, hier v. a. S. 104–109; Baumgartner, Kontinuität und Geschichte, S. 60–63; P. Hünermann, Der Durchbruch geschichtlichen Denkens im 19. Jahrhundert, Freiburg, Basel u. Wien 1967, v. a. S. 98–101; W. Hardtwig, Geschichtsschreibung zwischen Alteuropa und moderner Welt. Jacob Burckhardt in seiner Zeit, Göttingen 1974, S. 102–106.
50 Droysen, Historik, S. 21.
51 Ebd., S. 17.
52 Ebd., S. 17.
53 Ebd., S. 95 f. u. ö.
54 Droysen, Historik, S. 26; vgl. auch ebd., S. 328; das vielschichtige Problem des „Verstehens" sei hier nicht im Ganzen aufgegriffen, sondern allein auf den hier thematisierten Zusammenhang mit „Forschung" zugespitzt.
55 R. Schaeffler, Artikel „Verstehen", in: Krings, Baumgartner u. Wild (Hg.), Handbuch philosophischer Grundbegriffe, S. 1628–1641, hier S. 1638.
56 Ebd., S. 1638.
57 Droysen, Historik, S. 134.
58 J. G. Droysen, Kunst und Methode, in: ders., Historik, S. 416–424.
59 Droysen, Historik, S. 273–316.
60 Wachsmuth, Entwurf einer Theorie der Geschichte, S. 129.

2. Theorie oder Erzählung – eine falsche Alternative

Der Versuch, zu klären, was die Historie zur Wissenschaft macht, lässt sich nicht trennen von der Frage, wodurch sich Historie von den nichthistorischen Wissenschaften unterscheidet. Die Theorie der Geschichtswissenschaft ist dabei auf den Begriff der „Erzählung" zurückgekommen und theoretisiert damit in erkenntnislogischer Absicht einen Begriff, der für den bildungssprachlichen, untheoretischen Sprachgebrauch seine ursprünglich poetologischen Bedeutungsgehalte noch nicht verloren hat. Es ist daher nur folgerichtig, dass die Diskussion über das Verhältnis von Theorie und Erzählung in der Geschichtswissenschaft zunächst eine Ungleichzeitigkeit in der Aufklärung der Begriffe erwiesen hat. Die geschichtslogische Verwendung von „Erzählung" sieht sich zum Teil Einwänden ausgesetzt, die sich nicht auf die Struktur des historischen Wissens beziehen, sondern auf traditionelle literarische Darstellungsformen. Der wissenschaftstheoretische Begriff der Erzählung andererseits steht vor der Notwendigkeit, sich mit den historischen Konnotationen des Begriffes auch theoretisch auseinanderzusetzen.

Hans Michael Baumgartner zum Beispiel führt bei seinem Versuch, die Historik insgesamt an diesem Begriff der Erzählung zu orientieren, den Begriff für mindestens vier verschiedene Leistungen oder auf mindestens vier verschiedenen Ebenen ein: auf der Ebene anthropologischer Grundtatsachen, auf der Ebene der Konstitution historischer Probleme und Zusammenhänge, auf der Ebene der Struktur historischer Texte und auf der Ebene der speziellen Darstellungsform historischer Tatbestände. Daraus folgt für ihn die logische Vorordnung der Erzählung vor der Theorie in der Logik der Geschichtswissenschaft. Baumgartner übernimmt Arthur C. Dantos geschichtslogische These, „dass in jeder Geschichtsschreibung notwendigerweise Ausdrücke und Sätze vorkommen, in denen Ereignisse, die zu einem bestimmten Zeitpunkt eingetreten sind, durch spätere Ereignisse beschrieben werden"[1]. Danto und Baumgartner definieren damit die temporale Struktur von Satzsystemen als Bedingung der Möglichkeit historischer Aussagen. Diese formale Zeitstruktur nennt Baumgartner „Erzählung" („Erzählstruktur"). Daneben heißt die sprachliche Realisierung „Erzählung". Jeder geschichtswissenschaftliche Text folge einem „narrativen

Schema", welches den diskursiven Elementen des Textes übergeordnet sei. Daraus folgt die These, dass Erzählung (als Sprachwerk) „nicht gleichrangig gegenüber anderen notwendigen Darstellungsmomenten wie der Chronologie oder der Beschreibung von Zuständen ist, sondern deren bestimmendes Prinzip".[2] Schließlich begreift Baumgartner „Erzählung" als ursprüngliche Sprachhandlung, die der Mensch aus seinem Interesse an Freiheit immer schon vollzieht. Geschichte als Erzählung sei das „Medium der Geschichtserfahrung" und liege „in jedem Fall der Geschichte als Erkenntnis und Wissenschaft voraus" („Primärerzählung").[3] Als Primärerzählung erscheint damit im Wesentlichen ein vorwissenschaftlicher, jedenfalls nicht in Absicht auf wissenschaftliche Erkenntnis entstandener Komplex von Überzeugungen, der sich bildet aus lebensweltlichen Erfahrungen und aus Bildungs- und Common-Sense-Wissen. Baumgartner weist dieser Primärerzählung über ihre lebensweltliche Orientierungsfunktion hinaus die geschichtslogische Aufgabe zu, auch die Geschichten, welche Geschichtswissenschaftler erzählen, vorzustrukturieren, und zwar vorrangig gegenüber theoretischen Reflexionen.

Der Begriff Erzählung übergreift hier so verschiedene Dinge, wie „Geschichten" als Tradition und Überlieferung, in denen der Handelnde und Reflektierende sich immer schon vorfindet, die Anordnung von geschichtswissenschaftlichen Sätzen in der Struktur der Zeitfolge und mit dem Schema der Begründung des Früheren aus dem Späteren sowie ein sprachliches Gestaltungsprinzip. Es fragt sich, ob in einer Historik heute der Erzählbegriff *alle* diese Bedeutungen übernehmen kann und welche Rolle die „Theorie" ihm gegenüber dann zu spielen hat.

Die Kontamination geschichtslogischer Bestimmungen mit den herkömmlich poetologischen Bedeutungsgehalten des Begriffs „Erzählung" provoziert zunächst viele Missverständnisse dadurch, dass sie die Unterscheidung zwischen Erkenntnisproblemen (der Forschung) und Vermittlungsproblemen (der Darstellung) einebnet. Die Herleitung eines späteren Zustands aus einem früheren ist zuerst eine Forschungsaufgabe; das Forschungsresultat bedarf dann freilich der Darstellung. „Erzählung" als Form sprachlicher Präsentation von Wirklichkeit ist zwar dem verbreiteten Sprachgebrauch nach konstituiert durch die Herstellung einer Geschehens- oder Handlungsabfolge, doch scheint die Ausdehnung des Begriffs auf temporal strukturierte Texte in wissenschaftlicher Absicht geeignet, wesentliche wissenschaftstheoretische Probleme der Geschichtswissenschaft zu verdecken. Die Vorordnungsthese reißt zudem eine Alternative von „Erzählung" und „Theorie" auf, die nur möglich ist durch Expansion des Begriffs aus dem Zuständigkeitsbereich der Textlinguistik in den der Erkenntnislogik. Deren Überschneidung zugestanden, gilt es doch an der Unterscheidung von Forschung und Darstellung festzuhalten, mit deren Gewinnung sich die Historie zu einer neuzeitlichen Wissenschaft emanzipierte.

Sinnvoll hingegen scheint es, über den alternativen instrumentellen Gebrauch von Theorien und narrativen Mitteln in der Geschichtswissenschaft zu diskutieren. Eine Reflexion auf die bevorzugte Verwendung des einen oder anderen kann auf unterschiedliche Geschichtsbilder verweisen. Denn setzt man einmal die Erfahrung voraus, dass die Aufwertung der Theorienverwendung in der Geschichtswissenschaft vor allem der Erschließung anonymer Bedingungsfaktoren des Handelns in industriellen Gesellschaften zugute kommt, dass andererseits die Bevorzugung narrativer Mittel im Historismus der Erfassung individuellen intentionalen Handelns dienen sollte, so lässt der Einsatz narrativer oder theoretischer Mittel Rückschlüsse zu auf die grundlegenden Annahmen darüber, was die eigentlich geschichtsmächtigen Faktoren seien: die „Willensakte" (Droysen) oder die „Umstände" im Zusammenspiel mit den Menschen, welche auf die Umstände einwirken.[4] Der Erkenntniswert dieser Feststellung erscheint jedoch deshalb als begrenzt, weil es ein Rezeptionsproblem der Geschichtswissenschaft ist, bisher vor allem ökonomische und soziologische Theorien, kaum aber psychologische, sozialpsychologische oder religionswissenschaftliche Theorien für relevant oder verwendungsfähig gehalten zu haben. Evidenter ist der Rückschluss auf die vorherrschende Absicht bei der Wahl der Mittel: die „Buntheit und Fülle des Lebens" (G. Mann) einfangen und *präsentieren*, oder Zustände *erklären* zu wollen. Ganz unabhängig von eventuellen politischen oder kulturellen Präferenzen des Historikers tendiert die Historie im Zuge ihrer fortschreitenden Verwissenschaftlichung immer weniger dazu, zu „zeigen, wie es eigentlich gewesen" (Ranke), und immer mehr dahin, zu erklären, wie es eigentlich gekommen. Ein Symptom dieser Verwissenschaftlichung kann darin gesehen werden, dass bestimmte Darstellungsmittel, die wir traditionell bevorzugt mit dem Begriff Erzählung verbinden, nur noch unter der Deklaration des „Roman"haften akzeptiert werden, selbst etwa von dem Autor einer „Erzählung", welche ausdrücklich auf dem Einsatz des historisch-kritischen Instrumentariums des Geschichtswissenschaftlers beruht.[5] Mittels „einfachster gegenständlicher Verknüpfung von Gegenwart und Vorzeithandlungen" erweitert hier der Autor nach Möglichkeit den Kreis der Vorfälle, Schauplätze, Probleme. Die Bevorzugung additiver

Erzählformen enthüllt die „durchwaltende Tendenz zu illustrativer Bereicherung und Ausbreitung des Lebens"[6]. Solche Erzählung prätendiert, eine Totalität abzubilden und erhebt deren Vermittlung, auch wenn sie nicht erreichbar ist, zum regulativen Darstellungsprinzip. Wird nun aber umgekehrt Theorieverwendung als *das* Mittel propagiert, Historie allererst rational zu machen,[7] so liegt die Gefahr nahe, dass hier bestimmte erzählerische Mittel, nämlich die traditionell historistisch-additiven, mit „Erzählung" insgesamt identifiziert werden und dass damit der Ablehnung verfällt, was Baumgarner mit Erzählung *auch* meint: die grundsätzlich temporale Organisation darstellender Historikertexte („Erzählstruktur").

Baumgartners transzendentale Begründung der These vom Vorrang der Erzählung erleichtert allerdings solche Ablehnung. Denn nicht nur, dass sie, obgleich „systematisch äußerst einleuchtend [...] unter dem Gesichtspunkt, welche konkrete Rolle Theorien im praktischen Forschungsprozeß spielen, keine notwendigen Konsequenzen" hat,[8] sie entbehrt dieser Konsequenzen auch in Bezug auf die Zeitstrukturen der dargestellten Geschichte. Sie stellt zwar fest, dass das Prinzip darstellender geschichtswissenschaftlicher Texte die temporale Sukzession ist, welche durch die Struktur der Texte hindurch die Struktur des historischen Gegenstandes selbst deutlich macht; aber sie weiß keine Antwort auf die Frage, wie man zu der konkreten Gestalt sprachgetragener Wirklichkeit, zur Geschichte, kommt. Es lässt sich aus ihr nicht herleiten, nach welchen Gesichtspunkten sich die Geschichte in ihrer Zeitstruktur selbst aufbaut, nicht, wie sich Erzählzeit und erzählte Zeit zueinander verhalten, welche Zeiträume gerafft oder gedehnt, welche dichter (faktenreicher, reicher an Argumentation) dargestellt werden, welche lockerer usw. Die transzendentale Theorie, dass „Erzählstruktur" die Bedingung der Möglichkeit historischer Erkenntnis sei, mag daher zwar richtig sein, doch bleibt sie weitgehend inhaltsleer.

In der Tat ist die Struktur temporaler Sukzession (bei Baumgartner: „Erzählstruktur") ein grundlegendes formales Prinzip, welches Wissen in jeder Historie organisiert. In seiner Formalität sagt es jedoch nur, *dass* Ereignisse und Zustände in zeitlicher Sukzession angeordnet werden, nicht, *wie* sie aufeinander folgen. Die Herstellung einer temporalen Struktur geht über die bloße „und-dann"-Aneinanderreihung nur hinaus, wenn Selektionsprinzipien, Sinnentwürfe, Vermutungen über Kausalverhältnisse vorliegen, die in der verwissenschaftlichten Geschichtsschreibung immer schon theoriegeleitet sind. So ist es in der Geschichtswissenschaft die Eigenart von Historien, „früheren Ereignissen im Lichte späterer Ereignisse Bedeutung zuzuweisen"[9]. Doch liegt solcher Zuweisung immer schon eine Entscheidung darüber zugrunde, *welche* späteren Ereignisse die früheren sinnvoll interpretieren können. Hier wächst dann allerdings der Rationalitätsgehalt der Geschichte in dem Maße an, als diese notwendige Entscheidung nicht den Geschichten, in denen wir immer schon stehen („Primärerzählungen"), überlassen bleibt, sondern aus einem theoretisch gewordenen Wissen geschieht; denn mit dem Fortschreiten der historischen Aufklärung werden Tradition und Erinnerung als Überlieferung in Primärerzählungen nicht einfach mehr vorgefunden; sie verschwinden oder werden verformt in selbst schon kritisch ermitteltes Wissen. Mit ihrer Vergegenständlichung in der Geschichtswissenschaft ist Tradition zum kritisch reflektierten Wissen geworden, verwandeln sich „Primärerzählungen" in immer schon theorieabhängige Aussagen über Vergangenheit.

Diese Objektivierung von Tradition und Überlieferung zu rationalem Wissen verändert darüber hinaus das, was Baumgartner in Anlehnung an Stierle das „narrative Schema" geschichtswissenschaftlicher Historie nennt. Auch dieses wird nicht mehr als Überlieferung aufgegriffen und modifiziert weiter tradiert,[10] auch ist es nicht mehr „gewissermaßen fremdbestimmt" wie in der Exempelhistorie, wo es auf ein moralphilosophisches System, oder wie in der vorhistoristischen Universalhistorie, wo es auf ein präformiertes Periodisierungsschema bezogen wurde. Seit dem Paradigmenwechsel der „Historie" von der alteuropäischen literarischen Gattung zum Resultat wissenschaftlicher Wahrheitssuche geht das „narrative Schema" immer mehr auf in der sprachlichen Reproduktion empirisch rekonstruierter Zeitabläufe nach zeitlich festlegbaren Bedingungskonstellationen von Handlungen. Da die Narrativitätsthese in der Baumgartnerschen Form die Gewinnung der temporalen Struktur von Historie selbst schon als „Erzählung" bezeichnet, verwischt sie den Hiatus von Forschungsresultaten und Darstellungsmitteln, welche die *geschichtswissenschaftliche* Historie auszeichnet.

Will man nicht zum Zwecke begrifflicher Klärung auf das Wort „Erzählung" zur Benennung von sprachlich ausformulierten Resultaten der historischen Forschung ganz verzichten, um dafür z. B. „Historie" oder „Geschichte" zu sagen, so gilt doch zumindest: „Erzählung ist Forschung" (Christian Meier). Sache der Forschung ist es, Binnenstruktur und Abrundung des temporal organisierten Sprachwerks zu gewinnen. Die Schwierigkeiten, ein Leben (z. B. dasjenige Caesars) zu erzählen, sind Schwierigkeiten der Forschung: die Gewinnung der stimmigen Chronologie, die Rekonstruktion der verschiedenen Handlungsabläufe und deren Einwirkung aufeinander, die Interpretation von gewollten und ungewollten Handlungsfolgen und ihres Verhältnisses zueinander, die Verteilung der Gewichte zwischen Tatsachen aus Caesars individueller Lebensgeschichte und Aussagen über den Zustand des Römischen Reiches während der Lebenszeit Caesars usw. In der Gewinnung des „narrativen Schemas" vollzieht sich nichts anderes als der Erkenntnisprozess selbst dergestalt, dass auf der Ebene der Logik Entscheidungen über Ursache-Wirkung-Verhältnisse getroffen, nicht auf der Ebene einer, wie auch immer interessierten Rhetorik, narrative Zusammenhänge hergestellt werden.

Die narrative Gestaltung des Textes wird rhetorisch, und damit nach Maßgabe unserer heutigen geschichtswissenschaftlichen Prinzipien zumindest ungenau, wenn sie anderes oder mehr sein will als Bestandteil des Forschungsprozesses selbst. Die neuzeitliche Emanzipation der Historie zur Wissenschaft, ablesbar an der Transformation ihrer Pragmatistik von der Topik zur Historik, reduziert die Erzählung auf die Darstellung der Forschungsresultate. In einem zunehmend sich verselbständigenden Prozess muss das „erzählte", besser, „dargestellte" Wissen allererst exploriert werden; vor der Erzählung liegt die Arbeit der Heuristik, der Kritik und der Interpretation, wie Droysen das Geschäft der Forschung eingeteilt hat.

Eine Begriffsgeschichte des Wortes „Forschung" kann aufzeigen, wie um die Wende vom 18. zum 19. Jahrhundert die alten Begriffe „Forschungen", „Untersuchungen", „Studien" usw. zum Kollektivsingular „Forschung" zusammentreten, um damit einen Aktions- und Interaktionsbereich zu benennen, dessen Prinzpien nicht mehr von poetologischer, sondern von logisch-rationaler Reflexion abhängen.[11] Dieser Prozess der Verwissenschaftlichung der Historie vollzieht sich freilich nur schrittweise. Vermittelt über Rankes zentrale Stellung in der deutschen Geschichtswissenschaft, lebt die alteuropäische Tradition der Historie als „Kunst" zum Teil bis in die Gegenwart fort, allerdings in einer selbst wieder spezifisch neuzeitlichen Modifikation der alten *Ars* zur „schönen" ästhetischen Kunst. Im Zuge dieser Modifikation ordnet Ranke die Regeln der Wissensermittlung der Forschung zu, depraviert die „historische Kunst" um ihren alteuropäischen Bedeutungsgehalt, sachgerechte Herstellung eines Werkes nach Regeln zu sein, und überträgt ihr die Aufgabe, das „auralos"[12] gewordene Wissen der methodisch-wissenschaftlich arbeitenden historischen Vernunft durch darstellerische Evokation dessen zu kompensieren, was sich nicht auf den rationalen Begriff bringen, sondern nur in Empfindung und Gefühl spüren lässt. Ranke vollzieht zwar faktisch im Stillen den Paradigmenwechsel von der *Ver*mittlung von Wahrheit durch Kunst zur *Er*mittlung der Wahrheit durch Forschung, doch bleibt die Fähigkeit zur „Kunst" der Darstellung für den Historiker Namen gebend: Er ist vorrangig der „Geschichtsschreiber", nicht der Forscher.

„Forscher" hingegen heißt er auch explizit bei Droysen. Denn dieser reduziert Darstellung auf die ausschließliche Funktion der Forschung, insofern das forschend ermittelte Wissen der sprachlichen Präsentation bedarf, und nennt „Erzählung" nur noch eine unter vier möglichen Formen spezifisch historischer Darstellung. Darüber hinaus formuliert er anders als Ranke und die Wegbereiter der philologischen Kritik nicht mehr nur Prinzipien textimmanenter Kritik, sondern entwirft eine Systematik der gesamten, vom Historiker vorfindbaren Wirklichkeit in der Ordnung der „sittlichen Mächte": Bestandteil der historischen Methode wird somit auch eine Art Phänomenologie und Systematik der geschichtlichen Welt, in welche die Lebenswelt des Historikers als vorgeschobenster Punkt der Vergangenheit in die Zukunft hinein integriert ist. Damit ordnet Droysen allem historischen Wissen – in allerdings singulärer und holistischer Form – das vor, was Jürgen Kocka „Theorie" nennt: ein „explizites und konsistentes Begriffs- und Kategoriensystem, das der Identifikation, Erschließung und Erklärung von bestimmten, zu untersuchenden historischen Gegenständen dienen soll, und sich nicht hinreichend aus den Quellen ergibt, nicht aus diesen abgeleitet werden kann"[13]. Solche theoretische Aufbereitung der Wirklichkeit ist zunehmend auch dort integrierter Bestandteil der historischen Forschung geworden, wo sie aus dem Rahmen einer letztlich doch materialen Geschichtsphilosophie herausgenommen und im Zuge der Spezialisierung der Wissenschaften von den systematischen Nachbarwissenschaften übernommen worden ist.

Damit ändern sich auch die Legitimations- und Autorisierungsprinzipien des Historikers grundlegend. Für Ranke stellte „Forschen" eine Verhaltensweise dar, welche grundsätzlich allen Menschen gemeinsam ist. Diese Gabe der „Erkenntnis ist in einem höheren oder minderen Grad möglich, allein in einem gewissen hat sie jedermann. Verstand, Mut und Redlichkeit im Sagen der Wahrheit genügt: unbefangen und bescheiden im Studium darf jedweder hoffen, dasjenige zu erkunden, zu durchdringen, dem er sein Bemühen gewidmet hat"[14]. Solchermaßen in den Kommunikationszusammenhang aller Gebildeten, moralisch Handelnden eingelassen, gründet der Historiker seine Arbeit auf ein Wissen, das im Prinzip allen zugänglich ist, das sich aus Kundigkeit,

Erfahrung, Reife, aus „Wissenschaft" im alteuropäisch-subjektivischen Wortsinn speist: Wissenschaft haben von etwas. In diesem Zusammenhang lässt sich Walter Benjamins Unterscheidung von „Erzählung" und „Information" aufgreifen, die K. Stierle expliziert. Die „Erzählung" des vorszientifischen alteuropäischen Historikers, an deren Tradition Ranke ausdrücklich trotz der gleichzeitig schon praktizierten methodischen Forschung anknüpft, erscheint als „Ausdruck einer geordneten, überschaubaren Welt, in der [...] Weisheit die letzte Frucht der Erfahrung ist". Droysens immer schon theoretisch vorgeprägtes Forschungswissen hingegen lässt wie die „Information" Benjamins nichts offen, da es seine „eigene Erklärung als Darstellungsprinzip in sich aufnimmt"[15].

Diese Separierung des geschichtswissenschaftlichen Wissens aus dem Alltagswissen durch Theoretisierung und Methodisierung setzt voraus, dass Common-sense- und selbst Bildungswissen zunehmend als unzulänglich erfahren werden für die Rationalitätsansprüche historischer Erkenntnis. Noch die klassischen historischen Darstellungen Rankes beruhen auf der literarischen Fiktion eines allwissenden Erzählers, die nur möglich ist vor der Voraussetzung selbstverständlichen Einklangs von Emotionen, der Einstellung zur Wirklichkeit überhaupt, welche in der Kunstlehre der Hermeneutik zum methodischen Konzept gesteigert wurde. Vorausgesetzt ist die problemlose Kommunikationsfähigkeit aller Gleichzeitigen, welche sich umsetzt in die problemlose virtuelle Kommunikationsfähigkeit aller Ungleichzeitigen. Der Erzähler Ranke, welcher die Kriterien, unter denen er sein Wissen gewinnt, auswählt und ordnet, in seinen Darstellungen nie expliziert, geht von einem frühliberalen Verständnis von „Öffentlichkeit" und *mémoire collective* aus. Alle, die dieser Öffentlichkeit angehören, sind im Prinzip gleich qualifiziert und folgen denselben Handlungsmaximen. Wissenschaftliches Ethos unterscheidet sich nicht von den moralischen Handlungsprinzipien in der Gesellschaft.

Der hohe Bildungsgrad dieser relativ kleinen und relativ homogenen Öffentlichkeit erlaubt den permanenten Appell an identische Konnotationen beim Gebrauch der Begriffe und Wörter. Diese Öffentlichkeit hat die Kommunikationsgemeinschaft der Geschichtswissenschaftler noch nicht aus sich entlassen, diese selbst bedarf zu ihrer Verständigung noch nicht der vorgängigen Explikationen eines eigenen Standorts. Das Paradigma der „erzählenden" Geschichtswissenschaft (im tradierten Wortsinn von Erzählung) beruht auf kulturellen Bedingungen, welche durch die Pluralisierung der Meinungen und die Spezialisierung der wissenschaftlichen Arbeit im Zuge des Übergangs von der bürgerlichen zur industriellen Gesellschaft zerfallen sind. Die Frage nach Entstehung und Ursachen der gegenwärtigen Debatte über das Verhältnis von Erzählung und Theorie in der Geschichtswissenschaft, die H. Lübbe aufgeworfen hat, lässt sich daher auch verstehen als Frage nach der Selbstverständigung der Historiker in einer aktuellen kulturellen Situation und das heißt als Frage nach ihren grundlegenden Annahmen über das, was Historie leisten soll und kann.

Anmerkungen

1 Hans Michael Baumgartner, Erzählung und Theorie in der Geschichte, in: Jürgen Kocka (Hg.), Theorie und Erzählung in der Geschichte, München 1979, S. 266.
2 Ebd., S. 268.
3 Ebd., S. 264.
4 Hans-Ulrich Wehler, Anwendung von Theorien in der Geschichtswissenschaft, in: Jürgen Kocka (Hg.), Theorie und Erzählung in der Geschichte, München 1979, S. 30.
5 Wallenstein. Sein Leben erzählt von Golo Mann, Frankfurt a.M. 1971.
6 Eberhard Lämmert, Bauformen des Erzählens, Stuttgart ^{6}1975, S. 45 f.
7 Jörn Rüsen, Wie kann man Geschichte vernünftig schreiben?, in: Jürgen Kocka (Hg.), Theorie und Erzählung in der Geschichte, München 1979, S. 302 ff. sowie der Tendenz nach der Beitrag von Hans-Ulrich Wehler, ebd.
8 Wolfgang J. Mommsen, Die Mehrdeutigkeit von Theorien in der Geschichtswissenschaft, in: Jürgen Kocka (Hg.), Theorie und Erzählung in der Geschichte, München 1979, S. 336.
9 Baumgartner, Erzählung und Theorie, S. 266.
10 Karlheinz Stierle, Erfahrung und narrative Form, in: Jürgen Kocka (Hg.), Theorie und Erzählung in der Geschichte, München 1979, S. 84.
11 Wolfgang Hardtwig, Konzeption und Begriff der Forschung in der deutschen Historie des 19. Jahrhunderts, in: Alwin Diemer (Hg.), Konzeption und Begriff der Forschung in den Wissenschaften des 19. Jahrhunderts, Meisenheim 1978.
12 Stierle, Erfahrung, S. 84.
13 Vgl. die Einführung in: Jürgen Kocka (Hg.), Theorie und Erzählung in der Geschichte, München 1979, S. 9.
14 Leopold von Ranke, Die Idee der Universalhistorie, in: Eberhard Kessel – Rankes Idee der Universalgeschichte. HZ 178 (1954), S. 302.
15 Stierle, Erfahrung, S. 84.

3. Personalisierung als Darstellungsprinzip

Geschichtliche Darstellung ist grundsätzlich nicht einfach Wiedergabe und Abbildung einer Vergangenheit, sondern ist auch Sinngebung, das heißt Auswahl, Deutung und Perspektivierung. Personalisierung als Verfahren von Geschichtsdarstellung ist daher auch grundsätzlich nicht nur ein beliebig verfügbares, wertneutrales Darstellungsmittel, sondern schließt immer eine bestimmte Stellungnahme zur dargestellten Wirklichkeit und zu Sinn und Absicht der jeweiligen Geschichtsdarstellung ein. Damit stellen sich vorab zwei Grundfragen: 1. Welche besonderen Vermittlungs- und Darstellungschancen bieten sich durch Personalisierung? 2. Welche Implikationen sind bei der Wahl des Darstellungsmittels Personalisierung in Kauf genommen und bedürfen der Reflexion?

Geht man zunächst von Personalisierung als einem Instrument aus, mit dem bestimmte Absichten verfolgt werden sollen, so ist festzuhalten, dass – in der Perspektive der Didaktik – alle gesinnungsorientierten oder gesinnungsbildenden Disziplinen zur Personalisierung bestimmter Sachverhalte neigen. Personalisierung regt in besonderem Maße zur Identifikation mit dem Akteur an. Sie ermöglicht es daher, herausragende Einzelne als Vor- und Leitbilder vorzustellen. Über herausragende Persönlichkeiten können Identifikationen, Loyalitäten und Sympathiebeziehungen aufgebaut werden, welche die Orientierung und die Wertmaßstäbe des Rezipienten wesentlich bestimmen können. In diesem Sinne sind in Deutschland im Geschichtsunterricht und in den Geschichtsdarstellungen bis in die zwanziger Jahre und darüber hinaus ‚große Persönlichkeiten' dazu benutzt worden, bestimmte, für Staat und Gesellschaft als wesentlich erachtete ‚Tugenden' – auch und gerade kriegerische – zu vermitteln und zu befestigen.

Liegt in der Identifizierungsaufforderung personalistischer Darstellung eine besondere Einladung zur – möglicherweise kurzschlüssigen – Parteinahme, so eröffnet die Personalisierung andererseits besondere Chancen, sich der Fremdheit historischer Wirklichkeiten anzunähern. Gerade unsere Gegenwart mit ihrem rapiden sozialen Wandel und der Formung des Lebens durch die Technik steht historischen Gegenständen grundsätzlich beziehungsloser gegenüber als frühere Gegenwarten.

Da sich Identifikationen über das Komparable, die Menschennatur herstellen, kann personalisierende Darstellung in besonderem Maße im Fremden zugleich das Eigene sichtbar machen und damit elementares Interesse wecken. Allerdings muss dieses Verfahren methodisch streng kontrolliert sein. Denn gerade die moderne Forschungsrichtung der historischen Anthropologie arbeitet zunehmend heraus, dass es *die* gleichbleibend-statische Menschennatur, von der die ältere Geschichtsschreibung unbedenklich ausging, nicht gibt, dass die Grenze zwischen dem Natürlichen und dem Kultürlichen wesentlich fließender ist, als man lange angenommen hat.

Grundsätzlich aber dient die Personalisierung mehr dazu, das Fremde näher zu rücken, als die Differenz von Gegenwart und Vergangenheit zu demonstrieren. Gleichwohl – und hier besteht keineswegs ein Widerspruch – führt Personalisierung in besonderem Maße die Veränderlichkeit vergangener Wirklichkeit vor Augen, indem sie Ereignisse und Zustandsabfolgen in einer – gegenüber der erzählten Zeit – fiktiven Konzentration ablaufen lässt. Schließlich bietet die personalisierende Darstellung die Chance, die Ergebnisse einer ins Unendliche ausdifferenzierten und in Teildisziplinen spezialisierten Einzelforschung an einem überschaubaren Gegenstand zusammenzufassen und so überhaupt noch zu gesicherten Teilsynthesen zu kommen.

Allerdings sind die didaktischen, synthetisierenden und vergegenwärtigenden Möglichkeiten personalisierender Darstellungsweise erkauft durch die Gefahr von Sichtverengungen, die für das historisch-politische Bewusstsein und für die politische Kultur einer Nation erhebliche Folgen haben können. So besteht vor allem die Gefahr, dass die gesellschaftlich-politische Wirklichkeit allzu sehr vereinfacht und damit verfälscht wird. Unzweifelhaft verbindet sich mit der Personalisierung ein Reduktionismus gegenüber der Vielfalt und möglichen Gegenläufigkeit gesellschaftlicher Prozesse, Interessen und Bewusstseinslagen. Damit können für das Bewusstein der Rezipienten einzelne Personen eine Wirkmächtigkeit erlangen, die sie so entweder nie gehabt haben oder die sich aus – in der Darstellung unterbelichteten – gesamtgesellschaftlichen oder -politischen Prozessen oder Konflikten erklärt. Wem Geschichte vor allem in Gestalt großer Akteure entgegentritt, sieht sich selbst indirekt als Mithandelnden und -gestaltenden politisch-gesellschaftlicher Zustände und Prozesse vernachlässigt, eine Erfahrung, die sich sehr wohl umsetzen kann in das verbreitete polarisierende und demokratiefeindliche Denkschema des kleinen Mannes: „Ihr da oben, wir da unten." Keineswegs muss der Identifizierungseffekt personalisierender Darstellung solcher Autoritätsgläubigkeit und der Bereitschaft zur selbstverschuldeten Unmündigkeit entgegenwirken. Insofern war es nur folgerichtig, dass zumindest die Geschichtswissenschaft in der Bundesrepublik nach 1945 daranging, die Fixierung auf die ‚großen Persönlichkeiten' zu überwinden, die als Ideologem zur Zerstörung der politischen Kultur in Deutschland beigetragen hatte. Es war überfällig geworden, die Bedeutung kollektiver und anonymer, jedenfalls weniger personalisierbarer Bedingungsfaktoren jeder Veränderung und Leistung angemessen zu begreifen. Überfällig war es auch, jene Personen und Gruppen zur Kenntnis zu nehmen, die historisch im Allgemeinen eher stumm und unauffällig, mehr Objekt als Subjekt gesellschaftlich-politischer Wandlungsprozesse waren und sind.

Damit ist eine weitere Grundfrage aller personalisierbaren Darstellung aufgeworfen: die nach dem Verhältnis von Individuum und Gesellschaft oder von Besonderem und Allgemeinem oder, mit einer etwas anderen Akzentsetzung, von Ereignis und Struktur.

Nicht notwendig, aber der Tendenz nach neigt eine personalisierende Darstellung – zumindest ist es in der deutschen Tradition so gewesen – dazu, Entwicklungen und Prozesse, die sich im Rücken oder über den Kopf des Einzelnen hinweg vollziehen, zu vernachlässigen. Hier besteht die Gefahr, dass die Bedeutung allgemeiner handlungs- und bewusstseinsprägender Prozesse, Aktionsbedingungen und -spielräume vor allem ökonomischer und sozialer Art unterbelichtet bleibt. Die komplexen Handlungsbedingungen selbst für den herausragenden Akteur, das gesellschaftliche Ambiente, ohne das die Darstellung von Ereignissen unzulässig verkürzt wird, sind in der Regel personalisierender Darstellung direkt kaum zugänglich, weil hier alles mit allem zusammenhängt und nur der komplexe Zusammenhang als solcher Verständnis erschließt. Der herausragende Akteur z. B. braucht, um wirken zu können, eine allgemeine Krise, die dargestellt werden muss: dass ein komplexer gesellschaftlicher, wirtschaftlicher, politischer oder kulturell-religiöser Zustand brüchig geworden ist, dass die Institutionen ihre Legitimation eingebüßt haben, dass sich das allgemeine Tempo des gesellschaftlichen Wandels plötzlich beschleunigt, dass sich bei vielen ein Einstellungswandel bereits vollzogen hat usw. Gerade die Frage des Veränderungstempos wirft für die geschichtliche Darstellung erhebliche Probleme auf. Vergangene Wirklichkeit konstituiert sich durch Überschichtung gleichzeitig wirkender Faktoren höchst unterschiedlicher Dauer, etwa der vergleichsweise statischen Struktur des

Verkehrs oder – zumindest in der vormodernen Welt – der landwirtschaftlichen und gewerblichen Produktionsformen oder der Mentalität der agrarischen und selbst der städtischen Bevölkerung einerseits, der vergleichsweise rasch ablaufenden Ereignisse, wie Seuchen, Kriege, diplomatische Aktionen, andererseits. Schließlich steht eine personalisierende Darstellung vor der Schwierigkeit, über dem Einzelvorgang bzw. Einzelschicksal den Zusammenhang aller geschichtswirksamen Faktoren, den Gesamtprozess der Veränderung in seinem diachronen und synchronen Verlauf nicht aus den Augen zu verlieren.

Methodisch verschärfen sich alle diese Anforderungen an historische Darstellungen noch durch nicht einfach überspringbare Rationalitätsstandards des heutigen Geschichtsbewusstseins. Unabhängig von eventuellen politischen oder kulturellen Präferenzen des Historikers und Geschichtsinteressierten tendiert die Historie im Zuge ihrer fortschreitenden Verwissenschaftlichung immer weniger dazu, lediglich zu „zeigen, wie es eigentlich gewesen" (Ranke); sie will vielmehr immer expliziter erklären. Daher reicht es nicht mehr aus, auf dem Wege des ‚Verstehens' mittels einer methodisch geregelten und geübten Kunst der Textauslegung Intentionen, Motivationen und Reaktionen von Handelnden zu erschließen – eine Methode, die eine besondere Affinität zur personalisierenden Darstellung aufweist –, vielmehr gilt es darüber hinaus, überpersönliche Kräfte, Zustände und Verhältnisse abgelöst von Einzelpersonen zu rekonstruieren und das Ergebnis in die Darstellung zu integrieren. Wenn man daher unter einem ‚Ereignis' einen Zusammenhang von Begebenheiten versteht, der von den Zeitgenossen als Sinneinheit in einer chronologischen Abfolge von Vorher und Nachher erfahren wird und daher auch in den Kategorien chronologischer Abfolge erzählt werden kann, so ist dieses Ereignis nur dann in einer hinreichend umfassenden Perspektive dargestellt, wenn die Geschichtserzählung es in die längerfristigen und außerhalb der Verfügungsgewalt der Handelnden liegenden ‚Strukturen' einbettet. Umgekehrt hieße es aber auch die Wirklichkeit verkürzen, wenn die jeweiligen Motive, Entscheidungen und Taten persönlich fassbarer und benennbarer Akteure nicht berücksichtigt würden, da keineswegs nur die Umstände den Menschen machen, sondern gesellschaftlich-politische Prozesse ganz wesentlich durch Willensakte und Sinnentscheidungen von Menschen vermittelt sind.

Personalisierung muss daher nicht notwendig Konzentration auf große Persönlichkeiten bedeuten. Zwar besteht eine gewisse Inklination des Darstellungsmittels Personalisierung zu einem personenzentrierten Geschichtsverständnis – doch ergibt sich jeweils das eine nicht zwingend aus dem anderen. Grundsätzlich kann Personalisierung im Dienste ganz unterschiedlicher Erkenntnis- und Darstellungsabsichten stehen.

Seit dem Ende der 1960er Jahre ist in Deutschland z. B. eine Reihe bedeutender Biographien erschienen, von Caesar bis Hitler, die zwar qua Gattung in der Darstellung personalisieren, gleichwohl aber im Allgemeinen kein personalistisches Geschichtsbild vertreten, sondern versuchen, Inhalt, Zielrichtung und historische Relevanz der Aktionen, der *res gestae,* aus allgemeinen Konstellationen zu erklären.

Personalisierend darstellen lassen sich neben der großen Persönlichkeit, die dafür selbstverständlich besonders geeignet ist, auch Kollektive. So hat die ältere revolutionsfreundliche französische Geschichtsschreibung (Michelet) das ‚Volk' oder die ‚Nation' als Gesamtheit nach dem Modell einer Einzelperson zum Träger neuer Entwicklungen und Ideen stilisiert. Solche Personalisierung von Kollektiven muss nicht notwendig auf die bedeutenden Ereignisse, die Haupt- und Staatsaktionen der Politik und Staatsgeschichte beschränkt sein. Gerade die neue Richtung einer stärker dem Alltagsleben zugewandten Historie kann sich der Personalisierung bedienen. Sie spricht etwa vom ‚Volk' als Handlungsträger in bewusster Frontstellung gegen eine Verengung des Geschichtsbildes auf die staatlich-gesellschaftlichen Führungsgruppen an Höfen, in den zentralen Orten, in Regierungen und Zentralbürokratien. Ist die Kontamination der vielen im Kollektivsingular ‚Volk' mehr eine Fiktion von Personalität, so können andererseits einzelne Gruppen wie Bauern oder städtisches Patriziat in tatsächlich bekannten einzelnen Führern oder herausragenden Repräsentanten personalistisch präsentiert werden. So konzentriert etwa LeRoy Ladurie seine Darstellung des „Karneval in Romans",[1] ein aus der Sicht von oben vergleichsweise unwichtiges, räumlich und zeitlich eng begrenztes Geschehen, nämlich einen bäuerlich-kleinbürgerlichen Aufstand gegen die örtliche Führungsschicht 1578 bis 1580, auf einen Tuchmacher und einen Anwalt als Anführer der Revolte und auf einen Richter als Drahtzieher der Reaktion. Die Personalisierung dient hier zum einen dazu, das unübersichtliche Geschehen zu ordnen, zum anderen macht sie aber auch deutlich, dass das individuelle Schicksal vieler unter bestimmten Umständen auch von einzelnen Personen des alltäglichen Lebensumkreises bestimmt werden kann.

Eine neue, im Ergebnis und im Verfahren nichtindividualistische Variante personalisierender Darstellung ergibt sich aus der Forschungsrichtung der kollektiven Biographie. Sie ermittelt die allgemeinen Merkmale einer Gruppe von handelnden Personen durch ein zusammenfassendes Studium ihrer Lebensläufe. Sie knüpft an traditionelle Funktionen der Personalisierung mit einer subjektivierenden Erkenntnisrichtung an, bindet aber das Individuum und das mit ihm gegebene Element von Subjektivität stärker als herkömmlich an den sozialen Kontext. Die ‚Person', die dabei entsteht, ist wie das ‚Volk' der älteren Historie eine idealtypische Fiktion, die aber aus der Faktizität eines gemeinsamen charakteristischen Merkmals oder einer festgelegten Position über eine Vielzahl von Sozialdaten abstrahiert wird. Personalisierend verfährt schließlich auch eine Biographik, die einzelne herausragende Akteure in ihrer Eigenschaft als Repräsentanten einer Klasse oder Gruppe darstellt, wie etwa Fritz Stern in seiner Doppelbiographie Bismarcks und des Bankiers Bleichröder.[2] Die Individualität der außergewöhnlichen Persönlichkeit wird hier nicht eingeebnet, zugleich scheinen aber im jeweiligen Einzelschicksal die Lebensvoraussetzungen, Interessen, die Hoffnungen und Beschränkungen hier des preußischen Junkertums, dort des Judentums im Ganzen zwischen 1850 und 1890 durch.

Geschichtserfahrung und Geschichtsforschung sind von der Geschichtsdarstellung grundsätzlich nicht ablösbar. Insofern gilt es, sich von dem verbreiteten Vorurteil zu lösen, Geschichtsdarstellung verhalte sich zu den Fakten wie die Form zum Stoff, oder es sei möglich, Tatsachen in einem ersten Schritt der Erkenntnis rein und objektiv zu ermitteln, die dann in einem zweiten, grundsätzlich abtrennbaren Vorgang darstellerisch präsentiert würden. Insofern ist auch die traditionelle Unterscheidung von *res factae*, die man heute als Inhalt der wissenschaftlichen Historie, und *res fictae*, die man als das Substrat von Dichtung identifiziert, in ihrer grundsätzlichen Gegenüberstellung nicht haltbar. Auch der moderne wissenschaftliche Geschichtsschreiber benötigt unweigerlich Mittel der Fiktion, nicht nur der romanhafte Erzähler. Der gleichwohl entscheidende Unterschied liegt in der primären Zielsetzung und Bewertung. Dem wissenschaftlichen Geschichtsschreiber geht es darum, die *res factae* zu präsentieren, und dazu benötigt er bestimmte Mittel der Fiktionalisierung. (Für Fiktionalisierung könnte man, älterem Sprachgebrauch folgend, auch Ästhetisierung sagen, doch ist Fiktionalisierung weniger mit dem geläufigen Vorurteil einer beschönigenden Verengung der Wirklichkeit belastet.) Fiktionalisierung ist überall dort am Werk, wo die Beschäftigung mit Geschichte über das bloße Sammeln von Wissen über Vergangenes hinausgeht. Personalisierung ist ein solches Mittel der Fiktion. Es muss daher geklärt werden, welche Leistungen Fiktionalisierung und – als Sonderfall davon – Personalisierung erbringt, bevor auf die Möglichkeiten und Gefahren von Personalisierung als Darstellungsmittel im Einzelnen eingegangen wird.

Bereits Johann Gustav Droysen hat in seiner Historik – mit negativer Bewertung als ‚Illusion', aber sachlich zutreffend – drei unabdingbare Formen des Fiktiven analysiert, ohne die erzählende Geschichtsdarstellung nicht auskommt: 1. Die „Fiktion des vollständigen Verlaufs". Illusionär ist in der Tat der Eindruck, dass wir „von den geschichtlichen Dingen einen vollständigen Verlauf, eine in sich geschlossene Kette von Ereignissen, Motiven und Zwecken vor uns hätten".[3] Aber jede Erzählung erweckt einen Eindruck der Vollständigkeit und Geschlossenheit, mit dem über Lücken im erzählten Geschehen und über möglicherweise mangelnde Konsistenz der Details hinweggetäuscht wird. Hinzu kommt: 2. Die „Illusion des ersten Anfangs und definiten Endes".[4] Jede genetische, vom Anfang her erklärende Erzählung, insbesondere die an Personen und ihrer Geschichte orientierte, fingiert einen gegenüber der Wirklichkeit übertriebenen Eindruck von ‚organischer Entwicklung' – von einem Anfang her, der sich notwendig aus anderem ergibt, und zu einem Ende, auf das notwendig anderes folgt. Und schließlich steht jede Geschichtserzählung in der Gefahr, die „Illusion eines objektiven Bildes der Vergangenheit" vorzutäuschen.[5] Selbst wenn vergangene Wirklichkeit in der vollständigsten Breite dargestellt würde, so läge doch der Maßstab für das Wichtige und Darstellenswerte nicht in ihr selbst. Vergangenheit kann daher nur in perspektivischer Sicht von der Gegenwart her eingefangen werden; Perspektivierung bedeutet damit immer auch eine Form der Fiktion in Bezug auf das tatsächlich Wichtige, die Auswahl von Details als relevant, die kausale Verbindung von Fakten.

Angesichts der Geschlossenheit und Überschaubarkeit ihres Gegenstandes unterliegt die personalisierende Darstellung in besonderem Maße diesen Formen der Fiktionalisierung. Eine Verfälschung der vergangenen Wirklichkeit, eine Illusion als Selbsttäuschung oder Täuschung entsteht daraus allerdings nur dann, wenn diese Formen der Fiktionalisierung nicht als notwendige Bedingungen historischer Erfahrung und Darstellung durchschaut oder wenn sie bewusst zur Verzerrung des Faktischen missbraucht werden. Die Einsicht in die fiktionalen Elemente jeder Geschichtsdarstellung kann darüber hinaus die Kritikfähigkeit gegenüber speziellen Gefährdungen personalisierender Darstellung schärfen: so etwa gegenüber der in der älteren Historiographie verbreiteten Neigung, die Anfänge einer Entwicklung zur Tat *eines* Mannes zu singularisieren, wobei dann die Grenze zwischen dem Alten und dem Neuen in einer wirklichkeitsverfälschenden Schärfe gezogen wird – etwa, wenn Ranke die neuere Geschichte ganz distinkt mit der Person Philipps des Schönen beginnen lässt. Auch der Usus personalisierender Darstellung, ein Ereignis sozusagen im idealen Moment auftreten zu lassen, unterstellt unausgesprochen eine teleologische, zielgerichtete Ordnung des Verlaufs, die über die Gleichzeitigkeit höchst widersprüchlicher Interessen und Entwicklungsansätze oder scheinbar ‚veralteter' Bewusstseinsformen hinwegtäuscht. Grundsätzlich neigt eine personenzentrierte Darstellung zur Idealisierung der Zeitfolge, welche die „Kontingenz der Begebenheiten in eine reine Diachronie herausgehobener bedeutsamer Momente" (Hans Robert Jauss) umdeutet.

Solche Gefährdungen adäquater Geschichtserfahrung durch Personalisierung als Darstellungsprinzip können in dem Maße zurücktreten, wie sich die Darstellung vom einfachsten narrativen Grundschema: „es begann ... dann geschah ... es endete ..." löst. Geschichtsdarstellung muss nicht notwendig erzählend im Sinne der literaturwissenschaftlichen Terminologie verfahren. Als zweite Grundform ist – neben sonstigen Mischformen – die untersuchende Darstellung zu nennen, die im Maße der Verwissenschaftlichung unserer Geschichtserfahrung an Bedeutung gewinnt. Aber auch die Erzählung kann in großem Umfang diskursive und analysierende Elemente aufnehmen oder sich jener vielfältigen, das narrative Grundschema durchbrechenden Erzählstrukturen bedienen, die die moderne fiktionale Literatur entwickelt hat. Künstlerischen oder ästhetischen Präsentationsformen von Geschichtserfahrung, wie sie in allen nicht rein dokumentarischen Darstellungen von Geschichte eine Rolle spielen, kommt dabei zugute, dass sie von den Möglichkeiten der Fiktionalisierung unbefangener Gebrauch machen können als die reine Darstellung von Geschichtsforschung, obwohl auch sie, wie erwähnt, ohne ‚primäre Fiktionalisierung' nicht auskommt.

Grundsätzlich bedarf jede Darstellung, die sich der Personalisierung bedient, der Erzählfigur des ‚quereinschießenden Details', will sie nicht Geschichtserfahrung in wirklichkeitsverfälschender und auch trivialisierender Weise finalisieren. Dieses Detail ist der durch die Darstellung notwendig sich aufbauenden Sinnerwartung nicht untergeordnet, sondern steht quer zu ihr und verweist somit auf tatsächlich mögliche oder wirkliche, in der personalisierenden Darstellung selbst aber nicht ausgeführte Ereignisse, Zustände und Sinnerwartungen. Damit erfüllt das quereinschießende Detail die für Kritikbereitschaft, für Kontrolle und selbständiges Weiterdenken unerlässliche Funktion der Irritation, ohne die die unaufhebbare Kontingenz des geschichtlichen Lebens nicht vergegenwärtigt werden kann.

Anmerkungen

[1] Emanuel LeRoy Ladurie, Karneval in Romans, dt., Stuttgart 1987.
[2] Fritz Stern, Gold und Eisen. Bismarck und sein Bankier Bleichröder, Berlin 1980.
[3] Johann Gustav Droysen, Historik. Vorlesungen über Enzyklopädie und Methodologie der Geschichte, 5. unveränd. Aufl., hg. von Rudolf Hübner, Darmstadt 1967, S. 144.
[4] Ebd., S. 152.
[5] Ebd., S. 306.

Wissenschaft und Institution

4. Berliner Geschichtswissenschaft 1810–1918.
Etablierung als Wissenschaft

Die Neuzeithistorie in Berlin steht 1810 bis 1918 unter dem Vorzeichen einer politisch geprägten Personalpolitik und konzeptioneller Richtungsentscheidungen. Das tat der wissenschaftlichen Qualität keinen Abbruch; immerhin wirkten an der Fakultät mit Leopold Ranke (1795–1886) und Johann Gustav Droysen (1808–1884), Otto Hintze (1861–1940) und Friedrich Meinecke (1862–1954) die bedeutendsten Neuzeithistoriker, die Deutschland zwischen 1810 und 1945 hervorgebracht hat. Andererseits sind auch Schattenseiten dieser starken Verbindung zwischen Wissenschaft und Politik nicht zu verkennen. Vorteilhaft für das Fach war zweifellos Berlins Stellung als Hauptstadt des Königreichs Preußen und seit 1871 des Deutschen Kaiserreichs. Der Bedarf an historischer Bildung für den Beamtennachwuchs war in diesem Zeitraum unumstritten, in zentralen Behörden wie dem Preußischen Statistischen Bureau sammelte sich Kompetenz an, die etwa für eine frühe Repräsentanz von Wirtschafts- und Sozialgeschichte durch den – allerdings hauptsächlich zum Mittelalter arbeitenden – Robert Hoeniger (1855–1929) prägend wurde.[1] Die preußische Hauptstadtfunktion förderte im Kaiserreich die Finanzierung großer Editions- und Publikationsvorhaben und schuf die Voraussetzung für eine ungewöhnlich fruchtbare Verbindung von staats- und geschichtswissenschaftlicher Forschung, behinderte allerdings auch die Entstehung und Pflege spezifisch landes- und stadtgeschichtlicher Einrichtungen.[2] Mehrere Vertreter des Fachs genossen das Privileg des Hofzugangs bzw. persönlicher Kontakte zum Hof (Ranke, Droysen, der Staatswissenschaftler Gustav Schmoller [1838–1917], Hans Delbrück [1848–1929], Theodor Schiemann [1847–1921]) oder standen in ungewöhnlich enger Beziehung zu den maßgeblichen Behörden und Spitzenbeamten (Droysen, Delbrück, Hintze, Schiemann, Hoetzsch, Meinecke). Behörden wie das Preußische Geheime Staatsarchiv und Wissenschaftsorganisationen wie die Preußische Akademie der Wissenschaften boten Nachwuchswissenschaftlern ungewöhnlich viele Arbeits- und Erwerbsmöglichkeiten.

Für den personellen und inhaltlichen Zuschnitt der Berliner Neuzeithistorie sind allerdings auch massive politische Einflussnahmen

Abbildung 1: Ansicht der Friedrich-Wilhelms-Universität (FWU), Berlin, um 1855

entscheidend geworden. Am wenigsten fallen sie bei der ersten Generation ins Gewicht. Bei der Gründung der Universität 1810 wurden zwei Lehrstühle für Allgemeine Geschichte geschaffen, zu denen dann noch eine Professur für Geschichte und Politik hinzukam. Als der bekannte spätaufklärerische Göttinger Staatswissenschaftler und Historiker Arnold Hermann Ludwig Heeren (1760–1842) absagte, berief das Ministerium dessen Schüler Friedrich Christian Rühs (*1781). Rühs starb bereits 1820, Nachfolger auf seinem Ordinariat wurde 1834 Leopold Ranke, der 1825 zunächst zum außerordentlichen Professor berufen worden war. Den zweiten Lehrstuhl hatte der allerdings bald erkrankte Friedrich Wilken (1777–1840) erhalten. Ranke stand in recht engem persönlichen Kontakt mit dem Thronfolger und seit 1840 König Friedrich Wilhelm IV.[3] Gleichwohl wird man Ranke nicht als „politischen Professor" bezeichnen können.[4]

Diese Bezeichnung trifft eher für Johann Gustav Droysen zu, jedenfalls bis 1849. Nicht die Fakultät – und schon gar nicht Ranke – wollte Droysen berufen, die Initiative ging vielmehr von dem Droysen-Freund und frisch berufenen Hochschulreferenten im Kultusministerium Olshagen und der Kronprinzenfamilie aus. Auch als 1874 Heinrich von Treitschke (1834–1896) berufen wurde, geschah das gegen die ursprünglichen Vorschläge der Fakultät, die, unter Federführung der

Altertumswissenschaftler Curtius und Mommsen, Jacob Burckhardt (1818–1897) favorisiert hatte, der allerdings absagte. Nach diversen Verhandlungen einigten sich Fakultät und Ministerium auf Treitschke, der mit seinem politischen Profil dem jetzt auch in der Fakultät erkennbaren Wandel zu einer kleindeutsch-reichischen, politischen Geschichtsschreibung entgegenkam. Hans Delbrück wiederum wurde 1896 gegen den ausdrücklichen Wunsch der Fakultät, die an der wissenschaftlichen Qualifikation Delbrücks zweifelte, durch den Hochschulreferenten Friedrich Althoff durchgesetzt – ähnlich wie 1892 die Berufung des baltendeutschen Russlandhistorikers Theodor Schiemann auf ein Extraordinariat (Ordinarius 1906). Schiemann gründete mit Unterstützung des Ministeriums trotz der ablehnenden Haltung der Fakultät das Seminar für Osteuropäische Geschichte (1902). Auch Otto Hoetzsch (1876–1946) verdankte seine Berufung 1913 zum Extraordinarius (Ordinarius 1928) der Unterstützung des Ministeriums, nicht der Fakultät.

Immerhin war dem Preußischen Ministerium mit diesen beiden Berufungen die Gründung einer neuen Fachrichtung in Deutschland gelungen, der Osteuropäischen Geschichte. Auch die Berufung von Hans Delbrück war insofern kein Fehlschlag, als er mit seiner Verbindung von Kriegsgeschichte und Universalgeschichte einen sehr eigenständigen wissenschaftlichen Weg ging und sich im Übrigen als akademischer Lehrer bewährte. Delbrück bekam zunächst ein Extraordinariat, das Ministerium richtete also eine neue Stelle für ihn ein, während nach Droysens Tod 1884 Reinhold Koser (1852–1914) auf ein neu geschaffenes Extraordinariat für „Neuere allgemeine und brandenburgisch-preußische Geschichte" berufen wurde. Nach einer Zwischenstation in Bonn wurde Koser als Nachfolger Heinrich Sybels 1896 Generaldirektor des Geheimen Preußischen Staatsarchivs. Zur Verstärkung der preußischen Geschichte wurde 1896 auch Kurt Breysig (1866–1940) auf eine außerordentliche Professur berufen. Breysig, der aus der Schmoller-/Hintze'schen Schule von Preußenstudien hervorgegangen war, entfernte sich davon jedoch weit und entwickelte Ansätze zu einer vergleichenden, auch ethnologisch interessierten Allgemeinen Kulturgeschichte; er blieb aber im Berliner Milieu politisch und wissenschaftlich ein Außenseiter.

Unter den Neuzeithistorikern dominierte seit den 1880er Jahren der neue Typus des Gelehrten-Politikers, der mit seiner wissenschaftlichen Arbeit ein ausdrückliches politisches Interesse verband, der mit seinen Erkenntnissen und über entsprechende Publikationsorgane systematisch auf die öffentliche Meinung einzuwirken suchte und im Übrigen informell und in den Institutionen Möglichkeiten einer enger oder weiter gefassten Politikberatung erprobte und praktizierte.[5] Der „politische Professor" des Vormärz hatte in den spätabsolutistisch oder frühkonstitutionell verfassten Staaten die Funktion eines Sprechers der oppositionellen politischen Öffentlichkeit übernommen, der Gelehrten-Politiker des Kaiserreichs stand in – natürlich jeweils unterschiedlich weitgehendem – Einklang mit der Verfassung und Politik der Staaten und Regierungen und verstand sich selbst als Sprecher einer überparteilichen, durch geschichtswissenschaftliche Kompetenz gestützten politischen Vernunft. Er artikulierte sich in Vorlesungen, die manchmal bewusst ein breites Publikum anzielten, aber auch in historisch-politischen Vorträgen, die dann in Sammelbänden auf den Markt kamen und den bürgerlichen Bücherschrank eroberten.

Die meisten Berliner Neuzeithistoriker suchten darüber hinaus mit einer intensiven publizistischen Tätigkeit politisch-kulturellen Einfluss. Ranke gab 1832 bis 1836 im Auftrag der Regierung seine etatistisch-konservativ orientierte „Historisch-politische Zeitschrift" heraus; sie blieb ohne Resonanz, man verdankt ihr aber einige der bedeutenden historisch-politischen Essays Rankes. Droysen engagierte sich in seinen Kieler und Frankfurter Jahren 1840 bis 1849 in der Nationalbewegung und etablierte sich vor allem mit seinen Editionen und Publikationen zur Frankfurter Nationalversammlung als langfristig einflussreicher Geschichtspolitiker, zog sich allerdings seit seinem Ruf nach Berlin 1859 von der Publizistik zurück. Treitschke war eigentlich ohnehin mehr Publizist als Historiker, er wollte „erzählen und urteilen".[6] Erst einige Zeit nach der Berufung nach Berlin publizierte er 1879 den ersten Band seiner „Deutschen Geschichte", der auch noch nicht auf eigenen Forschungen beruhte. Treitschke war von 1871 bis 1884 Reichstagsabgeordneter (bis 1878 für die Nationalliberalen, danach parteilos) und gab das einflussreichste Organ für die liberal-konservative Öffentlichkeit, die „Preußischen Jahrbücher", heraus (von 1866 bis 1889). Sein Mitherausgeber wurde 1883 Hans Delbrück, der sich bis in die späten 1880er Jahre neben seiner wissenschaftlichen Tätigkeit auch als Publizist verstand, im späten Kaiserreich und vor allem im Ersten Weltkrieg zunehmend reformistische Positionen vertrat und sich in einer Mischung von historischem Kompetenzanspruch und politischer Leidenschaft nach 1918 auf erbitterte Kontroversen mit Ludendorff einließ.[7] Otto Hintzes Nachruhm dagegen leidet bis heute unter der Dynastiebegeisterung und dem forcierten preußisch-protestantischen

Gouvernementalismus, der sein Auftragsbuch zum 500-jährigen Regierungsjubiläum der preußischen Dynastie „Die Hohenzollern und ihr Werk" bestimmt.[8] Theodor Schiemann und Otto Hoetzsch übernahmen die Rolle publizistischer Vertreter deutscher Russland- bzw. Osteuropainteressen seit dem Übergang Deutschlands zur Weltpolitik.[9]

Im Kaiserreich prägten die Vorstellung und der Stolz darauf, in der Hauptstadt des Reiches politisch und publizistisch Einfluss nehmen zu können, das Bewusstsein dieser Gelehrten.[10] Delbrück fand die Möglichkeit einer Berufung nach Breslau (1889) oder Leipzig (1893) unter seiner Würde und nur die Reichshauptstadt Berlin ihm angemessen. Der Mediävist Dietrich Schäfer (1845–1929) verband mit seinem Ruf nach Berlin die Hoffnung auf verstärkte historisch-politische Wirkung im politischen Mittelpunkt des Reiches.[11] Verhältnismäßig spät fand demgegenüber Friedrich Meinecke zur politischen Publizistik. Im Ersten Weltkrieg vertrat er mit Hans Delbrück und dem stärker altpreußischen Traditionen verpflichteten Hintze einen gemäßigten Kurs in der Kriegsziel- und innenpolitischen Reformdebatte.

Mit ihrer starken berufungspolitischen Einflussnahme trieb die Berliner Kultusverwaltung nolens-volens auch den Differenzierungs- und Spezialisierungsprozess in der Geschichtswissenschaft voran. Bei der eminenten politischen Interessiertheit dieser Interventionen wundert es nicht, dass sich die Neuere Geschichte sehr viel dynamischer entwickelte als die Alte und die Mittelalterliche. Friedrich von Raumer (1781–1873, Ordinarius 1819–1859) hatte Alte und Neuere Geschichte gelesen, Ranke Mittelalterliche und Neuere Geschichte, Droysen Griechische Geschichte und Neuere Geschichte sowie viel Geschichte Preußens. Zum Ende der Amtszeit Droysens 1884 gab es an der Fakultät nur zwei Ordinarien, die ihren Schwerpunkt auf die neuzeitliche Geschichte legten, Droysen und Treitschke. Treitschke las vor allem „Allgemeine Geschichte" und „Politik", die übrigens seit 1819 auch immer wieder von Raumer vorgetragen worden war. Seit Beginn der neunziger Jahre boten nun Verhandlungen über Neuberufungen (auch in der Mittelalterlichen Geschichte) Anlässe für den Ausbau der Neueren Geschichte auf vier Ordinariate. Der Lehrstuhl Droysens wurde geteilt und die eine Hälfte in eine Professur für Geschichte der Neuzeit umgewandelt. Auf sie wurde 1890 Max Lenz (1850–1932) berufen. Dann schuf das Ministerium für Otto Hintze eine eigene Professur mit dem Schwerpunkt auf der Verfassungs- und Verwaltungsgeschichte. Hinzu kamen die Professur und 1902 das Seminar für Osteuropäische Geschichte und Landeskunde für Theodor Schiemann. Hans Delbrück hatte das Glück, durch die Politik auf den Treitschke'schen Lehrstuhl geschoben zu werden. Nachdem Max Lenz 1912 einen Ruf an das neu gegründete Kolonialinstitut in Hamburg angenommen hatte, kam Friedrich Meinecke 1914 nach Berlin zurück.[12]

Mit den Berufungen von Schiemann und Hintze gelangen der preußischen Wissenschaftspolitik zukunftsträchtige Berufungen. Die Berufung Schiemanns bewährte sich nicht wegen der wissenschaftlichen Qualität des Œuvres, sondern weil mit ihr richtungweisend in Deutschland eine neue Teildisziplin institutionalisiert wurde, die Osteuropäische Geschichte. Mit Hintze konnte die FWU das Themen- und Methodenspektrum der Neuzeithistorie durch eine in dieser Fundiertheit neue Verknüpfung von Verwaltungs-, Verfassungs- und Politikgeschichte erweitern. Hintze praktizierte sie zunächst für Preußen, dehnte die Fragestellung dann aber schon seit der Jahrhundertwende auf eine vergleichende europäische Verfassungsgeschichte aus.

Der wissenschaftliche Innovationsschub seit Beginn der 1890er Jahre verdankt sich neben der staatlichen Intervention ganz wesentlich der Besonderheit der Berliner Fakultätengliederung. Nationalökonomie und Staatswissenschaften gehörten zur Philosophischen Fakultät; vor allem mit der Berufung von Gustav Schmoller (1882) gewann hier die sogenannte Jüngere Schule der historischen Nationalökonomie bedeutenden Einfluss.[13] Er war neben Adolf von Harnack (1851-1930) wahrscheinlich der wichtigste Gelehrtenpolitiker des späten Kaiserreichs, als Sozialpolitiker und einer der führenden Köpfe des „Vereins für Sozialpolitik" der Organisator und Leiter großer Forschungs- und Publikationsprojekte, als „Netzwerker" mit besten Beziehungen zu Ministerien und zum Hof. In der Fakultät fungierte er zwischen 1890 und 1914 als Referent bei jeder dritten geschichtswissenschaftlichen Habilitation. An der Akademie wirkte er als Reihenherausgeber mit Hintze zusammen. Neben und nach Schmoller hielten die Staatswissenschaften auch mit Max Sering (1857-1939), Heinrich Herkner (1863-1932) und Hermann Schumacher (1868-1952) noch die ungewöhnliche Kombination von Geschichte und Staatswissenschaften aufrecht.

Insgesamt verlief der Prozess der disziplinären Erweiterung und Spezialisierung jedoch keineswegs reibungslos. Nicht immer zu Unrecht gerierten sich die Fachhistoriker als Verteidiger wissenschaftlicher Qualitätsmaßstäbe – u. a. gegenüber Delbrück und Breysig – aber auch einer allgemeingeschichtlichen Orientierung gegenüber den Spezialisierungstendenzen. Insbesondere die wachsende Spannung zwischen „Generalisten" und „Experten" bzw. Spezialisten wirkte sich bei den

Habilitationsverfahren aus. Schmoller und Hintze, die im Rahmen der „großbetrieblichen Forschungsorganisation" über die von ihnen organisierten Editionsvorhaben die Spezialisierung vorantrieben, betonten in jeweils unterschiedlichen Mischungen von Überzeugung und Taktik durchaus die Notwendigkeit der Generalisten-Fähigkeiten, umgekehrt konnten Generalisten wie Dietrich Schäfer den Vorwurf des Spezialistentums auch zur Ablehnung politisch unliebsamer Habilitationsanwärter nutzen.[14] Auch bei Hintze selbst trat eine Spannung auf zwischen dem überlieferten neuhumanistisch-generalistischen Gelehrtenbild mit universalistischem Fragehorizont und der Notwendigkeit spezialistischer Einengung im arbeitsteiligen Forschungsprozess.[15] Es wird kein Zufall sein, dass Dietrich Schäfer, der selbst von der Mittelalterlichen Geschichte zunehmend in die Neuzeit ausgriff und politisch seinen Konservatismus mit einem neuartigen Radikalnationalismus verknüpfte, mehrfach am entschiedensten den Spezialistentumsvorwurf erhob. In den wiederholten Konflikten scheiterte die Habilitation des Wirtschaftshistorikers und Mitarbeiters an den „Acta Borussica", Hugo Rachel (1872–1945), am Widerstand von Dietrich Schäfer (und auch von Hans Delbrück). Schärfer noch wurde die Kontroverse um die Habilitation des Wirtschaftshistorikers Paul Sander (1866–1919) ausgetragen, für den wie bei Rachel Hintze und Schmoller und gegen den wiederum Schäfer, Delbrück und der Mediävist Tangl (1861–1921) votierten.

Ranke, Droysen, Treitschke, Hintze – Historiographie zwischen Bildung und Nation, Staat und Politik

Rankes Werk ist auch heute noch präsent, nach Phasen des Vergessens und der Verdammung, die es durchlaufen hat. In Deutschland war die Beschäftigung mit Ranke nie nur historisch, sondern immer auch Grundlagenreflexion einer sich wandelnden Geschichtswissenschaft.

Fragt man nach den Gründen für Rankes singuläre Wirkungsgeschichte, so lassen sich zunächst drei Zuschreibungen unterscheiden, mit denen Ranke in die Stellung eines Gründervaters der deutschen Geschichtswissenschaft und Geschichtsschreibung im 19. Jahrhundert gehoben wurde: erstens seine Quellenkritik, wie er sie in der riesenhaften Fußnote zu seinem Erstlingswerk, der „Geschichte der romanischen

Abbildung 2: Der 90-jährige Leopold von Ranke, in: Die Gartenlaube 1885

und germanischen Völker" 1824 – selbständig erschienen unter dem Titel „Kritik der neueren Geschichtsschreibung" – expliziert und seit 1825 gelehrt hat. Zweitens und völlig unbestritten gilt Ranke als der Begründer der modernen historischen Erzählung, einer Darstellungskunst, die den Leser gefangen nehmen und die Beschäftigung mit der Geschichte, wie Ranke ausdrücklich forderte, zum „Genuß" machen sollte. Drittens und damit eng verknüpft: Ranke begründete das historisch-politische Deutungsmodell von der Rivalität und Geschichtsmacht der großen europäischen Staaten der Neuzeit – ein Denkmuster, das er in den Meisteressays von 1833 und 1836, den „Großen Mächten" und dem „Politischen Gespräch", bündig skizziert und dann in einem insgesamt 63-bändigen Werk mit unglaublicher Konsequenz ausgearbeitet hat.[16]

Ranke verstand Geschichtsschreibung als Literatur: Geschichte und Kunst waren für ihn „im Begriff, aber nicht in der Ausübung verschieden". Kunst und Wissenschaft – so heißt es in den Tagebüchern – müssten zusammenfallen: „Weil Wissenschaft erkundet, was je geschehen ist, Kunst aber das Geschehene gestaltet und gegenwärtig vor das Auge führt".[17] „Die Historik" – so liest man in der Berliner Antrittsvorlesung von 1836 – „bezieht sich ganz auf die Literatur: Denn ihre Aufgabe geht dahin, wie die Begebenheiten geschehen sind, wie die Menschen beschaffen waren, von Neuem vor Augen zu stellen und das Andenken daran für alle Zeiten zu bewahren".[18] Der Forscher prüft demnach die Richtigkeit der Überlieferung und ermittelt die bisher unbekannten Tatsachen, der Erzähler aber organisiert den Stoff für die Darstellung. Nur über die Form erschließen sich daher auch wirklich die Inhalte der Rankeschen Geschichtsschreibung, sein Geschichtsbild und die natürlich auch bei ihm vorhandene, wenn auch nicht breit explizierte Theorie der Geschichte.

Keineswegs löscht Ranke dabei sein Erzähler-Ich, d.h. sein Historiker-Ich aus. Im Gegenteil, er organisiert die Geschichte nicht nur, er kommentiert sie auch. Die erstaunliche Ruhe bei seinen Urteilen über das Geschick von Völkern, Staaten und Personen stützt sich auf die Vorstellung, dass alles Geschehen providenzgetragen ist – Ausdruck jener spezifisch deutschen kulturprotestantischen Geschichtsreligion, die auch Rankes fortschrittsfreudigeren Kontrahenten aus dem liberalen Lager ihre Theodizeegewissheit gewährte.[19] Unterhalb dieser Ebene höchster Allgemeinheit, auf die sich ja nur gelegentlich verweisen, auf der sich aber nichts erzählen lässt, dienen vor allem die Staaten als diejenigen tragenden Instanzen, die ordnende Kontinuität stiften und damit das immer wieder auftretende Unheil integrieren in eine sinngetragene Menschheitsentwicklung. Sie unterscheiden sich nach Verfassung und Interessen und prägen ihren Mitgliedern eine unverwechselbare kollektive Identität auf. Auf dem gegenwärtigen Stand der Kultur bedürfen sie, um wirklich geschichtsmächtig zu sein, eines notwendigen Substrats, des Volks oder der Nation.

Neben den Staaten sichern vor allem die Kirchen die Ordnung, die zum Weltlauf gehört wie die Unordnung. Staat und Kirche sind immer der Gefahr ausgesetzt, die Grenzen ihrer Autorität so weit hinauszuschieben, dass sie Widerstand und gegenläufige Tendenzen provozieren. Rankes große Geschichtserzählungen setzen dort ein, wo der mittelalterliche Universalismus sowohl der Kirche wie auch des Sacrum Imperium der Deutschen zerfällt und sich jene spezifisch europäische Kultur herausbildet, in der die Prätention eines kirchlichen oder staatlichen Universalismus wohl noch auftreten kann, aber am Widerstand der staatlich-nationalen Individualitäten zerbricht. In Renaissance, Reformation und in den konfessionellen Kriegen und Bürgerkriegen des 16. und 17. Jahrhunderts bildet sich – so Ranke – das auf die großen Nationen fundierte europäische Mächtesystem heraus. In ihm verknüpfen sich Vielheit und Einheit in einer Weise, dass sich die menschlichen Energien so produktiv ausleben können wie nie zuvor und nirgends sonst. Dabei entwickelt Ranke jenes bestechende Modell Europas als der Vielheit in der Einheit, in der hegemoniale Ansprüche immer wieder auftreten, aber notfalls in blutigen Kämpfen zurückgewiesen werden. Wenn inhaltlich etwas bleibt vom Geschichtsbild Rankes, so ist es dieses Modell einer europäischen Discordia Concors, die sich aufbaut aus der Verschiedenheit der Nationen und Staaten, die sich jeweils ihrer unverwechselbaren Kulturbedeutung bewusst sind, die aber doch auf gemeinsamen Traditionen von Staatlichkeit, Religion und Bildung beruhen.

Rankes Engführung der universalgeschichtlichen Reflexion auf die europäische Staaten- und Kirchenordnung der letzten vierhundert Jahre und auf den Grundsatz des Machtgleichgewichts setzte sein Denken einer Gefahr aus, die allerdings weniger sein eigenes Geschichtsbild desavouierte als die Versuche seiner Nachfolger, ihre eigene Gegenwart von Rankes Geschichtsbild her zu deuten. Ranke stellte die Universalgeschichte still, und zwar nicht mit dem Ende der Alten Welt 1789, sondern mit seiner eigenen Gegenwart. Es war in seinen Augen gerade die Französische Revolution, die dem von Erstarrung bedrohten europäischen Mächtesystem zu neuer Integrations- und Ordnungspotenz verholfen hat, indem sie die „Bedeutung der moralischen Kraft, der Nationalität für den Staat endlich einmal wieder zur Anschauung in das allgemeine Bewußtsein gebracht" habe. „Was wäre aus unseren Staaten geworden, hätten sie nicht neues Leben aus dem nationalen Prinzip, auf das sie gegründet waren, empfangen".[20] Neu auftretende Bedürfnisse und Ideen, welche die kulturelle und nationale Einheit des modernen Staates und die Autorität der Kirchen in Frage stellen – der Kapitalismus, der mit ihm verwobene Liberalismus, gar Sozialismus und Kommunismus – können gar nicht anders, als das gültige Ordnungssystem der national fundierten europäischen Mächte in Frage zu stellen; sie müssen bekämpft werden.

Wie sehr er – der Verfechter einer vom Kollegen Droysen „eunuchisch" gescholtenen Objektivität – an die Gegenwart und ihre Konflikte dachte, wenn er weit ausholend die Vergangenheit erzählte, legte er in seiner programmatischen Antrittsvorlesung von 1836 „Über die Verwandtschaft und den Unterschied der Historie mit der Politik" offen. Noch unter dem Schock der steckengebliebenen Revolution von 1830 beschreibt er seine Wahrnehmung des Revolutionszeitalters seit 1789: die entfesselte „Glut der Leidenschaften", den staatsgefährdenden „Strudel von Meinungen und Parteiungen", den Umschlag des Freiheitsverlangens in die „Herrschaft ... eines törichten und grausamen Volkshaufens". Die Signatur der Epoche ist die allgemeine „Lust und Neigung, die Staaten zu verbessern und in andere Formen umzugießen ...".[21] Der Historiker selbst muss aufpassen, nicht in die Desorientierung hineingerissen zu werden: „So weit entfernt ist die Historie davon, daß sie die Politik verbesserte, daß sie vielmehr gewöhnlich von ihr verderbt wird".[22] Meidet der Historiker diese Gefahr, so kann er den Zeitgenossen geben, wessen sie bedürfen: Orientierungswissen als Ergebnis theoretischer Anstrengung mit praktischer Wirkung. Rankes Geschichtsschreibung will Identität stiften: ein methodisch geklärtes Wissen darüber, woher wir kommen, dient als Wegweiser, wohin wir zu gehen haben.

Rankes Geschichtsschreibung ist das Produkt einer höchst reflektierten Zeitgenossenschaft. Aus dieser Zeitgenossenschaft ergeben sich Größe und Grenzen des Werks. Die Grenzen treten paradoxerweise umso schärfer hervor, je mehr man die fulminante Wirkungsgeschichte in die Würdigung einbezieht. Auf dem Weg über die ästhetische Darstellung der Machtgeschichte ästhetisierte sich die Macht selbst. Rankes historisches Weltbild kam zudem in ganz singulärer Weise dem Bedürfnis der Deutschen nach 1879 entgegen, ihre eigene, neue Stellung in der Welt über die Macht- und Außenpolitik zu definieren und sich gleichwohl einer vermeintlich prästabilierten Harmonie der großen Mächte zu versichern. Der Erklärungsgehalt der These, dass die Beziehungen zwischen den großen Mächten das eigentliche Zentrum aller historischen Prozesse seien, bedurfte in dem Maß der Ergänzung, als die marktbedingten Konflikte erst der bürgerlichen, dann der industriellen Gesellschaft hervortraten. Was darüber hinaus bleibt von Rankes Geschichtstheorie und Geschichtsschreibung ist die Distanzierungsleistung seines Objektivitätsanspruchs als Kritik der kritischen Geschichtsschreibung, auch wenn sie nicht mehr geschichtsreligiös, sondern nur logisch abgestützt werden kann. Die methodische Maxime, dass jede Generation ihr Recht in sich selbst trägt und – in der Sprache Rankes – „unmittelbar zu Gott" ist, bleibt in der Krise des Projekts der Moderne, die wir erleben, aktueller denn je.

Als Droysen im Wintersemester 1860/61 seine Lehrtätigkeit in Berlin begann, traten sich in der Fakultät die methodisch profiliertesten Kontrahenten in der protestantisch geprägten deutschen Geschichtswissenschaft des 19. Jahrhunderts gegenüber. Droysen war 20 Jahre jünger, zeitweise aktiver Politiker, eine leidenschaftliche Kämpfer- und Rednernatur und ein vom Geiste Hegels geprägter Geschichtstheoretiker. In der Fakultät hielten die beiden Koryphäen Abstand, was insofern

Abbildung 3: Johann Gustav Droysen, vor 1868

nicht schwer fiel, als sich Ranke den Fakultätsgeschäften ohnehin weitgehend fernhielt.²³ Eine wirkliche Konkurrenz zwischen Droysen und Ranke an der Universität selbst gab es auch deshalb kaum, weil Rankes Vorlesungstätigkeit nur noch sehr wenig Zuspruch fand, Droysen aber von seinem ersten Berliner Semester an seine Hörsäle mit bis zu 200 Studenten füllte. Für Droysen waren Rankes historiographisches Werk, seine Geschichtskonzeption und seine wissenschaftsorganisatorische Leistung (vor allem mit der Gründung der Historischen Kommission bei der Bayerischen Akademie der Wissenschaften durch Maximilian II. 1858) ein Ärgernis, aber eben damit auch eine Herausforderung.²⁴ Über den Divergenzen, die in der Historiographiegeschichte durchaus legitimerweise zur Personifizierung von zwei idealtypisch gegeneinandergestellten Wissenschaftskonzeptionen in Ranke und Droysen geführt haben, sollte man allerdings grundlegende Gemeinsamkeiten nicht vergessen: die – wenn auch sehr unterschiedliche – protestantisch-geschichtsreligiöse Fundierung beider Wissenschaftskonzeptionen; die daraus resultierende Auffassung von Geschichte als Geist, die geistig zu erfassen sei; und die – wiederum in ganz gegensätzliche Richtungen entwickelte – Grundüberzeugung, dass empirisch fundierte, aber auf einem Theoriefundament organisierte Geschichtskenntnis notwendig die maßgebliche Handlungsorientierung für die Politik zu bieten habe.

Droysens Geschichtsschreibung hat nie das Ansehen gewonnen und die Wirkung entwickelt wie die Rankes. In eine Fortschrittsgeschichte der historiographischen Paradigmen gehört er mit seinem althistorischen Werk, der Geschichte des Hellenismus[25] und der Geschichte Alexanders des Großen.[26] Eine kurze Erörterung der „Geschichte der preußischen Politik" darf hier aber nicht fehlen, auch wenn sie knapp zehn Jahre vor dem Ruf nach Berlin konzipiert wurde und von den 14 Bänden des Gesamtwerks erst die Bände 4 bis 14 in Berlin ausgearbeitet worden sind.[27] Droysen trat damit Rankes 1847/48 publizierter „Preußischer Geschichte" gegenüber. Die Durchführung des Werks verlangte alle Kräfte Droysens, seit seinem Amtsantritt in Berlin verzichtete er auf politische Aktivitäten und auch auf politische Publizistik. Seine Forschung fand ihren Niederschlag in den regelmäßigen Vorlesungen zur preußischen Geschichte. Historiographiegeschichtlich wichtiger war und ist Droysens „Historik", die er in Berlin von Anfang an in sehr häufig wiederholten Vorlesungen vortrug. Er selbst gab dazu noch einen Leitfaden zur Vorlesung heraus, den „Grundriss der Historik" für Zwecke der Lehre, die ganze Vorlesung ist unter dem Titel „Historik. Vorlesungen über Enzyklopädie und Methodologie der Geschichte" erst 1937 von Droysens Schwiegersohn Rudolf Hübner und dann in einer historisch-kritischen Edition zumindest teilweise 1977 herausgegeben worden.[28] Droysens Historik ist in einzelnen Aspekten über die Hörer Hintze, Meinecke, Koser und auch über viele Gymnasiallehrer zweifellos ins allgemeine Geschichtsbewusstsein eingegangen; allerdings hat sie nicht vermocht, die Geschichtstheorie in Deutschland insgesamt wesentlich zu prägen. Erst in der geschichtstheoretischen Debatte der siebziger und achtziger Jahre in Deutschland wurde eine Auseinandersetzung mit Droysens Historik obligatorisch. An der „Geschichte der preußischen Politik" dagegen ist nichts zu „retten". Sie wurde im Übrigen von der Fachwelt von Anfang an mit großen Vorbehalten aufgenommen. Gleichwohl darf nicht übersehen werden, dass die borussianische Lesart der deutschen Geschichte mit ihren Hauptvertretern Droysen und Treitschke in simplifizierter Form über den Geschichtsunterricht zunächst im kleindeutschen Raum, später auch in Süddeutschland weit verbreitet worden ist und das Geschichtsbild des deutschen Bürgertums vor allem im Einflussbereich des Berliner Metropol-Provinzialismus bis heute mitbestimmt.[29]

Die Wendung Droysens von der Philologie und von der Alten zur Neueren und Neuesten Geschichte vollzog sich vor allem, nachdem er 1840 nach Kiel berufen worden war. In der sich aufheizenden Atmosphäre liberal-nationaler Politisierung konzipierte er seine „Vorlesungen über die Freiheitskriege",[30] in denen er im Rahmen einer atlantisch-europäischen Geschichte der Freiheitsbewegungen seit 1776 die dominierende konservative Deutung des Revolutionszeitalters ins Positive wenden wollte. Droysen sah den entscheidenden Umschwung zu einer freiheitlichen Politik in den preußischen Reformen bis 1815, in der Beteiligung des Bürgers an den staatlichen Funktionen durch die Selbstverwaltung und schließlich in der Verselbständigung des Staates gegenüber der absolutistischen Gesetzlosigkeit des Herrschers. Durch seine Mitarbeit an der verfassungsrechtlichen Festlegung der Grundrechte des deutschen Volkes in Frankfurt 1848 wollte Droysen ebenso wie die anderen Mitglieder der Casino-Partei über die konstitutionelle Garantie bürgerlicher Beteiligung am politischen Leben vor allem der Staatsmacht die Aktivität, Energie und Moralität der Bürger zuführen, sie forderten daher weit mehr das Recht auf Pflicht denn auf Freiheit und Solidarität. Als Droysen im Herbst 1848 seine Frankfurter Hoffnungen enttäuscht sah, war es daher nur folgerichtig, dass er die antirevolutionäre oktroyierte preußische Verfassung vom Dezember 1848 als wichtigen Schritt auf dem Weg der deutschen Nationalstaatsbildung begrüßte. Unmittelbar nach dem definitiven Scheitern der Paulskirche tastete sich der etatistische Droysen'sche Liberalismus wieder an die Macht heran, auf dem Boden des durch die oktroyierte Verfassung erneut von oben teilreformierten preußischen Staates.[31]

In dieser Situation entwickelte Droysen 1853 den Plan einer Geschichte der preußischen Politik. Er verstand sich dabei von Anfang an als Historiker nicht der preußischen Einzelstaatlichkeit, sondern als Geschichtsschreiber der deutschen Einheitsbewegung. Er ging von einer ursprünglichen Einheit aus, der „Idee" des hochmittelalterlichen Kaisertums in der Stauferzeit, beklagte dann, wie sich die Idee von der Wirklichkeit entfernt habe, behauptete aber unverdrossen, dass der ghibellinische Reichsgedanke in der Reichstreue der Hohenzollern wieder aufgelebt sei. Da jedoch die Reichsgewalt 1440 an den Habsburger König Friedrich III. überging, war es nach Droysens Ansicht sinnlos geworden, Reichspolitik zu treiben. Er bejahte jetzt die Politik des dynastischen und territorialstaatlichen Egoismus, der auch die Hohenzollern folgten. Im Kampf der Landesherren gegen die Stände bezieht Droysen eindeutig Partei gegen die Stände, – ihr Widerstand musste, da sie nicht an das Wohl des Ganzen dachten, mit Gewalt gebrochen werden. So steht auch die partikularstaatlich-preußische Ausbildung des territorialen Flächenstaates unter dem Großen Kurfürsten und seinen Nachfolgern für Droysen immer unter dem Vorzeichen deutscher Einigungspolitik. Bezeichnend spricht Droysen 1870 von der „neuen Machtgrundlage des Reiches", dem „Nationalparlament"; es steht neben anderen „Machtgrundlagen", nämlich Wehrpflicht und „unerhörten Siegen".[32] Droysen zieht damit praktisch eine direkte Kontinuitätslinie von den Verwaltungsreformen des Großen Kurfürsten bis zum verfassungspolitischen Quietismus des Nationalliberalismus im Kaiserreich. 1880 lautete die These seiner Vorlesung „Über preußische Geschichte mit besonderer Berücksichtigung der Verfassung und Verwaltung": „Indem man auf die inneren Organisationen und Tätigkeiten dieses doch merkwürdig sorgsam auferbauten Staates eingeht, lehrt man besser Politik, als mit dem ewigen Verfassungsdusel auf die Melodie Parlament oder Ideen von 1789."[33]

Droysens „Geschichte der Preußischen Politik" ist ein historiographischer Irrläufer sondergleichen, der allerdings mit seiner „Historik" in einer leicht zu übersehenden Kongruenz steht. Das Werk verabsolutiert einen Grundgedanken der „Historik", nämlich die Vorstellung von der „praktischen Bedeutung der historischen Studien", die laut Droysen darin besteht, dass „sie – und nur sie – dem Staat, dem Volk, dem Heer usw. das Bild seiner selbst" geben.[34] Diese identitätsstiftende Funktion der Geschichte hat Droysen in einer bedrückenden intellektuellen Verengung, angetrieben von einem im Lauf der Jahre immer weniger gebremsten, auf den preußischen Staat projizierten Machtwillen, für die Geschichte der preußischen Politik durchexerziert. Seine Theorie geht in dieser Fundierung des verfehlten Hauptwerks aber keineswegs auf. Vielmehr bringt sie die moderne Transformation systematisierter Geschichtserkenntnis von ihrer Bildungsfunktion zur Produktivkraft auf den – hegelianisch gefärbten – Begriff. Die Historik ist eine präzise und fast alle Bereiche strenger historischer Studien umfassende Methodologie und Enzyklopädie der historischen Forschung.[35] Droysen verknüpft diese Präzisierung und Theoretisierung von Forschung auch bereits mit einem entschiedenen, wenn auch nicht schlüssig durchgehaltenen transzendentalen Ansatz, der dem metaphysischen Objektivismus zuwider läuft. Geschichte ist „nicht die Summe der Geschehnisse, nicht aller Verlauf aller Dinge, sondern ein Wissen von dem Geschehenen".[36] Das Wissen erhält damit grundsätzlich einen Entwurfscharakter, die Vergangenheit kann vergegenwärtigt werden nur in der Form empirisch gestützter hypothetischer Sätze. Zudem steht das forschende und erkennende Subjekt seinem Erkenntnisgegenstand, der Geschichte, nicht gegenüber, sondern ist Teil dieses Objekts, weil sich die Erkenntnis selbst als immer schon geschichtlich vermittelt erwiesen hat.[37] In der Konsequenz ist am Ende des 19. Jahrhunderts die Formel von der „wissenschaftlichen Arbeit" zur selbstverständlichen Redeweise geworden.[38] Forschung als Arbeit bezeichnet die synthetisierende Konstitutionsleistung des Forschers, sie bringt die Verselbständigung des überindividuellen Erkenntnisprozesses gegenüber dem einzelnen Gelehrten zum Ausdruck und sie ordnet die Tätigkeit des Gelehrten in eine umfassende Konzeption von Geschichte als Fortschritt ein.[39] Damit hat die Tätigkeit des Gelehrten allgemein und des Historikers im Besonderen ihre Funktion und ihren Stellenwert in der Gesellschaft von Grund auf verändert. Sie ist nicht mehr „Theoria" im alteuropäischen Wortsinn, sondern ist zur erkennenden, das heißt jetzt auch wirklichkeitsverändernden Potenz in der „neuzeitlichen bewegten Geschichte" (Koselleck) geworden, in der die Gesellschaft den permanent gewordenen Fortschritt aus sich selbst heraus produziert.

Zugespitzt könnte man sagen, dass an der Berliner Universität Heinrich von Treitschke das historiographische Werk Droysens chronologisch ins 19. Jahrhundert fortgeschrieben hat. 1879 erschien der erste, 1894 der fünfte und letzte Band seiner „Deutschen Geschichte des neunzehnten Jahrhunderts", die freilich unvollendet blieb und nur bis zum Ausbruch der Revolution 1848 führte. Während Droysen seine Arbeit immer mehr auf die politische Geschichte, besonders die Außenpolitik verengt hatte, thematisierte Treitschke ausführlich kultur- und stellenweise auch sozialgeschichtliche Sachverhalte. Er beschrieb die Entstehung der bürgerlichen Öffentlichkeit, behandelte die Kammern, die Pressegeschichte und die Politisierung der Literatur im Vormärz. Das Werk war zunächst konzipiert als Geschichte des Deutschen Bundes (ohne Preußen), daher stand der Aufstieg der bürgerlichen Bildungsschichten und die von ihnen getragene öffentliche Meinung als Triebkraft der nationalpolitischen Entwicklung im Vordergrund. Mit der Bismarck'schen Einigungspolitik verschoben sich allerdings die Wertungen und auch die Schwerpunktsetzungen. Der Staat als Handlungsträger trat in den Vordergrund, auch die historische Rolle des Adels und der traditionellen Eliten. Öffentliche Meinung und Parlament dagegen erschienen zunehmend als Foren kleinlicher Vorbehalte und Interessenpolitik gegenüber dem großen Zug der preußisch-deutschen Staatspolitik. Treitschke schilderte die Geschichte des

Deutschen Bundes als letztes Kapitel im zweihundertjährigen Kampf zwischen den Häusern Österreich und Preußen, bevor notwendigerweise diese Politik ein „Preußisches Reich Deutscher Nation" geschaffen habe, wie Treitschke die spätmittelalterliche Formel vom „Römischen Reich Deutscher Nation" abwandelte.[40]

Heinrich von Treitschke ist eine verhängnisvolle Figur in der deutschen Geschichte. Sein Hauptwerk erwies sich auf dem deutschen Büchermarkt als sehr erfolgreich, schon 1894 erreichten die Bände eins bis fünf Auflagen zwischen elf- und sechzehntausend Exemplaren, der zweite, besonders umstrittene Band kam 1906 auf 21.000 Exemplare.[41] Treitschke war ein sprachgewaltiger Autor und Redner und legte es mit seinem „packenden Stil" und der „journalistischen Rhetorik" (Eduard Fueter), dem Verzicht auf Diskursivität und wissenschaftlichen Nachweis, mit der erzählerischen Diktion und seinen zugespitzten Urteilen vor allem auf öffentliche Wirkung an. Er wollte das deutsche Bürgertum erziehen, und zwar zur Bejahung einer bedingungslos anerkannten preußisch-deutschen Machtpolitik.

Nicht nur in seinem Hauptwerk, auch in seiner publizistischen Tätigkeit als Herausgeber und Autor der „Preußischen Jahrbücher" profilierte sich Treitschke als Vorkämpfer gegen die demokratischfreiheitlichen Traditionen des älteren deutschen Liberalismus. Seine Berliner Vorlesungen, insbesondere die Politik-Vorlesung, verfochten aggressiv bereits eine mehr oder weniger hegemoniale Machtstellung des neuen Deutschen Reiches. Hier klingen Formulierungen an,[42] mit denen der Nationalökonom Max Sering, dann aber auch Friedrich Meinecke und Otto Hintze – von Eduard Meyer (1855–1930) und Dietrich Schäfer nicht zu reden – in den Kriegsjahren die ideelle Mission Deutschlands vertraten.[43] Die Beiträge zu „Deutschland und der Weltkrieg" (1915), dem offiziösen Werk der deutschen Professorenschaft, konnten Ideen Droysens, vor allem aber Treitschkes, aufnehmen, wenn sie eine deutsche Weltstellung als Ausdruck der Freiheit im Staatensystem postulierten.[44] Heinrich Claß, der langjährige Vorsitzende des Alldeutschen Verbandes, schildert im Rückblick auf seine Berliner Studentenzeit, wie man in Treitschkes Vorlesungen gelernt habe, die „drei Fremdworte: Patriotismus, Toleranz, Humanität" zu diskreditieren und sich stattdessen für „national schlechthin" zu erklären.[45] Treitschke trug auch wesentlich dazu bei, den Antisemitismus salonfähig zu machen. In einem Aufsatz „Unsere Aussichten" in den von ihm herausgegebenen „Preußischen Jahrbüchern" (1879) formulierte er den Satz „Die Juden sind unser Unglück". Treitschke war kein Rassenanti-

Abbildung 4: Otto Hintze

semit, aber ein bis zur Hysterie panischer und aggressiver Nationalist und forderte die völlige Assimilation der Juden in die deutsche Kultur. Seine Berliner Historikerkollegen folgten ihm darin überwiegend nicht, Theodor Mommsen widersprach öffentlich und Johann Gustav Droysen distanzierte sich deutlich.[46]

Der bei weitem innovativste Gelehrte des späten Kaiserreichs und der Weimarer Republik war der pommersche Beamtensohn Otto Hintze. Noch stark beeinflusst von Rankes Modell der romanisch-germanischen Völker, studierte er bei Droysen und Koser Geschichte und in einem zweiten Durchgang vor allem bei Gustav Schmoller Nationalökonomie. Er schloss das Geschichtsstudium mit der Promotion bei Treitschke ab und habilitierte sich unter der Federführung Schmollers 1895. Seit 1887 Mitarbeiter an den „Acta Borussica", erarbeitete er für sie die dreibändige Edition und Darstellung zur „Geschichte der Preußischen Seidenindustrie im 18 Jahrhundert".[47] 1901 ging aus diesen Arbeiten eine Gesamtdarstellung zur preußischen Behördenorganisation 1740–1756 hervor.[48] Über die Konstruktion des Verwaltungsaufbaus kam Hintze zudem auf die Analyse des Beamtentums, das er vorrangig als Herrschafts- und Verwaltungsinstrument des Monarchen begriff.

Bis tief in den Ersten Weltkrieg hinein betrachtete Hintze aus dieser Perspektive die monarchisch-bürokratische Herrschaft als besondere Leistung der preußisch-deutschen Staatstradition. Begabung, Korpsgeist und über den gesellschaftlichen Interessengegensätzen stehende Sachlichkeit der Beamten erschienen ihm als das „unschätzbare Produkt der politisch-militärischen Erziehung unseres Volkes seit den Tagen des Großen Kurfürsten", das Deutschland eine Vorzugsstellung in der Qualität von Verwaltung, aber auch Rechtssicherheit und machtpolitischer Potenz sichere.[49] Hintze integrierte in seine Sicht auf die Entstehung des modernen preußisch-deutschen Staates durchaus Faktoren der Gesellschaftsgeschichte, der „materiellen Kultur", der Wirtschaft, die er ebenso wie Verkehr und mentalitäre Prägungen zu den Faktoren längerer Dauer zählte. Im Gegensatz zu vielen seiner Fachkollegen öffnete er sich strukturgeschichtlichen Fragen und erkannte die Wirkmacht gesellschaftlicher „Kollektivkräfte". Letztlich blieb Hintzes Blick auf die Wirtschafts- und Sozialgeschichte aber doch durch die Perspektive aus der Verwaltungsgeschichte bestimmt.

1915 fasste er seine Sicht auf die Geschichte Preußens anlässlich des 500-jährigen Jubiläums der Hohenzollernherrschaft in dem auf einen weiteren Leserkreis zugeschnittenen Auftragswerk „Die Hohenzollern und ihr Werk. 500 Jahre vaterländische Geschichte" zusammen, das bereits 1916 in die neunte Auflage ging. Diese Gesamtdarstellung der preußischen Staatsbildung von der monarchischen Spitze her war freilich kein zukunftsweisendes Werk. Hintze sang das Lob des monarchischen Militär- und Beamtenstaates, vernachlässigte die Gesellschaftsgeschichte des 19. Jahrhunderts mit Industrialisierung, Klassenbildung, Demokratisierungsprozessen und Parlamentarisierung und blieb der kleindeutsch-protestantisch-konservativen Sicht durch Polemiken gegen den Katholizismus im Kulturkampf und gegen die Sozialdemokratie treu.

Der forcierte preußisch-konservative Etatismus erklärt sich zum Teil aus dem offiziösen Charakter des Werkes und der Weltkriegssituation, denn schon vor dem Ersten Weltkrieg hatte Hintze begonnen, sich den Reformvorstellungen liberalkonservativer, liberaler und linksliberaler Gelehrtenpolitiker wie Gustav Schmoller, Hans Delbrück, Friedrich Meinecke und Ernst Troeltsch (1865–1923) vorsichtig anzunähern.[50] Hintze hatte von Anfang an die Erweiterung seiner Forschungsperspektive von der preußischen inneren Staatsbildung hin zu einer, wie er 1914 formulierte, „allgemeinen vergleichenden Verfassungs- und Verwaltungsgeschichte der neueren Staatenwelt, namentlich der romanischen und germanischen Völker" angestrebt. Allerdings blieb für ihn dabei die preußische Geschichte das „Paradigma für die Ausgestaltungen und Abwandlungen des Lebens eines modernen Staats überhaupt" – auch als er sich nach der frühzeitigen Aufgabe der Professur wegen eines Augenleidens (1920) verstärkt einem typisierenden (von Max Weber angeregtem) Denken, dem Verfassungsvergleich und schließlich einer universalgeschichtlichen Perspektive zuwandte. In einem Aufsatz „Soziologische und geschichtliche Staatsauffassung" (1929) machte er allerdings auch deutlich, dass er mit seiner Typenlehre auf die individualisierende Beschreibung und Analyse von Entwicklungsprozessen zielte, nicht auf die Generalisierung an sich.[51] In drei großen Abhandlungen zwischen 1929 und 1932 versuchte er, den europäischen „Feudalismus" idealtypisch und vergleichend zu rekonstruieren, um damit die Spezifik der ständischen Verfassungen in Europa zu erfassen. Er sah sie darin, dass die wirtschaftlich, sozial und politisch aktiven und privilegierten Gruppen innerhalb des politischen Herrschaftsverbandes genossenschaftlich organisiert dem Herrscher als Vertreter des Landes gegenübertraten – eine Vorform der konstitutionellen Verfassungen im modernen Repräsentativsystem. Die ständische Verfassung beruhte für Hintze auf dem Mit- und Gegeneinander von feudaler Herrschaftsordnung und Christlichkeit sowie auf der permanenten Machtrivalität der Staaten. Der Wettbewerb habe unter den europäisch-neuzeitlichen Bedingungen den Staatsbetrieb rationalisiert und intensiviert und die Entstehung von Universalreichen verhindert.[52]

In kurzfristiger Perspektive ist Otto Hintze weniger durch seine Schriften als durch seine Organisations- und Lehrtätigkeit wegweisend geworden: Bei sieben Habilitationen schrieb er das Erstgutachten – insofern kann er als der einflussreichste Berliner Ordinarius zwischen 1902 und 1933 gelten.[53] Seine Doktoranden und Habilitanden trieben, gestützt auf die Großforschungsprojekte zwischen Universität und Akademie mit dem Schwerpunkt auf der Wirtschafts- und Sozialgeschichte, die Spezialisierung voran – während Hintze selbst sorgfältig die Balance zu wahren suchte zwischen „Experte" und „Generalist". Die Zunft führte sein Erbe allerdings nur in geringem Umfang weiter, und dann vor allem durch den direkten Schüler und Nachfolger auf dem Lehrstuhl, Fritz Hartung (1883–1967), der wiederum die Habilitation von Gerhard Oestreich (1910–1978) und Paul Sander betreute. Auch Otto Hoetzsch, in den zwanziger Jahren die tragende Figur in der Osteuropageschichte, hatte sich 1906 bei Hintze habilitiert. Hintze selbst betrachtete seine 1938 emigrierte und auf der Flucht gestorbene Frau Hedwig Hintze (geb. 1884) mit ihren Arbeiten zur französischen Verfassungsgeschichte des Ancien Régime als seine wichtigste Schülerin. Nach 1933 sorgten Berliner Hörer, die bei Meinecke promoviert oder habilitiert worden waren, für eine gewisse Resonanz: Felix Gilbert (1905–1991) publizierte Hintze-Schriften in englischer Übersetzung,[54] Dietrich Gerhard (1896–1985) verfolgte das Interesse an den ständischen Verfassungen Alteuropas weiter und Hans Rosenberg (1904–1988), für den Hintze der bedeutendste deutsche Historiker des Jahrhunderts war, knüpfte in seinen Arbeiten über das preußische Junkertum und die preußische Bürokratie an Hintze an. Für die Spannweite von Hintzes Forschungsansatz spricht, dass in der Bundesrepublik einerseits die universalgeschichtlichen Studien des früheren NSDAP-Mitglieds Otto Brunner ohne Hintze nicht zu denken sind[55] und dass andererseits die „kritische Sozialgeschichte" Hintze als Vorläufer der Strukturgeschichte in den weiteren Umkreis ihrer Traditionsbildung einbezog.[56]

Die Rolle Berlins in der deutschen Geschichtswissenschaft bis 1918

Abschließend sollen Vorgänge der Institutionalisierung, Professionalisierung, Differenzierung und Spezialisierung behandelt und dann noch ein Blick auf die Bedeutung Berlins für die deutsche Geschichtswissenschaft insgesamt geworfen werden. In der Reihe der Gründung historischer Institute übernahm die Berliner Universität keineswegs eine Vorreiterrolle. Ein Vorstoß Droysens 1860 scheiterte daran, dass das Berliner Kultusministerium neben Bonn, wo Heinrich von Sybel (1817–1895) die Institutsgründung zur Bedingung seiner Rufannahme gemacht hatte, die Kosten nicht aufbringen wollte. Erst 1885 führte eine Initiative des aus Göttingen berufenen Mediävisten und Ranke-Schülers Julius Weizsäcker (1828–1889) unter Hinweis auf die Konkurrenzeinrichtungen in Leipzig, Marburg und Bonn zum Erfolg.[57] Tatsächlich kam es für die Professionalisierung der Geschichtswissenschaft auf die Institutsgründung gar nicht so an. Viel wichtiger waren die seminarartigen Übungen, die zumeist in den Wohnungen der Professoren stattfanden. Die wichtigste Funktion eines Instituts, die Bereitstellung von Büchern und eines Bibliotheksraums, war zudem durch den regelmäßigen Zuschuss erfüllt, den Droysen bei seiner Berufung 1860 für Bücherkäufe für die von ihm geleitete „Historische Gesellschaft" erwirkt hatte.[58] Der Lehrtypus der seminarartigen „Übung" war lange vor der Institutsgründung fester und umfangreicher Bestandteil des Lehrangebots. Ranke lud bereits nach seiner Berufung 1825 Studenten zu gemeinsamer Quellenlektüre zu sich nach Hause. Auch Friedrich Wilken setzte diese Praxis in den 1830er Jahren fort. Im Wintersemester 1862/63 z. B. boten Ranke, Droysen und die Mediävisten Köpke (1813–1870) und Jaffé (1819–1870) Übungen an, im Wintersemester 1880/81 gab es insgesamt acht Übungen, darunter zwei von Droysen, eine von Mommsen und eine des Ranke/Droysen-Schülers und Spezialisten für historische Hilfswissenschaften, Harry Bresslau (1848–1926).[59]

Über den ganzen Zeitraum 1810–1918 lassen sich vier Spezifika des Berliner Lehrangebots erkennen, mit gewissen zeittypischen Versetzungen. Erstens: Die Vorlesungen boten – meist vier- oder fünfstündig – in der Regel epochenspezifisch „allgemeine", das heißt europäische Geschichte an, zum Beispiel „Neuere Geschichte seit 1500" oder „Geschichte des 18. Jahrhunderts" (Droysen, Ranke, Sommersemester 1868) – das war die Achse des ganzen Lehrprogramms. Seit den 1860er Jahren, verstärkt seit 1890, kamen dann die Nationalgeschichten besonders Englands und Frankreichs hinzu, sowie die russische Geschichte und seit dem Einsetzen der Lehrtätigkeit von Otto Hoetzsch zunächst als PD, seit 1913 als außerordentlicher Professor, auch polnische Geschichte. Ranke bot gelegentlich Geschichte Englands in der Neuzeit (u. a. Sommersemester 1864) an, später las Otto Hintze französische und englische „Verfassungs- und Wirtschaftsgeschichte" (Wintersemester 1898/99, Sommersemester 1900). Seit den 1890er Jahren trugen die Privatdozenten und Extraordinarien wie Richard Schmitt (1858–1940) und Richard Sternfeld (1858–1926), anfangs auch Hintze und Breysig, zur nationalgeschichtlichen Erweiterung des Spektrums bei.

Zweitens: Die Geschichte Brandenburg-Preußens. Diese klare Akzentsetzung – in der Neueren Geschichte stand manchmal die preußische Geschichte gleichrangig neben der deutschen – setzt unübersehbar mit der Berufung Droysens 1860 ein. Droysen las immer wieder preußische Geschichte und interpretierte in den Übungen seiner „Historischen Gesellschaft" Quellen, meist in Konkordanz mit der fortschreitenden Arbeit an seiner „Geschichte der preußischen Politik". Seit 1863 wurden seine Vorlesungen ergänzt durch Lehrveranstaltungen seines Jenenser Schülers Bernhard Erdmannsdörffer (1833–1901), die zum Teil auch bereits deutlich spezialisierter waren, wie z. B. eine Vorlesung zur „Geschichte des Großen Kurfürsten" (Wintersemester 1863/64), oder zum „Zeitalter des Humanismus in Italien" (Sommersemester 1863). Treitschke bot immer wieder „Geschichte des preußischen Staates" an, Reinhold Koser „Geschichte des Siebenjährigen Krieges" etc. Otto Hintzes Schwerpunkt lag ausdrücklich auf der preußischen Verwaltungs- und Verfassungsgeschichte.

Drittens: Politik- und Zeitgeschichte-Vorlesungen spielten eine überraschend große Rolle.[60] An der Philosophischen Fakultät der Berliner Universität gab es eine durchgängige Tradition von Politik-Vorlesungen, die mit dem Lehrangebot von Raumers über die ersten fünfzig Jahre hinweg aus der staatswissenschaftlichen Tradition konzipiert waren und von Treitschke in politisierter und borussifizierter Form weitergeführt wurden.[61] Dieser Vorlesungstypus stand zunächst noch in der Tradition der alteuropäischen „Politik",[62] wurde dann am Ende des Jahrhunderts aber transformiert in Analysen der aktuellen Weltpolitik. So lasen Otto Hintze „Weltpolitik in der Neuzeit" (Wintersemester 1900/01) und Theodor Schiemann über „Politische Probleme der Gegenwart, historisch erläutert" (Wintersemester 1907/08); zeitgeschichtliche und politikwissenschaftliche Interessen und Perspektiven verbanden sich. Daneben ist es doch ein überraschender Befund, in welchem Ausmaß die geschichtswissenschaftliche Lehre in Berlin im langen 19. Jahrhundert überhaupt Lehre der Zeitgeschichte war. Für diesen Vorlesungstypus gab es hauptsächlich zwei Namen: den älteren, konservativeren, den Ranke regelmäßig benutzte, wenn er etwa „Neueste deutsche Geschichte seit 1792" oder „Geschichte der Neuesten Zeit seit 1813" las (Wintersemester 1862/63 und 1866/67); oder die Vorlesung hieß „Geschichte des Revolutionszeitalters"; bei Ranke, wie auch bei Droysen, Erdmannsdörffer, Max Lenz und anderen konnte dieses je nach Bedarf in der Mitte des 18. Jahrhunderts, 1763, 1786 oder 1792 beginnen.[63] Naturgemäß rückte das Revolutionszeitalter seit der Jahrhundertmitte allmählich aus dem Horizont dessen, was wir „Zeitgeschichte" nennen, aber offenkundig wurde die Revolutionsära als Fundament der neuesten Geschichte nach wie vor besonders gewichtet. Darüber hinaus hielt das Lehrangebot zeitgeschichtlich durchaus den Takt – mit Vorlesungen wie „Geschichte unserer Zeit seit 1815" (Ranke, Sommersemester 1862), „Neueste Geschichte 1786–1862" (Delbrück 1892/93) und einem nach 1900 gängigen Vorlesungstypus „Zeitalter Bismarcks". Das enorme Gewicht der Zeitgeschichte deutet darauf hin, wie sehr ein – in den Begriffen Nietzsches – objektivistisch domestiziertes „monumentalisches" Geschichtsinteresse die Neuzeithistorie dominierte.

Viertens: Ungeachtet der Spezialisierung der Forschung und tendenziell auch der Lehre zieht sich durch die Berliner Neuzeitgeschichte im 19. und frühen 20. Jahrhundert ein Hang zur Universalgeschichte. Rankes europäisches Geschichtsbild setzte von Anfang an eine universalgeschichtliche Perspektive voraus, die durch die frühe Konkurrenz mit Hegels (1770–1831) „Philosophie der Geschichte" verstärkt wurde. Als Ranke im hohen Alter noch seine neunbändige „Weltgeschichte" diktierte, schlug er damit auch eine Brücke zwischen alteuropäischer Tradition und einem neuen starken Impuls zu einer Universalisierung des Geschichtsbildes unter dem Vorzeichen des Imperialismus, des Aufstiegs Preußen-Deutschlands und seines Übergangs zur Weltpolitik.[64] Delbrück las gemäß dem Wunsch Althoffs regelmäßig „Weltgeschichte", zum Teil in einem viersemestrigen Zyklus; den roten Faden, den er durch seine – natürlich eurozentristische – Synthese zog, bildete allerdings vorrangig seine „Geschichte der Kriegskunst".[65] Die Repräsentanten der sogenannten „Ranke-Renaissance", Max Lenz, seit 1890 in Berlin, und Erich Marcks (1861–1938), haben sich dieses Etikett vor allem deswegen eingehandelt, weil sie Rankes Konzept der europäischen Pentarchie auf die Gegenwart des Weltmächtesystems anwandten.[66] Dietrich Schäfer, der sich selbst als eine Mischung aus Waitz- und Treitschke-Schule verstand, publizierte, obgleich eigentlich Mediävist, nach seiner Berufung nach Berlin in rascher Folge eine kurze „Kolonialgeschichte" (1903), eine zweibändige „Weltgeschichte der Neuzeit" (1907) und eine zweibändige „Deutsche Geschichte" (1910). Die „Weltgeschichte der Neuzeit" erreichte 1922 die elfte Auflage. Die um 1890 einsetzende Globalisierung des Geschichtsbilds bei den Berliner Historikern geht einher mit einer Aufwertung strukturgeschichtlicher Elemente, am stärksten in der vergleichenden Verwaltungs- und Verfassungsgeschichte Hintzes mit ihrer Tendenz zur Typenbildung, aber auch in der heeresverfassungsgeschichtlich fundierten Weltgeschichte Delbrücks und in der stärkeren Gewichtung von „Staatengeschichte" gegenüber einer personalisierenden Politikgeschichte, wie sie in seiner „Weltgeschichte" Dietrich Schäfer vertrat. Staatliches Handeln erklärt sich hier vor allem aus strukturellen Zusammenhängen. Der kleindeutsch-nationalistische Konservative und spätere annexionistische Eiferer Schäfer konnte konzeptionell freilich den Widerspruch zwischen einer solchen ‚Weltgeschichte als Strukturgeschichte' und einer vor allem an der Weltgeltung Deutschlands interessierten Nationalgeschichte nicht auflösen.[67]

Die Berliner Philosophische Fakultät stellte mit ihren Neuzeithistorikern zweifellos die gewichtigste Ansammlung von Forschern, Geschichtsschreibern und akademischen Lehrern im deutschen Sprachraum zwischen 1810 und 1918 dar. Für die überragende Bedeutung, Verbreitung und auch Vielgestaltigkeit der Wirkung Rankes genügt es, hier etwa auf Georg Waitz (1813–1886, Verfassungs- und Rechtsgeschichte), Heinrich Sybel (Politische Geschichte), und Jacob Burckhardt (Kulturgeschichte) hinzuweisen. Droysen hat als akademischer Lehrer eine erheblich positivere Rolle gespielt, als das verfehlte Hauptwerk über die preußische Politik vermuten lässt.[68] Vom anfänglichen thematischen und politischen Interesse her zählen der Droysen-Schüler und Berliner Privatdozent Bernhard Erdmannsdörffer, Harry Bresslau, Reinhold Koser und Max Lehmann (1845–1929) zur Droysen-Schule – Gelehrte, die entweder in milder (Koser) oder in sehr scharfer Form (Erdmannsdörffer und Lehmann) den Borussianismus Droysens widerlegten;[69] und die beiden bedeutendsten deutschen Historiker des frühen 20. Jahrhunderts, die späteren eigentlichen Innovatoren der Berliner und deutschen Geschichtswissenschaft, Otto Hintze und Friedrich Meinecke sind durch Droysens Lehrveranstaltungen gegangen. Beide zählten im Ersten Weltkrieg übrigens auch politisch zu den Gemäßigten und danach zu den wenigen Republik-Anhängern in der Zunft. Insgesamt sind die meisten Neuzeithistoriker in Deutschland bis 1945 aus der FWU hervorgegangen.

Der typische Habilitant für Geschichte um die Jahrhundertwende war zwischen 30 und 32 Jahren alt, hatte sieben Jahre zuvor in Berlin promoviert und hatte in der Neuzeit entweder für die „Acta Borussica" oder für ein Editionsunternehmen der Akademie gearbeitet.[70] Extrem und längerfristig kontraproduktiv war die Selbstrekrutierung der Berliner Neuzeithistoriker aus der eigenen Universität. Berliner Ordinarien der Neueren Geschichte hatten meist in Berlin promoviert und/oder habilitiert und einige Jahre als Privatdozenten gedient, so Hans Delbrück, Reinhold Koser, Otto Hintze, Friedrich Meinecke, Erich Marcks, Hermann Oncken (1869–1945), Theodor Schiemann, Otto Hoetzsch. Auf Professuren außerhalb Berlins wurden u. a. berufen Otto Krauske (1859–1930), Friedrich Meinecke, Hermann Onken, Erich Marcks, Martin Spahn (1875–1945), Paul Sander, Arthur Rosenberg (1889–1943), Friedrich Wolters (1876–1930). Aus dem Schmoller-Kreis kamen Otto Hintze, Otto Krauske, Kurt Breysig, Otto Hoetzsch, Paul Sander; aus der Schmoller/Hintze-Schule rekrutierte sich ganz wesentlich auch die deutsche Wirtschafts- und Verfassungsgeschichte der folgenden Generationen. Hans Delbrück, zunächst in der Fakultät abgelehnter Außenseiter, später angesehener Gutachter bei zahlreichen Habilitationsverfahren, brachte bemerkenswerte Schüler hervor, so den demokratisch und sehr traditionskritisch gesonnenen außerordentlichen Professor Martin Hobohm (1883-1942) und den Mediävisten und späteren Ordinarius Peter Rassow (1889-1961).

Die Kehrseite dieser Medaille darf freilich nicht übersehen werden. Die in und durch Berlin geprägten Meinecke und Hintze trugen wesentlich dazu bei, dass Karl Lamprechts (1856-1915) Versuch scheiterte, ein kultur- bzw. gesellschaftswissenschaftliches Paradigma in der deutschen Geschichtswissenschaft zu etablieren. Auch trifft zu, dass in Berlin sehr unterschiedliche Schulen in der deutschen Geschichtswissenschaft neben- und gegeneinander standen. Im Übrigen suggeriert der offensichtlich nicht ersetzbare Begriff der „Schule" für so breite Spektren wie die Ranke-, Droysen- und selbst Hintze-„Schüler", -Hörer und -Absolventen eine Einheitlichkeit, die es nicht gab.[71] Dennoch ist die Dominanz der kleindeutsch-nationalen und politischen Geschichtsschreibung unverkennbar. Dagegen blieb der Versuch des Schmoller/Hintze-Schülers und außerordentlichen Professors für „Neuere Preußische Geschichte" Kurt Breysig vergeblich, 1908 ein „Seminar für vergleichende Geschichtsforschung" zu gründen und damit das Paradigma der neuen vergleichenden Gesellschafts- und Kulturgeschichte in Analogie zu Karl Lamprechts Leipziger „Institut für Kultur- und Universalgeschichte" stärken. Das Unternehmen scheiterte am Widerstand der Fakultät, dem Unwillen des Ministeriums, vor allem aber wohl an Breysigs mangelnder organisatorischer Durchsetzungskraft und der undisziplinierten Wildwüchsigkeit seines Denkens.[72] Dieser Befund mag symptomatisch sein für die Geschichte der Berliner Geschichtswissenschaft im 19. und frühen 20. Jahrhunderts insgesamt: ihre innovativen Kräfte, ihre Orientierung an dem preußischen Paradigma der Staatsbildung, ihre nationalpolitische Orientierung, ihre Vielgestaltigkeit und damit auch ihre Grenzen trotz ihrer großen Vielgestaltigkeit.

Anmerkungen

[1] Vgl. Wolfram Fischer, Sozial- und Wirtschaftsgeschichte, in: Reimer Hansen u. Wolfgang Ribbe (Hg.), Geschichtswissenschaft in Berlin im 19. und 20. Jahrhundert, Berlin 1992, S. 487-516.

[2] Vgl. Wolfgang Ribbe, Berlin als Standort historischer Forschung, ebd., S. 45-88.

[3] Vgl. über die Bedeutung von Rankes Bezug zum politischen Umfeld Friedrich Wilhelms IV. neuerdings die These von Philipp Müller, Erkenntnis und Erzählung. Ästhetische Geschichtsdeutung in der Historiographie von Ranke, Burckhardt und Taine, Köln 2008, bes. S. 98-120.

4 Zu Begriff und frühen Ausprägungen vgl. jetzt Klaus Ries, Das politische Professorentum der Universität Jena im frühen 19. Jahrhundert, Stuttgart 2007, hier S. 48ff.
5 Zum Typus des Gelehrten-Politikers vgl. vor allem Rüdiger vom Bruch, Wissenschaft, Politik und öffentliche Meinung. Gelehrtenpolitik im Wilhelminischen Deutschland, Husum 1980.
6 Heinrich von Treitschke, Deutsche Geschichte im 19. Jahrhundert, Bd. 1, 3. Aufl., Leipzig 1882, S. VII.
7 Hans Delbrück, Ludendorffs Selbstporträt, Berlin 1922 sowie ders., Ludendorff, Tirpitz, Falkenhayn, Berlin 1920.
8 Otto Hintze, Die Hohenzollern und ihr Werk. 500 Jahre vaterländische Geschichte, Berlin 1915. Vgl. dazu Otto Büsch, Das Preußenbild in Otto Hintzes ‚Die Hohenzollern und ihr Werk', in: Otto Büsch u. Michael Erbe (Hg.), Otto Hintze und die moderne Geschichtswissenschaft, Berlin 1983, S. 25–42.
9 Vgl. Klaus Zernack, „Deutschland und der Osten" als Problem der historischen Forschung Berlins, in: Hansen u. Ribbe (Hg.), Geschichtswissenschaft in Berlin, S. 571–593; Klaus Meyer, Osteuropäische Geschichte, ebd., S. 553–570.
10 Vgl. Fritz Kaphahn, Jacob Burckhardt und die Wiederbesetzung von Rankes Geschichtsprofessur an der Universität Berlin, in: Historische Zeitschrift 168 (1943), S. 113–131.
11 Als seine Berufungsverhandlungen im Sommer 1902 zunächst zu scheitern drohten, schrieb Schäfer an Eduard Meyer mit Blick auf seine publizistischen Ambitionen: „In Berlin hätte meine Stimme wohl weiter gereicht als vom Neckar her." Schäfer, An Eduard Meyer, 1.9.1902 (Nachlass Eduard Meyer, Archiv BBAW).
12 Vgl. Wolfgang Weber, Priester der Klio. Historische Studien zur Herkunft und Karriere deutscher Historiker und zur Geschichte der Geschichtswissenschaft 1800–1970, 2., veränd. Aufl., Frankfurt a.M. 1987.
13 In seinen Arbeiten verknüpfte er eine moderne Verwaltungsgeschichte mit Politik-, Verfassungs-, Wirtschafts- und Sozialgeschichte. Vgl. Rüdiger vom Bruch, Gustav Schmoller, in: Notker Hammerstein (Hg.), Deutsche Geschichtswissenschaft um 1900, Stuttgart 1988, S. 219–238.
14 So etwa im Falle von Gustav Mayer, vgl. dessen ausführliche Schilderung seiner 1918 zunächst gescheiterten Habilitation in Gustav Mayer, Erinnerungen. Vom Journalisten zum Historiker der deutschen Arbeiterbewegung, Hildeheim 1993, S. 282–286.
15 Vgl. dazu v.a. Otto Hintze, Reinhold Koser. Ein Nachruf, in: Historische Zeitschrift 114 (1915), S. 65–87 sowie ders., Gustav Schmoller. Ein Gedenkblatt, in: Forschungen zur Brandenburgischen und Preußischen Geschichte 31 (1919), S. 375–399, wieder in ders., Soziologie und Geschichte. Gesammelte Abhandlungen zur Soziologie, Politik und Theorie der Geschichte, hg. v. Gerhard Oestreich, 2., erw. Auflage, Göttingen 1964; zu alledem vgl. Pavel Kolář, Geschichtswissenschaft in Zentraleuropa. Die Universitäten Prag, Wien und Berlin um 1900, Bd. 2, Leipzig 2008, S. 387ff.
16 Vgl. jeweils mit weiterer Literatur Ernst Schulin, „Rankes Erstlingswerk oder Der Beginn der kritischen Geschichtsschreibung über die Neuzeit", in: ders., Traditionskritik und Rekonstruktionsversuch. Studien zur Entwicklung von Geschichtswissenschaft und historischem Denken, Göttingen 1979, S. 44–64; Daniel Fulda, Wissenschaft aus Kunst. Die Entstehung der modernen deutschen Geschichtsschreibung 1760–1860, Berlin 1996; Ulrich Muhlack, Das europäische Staatensystem in der deutschen Geschichtsschreibung des 19. Jahrhunderts,

in: ders., Staatensystem und Geschichtsschreibung. Ausgewählte Aufsätze zu Humanismus und Historismus, Absolutismus und Aufklärung, hg. v. Notker Hammerstein u. Gerrit Walther, Berlin 2006, S. 313–353.

[17] Leopold von Ranke, Tagebücher, in: ders., Aus Werk und Nachlass, Bd. 1, hg. v. W. P. Fuchs, München 1964, S. 103; vgl. hierzu Philipp Müller, Wissenspoesie und Historie. Rankes Literaturgeschichte der Renaissance als Rekonfiguration ästhetischer Geschichtsphilosophie, in: German Studies Review 29 (2006), S. 1–20.

[18] Leopold von Ranke, Über die Verwandtschaft und den Unterschied der Historie und der Politik (1836), in: Wolfgang Hardtwig (Hg.), Über das Studium der Geschichte, München 1990, S. 56.

[19] Vgl. Wolfgang Hardtwig, Geschichtsreligion – Wissenschaft als Arbeit – Objektivität. Der Historismus in neuer Sicht, in: ders., Hochkultur des bürgerlichen Zeitalters, Göttingen 2005, S. 51–76.

[20] Leopold von Ranke, Die großen Mächte. Politisches Gespräch, hg. v. Ulrich Muhlack, Frankfurt a.M. 1995; vgl. auch die weiteren zusammengetragenen Stellen bei Bernhard Hoeft, Rankes Stellungnahme zur Französischen Revolution, Greifswald 1932.

[21] Ranke, Über die Verwandtschaft, S. 47.

[22] Ebd., S. 49.

[23] Vgl. Gunter Berg, Ranke als akademischer Lehrer. Studien zu seinen Vorlesungen und seinem Geschichtsdenken, Göttingen 1968, S. 57–62.

[24] In seiner Korrespondenz urteilte Droysen unverblümt: „Wir sind in Deutschland durch die Rankesche Schule [...] auf unleidliche Weise in die sogenannte Kritik versunken, deren ganzes Kunststück darin besteht, ob ein armer Teufel von Chronisten aus dem andern abgeschrieben hat. [...] Es hat schon einiges Kopfschütteln veranlaßt, daß ich feliciter behauptet habe, die Aufgabe des Historikers sei Verstehen, oder wenn man will, Interpretieren." (Johann Gustav Droysen, An Wilhelm Arendt 20. 3. 1857, in: ders., Briefwechsel. Bd. 2: 1851–1884, hg. v. Rudolf Hübner, Berlin 1929, S. 442).

[25] Johann Gustav Droysen, Geschichte der Bildung des hellenistischen Staatensystems, Hamburg 1843 sowie ders., Geschichte des Hellenismus, 3 Bde., Gotha 1877/78.

[26] Dazu Karl Christ, Von Gibbon zu Rostovtzeff. Leben und Werk führender Althistoriker der Neuzeit, Darmstadt 1972 sowie sehr kritisch mit der Charakterisierung Droysens als „Ankündigungshistoriker" Wilfried Nippel, Droysens ‚Hellenismus' – eine uneingelöste Ankündigung, in: Wolfgang Hardtwig u. Philipp Müller (Hg.), Die Vergangenheit der Weltgeschichte, Göttingen 2010, S. 76–91.

[27] Johann Gustav Droysen, Geschichte der preußischen Politik, 14 Bde., Berlin 1855–1886.

[28] Ders., Historik. Vorlesungen über Enzyklopädie und Methodologie der Geschichte, hg. v. R. Rübner, München 1937 sowie ders., Historik, Rekonstruktion der ersten vollständigen Fassung (1857). Grundriss der Historik in der ersten handschriftlichen (1857/58) und in der letzten gedruckten Fassung (1882), hg. von Peter Leyh, Stuttgart 1977.

[29] Wolfgang Hardtwig, Von Preußens Aufgabe in Deutschland zu Deutschlands Aufgabe in der Welt. Liberalismus und borussianisches Geschichtsbild zwischen Revolution und Imperialismus, in: ders., Geschichtskultur und Wissenschaft, München 1990, S. 103–160.

[30] Johann Gustav Droysen, „Vorlesungen über die Freiheitskriege", 2 Bde., Kiel 1846.

31 Wilfried Nippels jüngste Monographie über Droysen konzentriert sich ganz auf den Geschichtspolitiker. Sie revidiert verdienstvoller Weise eine allzu unkritische Droysenliteratur, blendet aber den Geschichtstheoretiker fast völlig aus. Das Werk nach 1849 reduziert sich in Nippels Perspektive weitgehend auf Beiträge zu einer exzeptionell ehrgeizigen Platzierungsstrategie. Das Urteil über den Politiker und vor allem über den Geschichtstheoretiker verengt sich darüber allzu sehr. Vgl. Wilfried Nippel, Johann Gustav Droysen. Ein Leben zwischen Wissenschaft und Politik, München 2008. Zur Analyse der „Geschichte der preußischen Politik" im Kontext der zeitgenössischen Politik und Geschichtsschreibung vgl. Hardtwig, Liberalismus und borussianisches Geschichtsbild, 1990.

32 Johann Gustav Droysen, An Gustav Droysen 7. 12. 1870, in: ders., Briefwechsel, Bd. 2, S. 896.

33 Droysen an Gustav Droysen 28. 12.1880, in: ders., Briefwechsel, Bd. 2, S. 938.

34 Droysen, Grundriß der Historik, 1822/1977, §93. Vgl. ebd.: „Das historische Studium ist die Grundlage für die politische Ausbildung und Bildung. Der Staatsmann ist der praktische Historiker".

35 Vgl. zum Kontext Wolfgang Hardtwig, Konzeption und Begriff der Forschung in der deutschen Historie des 19. Jahrhunderts, in: Alwin Diemer (Hg.), Konzeption und Begriff der Forschung des 19. Jahrhunderts. Referate und Diskussionen des zehnten wissenschaftstheoretischen Kolloquiums, Meisenstein am Glan 1978, S. 11–26.

36 Droysen, Grundriß der Historik, 1822/1977, S. 397.

37 Aufriss des Problems und Hinweise auf den Forschungsstand: Hardtwig, Geschichtsreligion, S. 51ff., bes. S. 66ff.

38 Vgl. die Formulierung von Theodor Mommsen: Dem „emporsteigenden Riesenbau [der Forschung] gegenüber scheint der einzelne Arbeiter immer kleiner und geringer" (Mommsen, Theodor, Ansprache am Leibniz'schen Gedächtnistage (1895), in: Reden und Aufsätze von Theodor Mommsen, Berlin 1905, S. 196).

39 „[...] im Arbeiten werdend, schafft die Menschheit den Kosmos der geschichtlichen Welt"; das „natürlich Gegebene und das geschichtlich Gewordene [...] erforschend und begreifend, beherrschend und zu sittlichen Zwecken umgestaltend" verwandelt sich der „kreatürliche" zum „sittlichen Menschen". (Droysen, Historik, 1937, §49ff.) Die Formen, in denen sich die geschichtliche Arbeit bewegt, sind die „sittlichen Gemeinsamkeiten" Familie, Nachbarschaft, Stamm, Volk und die elaborierten Weisen des Zusammenlebens in den Sphären von „Gesellschaft, Wohlfahrt, Recht und Macht" (= Staat); zu ihnen gehören auch die „idealen Gemeinsamkeiten": Sprache, Kunst, Wissenschaft und Religion.

40 Heinrich von Treitschke, Deutsche Geschichte im 19. Jahrhundert, 5 Bde., Leipzig 1879–1894, hier die Ausgabe Leipzig 1912–1914, Düsseldorf 1981, vgl. das Vorwort zu Bd. 1, 5 u. 7. Zu Treitschke insgesamt: Walter Bußmann, Treitschke. Sein Welt- und Geschichtsbild, 2. Aufl., Göttingen 1981; dann Hans Schleier, Sybel und Treitschke. Antidemokratismus und Militarismus im historisch-politischen Denken großbourgeoiser Geschichtsideologen, Berlin (Ost) 1965; Georg Iggers, Heinrich von Treitschke, in: Deutsche Historiker, Bd. 2, hg. v. Hans-Ulrich Wehler, Göttingen 1971, S. 66ff.; Karl-Heinz Metz, Grundformen historiographischen Denkens. Wissenschaftsgeschichte als Methodologie. Dargestellt an Ranke, Treitschke und Lamprecht, München 1979; Reinhart Koselleck, Darstellungsweisen der preußischen Reform. Preußen, Treitschke, Mehring, in: Formen der Geschichtsschreibung, hg. von dems., München 1982, S. 245–265.

[41] Vgl. hierzu und zur Durchsetzung der Treitschke'schen Lesart der deutschen Geschichte insgesamt Andreas Biefang, Der Streit um Treitschkes „Deutsche Geschichte", 1882/83. Zur Spaltung des Nationalliberalismus und der Etablierung eines national-konservativen Geschichtsbildes, in: Historische Zeitschrift 262 (1996), S. 391–422, hier S. 397.

[42] „Bei der Vertheilung dieser nicht europäischen Welt unter die europäischen Mächte ist Deutschland bisher immer zu kurz gekommen, und es handelt sich doch um unser Dasein als Großstaat bei der Frage, ob wir auch jenseits der Meere eine Macht werden können. Somit eröffnet sich die gräßliche Aussicht, daß Rußland und England sich in die Welt theilen; und da weiß man wirklich nicht, was unsittlicher und entsetzlicher wäre, die russische Knute oder der englische Geldbeutel." (Heinrich von Treitschke, Politik. Vorlesungen, gehalten an der Universität zu Berlin, hg. v. Max Cornicelius, Leipzig 1911, Bd. 1, S. 42).

[43] Vgl. Klaus Schwabe, Wissenschaft und Kriegsmoral, Göttingen 1969, bes. S. 46ff.

[44] Vgl. Hardtwig, Liberalismus und borussianisches Geschichtsbild, bes. S. 146ff.

[45] Heinrich Claß, Wider den Strom. Vom Werden und Wachsen der nationalen Opposition im alten Reich, Leipzig 1932, S. 17f., zit. nach: Das Deutsche Kaiserreich, hg. v. Gerhard A. Ritter, 5. Aufl. Göttingen 1992, S. 129f.

[46] Walter Boehlich (Hg.), Der Berliner Antisemitismusstreit, Frankfurt a.M. 1995. Dort ist die ganze Kontroverse dokumentiert. Boehlich etablierte damit auch den Terminus „Antisemitismus-Streit".

[47] Otto Hintze, Die Preußische Seidenindustrie im 18. Jahrhundert und ihre Begründung durch Friedrich den Großen (= Acta Borussica. Denkmäler der preußischen Staatsverwaltung im 18. Jahrhundert, Bd. 3), Berlin 1892; dann Jürgen Kocka, Otto Hintze, in: Hans-Ulrich Wehler, Deutsche Historiker, Bd. 3, Göttingen 1973, S. 275–298.

[48] Otto Hintze, Einleitende Darstellung der Behördenorganisation und allgemeine Verwaltung in Preußen beim Regierungsamt Friedrichs II., Berlin 1901.

[49] Ders., Das Verfassungsleben der heutigen Kulturstaaten (1914), in: ders., Gesammelte Abhandlungen, Bd. 1, 2., erw. Aufl., hg. v. Gerhard Oestreich, Göttingen 1962, S. 401f.; vgl. ähnlich: ders., Das monarchische Prinzip und die konstitutionelle Verfassung (1913); ders., Machtpolitik und Regierungsverfassung (1913), in: ebd., S. 424–465.

[50] Vgl. Jürgen Kocka, Otto Hintze, Max Weber und das Problem der Bürokratie, in: Otto Büsch u. Michael Erbe (Hg.), Otto Hintze und die moderne Geschichtswissenschaft, Berlin 1983, S. 150–188.

[51] Otto Hintze, Soziologische und geschichtliche Staatsauffassung, in: ders., Soziologie und Geschichte. Gesammelte Abhandlungen zur Soziologie, Politik und Theorie der Geschichte, 2., erw. Aufl., hg. v. Gerhard Oestreich, Göttingen 1964 (Gesammelte Abhandlungen, Bd. 3), S. 239–305.

[52] Vgl. dazu Rudolf Vierhaus, Hintze und die vergleichende europäische Verfassungsgeschichte, in: Otto Büsch u. Michael Erbe, Hintze und die moderne Geschichtswissenschaft, S. 95–110 sowie jetzt v.a. Otto Gerhard Oexle, Otto Hintze – Weltgeschichtliche Bedingungen der Repräsentativverfassung (1931), in: Hardtwig u. Müller (Hg.), Die Vergangenheit der Weltgeschichte, S. 292–312.

[53] Vgl. Kolář, Geschichtswissenschaft, S. 442.

[54] The historical Essays of Otto Hintze, edited with an introd. by Felix Gilbert, with the assistance of Robert M. Berdahl, New York 1975.

[55] Otto Brunner, Neue Wege der Verfassungs- und Sozialgeschichte, 2. Aufl., Göttingen 1968.

56 Vgl. Kocka, Hintze, vgl. auch Hagen Schulze, Otto Hintzes Geschichtstheorie, in: Otto Büsch u. Michael Erbe, Hintze und die moderne Geschichtswissenschaft, S. 125–133.
57 Vgl. Markus Huttner, Historische Gesellschaften und die Entstehung historischer Seminare – Zu den Anfängen institutionalisierter Geschichtsstudien an den deutschen Universitäten des 19. Jahrhunderts, in: Historische Institute im internationalen Vergleich, hg. v. Matthias Middell u. a., Leipzig 2001, S. 39–83; der Hinweis auf die Vorläuferfunktion aufklärerischer Sozietätsbildung ist völlig zutreffend, und findet sich auch schon bei Wolfgang Hardtwig, Genossenschaft, Sekte, Verein, München 1997, S. 259ff.
58 Vgl. Huttner, Historische Gesellschaften, S. 45.
59 Harry Bresslau, Berliner Kolleghefte 1866/67–1869. Nachschriften zu Vorlesungen von Mommsen, Jaffé, Köpke, Ranke, Droysen, hg. v. Peter Rück, Marburg a. d. Lahn 2007.
60 Vgl. auch Ernst Schulin, Zeitgeschichtsschreibung im 19. Jahrhundert, in: ders., Traditionskritik und Rekonstruktionsversuch. Studien zur Entwicklung von Geschichtswissenschaft und historischem Denken, Göttingen 1979, S. 65–96.
61 Vgl. Treitschke, Politik, 1897/98.
62 Vgl. dazu Hans Maier, Die ältere Staats- und Verwaltungslehre (Polizeiwissenschaft). Ein Beitrag zur Geschichte der politischen Wissenschaft in Deutschland, Neuwied a. Rhein 1966.
63 Zum Zusammenhang von Revolutionszeitalter und Geschichtsbewusstsein und genauer zur inhaltlichen Konzeption und Benennung des Revolutionszeitalters generell: Wolfgang Hardtwig, Geschichtsschreibung zwischen Alteuropa und moderner Welt. Jakob Burckhardt in seiner Zeit, München 1974, S. 25–50, speziell zu den Berlinern Niebuhr, Ranke, Droysen S. 25ff.
64 Ulrich Muhlack, Das Problem der Weltgeschichte bei Leopold Ranke, in: Hardtwig u. Müller (Hg.), Die Vergangenheit der Weltgeschichte, S. 144–173, sowie Ernst Schulin, Die weltgeschichtliche Erfassung des Orients bei Hegel und Ranke, Göttingen 1958.
65 Hans Delbrück, Geschichte der Kriegskunst im Rahmen der politischen Geschichte, 4 Bde., Berlin 1900–1920; vgl. hierzu Christ, Von Gibbon zu Rostovtzeff, S. 159–200; Andreas Hillgruber, Delbrück in: Deutsche Historiker, Bd. 4, hg. v. Hans-Ulrich Wehler, Göttingen 1972, S. 40–52; Alexander Thomas, Geschichtsschreibung und Autobiographie. Hans Delbrück (1848–1929) in seiner Weltgeschichte, in: Hardtwig u. Müller (Hg.), Die Vergangenheit der Weltgeschichte, S. 196–217.
66 Zur Ranke-Renaissance: Karl-Heinz Krill, Die Ranke-Renaissance: Max Lenz und Erich Marcks, Berlin 1962; mit berechtigten, wenn auch teilweise überzogenen Korrekturen an diesem Bild: Jens Nordalm, Historismus und moderne Welt. Erich Marcks (1861–1938) in der deutschen Geschichtswissenschaft, Berlin 2003.
67 Vgl. Konrad Canis, Dietrich Schäfer (1845–1929), in: Berliner Historiker. Die neuere deutsche Geschichte in Forschung und Lehre an der Berliner Universität, Berlin 1985, S. 7–22 und v.a. Philipp Müller, Imperiale Globalisierung um 1900. Ambivalenzen des Nationalen in Dietrich Schäfers Weltgeschichtsschreibung, in: Hardtwig u. Müller (Hg.), Die Vergangenheit der Weltgeschichte, S. 252–277.
68 Nippels Hinweise zur Droysen-Schule verkürzen in ihrer Knurrigkeit das Urteil sehr.

[69] Wolfgang Neugebauer, Die Anfänge strukturgeschichtlicher Erforschung der preußischen Historie, in: ders. u. Ralf Pröve (Hg.), Agrarische Verfassung und politische Struktur. Studien zur Gesellschaftsgeschichte Preußens 1700–1918, S. 383–429.

[70] Hierzu v.a. Kolář, Geschichtswissenschaft, S. 416–430.

[71] Vgl. zum Begriff der „Ranke-Schule" den Bericht von Hartwig Floto, Ueber historische Kritik. Akademische Antrittsrede gehalten am 2. Mai in der Aula zu Basel, Basel 1856; vgl. auch Georg G. Iggers, The Crisis of the Rankean Paradigm, in: ders. u. James M. Powell (Hg.), Leopold von Ranke and the Shaping of the Historical Discipline, New York 1990, S. 170–179.

[72] Vgl. Bernhard vom Brocke, Kurt Breysig. Geschichtswissenschaft zwischen Historismus und Soziologie, Lübeck 1971, S. 88–101.

5. Berliner Geschichtswissenschaft 1918–1945.
Pluralisierung und Gefährdung

Für die Disziplingeschichte der Neuzeithistorie an der Friedrich Wilhelms-Universität erscheint die Zäsur des Jahres 1918 mit dem Kriegsende, der Revolution und dem politischen Systemwechsel als gravierender denn der Generationenwechsel um 1890 und die mit ihm verbundene Tendenz zu einer stärkeren Verfachlichung seit dem ausgehenden 19. Jahrhundert. Zwar erhielt das Fach durch die Berufung von Otto Hintze und die mit ihm einsetzende verstärkte Zusammenarbeit zwischen Neuzeithistorie und Nationalökonomie ein neues inhaltliches Profil, wobei sich auch die Tendenz zu fortschreitender Spezialisierung und zur Etablierung von Großforschung durchzusetzen begann. Zudem zeichnete sich schon seit Beginn der 1890er Jahre eine stärkere Orientierung zur Universalgeschichte und mit der Einrichtung des Lehrstuhls von Theodor Schiemann die künftige große Bedeutung der Osteuropahistorie an der Berliner Universität ab. Auch leistete die Institutsgründung 1885 den Professionalisierungstendenzen Vorschub, die sich freilich schon in der vorhergehenden Generation deutlich abgezeichnet hatte. Die bei der Neuzeithistorie besonders ausgeprägte Verknüpfung von wissenschaftlicher Fragestellung und politischen Interessen verlangte jedoch von den Historikern nach 1918 eine inhaltliche Neuorientierung (die vor allem auf die obsessive Beschäftigung mit der Kriegsschuldfrage hinauslief) und die stärkere Integration der Geschichte von Gesellschaft, bürgerlicher Öffentlichkeit und Parteiwesen in die herkömmliche Ausrichtung auf die Staatengeschichte und die internationalen Beziehungen hin. Zudem brachten die Jahre nach 1918 einen erheblichen personellen Umbruch, bei dem zum Teil schon zuvor tätige Historiker auf Lehrstühle berufen wurden, zum Teil die jetzt wirksam werdende Forschungsorientierung und Politik des schon 1913 berufenen Friedrich Meinecke eine Schulbildung ermöglichte, die die politische Orientierung auf Republik und Demokratie mit inhaltlichen Innovationen verband.

In den Jahren der Weimarer Republik und des „Dritten Reichs" blieb Berlin für die Neuzeit-Historie ein wichtiger Standort – sicher nach wie vor der wichtigste in der deutschen Universitätslandschaft. Doch führten disziplininterne Verengungen und politische Einflussnahmen, gestörter Generationenwechsel und die Vertreibung zahlreicher junger Historiker seit 1933 dazu, dass die Konturen der Professorenschaft nach außen unschärfer wurden und die kreativsten Nachwuchswissenschaftler aus der Friedrich-Wilhelms-Universität selbst in Berlin nicht mehr dauerhaft Fuß fassen konnten. Nach wie vor bot die Hauptstadt Preußens und des Reiches mit ihren zahlreichen alten und den schon seit den angehenden 20er Jahren neu geschaffenen Forschungseinrichtungen Neuzeithistorikern ungewöhnlich viele Arbeitschancen. Doch drängte die politische Unkultur der Jahre '33 bis '45 die nichtvertriebenen Nachwuchswissenschaftler zum Teil ins Fahrwasser einer völkisch-radikalnationalistischen Weltanschauung, oder – zum geringeren Teil – in eine entschiedene Distanzierung von der NS-Politik. Die Gesamtbilanz fällt für Forschung und Darstellung bis zum Moment der Machtübertragung im Vergleich zum späten 19. Jahrhundert eher dürftig, dagegen bei der Lehre und Nachwuchsförderung erstaunlich positiv aus. Für das Ende des Dritten Reiches ist festzuhalten, dass sich die wissenschaftliche Innovationskraft des Historiker-Establishments erschöpft hatte, dass aus der Lehre der 20er und 30er Jahre jedoch eine Reihe junger Historiker hervorging, die später in der Bundesrepublik und in den USA vielfach neue Wege beschritten.

Die für die Weimarer Jahre entscheidende personelle Weichenstellung hatte bereits 1914 stattgefunden, als Friedrich Meinecke die Nachfolge des 1912 nach Hamburg gewechselten Max Lenz antrat.[1] Meinecke hatte 1886 bei dem Droysen-Schüler Koser promoviert und sich 1896 bei dem Leiter des Geheimen Preußischen Staatsarchivs Heinrich von Sybel habilitiert.[2] Sybel förderte den zunächst in den Archivdienst eingetretenen Meinecke systematisch und baute ihn zum Hauptherausgeber der Historischen Zeitschrift auf. 1901 nach Straßburg und 1905 nach Freiburg berufen, vertrat Meinecke, vom süddeutschen Liberalismus beeinflusst, 1914–1918 zunehmend stärker reformerische Positionen und schlug sich nach 1918 mit der berühmt gewordenen Selbstbezeichnung, er sei „Herzensmonarchist und Vernunftrepublikaner", entschieden auf die Seite der neuen Demokratie. Als Akademiemitglied, Zeitschriftenherausgeber, „Netzwerker" und v.a. als akademischer Lehrer stieg er für fünfzehn Jahre zumindest innerhalb der Neuzeit-Historie zur einflussreichsten Figur in der deutschen Geschichtswissenschaft auf, obwohl er mit seiner eigenen, erst um das fünfzigste Lebensjahr entwickelten methodischen Konzeption der Ideengeschichte in den Reihen der wissenschaftlichen Zunft weitgehend isoliert blieb. Er öffnete die Historische Zeitschrift für ähnliche Studien, vernachlässigte die Wirtschafts- und Sozialgeschichte, förderte dafür geschichtstheoretische Debatten, die allerdings mit Ausnahme der späten bedeutenden Studien von Otto Hintze meist geistesgeschichtlich beschränkt blieben. Eine große Leistung Meineckes lag in der Fähigkeit, zeitgeschichtliche Erfahrung ungewöhnlich traditionskritisch zu verarbeiten und sich so von Verengungen (wie der in der Zunft verbreiteten Fixierung auf die Kriegsschulddebatte) freizuhalten. In die Zukunft wirkte er weniger mit seinen eigenen Arbeiten denn als bedeutender akademischer Lehrer.

Es liegt vor allem in der – trotz der genannten Kompromisse – republikfreundlichen politischen Einstellung, mehr aber noch in der Persönlichkeit Meineckes begründet, wenn ein disziplinengeschichtlicher Aufriss zur Berliner Neuzeit-Historie der 20er und 30er Jahre zu einer – im Vergleich mit anderen deutschen Universitäten – bemerkenswert positiven Bewertung kommt. Zwar erscheinen die Lehrstuhl-Besetzungen der 20er Jahre, die ohne die Initiative oder Zustimmung Meineckes nicht zustande gekommen wären, problematisch: Als Nachfolger von Hans Delbrück gelangte 1922 der Treitschke-Schüler und frühere Berliner Privatdozent Erich Marcks nach Berlin. Auf ihn folgte 1928 Hermann Oncken, ebenfalls in Berlin (bei Max Lenz) promoviert und habilitiert. Beide kamen nach mehreren bereits sehr angesehen Stationen erst gegen Ende des 6. Lebensjahrzehnts zum Abschluss ihrer Karriere auf den Berliner Lehrstuhl – einer der Gründe dafür, dass Innovationsimpulse von ihnen nicht mehr ausgingen. Nachfolger des 1920 aus Gesundheitsgründen ausgeschiedenen Otto Hintze wurde zunächst Willy Andreas (1922) und dann 1923 der Hintze-Schüler Fritz Hartung, der seinen Lehrstuhl bis 1948 innehatte. Auf die Nachfolge von Theodor Schiemann auf dem Osteuropa-Lehrstuhl wurde der wissenschaftlich kaum ausgewiesene frühere Offizier und Meinecke-Freund Karl Stählin und nach dessen Ausscheiden 1928 der langjährige a. o. Professor Otto Hoetzsch berufen. Dem Außenseiter und langjährigen a. o. Professor Kurt Breysig gab das Ministerium 1920/23 ein Ordinariat für Gesellschaftslehre und allgemeine Geschichte, Gustav Mayer erhielt 1919 einen Lehrauftrag für Geschichte der Demokratie und des Sozialismus und 1922 eine besoldete a. o. Professur. 1921 erhielt Walter Vogel ad personam einen Lehrstuhl für Historische Geographie und Landeskunde. Die Neuzeit-Historie in Berlin rekrutierte sich also fast ausschließlich auf dem Wege der Selbstergänzung.[3] Aus dem Umkreis Otto Hintzes und vor allem aus den Seminaren Friedrich

Meineckes aber entstand seit der Mitte der 20er Jahre ein Laboratorium traditionskritischen Denkens.

Die Vertreter der sog. Meinecke-Schule können hier nur stichwortartig genannt werden. Gustav Mayer hatte bei den Katheder-Sozialisten Gustav Schmoller, Adolf Wagner und Max Sehring studiert und neben seiner journalistischen Tätigkeit über den Lassalle-Nachfolger Johann Baptist von Schweizer und über den demokratischen und proletarischen Radikalismus zwischen Vormärz und Reichsgründung gearbeitet.[4] Meinecke unterstützte zunächst seine – im Januar 1918 am Widerstand der Alldeutsch-Konservativen um Dietrich Schäfer und Eduard Meyer gescheiterte – Habilitation, aber auch seine trotzdem erfolgte Berufung auf eine a. o. Professur nach dem politischen Umbruch zur Republik. Meinecke fungierte offiziell als Doktorvater von Hedwig Hintze, der Schülerin und Ehefrau von Otto Hintze.[5] Das für ihre weitere Arbeit bestimmende Promotions- und Habilitationsthema stammte allerdings von Otto Hintze. Es zielte letztlich auf eine französische Verfassungsgeschichte vom Spätmittelalter bis zur Französischen Revolution. Meinecke wirkte federführend an der Habilitation mit, deren wissenschaftliche Qualität auch diejenigen anerkannten (Fritz Hartung, Albert Brackmann, Erich Marcks), die von Hedwig Hintzes unverblümt radikaldemokratischen politischen Ansichten beunruhigt waren.[6] „Echte" Doktoranden bzw. Habilitanden Meineckes waren dagegen Dietrich Gerhard, der gleichwohl die Tradition von Hintzes vergleichender Verfassungsgeschichte fortführte; Gerhard Masur, der am stärksten in der geistes- und ideengeschichtlichen Linie Meineckes weiterarbeitete; Hajo Holborn, der über Vermittlung Meineckes 1926 in Köln über Ulrich von Hutten promovierte und sich 1932 an die Berliner Universität umhabilitierte; Felix Gilbert, der 1930 mit einer lange unverzichtbaren Studie über „Johann Gustav Droysen und die Preußisch-deutsche Frage" promovierte.[7] Wissenschaftlich am innovativsten und politisch am radikalsten war zweifellos zunächst Eckhard Kehr mit seinen Studien zum ‚militärisch-politischen Komplex' im Kaiserreich und zur preußischen Reformzeit, der aber 1933 – ohne eine Emigrationsabsicht geäußert zu haben – während eines Gastaufenthalts in den USA starb.[8] Langfristig die stärkste Wirkung ging von Hans Rosenberg aus, der auf Anregung Meineckes 1925 über den altliberalen Politiker und Geschichtsschreiber Rudolf Haym promovierte und sich 1932 in Köln habilitierte.[9] Rosenberg entwickelte schon in jungen Jahren, vor seiner Emigration, Ansätze zu einer kollektiven Ideengeschichte, zu einer europäisch-atlantischen Wirtschaftsgeschichte im 19. Jahrhundert und zu einer institutionengeschichtlich fundierten Sozialgeschichte unter Rückgriff auf Otto Hintze und Max Weber; sowohl mit seinen Publikationen als auch durch seine Lehrtätigkeit in Amerika – und nach 1945 zeitweise an der FU Berlin – kann er als der wichtigste Mentor der modernen kritischen Sozialgeschichte in der Bundesrepublik gelten. Meinecke, selbst keineswegs frei von antisemitischen Regungen, war vor allem in seinem Kolloquium offenkundig vorurteilsfrei, politisch und wissenschaftlich tolerant und menschlich so überzeugend, dass alle diese „Schüler", so weit sie wissenschaftlich von ihm abgewichen waren, nach 1945 den Kontakt wieder herstellten – am intensivsten ausgerechnet Hans Rosenberg, der die Abkehr vom wissenschaftlichen Denken Meineckes am weitesten getrieben hatte. Zu Recht ist daher für die Berliner Neuzeithistorie zu Beginn der 30er Jahre resümiert worden: „Man war dabei, die angesammelten Defizite aufzuarbeiten, und darüber hinaus versuchte man, sich aus der Sackgasse vorwiegend politischer Geschichte hinauszuarbeiten. Es war damit zu rechnen, dass aus dem Meinecke-Kreis und seinem Umfeld hochqualifizierte und innovative Historiker hervorgingen, die auch die erste Generation eines prorepublikanischen Nachwuchses bilden würden."[10] Die Machtübertragung an Hitler und deren Folgen haben diese Möglichkeit in Deutschland gebrochen. Die Meinecke-Schüler wurden in die Emigration getrieben und haben dort die amerikanische Deutschland- und Europa-Historiographie entscheidend gefördert.

Zur Bilanz der Neuzeit-Historie dieser Jahre gehört es, die tatsächlichen, dann aber nicht wahrgenommenen Innovationschancen nicht zu unterschlagen. Zu einer engeren Zusammenarbeit zwischen dem – nur noch an der Akademie präsenten – Otto Hintze und Friedrich Meinecke ist es nicht gekommen, obwohl sich beide politisch und persönlich nahe standen und einige „Meinecke-Schüler" das Hintze-Erbe aufgriffen.[11] Der Osteuropahistoriker Karl Stählin hat kaum publiziert, aber in einem mehrsemestrigen Zyklus „Universalgeschichte" gelesen und sich für komparatistische Themen interessiert, genauso wie Kurt Breysig. Schon seit der Mitte des 19. Jahrhunderts gab es Ansätze zu einer historischen Geographie.[12] Mit der Berufung von Walter Vogel wurde diese Fragestellung in einem stark politisierten Umfeld wieder aufgenommen, mit Arbeiten u. a. zur historischen Fundierung der sogenannten Reichsreform und zu einem brandenburgischen *Historischen Atlas*; Vogel war allerdings gesundheitlich instabil und für größere Projekte daher nicht geeignet.

Seit 1924 hatte Willy Hoppe, Leiter der Bibliothek der Handelshochschule, einen Lehrauftrag inne und publizierte kleinere Aufsätze zur brandenburgischen Landesgeschichte, die allerdings in der Sicht der Berliner Neuzeithistoriker unter universitärem Niveau lagen.[13] Nach konventionell-landesgeschichtlichen Ansätzen übernahm er später die Axiome eines völkischen Geschichtsbilds. 1925 wurde eine „Historische Kommission für Berlin und Brandenburg" gegründet, bis 1935 unter der Leitung des Rechtshistorikers Ulrich Stutz und der Teilnahme von Fritz Hartung, Otto Hintze und Willy Hoppe, doch blieb die Kommission bei Vorarbeiten für eigentliche historische Untersuchungen stecken und erlosch 1939 im Zuge der Planung für eine völlige Reorganisation der landesgeschichtlichen Forschung in Berlin. Die von Meinecke 1928 gegründete und geleitete „Historische Reichskommission" fiel 1935 dem Angriff der NS-Ideologen Alfred Rosenberg und Walter Frank zum Opfer und wurde 1935 durch das von Frank geleitete „Reichsinstitut für Geschichte des neuen Deutschlands" ersetzt.[14] Das Fehlen stadtgeschichtlicher Forschung und die Schwäche eigentlich landesgeschichtlicher Forschung an der Universität erklären sich aus dem Primat der brandenburgisch-preußischen Verwaltungs-, Verfassungs- und Politikgeschichte. Dieser Fokus ersparte der Fakultät zunächst das Einschwenken auf die – methodisch allerdings teilweise innovative – nationalistisch-revisionistisch aufgeladene Volksgeschichte, er blockierte aber auch die Entwicklung zu modernen Formen der Agrar- und Siedlungsgeschichte in Verbindung mit Volkskunde, Wirtschafts- und Verwaltungsgeschichte. Die seit Schmoller bestehende enge Zusammenarbeit von Staats- und Geschichtswissenschaften bestand zwar in Form eines Netzwerks zwischen Meinecke, Heinrich Herkner und Hermann Schumacher weiter, blieb aber abgesehen von einigen Kooperationen in Habilitationskommissionen folgenlos. Der frühere orthodoxe Marxist und Vorwärts-Redakteur Heinrich Cunow hatte schon vor dem Weltkrieg einen Lehrauftrag an der staatswissenschaftlichen Fakultät inne; er wurde, obgleich Herausgeber der linksintellektuellen Zeitschrift „Neue Zeit", 1919 a. o. Professor für Sozialwissenschaften und Wirtschaftsgeschichte und publizierte zur Parteien- und politischen Sozialgeschichte der Französischen Revolution.[15] Doch im Falle Cunows wie einiger anderer Dozenten bei den Staats- und Sozialwissenschaften kam es nicht dauerhaft zu einer neuartigen Verknüpfung von Wirtschafts-, Sozial- und politischer Geschichte. Allerdings trat die preußische Geschichte im Vorlesungsprogramm deutlich zurück und blieb hauptsächlich einem von Meinecke verächtlich behandelten a. o. Professor überlassen.[16]

Erich Marcks, Hermann Oncken, Friedrich Meinecke

Die Besetzung des Delbrück-Lehrstuhls mit Erich Marcks war ebenso naheliegend wie verfehlt. Erich Marcks ist kürzlich vom abwertenden und teilweise irreführenden Etikett des Neorankeaners befreit und adäquat gewürdigt worden.[17] Der Zuschnitt seiner Arbeit ist mit Studien u. a. über Coligny und Elisabeth I. von England gesamteuropäisch, Fragen der Wirtschafts- und Sozialgeschichte hat er stärker aufgenommen als andere zeitgenössische Fachhistoriker. Seine Bismarck-Verehrung stützte sich ebenso auf dessen außenpolitische ‚Meisterschaft' wie auf die konservative Sozialpolitik. Wie Meinecke träumte Marcks davon, Goethe und Bismarck, Geist und Macht, „harmonisch zu vereinigen".[18] Andererseits hatte er sich vom Bellizismus der Treitschke'schen Vorlesungen stark beeindrucken lassen.[19] 1916/18 entzweite er sich in der Kriegszielfrage mit dem gemäßigten Meinecke und verengte sich – gerade auch in seinen Münchner Jahren (1913–1922) – im Groll auf die „Stupidität" des bajuwarischen „Preußenhasses" immer mehr auf „Norddeutschland, Preußen, Reich, Protestantismus, Goethe…".[20] Nach 1914 kam er, abgesehen von seinem Spätwerk über den „Aufstieg des Reiches"[21] kaum mehr zu wirklicher geschichtswissenschaftlicher Arbeit. Gleichwohl ist er der zu seiner Zeit meistgelesene professionelle Neuzeithistoriker überhaupt. Sein „Lebensbild Bismarcks", 1915 erschienen, erlebte bis 1944 immerhin 26 Auflagen, der erste – und einzige – Band seiner Biographie Bismarcks, „Bismarcks Jugend", brachte es zwischen 1909 und 1951 auf 21 Auflagen. Die 1911 erstmals publizierte und später mehrfach veränderte Sammlung von Aufsätzen und Vorträgen „Männer und Zeiten" gehörte zum festen Bestand des bürgerlichen Bücherschranks.[22] Die Publikationen nach der Jahrhundertwende zeigen, wie sehr Marcks auf die Bedeutung der Persönlichkeit und den Primat des Staates fixiert war. An theoretischer Reflexion dagegen fehlte es vollständig. Kritik an den gesellschaftlich-politischen Fehlentwicklungen im Kaiserreich reduzierte sich in den Schriften seiner Berliner Jahre auf die Polarisierung des allzu ungestümen jungen Monarchen Wilhelm II. und des umsichtig-professionellen Reichskanzler Bismarck.[23] Die historisch-politische Publizistik von Marcks kreiste seit 1919 um die nach-versailler nationalpolitische Apologie – eine Fixierung, die auch sein Amtsnachfolger Hermann Oncken teilte.

Mit Hermann Oncken kehrte 1928 ein weiteres Eigengewächs der „Berliner Schule" der 1890er Jahre nach einer glänzenden Karriere 59-jährig nach Berlin zurück.[24] Er verstand sich selbst zwar als Erneuerer Rankes und ging vom Primat der Außenpolitik als Interessenpolitik aus. Sehr viel mehr als Erich Marcks ist er in den Jahren vor 1914 jedoch neue Wege gegangen. Von Gustav Schmoller beeinflusst, hatte er sich der politischen Biographie des Parteiführers der entstehenden Sozialdemokratie, Ferdinand Lassalle, und der Nationalliberalen Partei (der er selbst angehörte) Rudolf von Bennigsens zugewandt.[25]

Die Berliner Jahre Onckens standen dann allerdings unter dem Zeichen des Versailles-Traumas. In seiner höchst umfangreichen historisch-politischen Publizistik hatte er im Kaiserreich dem liberal-sozialen, imperialistischen Programm einer Integration der Arbeiterschaft in den Nationalstaat nahe gestanden und im Weltkrieg die gemäßigte Kriegszielpolitik der Regierung Bethmann Hollweg verfochten. 1919 stellte er sich als Vernunftrepublikaner auf den Boden der Weimarer Demokratie, allerdings weniger aus freiheitspolitischen denn aus Gründen der Ressourcenmobilisierung für eine – in damaliger Sicht – realistische nationale Revisionspolitik. Das Schwergewicht seiner Arbeit lag jetzt bei der Erörterung der Kriegsschuldfrage in historischer Tiefendimension. Eine schon mit seiner Chicago-Gastprofessur (1905/06) geweckte Sympathie für die angelsächsische Welt ließ ihn die versäumte Verständigung mit England beklagen, zugleich untersuchte er aber in einer Vielzahl von Essays und dann auch in einem dreibändigen Aktenwerk die aggressive französische Rhein- und Deutschlandpolitik seit dem 17. Jahrhundert.[26] Überhaupt wandte sich Oncken in den 20er und 30er Jahren verstärkt großen Editionen zu. Nach 1933 ging er noch einmal mit einem Essayband über Oliver Cromwell und einem Buch über die „Sicherheit Indiens" seinen England-Interessen nach.[27]

Hermann Oncken hatte mit einer Vielzahl von Ämtern eine wissenschaftsorganisatorische Schlüsselposition inne und war im Übrigen ein glänzender Redner. Die Fixierung auf eine nationale Revisionspolitik ließ ihm den Außenpolitiker Hitler nach der Machtübertragung zunächst als energischeren Verfechter der Stresemann'schen Revisionspolitik erscheinen. Ende 1934 trat er jedoch in einem Vortrag „Wandlungen des Geschichtsbildes in revolutionären Epochen" der radikalnationalistischen Politisierung des Geschichtsdenkens entgegen. Er warnte vor „Neuerern", „denen auch die Nationalgeschichte nur ein beliebiges Projektionsfeld für die Ideale der [...] Gegenwart

Abbildung 1: Friedrich Meinecke, 1942 (Narodowe Archivum Cyfrowe, inv. 2-14042)

ist" und zu deren „dilettantischer Spielerei sich die fanatische Wollust umwühlender Zerstörung" geselle.[28] Diese kämpferisch formulierte Verteidigung wissenschaftlicher Objektivität im Sinne Rankes gab Onckens früherem Hörer Walter Frank die Gelegenheit, im Namen der „nationalen Revolution" der „alten liberalen Geheimrats-Klique" mit ihrem angeblichen Anführer Oncken den Kampf anzusagen[29]. Oncken musste daraufhin seine Vorlesung abbrechen, er wurde pünktlich emeritiert und konnte seine Lehrtätigkeit nicht, wie er es gerne getan hätte, fortsetzen.

Die maßgebliche und wirkmächtigste Gestalt der Berliner Geschichtswissenschaft in der Weimarer Republik war aber zweifellos Friedrich Meinecke. Als preußischer Beamtensohn wuchs er im Studium und in den Jahren bis zu seinem ersten Ruf nach Straßburg 1901 ganz in die Tradition der ‚Berliner Schule' hinein, der er aber vor allem in seinen späteren Werken einen unverwechselbaren und offenkundig auch durch Schüler nicht adaptierbaren Zuschnitt gab.[30] Obgleich Meinecke politisch anfangs dem preußischen Konservativismus nahestand, zeigen doch schon seine frühen Werke eine deutliche Konzentration auf Preußen als Reformstaat und die Entstehung des deutschen Nationalbewusstseins.[31] Das Verhältnis von Preußen und dem entstehenden deutschen Nationalstaat ist dann der Gegenstand der Monographie über „Radowitz und die deutsche Revolution" (1913), vor allem aber des ersten ideengeschichtlichen Hauptwerks, „Weltbürgertum und Nationalstaat. Studien zur Genesis des deutschen Nationalstaates" (1907). Zwei weitere umfangreiche Bücher: „Die Idee der Staatsräson in der neueren Geschichte" (1924) und „Die Entstehung des Historismus" (1936), beruhen auf derselben ideengeschichtlichen Methode.

In diesen drei Studien, mit denen sein Name heute vorrangig verknüpft wird, konzentrierte sich Meinecke auf die Auslegung der „hochgelegene[n] Quelle[n]" und auf die „großen Persönlichkeiten" und „schöpferischen Denker", weil das Denken „von den Wenigen [...] zu den Vielen" hinuntersickere.[32] In mehr oder weniger unverbundenen Einzelanalysen stellt Meinecke jeweils dar, wie sich bei Denkern und Staatslenkern in Deutschland im 19. Jahrhundert die Orientierung an individualistischen und kosmopolitischen Leitvorstellungen transformierte oder ersetzt wurde durch die Aufwertung von Staat und Nation. Dahinter steht die von Hegel und Ranke formulierte Staatsanschauung, dass moderne Nationalstaaten nach Analogie von Individuen gedacht werden können. Die heute einigermaßen rätselhafte Faszination von „Weltbürgertum und Nationalstaat", das bis 1936 sieben Auflagen erlebte, erklärt sich wohl daraus, dass Meinecke mit seiner Methode und Sprache für die Zeitgenossen die Nationalstaatsidee verlebendigen und verpersönlichen konnte, die preußisch-deutsche Reichseinigung über den von empfindsamen jungen Bildungsbürgern deutlich gefühlten Materialismus und die Probleme des Massenzeitalters erhob und Ideen und „Realpolitik" zu versöhnen schien.[33] Weniger Resonanz oder gar intellektuelle Nachfolge fanden die beiden folgenden Werke aus Meineckes Berliner Zeit: „Die Idee der Staatsräson" (1924) riss nüchterner und problembewusster als der frühere Meinecke eine grundsätzliche Spannung zwischen der spezifischen Machtrationalität des Staatshandelns und dem Bewusstsein moralischer Verantwortung auf und exemplifizierte diesen Gegensatz entlang der Leitlinie der europäischen Staatstheorie von Machiavelli bis zu Hegel, Fichte, Ranke, Treitschke. Neben vielen Einzeleinwänden war es wohl vor allem der von der Weltkriegserfahrung geprägte pessimistische Zug, der die Resonanz des Werkes in der historischen Zunft beeinträchtigte. Die Historismusdeutung von 1936 dagegen muss im Zusammenhang der Debatte über die Krise des Historismus in den 1920er Jahren gesehen werden. Sie nimmt das alte Meinecke-Motiv des Zusammenhangs von individualisierendem Denken und Entstehung von modernem Staatsbewusstsein wieder auf und krönt in gewisser Weise gerade durch die abgeklärt-maßvolle Diktion die historistische Tradition der Aufklärungskritik – woran auch die Behauptung nichts ändert, mit dem Geschichtsdenken Goethes sei ein „ideales Gleichgewicht zwischen Aufklärung und späterem Historismus" hergestellt.[34] In wissenschaftsgeschichtlicher Perspektive ist das Werk auch nach damaligem Wissensstand ganz ungenügend, doch ging es Meinecke nicht um die Wissenschaftsgeschichte, sondern um die Entstehung dessen, was man damals den „deutschen Geist" nannte.

Trotz aller bedeutenden Traditionsbindung zielte die 1945 auf der Flucht von dem 83-jährigen Meinecke niedergeschriebene Studie über „Die deutsche Katastrophe" auf eine Erneuerung von National- und Geschichtsbewusstsein. Meinecke führte hier das NS-System und seine Politik teils auf europäische, teils auf deutsche Ursachen zurück, machte in der bildungsbürgerlichen Denkweise dieser Jahrzehnte die Französische Revolution für die nationale und sozialistische Mobilisierungsbereitschaft der „Massen" verantwortlich, kritisierte aber auch scharf den preußischen Militarismus. In einem Akademievortrag von 1948 begründete er schließlich die kritische Wendung gegen die eigene wissenschaftliche Prägung, indem er eine größere Relevanz des Burckhardt'schen, typisierenden, pessimistischen Geschichtsdenkens gegenüber Ranke postulierte.[35]

Ebenso spät im Leben wie er zu seiner spezifischen Methode fand, hatte sich Meinecke auch zum politisierenden Historiker entwickelt. Seit 1912 bezog er entschieden reformerische Positionen auf dem linken Flügel der Nationalliberalen, seit 1919 als Mitglied der Deutschen Demokratischen Partei. Im Weltkrieg verfocht Meinecke die Reform des preußischen Wahlrechts. Seine gemäßigt annexionistische Position im Weltkrieg setzte ihn – wie später die Parteinahme für die Republik – in einen politischen Gegensatz zu den meisten seiner Kollegen. Am nächsten dürfte ihm in der politischen Gesinnung Hermann Oncken gestanden haben. 1932 emeritiert, lehrte er zunächst weiter und behielt auch wissenschaftspolitisch wichtige Positionen wie den Vorsitz der von ihm initiierten „Historischen Reichskommission" und die Herausgeberschaft der Historischen Zeitschrift. Seit 1933 allerdings hatte Meinecke die Spannung zwischen „Staatsräson" (hier in Form der Überlebensräson von Institutionen) und moralischer Integrität in seiner eigenen Person auszukämpfen. Die Herausgeberschaft der Historischen Zeitschrift musste dem 73-Jährigen schließlich entrissen werden – was Meinecke aber keineswegs zum Bruch mit dem Nachfolger Karl Alexander von Müller veranlasste.[36] Und dass er schon im Mai 1933 das erzwungene Ausscheiden der Jüdin Hedwig Hintze aus dem Mitarbeiterkreis der HZ hinnahm, führte zur Aufkündigung der Freundschaft seines alten Weggefährten und häufigen Mitstreiters Otto Hintze in zwei kurzen, entschiedenen und menschlich souveränen Briefen Hintzes im Mai und November 1933.[37]

Die Jahre zwischen 1933 und 1945

Die Jahre um 1933 brachten – politisch und generationell bedingt – einen enormen Wechsel in der Philosophischen Fakultät. 1932 stellte Meinecke seine Lehre ein, 1933 wurden der Inhaber des Osteuropa-Lehrstuhls, Karl Stählin, 1934 Kurt Breysig und Walther Vogel emeritiert. Hermann Oncken musste 1935 gehen, Wolfgang Windelband, 1933 Nachfolger von Friedrich Meinecke, wurde 1935 zwangsweise nach Halle versetzt. Der Osteuropa-Historiker Otto Hoetzsch verlor seinen Lehrstuhl aus politischen Gründen 1935.[38] Als „Nichtarier" vertrieben wurden Gustav Mayer, Hajo Holborn, Gerhard Masur, Dietrich Gerhard, Hedwig Hintze und der Privatdozent, Meinecke-Doktorand und Humanismus-Forscher Hans Baron. Martin Hobohm, Delbrück-Schüler, nicht beamteter a. o. Professor und Archivrat am Reichsarchiv, wurde 1933 unter Berufung auf das Gesetz zur Wiederherstellung des Berufsbeamtentums entlassen.[39] Zitiert zu werden verdienen die Gutachten des NS-Dozentenbundes (NSD) zu den beiden bedeutendsten Historikern der ersten Jahrhunderthälfte in Deutschland, Otto Hintze und Friedrich Meinecke. Hintzes Ehe mit der „Volljüdin (Hedwig Guggenheimer)" wird als Instinktlosigkeit kritisiert, Hintze selbst als „Greis" bezeichnet, „der weder politisch noch charakterlich geeignet erscheint für den Einsatz zu wissenschaftlichen Aufgaben der Partei". Während bei Hintze eine ausdrückliche Bezeichnung als Gegner des Regimes fehlt, erklärt das entsprechende Gutachten zu Meinecke diesen zum „getarnten Gegner des Nationalsozialismus".[40]

Schon 1932 war Walter Elze zum Direktor einer kriegsgeschichtlichen Abteilung berufen worden, die vom Reichskriegsministerium nach dem Papenputsch neu eingerichtet und finanziert worden war.[41] Der NSD stand ihm als George-Adepten, aber wohl auch wegen seiner Kontroversen mit Erich Ludendorff, misstrauisch gegenüber.[42] Am 1. 5. 1933 war er der NSDAP beigetreten. Nach 1931 zunächst a. o. Professor, erhielt er im November 1933 ein persönliches Ordinariat. Der Landeshistoriker Willi Hoppe, seit 1929 a. o. Professor und seit 1932 NSDAP-Mitglied, schaffte es 1937 auf ein Ordinariat mit Mittelalterschwerpunkt – gleichzeitig mit seiner Berufung zum Rektor der Universität (1937–1942).

Auf den ehemaligen Meinecke-Lehrstuhl wurde Wilhelm Schüßler berufen, obwohl die Kommission zunächst für den in die jungkonservative Richtung gedrifteten frühen Meinecke-Schüler Siegfried Kaehler votiert hatte.[43] Schüßler war mit Untersuchungen über den Sturz Bismarcks und seine Politik gegenüber den süddeutschen Staaten vor der Reichsgründung (1921, 1929) Bismarck-Spezialist. Dass er gleichzeitig den „Primat der auswärtigen Politik" ausdrücklich unterstrich, dabei aber in scharfen Worten Wilhelm II. anklagte, verstärkte nur die Bismarck-Mythisierung, bei der die Innenpolitik Bismarcks fast immer vernachlässigt wurde.[44] Wie bei dieser Generation üblich, trat nun nach 1933 der Borussianismus endgültig zurück und das Reich als historischer Bezug und mythische Größe in den Vordergrund. Ungewöhnlich ist, dass sich Schüßler seit seiner von Meinecke angeregten Dissertation über die österreichischen Abgeordneten in der Frankfurter Paulskirche 1848 eingehender mit dem Habsburgerreich beschäftigte – was allerdings nach 1933 und vor allem seit 1940 dem großdeutschen Raumdenken Vorschub leistete. In einer Reihe schwungvoll-intuitionistischer Schriften aktualisiert er die Mitteleuropa-Idee unter völkischem Vorzeichen.[45]

Fundierter war das Werk Arnold Oskar Meyers, der bei Dietrich Schäfer promoviert und sich bei Erich Marcks habilitiert hatte und nun den Lehrstuhl Onckens erhielt. Ein Augenmerk seiner Arbeiten lag – wie übrigens auch bei Schüßler – auf der englischen Geschichte. Den Schwerpunkt bildeten auch bei ihm Bismarck-Studien.[46] 1944, im Jahr seines Todes, erschien Meyers umfangreiche Bismarck-Biographie, ein Spätwerk der Bismarck-Mythisierung in der deutschen Geschichtsschreibung; Studien zum deutschen Volkscharakter und zur Geschichte des deutschen Nationalgefühls (1934 und 1937) machten sein Denken für die Nationalsozialisten akzeptabel.

Die stärkste Stütze der Neuzeithistorie in den Jahren des „Dritten Reiches" stellte zweifellos Fritz Hartung dar.[47] Er hatte bei Hintze 1905 über „Hardenberg und die preußische Verwaltung in Ansbach-Bayreuth von 1792 bis 1806" promoviert und sich in Halle bei Richard Fester über „Karl V. und die deutschen Reichsstände von 1546 bis 1555" habilitiert. In seiner verwaltungs-, verfassungs- und politikgeschichtlichen Fragestellung deutlich dem jüngeren Hintze verpflichtet, gelangen ihm zwei Standardwerke, die in der Bundesrepublik noch bis in die 1960er Jahre hinein zur Pflichtlektüre zählten: Die „Deutsche Verfassungsgeschichte in der Neuzeit" (1914, achtmal in überarbeiteter und ergänzter Form neu aufgelegt) – und, weniger wirkungsreich, eine „Deutsche Geschichte von 1871 bis 1919". 1940 publizierte er einen Sammelband „Volk und Staat in der deutschen Geschichte", 1961 folgten noch einmal gesammelte Aufsätze mit Studien zur preußischen, deutschen und französischen Verfassungsgeschichte und zwischen Spätmittelalter und Kaiserreich.[48] Seine Vorlesungen galten als dröge, doch war Hartung an zahlreichen Promotionen und Habilitationen federführend beteiligt, ebenso wie an den Neuberufungen.

Hartung und Arnold O. Meyer können als nationalkonservativ gelten (Hartung war zeitweise Mitglied der DNVP), Schüßler als nationalistisch-großdeutsch. Alle kamen aus der kleindeutsch-protestantischen Tradition, keinen wird man als ausdrücklich nationalsozialistischen Geschichtswissenschafter bezeichnen können. Der Blick in die Personalakten und in die Berichte des NSD zeigt vielerlei Distanzierungen. 1946 schrieb Hartung an einen emigrierten Orientalisten, dass nach seiner Ansicht „auch kein halbwegs vernünftiger Historiker" Parteigenosse werden konnte.[49] Schon 1935 hatte er die Entlassung seines Osteuropa-Kollegen beklagt: „Schlimm ist [...] die Sache Hoetzsch. Hoetzsch ist wohl ein Opfer des russenfeindlichen Kurses in der Außenpolitik geworden. Schön finde ich das Verfahren nicht. Aber es ist mir von allen Seiten versichert worden, daß dagegen nichts zu machen ist, wenn nicht eine [...] höhere Parteiinstanz für den Fall interessiert werden kann. Ich sehe sehr schwarz in die Zukunft der Universität."[50] Diese Briefstelle ist symptomatisch: Hartung war mit den Beschlüssen der NS-Behörden vielfach nicht einverstanden, andererseits aber ein nüchterner und geschäftsgewandter Pragmatiker. Die Wahl Willy Hoppes in die Akademie verhinderte er allerdings ohne Rücksicht auf dessen NSDAP-Karriere.[51] 1936 zog er sich eine Rüge des Ministers Rust zu, weil er als „verantwortlicher Dekan" den „litauischen Staatsangehörigen jüdischer Volkszugehörigkeit", Abraham Heller zur Promotion zugelassen hatte (Referenten Otto Hoetzsch und der Slavist Max Vasmer). 1941 übermittelte der Rektor Hoppe Hartung die Aufforderung des Reichsministeriums, „sich in Zukunft Buchbesprechungen vorwiegend politischen weltanschaulichen Inhalts, die Ereignisse der letzten Jahrzehnte in Deutschland zum Gegenstand haben, nicht mehr angelegen" sein zu lassen.[52] Schon 1935 hatte er in der HZ ein Buch Carl Schmitts äußerst kritisch besprochen und ähnlich wie Oncken auf das Rankesche Objektivitätspostulat hingewiesen.[53] Rektor Hoppe hatte die Hoffnung auf eine „politisch durchschlagende Änderung seines [Hartungs] Wesens und seiner Auffassung" bereits aufgegeben.[54] Andererseits ließ sich der nüchterne und pragmatische Verfassungshistoriker 1939/40 offenbar gerne in den nationalen Erfüllungsrausch hineinziehen und parallelisierte den Aufstieg der gegenwärtigen „deutschen Staatsentwicklung" mit der Reaktion auf die Revolution von 1848 und der Reichsgründung. Träger dieses Aufstiegs sei allerdings jetzt nicht mehr ein „Einzelstaat, sondern die aus dem Volke herausgewachsene nationalsozialistische deutsche Arbeiterpartei Adolf Hitlers".[55] Auch antisemitische Ressentiments kamen jetzt ungehemmt zum Durchbruch. Das alles lässt sich nicht als bloß taktische Verbeugung vor dem Regime verstehen, vielmehr zeigt sich, dass dem nationalkonservativen historisch-politischen Denken Hartungs das Gespür für die Abgrenzung gegenüber enthemmter politisch-militärischer Gewalt und Rassedenken verloren gegangen war.

Zu Hartung wie zu A. O. Meyer liegen Gutachten des NSD vor, verfasst von dem ehemaligen Meyer-Schüler und Mediävisten Werner Reese. Sie formulieren in subtiler Weise sowohl die Nähe wie auch die Distanz der alten Herren gegenüber dem NS. Zu Hartung heißt es, er sei von „unbestechlicher Ehrenhaftigkeit" und habe „niemals einen Hehl daraus gemacht, dass er im Innersten den Nationalsozialismus nicht mehr voll in sich aufnehmen könne [...], seine weltanschauliche Haltung ist daher als durchaus loyal, aber durch frühere Tradition begrenzt, zu bezeichnen."[56] Zu Meyer, dem ehemaligen DNVP-Mitglied, heißt es: er habe in der Weimarer Republik „bewußt im nationalen Lager" gestanden und im Grenzkampf Schleswig-Holsteins wie als Präsident der Deutschen Akademie in München „Wesentliches für die Aufgaben des geistigen Volkstumskampfes geleistet". Vor der Machtübernahme habe er als einer der wenigen Historiker gegolten, die dem Nationalsozialismus sympathisierend gegenüberstanden. „In der Folgezeit jedoch entfernte er sich zunehmend von einer vorbehaltlosen Anerkennung der Bewegung und geriet gelegentlich in die Rolle eines politischen Besserwissers. Sein stark professorales Gehabe mochte hierzu ebenso beitragen wie eine ausgeprägte protestantische Gläubigkeit". Seit seinem Amtsantritt in Berlin trete er im Rahmen der Universität kaum hervor und zeige eine „eigenwillige Zurückhaltung", doch sei „keinesfalls zu befürchten, dass M. irgendwie aktiv gegen die Forderungen der Bewegung oder des Staates Stellung nehmen wird".[57] Festzuhalten bleibt, dass Meyer seinen – kommunistischer Widerstandsaktivitäten verdächtigten – Assistenten Heinrich Scheel vor dem Reichsgericht entschieden verteidigte; und an den tödlichen Reitunfall Meyers am 3. Juni 1944 knüpften sich für die Insider offene Fragen.

Die Fakultät insgesamt legte in diesen Jahren mehrfach ein deutliches Bemühen an den Tag, bei der Besetzung von Stellen ihre wissenschaftlichen Qualitätsmaßstäbe nicht aufzugeben. 1938 beantragte z. B. Wilhelm Koppe, 1937 in Kiel habilitiert, Lehrer, NSDAP- und SA-Mitglied seit 1933, eine Dozentur für Mittlere und Neuere Geschichte. Hartung gutachtete lavierend, das Institut aber energisch ablehnend: die Auswahl müsse „streng" sein; dass der Kandidat nicht aus Berlin kam, diente als nützliches Hilfsargument gegenüber dem vom NSD Kiel dringlich empfohlenen Koppe.[58]

Dass sich traditionell nationalgeschichtliche Historiographie und neue Volksgeschichte auch in Berlin keineswegs ausschlossen, zeigt der Fall Kleo Pleyer.[59] Pleyer, Schüler von Hoetzsch und Marcks und seit 1921 Funktionär der deutschen NSAP und seit 1930 der NSDAP, legte 1934 seine Habilitationsschrift über „Die Landschaft im neuen Frankreich. Stammes- und Volksgruppenbewegung im Frankreich des 19. und 20. Jahrhunderts" vor, in der er den französischen Zentralstaat als Unterdrücker der Minderheiten darstellte und prophezeite, dass eine Neubildung des französischen Staates aus den einzelnen Volksgruppen heraus den in der Französischen Revolution fixierten Staatsaufbau zerbrechen werde. Zudem entwarf Pleyer das Konzept einer neuen, nationalsozialistischen Geschichtswissenschaft; gegen die Tradition der deutschen Mandarine – also Spezialistentum, Seelenlosigkeit und kontemplative Indifferenz – gerichtet, skizzierte es eine Wissenschaft der Tat, aufbauend auf Volkstum, gemeinsamer Rasse und einheitlichem Blut. Offenbar war es der Frankreich-Hass Onckens, der den Ordinarius diese Arbeit zur Annahme empfehlen ließ, obwohl sie keine Forschungsarbeit im üblichen Sinne sei; Hartung schloss sich Onckens Gutachten an, obwohl er auch die Gefahren „einer unmittelbar in den Dienst politischer Zielsetzung" gestellten Arbeit hervorhob. Peinlicherweise beschlagnahmte das Propagandaministerium 1936 das Buch mit dem Argument, dass es nicht „Ergebnis kritischer wissenschaftlicher Arbeit", sondern „ein politisches Wunschbild unter Heranziehung ausgedehnten historischen Materials" darstelle und im Übrigen geeignet sei, „wesentliche außenpolitische Belange zu gefährden".[60] An der Berliner Universität bot Pleyer dann u. a. Übungen über „Geschichte und Technik des Grenzkampfes" an, mit dem Zweck, einen „deutschbewußten Führernachwuchs" für die katholische Grenzbevölkerung in der Grenzmark Posen-Westpreußen heranzuziehen; auf einer Exkursion sollten „grenzvölkische Auswirkungen der biologischen Ermattung örtlicher deutscher Gruppen" studiert werden.[61] 1937 erhielt Pleyer ein Ordinariat in Königsberg, 1942 fiel er als Wehrmachtsmitglied.

Besondere Aufmerksamkeit verdient die Geschichte der Osteuropahistorie an der FWU, v. a. zwischen 1933 und 1945. Sie hatte seit der Berufung von Theodor Schiemann und der Gründung des Seminars für Osteuropäische Geschichte und Landeskunde 1902 noch stärker und unmittelbarer unter dem Einfluss außenpolitischer Interessen gestanden als die Neuzeithistorie insgesamt. Dass Otto Hoetzsch 1920 nur ein persönliches Ordinariat erhielt und nicht den Lehrstuhl Theodor Schiemanns, verstärkte die Abneigung zwischen ihm und dem Schiemann-Nachfolger Stählin, so dass es in den acht gemeinsamen Berliner Jahren nicht zu einer Zusammenarbeit kam. In der Weimarer Republik vertrat Hoetzsch eine Verständigung mit der Sowjetunion und förderte publizistisch und organisatorisch deutsch-russische Kontakte. In Einklang mit seinem Rapallo-Kurs betreute er auch die deutsche Ausgabe der sowjetischen Aktenpublikation zur Vorgeschichte des Ersten Weltkriegs.

1928 endlich auf ein Ordinariat berufen, wurde er 1935 von den Nationalsozialisten unter Berufung auf das Gesetz zum Schutz des Berufsbeamtentums entlassen. Dies ist keineswegs auf eine etwaige NS-kritische Haltung zurückzuführen.[62] Vielmehr hatte Hoetzsch im Herbst 1933 das neue Regime ausdrücklich begrüßt und historisch legitimiert; deshalb äußerte er die Hoffnung, dass jetzt im Ernst wieder wissenschaftliche Arbeit im „Ost-Kampf" geleistet werden könne.[63] Vielmehr passte sein Rapallo-Kurs nicht mehr in die Vorstellungen des Wissenschafts- und des Propagandaministeriums, des Auswärtigen Amtes, Ribbentrops und der SS.[64] Die Forschung nimmt zudem neuerdings an, dass das Reichswissenschaftsministerium das Seminar für osteuropäische Geschichte überhaupt stilllegen wollte, um später die Ostforschung gemäß den ideologischen Zielvorstellungen des NS auf einem neuen institutionellen und disziplinären Fundament aufzubauen.[65] Dazu kam es nicht, vielmehr wurde als Nachfolger von Hoetzsch 1936 Hans Uebersberger berufen, der seinerseits 1934 das Osteuropa-Institut in Breslau geleitet hatte, seinen dortigen Lehrstuhl aber mitbringen musste. Der gebürtige (1877) Österreicher war ein angesehener Fachmann, hatte vor 1933 Rufe nach Berlin abgelehnt, stand aber nach eigener Auskunft seit 1895 der „völkischen Bewegung in Österreich" nahe und gehörte der NSDAP seit 1932 an. In den Akten der Berliner Jahre sind entschieden antisemitische Formulierungen überliefert.[66]

Allerdings hat sich der lange ziemlich üble Leumund Uebersbergers neuerdings in der Forschung deutlich verbessert. 1940 versuchte er vergeblich, die Verlegung seines Lehrstuhls in die von der SS getragene „Auslandswissenschaftliche Fakultät" zu verhindern. In seinem wissenschaftlichen Werk hat er sich von rassistischen Äußerungen freigehalten. Uebersbergers Pech war, dass er in die erbitterten Fraktionskämpfe der NS-Magnaten geriet. Parteigänger Alfred Rosenbergs und von Göring berufen, wurde er von Himmler/Ribbentrop offenkundig als Hindernis für deren Planung einer vom NS getragenen zentralisierten Ostforschung bekämpft. Er beschäftigte den noch von Hoetzsch eingestellten Werner Philipp als Assistenten weiter, trotz dessen eindeutiger Ablehnung des NS, er habilitierte auch den später hoch angesehenen und NS-kritischen, aus Petersburg stammenden Kirchenhistoriker Robert Stupperich; aus seinem Seminar ging eine Reihe politisch vollkommen unbelasteter, später führender Osteuropa-Historiker hervor. Es sieht so aus, als habe der überzeugte, aber mit seinen historisch-politischen Anschauungen in der Radikalisierungsphase des Regimes überholte Nationalsozialist Uebersberger, von der NSDAP abgehalftert, der „Osteuropaforschung einen Freiraum" verschafft, in dem „das SOEG fast ein ganzes Jahrzehnt überwintern konnte".[67] Die Philosophische Fakultät selbst war mit der Berufung Uebersbergers sehr einverstanden. Machtlos dagegen war sie bei der Berufung des erbitterten Uebersberger-Kontrahenten und SS-Mitglieds Michael Achmeteli auf eine Honorarprofessur 1938 und des „vielleicht engstirnigsten Ostforschers" in Deutschland überhaupt, Martin Laubert, auf eine 1938 neu geschaffene a. o. Professur für Polnische Geschichte.[68]

Insgesamt gewinnt man den Eindruck, dass auf den etablierten Lehrstühlen trotz der Neubesetzungen seit 1932 die Methoden, qualitativen Maßstäbe und der – in sich ambivalente – historische Anspruch auf Unabhängigkeit der Wissenschaft von der Politik gewahrt wurden, wenn auch nicht ohne Schwachstellen und Sündenfälle. Mit dem Übergang zum NS-System machten sich jedoch verstärkt politische Initiativen und Zwänge geltend. 1936 entstand auf die Initiative des Reichskriegsministers von Blomberg hin ein „Institut für allgemeine Wehrlehre", das auch vom Kriegsministerium (daneben von der DFG) finanziert wurde. Direktor wurde Oskar Ritter von Niedermayer, eine überaus schillernde Persönlichkeit. Der bayerische Beamtensohn hatte Geographie und Geologie studiert, 1915/16 eine militärisch-diplomatische Afghanistan-Expedition geführt und sich 1919 im Freikorps Epp an der Niederschlagung der Münchner Räterepublik beteiligt.

Zwischen 1922 und 1932 organisierte er die geheime Zusammenarbeit von Reichswehr und Roter Armee mit. Für seinen wissenschaftlichen Werdegang waren Karl Haushofer und dessen Geopolitik maßgeblich, die er zu einer geostrategischen Theorie weiterentwickelte. Nach seiner Habilitation über „Wachstum und Wanderung im russischen Volkskörper" (Gutachter Norbert Krebs und Walther Vogel) veranstaltete er Übungen zur Wehrgeographie und Wehrpolitik. Er verstand die Wehrwissenschaft als politische Zweckwissenschaft und gründete mit der Unterstützung des Rektors ein Institut für Heimatforschung als Institut der Friedrich-Wilhelms-Universität mit Sitz in Schneidemühl.[69] Das Institut kam allerdings in die Mühlen der Konkurrenz um die Führung bei der deutschen Ostforschung und unterschiedlicher politischer Positionen in der NSDAP und wurde 1942 aufgelöst. Aus heutiger Sicht interessieren das Institut für allgemeine Wehrlehre und das Institut für Heimatforschung vor allem, weil hier wichtige Nachwuchswissenschaftler gefördert wurden. Die Abteilung „Geschichte und Sprachen" betreute u. a. Herbert Ludat, der in der Bundesrepublik als Lehrstuhlinhaber für Osteuropäische Geschichte in Gießen ein einflussreiches Zentrum für Russland- und Polenforschung (Schwerpunkt Mittalter) aufbaute. Otto-Ernst Schüddekopf, dem Nationalbolschewisten Friedrich Hielscher nahe stehend und 1942 als „U-Boot" in die SS eingetreten, publizierte 1960 ein viel gelesenes Buch.[70] Gerhard Oestreich, Assistent am Wehrwissenschaftlichen Institut, publizierte fulminante Programmschriften zur Konzeptualisierung einer neuen, von der älteren Kriegswissenschaft grundsätzlich unterschiedenen Disziplin, die auf dem „Erlebnis des Weltkrieges" fußen sollte und auf die „Wandlung vom Kriege zur Wehrpolitik, die den Krieg mit einschließt", zielte.[71]

So wie das Institut für Wehrwissenschaft zog auch die 1940 gegründete Auslandswissenschaftliche Fakultät später einflussreiche Historiker an; Egmont Zechlin, Sohn eines preußischen Divisionspfarrers, Kriegsfreiwilliger von 1914, Student bei Friedrich Meinecke und Hermann Oncken, bei dem er 1922 in Heidelberg promovierte, a. o. Professor in Marburg 1934 und in Hamburg 1936, übernahm 1940 die Professur für Übersee- und Kolonialgeschichte. Ganz in der Tradition hatte er über Bismarck und Wilhelm II. gearbeitet, lernte aber mit Hilfe eines Rockefellerstipendiums 1931/32 Ostasien und die USA kennen und entwickelte eine entschiedene Inklination zu kolonial- und welthistorischen Fragestellungen. Sein Beitrag „Die großen Entdeckungen und ihre Vorgeschichte" im dritten Band der von Willy Andreas herausgegebenen zweiten Auflage der Propyläen Weltgeschichte ist eine beachtliche synthetische Leistung und zeigt eine entschiedene Tendenz, die eurozentristische Perspektive durch verstärkte Aufmerksamkeit auf die außereuropäischen Völker und Staaten zu erweitern. Der „Zusammenbruch des europäischen Staatensystems" 1939/40 animierte Zechlin zu der Aufforderung, dass Deutschland „in Mitteleuropa statt der Rolle des Amboss' die des Hammers" übernehmen solle, zur notwendigen „neuen Rechtssetzung" auf der Basis der „sozialen Volksgemeinschaft und des natürlichen Lebensraumes".[72] Wie Oestreich die Wehrwissenschaft konzeptualisierte er Übersee- und Kolonialgeschichte als Studienfach, mit dem die Voraussetzungen für eine zukünftige deutsche Kolonialpolitik geschaffen würden. Für die Forschung sollte allerdings die in der allgemeinen Geschichtswissenschaft angewandte „quellenvergleichende philologisch-kritische Methode" beibehalten werden.[73] Ähnlich wie Schüßler, aber deutlich fundierter, schwenkte Zechlin auf die Europadebatte der deutschen Historiker nach 1939/40 ein.[74] Wie komplex bei alledem die persönlichen und sachlichen Zusammenhänge zwischen Nationalismus, Sozialismus und Nationalsozialismus mitunter sein konnten, sieht man daran, dass Zechlin mit Arvid Harnack, dem Kopf der „Roten Kapelle", und mit Albrecht Haushofer, beide in Berlin hingerichtet, befreundet war.[75] Nach mehrjähriger „Denkpause" erhielt Zechlin 1949 einen Lehrstuhl in Hamburg, förderte dort weiterhin die Überseegeschichte und bekämpfte gemeinsam mit Gerhard Ritter seit 1960 die Thesen seines Hamburger Kollegen Fritz Fischer.

Außerordentlich komplex schließlich ist der Werdegang von Fritz Valjavec, der 1940 von der Auslandswissenschaftlichen Fakultät mit der Wahrnehmung des Lehrstuhls für Geschichte Südosteuropas beauftragt wurde. Der katholische „Volksdeutsche" aus Ungarn wurde in München bei dem nationalsozialistischen Historiker-Star Karl Alexander von Müller promoviert und habilitiert und machte eigentlich zwei Karrieren: Die eine als NSDAP-Mitglied und Netzwerker der Volkstumspolitik – in der zweiten Jahreshälfte 1941 kam er als Mitglied des Sonderkommandos 10b der Einsatzgruppe D in Russland zum militärischen Einsatz. Die andere als Wissenschaftler: Valjavec war weder Antisemit noch „Judenfachmann", seine Bücher vor 1945 sind fundiert, legen den Schwerpunkt auf Aufklärung und Habsburgerreich im 18. Jahrhundert und halten sich frei von nationalsozialistischem Gedankengut. Sein Josephinismusbuch ist ebenso zum Standardwerk geworden wie das bedeutende Nachkriegswerk über die „Entstehung der politischen Strömungen in Deutschland".[76] 1955 wurde er Ordinarius für südosteuropäische Geschichte und Leiter des Südost-Instituts in München.⁷⁷ Der rätselhafte Mann starb 1960, kurz vor einer möglicherweise bevorstehenden Anklage in einem Prozess gegen Mitglieder der Einsatzgruppen.

Die Bilanz der Neuzeit-Historie an der FWU im Dritten Reich fällt zwiespältig aus. Einerseits gab es deutliche Überlappungen im Denken der etablierten, nationalliberal oder nationalkonservativ geprägten Historiker mit den Zielsetzungen und Leitideen einer explizit politisierten völkisch-radikalnationalistischen Geschichtswissenschaft. Andererseits zeigten sich immer wieder Resistenzen, die sich meist aus Vorbehalten gegen eine zu weitgehende Politisierung der Wissenschaft speisten. Opportunismen kamen bei den alten Herren durchaus vor – keiner verweigerte sich z. B. einem Beiratssitz in Walter Franks „Reichsinstitut". Innerwissenschaftliche Meinungsverschiedenheiten – wie etwa die Kritik an Meineckes ideengeschichtlicher Methode – mögen sich mit der Ablehnung seiner politischen Position in den 30er Jahren ergänzt haben. Andererseits blieb die akademische Lehre offenkundig im Großen und Ganzen intakt. Die Spezialisierung der Ausbildung hatte bereits Ende der 20er Jahre eine neue Stufe erreicht, als erstmals ausdrücklich „Proseminare zur Einführung in die neuere Geschichte" angeboten wurden. Der Aderlass durch die Vertreibung der als Privatdozenten lehrenden, innovativen Meinecke-Schüler ist nicht von der Universität, sondern von der Politik zu verantworten. Auch bei diesen Vorgängen gehen manche heutige Zurechnungen nicht glatt auf. Der (verdeckte) Antisemit Fritz Hartung etwa machte sich noch 1935 mit seinen emeritierten und nicht emeritierten Kollegen für Unterstützungszahlungen an den entlassenen Gustav Mayer stark. Aus dem Seminar des bekennenden ehrgeizigen Nationalsozialisten Uebersberger gingen – wie erwähnt – zahlreiche politisch unbelastete Osteuropahistoriker der Nachkriegsära hervor und wurden mit Werner Philipp, aber auch Wilhelm Treue und Hans Haussherr regimekritische Historiker habilitiert. Gerhard Oestreich habilitierte sich nach langer „Denkpause" 1956 an der FU, machte eine steile Karriere und genießt heute höchstes Ansehen als Frühneuzeithistoriker. Der von Uebersberger habilitierte Robert Stupperich gehörte der Bekennenden Kirche an und hielt sich mit Ausnahme einer polemischen Schrift „Bolschewismus und Wissenschaft" (1944) frei von jeder Annäherung an den NS.⁷⁸ Zu den Berliner Nachwuchshistorikern gehörte auch Fritz Fischer, ursprünglich Theologe, bei dem vor 1945 nichts auf seine radikale revisionistische Wende von 1960 hinweist. Entschieden nationalsozialistisch äußerte sich Carl Hinrichs, den Otto Hintze seit 1929 bei den

„Acta Borussica" beschäftigt und gefördert hatte und der nach 1945 bedeutende Studien zur Reformationsgeschichte, zum preußischen Pietismus und zur Geschichtstheorie schrieb und einen Lehrstuhl an der FU erhielt. Berlin war bis 1945 noch immer das wichtigste Zentrum der Neuzeit-Historie in Deutschland. Der Traditionalismus der „alten Herren" hat die Fakultät weithin vor dem Einschwenken auf die neue radikalnationalistische und völkische „Wissenschaft der Tat" bewahrt, und das NS-Regime dauerte nicht lange genug, um die radikalisierte Kriegsfolgegeneration in Amt und Würden zu bringen. Einige hatten sich ganz vom Regime ferngehalten, die anderen waren jung und klug genug, nach 1945 politisch entschieden umzudenken. Die Ansätze zu einer neuen Kultur-, Geistes- und Gesellschaftsgeschichte aus den Seminaren von Otto Hintze und Friedrich Meinecke waren allerdings innerhalb Deutschlands weitgehend ausgelöscht. An der FWU selbst war der Traditionsbruch nach 1945 so stark, dass von der Neuzeit-Historie der 1920er und 30er Jahre längerfristig nichts übrig blieb.

Anmerkungen

[1] Vgl. zur Lehrstuhlentwicklung die Übersicht im Anhang von: Wolfgang Weber, Priester der Klio. Historisch-Sozialwissenschaftliche Studien zur Herkunft und Karriere deutscher Historiker und zur Geschichte der Geschichtswissenschaft 1800–1970, Frankfurt a.M. 1974.

[2] Stefan Meineke, Friedrich Meinecke. Persönlichkeit und politisches Denken bis zum Ende des Ersten Weltkrieges, Berlin 1995.

[3] Zur Berliner Neuzeit-Historie 1918–1935 vgl. u. a. Peter Th. Walther, Zur Entwicklung der Geschichtswissenschaften in Berlin: Von der Weimarer Republik zur Vier-Sektoren-Stadt, in: Wolfram Fischer (Hg.), Exodus von Wissenschaften aus Berlin, Berlin 1994, S. 153–197, ebd.: Die Berliner Geschichtswissenschaft. Kontinuität und Diskontinuität 1918–1952, S. 198–220; über Berliner Historiker im Kontext der deutschen Geschichtsschreibung insgesamt: Hans Schleier, Die bürgerliche deutsche Geschichtsschreibung der Weimarer Republik, Berlin 1975; Bernd Faulenbach, Ideologie des deutschen Weges. Die deutsche Geschichte in der Historiographie zwischen Kaiserreich und Nationalsozialismus, München 1980.

[4] Vgl. zu Mayer Jens Prellwitz, Jüdisches Erbe, sozialliberales Ethos, deutsche Nation. Gustav Mayer im Kaiserreich und in der Weimarer Republik, Mannheim 1998; Gustav Mayer, Lassalles Briefwechsel. Von der Revolution von 1848 bis zum Beginn seiner Arbeiteragitation, Stuttgart 1923; ders., Johann Baptist von Schweitzer und die deutsche Sozialdemokratie. Ein Beitrag zur Geschichte der deutschen Arbeiterbewegung, Jena 1909.

[5] Hedwig Hintze, Verfassungspolitische Entwicklungen in Deutschland und Westeuropa. Historische Grundlegung zu einem Staatsrecht der Deutschen Republik; aus dem Nachlaß von Hugo Preuß, Berlin 1927.

6   Für die inzwischen recht umfangreiche Literatur zu Hedwig Hintze und ihrem fürchterlichen Schicksal seit dem Verlust der Lehrbefugnis im April 1933 vgl. zusammenfassend Gerhard A. Ritter (Hg.), Friedrich Meinecke. Akademischer Lehrer und emigrierter Schüler, München 2006, S. 81–91.
7   Felix Gilbert, Johann Gustav Droysen und die preussische-deutsche Frage, Berlin 1931.
8   Eckart Kehr, Der Primat der Innenpolitik. Gesammelte Aufsätze zur preußisch-deutschen Sozialgeschichte im 19. und 20. Jahrhundert, hg. v. Hans-Ulrich Wehler, Frankfurt a.M. 1976.
9   Vgl. zu Rosenberg Mario Keßler, Arthur Rosenberg. Ein Historiker im Zeitalter der Katastrophen (1889–1943), Köln 2003.
10 Walther, Entwicklung, S. 167.
11 Lesenswert die Überlegungen von Peter Th. Walther über das Historiker-Dreieck: Peter Th. Walther, Die Zerstörung eines Projektes. Hedwig Hintze, Otto Hintze und Friedrich Meinecke nach 1933, in: Gisela Bock u. Daniel Schönpflug (Hg.), Friedrich Meinecke in seiner Zeit. Studien zu Leben und Werk, Stuttgart 2006, S. 119–143.
12 Vgl. Iris Schröder, Carl Ritters Berliner Studien zur Universalgeographie und zur Geschichte, in: Wolfgang Hardtwig u. Philipp Müller (Hg.), Die Vergangenheit der Weltgeschichte, Göttingen 2010, S. 124–143.
13 Vgl. zu Hoppe: Christoph Jahr, Rektor ohne Führung. Willy Hoppe und die Wissenschaftspolitik an der Friedrich-Wilhelms-Universität zu Berlin in der NS-Zeit, in: Marc Schalenberg u. Peter Th. Walther (Hg.), „… immer im Forschen bleiben". Rüdiger vom Bruch zum 60. Geburtstag, Stuttgart 2004, S. 179–198.
14 Vgl. Helmut Heiber, Walter Frank und sein „Reichsinstitut für Geschichte des neuen Deutschlands", Stuttgart 1966; Gerhard A. Ritter, Die Verdrängung von Friedrich Meinecke als Herausgeber der Historischen Zeitschrift 1933–1935, in: Dieter Hein u. a. (Hg.), Historie und Leben. Festschrift für Lothar Gall, München 2006, S. 65–88.
15 U. a. Heinrich Cunow, Politische Kaffeehäuser. Pariser Silhouetten aus drei großen französischen Revolutionen, Berlin 1925; ders., Die revolutionäre Zeitungsliteratur Frankreichs während der Jahre 1789–1794. Ein Beitrag zur Geschichte der französischen Klassen- und Parteikämpfe gegen Ende des 18. Jahrhunderts, Berlin 1908; ders., Die Marxsche Geschichts-, Gesellschafts- und Staatstheorie. Grundzüge der Marxschen Soziologie, Berlin 1920; vgl. Marietta Ulrich, Heinrich Cunow 1862–1936. Sein ethnologisches Werk vor dem Hintergrund der Persönlichkeit, der Zeitgeschichte und der wissenschaftlichen Traditionen, Wien 1987; Bernd Florath, Heinrich Cunow. Eine biographisch-historiographische Skizze, in: Jahrbuch für Geschichte 34 (1987), S. 85–145.
16 Vgl. Paul Haake, Der preußische Verfassungskampf vor hundert Jahren, München 1921; damals noch Privatdozent; zu Haakes Rolle im Dritten Reich und nach dem Ende der NS-Herrschaft vgl. Universitätsarchiv der Humboldt-Universität (UA-HU), Personalakte Paul Haake Bd. II, Bl. 15f. u. ö.
17 Vgl. Jens Nordalm, Historismus und moderne Welt. Erich Marcks (1861–1938) in der deutschen Geschichtswissenschaft, Berlin 2003.
18 So Friedrich Meinecke, Autobiographische Schriften, hg. u. eingel. v. Eberhard Kessel (Friedrich Meinecke Werke, Bd. 8), Stuttgart 1969, S. 318.
19 Vgl. Nordalm, Historismus, S. 152.
20 Brief an Walter Goetz, 3. 7. 1919, zit. nach ebd., S. 16.
21 Erich Marcks, Der Aufstieg des Reiches. Deutsche Geschichte von 1708–1871/78, 2 Bde., Stuttgart 1936.

22 Vgl. Nordalm, Historismus, S. 14.
23 Vgl. z. B. Erich Marcks, Preußen als Gebilde der auswärtigen Politik, in: ders., Geschichte und Gegenwart. Fünf historisch-politische Reden, Stuttgart 1925, S. 152ff.; zum Bismarck-Mythos vgl. Wolfgang Hardtwig, Der Bismarck-Mythos. Gestalt und Funktion zwischen politischer Öffentlichkeit und Wissenschaft, in: ders. (Hg.), Politische Kulturgeschichte der Zwischenkriegszeit 1918–1939, Göttingen 2005, S. 61–90.
24 Klaus Schwabe, Hermann Oncken, in: Hans-Ulrich Wehler (Hg.), Deutsche Historiker, Bd. 2, Göttingen 1971, S. 81–97; Christoph Cornelißen, Politische Historiker und deutsche Kultur, in: Wolfgang J. Mommsen (Hg.), Kultur und Krieg. Die Rolle der Intellektuellen, Künstler und Schriftsteller im Ersten Weltkrieg, München 1996, S. 119–142.
25 Hermann Oncken, Rudolf von Bennigsen: ein deutscher liberaler Politiker; nach seinen Briefen und hinterlassenen Papieren, Stuttgart 1910; ders., Lassalle, Stuttgart 1904.
26 Vgl. die großen Editionen: Die Rheinpolitik Kaiser Napoleons III. von 1863 bis 1870 und der Ursprung des Krieges von 1870/71: nach den Staatsakten von Österreich, Preußen und den deutschen Mittelstaaten, 3 Bde., Stuttgart 1926; Das Deutsche Reich und die Vorgeschichte des Weltkrieges, 2 Teile, Leipzig 1933.
27 Hermann Oncken, Cromwell: 4 Essays über die Führung einer Nation, 2. Aufl., Berlin 1935; ders., Die Sicherheit Indiens. Ein Jahrhundert englischer Weltpolitik, Berlin 1937.
28 Der Vortrag ist nachträglich abgedruckt in: HZ 189 (1959), S. 124–138, hier S. 137f.; hierzu und zum Folgenden v.a. Helmut Heiber, Walter Frank und sein Reichsinstitut für Geschichte des neuen Deutschlands, Stuttgart 1966, S. 187ff.
29 Zit. nach Heiber, Walter Frank, S. 173ff., 193ff.; Walter Frank, „L'incorruptible". Eine Studie über Hermann Oncken, in: Völkischer Beobachter v. 3. 2. 1935.
30 Vgl. v.a. den exzellenten Essay von Ernst Schulin, Friedrich Meinecke, in: Deutsche Historiker, Bd. 1, Göttingen 1971, S. 39–57 und ders., Das Problem der Individualität. Eine kritische Betrachtung des Historismus-Werkes von Friedrich Meinecke, in: ders., Traditionskritik und Rekonstruktionsversuch. Studien zur Entwicklung von Geschichtswissenschaft und historischem Denken, Göttingen 1979, S. 97–116. Eine fundierte Interpretation des Historismusbuchs von Meinecke im Kontext der Debatte um die „Krise des Historismus" und, damit verbunden, eine scharfe Kritik an der Meinecke'schen Historismusdeutung gibt Otto Gerhard Oexle, Meineckes Historismus. Über Kontext und Folgen einer Definition, in: ders., Geschichtswissenschaften im Zeichen des Historismus. Studien zur Problemgeschichte der Moderne, Göttingen 1996, S. 95–136; unverzichtbar zu einer Neubewertung der Stellung Meineckes in der internationalen Geschichtswissenschaft nach 1933: Friedrich Meinecke. Akademischer Lehrer und emigrierte Schüler. Briefe und Aufzeichnungen 1910–1977, eingel. u. bearb. v. Gerhard A. Ritter, München 2006.
31 Friedrich Meinecke, Das Leben des Generalfeldmarschalls Hermann von Boyen, 2 Bde., Stuttgart 1896, 1899; ders., Die deutschen Gesellschaften und der Hoffmannsche Bund. Ein Beitrag zur Geschichte der politischen Bewegungen in Deutschland im Zeitalter der Befreiungskriege, Stuttgart 1891; ders., Das Zeitalter der deutschen Erhebung (1795–1815), Bielefeld 1906.
32 Ders., Werke, Bd. 5, hg. v. Hans Herzfeld, 2. Aufl., Stuttgart 1960, S. 24; ders., Zur Geschichte des älteren deutschen Parteiwesens, 1917, in: ders., Preußen und Deutschland im 19. und 20. Jahrhundert. Historische und politische Aufsätze, München 1918, S. 151, zit. n. Schulin, Friedrich Meinecke, S. 41.

33 So die überzeugende Deutung bei Schulin, Friedrich Meinecke, S. 42.
34 Friedrich Meinecke, Werke, Bd. 3, hg. v. Hans Herzfeld, Stuttgart 1959, S. 584.
35 Ders. Werke, Bd. 7, hg. v. Hans Herzfeld, Stuttgart 1968, S. 93ff.
36 Vgl. Ritter, Verdrängung.
37 Abgedruckt bei Meinecke, Akademische Lehrer, S. 429.
38 Daten nach Wolfgang Weber, Biographisches Lexikon zur Geschichtswissenschaft in Deutschland, Österreich und der Schweiz. Die Lehrstuhlinhaber für Geschichte von den Anfängen des Faches bis 1970, 2. Aufl., Frankfurt a.M. 1987; vgl. Konrad H. Jarausch, Die Vertreibung der jüdischen Studenten und Professoren von der Berliner Universität unter dem NS-Regime, in: Jahrbuch für Universitätsgeschichte 1 (1998), S. 112-133.
39 Vgl. zu ihm Schleier, Geschichtsschreibung, S. 531-574.
40 Zitate aus UAHU, NS Dozentenschaft, 121, Bl. 6 (Gutachten über Otto Hintze), NS Dozentenschaft, 184, Bl. 3 (Gutachten über Friedrich Meinecke).
41 Christoph Jahr, Die „geistige Verbindung von Wehrmacht, Wissenschaft und Politik", in: Jahrbuch für Universitätsgeschichte 4 (2001), S. 161-175; Graf Wolfgang Vitzthum, Preuße im George-Kreis: Walter Elze, in: Volker Caspari (Hg.), Theorie und Geschichte der Wirtschaft. Festschrift für Bertram Schefold, Marburg 2009, S. 331-358.
42 Vgl. UAHU, UK, Personalakte Walter Elze, E 54, Bl. 43-48.
43 Die Berufungsgeschichte ist noch nicht endgültig geklärt. Vgl. Walther, Entwicklung, S. 173, Heiber, Walter Frank, S. 701-704. Heiber zufolge wurde Schüßler im Zuge einer Verschiebung „Berlin-Würzburg-München" nach Berlin berufen, um in Würzburg Platz zu schaffen.
44 Vgl. Wilhelm Schüßler, Bismarcks Sturz, 3. Aufl., Leipzig 1922, S. VIII, S. 260.
45 Ders., Bismarck-Brevier, Leipzig, Feldpostausg., 1942; ders., Mitteleuropa als Wirklichkeit und Schicksal, Köln 1939; ders., Deutsche Einheit und gesamtdeutsche Geschichtsbetrachtung, Stuttgart 1937.
46 Arnold Oskar Meyer, Bismarcks Kampf mit Österreich am Bundestag in Frankfurt 1851-1859, Berlin 1927; ders., Die sittlichen Grundlagen der Politik Bismarcks, Leipzig 1935.
47 Vgl. zu ihm Werner Schochow, Ein Historiker in der Zeit. Versuch über Fritz Hartung 1883-1967, in: Jahrbuch für die Geschichte Mittel- und Ostdeutschlands 32 (1983), S. 219-250.
48 Fritz Hartung, Staatsbildende Kräfte der Neuzeit. Gesammelte Aufsätze, Berlin 1961.
49 Staatsbibliothek zu Berlin, Nachlass Fritz Hartung, Fritz Hartung an Paul Kahle, 6. Juli 1946, Kasten LIX, Fasz. 3.
50 Ebd., Hartung an Fritz Rörig, 27. 5. 1935, Kasten LIX, Fasz. 28.
51 Vgl. Walther, Entwicklung, S. 153-183.
52 Vgl. das Schreiben des zust. Reichsministers an Rektor Hoppe vom 23. Juni 1941, in: UAHU, UK, H 115 (Personalakte Fritz Hartung), Bd. 2, Bl. 165.
53 Fritz Hartung, Staatsgefüge und Zusammenbruch des Zweiten Reiches, in: HZ 151 (1935), S. 528-544, wieder in: ders., Staatsbildende Kräfte, 1961, S. 376-392, hier S. 376. Vgl. Hans-Christof Kraus, Soldatenstaat oder Verfassungsstaat? Zur Kontroverse zwischen Carl Schmitt und Fritz Hartung über den preußisch-deutschen Konstitutionalismus (1934/35), in: Jahrbuch für die Geschichte Mittel- und Ostdeutschlands 45 (1999), S. 275ff.
54 UAHU, UK, H 115 (Personalakte Fritz Hartung), Bd. 2, Bl. 165.

55 Fritz Hartung, Volk und Staat in der deutschen Geschichte, in: ders., Volk und Staat in der deutschen Geschichte. Gesammelte Abhandlungen, Leipzig 1940, S. 26f.
56 UAHU, NS Dozentenschaft, 110, Bl. 7.
57 Ebd., NS Dozentenschaft, 188, Bl. 5-6.
58 Vgl. ebd., NS Dozentenschaft, 154, Bl. 24-25.
59 Zu Pleyer vgl. Heiber, Walter Frank, S. 389-400; Ingo Haar, Revisionistische Historiker- und Jugendbewegung: Das Königsberger Beispiel, in: Peter Schöttler (Hg.), Geschichtsschreibung als Legitimationswissenschaft: 1918-1945, Frankfurt a.M. 1997, S. 52ff.; Willi Oberkrome, Geistige Leibgardisten und völkische Neuordner. Varianten der Berliner Universitätswissenschaft im Nationalsozialismus, in: Rüdiger vom Bruch (Hg.), Die Berliner Universität in der NS-Zeit, Bd. 2: Fachbereiche und Fakultäten, Stuttgart 2005, S. 123ff.
60 Brief des Reichsministers für Volksaufklärung und Propaganda an die Reichsschrifttumskammer, 11. 7. 1936, zit. nach der Personalakte Pleyers: UAHU, UK, P 136, Bd. I, Blatt 43.
61 Bericht Pleyers über eine Fahrt in die „Grenzmark Posen-Westpreussen", o.J., ebd., Bl. 28-30.
62 Die Geschichte der Osteuropaforschung ist inzwischen sehr genau erforscht: Vgl. u. a. Gerhard F. Volkmer, Die deutsche Forschung zu Osteuropa und zum osteuropäischen Judentum in den Jahren 1933-1945, in: Forschungen zur osteuropäischen Geschichte, Bd. 42 (1989), S. 109-214; Gabriele Kamphausen, Die wissenschaftliche historische Rußlandforschung in Deutschland 1992-1933, in: ebd., S. 7-108, hier bes. S. 9ff., 52f., 54-56; Martin Burkert, Die Ostwissenschaften im Dritten Reich. Teil 1: Zwischen Verbot und Duldung. Die schwierige Gratwanderung der Ostwissenschaften zwischen 1933 und 1939, Wiesbaden 2000, hier bes. S. 452ff., 470ff., 487ff.
63 Volkmer, Forschung, S. 122.
64 Burkert, Ostwissenschaft, S. 453f.
65 Die politischen Kämpfe um die Osteuropageschichte an der FWU sind jetzt ebd. rekonstruiert.
66 UAHU, UK, U2 (Personalakte Uebersberger), Bd. 1, Bl. 49.
67 Burkert, Ostwissenschaften, S. 498; Berufung nach Berlin schon im November 1935.
68 Ebd., S. 512ff.
69 Vgl. zu alledem Jahr, Die „geistige Verbindung". Ziel war die Unterstützung der Regierung in der Führung des „Deutschtumskampfes durch Forschungen und Publikationen" (Denkschrift „Aufgaben des Instituts für Heimatforschung, 15. 7. 1937, zit. nach ebd., S. 168.).
70 Otto-Ernst Schüddekopf, Linke Leute von rechts. Die nationalrevolutionären Minderheiten und der Kommunismus in der Weimarer Republik, Stuttgart 1960.
71 Gerhard Oestreich, Vom Wesen der Wehrgeschichte, in: HZ 162 (1940), S. 231-257, hier S. 232.
72 Egmont Zechlin, Die europäische Ordnung und die Ozeane (Eröffnungsvortrag der ersten Vortragsreihe des „Reichsinstituts für Seegeltungsforschung, gehalten am 23. 01. 1942 in der alten Aula der Universität Berlin), in: Zeitschrift für Politik 32 (1942), S. 153ff., hier S. 159, 154.
73 Egmont Zechlin, Überseegeschichte und Kolonialpolitik als Studienfach, in: Koloniale Rundschau 31 (1940), S. 56-60.

74 Zu Zechlin vgl. Otto Brunner u. Dietrich Gerhard (Hg.), Europa und Übersee. Festschrift für Egmont Zechlin, Hamburg 1961; Günter Moltmann, Egmont Zechlin, in: HZ 256 (1993), S. 831–834; Egmont Zechlin, Erlebtes und Erforschtes 1896–1919, unter Mitarbeit v. Anneliese Zechlin, Göttingen 1993; Daniela Frees, Egmont Zechlin (1896–1992). Biographische Studie eines Historikers vom Kaiserreich bis zum Ende des Nationalsozialismus, Oldenburg 2004.
75 Vgl. die 1945 niedergeschriebene „Erinnerung an Arvid und Mildred Harnack", in: Geschichte in Wissenschaft und Unterricht 33 (1982), S. 395–404.
76 München 1951; neu hg. v. Jörn Garber, Kronberg 1978. – „Zur geistigen Entwicklung Österreichs im 18. und 19. Jahrhundert", 2., wesentlich erw. Aufl., München 1945.
77 Vgl. Gerhard Grimm, Georg Stadtmüller und Fritz Valjavec: zwischen Anpassung und Selbstbehauptung, in: Matthias Beer u. Gerhard Seewann (Hg.), Südostforschung im Schatten des Dritten Reiches. Institutionen – Inhalte – Personen, München 2004, S. 237–256, hier S. 254f.; vgl. auch Norbert Spannenberger, Vom volksdeutschen Nachwuchswissenschaftler zum Protagonisten nationalsozialistischer Südosteuropapolitik. Fritz Valjavec im Spiegel seiner Korrespondenzen 1934–1939, in: ebd., S. 215–236. Im Frühjahr 1939 hatte er ein Büchlein „Betrachtungen zur Lage unserer Kultur" geschrieben, aber nicht publiziert, in dem er über den Leerlauf des völkischen Gedankens, die „läppische Schwärmerei für Körperkultur", die Bedrohung der Geisteswissenschaften in Deutschland, den inneren Zusammenhang von NS und Kommunismus und manches andere räsoniert.
78 Robert Stupperich, Bolschewismus und Wissenschaft, hg. v. „Studentischen Kulturaustausch", Berlin 1941.

6. Berliner Geschichtswissenschaft 1945–1993. Wissenschaft und Parteiherrschaft

Neubeginn unter marxistischem Vorzeichen

Das Ende der NS-Herrschaft und die Nachkriegsjahre bis zur Staatsgründung der DDR brachten für die Geschichtswissenschaft an der ehemaligen Friedrich-Wilhelms-Universität (seit 1949 Humboldt-Universität) einen sehr viel tieferen Kontinuitätsbruch als das Jahr 1933 und die Etablierung der NS-Herrschaft.[1] Dabei wirkten mehrere – teils institutsinterne, teils externe – Faktoren zusammen: Nachdem Marschall Schukow am 1. Juli 1945 die Entlassung aller ehemaligen Parteigenossen aus dem öffentlichen Dienst angeordnet hatte,[2] reduzierte die Entnazifizierung den Personalbestand bei Professoren und Dozenten erheblich; mehrere Professoren und Dozenten wanderten angesichts der neuen Verhältnisse ab oder kehrten nicht wieder nach Berlin zurück; die von der SS getragene Auslandswissenschaftliche Fakultät wurde aufgelöst. Die sowjetische Militäradministration unterstellte die gesamte Universität am 8. Januar 1946 der ostzonalen Zentralverwaltung für Volksbildung und sicherte damit der KPD/SED den entscheidenden Einfluss. Renommierte Ordinarien wie der Neuzeithistoriker Fritz Hartung und der Mediävist Fritz Rörig näherten sich dem Emeritierungsalter und hatten nicht mehr die Kraft (Hartung) oder den Willen (Rörig), der Wissenschaftspolitik der SED und ihrer Parteigänger in der Universität über das Jahr 1948 hinaus nachhaltig Widerstand zu leisten.[3] Dieser enorme Personalverlust gehört zu den wesentlichen Bedingungen des Neubeginns der Berliner Geschichtswissenschaft.

Möglicherweise fand schon vor Oktober 1945 unter der Leitung von Fritz Hartung eine Selbstreinigung am Historischen Seminar statt, die aber sicher nicht alle Personen erfasste, die in einer Liste der Deutschen Zentralverwaltung für Volksbildung (DZfV) als Parteigenossen genannt wurden:[4] Hans Uebersberger, Ordinarius für Osteuropäische Geschichte, Willy Hoppe, Protegé der NS-Wissenschaftspolitik und Rektor der Universität (1937–1942), der Neuzeit- und Kriegshistoriker Walter Elze, die Nichtordinarien Manfred Laubert (außerordentlicher Professor

Abbildung 1: Ansicht der Humboldt-Universität, Berlin (Foto: Illus Funck, 27.1.1950)

für polnische Geschichte) und die Dozenten Werner Hahlweg, Rudolf Ibbeken, Erwin Hölzle, Hedwig Uebersberger und Wilhelm Koppe. Der Neuzeit-Ordinarius Wilhelm Schüßler gab seinen Lehrstuhl auf. Von den acht Geschichts-Ordinarien der Philosophischen Fakultät blieben drei übrig: die Mediävisten Friedrich Baethgen und Fritz Rörig sowie der Neuzeithistoriker Fritz Hartung. Von sieben Dozenten blieb der Neuzeitler Karl Griewank.[5]

Die anfänglichen Versuche der Fakultät, den Personalbestand teils durch Reaktivierung ausgeschiedener Professoren, teils durch Rückgriff auf unbelastete Nachwuchswissenschaftler aus dem eigenen Haus, teils durch die Einsetzung von Berufungskommissionen zu ergänzen, brachten keine Entlastung. Der nationalkonservative Osteuropahistoriker Otto Hoetzsch starb schon 1946, Friedrich Meinecke bot nur noch sonntägliche Kolloquien an. Der über 70-jährige pensionierte und fast erblindete außerordentliche Professor Paul Haake, der sich jetzt, in finanzieller Notlage, als Opfer der NS-Wissenschaftspolitik und als Verfechter einer Aufarbeitung der nationalsozialistischen Vergangenheit darstellte, konnte das Historische Seminar kaum verstärken.[6] Karl Griewank wurde zum Professor mit vollem Lehrauftrag berufen, nahm aber bald darauf einen Ruf nach Jena an. Der junge und vielversprechende Osteuropahistoriker Werner Philipp, 1940 in Berlin habilitiert und politisch unbelastet, wurde von einer Kommission – auch mit Zustimmung der DZfV – unico loco zum Nachfolger Otto Hoetzschs berufen, doch lehnte er ab und baute an der FU ab 1952 das Osteuropainstitut auf.

Diese Versuche, möglichst rasch die Selbstergänzung des Lehrkörpers auf dem herkömmlichen Wege in Gang zu bringen, scheiterten aber auch an dem entschiedenen Willen der kommunistischen Hochschulpolitiker, die alte Universitätsverfassung, in der sie eine wesentliche Ursache für die Anfälligkeit der Universität für die nationalsozialistische Ideologie sahen, durch eine neue institutionelle Ordnung zu ersetzen. Fritz Hartung beschwor den Rektor in einem Schreiben vom 2. 8. 1946 noch, dafür zu sorgen, die „altbewährte korporative Selbstverwaltung" wieder in Kraft zu setzen.[7] Aber gegen den Willen der Fakultät setzte die Zentralverwaltung die Aufnahme des von ihr zum Professor ernannten kommunistischen Völkerkundlers Wolfgang Steinitz in den Fakultätsrat durch und am 11. Dezember 1946 beschnitt eine Anweisung des Verwaltungsdirektors der Universität entschieden die Möglichkeiten einer selbständigen Personalpolitik.[8]

Die entscheidende Zäsur stellte zunächst die Berufung Alfred Meusels auf einen Lehrstuhl für Politische und Soziale Probleme der Gegenwart (September 1946) durch die DZfV und bald darauf seine Wahl zum Dekan durch die Philosophische Fakultät selbst dar.[9] Meusel, 1896 in Kiel als Sohn eines Studienrats geboren und in der Weimarer Republik mit 30 Jahren an der Technischen Hochschule Aachen zum Professor für Volkswirtschaftslehre und Soziologie berufen, hatte sich nach seinen Erlebnissen als Kriegsteilnehmer der Linken zugewandt. Er gehörte während seiner Studienzeit zum linken und linksradikalen Gelehrtenmilieu in Kiel.[10] Meusel war unmittelbarer Zeuge des Matrosenaufstands von 1918 und schloss sich im November 1918 der USPD, später dann der SPD an. Seit 1930 näherte er sich der KPD. Im April 1934 emigrierte er, 1937 trat er der KPD endgültig bei. Dass ihn schon im November 1946 die Philosophische Fakultät mit 17 gegen 7 Stimmen – und mit der ausdrücklichen Zustimmung Hartungs – zum Dekan wählte, ist ungewöhnlich. Zu den Gründen gehörte sicherlich der personelle Aderlass der in der Fakultät tonangebenden Historiker. Hartung hatte die Wahl aus gesundheitlichen Gründen abgelehnt und schied 1948 altersentsprechend, aber auch mit deutlichen Bekundungen der Resignation gegenüber der kommunistischen Wissenschafts- und Bildungspolitik, aus. 1951 folgte ihm der Mediävist Fritz Rörig. Friedrich Meinecke übernahm 1948 86-jährig das Gründungsrektorat der Freien Universität – begleitet von dem Kommentar Meusels, Meineckes

Bestimmung bestehe darin, „eine Art Reichspräsident Hindenburg für Dahlem zu werden, der getreue Eckehard des gemäßigten Liberalismus, auf den man sich beruft, wenn es etwas zu beschönigen gibt, und es wird vieles zu beschönigen geben".[11] Meusel seinerseits wusste genau, was er wollte, hatte die Unterstützung der Zentralverwaltung und strebte energisch eine wissenschaftliche und wissenschaftspolitische Schlüsselstellung an. Zweifellos haben auch seine bildungsbürgerliche Herkunft und die Vertrautheit mit dem akademischen Milieu seine Akzeptanz bei den bürgerlichen Professoren der Philosophischen Fakultät gefördert.

Das Zusammentreffen von Schwächezustand der „bürgerlichen" Geschichtswissenschaft und zielstrebiger Wissenschaftspolitik der kommunistischen Zentralverwaltung schuf jedenfalls wesentliche Voraussetzungen dafür, dass sich in Berlin so rasch wie wohl sonst an keiner DDR-Universität eine SED-nahe Geschichtswissenschaft etablieren konnte – deren Qualität allerdings deutlich hinter der Leipzigs zurückblieb.[12] Meusel gelang es, obgleich nicht Historiker, sich 1947 zum Ordinarius für Neue Geschichte ernennen zu lassen und damit eine der nach den Abgängen von A.O. Meyer und W. Schüßler freigewordenen planmäßigen Stellen zu besetzen. Die neue Stelle baute er neben dem alten Historischen Seminar zu einem eigenen, reichlich ausgestatteten „Institut für Neue Geschichte" (1948) aus.[13] 1949 einigte sich Meusel mit Rörig, dem Mediävisten Eugen Meyer und dem bald darauf berufenen Osteuropa-Historiker Eduard Winter darauf, Historisches Seminar und Institut für Neue Geschichte zusammenzulegen, und übernahm 1951 selbst dessen Direktorat.[14] Die neu geschaffene Einrichtung hieß nun „Historisches Institut" und gliederte sich in ein Seminar für mittelalterliche Geschichte und historische Hilfswissenschaften, ein Seminar für neuere Geschichte und ein Seminar für osteuropäische Geschichte.

Meusel verfügte über eine beträchtliche Ausstrahlung als akademischer Lehrer. Bei ihm promovierten aus der Westemigration zurückgekehrte Quereinsteiger in die Geschichtswissenschaft wie der junge Heinz Kamnitzer (*1917) und Karl Obermann (*1905), die binnen kürzester Zeit zentrale Lehrstühle übernahmen.[15] Meusel promovierte aber auch eigene, an der HU herangezogene ‚Schüler' wie Joachim Streisand (*1920), Eckhard Müller-Mertens (als Zweitgutachter, *1923) und Helmuth Stoecker (*1920), die ebenfalls innerhalb kurzer Zeit Lehrstühle übernahmen.[16] Aus den Seminaren von Joachim Streisand gingen dann einige weitere zukünftige HU-Professoren hervor.[17] Meusel selbst schied bereits 1952 aus der Leitung des Instituts aus, da er zum Direktor des neu gegründeten Museums für Deutsche Geschichte berufen wurde.

Neben der Gründergestalt Alfred Meusel ernannte die DZfV 1951 den gebürtigen Sudetendeutschen und früheren Theologen und Kirchenhistoriker Eduard Winter zum Professor für Osteuropäische Geschichte und Direktor des neu geschaffenen „Instituts für Geschichte der Völker der UdSSR". Winter, 1896 geboren und 1914 österreichischer Kriegsfreiwilliger, hatte seine akademische Laufbahn 1934 an der Deutschen Universität Prag als Professor für Kirchengeschichte begonnen.[18] Er wechselte nach 1940 auf eine Professur für Geistesgeschichte. Zunächst dem großdeutschen Raumdenken des NS nahe stehend, wandelte er sich 1945/46 in einer atemberaubenden Mischung von politischem Überzeugungswechsel und Opportunismus zum Anhänger des Sozialismus und der Sowjetunion. Ab 1951 lehrte er bis zu seiner Emeritierung 1966 in Berlin. Hier und an der Akademie baute er mit zahlreichen eigenen Monographien und Quelleneditionen sowie als erfolgreicher Lehrer einen auch im Westen anerkannten Schwerpunkt der Osteuropageschichte auf, den sein Schüler Günter Rosenfeld fortführte.[19]

Zur ersten Gründergeneration zählen schließlich noch Gerhard Schilfert (*1917) und Erich Paterna (*1897). Schilfert hatte sich 1951 bei Hans Haussherr in Halle mit einer Arbeit über die Revolution von 1848/49 habilitiert und wurde 1952 34-jährig als Nachfolger von Meusel zum Professor mit vollem Lehrauftrag (ab 1956 Ordinarius) für Neue Geschichte an der HU berufen. Bei Paterna und Schilfert promovierte 1962 Günter Vogler (*1933), seit 1956 Assistent und 1969 Inhaber eines Lehrstuhls für die frühneuzeitliche deutsche Geschichte. Aus der Schule von Gerhard Schilfert gingen zudem der England-Historiker Siegfried Bünger (*1929), der Frankreich-Historiker Heinz Köller (*1929) und der Kolonial-Historiker Adolf Rüger (*1934) hervor.[20] 1952–1956 war der später für die gesamtdeutsche Geschichtswissenschaft bedeutende Jakobiner-Forscher Heinrich Scheel an der HU tätig, der ab 1935 noch bei dem von ihm hoch geschätzten Arnold O. Meyer studiert hatte und Assistent gewesen war, ging dann aber als wissenschaftlicher Mitarbeiter an die Akademie der Wissenschaften, wo er bald Leitungsfunktionen übernahm.[21] Er lehrte als Professor mit Lehrauftrag nebenamtlich ab 1961 wieder an der Universität. 1965 musste Kurt Pätzold (*1930) nach einem Konflikt um ein Treffen mit westdeutschen Historikern seine Stelle an der Akademie der Wissenschaften verlassen und wurde an die Humboldt-Universität versetzt, wo er bis zu seiner Entlassung 1992 tätig war. Pätzold hatte u. a. bei Karl Griewank in Jena studiert und ist damit einer der ganz wenigen Geschichtsprofessoren, die nicht an Ort und Stelle studiert und Karriere gemacht haben. Zu ihnen gehört auch Konrad Canis (*1938), der in Rostock die Promotionen A und B erlangt hatte und ab 1975 zunächst als Dozent, dann ab 1980 als Professor an der Universität arbeitete.

Für die meisten Portalgestalten der marxistischen Geschichtswissenschaft – Meusel, Obermann, Paterna, Walter Bartel (*1904) und in der nächsten Generation Scheel, Stoecker und Streisand – war der „Antifaschismus" gelebte Realität. Der Arbeitersohn Obermann startete mit Beginn seiner Arbeitslosigkeit 1929 in Köln eine nachholende Bildungskarriere, hielt sich in der Emigration mit journalistischer Arbeit über Wasser und absolvierte von 1947 bis 1949 zielstrebig sein Geschichtsstudium.[22] Erich Paterna, kleinbürgerlicher Herkunft, war zunächst Volks- und Mittelschullehrer und hatte es 1930 bereits zum Rektor einer Reformschule gebracht. Seine Nachkriegskarriere begann er zunächst als wissenschaftlicher Mitarbeiter im Parteivorstand der KPD, ab 1946 lehrte er an der Parteihochschule in Potsdam, von wo er 1953 aus politischen Gründen auf den Lehrstuhl für Deutsche Geschichte an der Humboldt-Universität abgeschoben wurde. Für seine wie für Meusels und Obermanns politisch-soziale Erfahrungswelt und Sozialisation waren noch das Erlebnis des Ersten Weltkriegs und der Revolution, die Krise der Weimarer Republik und natürlich der Nationalsozialismus maßgeblich gewesen. Politisch kamen sie alle aus der von der SPD weggedrifteten Weimarer Linken. Paterna war 1919 Soldatenrat, engagierte sich 1930 in der SPD und 1931 in der SAP und verbrachte nach Aktivitäten im kommunistischen Widerstand die Jahre 1936–1940 im Zuchthaus Brandenburg. Kamnitzer, Joachim Streisand, auch Rudi Goguel (*1908), Percy Stulz (*1928), Friedrich Katz (*1927) und Helmuth Stoecker waren jüdischer oder teilweise jüdischer Herkunft und hatten teils in der Emigration, teils unter schwierigen Bedingungen in Deutschland überlebt. Heinrich Scheel, 1915 geboren und Sohn eines sozialdemokratischen Arbeiters, kam auf der Reformschule Scharfenberg in Berlin in Kontakt mit kommunistischen Jugendlichen, schloss sich 1932 dem Kommunistischen Jugendverband an, beteiligte sich während seines Berliner Studiums an Flugblattaktionen und wurde 1942 nach der Entdeckung der sogenannten „Roten Kapelle" verhaftet. Er kam mit einer Zuchthausstrafe davon, u. a. weil sein akademischer Lehrer Arnold O. Meyer sich für ihn eingesetzt hatte.[23]

Ungeachtet ihres Selbstverständnisses als kommunistische Wissenschaftler legten die ersten Vertreter der kommunistischen Geschichtswissenschaft an der Humboldt-Universität großen Wert darauf, die

Techniken und tendenziell auch die Qualitätsmaßstäbe der bürgerlichen Geschichtswissenschaft aufrechtzuerhalten. Vor allem Meusel schrieb präzise und auch scharfe Gutachten, maß allerdings dort, wo es seinen wissenschaftspolitischen Zielen diente, auch mit sehr unterschiedlichen Maßstäben.[24] Für die zukünftige Arbeit der marxistischen Geschichtswissenschaft versuchte Meusel grundsätzliche Orientierung zu liefern. In einem programmatischen Vortrag über die „wissenschaftliche Auffassung der deutschen Geschichte" skizzierte er seine Vorstellungen, die nun kämpferisch von einer Vorrangstellung der materialistischen Geschichtskonzeption im Anschluss an Marx und Engels ausgingen.[25] Die Einheit der deutschen Geschichtswissenschaft wollte Meusel allerdings dadurch erhalten, dass die westdeutsche Historie von der Gültigkeit des materialistischen Paradigmas überzeugt werden musste. Die Leistungen der deutschen Geschichtswissenschaft des 19. und frühen 20. Jahrhunderts erkannte Meusel durchaus an und erklärte sie sogar partiell zur Grundlage der neuen marxistischen Geschichtswissenschaft: „Ranke hat sich Verdienste um die Entwicklung der deutschen Geschichtswissenschaft erworben, die wir nicht missen wollen und werden, denn wir sind keine Bilderstürmer, die den Stab über alles Vergangene brechen." Meusel zufolge sollte die neue Geschichtswissenschaft ihrer traditionellen Rolle in der Bildung und Nationalerziehung nachkommen, sich aber thematisch neu orientieren, etwa auf die deutsche Revolutionsgeschichte. Dieses Konzept kann durchaus als repräsentativ gelten für die Wortführer der sich etablierenden „marxistischen Geschichtswissenschaft". Sie verstanden darunter, wie Fritz Klein einleuchtend formuliert hat, „theoretisch simpel, aber im Faktischen durchaus legitim, Untersuchungen zu Lage und historischer Rolle der in der bürgerlichen deutschen Geschichtswissenschaft generell zu wenig beachteten Unterschichten, Herausarbeitung der Faktoren des materiellen Lebens als letztlich entscheidender Triebkräfte der historischen Entwicklung, Kritik der ausbeuterischen, nach innen und außen gewalttätigen Politik herrschender Klassen."[26]

Diese Position stand teilweise in einem Spannungsverhältnis zu den Erwartungen bzw. Vorgaben der SED, wie sie der 1955 gefasste, die Geschichtswissenschaft aggressiv für politische Zwecke vereinnahmende, so genannte „Geschichtsbeschluss" des Politbüros formulierte: „Die fortschrittlichste deutsche Geschichtswissenschaft ist eine scharfe ideologische Waffe".[27] Letzten Endes waren es jedoch gerade bürgerliche Marxisten wie Meusel, die als weichenstellende Übergangsfiguren dienten und die Geschichtswissenschaft dem Machtanspruch der SED auslieferten. Meusel ermöglichte erst die Kaderpolitik an der Universität und bereitete so das Beinahe-Monopol der SED auf die Stellen der Neuzeithistoriker vor. Dabei beurteilte er den auf die Wissenschaft bezogenen Machtwillen des eigenen Regimes und dessen Machtinstrumente wesentlich naiver als die politischen Absichten der bundesdeutschen Historiker.

Diese drei Faktoren: parteipolitische Vorgabe, tradiertes geschichtswissenschaftliches Fachverständnis sowie das eigene (jeweils individuell akzentuierte) Interesse der marxistischen Historiker an der Politisierung ihrer Wissenschaft bildeten die Grundelemente auch der Geschichtswissenschaft der Humboldt-Universität bis zum Umbruch 1989–1992. In der jeweiligen Praxis der Aneignung der drei Elemente sowie in der Interpretation ihres Verhältnisses zueinander konstituierte sich der Wissenschaftsstil der Disziplin. So entwickelten sich bis in die 1960er Jahre Züge jener „Normalwissenschaft", deren Konturen und Mechanismen Martin Sabrow rekonstruiert hat.[28]

Dafür wurde der politische Impuls, der in der kommunistischen Interpretation der Geschichte als fortschreitende Befreiung der Menschheit durch das Proletariat bestand, in die innere Logik des Faches Geschichte eingearbeitet. Ob dies dann zu einer eigenen, dem westlichen Wissenschaftsverständnis inkommensurablen disziplinären Matrix führte, kann bezweifelt werden.[29] Denn zunächst bedeutet es nicht mehr, als dass dieses Geschichtsbild die alleinige Untersuchungsperspektive der historischen Forschungen darstellte. Man kann sie noch mit Max Webers Erkenntnislogik in Einklang bringen, auch Karl Mannheims Idee von der Seinsgebundenheit allen Denkens war etwa Meusel oder Streisand nicht unvertraut – wenn sie auch dessen pluralistischen Ansatz für ein bürgerliches Ideologem hielten.[30]

Die DDR-Historie reflektierte die Perspektivität ihrer Erkenntnisse nie grundsätzlich, vielmehr sah sie in ihrer besonderen Standortgebundenheit geradezu die Voraussetzung ihrer Objektivität.[31] Die Parteilichkeit für den Klassenkampf des Proletariats führte in ihrer Sicht zu objektiver Geschichtserkenntnis, weil sich im Klassenkampf des Proletariats die zu erforschende Geschichte realisiere. Dieses Konzept verhalf allerdings den ostdeutschen Historikern nach 1945 zu der Chance, wichtige „linke" oder sozialhistorische Themen eingehend zu erforschen, die vorher und zunächst auch in der BRD nicht bearbeitet worden waren. Das Grundproblem des Konzepts lag jedoch bis zum Schluss in der unflexiblen Starrheit, mit der die vermeintliche Regularität des Geschichtsprozesses gedacht wurde. So viel „Faktenmaterial" im

Einzelnen auch in den allgemeinen historischen Verlauf handwerklich sauber eingearbeitet werden konnte, die Möglichkeit zu grundsätzlich anderen und insofern neuen Interpretationen des Geschehens an sich blieb versperrt.

Der unmittelbare Parteieinfluss äußerte sich institutionell auf verschiedene Weise. Er brachte es mit sich, dass mehrfach Parteimitglieder und -funktionäre, die sich andernorts missliebig gemacht hatten und sich neben ihrer Parteikarriere mit Geschichte beschäftigen wollten, an das Institut versetzt oder dorthin berufen wurden. Zu diesem Personenkreis zählen zum Beispiel Erich Paterna, Kurt Pätzold, Ernst Hoffmann[32] (*1912) und Walter Bartel. Letzterer war KPD-Mitglied seit 1923, Widerstandskämpfer und Häftling im Dritten Reich, KZ-Insasse in Buchenwald und ab 1943 Vorsitzender des Illegalen Internationalen Lagerkomitees. Nach siebenjähriger Tätigkeit als persönlicher Referent von Wilhelm Pieck im Zuge parteiinterner Reinigungen entlassen, wurde er zunächst Professor für Neuere und Neueste Geschichte in Leipzig, dort aus fachlichen Gründen abgelöst und anschließend Professor für Neuere und Neueste Geschichte in Berlin.[33]

Die institutsinternen Qualifikationsverfahren gingen in ihrer übergroßen Mehrzahl reibungslos vonstatten. Die Gutachter waren sich fast immer einig, sie hoben die neuen Forschungsergebnisse und den politischen Nutzen der Arbeiten hervor und machten dann in der Regel kritische Anmerkungen zu einzelnen Punkten.[34] Eine Ausnahme stellt das Habilitationsverfahren von Laurenz Demps 1982 dar. Der Zweitgutachter Kurt Pätzold übte harsche Kritik, sowohl wissenschaftlich als auch politisch. Offenbar konnte sich Pätzold aber nicht gegen den Erstgutachter Walter Bartel durchsetzen.[35]

Über die direkte und später eher indirekte Steuerung der Personalpolitik hinaus übte die Partei über die gesamte Zeit der SED-Herrschaft hinweg erheblichen Druck auf die Historiker der Humboldt-Universität aus. Der ehemalige Nationalbolschewist Ernst Niekisch, im Dritten Reich im Zuchthaus Brandenburg inhaftiert, war 1948 auf eine Geschichtsprofessur berufen worden.[36] 1951 wurde er an der Abhaltung seiner Vorlesung gehindert, möglicherweise wegen nonkonformer Äußerungen zur Revolution von 1918;[37] 1953 überwarf er sich anlässlich des Arbeiteraufstandes endgültig mit der SED. Alfred Meusel selbst sah sich von der Leiterin der Parteihochschule, Hanna Wolf, scharf angegriffen, weil er die traditionelle deutsche Geschichtswissenschaft nicht pauschal verwerfen wollte.[38] Am 19. Juni 1953 formulierten die Mitarbeiter des Instituts für Geschichte des deutschen Volkes, angeführt von Heinrich Scheel, eine energische Stellungnahme zu den Ereignissen des 17. Juni, worin sie unter anderem erklärten, „Partei und Regierung haben Fehler gemacht [...] keine halben Wahrheiten mehr! Der Kritik an mangelndem Klassenbewußtsein der Arbeiter muß eine ernste Selbstkritik vorausgehen [...]". Diese Erklärung ist jedoch von der Führung der Parteiorganisation der Universität nicht benutzt worden; stattdessen wurde den Leitungsmitgliedern der „Grundorganisation Historiker", Heinrich Scheel und dem Studenten Heiner Raßmus, unter der Hand nahegelegt, ihre Funktionen niederzulegen.[39] 1969 wagte es der im Jahr zuvor auf einen Lehrstuhl berufene Kolonial-Historiker und überzeugte Kommunist Helmuth Stoecker, eine von oben verordnete Umbenennung seines Instituts zu kritisieren und wurde alsbald u. a. vom Sektionsdirektor Joachim Streisand wegen liberalistischer Tendenzen angegriffen. Im Jahr darauf wurde ihm die Leitung seiner Abteilung für Allgemeine Geschichte entzogen. In seinen Erinnerungen polemisiert er aufs Schärfste gegen den deutschen „Untertanengeist", der sich im Verhalten des Instituts widergespiegelt habe.[40] Kurt Pätzold war in den Jahren 1968, 1971/72 und 1976 selbst an der Relegation von opponierenden Studierenden beteiligt.[41] Nach seinen eigenen Angaben war er nur 1968 einer der Hauptakteure, als vier Studenten wegen Äußerungen zum „Prager Frühling" im Auftrag der Universitäts-Parteileitung gemaßregelt wurden. Als 1976 ein weiterer Student wegen seiner Protestbekundungen zur Biermann-Ausbürgerung für ein Jahr in die „Produktion" geschickt wurde, amtierte Pätzold als Sektionsdirektor und war insofern auch verantwortlich, doch war die Entscheidung ohne ihn getroffen worden.[42]

So sehr Parteifunktionäre Druck ausübten, so sehr ging Druck auch von den überzeugten Kommunisten und SED-Mitgliedern im Institut selbst aus.[43] Der Grund dafür liegt im marxistisch-leninistischen Wissenschaftsverständnis, zweifellos aber auch in der Persönlichkeit derer, die sich diesem Wissenschaftsverständnis mit Überzeugung verschrieben hatten. Historiker wie Helmuth Stoecker mochten Streit mit der Partei oder auch der Sektionsleitung haben; wenn aber ein Mitarbeiter es wagte, das geheime Zusatzabkommen zum Hitler-Stalin-Pakt in einer Lehrveranstaltung zu erwähnen, so drohte er Maßregelung an.[44] Da die Partei nach ihrer eigenen Machtlogik für die Wissenschaft Forschungsthemen definierte und Interpretationslinien beschloss – wie etwa zur „November-Revolution 1918" oder zur „frühbürgerlichen Revolution" – und an Universitäten und Akademien monopolartig Zuständigkeiten und vor allem auch Ressourcen zuteilte, nahm die

Lenkung der Forschungs- und indirekt auch der Lehrtätigkeit seit den 1950er Jahren vor allem auf den politisch brisanten Feldern der Zeitgeschichte nach 1917 Züge von Parteikampagnen an.[45] Diese bestimmten allerdings das Forschungsgeschehen keineswegs vollständig. Eine Grundübereinstimmung der Historiker mit den Zielen der Partei wurde vorausgesetzt und war an den Universitäten auch gegeben; auf dieser Basis existierten aber durchaus Spielräume bei Themenwahl und Deutungen.

Forschungsbilanz: Quellenbezug und „Monotheismus der Theorie"

Entscheidend für eine wissenschaftsgeschichtliche Bilanzierung der DDR-Geschichtswissenschaft bzw. des Instituts für (seit 1969 der Sektion) Geschichte an der Humboldt-Universität ist die Frage nach den tatsächlich erbrachten Leistungen und Innovationen in Forschung und Lehre. Sie hat für die Neuzeithistoriker noch einmal von Meusel auszugehen. Meusel, der gelernte Soziologe, hatte in der Emigration ein Manuskript über „Thomas Müntzer und seine Zeit" verfasst, das er allerdings erst nach der nationalen Umorientierung des SED-Geschichtsbildes 1952 publizieren konnte.[46] Meusel bewertete das 16. Jahrhundert, anders als die Misere-Theorie Alexander Abuschs, nicht als Beginn des „Irrwegs deutscher Geschichte",[47] sondern als Ausgangspunkt revolutionärer Ansätze. Er fand sie vorrangig in der Erhebung der Bauern und Plebejer. Luther habe zwar nicht sozialrevolutionär, sondern primär antirömisch und mit Blick auf das universalistische Kaiserreich gehandelt, sich damit aber an die Spitze des Kampfes um einen deutschen Nationalstaat gestellt. Die Vorstellung von dieser nationalen Stoßrichtung führte Meusel dazu, die Jahre zwischen Luthers Thesenanschlag und dem Bauernkrieg als „frühbürgerliche Revolution" zu bezeichnen.[48] Vermutlich ohne bewusst eine begriffliche Neuerung schaffen zu wollen, hatte Meusel damit in starker Anlehnung an Friedrich Engels und durchaus auch auf der Grundlage der historiographischen Tradition Rankes und Gerhard Ritters das Fahnenwort geprägt, unter dessen Vorzeichen die DDR-Historiker dann eine der wesentlichen Innovationen der DDR-Geschichtswissenschaft hervorbrachten. Mit dem Auftreten von Max Steinmetz (Jena) ging jedoch die eigentliche Zuständigkeit, zunächst aber auch die wesentliche Forschungsarbeit zur frühbürgerlichen Revolution von Berlin auch SED-offiziell auf Leipzig über.⁴⁹

Berlin kam erst wieder ins Spiel, als mit Günter Vogler ein junger Historiker innerhalb des Forschungsfeldes neue Wege ging und im Übrigen das Zentralkomitee der SED mit dem Auftrag an die DAW, eine 12-bändige „Geschichte des deutschen Volkes" zu erarbeiten, auch für die Reformationsforschung wieder neue Organisationsmöglichkeiten und Ressourcen bereitstellte. Der dritte Band über die frühbürgerliche Revolution sollte von Adolf Laube und Günter Vogler bearbeitet werden (1969). In einer in der ZfG ausgetragenen Kontroverse mit Ernst Engelberg als Leiter des Akademie-Instituts und damit des Gesamtprojektes der „Deutschen Geschichte" kritisierte Vogler die Überbetonung der nationalpolitischen Zielsetzung, da die ökonomischen und sozialen Voraussetzungen für die Überwindung des Partikularismus und für die Konstituierung der bürgerlichen Nation noch nicht gegeben gewesen seien. Dagegen hob er als – wenn auch vielleicht nicht intentionale – Leistung der lutherischen Reformation hervor, dass sich das „politische Kräfteverhältnis zu Gunsten der weltlichen Fürsten und städtischen Oberschichten" verschob.⁵⁰ Diese frühbürgerliche Revolution – also Reformation und Bauernkrieg – integrierte er als Teilprozess in eine Kette bürgerlicher Revolutionen, die in einem europäischen Gesamtkontext gesehen werden müssten. Erst Ende des 15. Jahrhunderts – so Vogler zwei Jahre später – seien mit der Entstehung des Manufakturkapitalismus, der Formierung des Weltmarktes, der Existenz zentralisierter Monarchien und der Entstehung bürgerlicher Ideologien und Kultur die Voraussetzungen für revolutionäre Prozesse geschaffen worden.⁵¹

Die breite Ausformulierung dieser These, die Arbeit an ihrer empirischen Fundierung auf östlicher und der politische Klimawandel seit den späten 1960er Jahren auf westlicher Seite führten nunmehr dazu, dass sich auch die westdeutsche Geschichtswissenschaft mit dem Theorem auseinandersetzte.⁵² Peter Blickles These von der „Revolution des gemeinen Mannes" setzte die Verarbeitung der DDR-Forschung voraus, stürzte aber gerade dadurch die ostdeutsche Wissenschaft auch in einige Verlegenheit.⁵³ Praktisch gleichzeitig sprach Günter Vogler indirekt von einer Revolution des gemeinen Volkes⁵⁴ und wertete Luthers Idee des göttlichen Rechts substanziell auf, da sie den Bauern erst die Möglichkeit gegeben habe, ihre lokalen Forderungen allgemeingültig zu formulieren.⁵⁵ Anfang der 1980er Jahre wandte sich Vogler dann der empirischen Untersuchung der sozialen Konflikte in der Stadt und im Landgebiet Nürnberg sowie der Politik des Rates gegenüber diesen Unruhen zu und kam zu dem Befund, dass es in Nürnberg eine frühbürgerliche Revolution mit reduziertem Inhalt: „ohne Verwirklichung der bäuerlichen Forderungen", gegeben habe.[56] Die Studie ist ausdrücklich gedacht als Beitrag zum empirischen Nachweis der Gesamtdeutung von Reformation und sozialer Bewegung als frühbürgerlicher Revolution. Die westdeutsche Kritik anerkannte durchaus den genauen Aufweis der sozialen Konflikte in der Stadt und v.a. im Nürnberger Territorium, kritisierte aber ein immanent teleologisches Deutungsmuster und eine „,personalistische' Engführung", bei der dann nur noch Vertreter des radikalen Flügels der Reformation vorkämen.[57] Ab den ausgehenden 1970er Jahren erschöpfte sich auf der Basis einer erstaunlich weitgehenden inhaltlichen Annäherung der „Streitwert" des Theorems „frühbürgerliche Revolution" für die gesamtdeutsche Geschichtswissenschaft.[58]

In den weiteren Kontext der „frühbürgerlichen Revolution" gehört noch die nachgeholte Dissertation des 58-jährigen Erich Paterna (1955), die nicht die Frage nach der Revolution thematisierte, wohl aber – gleichsam ante festum – die Herausbildung „kapitalistischer Produktionsverhältnisse" und die „Klassenkämpfe der mansfeldischen Bergarbeiter" vom 15. Jahrhundert bis zum Dreißigjährigen Krieg.[59] Im Übrigen war für die Wirtschaftsgeschichte an der Humboldt-Universität Jürgen Kuczynski zuständig, der allerdings seit 1947 nicht am Historischen Institut, sondern an der Wirtschaftswissenschaftlichen Fakultät mit fakultätsübergreifender Resonanz lehrte.

Die Geschichtspolitik der Partei legte ebenso wie die originären Interessen der Historiker seit Beginn der 1950er Jahre einen deutlichen Schwerpunkt bei der Geschichte der Revolutionen in Deutschland und Europa vom 17. bis zum 20. Jahrhundert. Wiederum steht hier Alfred Meusel am Anfang, mit einer Centenarbetrachtung zur Revolution von 1848/49, die aber keine neuen Akzente für die Forschung setzte.[60] 1950 promovierte Karl Obermann bei Alfred Meusel mit einer Studie über „Die deutschen Arbeiter in der ersten bürgerlichen Revolution".[61] Das Konzept der Arbeit ist streng dogmatisch, an Marx-, Engels- und Lenin-Zitaten ausgerichtet und in der Begrifflichkeit völlig schematisch. „Kleinbürger und Proletarier" sind strikt geschieden und stehen in einem eindeutigen Gegensatz. Die „Bourgeoisie" verrät die Arbeiterklasse – das ist die auch in der Diktion sehr schlicht vorgetragene These.[62] So bescheiden diese Studie insgesamt ausfiel, stand Obermann mit ihr doch am Beginn einer dauerhaften und intensiven DDR-Forschung zur Arbeiterbewegungsgeschichte im 19. Jahrhundert. Er selbst erweiterte sein Interesse auf die Geschichte der politisch-sozialen Bewegung im Vormärz insgesamt. Auch in Westdeutschland häufig benutzt wurde seine Quellensammlung zur Deutschen Geschichte 1815–1849, 1955 legte er noch eine Monographie zur Geschichte der Organisation und Ideologie der frühen Kommunisten vor.[63] Obermann verkörperte den Typus des aufgestiegenen Arbeitersohnes, der durch den Personalbedarf nach 1945 rasch in wichtige Stellungen aufrückte, immens fleißig und loyal war, den allmählich wachsenden Ansprüchen an Intellektualität und organisatorischen Fähigkeiten aber bald nicht mehr genügen konnte. Bei aller intellektuellen Enge beeindrucken an Obermann der konsequente Lebensweg und die unermüdliche Forschungsarbeit.[64]

Das Thema Revolution griff auch der 1952 auf eine Professur für Neue Geschichte berufene Gerhard Schilfert auf. In seiner Habilitationsschrift „Sieg und Niederlage des demokratischen Wahlrechts in der deutschen Revolution 1848/49" analysierte er ausgiebig die parlamentarischen Debatten um das Wahlrecht. Das Hauptaugenmerk lag auf der These, dass das allgemeine demokratische Wahlrecht der Paulskirchen-Debatten angesichts des Ausschlusses der Unterstützungsbedürftigen nicht wirklich demokratisch gewesen sei.[65] Dieser Befund bot Schilfert Anlass zu scharfer Kritik am Paulskirchen-Parlament insgesamt, auch an der Linken. Wirklich entschlossen war die Linke – so Schilfert – nur dort, wo sie sich mit der Volksbewegung verbündete und von ihr in die richtige Richtung habe drängen lassen. Mit dieser These spitzte Schilfert immerhin – ungeachtet der undifferenzierten Glorifizierung der „Volksmassen" – einen Grundkonflikt der deutschen Geschichte im 19. Jahrhundert systematisch zu. Schilfert kritisierte zwar scharf die Mängel der bisherigen Revolutionsforschung, verzichtete aber auf überflüssige Rhetorik, hielt Maß mit Marx/Engels-Zitaten und leistete so insgesamt einen seriösen Beitrag zur Geschichte des Parlamentarismus in der Revolution. Pauschaler verfuhr Schilfert in einer Übersichtsdarstellung zur Englischen Revolution, die er als zweiten Schritt in einer Drei-Schritt-Folge von Revolutionen deutete – der Niederländischen, der Englischen und der Großen Französischen im Rahmen der „historischen Aufgabe" des Bürgertums, den Feudalismus zu liquidieren.[66]

Schilfert begründete damit einen Interessenschwerpunkt bei der westeuropäischen Geschichte – den er selbst noch um die Geschichte der USA erweiterte –, an den sich auch imperialismus- und weltgeschichtliche Fragestellungen anschließen ließen und der durch seine

Schüler Bünger, Köller und Rüger sowie durch Klaus Vetter weiter bearbeitet wurde. Der Westremigrant und Sohn eines im KZ ums Leben gekommenen KPD-Reichstagsabgeordneten, Helmuth Stoecker, promovierte über „Deutschland und China im 19. Jahrhundert. Das Eindringen des deutschen Kapitalismus" (Berlin 1957). Meusel beklagte in seinem Gutachten, dass sich die Arbeit im Wesentlichen auf Gesandtenberichte und sonstige diplomatische Quellen stützte, die eigentlich wirtschaftsgeschichtlichen Antriebskräfte und Mechanismen sowohl der deutschen Unternehmer wie auch die wirtschaftlichen, sozialen und politischen Probleme in China im Untersuchungszeitraum weitgehend ausklammere – und vor allem die „echte, wissenschaftliche Parteilichkeit" vermissen lasse; das Urteil spricht aus heutiger Sicht allerdings eher für die gediegene, wenn auch enge empirische Arbeit.[67]

In gesamtdeutscher und internationaler Perspektive konnten die Frühneuzeit-Historiker außer Voglers Forschungen allerdings keine langfristig wirksamen Akzente setzen. Seit Ende der 1970er Jahre erforderte zudem die Neuorientierung auf das „fortschrittliche Erbe" die Aufmerksamkeit auch von Historikern der Humboldt-Universität. 1959 hatte Gerhard Schilfert im „Lehrbuch der deutschen Geschichte" das absolutistische Preußen noch als die krasseste Form einer offenen Diktatur der Junkerklasse in Europa präsentiert.[68] Klaus Vetters Habilitationsschrift arbeitete dann aber in einer empirisch gut fundierten Untersuchung einerseits die sehr unterschiedlichen Reaktionen des preußischen Adels auf die Reformen nach 1806 heraus, zeigte aber auch, warum seine Opposition durchaus erfolgreich war und eine neue Machtstellung im Staat begründete.[69]

Gegenüber solcher Forschungsarbeit stellt das von Günter Vogler und Klaus Vetter gemeinsam publizierte Preußenbuch von 1970 eine Vorwegnahme der „Preußenwelle" der späten 1970er Jahre in der DDR dar,[70] die mit der fast gleichzeitigen Aufwertung Preußens im Geschichtsbild der Bundesrepublik merkwürdig koinzidiert. Im Zentrum steht hier – gleichsam in Umkehrung des Bildes vom reaktionären Preußen – die allmähliche Durchsetzung der kapitalistischen Produktionsverhältnisse und die Formierung des Proletariats als prägender Kraft im preußischen Staat. Darunter leidet die Einbettung Preußens in die europäische Mächterivalität und entsprechend deren Bedeutung für die Verfassungs-, Sozial- und politische Geschichte des preußischen Staatswesens. Dagegen verwundert die Selbstverständlichkeit, mit der Kategorien der Nationalgeschichte wiederbelebt wurden – lange vor der offiziellen Wendung zu „Erbe und Tradition" in der DDR-Geschichtswissenschaft.⁷¹ Das Buch gibt sich als kanonische Darstellung und wurde auch vielfach neu aufgelegt, doch spiegeln sich hier tatsächliche Forschungsleistungen der DDR-Historiographie zur preußischen Geschichte ganz unzureichend wider.

Das mag u. a. daran liegen, dass die Landesgeschichte an der Humboldt-Universität erst im Rahmen der geschichtspolitischen Kampagne der SED zur 750-Jahr-Feier Berlins eine institutionelle Basis erhielt. 1981 wurde ein Meusel-Schüler der ersten Stunde berufen, Ingo Materna, der 25 Jahre am Deutschen Historischen Museum tätig gewesen war. Für das Berlin-Jubiläum gab Materna den ersten Band der „Geschichte Berlins – von den Anfängen bis 1945"⁷² heraus. Walter Bartel war zuvor mit seiner Publikation zur Berlin-Geschichte noch an den Intrigen der Ulbricht-treuen SED-Funktionäre gescheitert. Laurenz Demps publizierte vor allem Bücher zu historischen Handlungsorten wie in der Wilhelmstraße und der Friedrichstraße, die vor und nach der „Wende" ein breiteres, eher ortsgeschichtlich interessiertes Publikum erreichten.⁷³

Neben Günter Vogler und Alfred Meusel nimmt zweifellos Joachim Streisand eine herausragende Stellung in der Geschichtswissenschaft der DDR-Zeit ein. Streisand, Sohn einer Berliner Buchhändlerfamilie, studierte 1938–1942 in Rostock und Berlin Philosophie, Kunstgeschichte, englische Literatur und Soziologie, wurde dann als „Halbjude" vom Studium ausgeschlossen und stand die NS-Zeit als Zwangsarbeiter durch.⁷⁴ 1948 wurde er Mitglied der SED, Meusel holte ihn nach seiner Promotion an das Deutsche Historische Museum. Sehr rasch etablierte sich Streisand als Multifunktionär: er wurde Mitbegründer und Redaktionssekretär der „Zeitschrift für Geschichtswissenschaft", 1955 trat er dem Autorenkollektiv für das „Lehrbuch zur deutschen Geschichte" bei und übernahm 1962 dessen Leitung. Seit 1956 auch wissenschaftlicher Referent der DAW in Berlin, habilitierte er sich 1962 bei Leo Stern in Halle.⁷⁵ 1963 wurde er zum Professor mit Lehrauftrag für Geschichte der Neuzeit an die Humboldt-Universität berufen, ab 1969 war er Professor mit Lehrstuhl und wurde im selben Jahr Direktor der Sektion Geschichte. Als Sektionsdirektor 1974 strafweise abgesetzt, blieb er doch auf seiner Professur im Amt, ebenso wie (seit 1969) in der Funktion des Präsidenten der Historikergesellschaft der DDR.

Streisand schrieb eine „Deutsche Geschichte in einem Band" (Berlin 1968), die in der DDR als Standardwerk galt. Vor allem aber profilierte sich Streisand als Fachmann für die Geschichte der Geschichtsschreibung und für Theorieprobleme der sozialistischen Geschichtswissenschaft und -kultur.⁷⁶ Er hielt sich in seiner

Publikations- und Leitungstätigkeit seit 1956 an die wechselnden Vorgaben der Partei, blieb aber gleichwohl von mehrfachen Rügen und Disziplinierungen nicht verschont. Man mag darin ein Indiz sehen für die bei Streisand offenbar unauflösliche Spannung zwischen Begabung und intellektueller Kapazität einerseits und erzwungenem,[77] aber auch innerlich bejahtem Konformitätswillen andererseits.

Auch als sich Streisand der Historiographiegeschichte zuwandte, hatte er einen SED-Parteibeschluss im Rücken.[78] 1963 und 1965 erschienen die beiden von ihm edierten Bände „Studien über die deutsche Geschichtswissenschaft".[79] Darin waren Professoren der Humboldt-Universität stark vertreten. Hier ging es darum, „positive Traditionen" der deutschen Geschichtsschreibung säuberlich von deren reaktionär-bürgerlichen Aspekten zu trennen, wie sie vor allem von den „aggressiven imperialistischen Kräfte[n]" im „Bonner klerikal-militaristischen Obrigkeitsstaat" kultiviert würden.[80] Der gelernte Philosoph Streisand nahm sich exemplarisch Max Weber vor, den er offenkundig als Inbegriff all dessen ansah, was bekämpft werden musste. Das Konzept dieser Polemik bestand im Wesentlichen darin, das wissenschaftliche Werk Webers durch eine zugespitzte Darstellung seiner imperialistischen und angeblich klassenpolitischen Positionen zu denunzieren. Nichts deutet darauf hin, dass Streisand in irgendeiner Weise das Erkenntnispotenzial, das Weber gerade einer materialistischen Geschichtsschreibung bieten konnte, nutzen wollte. Demgegenüber wirken etwa der schlichte und freudig-nationalpolitische Beitrag Obermanns über Heinrich Luden oder Schilferts wohlwollende Anerkennung des fortschrittlichen Schlosser angenehm sachlich. Dass es auch ganz anders ging, zeigt übrigens Günter Voglers Aufsatz über Max Lehmann, der allerdings durch die Borussianismus-Kritik Lehmanns auch sachlich begünstigt war.[81] Streisand selbst war auf politisch weniger bedeutsamem Terrain durchaus zu milderen Urteilen fähig, wie sein schmales Überblickswerk über das „Geschichtliche Denken von der deutschen Frühaufklärung bis zur Klassik" (Berlin 1964) zeigt.

Nachdem Streisand 1972 zum zweiten Mal von der Partei öffentlich angegriffen worden war, übte er erneut umfassende Selbstkritik.[82] Die ungewöhnliche Schärfe seiner Selbstbezichtigungen erklärt sich möglicherweise auch daraus, dass er an ihre Berechtigung wirklich geglaubt haben mag, weil sie seinen eigenen geschichtspolitischen Überzeugungen entsprach. Seit 1967 publizierte er Aufsätze zur Bedeutung, Entstehung und Durchsetzung des sozialistischen Geschichtsbewusstseins in der DDR.[83] Dabei steuerte er zum Diskurs um Tradition und

Erbe die These bei, dass die Arbeiterklasse bei der Traditionspflege schon deshalb im Vorteil sei, weil sie „wissenschaftlich" begründen könne, welche Traditionen fortschrittlich und mithin fortführenswert seien. Streisands prinzipielle Überlegungen stehen nicht außerhalb jeder Vergleichbarkeit mit Überlegungen zu Geschichtsbewusstsein und Geschichtskultur, wie sie auch in Westdeutschland etwa zeitgleich angestellt wurden. Der entscheidende Unterschied liegt hier, neben dem weitgehenden Fehlen empirischer Arbeit zur Geschichte von Geschichtspolitik und -kultur, in der politisch-methodischen Grundüberzeugung, dass es einen distanzierten „Betrachterstandpunkt zur Politik unserer Partei und zur politischen Erziehung" beim Historiker nicht geben dürfe.[84]

Streisand gehörte auch zu den Gutachtern der Habilitationsschrift von Kurt Pätzold zur NS-Diktatur in den Anfangsjahren 1933–1935. Pätzold hatte zunächst in Jena mit einer archivbasierten Arbeit über den „Zeiss-Konzern in der Weltwirtschaftskrise (1923–1933)"[85] promoviert und versuchte dann, nach seiner Mitarbeit am „Lehrbuch"-Abschnitt 1933–1939, die antisemitische Ideologie und Politik der Nationalsozialisten in das marxistische Gesamtbild der faschistischen Diktatur zu integrieren. Pätzold unterschied dabei zwischen kurzfristiger Taktik und langfristiger Strategie des Faschismus.[86] Die Hauptstoßrichtung nach 1933 habe den Kommunisten, nicht den Juden gegolten, da jene die eigentlichen politischen Gegner darstellten. Rassismus und Antisemitismus hätten nur dienende Funktion zur Konsolidierung der faschistischen Diktatur und zur Vorbereitung der Deutschen auf den Krieg gehabt. Dann hätten die Machthaber ihre antisemitische Politik schrittweise radikalisiert, der Weg in die Endlösung habe sich erst nach dem Kriegsausbruch 1939 ergeben. Der Holocaust ist für Pätzold auch nicht das Endziel des Faschismus, sondern eine Stufe auf dem Weg zum eigentlichen Ziel, der Weltherrschaft – womit Pätzold die Judenverfolgung und -vernichtung in das Interpretament eines exzessiv gesteigerten Imperialismus einfügte.

Im Rahmen der DDR-Historie bestand die Wirkung seiner Beiträge aber weniger im Fortschreiben der Orthodoxie als darin, die dogmatische Faschismustheorie zu flexibilisieren und dadurch ihren Erklärungsanspruch auf ein vorher hochproblematisches Gebiet auszuweiten. Indem er die Rolle Hitlers und seiner Helfer reduzierte und die schrittweise Steigerung des Antisemitismus zur Vernichtungspolitik thematisierte, stand Pätzold in einer gewissen Nähe zu den zeitgleichen Ansätzen der westlichen „Strukturalisten".[87] Ian Kershaw erkennt ihm zudem das Verdienst zu, die Judenvernichtung als ein „Element im Gesamtkontext des [...] Expansionsdrangs des NS-Staats" zu verankern.[88] Beachtung gefunden hat auch Pätzolds Dokumentensammlung mit Erstveröffentlichungen aus DDR-Archiven. Daneben erschienen von ihm u. a. eine Geschichte der NSDAP und eine Studie zur „Reichskristallnacht" 1938.[89]

Aufmerksamkeit über die DDR-Grenze hinaus erlangte auf einem anderen Themengebiet Konrad Canis, der zwischen 1975 und 1980 auch am Ministerium für Hoch- und Fachschulwesen tätig war. Er hatte sich schon seit seiner Dissertation in Rostock über die 1848er Revolution auf die deutsche Geschichte im 19. Jahrhundert spezialisiert. Dort entwickelte Canis mit einer Archivstudie über die Außenpolitik Bismarcks sein diplomatiegeschichtliches Profil, das sowohl die Verkürzungen der älteren deutschen Geschichtswissenschaft auf den „Friedenskanzler", wie auch die der DDR-Geschichtswissenschaft auf die Interessenpolitik der deutschen Wirtschaft bzw. den Klassenkampf der Proletariats überwand. Canis forderte hierin etwa zeitgleich mit der Wendung der DDR-Geschichtswissenschaft zu ‚Tradition und Erbe' und parallel zur Bismarck-‚Kehre' von Ernst Engelberg selbstbewusst die „adäquat[e]" Erfassung der „historische[n] Totalität" und nutzte hierfür nun die Überlieferung der ‚herrschenden Klassen';[90] Canis führte sein Thema in Berlin in einigen ZfG-Aufsätzen weiter. Zwei weitere Monographien sind nach 1989 entstanden und haben durch die Verbindung von Innen- und Außenpolitik und die Neubewertung von Bismarcks kriegerischem Kalkül nach 1875 die älteren Arbeiten etwa von Andreas Hillgruber teilweise ersetzt.

Besonders seitens der sowjetischen Geschichtswissenschaft wurde den Forschungen von Günter Rosenfeld (*1926) Beachtung zuteil. Er führte das Thema der deutsch-sowjetischen Beziehungen seines Lehrers Winter fort – allerdings mit einer deutlichen Akzentverschiebung auf das Terrain des geschichtspolitisch stark reglementierten 20. Jahrhunderts und insbesondere der politischen Geschichte. Seine Habilitationsschrift über „Die Rapallo-Partner. Die Sowjetunion im Kampf um die friedliche Koexistenz mit Deutschland 1922–1933" lag beim Verlag 16 Jahre lang auf Eis, bevor sie 1984 gedruckt werden konnte.[91] Rosenfeld stützte sich auf ausgedehnte Recherchen in sowjetischen und deutschen Archiven, die Motive der deutschen Außenpolitik können dadurch genau rekonstruiert werden. Anders verhält es sich mit der sowjetischen Außenpolitik, die als reine Friedens- und Verständigungspolitik erscheint und zudem in den geschichtsphilosophischen

Optimismus des Kultes um Lenin und die Oktoberrevolution von 1917 eingebettet ist. Das geheime Zusatzprotokoll zum Hitler-Stalin-Pakt von 1939 wird nicht erwähnt – allerdings hat Rosenfeld in seinen Seminaren als Professor für Geschichte der UdSSR (1971–1991) darüber gesprochen; der Autor verwies 1990 auf den Druck der sowjetischen Geschichtspolitik.[92]

Insgesamt erscheinen die 1980er Jahre als eine Ära nachlassender Bevormundung. Die Ermüdung des politischen Regimes führte zu mehr Selbständigkeit der Wissenschaft – die sie allerdings nur sehr partiell zu nutzen wusste. Gorbatschows Kurs der „Perestroika" fand durchweg Zustimmung, selbst bei überzeugten Parteigängern wie etwa Kurt Pätzold. Auch in der Lehre, bei der es individuelle Akte der Bevormundung durch die Partei schon länger nicht mehr gegeben hatte, erweiterten sich offensichtlich die Spielräume.

Versucht man die Jahrzehnte geschichtswissenschaftlicher Arbeit an der Humboldt-Universität in der Ära zwischen 1945 und 1989 zu bilanzieren, so ist zunächst festzuhalten, dass sich eine „Normalwissenschaft" etablierte, die sich als marxistisch verstand und in ihren theoretischen Prämissen auf Grundaussagen von Marx/Engels und Lenin rekurrierte. Öffentliche, über den Streit von Spezialisten hinausführende Debatten konnten aus ihr heraus nicht entstehen. Das Zitierritual schwächte sich im Lauf der Jahrzehnte sicherlich ab, aber wer sich in Forschung und Lehre etablieren wollte, durfte keinen Zweifel daran lassen, dass er in seiner wissenschaftlichen Arbeit auf dem Boden der marxistischen Weltanschauung stand. Gewiss gab es erhebliche Spielräume in der Anwendung der Basisannahmen wie auch im Ausmaß der expliziten Bekenntnisse zu ihnen wie zur politischen Ideologie insgesamt. Ein substanzieller und unverzichtbarer Bestandteil alles wissenschaftlichen Arbeitens war von Anfang bis Ende des Untersuchungszeitraums der explizite Kampf gegen das „liberalistische" Wissenschaftsverständnis und insbesondere seine Anwendung in der westdeutschen Geschichtswissenschaft. Auch solide empirisch fundierte Studien wie die von Vogler und Canis kamen nicht ohne diese obligatorischen Polemiken aus, die nur ausnahmsweise die Ebene produktiver wissenschaftlicher Auseinandersetzung erreichten.

Gemäß den wissenschaftsorganisatorischen Vorgaben der SED verlagerte sich die Forschungsarbeit tendenziell von den Universitäten an die personell vorzüglich ausgestatteten Institute der Akademie der Wissenschaften. Dennoch blieb an den Universitäten Forschung prinzipiell möglich und erwünscht – und die personelle Besetzung im Vergleich zu den westdeutschen Universitäten exorbitant. Die Hochschullehrer beriefen sich notorisch auf die erforderliche ‚Einheit von Forschung und Lehre'.[93] Der Grad der Politisierung und Dogmatisierung scheint sich mehr innerhalb der Institutionen von Bereich zu Bereich unterschieden zu haben, als zwischen Akademie und Universitäten als solchen.[94]

Externe Disziplinierung und innere Bejahung des offiziösen Geschichtsbildes wirkten von Anfang an in unauflösbaren Mischungsverhältnissen zusammen. Die Ausbildung von Konformität und die Stabilisierung einer solchermaßen vereinheitlichten „Normalwissenschaft" stützten sich gegenseitig und produzierten ein wissenschaftliches Klima, in dem durchgreifende Innovationen unmöglich wurden. Das schloss wissenschaftlichen „Fortschritt" nicht prinzipiell aus. Eine Vielzahl von Studien widmete sich vor allem in den 1950er und 1960er Jahren Themen der Partei- und der Sozialgeschichte, die in der „bürgerlichen" Wissenschaft bis dahin weitgehend vernachlässigt worden waren. Angesichts des Ausbildungsniveaus, des Zeitdrucks beim Aufbau des DDR-Staats und eines DDR-konformen Staatsbewusstseins sowie der anfangs schwachen personellen Ressourcen blieben viele dieser Arbeiten zunächst stark thesenhaft zugespitzt, in der Fragestellung verengt und in den Argumentationen wenig komplex. Doch zeigten die Beispiele der Diskussion über die frühbürgerliche Revolution, der Vormärz- und der Parteienforschung zum 19. Jahrhundert und schließlich erstaunlicherweise die Forschung zu Bismarck und zur Außenpolitik nach 1890, dass auch auf dieser Theoriegrundlage bei geringerer Parteikontrolle von außen und innen ein Mehr an Kontroverse und damit an wissenschaftlichem Einfallsreichtum und an Komplexität der Argumentationen möglich gewesen wäre. Darauf deuten auch die parallelen „Erfolgsgeschichten" hin, an denen sich die Neuzeithistoriker messen lassen müssen: etwa die Mittelalterforschung mit Eckhard Müller-Mertens und Bernhard Töpfer oder die Archivwissenschaft mit Botho Brackmann; bezeichnenderweise außerhalb der „Sektion Geschichte" entstand ein Arbeitskreis zur Kulturgeschichte der Arbeiterklasse, dessen Publikationen vielleicht nicht hochwissenschaftliche, aber doch wohltuend individuelle und nonkonforme Akzente zu einem ideologisierten Thema setzten.[95]

Ausdrücklich hingewiesen werden muss noch auf einen Faktor, der zu einer insgesamt fortschreitenden Versachlichung und zur Kommunikationsfähigkeit der DDR-Historiker mit westlichen Wissenschaftlern beitrug: der Bezug auf die Quellen. Dass er gegenüber den ideologischen Schlagworten und orthodoxen Konzepten an Gewicht gewann, hat mehrere Gründe. Zum einem liegt dies in der Logik der Professionalisierung und Verwissenschaftlichung, die mit der institutionellen Etablierung und damit auch Autonomisierung – wie prekär diese auch gewesen sein mag – verbunden war. Er folgte zum anderen aus dem Anspruch auf Systemkonkurrenzfähigkeit bzw. -überlegenheit. Vor allem diente er vielen Gelehrten als Anreiz und als Instrument, vor den verordneten Erkenntnisschranken nicht halt zu machen. Der Quellenbezug konnte bewusst als Ausweg aus den Fallen des Dogmas genutzt werden. Die entscheidende Blockade dieser Normalwissenschaft – der Monotheismus der Theorie – konnte allerding nur abgeschwächt, nicht aber ganz beseitigt werden. Von Anfang an behinderten die Fixierung auf Großbegriffe, wie „Feudalismus", „Klasse" und „Monopolkapital", sowie ein trivialisierter Periodisierungsschematismus neue Fragestellungen und Interpretamente. Eine stärkere Infragestellung des wohligen Selbstgefühls eines privilegierten Antifaschismus hätte für die Interpretationen der gesamten Geschichte der Neuzeit neue Wege erschließen können.

Umbruch nach 1989

Nach dem Umbruch 1989 wurden die Bemühungen der Historiker der Humboldt-Universität um Aufarbeitung der eigenen politischen Belastungen und um eine fachliche Erneuerung rasch von den politischen Ereignissen, vor allem der Wendung zur deutschen Einheit überholt. Auf Grund ihrer Tradition und zentralen Lage standen die Humboldt-Universität und auch ihre Geschichtswissenschaft unter dem Druck öffentlicher Aufmerksamkeit. Zudem forderten ehemalige Studierende, die in politischen Konflikten durch ihre Hochschullehrer beschädigt worden waren, sichtbare Anstrengungen zur Aufarbeitung der eigenen Geschichte.[96] Auf Beschluss der nun zuständigen Berliner Wissenschaftsverwaltung sollte die Sektion Geschichte Ende 1990 komplett „abgewickelt" werden und einem Neuanfang Platz machen. Mit Gerhard A. Ritter wurde ein höchst angesehener bundesdeutscher Historiker, der in den 1950ern selbst noch bei dem emigrierten Meinecke-Schüler Hans Rosenberg an der Freien Universität das sozialgeschichtliche Rüstzeug erworben hatte, mit dem Aufbau eines neuen Instituts beauftragt. Ritter verfolgte das Ziel, ein nach westdeutschen Maßstäben exzellentes Geschichtsinstitut aufzubauen,[97] das neben den bestehenden Instituten an den beiden anderen Berliner Universitäten ein eigenes Profil gewinnen sollte. Neben der wissenschaftlichen

Exzellenz spielte in Ritters Überlegungen die Herstellung eines Kommunikationsraumes für die Begegnung von Ost- und Westhistorikern eine – wenn auch untergeordnete – Rolle. Die beiden Zielvorstellungen schlossen einander in der Praxis jedoch aus. Die Pläne Ritters waren im Grunde kein Reformkonzept für die bestehende ostdeutsche HU-Historie, sondern sie waren von den Innovationswünschen für die *westdeutsche* Historie geleitet, deren Sozial- und Gesellschaftsgeschichte zunehmend unter Reformdruck geraten war – für eine solche Aufgabe waren die ostdeutschen Historiker noch weniger gerüstet, als sie es für die wissenschaftliche Arbeit im akademischen „Normalbetrieb" der Bundesrepublik gewesen wären.

Nachdem die formelle Abwicklung durch eine Klage der Angehörigen der alten Sektion Geschichte gescheitert war, arbeiteten bis Mitte der 1990er Jahre einige der alten und die neu berufenen Professoren nebeneinander. Ritter leitete seit Frühjahr 1991 eine „Struktur- und Berufungskommission"[98] und arbeitete einen detaillierten Strukturplan für das neue Institut aus. Die SBK evaluierte die Bewerber ebenso wie die verbliebenen Historiker aus der DDR.[99]

Ihre Marginalisierung an der Humboldt-Universität haben einige der betroffenen ostdeutschen Historiker als politisch motivierte Vertreibung interpretiert.[100] Doch es gab an der Universität keine zu vertreibende profilierte marxistische Geschichtswissenschaft, etwa mit einem nahe liegenden sozialgeschichtlichen Schwerpunkt und anspruchsvoller theoretischer Grundierung, die eine echte Herausforderung für die Geschichtswissenschaft der Bundesrepublik dargestellt hätte. Einzelne Ansätze und Personen wurden in das neue Konzept integriert, ehemalige Akademie-Historiker wie Hartmut Harnisch (Preußische Geschichte) und Ludmila Thomas (Osteuropa) stießen hinzu. Für den „Mittelbau" wurden Übergangsprogramme geschaffen, die eine befristete Weiterbeschäftigung ermöglichten. Von den Neuzeit-Professoren erhielten Günter Vogler, Konrad Canis und Laurenz Demps neue Professoren-Stellen – allerdings keine Ordinariate; andere, wie etwa Siegfried Bünger, erhielten Übergangsverträge bis zu ihrem kurz bevorstehenden altersbedingten Ausscheiden. Die entlassenen Historiker arbeiteten (oft unter schwierigen sozialen Bedingungen) zum Teil in der sogenannten „zweiten Wissenschaftskultur" weiter.

Der Strukturplan für das neue Institut sah zunächst 15 Professuren vor, von denen fünf als „Eckprofessuren" einen zeitlichen Schwerpunkt hatten.[101] Besondere Akzente setzten sechs „Profilprofessuren", die das Fach Geschichte an der Universität in Richtung einer modernen Sozialgeschichte, der Wissenschaftsgeschichte, der DDR-Geschichte sowie der Geschichte Osteuropas profilieren sollten. Kriterium für die Auswahl der Bewerber war die Qualifizierung in Lehre und Forschung, die höher bewertet wurde, als die bisherige thematische Fokussierung der betreffenden Historiker. Frauen und ostdeutsche Historiker sollten bei gleicher Eignung bevorzugt werden. Für die zehn Lehrstühle der Neuzeithistorie gingen fast 400 Bewerbungen ein, zumeist von männlichen Historikern aus den alten Bundesländern. Durchweg wurden schon profilierte Historiker (und eine Historikerin), meist aus der Generation der 40- bis 50-Jährigen, berufen.

Einige Elemente des Strukturplans fielen allerdings teils den Widerständen im anfangs noch von Alt-Professoren dominierten Akademischen Senat, teils den Sparmaßnahmen des Berliner Senats zum Opfer. So fehlen jetzt u. a. Lehrstühle für Preußische und DDR-Geschichte. Die DDR-Geschichtswissenschaft an der Humboldt-Universität bekam unter den politischen und wissenschaftlich-qualitativen Vorgaben des Neuanfangs keine neue Gelegenheit zu jenen Reformen, die sie vor 1989 verpasst hatte und die jetzt auch nicht von ihr zu erwarten waren. Der personelle und inhaltliche Wechsel in den Jahren nach 1989 war der dritte und wahrscheinlich stärkste Kontinuitätsbruch in der Geschichte der Institution im 20. Jahrhundert. Gleichwohl entstand schnell ein auch nach westdeutschen Standards sehr gutes „Institut für Geschichtswissenschaften".[102]

Anmerkungen

[1] Vgl. zum Folgenden: Alexander Thomas, Geschichtswissenschaft an der Berliner (Humboldt-)Universität nach 1945, Diss. phil. Humboldt-Universität zu Berlin (vorauss. 2014; der vorliegende Aufsatz wurde gemeinsam mit Alexander Thomas erarbeitet und erstpubliziert); Peter Th. Walther, Zur Entwicklung der Geschichtswissenschaften in Berlin. Von der Weimarer Republik bis zur Vier-Sektoren-Stadt, in: Wolfram Fischer (Hg.), Exodus von Wissenschaften aus Berlin, Berlin 1994, S. 153–183; Winfried Schulze, Berliner Geschichtswissenschaft in den Nachkriegsjahren, in: ebd., S. 184–197; Reimar Hansen u. Wolfgang Ribbe, Geschichtswissenschaft in Berlin im 19. und 20. Jahrhundert. Persönlichkeiten und Institutionen, Berlin 1992.

[2] Die Maßnahmen zur Entnazifizierung der deutschen Hochschulen verliefen uneinheitlich und gingen von unterschiedlichen Akteuren aus. Vgl. für Ostdeutschland Ralph Jessen, Akademische Elite und kommunistische Diktatur. Die ostdeutsche Hochschullehrerschaft in der Ulbricht-Ära, Göttingen 1999, S. 261–285.

3 Vgl. Peter Th. Walther, Fritz Hartung und die Umgestaltung der historischen Forschung an der Deutschen Akademie der Wissenschaften zu Berlin, in: Martin Sabrow (Hg.), Historische Forschung und sozialistische Diktatur. Beiträge zur Geschichtswissenschaft der DDR, Leipzig 1995, S. 59–73.
4 Universitätsarchiv der Humboldt-Universität (UAHU), Rektorat, 36, unpaginiert, 5. Oktober 1945: nur ein ehem. NSDAP-Mitglied.
5 UAHU, Phil. Fak. nach 1945, 8, Bl. 27.
6 UAHU, Personalakte Paul Haake, (ohne Sign.), Bde. I–III, Bd. II, Bl. 60 u. Bd. III, Bl. 12f.
7 UAHU, Phil. Fak. nach 1945, 8, Bl. 142, 2. August 1946.
8 Dieses Schreiben teilte Alfred Meusel gleichzeitig mit der Übernahme des Dekanats mit; ihm zufolge war jede [...] freiwerdende Stelle umgehend zu melden", die „Wiederbesetzung einer freigewordenen Stelle" konnte nur nach einer „besonderen Ermächtigung" erfolgen und „alle zur Zeit etwa schwebenden Verhandlungen mit neueinzustellenden Personen" waren „sofort abzubrechen". UAHU, Phil. Fak. nach 1945, 1, Bl. 134.
9 Vgl. zu Meusel Mario Keßler, Exilerfahrung in Wissenschaft und Politik. Remigrierte Historiker in der frühen DDR, Köln 2001, S. 50–90.
10 Detlef Siegfried, Das radikale Milieu. Kieler Novemberrevolution, Sozialwissenschaft und Linksradikalismus 1917–1922, Wiesbaden 2004.
11 Archiv der Berlin-Brandenburgischen Akademie der Wissenschaften (ABBAW), Nachlass (NL) Meusel, 409, „Die Universität der alten Pg's", MS, o.D. [1948].
12 Vgl. zur Geschichtswissenschaft der DDR: Martin Sabrow, Das Diktat des Konsenses. Geschichtswissenschaft in der DDR 1949–1969, München 2001 sowie Ilko-Sascha Kowalczuk, Legitimation eines neuen Staates. Parteiarbeiter an der historischen Front. Geschichtswissenschaft in der SBZ/DDR 1945–1961, Berlin 1997.
13 UAHU, M 184 (Personalakte Meusel), Bd. 1, Bl. 105.
14 ABBAW, NL Meusel, 583.
15 Kamnitzer war 1950–1954 Professor mit vollem Lehrauftrag für Neuere Geschichte und leitete das Institut für Geschichte des deutschen Volkes von 1952 bis 1954. Obermann war zwischen 1956 und 1970 Professor mit Lehrstuhl für Geschichte des deutschen Volkes bzw. Deutsche Geschichte und leitete zeitweilig eine Abteilung des Instituts für deutsche Geschichte. Für die biographischen Angaben vgl. trotz zahlreicher Mängel Lothar Mertens, Lexikon der DDR-Historiker. Biographien und Bibliographien zu den Geschichtswissenschaftlern aus der Deutschen Demokratischen Republik, München 2006.
16 In Ermangelung eines treffenderen Begriffs sprechen wir im Folgenden von „Schülern", auch wenn der Terminus an sich problematisch ist und die tatsächlichen intellektuellen Einflüsse damit in der Regel unzureichend umschrieben sind. Joachim Streisand, Professor mit Lehrstuhl für deutsche Geschichte ab 1969, Eckhard Müller-Mertens, Prof. mit Lehrstuhl für Geschichte des Mittelalters seit 1968. Helmuth Stoecker arbeitete zunächst am Institut für Allgemeine Geschichte, wechselte aber dann zu den Afrikawissenschaften, wo er bis 1985 eine Professur bekleidete.
17 Klaus Vetter: Lehrstuhl Allgemeine Geschichte der Neuzeit, 1983; Kurt Pätzold: Lehrstuhl für Deutsche Geschichte, 1973; Siegfried Prokop: Lehrstuhl für Geschichte der DDR, 1983; Laurenz Demps: a. o. Prof., 1988.
18 Vgl. Jiri Nemec, Eduard Winter (1896–1982), in: Karel J. von Hruza (Hg.), Österreichische Historiker 1900–1945. Lebensläufe und Karrieren in Österreich, Deutschland und der Tschechoslowakei in wissenschaftsgeschichtlichen

Porträts, Wien 2008, S. 619–676 sowie Conrad Grau, Eduard Winter. 1896 bis 1982, in: Heinz Heitzer u. Karl-Heinz Noack (Hg.), Wegbereiter der DDR-Geschichtswissenschaft. Biographien, Berlin 1989, S. 358–375.

[19] Ludmila Thomas, Die Ostberliner Forschungen zur Geschichte Rußlands nach 1945, in: Dittmar Dahlmann (Hg.), Hundert Jahre Osteuropäische Geschichte. Vergangenheit, Gegenwart und Zukunft, Stuttgart 2005, S. 173–182.

[20] Siegfried Bünger, 1979–1994 a. o. Prof. für Allgemeine Geschichte der Neuzeit; Heinz Köller, Promotion HU 1963, verließ die Sektion Geschichte 1981, Adolf Rüger, 1978–1994 ord. Prof. für Allgemeine Geschichte der Neuzeit (Direktor der Sektion Geschichte: 1980–1986).

[21] Heinrich Scheel, Vom Leiter der Berliner Schulfarm Scharfenberg zum Historiker des deutschen Jakobinismus. Autobiographische Aufzeichnungen, Velten 1996.

[22] Keßler, Exilerfahrung, S. 197–221.

[23] Heinrich Scheel, Vor den Schranken des Reichsgerichts. Mein Weg in den Widerstand, Berlin 1993.

[24] Vgl. die Gutachten zur Promotion von Joachim Streisand und von Helmuth Stoecker, 1952 und 1956 in UAHU, Phil. Fak. n. 1945, Promotion Joachim Streisand, 6. 2. 1952, Bl. 7–9 bzw. ABBAW, NL Meusel, 470. Meusel fand auch Mittel und Wege, dem späteren „Chefideologen" der SED, Kurt Hager, einen Lehrauftrag für dialektischen und historischen Materialismus zu verschaffen, UAHU, Phil. Fak. nach 1945, 2, Bl. 95; vgl. Kurt Hager, Erinnerungen, Leipzig 1996, S. 75–93, 138.

[25] Alfred Meusel, Die wissenschaftliche Auffassung der deutschen Geschichte, in: Wissenschaftliche Annalen 1 (1952), S. 397–407, hier S. 404.

[26] Fritz Klein, Drinnen und Draussen. Ein Historiker in der DDR. Erinnerungen, Frankfurt a.M. 2000, S. 170f.

[27] Die Verbesserung der Forschung und Lehre in der Geschichtswissenschaft der Deutschen Demokratischen Republik (1955), abgedruckt in: Wolfgang Hardtwig (Hg.), Über das Studium der Geschichte, S. 312–324, hier S. 313.

[28] Sabrow, Das Diktat des Konsenses, S. 432.

[29] Ralf Possekel, Kuriositätenkabinett oder Wissenschaftsgeschichte? Zur Historisierung der DDR-Geschichtswissenschaft, in: Geschichte und Gesellschaft (GG) 24 (1998), S. 446–462.

[30] Vgl. Heinz D. Kittsteiner, Geschichtstheoretische Hintergründe des historischen Selbstverständnisses der DDR-Geschichtswissenschaft, in: Jens Hüttmann u. a. (Hg.), DDR-Geschichte vermitteln, Berlin 2004, S. 23–38.

[31] Vgl. etwa Gerhard Lozek, Das Problem von Objektivität und Parteilichkeit in der Auseinandersetzung mit der bürgerlichen Geschichtsschreibung, in: Zeitschrift für Geschichtswissenschaft (ZfG) 31 (1983), S. 387–396. Auch Jürgen Kuczynski, Parteilichkeit und Objektivität in Geschichte und Geschichtsschreibung, in: ZfG 4 (1956), S. 873–888 bewegt sich innerhalb dieser Auffassung.

[32] Hoffmann war zunächst Parteifunktionär und kam dann 1962 – ohne Promotion oder Habilitation – zu einer Professur mit vollem Lehrauftrag für Geschichtstheorie.

[33] Vgl. Siegfried Prokop u. Siegfried Schwarz (Hg.), Zeitgeschichtsforschung in der DDR. Walter Bartel (1904–1992); ein bedrohtes Leben, Schkeuditz 2005. Symptomatisch für sein teils rein parteistrategisches, teils einfach dilettantisches Wissenschaftsverständnis: Walter Bartel, Fragen der Zeitgeschichte, in: ZfG 6 (1958), S. 730–748, hier S. 737ff.

[34] Schwierigkeiten hatten in der Anfangsphase der Mediävist Eckhard Müller-Mertens und die Althistorikerin Liselotte Welskopf. Beide scheiterten zunächst an den wissenschaftlichen Anforderungen der „bürgerlichen" Gutachter.

35 Die Habilitationsschrift ging über das Thema: „Der Übergang der Abteilung 1 (Politische Polizei) des Berliner Polizeipräsidiums in das Geheime Staatspolizeiamt (1933/34)". Vgl. die Gutachten in: UAHU, Phil. Fak. n. 1945, Habilitation Dr. Laurenz Demps, 5. 5. 1982.
36 Mertens, Lexikon der DDR-Historiker, S. 457, gibt 1951 an.
37 Joachim Petzold, Parteinahme wofür. DDR-Historiker im Spannungsfeld von Politik und Wissenschaft, Potsdam 2000, S. 41.
38 Keßler, Exilerfahrung, S. 90.
39 Scheel, Leiter, S. 84–87.
40 Helmuth Stoecker, Socialism with deficits. An academic life in the German Democratic Republic, Münster, Hamburg 2000, S. 89f.
41 Rainer Eckert u. a., „Klassengegner gelungen einzudringen…". Fallstudie zur Anatomie politischer Verfolgungskampagnen am Beispiel der Sektion Geschichte der Humboldt-Universität zu Berlin in den Jahren 1968 bis 1972, in: Jahrbuch für Historische Kommunismusforschung (JHK) (1993), S. 197–225.
42 Vgl. Kurt Pätzold, Die Geschichte kennt kein Pardon. Erinnerungen eines deutschen Historikers, Berlin 2008, S. 178ff.
43 Vgl. z. B. Eckart Mehls, Unzumutbar. Ein Leben in der DDR, Schkeuditz 1998, S. 115, 134, 237 u. ö., Pätzold, Kurt, Die Geschichte kennt kein Pardon, S. 175 u. ö., Scheel, Leiter, S. 83ff., Petzold, Parteinahme wofür?, S. 160ff., Stoecker, Socialism with deficits, S. 49ff., 88ff.
44 Vgl. Peter Schäfer, Meine Berliner Lehrjahre als Historiker an der Humboldt-Universität zwischen 1953 und 1963, in: Helmut Wagner u. Heiner Timmermann (Hg.), Europa und Deutschland – Deutschland und Europa. Liber amicorum für Heiner Timmermann zum 65. Geburtstag, Münster 2005, S. 273–290, hier S. 276–284.
45 Vgl. zur zentralen Steuerung v.a. Ulrich Neuhäußer-Wespy, Die SED und die Historie. Die Etablierung der marxistisch-leninistischen Geschichtswissenschaft der DDR in den fünfziger und sechziger Jahren, Bonn 1996.
46 Alfred Meusel, Thomas Müntzer und seine Zeit. Mit einer Auswahl der Dokumente des großen deutschen Bauernkrieges, hg. v. Heinz Kamnitzer, Berlin 1952. Zum Skandal um das Plagiat der Dokumente zum Bauernkrieg vgl. die Rezensionen: Günther Franz, Historische Zeitschrift (HZ) 177 (1954), S. 543–546; Max Steinmetz, in: ZfG (1953), H. 6, S. 968–978. Hierzu und zum Folgenden vgl. die sehr genaue Studie von Laurenz Müller, Diktatur und Revolution. Reformation und Bauernkrieg in der Geschichtsschreibung des „Dritten Reiches" und der DDR, Stuttgart 2004, S. 182–287.
47 Alexander Abusch, Der Irrweg einer Nation. Ein Beitrag zum Verständnis deutscher Geschichte, Berlin 1946.
48 Meusel, Müntzer, S. 77–82, 99f., 26–28, 41; Müller, Diktatur und Revolution, S. 186f.
49 Vgl. die Thesen von Max Steinmetz in: Deutsche Historikergesellschaft (Hg.), Die frühbürgerliche Revolution in Deutschland. Referat und Diskussion zum Thema Probleme der frühbürgerlichen Revolution in Deutschland 1476–1535, Berlin 1961, S. 17–52, dazu Müller, Diktatur und Revolution, S. 201–216.
50 Günter Vogler, Marx, Engels und die Konzeption einer frühbürgerlichen Revolution in Deutschland, in: Reformation oder frühbürgerliche Revolution? München 1972, S. 711; Müller, Diktatur und Revolution, S. 238.
51 Günter Vogler, Revolutionäre Bewegungen und frühbürgerliche Revolution. Betrachtungen zum Verhältnis von sozialen und politischen Bewegungen und deutscher frühbürgerlicher Revolution, in: ZfG 22 (1974), S. 394–411, hier S. 404.

[52] Vgl. Thomas Nipperdey, Die Reformation als Problem der marxistischen Geschichtswissenschaft, in: Dietrich Geyer (Hg.), Wissenschaft in kommunistischen Ländern, Tübingen 1967, S. 228–258; vgl. auch Rainer Wohlfeils viel gelesenen Sammelband Reformation oder frühbürgerliche Revolution?, München 1972.
[53] Peter Blickle, Die Revolution von 1525, München 1975.
[54] Günter Vogler, „Die Gewalt soll gegeben werden dem gemeinen Volk." Der deutsche Bauernkrieg 1525, Berlin 1975.
[55] Müller, Diktatur und Revolution S. 250ff.
[56] Günter Vogler, Nürnberg. 1524/25. Studien zur Geschichte der reformatorischen und sozialen Bewegung in der Reichsstadt, Berlin 1982, S. 335.
[57] Gottfried Seebass, Zur Geschichte der reformatorischen und sozialen Bewegungen in der Reichsstadt Nürnberg im Jahre 1524/25, in: Mitteilungen des Vereins für Geschichte der Stadt Nürnberg 71 (1984), S. 269–276, hier S. 271.
[58] Vgl. auch Voglers Müntzer-Buch, mit seinem abschließenden Urteil „dass Müntzer Theologe war und dies bis in seine Todesstunde blieb". Günter Vogler, Thomas Müntzer, Berlin 1989, S. 7. In Einzelstudien wie „Martin Luther und das Täuferreich zu Münster", in: Ders. in Zusammenarbeit mit Siegfried Hoyer u. Adolf Laube, (Hg.), Martin Luther. Leben, Werk, Wirkung, Berlin 1983, S. 235–254 kommt Vogler übrigens dann ganz ohne Bezug auf „Klassiker"-Zitate und die offiziellen Periodisierungen und Großbegriffe aus.
[59] Erich Paterna, „Da stunden die Bergkleute auff." Die Klassenkämpfe der mansfeldischen Bergarbeiter im 16. und 17. Jahrhundert und ihre ökonomischen und sozialen Ursachen, 2 Bde., Berlin 1960. Vgl. die Rezensionen von Max Steinmetz in: ZfG 8 (1960), Sonderheft S. 142–162 sowie Adolf Laube in: ZfG 8 (1960), S. 1924–1930.
[60] Alfred Meusel, Die deutsche Revolution von 1848, Berlin 1948.
[61] Berlin 1950; vgl. Günther Heydemann, Die deutsche Revolution von 1848/49 als Forschungsgegenstand der Geschichtswissenschaft in SBZ/DDR, in: Alexander Fischer u. Günther Heydemann (Hg.), Geschichtswissenschaft in der DDR, Bd. 2, Berlin 1990, S. 489–518; Walter Schmidt, Die 1948er Revolutionsforschung in der DDR. Historische Entwicklung und kritische Bilanz, in: ZfG 42 (1994), H. 1, S. 21–38.
[62] Vgl. Keßler, Exilerfahrung, S. 211.
[63] Ausführlichere Würdigung des Werkes von Obermann in ebd., S. 209–221.
[64] Petzold, Parteinahme wofür?, S. 67 berichtet, Obermanns Akribie habe ihm den Spottnamen „Carolus Zitaticus" eingetragen; vgl. Scheel, Leiter, S.89: „Obermann war nüchtern, ja trocken und so phantasielos, daß ich mich nicht erinnern kann, ihn in der Mensa beim Mittagstisch jemals mit etwas anderem als Bratkartoffeln und Ei gesehen zu haben".
[65] Gerhard Schilfert, Sieg und Niederlage des demokratischen Wahlrechts in der deutschen Revolution 1848/49, Berlin 1952.
[66] Ders., Die englische Revolution.1640–1649, Berlin 1989, S. 6 f. Vgl. die frühe Arbeit: ders., Die Chartistenbewegung. Über die Anfänge der internationalen Arbeiterbewegung im 19. Jahrhundert in England, Leipzig 1956.
[67] Helmuth Stoecker, Die politischen Beziehungen zwischen Deutschland und China 1861–1885, o.O. 1956. Vgl. das Gutachten von Alfred Meusel, in: ABBAW, NL Meusel, S. 470.
[68] Gerhard Schilfert, Deutschland von 1648 bis 1789, Berlin 1959.
[69] Klaus Vetter, Kurmärkischer Adel und preußische Reformen, Berlin 1979.
[70] Günter Vogler u. Klaus Vetter, Preußen. Von den Anfängen bis zur Reichsgründung, Berlin 1970.

71 Horst Bartel, Erbe und Tradition in Geschichtsbild und Geschichtsforschung der DDR, in: ZfG 29 (1981), S. 387-394.
72 Ingo Materna, Geschichte Berlins. Von den Anfängen bis 1945, Berlin 1987. Im Bereich der Mediävistik betrieb u. a. Eckhard Müller-Mertens diesbezüglich Studien: Berlin im Mittelalter. Aufsätze, Berlin 1987.
73 Laurenz Demps, Der Gensd'armen-Markt. Gesicht und Geschichte eines Berliner Platzes, Berlin 1987.
74 Zum Folgenden vgl. Hans Schleier, Joachim Streisand, in: Heizer u. Noack, Wegbereiter der DDR-Geschichtswissenschaft, S. 341-358 sowie vor allem die Bachelorarbeit von Anne C. Jacobsen, Geschichtswissenschaft im Namen der Partei. Joachim Streisands geschichtstheoretische Aufsätze im Spiegel der Wissenschaftspolitik der SED in den Jahren 1952-1978, Humboldt-Universität zu Berlin 2008.
75 Publikation unter dem Titel: Joachim Streisand, Geschichtliches Denken von der deutschen Frühaufklärung bis zur Klassik, Berlin 1964.
76 Ders. (Hg.), Studien über die deutsche Geschichtswissenschaft, 2 Bde., Berlin 1963 und 1965; ders., Kritische Studien zum Erbe der deutschen Klassik. Fichte, W. v. Humboldt, Hegel, Berlin 1971; ders., Die Geschichte im geistig-kulturellen Leben der DDR, in: ZfG 26 (1978), H. 3, S. 198-208; ders., Kulturgeschichte der DDR. Studien zu ihren historischen Grundlagen und ihren Entwicklungsetappen, Köln 1981.
77 In der angespannten Situation der Entstalinisierung – verknüpft mit der Ungarn- und Polenkrise 1956 – beschuldigte daraufhin der Leiter des Sektors Geschichtswissenschaft beim ZK und HU-Student Rolf Dlubek Streisand (und Kuczynski) des Revisionismus. Vgl. zu den Vorgängen: Fritz Klein, Drinnen und Draußen, S. 186-195; Jürgen Kuczynski, Frost nach dem Tauwetter. Mein Historikerstreit, Berlin 1993; Sabrow, Diktat des Konsenses, S. 78.
78 Vgl. Marion Einhorn u. Heinz Habedank, Das Programm des Sozialismus und die Aufgaben der Historiker, ZfG 11 (1963), S. 237-260, hier S. 258; Jacobsen, Geschichtswissenschaft, S. 19ff.
79 Streisand, Studien über die deutsche Geschichtswissenschaft, 1963 u. 1965.
80 So Gerhard Schilfert, Leopold von Ranke, in: ebd., Bd. 1, S. 241-270.
81 Ebd., Bd. 2, S. 57-98.
82 Die Stellungnahme Streisands ist abgedruckt in: Eckert, „Klassengegner gelungen einzudringen...", S. 224f.
83 Joachim Streisand, Geschichtsbild, Geschichtsbewußtsein. Ihre Wechselbeziehungen und ihre Bedeutung für die Entwicklung des sozialistischen Bewußtseins, in: ZfG 15 (1967), S. 822-834; ders., Geschichtsforschung und Geschichtsschreibung auf dem Weg zur sozialistischen Menschengemeinschaft, in: ZfG 17 (1969), S. 1521-1532; ders., Die Geschichte im geistig-kulturellen Leben der DDR, in: ZfG 26 (1978), S. 198-208.
84 Das Zitat aus der „Persönlichen Stellungnahme zu staatsfeindlichen Haltungen und Tätigkeit einer Gruppe Studenten der Sektion Geschichte", in: Eckert, „Klassengegner gelungen einzudringen...", S. 225.
85 Jena 1963.
86 Das Folgende v.a. nach: Kurt Pätzold, Faschismus, Rassenwahn, Judenverfolgung. Eine Studie zur politischen Strategie und Taktik des faschistischen deutschen Imperialismus (1933-1935), Berlin 1975. Vgl. zu Pätzold: Joachim Käppner, Erstarrte Geschichte. Faschismus und Holocaust im Spiegel der Geschichtswissenschaft und Geschichtspropaganda der DDR, Hamburg 1999.
87 Die Parallele sieht Käppner, Erstarrte Geschichte, S. 222-225.

[88] Ian Kershaw, Der NS-Staat. Geschichtsinterpretationen und Kontroversen im Überblick, erw. Neuausgabe, Reinbek 1999, S. 158f.
[89] Kurt Pätzold u. Manfred Weißbecker, Hakenkreuz und Totenkopf. Die Partei des Verbrechens, Berlin 1981; ders., Verfolgung, Vertreibung, Vernichtung. Dokumente des faschistischen Antisemitismus 1933 bis 1942, Leipzig, 1983; ders. u. Irene Runge, Pogromnacht 1938, Berlin 1988.
[90] Konrad Canis, Bismarck und Waldersee. Die außenpolitischen Krisenerscheinungen und das Verhalten des Generalstabes 1882 bis 1890, Berlin 1980, S. 5, 8; die Promotion B war 1975 in Rostock erfolgt; vgl. ders., Alfred von Waldersee. Außenpolitik und Präventivkriegsplanung in den achtziger Jahren, in: Gestalten der Bismarckzeit 1 (1978), S. 404–425. Nachwende-Publikationen u. a.: ders., Von Bismarck zur Weltpolitik. Deutsche Außenpolitik 1890 bis 1902, Berlin 1997; ders., Bismarcks Außenpolitik 1870 bis 1890. Aufstieg und Gefährdung, Paderborn 2004. Canis ist Mitherausgeber der Friedrichsruher Ausgabe der Bismarck-Schriften.
[91] Günter Rosenfeld, Sowjetunion und Deutschland 1922–1933, Berlin 1984. Die Dissertation war schon 1960 erschienen: ders., Sowjetrußland und Deutschland 1917–1922, Berlin 1960. Die Schwierigkeiten beim Verlag erwähnt Thomas, Forschungen, S. 178.
[92] Vgl. die Dokumentation Kurt Pätzold; Günter Rosenfeld, Sowjetstern und Hakenkreuz. 1938 bis 1941. Dokumente zu den deutsch-sowjetischen Beziehungen, Berlin 1990, S. 7.
[93] Vgl. etwa die Sitzungsprotokolle in: UAHU, Phil. Fak. n. 1945, Bl. 3, Gerhard Schilfert am 26. 4. 1962.
[94] Vgl. etwa Lothar Mertens, Die rote Denkfabrik. Die Akademie für Gesellschaftswissenschaften beim ZK der SED, Berlin u. a. 2004.
[95] Vgl. Adelheid von Saldern, Eine soziale Klasse ißt, trinkt und schläft nicht. Die Arbeitsgruppe „Kulturgeschichte der deutschen Arbeiterklasse", in: Georg G. Iggers (Hg.), Die DDR-Geschichtswissenschaft als Forschungsproblem, München 1998, S. 241–258.
[96] Vgl. die Dokumente in: Rainer Eckert u. a., Krise – Umbruch – Neubeginn. Eine kritische und selbstkritische Dokumentation der DDR-Geschichtswissenschaft 1989/90, Stuttgart 1992; ders. u. a. (Hg.), Hure oder Muse. Klio in der DDR; Dokumente und Materialien des Unabhängigen Historiker-Verbandes, Berlin, 1994.
[97] Gerhard A. Ritter, Der Neuaufbau der Geschichtswissenschaft an der Humboldt-Universität zu Berlin. Ein Erfahrungsbericht, in: Geschichte in Wissenschaft und Unterricht 44 (1993), S. 226–238, hier S. 229.
[98] Mitglieder der Kommission aus der BRD: Prof. Gerhard A. Ritter (Vorsitzender, Neuzeit), Prof. Winfried Schulze (Frühe Neuzeit), Prof. Otto G. Oexle (Mittelalter); von der Akademie der Wissenschaften der DDR: Prof. Fritz Klein (Neuzeit), Dr. Peter Musiolek (Dozent Alte Geschichte), Dr. Ruth Struwe (Dozentin Ur- und Frühgeschichte); von der HU: Dr. Heidelore Böcker (Assistentin mittelalterliche Geschichte), Ilko-Sascha Kowalczuk (studentischer Vertreter). Fritz Klein schied Anfang 1992 auf Grund seiner Stasikontakte wieder aus der Kommission aus. Angaben nach Klein, Drinnen und Draußen, S. 353ff.
[99] Der letzteren Aufgabe verweigerte sich allerdings Fritz Klein. Von den 22 Professoren und Dozenten des Instituts wurden 11 zur Weiterbeschäftigung empfohlen, von den übrigen 33 wissenschaftlichen Mitarbeitern waren es 21; vgl. Ritter, Neuaufbau, S. 236.

[100] Ingrid Matschenz u.a. (Hg.), Dokumente gegen Legenden. Chronik und Geschichte der Abwicklung der MitarbeiterInnen des Instituts für Geschichtswissenschaften an der Humboldt-Universität zu Berlin, Berlin 1996; Kurt Pätzold, What New Start? The End of Historical Study in the GDR, in: German History 10 (1992), H. 3, S. 392–404.

[101] Vgl. Ritter, Neuaufbau, S. 230f. Für die Neuzeithistorie waren das die Frühe Neuzeit, das 19. und das 20. Jahrhundert. Die Pläne für weitere Professuren für preußische Geschichte, historische Fachinformatik, internationale Beziehungen sowie Fachdidaktik sind damals nicht verwirklicht worden, inzwischen aber etabliert.

[102] Berufen wurden für die Neuzeithistorie: Rüdiger vom Bruch, Wolfgang Hardtwig, Hartmut Harnisch, Ludolf Herbst, Hartmut Kaelble, Heinz Schilling, Günther Schödl, Ludmila Thomas, Heinrich A. Winkler, Clemens A. Wurm.

Geschichtsschreibung und Literatur

7. Geschichte für Leser.
Populäre Geschichtsschreibung
in Deutschland im 20. Jahrhundert

Die akademische Geschichtswissenschaft steht mit der Präsentation ihrer Erkenntnisse in der Öffentlichkeit heute in einer bisher nicht dagewesenen Konkurrenzsituation. Fernsehsendungen und -serien bereiten vor allem die NS-Vergangenheit, aber auch wichtige Ereignisse der Nachkriegszeit in einer publikumsgerechten Weise auf. Filme erzählen Geschichten insbesondere aus dem „Dritten Reich", aus Bombenkrieg und Nachkriegsära. Umfangreiche Dokumentationsreihen haben Konjunktur, gut recherchiert, auf die Erzählung von Zeitzeugen gestützt, mit illustrierender Hintergrundmusik dramatisierend aufgemacht, mit zeitgenössischen Fotos und Filmstreifen Augen und Ohren ansprechend.[1] Die Filmwirtschaft hat sowohl den Holocaust als auch die letzten Tage im Führerbunker als einträgliches Thema entdeckt, von Steven Spielbergs „Schindlers Liste" (USA 1993) bis zu Bernd Eichingers „Der Untergang" (D 2004). Tageszeitungen wie die „Süddeutsche Zeitung" und Magazine wie „Der Spiegel" bringen zum 60. Jahrestag des Kriegsendes ausführliche Artikelserien über die militärische und zivile Geschichte des Zweiten Weltkriegs. Im Übrigen boomt die Geschichte auf dem nationalen und internationalen Büchermarkt. Seit Umberto Ecos „Der Name der Rose" haben historische Romane Konjunktur, die eine reißerische Handlung geschickt mit historischem Kolorit verbinden und die Grenzen zwischen Wirklichkeit und Fiktion zum Teil systematisch verwischen.[2] Die Geschichte verkommt dabei partiell zum exotischen Hintergrund für die verkaufswirksame Aufbereitung von Sex and Crime und nimmt der vergangenen Wirklichkeit für ein kenntnisloses Publikum alle Verbindlichkeiten.[3] Jede Art von wissenschaftlich seriöser Darstellung der Vergangenheit hat es demgegenüber schwer – und man muss kein Prophet sein, um dem wissenschaftlichen Buch die weitere Marginalisierung auf dem Markt der Vergangenheitspräsentation anzukündigen.

Aber nicht nur infolge von Suggestivität und Breitenwirksamkeit der Massenmedien haben es selbst auflagenstarke geschichtswissenschaftliche Darstellungen zur deutschen Geschichte des 20. Jahrhunderts schwer – von den früheren Epochen ganz zu schweigen. Sie bleiben auch hoffnungslos zurück hinter erfolgreichen historiographischen Texten, die einen wissenschaftlichen Anspruch weder erheben noch ihm gerecht werden, wie etwa Sebastian Haffners im Londoner Exil geschriebene faszinierende Auseinandersetzung mit dem Aufstieg des Nationalsozialismus oder Marcel Reich-Ranickis Erinnerungsbuch. Solche Werke verknüpfen die Zeitzeugenschaft und die Beteiligung der Autoren am Geschehen mit teilweise hoher Reflexivität und darstellerischer Kunst, sie bieten auch dem professionellen Leser mitunter neue Perspektiven und – soweit angesichts der Themen möglich – Lektüregenuss.[4]

Die rapide Medialisierung der Präsentation von Vergangenheit in unseren Tagen gibt immer dringlicheren Anlass, nach der medialen Dimension auch der geschichtswissenschaftlichen Arbeit zu fragen und ihre Geschichte zu erforschen, das Verhältnis von geschichtswissenschaftlicher Forschung und Darstellung für ein nicht nur fachwissenschaftliches Publikum zu thematisieren und damit insgesamt einen wesentlichen Aspekt der Stellung von Kultur- und/oder Sozialwissenschaften in der gegenwärtigen kulturellen und gesellschaftlichen Situation zu diskutieren. Diese Problemstellung geht freilich in einer simplen Gegenüberstellung von „Fachwissenschaft" und „Popularisierung" nicht auf. Wenn man z. B. den Vorberichten zu Heinrich Breloers Doku-Drama über Hitlers Architekten Albert Speer glauben darf, ist er der erste, der die durch Speers Erinnerungen von 1969 in die Welt gesetzte und wirkungsmächtige „Speer-Legende" fundiert in Frage stellt.[5] Die Dokumentationen des Fernsehens sind in der Regel von professionellen Historikern erarbeitet und werden von akademischen Spezialisten beraten; zudem haben Fachleute in den Sendungen häufig Gelegenheit zu kurzen Erläuterungen. In den Feuilletons der Tagespresse wie im „Spiegel" nehmen Geschichtsprofessoren Stellung zu aktuellen historisch-politischen Problemen von der Entschädigung der Zwangsarbeiter bis zum EU-Beitritt der Türkei. Die Wochenmagazine „Stern" und vor allem „Der Spiegel" haben seit den fünfziger Jahren Artikeln und Serien zur Geschichte, insbesondere zur Zeitgeschichte, breiten Platz eingeräumt. Und schließlich gelingen hie und da auch Universitätsprofessoren Bücher – selbst zu Themen „vor" der Zeitgeschichte – mit einer gewissen Resonanz bei einem breiteren Publikum.[6] In der „Synthesewelle" der achtziger und neunziger Jahre brachten es Reihen wie „Siedler Deutsche Geschichte" oder die „Deutsche Geschichte der Neuesten Zeit" im dtv-Verlag zu beachtlichen Auflagen- und Verkaufsziffern. Umgekehrt arbeiten Autoren, die von vornherein für ein nicht-spezialistisches Publikum schreiben, nicht einfach per se „unwissenschaftlich".[7]

I.

Die Spannung zwischen geschichtswissenschaftlicher Darstellung im engeren Sinn und Geschichtspräsentation für ein breiteres Publikum ist heute zwar für die Geschichtswissenschaft besonders bedrängend geworden, aber neu ist sie nicht. Es gibt sie, seit sich Vergangenheitserkenntnis „verwissenschaftlicht".[8] Der relative Erfolg etwa von Leopold von Rankes „Geschichte der römischen Päpste" und seiner „Deutschen Geschichte im Zeitalter der Reformation" (1832–1836 und 1839–1847), von Jacob Burckhardts „Kultur der Renaissance in Italien" oder der „Deutschen Geschichte im 19. Jahrhundert" von Heinrich von Treitschke[9] bleibt hinter den eigentlichen historischen Bestsellern des 19. Jahrhunderts weit zurück: etwa Franz Kuglers gut geschriebener Biographie Friedrichs des Großen,[10] den Werken Christoph Friedrich Schlossers[11] oder der spätaufklärerisch-katholischen „Allgemeinen Weltgeschichte" des badischen Liberalen Karl von Rotteck, die bis zur Einstellung des Vertriebs in Deutschland 1872 und der letzten englischsprachigen Auflage in New York 1875 in über dreihunderttausend Einzelbänden und Übersetzungen in fünf Sprachen verbreitet war.[12] Im 20. Jahrhundert brachte es Oswald Spenglers „Untergang des Abendlandes" in zwei Bänden noch in der Weimarer Republik auf mindestens 47 Auflagen,[13] Emil Ludwig mit seinem „Bismarck" (1926) auf 83 Auflagen mit 150.000 Stück[14] und – um ein Nachkriegsbeispiel zu nennen – Kurt W. Marek alias C. W. Ceram mit seinem 1949 erschienenen archäologischen Bestseller „Götter, Gräber und Gelehrte" bis 1957 auf 564.000 verkaufte Exemplare.[15]

Die Inhalte, die Formen und die Rezeptionsgeschichten einer auf den nicht-professionellen Leser zielenden Geschichtsschreibung in Deutschland sind bisher nie systematisch erfasst und analysiert worden. Eine definitive Abgrenzung, Beschreibung, Analyse und die Rekonstruktion der Wirkung solcher Werke kann deshalb auch hier nicht geleistet werden. Vielmehr geht es um eine erste Sondierung des Themas, konzentriert auf das 20. Jahrhundert, in dem sich der literarische Massenmarkt allmählich und unter ganz unterschiedlichen politischen Rahmenbedingungen durchsetzte. Behandelt werden Formen und

Autoren nicht-akademischer literarischer Geschichtsvermittlung. Das ist zunächst eine ganz formale Bestimmung, die aber mehrere Vorteile hat: Zum einen erlaubt sie, die in der historiographiegeschichtlichen Forschung immer vernachlässigten Wirkungsstrategien und -mechanismen auf der Ebene der Texte selbst, aber auch in der Perspektive einer Autoren-, Verlags- und Lesergeschichte zu thematisieren; zum anderen ermöglicht sie es, eine Vielzahl von teilweise ganz divergenten Textsorten unter einer gemeinsamen Fragestellung systematisch zu analysieren. Es soll also um Texte gehen, die sich bewusst nicht primär oder gar nicht an die Scientific Community richten, sondern an ein breiteres Publikum.

Man kann diese Art von Historiographie unter dem Titel „Populäre Geschichtsschreibung" zusammenfassen. Der Begriff ist allerdings nicht unproblematisch. „Populär", „Populärkultur" usw. – dem Wort haftet in bildungsbürgerlicher Tradition mitunter noch immer ein pejorativer Beigeschmack an. Wertungen solcher Art sind hier ausdrücklich nicht beabsichtigt. Gemeint ist auch nicht, dass wissenschaftlich kompetente Autoren oder die spezifischen Eigenschaften geschichtswissenschaftlicher Texte aus der Fragestellung ausgeschlossen sein sollen. Die Übergänge sind bei den hier analysierten Texten vielfach gleitend – ganz abgesehen davon, dass es auch dem Attribut „wissenschaftlich" zumindest im Bereich der Geschichtswissenschaft an Eindeutigkeit und Trennschärfe mangelt. Oswald Spenglers „Untergang" zum Beispiel war zwar massenhaft verbreitet, aber keineswegs einfach „populär", vielmehr setzte er ein bestimmtes Wissen voraus, wenn auch nicht unbedingt ein akademisch fundiertes und geordnetes.[16] Spengler sprach mit dem „Untergang" sowohl die im Bildungsbürgertum viel belächelten „Halbgebildeten" als auch Intellektuelle an, deren Bildung niemand bezweifeln würde (zum Beispiel Thomas Mann); auch hoch angesehene Mandarine der deutschen Gelehrtenwelt zeigten sich fasziniert.[17] Golo Manns „Wallenstein"-Biographie heißt im Untertitel „Roman", ist aber geschrieben von einem zeitweiligen deutschen Lehrstuhlinhaber, der zudem Rufe auf mehrere – später zum Teil sehr prominente – Lehrstühle abgelehnt hatte. Das Buch versteht sich als Biographie auf der Höhe der Forschung und setzt ein ausgesprochen sprachbewusstes und sprachgenießendes Publikum voraus.[18] Theodor Heuss' Biographie von Friedrich Naumann spricht einen sehr begrenzten Leserkreis an, sein Buch über den Aufstieg Hitlers und die NSDAP von 1932 dagegen möchte man eher zur historischen Publizistik zählen.[19] Heuss war nicht Historiker, aber promovierter Nationalökonom.[20]

Die „populäre Geschichtsschreibung" soll hier also eine Vielzahl durchaus unterschiedlicher Textsorten zusammenfassen. Inhaltlich reicht das Spektrum von Spät- oder Kompensationsformen älterer Geschichtsphilosophie etwa bei Spengler bis zu mehr oder weniger solide gearbeiteten Biographien, von memoirenhaften Texten wie Golo Manns „Gedanken und Erinnerungen"[21] bis zum Thesenbuch wie Sebastian Haffners „Anmerkungen zu Hitler". Auch frühe Beispiele der modernen Kriegsberichterstattung werden einbezogen, schon allein deshalb, weil der Krieg – neben der Biographie – bei allem Wandel der politischen und bildungsgeschichtlichen Voraussetzungen von den zwanziger bis in die fünfziger Jahre des 20. Jahrhunderts (wenn nicht noch weit darüber hinaus) der bevorzugte historische Lesestoff war.[22] Das Untersuchungsfeld reicht von bewusst alternativ zur akademischen Geschichtsschreibung entwickelten Epochendarstellungen wie etwa Egon Friedells „Kulturgeschichte der Neuzeit"[23] bis zum „Historischen Sachbuch" Paul Cerams[24], von der Erinnerungsliteratur aus Weltkrieg, Kriegsgefangenenlager oder aus dem Berlin der Bombennächte und der Besetzung durch die Rote Armee[25] bis zur spezifischen Geschichtsschreibung der sozio-politischen Milieus und Weltanschauungslager in Deutschland[26]. Die Auswahl folgt systematischen Gesichtspunkten, ist im Einzelnen aber pragmatisch, schon deshalb, weil die Masse der einschlägigen Schriften und die Vielfalt und Divergenz von Themen, Intentionen und gesellschaftlichen, politischen und kulturellen Konstellationen nur eine Auswahl aus der Fülle der Gattungen und Werke erlaubt. Die Übergänge zwischen „populärer Geschichtsschreibung" und der für die beiden deutschen Nachkriegsliteraturen so zentralen fiktionalen Geschichtserzählung können hier nicht ausgelotet werden.[27] Untersuchungszeitraum ist das 20. Jahrhundert. Das ist nicht weiter begründungsbedürftig, doch gibt es zwei Argumente, die diesen zeitlichen Zuschnitt als besonders plausibel erscheinen lassen: Zum einen bilden die Jahre um 1900 eine Zäsur, nach der sich die nichtakademische Geschichtsvermittlung verstärkt ausdifferenziert und neues Gewicht auf dem literarischen Markt gewinnt; zum anderen führt der Zeitraum an die gegenwärtigen und dringlichen Fragen heran, wie sich die Geschichtswissenschaft in der boomenden Erinnerungskultur der Gegenwart verhalten sollte. Im Folgenden werden nun einige Gesichtspunkte und Fragestellungen skizziert, die in die Entstehungsgeschichte, die Rezeptions- und Wirkungsgeschichte, die weltanschaulichen Absichten und darstellerischen Techniken und nicht zuletzt auch in die spezifischen Qualitäten, Grenzen und öffentlichen Funktionen populärer Geschichtsschreibung aus der Sicht der akademischen Geschichtswissenschaft einführen können.

II.

Als exemplarisch für eine erfolgreiche außerakademische Geschichtsschreibung kann das Werk von Sebastian Haffner gelten. Haffner wurde 1907 geboren und beschreibt seine Kindheit als geprägt durch die Erfahrung des Ersten Weltkriegs und der Novemberrevolution von 1918. 1938 ging der aus liberalem Berliner Elternhaus stammende Jurist nach England ins Exil und nahm dort den Namen Sebastian Haffner (ursprünglich Raimund Pretzel) an, um seine Verwandten in Deutschland nicht zu gefährden. Er wurde Redakteur des „Observer" und kehrte als dessen Korrespondent 1954 zunächst vorläufig, nach 1961 dauerhaft nach Deutschland zurück. Weithin bekannt wurde er in den sechziger Jahren als regelmäßiger Kolumnist des „Stern", er schrieb aber auch Essays und ausführliche Buchbesprechungen für Kulturzeitschriften von „konkret" bis zum „Merkur". Seit 1975 konzentrierte er sich ganz auf das Schreiben historisch-politischer Bücher; als wichtigste sind zu nennen: „Anmerkungen zu Hitler", „Preußen ohne Legende", „Die verratene Revolution. Deutschland 1918/19" und schließlich „Von Bismarck zu Hitler".[28] Seinen größten Erfolg landete Haffner allerdings erst posthum mit dem im August 2000 aus dem Nachlass herausgegebenen Bericht über seine Jugend in Deutschland, den er 1939 niedergeschrieben hatte.[29] Um dieses Buch entstand eine erbitterte Kontroverse. Vor allem zwei Kritiker warfen Haffner vor, seine persönlichen Erinnerungen teilweise fingiert, Meinungen nachträglich geändert und sich mit nicht authentischen Prognosen vor dem Kriegsausbruch 1939 unberechtigt in die Rolle eines scharfsinnigen Analytikers und Propheten der deutschen Katastrophe geworfen zu haben.[30]

Zur Schärfe der Kontroverse trug zweifellos bei, dass Sebastian Haffner als Zeitungs- und Fernsehkommentator und Buchautor scharf polarisiert hatte. Zunächst entschieden antikommunistisch, sympathisierte er in den sechziger Jahren mit der Studentenbewegung, wandelte sich zu einem energischen Anwalt der „neuen Ostpolitik" und diskutierte ernsthaft die Grenzen und vermeintlichen Chancen von Rätesystemen.[31] In einem merkwürdigen Symmetriebedürfnis, das an die Argumentationsmuster nostalgisch gefärbter Darstellungen zur

DDR-Geschichte erinnert,[32] parallelisierte er Adenauer und Ulbricht und bezeichnete 1966 Walter Ulbricht als „großen Politiker"[33]. Auf der anderen Seite beklagte er, dass „viele Deutsche sich seit Hitler nicht mehr trauen, Patrioten zu sein",[34] trennte scharf zwischen gleichsam normalen „Kriegsverbrechen, die besser vergessen werden", und den Massenmorden Hitlers,[35] ohne indessen die Wehrmacht generell zu exkulpieren, sah in Phantasien, seit 1938 Europa unter deutscher Hegemonie zu vereinigen, nachvollziehbare Vorstellungen[36] und stellte das Begriffspaar „Marxismus" und „Hitlerismus" gleichberechtigt gegenüber, wobei er unter „Hitlerismus" die Synthese von Hitlers spezifischer antisemitischer Theorie und Elementen völkischen Gedankenguts in dessen Gedankensyndrom verstand.[37] Haffner liebte die zugespitzte Formulierung, er konnte seine Meinungen abrupt ändern und komplexe Sachverhalte sehr energisch vereinfachen. Haffners intellektuelle Leidenschaft war von einem spielerischen Element ebenso geprägt wie von der Neigung zu scharfer Polemik. Das entsprach seinem Selbstverständnis als Publizist, das auch seinen Büchern zugrunde liegt. „Wissenschaft hat mich nie interessiert"[38] – aber Zeitgeschichte hielt er gleichwohl für die „beste Geschichte", schon deshalb, weil ihm ein Abstand von zehn bis zwanzig Jahren nach den Ereignissen als die „Idealdistanz des Historikers" erschien.[39] Bündig postulierte er, Geschichtsschreibung sei „in erster Linie eine Kunst [...], aber auch eine Art Wissenschaft", und erklärte das „Weglassen" zum Hauptmerkmal dieser Kunst.[40] Wichtig für eine Geschichte der Populärgeschichtsschreibung ist bei alledem, dass Haffner mit diesen Überzeugungen und den daraus folgenden literarischen Strategien auf dem Büchermarkt zu enormen Erfolgen kam. Ihn interessierte die Vergangenheit wegen den „ethischen Problemen und den ästhetischen Reizen menschlichen Lebens"[41] – und offenkundig teilten Hunderttausende von Lesern eben dieses Interesse, das die gängige geschichtswissenschaftliche Darstellung sicherlich nur unzureichend befriedigen kann.

III.

Es wäre ein Missverständnis, das, was hier unter dem Begriff „populäre Geschichtsschreibung" zusammengefasst wird, lediglich als Popularisierung von akademischem Wissen zu begreifen.[42] Die außerakademische Geschichtsschreibung erhebt fast durchweg den Anspruch auf besondere Originalität, mitunter will sie sogar die „eigentliche" oder bessere Wissenschaft sein. Oswald Spengler polemisierte immer wieder gegen die etablierte Geschichtswissenschaft, Emil Ludwig ließ sich auf eine aporetische Kontroverse um die beste Methode von Geschichtsschreibung ein.[43] Das Bewusstsein, unkonventionell zu sein und vernachlässigte oder tabuisierte Personen und Themen auf die Tagesordnung der lesenden Öffentlichkeit setzen zu müssen, tritt bei vielen Autoren hervor – manchmal überdeutlich.[44] Die Attitüde reicht vom demonstrativen Hinweis auf die „amoralischen" Seiten der Geschichte, die hier endlich einmal thematisiert würden, bis zum Anspruch auf Legendenzerstörung und zur Rhetorik des wirklichen Bescheidwissens: „Es ist oft behauptet worden [...] das stimmt nicht"[45]. In der Tat gelingt es vor allem den Bestsellerautoren unter den populären Geschichtsschreibern häufig, Themen zu dramatisieren und die Aufmerksamkeit der literarisch interessierten Öffentlichkeit darauf zu fokussieren.

Sie nützen dabei mit besonderer Virtuosität darstellerische Techniken, die der „wissenschaftlichen" Geschichtsschreibung keineswegs fremd sind, die aber unter dem Vorzeichen zunehmender „Verwissenschaftlichung" von Geschichtsschreibung vielfach als unwissenschaftlich diskreditiert wurden.[46] Dazu gehören zum Beispiel das Anschaulichmachen von Handlungsorten und die Zuspitzung von zeitlichen Zusammenhängen. So sind etwa viel gelesene historische Sachbücher der zweiten Jahrhunderthälfte Reiseberichte (von tatsächlichen oder imaginierten Reisen).[47] Reiseberichte können nicht nur in archäologische Schichten der Vergangenheit führen, sondern auch in die Geschichtslandschaften der Frühen Neuzeit oder der Neuesten Geschichte. So bedient sich etwa Christian Graf von Krockow gelegentlich überaus gekonnt der historischen und kunsthistorischen Orts- und Objektbeschreibung, um die Geschichte Preußens von den Anfängen bis in die Nach-Wendezeit anschaulich zu machen.[48] Der räumlichen Anschaulichkeit entsprechen die Zuspitzung von Zeitkonstellationen und die Rhetorik von Entscheidung und Wendepunkt. Kunstvoll inszeniert etwa Haffner den Sturz Churchills als Chef der englischen Admiralität im Mai 1915,[49] Stefan Zweig ruft in seiner Fouché-Biographie den „welthistorischen Tag" des Achten Thermidor an.[50] Hinter diesen Techniken steht meist auch die Grundintention, die Fremdheit des Vergangenen zu relativieren und seine unmittelbare Relevanz für die Gegenwart zu betonen. Nur ausnahmsweise geht es um ein bewusstes Gestalten von Alterität und darum, auch den melancholischen und manchmal fatalen Zauber des Überholten, Untergegangenen oder Untergehenden zu beschwören. Hierin liegt eine besondere Leistung Golo Manns, der sich dafür unter anderem ausgiebiger Zitate aus der Quellensprache bedient – so in seiner Biographie Wallensteins – und kunstvoll und gewinnend Geschichten des Endes schreibt, wie etwa die Familiengeschichte des Napoleoniden im 19. Jahrhundert, die Geschichte des „letzten Markgrafen von Ansbach",[51] oder die Geschichte des letzten Großherzogs von Hessen-Darmstadt, des Kunstförderers Ernst Ludwig.[52]

Sehr viel mehr als der strenge Wissenschaftler kann der „Populär-Erzähler" sein eigenes Ich ins Spiel bringen und auch inszenieren. Das Spektrum der Möglichkeiten reicht vom Habitus des auktorialen Erzählers im Stil des „es kam ganz anders" oder „Nein, was Churchill trieb, war [...]"[53] oder vom auktorialen Sokratesgestus „Man weiß es nicht"[54] über die Verstärkung der Aussage durch die Mitteilung eigener Gefühle – „allerdings ist um das Sterben von Sanssouci eine Aura, die frieren läßt"[55] – bis zur sensiblen und subjektiven und dabei weit ausgreifenden Schilderung von Natureindrücken etwa bei Golo Mann (verbunden mit einem dezenten Hinweis auf das eigene Schicksal):

Schön ist der Blick durch die Spiegelfenster des Schlosses Arenenberg, am schönsten im Herbst der weitgegliederte See mit seiner Insel, die Waldberge des deutschen Ufers, die Hegau-Kegel; Dörfer und Klostertürme; Fruchtbäume und Wein. Uralte, mit der Landschaft vermählte Zivilisation, nordisches Italien. Wenn schon Exil, habe ich mir, auf der Terrasse zwischen Schloß und Kapelle stehend, oft gedacht, dann würde ich mir Arenenberg als Exil gefallen lassen.[56]

Der Erzähler kann, was er für falsch hält, explizit richtig stellen, er kann die Leser rhetorisch an die Hand nehmen, „um Verwirrung zu vermeiden [...]",[57] er kann erzählend zur Ebene allgemeinmenschlicher Weisheit und genereller Aussagen über das Wesen des Menschen aufsteigen. Dazu gehört dann gerne auch, auf die unaufhebbare Kontingenz der Geschichte, auf die Unfähigkeit des Menschen, sein eigenes Leben vollständig zu beherrschen, und auf übergreifende, nicht mehr ableitbare treibende Kräfte des individuellen Handelns und des kollektiven Geschehens hinzuweisen. Es kann dann vorkommen, dass „das Zeitalter" etwas will, dass „das Schicksal, genialer als alle Dichter, ein entscheidendes Gewicht in die schwankende Schale" wirft, dass eine „dämonische Urkraft" oder ein „strategischer Dämon und Genius" den Helden vorantreibt.[58]

Das heißt nicht, dass der Autor nicht auch Strukturen skizzieren kann. Golo Mann etwa gelingt in wenigen Sätzen eine sehr anschauliche Zusammenfassung dessen, was man unter „Absolutismus" versteht.[59] Haffner weist in knappen Worten auf die seit Beginn des 20. Jahrhunderts in Deutschland sich aufbauende Führererwartung hin; und der vergleichende Ausblick auf andere Länder, Gesellschaften, Personen gehört zum gängigen Repertoire dieser Geschichtsschreibung.[60] Anders als der wissenschaftliche Autor, der sich einer Diktion der Sachlichkeit zu befleißigen hat, darf der populäre Erzähler aber bei alledem drastisch, polemisch und sarkastisch werden, so etwa wenn Haffner die von Brüning in seinen Memoiren geschilderten „ewigen Händedrücke und Mannesschwüre" grausam komisch findet,[61] wenn er sich über die englische Aristokratenerziehung mokiert[62] oder wenn Krockow die Jagdleidenschaft Wilhelms II. und des ganzen deutschnationalen ostelbischen Aristokratenmilieus aufs Korn nimmt („Vier Jahre später – nach einer Mitteilung des Hofjagdamtes an die Presse vom 31. Oktober 1902 – hatte es der Herre Kaiser auf insgesamt 47.443 Stücke Wild gebracht."[63]). Der „Populär-Autor" darf sozusagen ins volle Menschenleben hineingreifen, was der strengen Wissenschaft bekanntlich verwehrt ist: vom Privatleben Fouchés über die sexuellen Ambivalenzen des Fürsten Eulenburg bis zur „Verschmuddelung des Greises" Friedrich II.[64]

Die hier angedeuteten darstellerischen Möglichkeiten und Techniken greifen besonders im biographischen Genre. Sie beziehen sich also nur auf einen – neben dem Thema Krieg allerdings den wichtigsten – Teilbereich populärer Historiographie. Mit der Biographie hat sich die akademische Geschichtswissenschaft nach 1945 bekanntlich zunächst sehr schwer getan, ehe sie seit Beginn der achtziger Jahre eine Renaissance erfuhr. Diese aktuelle Konjunktur der Lebensbeschreibung deutet aber auch auf allgemeinere Entstehungs- und Wirkungsbedingungen, Intentionen und auch Erkenntnisgrenzen von populärer Historiographie hin. Einige von ihnen sollen im Folgenden kurz angesprochen werden.

IV.

Erstens wären zu nennen die Geschichte des literarischen Marktes und – weiter gefasst und zunehmend wichtig – die Geschichte der Medien insgesamt. Um 1900 erreichte die Expansion und Differenzierung der Kulturindustrie einen allseits registrierten Höhepunkt. Helmut von den Steinen sprach 1912 von einer Zweiteilung des Buchmarktes in

„Kulturbuch" und „Massenbuch".[65] Konzentrationstendenzen, etwa zur Kröner'schen „Union deutsche Verlagsgesellschaft", stand eine neue Differenzierung der Arbeitsfelder von Verlagen und im Verlag gegenüber. Das Lektorat im heutigen Sinne entstand, programmbewusste oder weltanschaulich gebundene „Kulturverleger" oder „Individualverleger" entwickelten Strategien, um Breitenwirkung für anspruchsvolle Literatur zu erzielen, das Kulturbuch in ein Massenbuch zu verwandeln. Samuel Fischer zum Beispiel konzentrierte sich auf den Massenabsatz alter und neuer Klassiker von Goethe bis Thomas Mann und Hermann Hesse; Eugen Diederichs machte seinen Verlag zum Organ einer lebensreformerischen Kulturreligion.[66] Die Brüder Karl, Robert und Wilhelm Langewiesche setzten auf „vornehme Massenartikel", vergleichsweise billige Bücher zur nationalen Kultur wie etwa die „Blauen Bücher", die es auf Millionen-Auflagen brachten.

Der umfassende Trend des Lesepublikums zum Belletristischen, den diese Verleger zum Teil aufnahmen, hielt auch in der Weimarer Republik an, wenngleich die Leserforschung jetzt einen zunehmenden Novitätenhunger registriert.[67] Neben und zum Teil in Überschneidung mit der Belletristik dominierte im Übrigen die Aufarbeitung der jüngsten Vergangenheit, mit Erich Maria Remarques „Im Westen nichts Neues", von dem 1929/30 eine Million Exemplare verkauft wurden, oder mit Emil Ludwigs Enthüllungsbiographie über Wilhelm II., Werner Beumelburgs „Sperrfeuer um Deutschland" (120.000 Exemplare) und Thomas Manns „Zauberberg".[68] Ein Verleger wie Ernst Rowohlt unterwarf sich erfolgreich den Marktgesetzen, indem er zwar Bücher mit republikanischer und demokratischer Tendenz publizierte – von der von Kurt Pinthus herausgegebenen Anthologie des Expressionismus „Menschheitsdämmerung"[69] über die Satiren Kurt Tucholskys bis zu Emil Ludwig –, aber notfalls auch rechte Bücher ins Programm nahm.[70] Der Trend zum Massenbuch zog sich unterhalb der ökonomischen und politischen Katastrophen des Jahrhunderts durch, wenngleich auch in den sechziger Jahren nur vier bis fünf Prozent der Bevölkerung als regelmäßige Bücherkäufer gelten konnten und die Demokratisierung des Buches heute im Zeichen der Digitalisierung von Information und Kommunikation ihren Höhepunkt überschritten zu haben scheint.[71] Im Übrigen hielt sich das Leserinteresse am jeweils jüngst zurückliegenden Kriegsgeschehen auch nach dem Zweiten Weltkrieg. Buchausgaben von Illustriertenromanen wie etwa Hans Hellmut Kirsts „08/15" oder Joseph Martin Bauers „So weit die Füße tragen" brachten es auf 450.000 bzw. 780.000 Exemplare, von Konsalik nicht zu reden.[72] Die Darstellung des Krieges in den Illustriertenberichten und -romanen der fünfziger Jahre erweist sich aus heutiger Sicht dabei durchaus auch als ein Beitrag zum allmählichen Aufbau einer kritischen Komponente in der Geschichtskultur der jungen Bundesrepublik.[73]

Zu fragen ist also sowohl in sozial- wie in wirtschaftsgeschichtlicher, in kultur- und bildungsgeschichtlicher Hinsicht nach dem Wandel von literarischer Bildung und Buchproduktion, nach der Wechselwirkung von Angebot und Nachfrage, nach der Bedeutung einzelner Verleger und Lektoren und der von ihnen geprägten Verlage für die Autoren und ihre Produkte, etwa nach Fischer als Verlag von Thomas und Golo Mann, nach dem Lektor und Autor des Rowohlt-Verlags Marek alias Ceram, nach der Bedeutung des Reiner Wunderlich-Verlags (Hermann Leins) für Theodor Heuss, nach dem Stellenwert von Hans Magnus Enzensbergers „Anderer Bibliothek" für die Wiederentdeckung verschollener oder vergessener Texte, nach der Rolle innovativer Verlagsunternehmer von dem sozialdemokratischen Reichstagsabgeordneten Hermann Dietz[74] bis zu Wolf Jobst Siedler, der sich, ursprünglich Lektor im Ullsteinverlag, 1980 mit dem „Siedler-Verlag" selbständig machte.

Zweitens geht es um eine Sozialfigur, den Literaten, oder – begrifflich weiter und neuerdings wissenschaftlich intensiv bearbeitet – den Intellektuellen in seiner für das 20. Jahrhundert charakteristischen Form. Zwischen 1882 und 1892 stieg die Zahl der Berufsschriftsteller und Journalisten im Kaiserreich um mehr als fünfzig Prozent auf rund 5.000 an.[75] In der dynamischen Expansion und pluralistischen Aufspaltungen des literarischen Marktes konnten die Literaten ihren Markteinfluss und ihre Deutungsmacht erheblich steigern – grundsätzlich quer durch das politische Spektrum, von Thomas bis Heinrich Mann, von Houston Stewart Chamberlain bis Ludwig Renn, von Jünger bis Remarque.[76] Jenseits der traditionellen liberalen Gelehrtenpolitik und Gelehrtendarstellung etablierten sich damit auch Formen der Geschichtsdarstellung, die auf die neue Marktsituation reagierten, sie ihrerseits beeinflussten, sich von der akademischen Geschichtsschreibung bewusst abgrenzten, zum Teil gegen sie polemisierten oder für sich die wahre historische Methode beanspruchten,[77] wie etwa bei Spengler und Emil Ludwig; selbst Ernst Kantorowicz' neuerdings wieder viel diskutiertes Werk über den Hohenstaufer-Kaiser Friedrich II. muss in dieser Perspektive eines neuen, verbreiterten und auf die „Tat" zielenden Wirkungsanspruchs von historischer Darstellung gesehen werden.[78] Zu fragen ist hier unter anderem nach dem Selbstverständnis dieser Autoren bis hin zu Haffner und Golo Mann, nach den materiellen Grundlagen ihrer Existenz, ihrer spezifischen Lebensführung und nach ihrem „Habitus". Zuletzt hat Christian Graf von Krockow die Lebensform und die Produktionsbedingungen des freien Autors als „Wort- und Schriftunternehmer" mit beträchtlichem Selbstbewusstsein, aber auch selbstironischem Unterton beschrieben. Eine gewisse materielle Unabhängigkeit ist wünschenswert, der „Name", den sich ein Autor macht, gehört zu den wesentlichen Produktionsmitteln, unabdingbar sind Gesundheit, Leistungsfähigkeit, Beherrschung des Handwerks, Disziplin. Krockow misst die Zahl der Anschläge pro Zeiteinheit, wenige Wochen der Ablenkung bewirkten „deutlichen Trainingsrückstand und Leistungsabfall"[79]. Wichtig ist auch die „rationelle Absatzorganisation, die Qualitätsarbeit mit der Serienfertigung verbindet"; so wird zum Beispiel ein Thema genutzt für Rundfunksendungen und Vorträge, Aufsätze oder Buchkapitel, aus denen dann wieder Vorträge hervorgehen.[80]

Drittens sind die Formen, die politisch-weltanschaulichen Positionen und die Absichten der populären Geschichtsschreibung in Beziehung zu setzen zu den Spezifika der deutschen Geschichte im 20. Jahrhundert. Das ist selbstverständlich und insofern trivial, nur auf einen Gesichtspunkt soll hier noch eigens hingewiesen werden. Die Wissenschaft schreibt der aus dem Kaiserreich erberbten, in der Weimarer Republik fortwirkenden, im „Dritten Reich" bewusst ideologisch überbrückten und in der Bundesrepublik allmählich erodierenden gesellschaftlich-politischen und kulturellen Segmentierung der deutschen Gesellschaft eine wesentliche Blockaderolle auf dem Weg zu einem funktionierenden republikanisch-demokratischen System zu. Deswegen ist es wichtig, auch die spezielle Traditionshistoriographie der Milieus in die Untersuchung einzubeziehen, zum Beispiel den politischen Katholizismus und die sozialistische Arbeiterbewegung. Inwieweit reproduziert, verstärkt oder relativiert sie diese politisch-kulturellen Milieugrenzen, nimmt wissenschaftliche Verfahren auf oder vernachlässigt sie, tritt in einen Diskurs mit den bürgerlich-protestantischen oder bürgerlich-jüdischen Positionen, verfestigt oder überwindet auch Spannungen und Spaltungen innerhalb der jeweiligen Milieus? Insgesamt ist zu fragen, welchen Beitrag die populäre Geschichtsschreibung zur Formung und zum Wandel des historisch-politischen Bewusstseins in Deutschland leistet, beziehungsweise inwieweit sie als Quelle zu dessen Analyse herangezogen werden kann.[81]

Viertens ist dann aber auch gleich darauf hinzuweisen, dass jeder sozial- und politikhistorische Reduktionismus vermieden werden sollte. Es geht hier um Texte, um ihr historisches Erklärungs- und Deutungspotential, aber auch, und im Zusammenhang damit, um Darstellungs- beziehungsweise Erzählformen, um die literarische Komplexität oder Nicht-Komplexität von sprachlichen Artefakten, ihre relative Autonomie gegenüber politischen und sozialen Bedingungsfaktoren und auch um die spezifische Geschichte von Deutungs- und Darstellungsweisen. Die Aufgabe lautet, gesellschaftliche Deutungsbedürfnisse, spezifisch kulturelle Traditionen und ihren Wandel, das Ideenpotential der populären Geschichtsschreibung und ihre Darstellungsformen in eine möglichst plausible und nachweisbare Beziehung zu setzen, das Eigengewicht der genannten Faktoren in Rechnung zu stellen und ihre jeweilige Kombination so genau wie möglich zu rekonstruieren. Anzustreben wäre auch eine genauere Untersuchung der Internationalisierung des Marktes für populäre Geschichtsschreibung und historisches Sachbuch (die hier leider nicht geleistet werden kann). Bemerkenswert ist etwa die Zahl der Übersetzungen von Werken, die sich der Tradition der französischen „Annales"-Schule zurechnen und die zur Rezeption von Alltagsgeschichte beim deutschen Lesepublikum beigetragen haben.[82] Gerade hierbei ist die Bedeutung bestimmter Verlage, wie zum Beispiel Klett-Cotta und Wagenbach, und von Lektoren und informellen Verlagsberatern nicht zu unterschätzen.

Fünftens erscheint es nützlich, sich die ideen- und kulturgeschichtliche Ausgangskonstellation noch einmal zu vergegenwärtigen. Man kann die Konjunktur populärer Geschichtsschreibung im 20. Jahrhundert als das Ergebnis zweier fundamentaler Trennungen im Verlauf der entstehenden Moderne begreifen: der Abgrenzung der entstehenden Geschichtswissenschaft von der Geschichtsphilosophie einerseits, der Literatur andererseits. Beide Abgrenzungen sind von den Gründungsvätern des Historismus vielfach reflektiert und diskutiert worden. Vielleicht am fassbarsten hat Ranke den neuen Autonomieanspruch der geschichtswissenschaftlichen Erzählung diskutiert, schon deshalb, weil er seine Fragestellungen und Erzählformen einerseits wesentlich aus spezifisch literarischen Problemkonstellationen, andererseits in bewusster Abgrenzung von der Hegel'schen Geschichtsphilosophie gewonnen hat. Die historiographiegeschichtliche Forschung hat lange vor allem auf die Prozesse der Verwissenschaftlichung von Geschichtsschreibung geachtet;[83] demgegenüber wird aber neuerdings darauf aufmerksam gemacht, in welchem Maße Bedürfnisse geschichtsphilosophischer Vergangenheitsdeutung im späten 19. und frühen 20. Jahrhundert noch und wieder virulent waren: das Verlangen nach einem holistischen Begriff der Universalgeschichte, eine theologische Strukturierung der Geschichte, Kategorien, die in irgendeiner Weise auf Transzendentes bezogen sind, und ein Erkenntnismodus, mit dessen Hilfe historische Phänomene von Grund auf und ohne Rücksicht auf ihre individuelle Entstehung und Gestalt erklärbar scheinen.[84] Auf der anderen Seite bricht sich im Zuge des „Linguistic Turn" nun doch endlich zumindest vereinzelt die Erkenntnis von der Literarität auch von Texten Bahn, die sich selbst als strikt wissenschaftlich verstehen.[85] Aber unbestreitbar ist, dass neuzeitlich die Kluft zwischen der Erzählung von Res Fictae und Res Factae immer tiefer geworden ist und dass – vielleicht wirklich auf dem Weg der Kompensation – das Bedürfnis nach einer bewusst erzählerischen, von einem wissenschaftlichen Apparat entlasteten Präsentation von Vergangenheit zugenommen hat und immer noch zunimmt.

Sechstens steht jede Art populärer Geschichtsschreibung in der grundlegenden Spannung von Gedächtnis und Wissenschaft. Diese Spannung ist in den letzten Jahrzehnten und Jahren besonders deutlich geworden, etwa durch die erinnerungspolitischen Kontroversen zwischen Historikerstreit (1986) und Wehrmachtausstellung (zuerst 1995–1999, grundlegend revidiert 2000), durch den audiovisuellen Erinnerungsboom und durch die Mondialisierung der Holocaust-Erinnerung. Innerwissenschaftlich findet dieser Prozess seine Entsprechung im Aufstieg des Paradigmas „Erinnerungskultur".[86] Diese Polarität von Zuwendungsweisen zur Vergangenheit muss aber auch ihrerseits historisiert werden, alle Literatur, die sich im 20. Jahrhundert mit den Weltkriegen, mit dem „Dritten Reich" und mit der Spezifik der deutschen Geschichte befasst, ist in diese Spannung eingebunden. Unter den verschiedenen Anstrengungen, diesen Gegensatz zu fassen, reicht die Unterscheidung von „Memory" und „History" vielleicht am weitesten. Man kann das kollektive Gedächtnis als Gesamtheit aller nichtwissenschaftlichen Erinnerungsweisen[87] begreifen, das grundsätzlich zur Vereinfachung, zur Komplexitätsreduktion, zur Überbrückung des Zeitabstands neigt, im Gegensatz zur Geschichtswissenschaft, die sorgfältig die jeweiligen Bedingungen von Ereignissen und Prozessen registriert, Zusammenhänge so komplex wie möglich rekonstruiert und die Erinnerung so weit wie möglich entemotionalisiert. Etwas enger gefasst kann man auch zwischen Gedächtnisfeier und Lernprozess unterscheiden, wie im Blick auf den Umgang mit dem Holocaust geschehen.[88] Während die „Gedächtnisfeier" primär an die Emotion appelliert, setzt der „Lernprozess" auf rationale und nüchterne Analyse und die methodisch bewusste Erklärung von Zusammenhängen. Im Hintergrund all dieser Unterscheidungen steht die Erfahrung der dreißiger und vierziger Jahre, insbesondere des Holocaust, aber im Prinzip wirkt diese Spannung auch dann, wenn Theodor Heuss über Friedrich Naumann schreibt, in jeder Art der Erinnerung und Berichterstattung über die Kriege, über Bombennächte, Kriegsgefangenschaft, Gewalterfahrung im KZ und die Erfahrungen der Bevölkerung beim Vormarsch der Roten Armee. Die Wissenschaft postuliert zunehmend nervös eine klare Abgrenzung von Wissenschaft und Gedächtnis und besteht auf dem Vorrang des Historikers vor dem Zeitzeugen. Sie fühlt sich von den Konjunkturen des kollektiven Gedächtnisses nicht ganz zu Unrecht bedroht – auch wenn sie das starke Interesse an der Vergangenheit und die Intensität erinnerungspolitischer Debatten begrüßt, davon profitiert und selbst daran mitwirkt. Sie sollte dabei aber einen weiteren Gesichtspunkt im Auge behalten.

Das Verhältnis von „Memory" und „History" in der Wissensgesellschaft, so wie sie sich im 20. Jahrhundert formiert hat, die Bildungsexpansion seit dem ausgehenden 19. Jahrhundert, der Vormarsch erst von Presse und Zeitschrift, dann der audiovisuellen Medien und schließlich die Digitalisierung des Wissens und die Globalisierung beziehen *siebtens* immer mehr – tendenziell alle – Mitglieder unserer Gesellschaft in die Prozesse der Produktion, Kommunikation und Nutzung von Wissen ein. Populäre Geschichtsschreibung aller Art ist also in der Entstehungsgeschichte der modernen „Wissensgesellschaft" zu verorten.[89] Dieser Vorgang ist nicht nur quantitativ im Blick auf die Erweiterung der Leserschichten bedeutsam, er hat auch Konsequenzen für die Art und Weise der Informationsverarbeitung und -rezeption. Er ist spätestens seit Beginn unseres Jahrhunderts immer auch mit der Kritik an der herkömmlichen Vorstellung verknüpft, dass sich wissenschaftliche Experten und ein passives Laienpublikum kulturantagonistisch gegenüberstünden. Es scheint sich um einen soziokulturellen Prozess zu handeln, der der fortschreitenden Spezialisierung und Differenzierung der Lebens- und Wissensbereiche in der Moderne ein Stück weit widerspricht. Diese Tendenz kann sich etwa bei den Autoren völkisch-rassistischer Geschichtsschreibung ebenso mit dem Anspruch wahrer Wissenschaftlichkeit verknüpfen wie bei der Zunftfeindschaft Spenglers oder Emil Ludwigs. Egon Friedell oder moderne Sachbuchautoren, aber auch ein Publizist und Literat wie Sebastian Haffner bauen den Gegensatz von Fachmann und Laien, den der Geschichtswissenschaftler notwendigerweise hervorkehrt, systematisch ab, und gelehrte Autoren, die da mithalten wollen, unterwerfen sich mitunter dem Vereinfachungsdiktat des Lektors. Hier zu klaren Positiv- oder Negativwertungen zu kommen ist nicht einfach, denn was auf der einen Seite als Verlust an Kompetenz und Seriosität erscheinen mag, stellt sich von der anderen Seite als Demokratisierung und Verbreitung von Wissen dar. Solche Ambivalenzen prägen sicher auch unser Urteil über historische Bestseller älteren und jüngeren Datums. Es ist für die zukünftige Stellung der Geschichtswissenschaft in der Öffentlichkeit nicht unwichtig, sich darüber Rechenschaft abzulegen und durchdachte Positionen zu den aufgeworfenen Fragen zu gewinnen.

Anmerkungen

[1] Vgl. u. a. Wolfgang Benz, Zeitgeschichte und Fernsehen, in: Studienkreis Rundfunk und Geschichte 12 (1986), S. 41–54; einen ersten Überblick bot bereits 1988 Guido Knopp u. Siegfried Quandt (Hg.), Geschichte im Fernsehen. Ein Handbuch, Darmstadt 1988; vgl. auch Frank Bösch, Das „Dritte Reich" ferngesehen. Geschichtsvermittlung in der historischen Dokumentation, in: Geschichte in Wissenschaft und Unterricht 50 (1999), S. 204–218.

[2] Umberto Eco, Der Name der Rose, München 1982 (ital. Il nome della rosa, 1980); vgl. dazu Alfred Heit, „Die ungestillte Sehnsucht" – Versuch über ein Movens historischer Faszination in Umberto Ecos Roman „Der Name der Rose", in: Klaus Füssmann u. a. (Hg.): Historische Faszination. Geschichtskultur heute, Köln 1994, S. 113–128.

[3] Ken Follett, Säulen der Erde, Bergisch Gladbach 1990 (engl. The Pillars of the Earth, 1989); nach Informationen des Verlages führte das Buch sechs Jahre lang die deutschen Bestsellerlisten an. In einer Umfrage des ZDF im Jahr 2004 belegte es den dritten Platz bei den beliebtesten Büchern der Deutschen, hinter John R. R. Tolkien, Der Herr der Ringe, und der Bibel. Dan Brown, Sakrileg, Bergisch Gladbach 2004 (engl. The Da Vinci Code, 2004), im April 2005 auf dem ersten Platz der Spiegel-Bestsellerliste.

[4] Marcel Reich-Ranicki, Mein Leben, Stuttgart 1999; ein frühes Beispiel dieser Gattung ist Wolfgang Leonhard, Die Revolution entläßt ihre Kinder, 1. Aufl. 1955, 16. Aufl., Frankfurt a.M. 1978 (261.000–271.000); Sebastian Haffner, Geschichte eines Deutschen. Die Erinnerungen 1914–1933, Stuttgart 2000, im August 2001 waren bereits 320.000 Exemplare verkauft (7. Aufl.); thematisch konzentrierte Erinnerungsbücher bzw. Augenzeugenberichte aus der Geschichte von Flucht und Vertreibung: Hans Graf von Lehndorff, Ostpreußisches Tagebuch. Aufzeichnungen eines Arztes aus den Jahren 1945–1947, München 1961, wieder bei dtv, München 1967 u. ö., sowie die von Christian Graf von Krockow niedergeschriebenen Erzählungen seiner Schwester Libussa: Christian Graf von Krockow, Die Stunde der Frauen. Bericht aus Pommern 1944 bis 1947, Stuttgart 1988; mit der 3. Aufl. im dtv-Verlag kam das Buch nach drei Jahren bereits auf über 60.000 verkaufte Exemplare. Krockow schaffte mit diesem Buch nach fast 20-jähriger Tätigkeit als Sachbuchautor den Durchbruch zum Bestsellerautor; das

Beispiel der beiden Bücher zeigt, wie absurd der gegenwärtig modische Hinweis in bestimmten Feuilletonsparten ist, dass die Deutschen es erst jetzt wagten, sich mit der Geschichte von Flucht und Vertreibung zu befassen. Vgl. auch Erhard Schütz, Von Lageropfern und Helden der Flucht. Kriegsgefangenschaft Deutscher – Popularisierungsmuster in der Bundesrepublik, in: Wolfgang Hardtwig u. Erhard Schütz (Hg.), Geschichte für Leser. Populäre Geschichtsschreibung in Deutschland im 20. Jahrhundert, Stuttgart 2005, S. 181–204.

5 Albert Speer, Erinnerungen, Berlin 1969; letzte Taschenbuchausgabe im Ullstein-Verlag Berlin März 2005, laut Auskunft des Verlages sind bisher 500.000 Exemplare verkauft, dazu zwanzig Auslandslizenzen. Vgl. Joachim Fest, Speer. Eine Biographie, Berlin 1999; letzte Aufl. Berlin April 2005; im Fischer-Verlag erschien die 3. Taschenbuchaufl. Frankfurt a.M. 2003.

6 Vgl. z. B. Thomas Nipperdey, Deutsche Geschichte, 3 Bde., München 1983–1992; aktuelle Ausgabe München 1995; eine Taschenbuch-Sonderausgabe erschien im Beck-Verlag München 1998. Christian Meier, Caesar, 1. und 2. Aufl. Berlin 1982; aktuelle Ausgabe Berlin 2004; bei dtv erschien die 5. Taschenbuchaufl. München 2002.

7 Das gilt etwa für den Typus „Kleine Geschichte ..." aus der Feder anerkannter Gelehrter, z. B. Hagen Schulze, Kleine deutsche Geschichte, München 1996; Alexander Demandt, Kleine Weltgeschichte, München 2003.

8 Vgl. Wolfgang Hardtwig, Geschichtsstudium, Geschichtswissenschaft und Geschichtstheorie. Deutschland von der Aufklärung bis zur Gegenwart, in: ders., Geschichtskultur und Wissenschaft, München 1990, S. 13–57.

9 Vgl. zur kurzen Orientierung die Artikel von Ulrich Muhlack, Wolfgang Hardtwig und Gangolf Hübiger, in: Volker Reinhardt (Hg.), Hauptwerke der Geschichtsschreibung, Stuttgart 1997, S. 503–507, 74–78, 650–652.

10 Vgl. Wolfgang Hardtwig, Kugler, Menzel und das Bild Friedrichs des Großen, in: ders., Hochkultur des bürgerlichen Zeitalters, Göttingen 2005, S. 306–322.

11 Christoph Friedrich Schlosser, Weltgeschichte in zusammenhängender Erzählung, 4 Bde., Frankfurt 1815–1841; ders., Geschichte des 18. Jahrhunderts, 2 Bde., Heidelberg 1823, 5. Aufl. und Neuausgabe Heidelberg 1879; v. a. ders., Weltgeschichte für das deutsche Volk, 20 Bde., Frankfurt 1843–1857; eine dritte „Volksausgabe" erschien in Stuttgart 1904 (= 26. Gesamtaufl.), die 27. Gesamtaufl. in Berlin 1905.

12 Rüdiger von Treskow, Erlauchter Vertheidiger der Menschenrechte! Die Korrespondenz Karl von Rottecks, Bd. 1, Einführung und Interpretation, Freiburg 1990, S. 78–80.

13 Vgl. Heinz Dieter Kittsteiner, Oswald Spengler zwischen „Untergang des Abendlandes" und „Preußischem Sozialismus", in: Hardtwig u. Schütz, Geschichte für Leser, S. 309–332.

14 Vgl. Sebastian Ullrich, „Der Fesselndste unter den Biographen ist heute nicht der Historiker". Emil Ludwig und seine historischen Biographien, in: Hardtwig u. Schütz, Geschichte für Leser, S. 35–56.

15 Vgl. David Oels, Ceram – Keller – Pörtner. Die archäologischen Bestseller der fünfziger Jahre als historischer Projektionsraum, in: Hardtwig u. Schütz, Geschichte für Leser, S. 345–370.

16 Vgl. Detlef Felken, Oswald Spengler. Konservatives Denken zwischen Kaiserreich und Diktatur, München 1988; aktuelle Forschungsbilanz: Alexander Demandt u. John Farrenkopf (Hg.), Der Fall Spengler. Eine kritische Bilanz, Köln 1994.

[17] Vgl. z. B. Thomas Mann, Über die Lehre Spenglers, in: ebd., Gesammelte Werke, Bd. 10, 2. Aufl., Stuttgart 1974, S. 172–181; Theodor W. Adorno, Spengler nach dem Untergang, in: ders., Werke, Bd. 10: Kulturkritik und Gesellschaft I, Prismen, Frankfurt a.M. 1977, S. 48–71.

[18] Vgl. dazu Tilmann Lahme u. Holger R. Strunz, Der Erfolg als Mißverständnis? Wie Golo Mann zum Bestsellerautor wurde, in: Hardtwig u. Schütz, Geschichte für Leser, S. 371–398.

[19] Theodor Heuss, Hitlers Weg. Eine historisch-politische Studie über den Nationalsozialismus, Stuttgart 1932; noch im Erscheinungsjahr erlebte das Buch seine 8. Aufl. Einen sehr viel weiteren Leserkreis erreichten die biographischen Essays, die Heuss zwischen 1938 und 1943 für die Frankfurter Zeitung schrieb und die – sicher durch den Amtsbonus des Bundespräsidenten gefördert – nach dem Krieg in Form eines Sammelbandes neue Leser fanden; Theodor Heuss, Deutsche Gestalten, Tübingen 1947, 3. Aufl. 1951 (11.000–15.000); vgl. dazu Ernst Wolfgang Becker, Biographie als Lebensform. Theodor Heuss als Biograph im Nationalsozialismus, in: Hardtwig u. Schütz, Geschichte für Leser, S. 57–92.

[20] Vgl. auch Siegfried Weichlein, „Meine Peitsche ist die Feder." Populäre katholische Geschichtsschreibung im 19. und 20. Jahrhundert, in: ebd., S. 227–258; Till Kössler, Zwischen Milieu und Markt: Die populäre Geschichtsschreibung der sozialistischen Arbeiterbewegung 1890–1933, in: ebd., S. 259–286; Uwe Puschner, Völkische Geschichtsschreibung. Themen, Autoren und Wirkungen völkischer Geschichtsideologie, in: ebd., S. 287–308.

[21] Lahme u. Strunz, Golo Mann, sowie Klaus W. Jonas u. Holger R. Strunz, Golo Mann: Leben und Werk 1929–2003. Bibliographie und Lebenschronik, 2. Aufl., Wiesbaden 2004.

[22] Vgl. Ute Daniel, Bücher vom Kriegsschauplatz. Kriegsberichterstattung als Genre des 19. Jahrhunderts, in: Hardtwig u. Schütz, Geschichte für Leser, S. 93–122.

[23] Michael Rutschky, Monumentalfeuilleton. Egon Friedells Kulturkritik der Neuzeit, in: ebd., S. 333–344.

[24] Oels, Ceram – Keller – Pförtner.

[25] Vgl. Meike Hermann, Historische Quelle, Sachbericht und autobiographische Literatur. Berichte von Überlebenden der Konzentrationslager als populäre Geschichtsschreibung? (1946–1964), in: Hardtwig u. Schütz, Geschichte für Leser, S. 123–146; Schütz, Von Lageropfern und Helden der Flucht; Wolfgang Hardtwig, Der Literat als Chronist. Tagebücher aus dem Krieg 1939–1945, in: ders. u. Schütz, Geschichte für Leser, S. 147–180.

[26] Vgl. Weichlein, Katholische Geschichtsschreibung; Kössler, Zwischen Milieu und Markt; Puschner, Völkische Geschichtsschreibung.

[27] Vgl. dazu Wolfgang Hardtwig, Fiktive Zeitgeschichte? Literarische Erzählung, Geschichtswissenschaft und Erinnerungskultur in Deutschland, in: ders., Hochkultur des bürgerlichen Zeitalters, S. 114–135, zuerst in: Konrad H. Jarausch u. Martin Sabrow (Hg.), Verletztes Gedächtnis: Erinnerungskultur und Zeitgeschichte im Konflikt, Frankfurt a.M. 2002, S. 99–123.

[28] Sebastian Haffner, Die verratene Revolution. Deutschland 1918/19, Bern 1969; ders., Anmerkungen zu Hitler, München 1978, schon im Erscheinungsjahr kam das Buch auf zehn Aufl.; ders., Preußen ohne Legende, Hamburg 1979; ders., Von Bismarck zu Hitler, München 1987.

[29] Vgl. oben Anm. 4.

[30] Für die biographischen Informationen vgl. Uwe Soukup, Ich bin nun mal Deutscher: Sebastian Haffner. Eine Biographie, Berlin 2001; sowie u. a. Volker Ullrich, Der helle Klang, in: Die Zeit, 7.1.1999. Die Kritik wurde außer von Jürgen Paul von Henning Köhler vorgetragen: Anmerkungen zu Haffner. Haffners posthumer Bestseller „Geschichte eines Deutschen" ist nicht historisch authentisch, in: Frankfurter Allgemeine Zeitung, 16.8.2001, S. 7f.; vgl. dagegen die Darstellung von Haffners Sohn Oliver Pretzel, Diese Kritik will den Rufmord, in: Die Zeit, 28.8.2001; Pretzel schildert hier, wie er das Manuskript auffand, und erläutert offene Fragen zur Textstruktur; vgl. dazu auch Reinhard Mohr, Mirakel der Erinnerung, in: Der Spiegel Nr. 48 (2000), S. 306–308 und, als Bilanz des Streits: Reinhard Mohr u. a., „Macht damit was ihr wollt", in: Der Spiegel Nr. 34 (2001), S. 183–186; zum internationalen Erfolg des Buches vgl. Jörg Altwegg, Geschichte zweier Deutscher. Blick in französische Zeitschriften: Haffners Triumph und Noltes Niedergang, in: Frankfurter Allgemeine Zeitung, 15.2.2003, S. 34; sehr verspätet kam es in Deutschland zur Übersetzung des ersten Buches von Haffner: Germany: Jekyll & Hyde, Berlin 1996.

[31] Sebastian Haffner, Zur Zeitgeschichte, Berlin 1982, S. 67ff. (= Alle Macht den Räten? Besprechung von Eberhard Kolb: Die Arbeiterräte in der deutschen Innenpolitik 1918–19, Düsseldorf 1962; und Eric Ertl, Alle Macht den Räten?, Frankfurt a.M. 1968).

[32] Vgl. z. B. Werner Mittenzwei, Die Intellektuellen: Literatur und Politik in Ostdeutschland von 1945 bis 2000, Leipzig 2001.

[33] Haffner, Zur Zeitgeschichte, S. 118–126, Zitat S. 123.

[34] Ders., Anmerkungen zu Hitler, S. 204.

[35] Ebd., S. 171.

[36] Ebd., S. 131.

[37] Ebd., S. 109.

[38] Haffner, Zur Zeitgeschichte, S. 197.

[39] Ebd., S. 12.

[40] Ebd., S. 9.

[41] Ebd., S. 197.

[42] Zu Begriff und Konzeptionen von sogenannten „Populärwissenschaften" vgl. die Bilanz von Carsten Kretschmann (Hg.), Wissenspopularisierung. Konzepte der Wissensverbreitung im Wandel, Berlin 2003.

[43] Zu Spenglers Verhältnis zur Wissenschaft vgl. u. a. die Beiträge in: Demandt u. Farrenkopf, Fall Spengler (wie Anm. 16); zu Emil Ludwig vgl. Ullrich, Der Fesselndste unter den Biographen; ders., Im Dienste der Republik von Weimar. Emil Ludwig als Historiker und Publizist, in: Zeitschrift für Geschichtswissenschaft 49 (2001), S. 119–140, dort auch weitere Literatur; zur weitreichenden Wirkung Ludwigs innerhalb und außerhalb Deutschlands: Emil Ludwig im Urteil der deutschen Presse, Berlin 1928; Emil Ludwig im Urteil der Weltpresse, Berlin 1927.

[44] Tatsächlich übernimmt die außerakademische Geschichtsschreibung gelegentlich die Aufgabe, Themen, an die sich die „Zunft" nicht heranwagt oder die in einem gerade gängigen Paradigma außerhalb des Blickfelds bleiben, aufzugreifen und dann mit manchmal stupendem Erfolg (und aller wissenschaftlicher Seriosität) zu bearbeiten. Das Hauptbeispiel dafür ist sicherlich Joachim Fest, Hitler, 1.–4. Aufl. und 1. Taschenbuchausgabe Berlin 1973; von dem Buch sind inzwischen rund 800.000 Exemplare verkauft; weniger erfolgreich, auch spektakulär, aber innovativ war Wolfgang Schivelbusch, Geschichte der Eisenbahnreise: Zur Industrialisierung von Raum und Zeit im 19. Jahrhundert, München 1977, im Fischer-Verlag erschien die letzte Taschenbuchaufl. 2002.

⁴⁵ Haffner, Anmerkungen zu Hitler, S. 185, Zitat S. 41; vgl. z. B. auch Stefan Zweig, Joseph Fouché. Bildnis eines politischen Menschen, 43. Aufl., Frankfurt a.M. 2000, S. 12.
⁴⁶ Immer noch ergiebig, aber auf dem Diskussionsstand in Deutschland vor dem „Linguistic Turn": Reinhart Koselleck u. a. (Hg.), Formen der Geschichtsschreibung, München 1982, vgl. darin Wolfgang Hardtwig, Die Verwissenschaftlichung der Historie und die Ästhetisierung der Darstellung, S. 147–191; Jürgen Kocka u. Thomas Nipperdey, Theorie und Erzählung in der Geschichte, München 1979, darin u. a. Wolfgang Hardtwig, Theorie oder Erzählung – eine falsche Alternative, S. 290–299; zur literarischen Dimension der deutschen Geschichtsschreibung im 19. Jahrhundert vgl. u. a. Daniel Fulda, Wissenschaft aus Kunst. Die Entstehung der modernen deutschen Geschichtsschreibung 1760–1860 Berlin 1996; überzogen in den Thesen und Frontstellungen: Johannes Süssmann, Geschichtsschreibung oder Roman. Zur Konstitutionslogik von Geschichtserzählungen zwischen Schiller und Ranke (1780–1824), Stuttgart 2000.
⁴⁷ Vgl. z. B. Peter Bamm, Frühe Stätten der Christenheit, München 1955. Im ersten Erscheinungsjahr waren (mindestens) zwölf Aufl. bzw. 120.000 Exemplare gedruckt, eine Sonderausgabe 1960 verzeichnet dann das 230.000. Exemplar; bis 1977 war die 18. Aufl. erreicht; ab 1964 wurde parallel eine Taschenbuchausgabe auf den Markt gebracht; zu den archäologischen Bestsellern vgl. Oels, Ceram – Keller – Pförtner.
⁴⁸ Christian Graf von Krockow, Fahrten durch die Mark Brandenburg, Stuttgart 1991, wieder München: dtv 1993; dass sich Krockow teilweise der Beschreibungen aus Theodor Fontanes Wanderungen durch die Mark Brandenburg bedient, kommt der Anschaulichkeit nur zugute, vgl. z. B. S. 73ff. u. ö.; in Fortführung einer illustren Tradition – Walter Benjamins „Städtebildern" – ist ein eigenes Genre historisch fundierter topographischer, politischer und kultureller Ortsbeschreibung entstanden: vgl. z. B. Johannes Willms, Paris: Hauptstadt Europas 1789–1914, München 1988; Karl Schlögel, Jenseits des Großen Oktober. Das Laboratorium der Moderne. Petersburg 1909–1921, Berlin 1988; zur journalistischen Variante, die sich an das Genre der Reisebeschreibung anlehnt, vgl. die Essay-Sammlung von Karl Schlögel, Promenade in Jalta und andere Städtebilder, München 2001, wieder als Taschenbuch Frankfurt a.M. 2003; zum „Spatial Turn" in der Geschichtswissenschaft vgl. den Literaturbericht von Jürgen Osterhammel, Die Wiederkehr des Raumes. Geopolitik, Geohistorie und historische Geographie, in: Neue Politische Literatur 43 (1998), S. 374–397; ders., Raumbeziehungen. Internationale Geschichte, Geopolitik und historische Geographie, in: ders. u. Winfried Loth (Hg.), Internationale Geschichte: Themen – Ergebnisse – Aussichten, München 2000, S. 287–307, sowie Karl Schlögel, Im Raume lesen wir die Zeit. Über Zivilisationsgeschichte und Geopolitik, München 2003.
⁴⁹ Sebastian Haffner, Winston Churchill, zuerst Hamburg (Rowohlt Taschenbuch) 1967, wieder Hamburg 2002, S. 63ff.
⁵⁰ Zweig, Joseph Fouché, S. 91.
⁵¹ Alexander, der 1792 von seinem Amt zurücktrat und am 5. Januar 1806, „fünfzig Tage, bevor französische Truppen unter Bernadotte in Ansbach einzogen", starb.
⁵² Golo Mann, Nachtphantasien. Erzählte Geschichte, Frankfurt 1982, S. 7–29, 43–78, 79–97; hierzu muss allerdings gesagt werden, dass die Zusammenfassung solcher zuerst in elitären Kulturzeitschriften publizierten Essays zum Buch auf dem Markt ohne größeren Erfolg blieb.
⁵³ Haffner, Winston Churchill, S. 63, 139.

[54] Zweig, Joseph Fouché, S. 95.
[55] Gemeint ist Friedrich II.; Krockow, Fahrten durch die Mark Brandenburg, S. 91.
[56] Mann, Nachtphantasien, S. 7.
[57] Haffner, Winston Churchill, S. 8.
[58] Mann, Nachtphantasien, S. 59; Zweig, Joseph Fouché, S. 90; Haffner, Winston Churchill, S. 56, 29.
[59] Mann, Nachphantasien, S. 47f.
[60] Haffner, Anmerkungen zu Hitler; Krockow, Fahrten durch die Mark Brandenburg, S. 68; Haffner, Winston Churchill, S. 12.
[61] Haffner, Zur Zeitgeschichte, S. 87.
[62] Haffner, Winston Churchill, S. 18.
[63] Krockow, Fahrten durch die Mark Brandenburg, S. 244.
[64] Zweig, Joseph Fouché; Krockow, Fahrten durch die Mark Brandenburg, S. 220ff., 92.
[65] Reinhard Wittmann, Geschichte des deutschen Buchhandels. Ein Überblick, München 1991, S. 277–284.
[66] Gangolf Hübinger (Hg.), Versammlungsort moderner Geister: Der Eugen Diederichs Verlag – Aufbruch ins Jahrhundert der Extreme, München 1996.
[67] Wittmann, Buchhandel, S. 323.
[68] Ebd., S. 125; vgl. Ullrich, Der Fesselndste unter den Biographen.
[69] Kurt Pinthus (Hg.), Menschheitsdämmerung: Symphonie jüngster Dichter, Berlin 1920.
[70] Wittmann, Buchhandel, S. 310; zur Krise von Verlags- und Buchwesen, die zusätzlich neue verlegerische Strategien verlangte, vgl. Thorsten Grieser, Buchhandel und Verlag in der Inflation. Studien zu wirtschaftlichen Entwicklungstendenzen des deutschen Buchhandels in der Inflation nach dem Ersten Weltkrieg, in: Archiv für Geschichte des Buchwesens 51 (1999), S. 1–187.
[71] Wittmann, Buchhandel, S. 392, 397.
[72] Ebd., S. 392; Hans Hellmut Kirst schrieb insgesamt drei 08/15-Romane, die zwischen 1954 und 1955 zuerst in Zeitschriften erschienen: 1954: 08/15 Die abenteuerliche Revolte des Gefr. Asch, München (späterer Titel: 08/15 in der Kaserne); 1954: 08/15 Die seltsamen Kriegserlebnisse des Soldaten Asch, München (späterer Titel: 08/15 im Krieg); 1955: 08/15 Der gefährliche Endsieg des Soldaten Asch, München (späterer Titel: 08/15 bis zum Ende); eine Gesamtausgabe erschien 1955: Hans Hellmut Kirst, 08/15 Gesamtausgabe (08/15 in der Kaserne; 08/15 im Krieg; 08/15 bis zum Ende). Die komplette Roman-Ausgabe in einem Buch, Stuttgart 1955; Josef Martin Bauer, So weit die Füße tragen, Bergisch Gladbach 1955; nach Auskunft des Ehrenwirth-Verlags wurden von dem Buch über eine Million Exemplare verkauft; letzte Aufl. Bergisch Gladbach 2004; im Zuge der Verfilmung durch Hardy Martin (D 2001) erschien auch eine neue Taschenbuchausgabe im Bastei-Verlag: 1. und 2. Aufl. Bergisch Gladbach 2002.
[73] Vgl. Habbo Knoch, Die lange Dauer der Propaganda. Populäre Kriegsdarstellung in der frühen Bundesrepublik, in: Hardtwig u. Schütz, Geschichte für Leser, S. 205–226; zu Begriff und Konzept der „Geschichtskultur" vgl. u. a. Füßmann u. a. (Hg.), Historische Faszination, darin v. a. die Beiträge von dens., S. 3–60; Wolfgang Hardtwig, Geschichtskultur, in: Stefan Jordan (Hg.), Lexikon Geschichtswissenschaft: hundert Grundbegriffe, Stuttgart 2002, S. 112–116.
[74] Zur Bedeutung intensiver Lektoratsarbeit vgl. Christian Graf von Krockow, Zu Gast in drei Welten. Erinnerungen, 2. Aufl., Stuttgart 2000 (Taschenbuchausgabe, München 2002), S. 316.

75 Christophe Charle, Vordenker der Moderne. Die Intellektuellen im 19. Jahrhundert, Frankfurt a.M. 1997, S. 108 ff.; Literaturüberblick in der Sammelbesprechung von Gangolf Hübinger, Die europäischen Intellektuellen 1890-1930, in: Neue Politische Literatur 39 (1994), S. 34-54; einführend: Gangolf Hübinger u. Wolfgang J. Mommsen (Hg.), Intellektuelle im Deutschen Kaiserreich, Frankfurt a.M. 1993.

76 Vgl. dazu zentral Thomas Hertfelder u. Gangolf Hübinger (Hg.), Kritik und Mandat. Intellektuelle in der deutschen Politik, Stuttgart 2000.

77 Wolfgang Hardtwig, Die Krise des Geschichtsbewußtseins in Kaiserreich und Weimarer Republik und der Aufstieg des Nationalsozialismus, in: ders., Hochkultur des bürgerlichen Zeitalters, S. 77-102.

78 Vgl. u. a. zu Kantorowicz insgesamt den Tagungsband Robert L. Benson u. Johannes Fried (Hg.), Ernst Kantorowicz, Stuttgart 1997; vgl. auch Eckhart Grünewald, Ernst Kantorowicz und Stefan George. Beiträge zur Biographie des Historikers bis zum Jahre 1938 und zu seinem Jugendwerk „Kaiser Friedrich der Zweite", Wiesbaden 1982; Horst Fuhrmann, Ernst H. Kantorowicz. Der gedeutete Geschichtsdeuter, in: ders., Überall ist Mittelalter. Von der Gegenwart einer vergangenen Zeit, München 1996, S. 252-270; Otto Gerhard Oexle, Das Mittelalter als Waffe. Ernst H. Kantorowicz' „Kaiser Friedrich der Zweite" in den politischen Kontroversen der Weimarer Republik, in: ders., Geschichtswissenschaft im Zeichen des Historismus, Göttingen 1996, S. 163-215; zum geschichtstheoretischen Ansatz der George-Schule: Stephan Schlak, Geschichtsschreibung im George-Kreis, Magisterarbeit HU Berlin 2001.

79 Krockow, Zu Gast in drei Welten, S. 251; zum Ganzen vgl. S. 245-260.

80 Ebd., S. 258.

81 Vgl. dazu Weichlein, Katholische Geschichtsschreibung; Kössler, Zwischen Milieu und Markt.

82 Vgl. u. a. Emmanuel le Roy Ladurie, Die Bauern des Languedoc, Darmstadt 1985 (zuerst Paris 1969); ders., Karneval in Romans, Stuttgart 1982 (zuerst Paris 1979); Robert Muchembled, Kultur des Volks – Kultur der Eliten. Die Geschichte einer erfolgreichen Verdrängung, 2. Aufl., Stuttgart 1984 (zuerst Paris 1978); ders., Die Erfindung des modernen Menschen. Gefühlsdifferenzierung und kollektive Verhaltensweisen im Zeitalter des Absolutismus, Reinbek 1990 (zuerst Paris 1988); große Verbreitung gefunden haben: Philippe Ariès, Geschichte der Kindheit, 11. Aufl., München 1994 (zuerst Paris 1960), und Alain Corbin, Meereslust. Das Abendland und die Entdeckung der Küste, Berlin 1990, wieder als Taschenbuch Frankfurt a.M. 1994 (zuerst Paris 1988); sogar sehr spezielle Selbstreflexionen französischer Historiker sind übersetzt worden, vgl. z. B. Lucien Febvre, Das Gewissen des Historikers, Berlin 1988 (zuerst Paris 1943, dort 1962, 1982); Marc Bloch, Apologie der Geschichte oder der Beruf des Historikers, hg. v. Lucien Febvre, München 1985; Philippe Ariès, Zeit und Geschichte, Frankfurt a.M. 1988 (zuerst Paris 1986); einführend zu den wesentlichen Paradigmen einer Geschichtswissenschaft im Wandel im 20. Jahrhundert in internationaler Perspektive: Georg G. Iggers, Geschichtswissenschaft im 20. Jahrhundert, 2. Aufl., Göttingen 1996, und Lutz Raphael, Geschichtswissenschaft im Zeitalter der Extreme. Theorien, Methoden, Tendenzen von 1900 bis zur Gegenwart, München 2003.

83 Vgl. Wolfgang Hardtwig, Die Verwissenschaftlichung der neueren Geschichtsschreibung, in: Hans-Jürgen Gertz (Hg.), Geschichte. Ein Grundkurs, Hamburg 1998, S. 245-260.

[84] Johannes Heinssen, Historismus und Kulturkritik: Studien zur deutschen Geschichtskultur im späten 19. Jahrhundert, Göttingen 2003, S. 23 ff.; Heinz Dieter Kittsteiner, Listen der Vernunft. Motive geschichtsphilosophischen Denkens, Frankfurt 1998.

[85] Vgl. Wolfgang Hardtwig, Geschichte als Wissenschaft oder Kunst, in: ders., Geschichtskultur und Wissenschaft, S. 92–102, sowie die in Anm. 46 genannten Titel.

[86] Aus der inzwischen unübersehbaren Literaturfülle nur: Jan Assman, Das kulturelle Gedächtnis. Schrift, Erinnerung und politische Identität in frühen Hochkulturen, 2. Aufl., München 1999; zusammenfassend ders., Erinnern um dazuzugehören, in: Kristin Platt u. Mihran Dabag (Hg.), Generation und Gedächtnis. Erinnerungen und Kollektive Identitäten, Opladen 1995, S. 51–75; Harald Welzer (Hg.), Das soziale Gedächtnis. Geschichte, Erinnerung, Tradierung, Hamburg 2001; für die deutsche Situation seien hier nur exemplarisch genannt: „Historikerstreit". Die Dokumentation der Kontroverse um die Einzigartigkeit der nationalsozialistischen Judenvernichtung, München 1987; Peter Reichel, Politik mit der Erinnerung. Gedächtnisorte im Streit um die nationalsozialistische Vergangenheit, München 1995; Norbert Frei, Vergangenheitspolitik. Die Anfänge der Bundesrepublik und die NS-Vergangenheit, München 1996; Edgar Wolfrum, Geschichtspolitik in der Bundesrepublik Deutschland. Der Weg zur bundesrepublikanischen Erinnerung 1948–1990, Darmstadt 1999; Lutz Niethammer, Geschichte und Gedächtnis, in: ders., Deutschland danach. Postfaschistische Gesellschaft und nationales Gedächtnis, hg. v. Ulrich Herbert u. a., Bonn 1999, S. 536–607; bilanzierend Jarausch u. Sabrow, Verletztes Gedächtnis, darin bes. Konrad H. Jarausch, Zeitgeschichte und Erinnerung. Deutungskonkurrenz oder Interdependenz?, S. 9–38.

[87] Günter Hockerts, Zugänge zur Zeitgeschichte: Primärerfahrung, Erinnerungskultur, Geschichtswissenschaft, in: Jarausch u. Sabrow, Verletztes Gedächtnis, S. 39–74, v. a. S. 63.

[88] Vgl. Chaim Schatzker, Die Rezeption der „Schoa" durch das israelische Bildungswesen und die israelische Gesellschaft, in: Wolfgang Scheffler u. Werner Bergmann (Hg.), Lerntag über den Holocaust als Thema im Geschichtsunterricht und in der politischen Bildung, Berlin 1988, S. 77–85.

[89] Vgl. dazu bilanzierend Margit Szöllösi-Janze, Wissensgesellschaft in Deutschland: Überlegungen zur Neubestimmung der deutschen Zeitgeschichte über Verwissenschaftlichungsprozesse, in: Geschichte und Gesellschaft 30 (2004), S. 277–313.

8. Der Literat als Chronist.
Tagebücher aus dem Krieg 1939–1945

Tagebücher spielen in der literarischen Öffentlichkeit und damit auch in der Erinnerungskultur Deutschlands seit 1945 eine beträchtliche Rolle. Man kann dabei deutlich Phasen gesteigerter Publikationstätigkeit und Rezeption unterscheiden. Eine Reihe von jüngeren Autoren wie Horst Lange und Gerhard Nebel brachten bald nach 1945 ihre Kriegserlebnisse in Tagebuchform auf den Markt. Es erschienen Tagebücher oder tagebuchartige Texte von Autoren der „Inneren Emigration", von einzelnen Vertretern des bürgerlichen Widerstandes, konservativen NS-Gegnern (Ulrich von Hassell, Friedrich Reck-Malleczewen), verfolgten Sozialdemokraten (Erich Nies, Jack Schiefer) und dezidiert christlichen Gegnern des Nationalsozialismus (Theodor Haecker und Jochen Klepper).[1] Die größte Wirkung erzielten in dieser anfänglichen Konjunktur die extrem gegensätzlichen, die Opfer- bzw. Akteursebene widerspiegelnden, aber beide der Tagebuchgattung zuzurechnenden Aufzeichnungen: Das „Tagebuch der Anne Frank"[2] und Ernst Jüngers „Tagebücher aus dem Krieg", die er 1949 zusammenfassend unter dem Titel „Strahlungen" publizierte.[3] Derzeit erleben wir eine neue Welle des Interesses für Tagebücher aus dem „Dritten Reich" bzw. der unmittelbaren Nachkriegszeit, Erstpublikationen, die vom Feuilleton als literarische Sensationen gepriesen wurden, vom Publikum massenhaft abgenommen werden und die in der Tat – ungeachtet ihrer unterschiedlichen literarischen Qualität und Reichweite der persönlichen Sicht auf sich selbst und auf das Zeitgeschehen – unsere literarisch vermittelte Wahrnehmung der Vergangenheit wesentlich erweitern; dazu gehören vor allem die Tagebücher Viktor Klemperers,[4] das Buch der sogenannten „Anonyma"[5] und Walter Kempowskis Sammlung von Tagebuchauszügen aus den letzten beiden Kriegsjahren „Das Echolot"[6].

Für diese Konjunktur gibt es zumindest zwei zunächst voneinander unabhängige Ursachen: Zum einen erschienen die Jahre des Nationalsozialismus schon literarisch interessierten und tätigen Zeitgenossen als ein „Zeitalter der Tagebücher"[7]; Ursula von Kardorff etwa notierte im Herbst 1942: „Es scheint, daß seit einigen Jahren das Tagebuchführen im allgemeinen wieder zunimmt, ungeachtet des Totalanspruchs, den das heutige Leben an die Zeit des Einzelnen stellt."[8] Zum anderen bringen die innere Ökonomie des Erinnerns, die spezifischen Publikationsbedingungen des Tagebuchs und die Mechanismen des literarischen Marktes seit etwa einem Jahrzehnt eine ganz eigene Dynamik der tagebuchartigen Vergegenwärtigung von Vergangenheit hervor.[9]

Die folgende Untersuchung beschränkt sich auf eine kleine Gruppe ausgewählter Tagebücher. Sie behandelt nicht, was man das Tagebuch der „Inneren Emigration" nennen könnte,[10] nicht die in der Regel unpublizierten Tagebücher von Zeitgenossen, die sonst nicht literarisch tätig geworden sind, wie sie Walter Kempowski in seinem „Echolot" zu einer Art „Kollektiv-Tagebuch" ausgewählt und angeordnet hat. Ausgewählt wurden ‚Zeitzeugen-Tagebücher' von sechs ‚Literaten': drei Männern (Ernst Jünger, Jochen Klepper, Erich Kuby) und drei Frauen (Ursula von Kardorff, Margret Boveri und die sogenannte „Anonyma").[11] Maßgeblich für diese Auswahl waren mehrere Gesichtspunkte: Es ging darum, eine möglichst große Spannweite in der sozialen Position, den kulturellen Milieus und den politisch-weltanschaulichen Überzeugungen der AutorInnen zu erfassen, dabei gleichwohl inhaltlich den Schwerpunkt auf die Erfahrung von Krieg und unmittelbarer Nachkriegszeit zu legen und schließlich geschlechtsspezifische Erfahrungswelten und Deutungen zu erschließen.

Die Bezeichnung ‚Zeitzeugen-Tagebuch' führt sogleich in Gattungsprobleme hinein, die zum Verständnis des Folgenden einleitend angeschnitten werden müssen, bevor sie am Ende noch einmal ausführlicher debattiert werden. Die – insgesamt erstaunlich dürftige – literaturwissenschaftliche Forschung unterscheidet eine Vielzahl von zum Teil kategorial völlig disparaten Typen, wie zum Beispiel Chronik, Arbeitsjournal, Zeitzeugnis, Lektürejournal, Gedankenbuch, Selbstkontrolle, politisches Tagebuch, Reisetagebuch und anderes.[12] Die Diskussion über die Typenbildung soll hier nicht ausgebreitet werden, vielmehr geht es zunächst darum, in Anlehnung an den Forschungsstand zwei im Prinzip unumstrittene Grundformen zu unterscheiden: Das „authentische" und das „literarische" Tagebuch.[13] Als Unterscheidungsmerkmal für diese Grundtypen wird manchmal lediglich das Vorhandensein bzw. Fehlen einer Veröffentlichungsabsicht des Autors angeführt.[14] Präziser ist es, das „Prinzip der ‚Überformung' des schriftlich Fixierten" als maßgebliches Element der Literarizität zu definieren.[15] Das „authentische Tagebuch" dagegen erfüllt im Idealfall die apodiktische Forderung Elias Canettis: „Im Tagebuch spricht man zu sich selbst. Wer das nicht kann, wer eine Zuhörerschaft vor sich sieht, sei es auch eine späte, sei es eine nach seinem Tod, der fälscht."[16] Diese

Unterscheidung – authentisches versus literarisches Tagebuch – ist idealtypisch, lässt sich in den gewählten sechs Beispielen nur einmal – im Falle der vollkommen durchliterarisierten Tagebücher von Ernst Jünger – nahtlos anwenden, ist aber für die Analyse gleichwohl höchst hilfreich.

Alle ausgewählten Tagebuchschreiber sind Autoren von Beruf. Die Frauen waren zum Zeitpunkt der Niederschrift bereits als Journalistinnen tätig gewesen und führten ihren Beruf nach dem Krieg fort. Ernst Jünger war ein schon in der Weimarer Republik höchst erfolgreicher Autor aus dem Umkreis der Konservativen Revolution. Jochen Klepper schrieb Bücher, Skripte für den Rundfunk, Lieder und Gebete, er war ein spezifisch protestantischer Autor und verstand sich als solcher. Erich Kuby stand am Beginn einer Journalisten- und Schriftstellerlaufbahn, die ihn in den fünfziger und sechziger Jahren zu einem der profiliertesten Linksintellektuellen der Bundesrepublik machte. Klepper und Kuby schrieben als gewöhnliche Soldaten, die zeitweise an oder kurz hinter der Front standen, Jünger als Offizier.

Kuby schrieb sein Kriegstagebuch teilweise in Form von Briefen an seine Frau oder an Bekannte.[17] Auch Margret Boveri verfasste ihre Notizen zunächst in Gestalt von Karten und Briefen an eine Freundin, dann als Rundbrief für ihre Freunde.[18] Boveris Aufzeichnungen reichen von Februar 1945 bis zum Januar 1946, die Notizen Kardorffs vom Herbst 1942 bis zum Herbst 1945, die „Anonyma" beschreibt die Tage vom 20. April bis zum 22. Juni 1945.[19] Die Männer schreiben mehr oder weniger unmittelbar von der Front, so die Gefreiten Klepper und Kuby, beziehungsweise – im Fall des Offiziers Ernst Jünger – erst vom erfolgreichen Feldzug in Frankreich und dann aus dem Sitz der deutschen Militärverwaltung in Paris. Die Frauen berichten aus Berlin und seiner Umgebung in den Tagen des gescheiterten Staatsstreichs vom 20. Juli 1944, des Bombenkrieges und der Eroberung der Stadt durch die Rote Armee. Bei Kardorff und Boveri schließt sich daran der Bericht von der Flucht aus Berlin und dem Unterschlupfen in süddeutschen Refugien an. Das politische Spektrum der Autoren reicht vom protestantischen Nationalkonservativismus Kleppers über die bekannten konservativrevolutionären Ambivalenzen bei Jünger bis zum Linksliberalismus Kubys, Kardorffs und Boveris – der zum Teil sehr nationales Denken einschloss. Für die „Anonyma" ist inzwischen sehr wahrscheinlich gemacht worden, dass sie – anders als der Verleger Hans Magnus Enzensberger annahm – bis Anfang 1945 mit einzelnen Artikeln sehr bewusst zur Erhaltung der Wehrkraft beigetragen hatte.[20]

Im Folgenden will ich zunächst die Autoren und ihre Situation in Krieg und Nachkrieg, die Bedingungen und Absichten ihres Schreibens und die Überlieferungslage ihrer Aufzeichnungen sowie die daraus folgenden textkritischen Probleme skizzieren. Danach sollen die Tagebücher auf ihren konkreten Informationswert hin befragt werden. Dabei geht es zunächst – abweichend vom üblichen Schema solcher Untersuchungen – um Aussagen, in denen die Autoren mehr oder weniger explizit analysierend und deutend zur militärischen, politischen und kulturellen Situation ihrer Zeit Stellung nehmen. In einem nächsten Schritt sollen dann im Rückgang auf die literarische Besonderheit und die singulären Aussage- und Erkenntnismöglichkeiten des Tagebuchs die individuellen Erfahrungen und der Niederschlag der persönlichen Subjektivität in den Tagebüchern diskutiert werden.

I.

Die Jahrhundertfigur Ernst Jünger und die grundsätzliche Problematik seines Werkes müssen hier nicht ausführlicher vorgestellt werden.[21] Der Autor Jünger bediente sich über knapp achtzig Jahre hinweg immer wieder tagebuchartiger Formen, betrachtete von Anfang an seine Kriegstagebücher als Teil seines schriftstellerischen Werkes und konzentrierte sich 1939–1945 ganz auf sie. Die Aufzeichnungen entstanden während des Frankreichfeldzuges, den Jünger als reaktivierter Hauptmann beziehungsweise Major mitmachte, dann zwischen Juni 1941 und Oktober 1944 in Paris, als Jünger Verwaltungsoffizier im Stab des Militärbefehlshabers in Frankreich war. Am 27. Oktober 1944 schied Jünger offiziell aufgrund eines truppenärztlichen Attestes als bedingt kriegsverwendungsfähig aus der Wehrmacht aus und kehrte an seinen Wohnsitz nach Kirchhorst in Niedersachsen zurück. Jünger hat die Aufzeichnungen für die Publikation zuerst 1949, dann 1955 und 1962/63 jeweils überarbeitet.[22] Er war damit sofort außerordentlich erfolgreich. Noch 1949 erschienen von der Erstausgabe eine zweite und dritte Auflage mit insgesamt 20.000 Stück, eine vierte, stark gekürzte Auflage brachten 1955 der Bertelsmann-Lesering beziehungsweise die Stuttgarter Hausbücherei heraus; 1962/63 erschienen sechs Tagebücher in der ersten Gesamtausgabe.[23]

Jochen Klepper, 1903 als Pfarrerssohn geboren, publizierte 1937 mit einer Sondergenehmigung des Reichspropagandaministers Goebbels sein Hauptwerk „Der Vater. Roman Friedrich Wilhelms I. von Preußen".[24] Die Sondergenehmigung war notwendig geworden, weil Klepper seit 1932 mit einer (13 Jahre älteren) jüdischen Frau verheiratet war, die zwei kleine Töchter in die Ehe mitbrachte. Der Überlebenskampf als Autor und zunehmend die Sorge um seine Frau und die Tochter Renate (Renerle), deren rechtzeitige Ausreise nicht gelang, liegen als immer schwerer lastender Schatten über den Tagebuchaufzeichnungen. Das Tagebuch deckt den Zeitraum von Ende März 1932 bis zum 10. Dezember 1942 ab, wobei in der letzten Eintragung der gemeinsame Selbstmord Kleppers, seiner Frau und deren Tochter angekündigt wird. Im Folgenden behandelt werden sollen aber nur die Eintragungen aus dem Krieg zwischen dem 1. Januar 1941 und dem 8. Oktober 1941. Aus dem Gesamtkonvolut der Aufzeichnungen mit über 11.000 Druckseiten wurde 1956 eine „Gesamtausgabe" ediert, die 1957 eine Auflage von 25.000 erreichte. Im Deutschen Taschenbuch Verlag erschien zunächst eine gekürzte, dann 1976 eine ungekürzte Ausgabe. 1991 hatte das Buch eine Auflage von über 100.000 Exemplaren erreicht.[25]

Erich Kuby, 1910 geboren, begann seine journalistische Karriere nach dem Zweiten Weltkrieg. Sie führte ihn als Redakteur oder Mitarbeiter unter anderem zur „Süddeutschen Zeitung", zur „Welt" und zum „Spiegel". Bekannt wurde er vor allem durch das Drehbuch zum Film „Ein Mädchen namens Rosemarie" (1958) mit Nadja Tiller, Mario Adorf, Gert Fröbe und Peter van Eyck über den ungeklärten Mord an der Frankfurter Prostituierten Rosemarie Nitribitt, sowie durch zahlreiche zeitkritisch-polemische Schriften aus der Sicht eines parteipolitisch nicht gebundenen radikaldemokratischen Intellektuellen. Das Kriegstagebuch „Mein Krieg. Aufzeichnungen aus 2129 Tagen" erschien in der ersten Auflage 1975, in der zweiten Auflage 2000.[26]

Ursula von Kardorff stammte aus altem preußischen Adel, der Vater war jedoch höchst untypischerweise Maler, Liebermann-Schüler und NS-Gegner der ersten Stunde. Sie arbeitete als Journalistin bei der „Deutschen Allgemeinen Zeitung", verknüpfte also das Leben in dem Milieu einer Redaktion, die sich selbst als nicht-nationalsozialistisch verstand,[27] mit dem geselligen Verkehr in den Offiziers- und Adelskreisen, aus denen heraus der 20. Juli vorbereitet und durchgeführt wurde. Sie erlebte das Berlin der Kriegsjahre und der Bombennächte zunächst im Elternhaus in der Rankestraße nahe der Kaiser-Wilhelm-Gedächtniskirche, dann in der Wohnung der befreundeten und im Widerstand aktiven Familie von Hardenberg am Pariser Platz 3, gegenüber dem Speerbunker. Im Auftrag von Fritz-Dietlof von Schulenburg überbrachte sie Nachrichten an Annedore Leber, die Frau des bereits vor dem 20. Juli verhafteten Gewerkschaftsführers Julius Leber, die nach der Verhaftung ihres Mannes zeitweise in einem Berliner Krankenhaus untergetaucht war. Kardorff wurde nach dem gescheiterten Putsch zweimal von der Polizei beziehungsweise Gestapo vernommen, blieb aber danach unbehelligt und verließ nach einem über ihren Freund Eberhard von Urach vermittelten Angebot, nach Süddeutschland zu kommen, am 17. Februar 1945 Berlin. Den Einmarsch der Amerikaner erlebte sie am 23. April 1945 in dem kleinen schwäbisch-fränkischen Dorf Jettingen. Der endgültige Text ihrer Aufzeichnungen entstand im Sommer 1947 auf der Grundlage ihrer ursprünglichen Notizen in Taschenkalendern, Briefen und rein privaten Tagebüchern. In der Vorbemerkung der ersten Ausgabe von 1962 versichert die Autorin, sie habe nichts Neues, später Erfahrenes eingefügt und Irrtümer stehen gelassen. Der Text sei „nicht frisiert, nicht nachgeschönt [...], ehrlich."[28] Einer Neuausgabe 1976 fügte sie einen Anhang mit memoirenhaft resümierenden „Rückblenden" zu ihrer eigenen weiteren Vita und der einiger anderer Personen an. 1992 veranstaltete der Beck-Verlag eine Neuausgabe, für die der Herausgeber Peter Hartl die Originaltagebücher und -notizen, die ihm erstmals zugänglich waren, ausgewertet und neben informativen Erläuterungen zu Personen, Kriegssituation, Maßnahmen des NS-Staates etc. in Auszügen in das Buch eingefügt hatte. 1997 übernahm der Deutsche Taschenbuch Verlag diese Ausgabe in sein Programm. Von dieser letzten Ausgabe sind inzwischen 27.000 Stück verkauft.[29]

Der Text ist also teilweise original, teilweise aber auch erst nach späteren Aufzeichnungen insbesondere zu den Vorgängen um den 20. Juli 1944 im Dezember 1945 entstanden und 1947 in seine endgültige Fassung gebracht worden. Viele Einträge zum Widerstand finden sich aus einleuchtenden Gründen nicht in den Originalnotizen – so etwa der Eintrag zum 15. August 1943, als ihr der Hausherr Carl-Hans von Hardenberg bei einem Besuch in Neuhardenberg „die unbeschreibliche Greuel im Osten" schildert:

„Man muß bereit sein, alles zu opfern", sagte er, „die Familie, den Besitz und die Ehre. Denn wer der Gestapo in die Fänge gerät, wird besudelt". Er stellt sich die Frage, ob man Hitler allein umbringen müßte, durch Revolverschüsse, oder das ganze Hauptquartier mit Panzern umstellen [...]. Mir schwirrt der Kopf. Er kennt auch Nikolaus Halem, der verhaftet ist. Wußte allerdings nichts Neues über sein Schicksal. „Er ist einer von den Schillschen Offizieren, der zu früh los ging".[30]

In den Originalaufzeichnungen findet sich zu Hardenberg unter dem 18. August 1943 aber folgender Eintrag:

Der Hausherr scheint mir der ideale Vertreter einer zukünftigen (Führungs-)Schicht. Echtes Herrentum, danach sehnt sich im Grunde jeder, auch der sozialistische Arbeiter, verbunden mit einem sehr praktischen gesunden Menschenverstand. Kein Junker; und vor allem Reaktionär, sondern ein Realist, der noch nicht ohne den Kern von echtem todesbereite[m] Idealismus ist. Ich bin voller Bewunderung, zumal er sich nicht aufspaltet in zu viele Begabungen, sondern von einer kraftvollen Einseitigkeit ist.[31]

Unter dem 30. Juni 1943 findet sich die Schilderung eines „großartigen Abends bei Werner Haeften", dem Ordonnanzoffizier Stauffenbergs:

Leider war Werners Chef, Claus Stauffenberg, von dem er immer mit Enthusiasmus spricht, nicht dabei. Haeften, den ich nun seit zehn Jahren kenne, ist unverändert. Trotz seiner Verwundung von ununterdrückbarer Fröhlichkeit, liebenswürdig, vollkommen furchtlos, nicht zwiespältig oder zweifelnd. Unbeirrbar Gegner des Regimes. Eine Art Siegfried mit Humor.[32]

Der Leser möchte auf keine dieser Eintragungen verzichten, ob sie nun 1943, 1944, Ende 1945 oder 1947 niedergeschrieben wurden. Die Ausgabe von 1992 präsentiert neben der ursprünglich publizierten Fassung im textkritischen Kommentar teilweise den Urzustand der Notizen. Dieses Nebeneinander ist spannend, überzogener Purismus gegenüber der endgültigen Ausarbeitung scheint mir fehl am Platze, denn die Editionsgeschichte reflektiert nicht nur den Textzustand im Krieg oder unmittelbar nach dem Krieg, sondern auch die Historisierungs- und Verwissenschaftlichungstendenzen der letzten vierzig Jahre. Allerdings hätte der Herausgeber die verschiedenen Textstufen im Einzelnen noch deutlicher markieren sollen.

Einfacher ist die Lage bei Boveris „Tage des Überlebens". Boveri, 1900 geboren, aus professoralem Elternhaus, war zunächst Journalistin beim „Berliner Tageblatt" und nahm seit 1939 Korrespondentenposten und Sonderaufträge der „Frankfurter Zeitung" wahr. Danach arbeitete Boveri als freie Mitarbeiterin für „Das Reich".[33] Bei dem publizierten Text handelt es sich um völlig in der Art eines Tagebuchs gefasste Karten und Briefe an Freunde – Texte, die am 3. Februar 1945, am Tag der weitgehenden Zerstörung von Boveris Wohnhaus durch eine Bombe, einsetzen und im Januar 1946 enden. Boveri berichtet über den Bombenkrieg, die Eroberung der Stadt durch die Russen, das Leben in Berlin in den ersten Nachkriegsmonaten und den Wiederbeginn des öffentlichen und des politischen Lebens. Das Buch erlebte zwei gebundene Auflagen und zahlreiche Auflagen in der Serie Piper und dürfte heute 30.000 bis 40.000 Taschenbuch-Exemplare erzielt haben.[34] Die Autorin hat nichts geändert, bei der Aufbereitung für den Druck Mitte der sechziger Jahre aber systematisch Ergänzungen und Informationen über die militärische und die politische Lage eingefügt, die durch Kursivdruck gekennzeichnet sind. Das Tagebuch lässt sich also lesen als Dokument aus dem Krieg, zugleich aber – und editorisch einwandfrei getrennt davon – als historisch-politische Kommentierung aus der Mitte der sechziger Jahre.[35]

Die Feuilleton-Debatten um das Buch der sogenannten „Anonyma", die nicht mehr anonym ist, „Eine Frau in Berlin", müssen hier nicht noch einmal referiert werden.[36] Das Buch ist im Mai 2003 in der „Anderen Bibliothek" von Hans Magnus Enzensberger erschienen und liegt inzwischen in der neunten Auflage vor. Der Text folgt mit einigen Korrekturen der 1959 in Genf und Frankfurt am Main bei einem kleinen Verlag publizierten deutschen Erstausgabe. Schon die Entstehungs- und Publikationsgeschichte dieses Buches ist eine Geschichte für sich. Die Autorin hat in der genannten Zeit anfangs täglich, zum Teil mit exakter Angabe der Tageszeit, notiert, später dann in größeren Abständen, inmitten der ungezählten individuellen Tragödien, die sich in den letzten Tagen des Bombardements und beim Einmarsch der Russen in Berlin abspielten. Die Stichworte und Kritzelzettel wurden dann ab Juli 1945 auf 121 engzeiligen Schreibmaschinenseiten ausformuliert. Ein Bekannter der Autorin, Kurt W. Marek, den man als Autor unter seinem Nachkriegspseudonym C. W. Ceram kennt, bekam das Manuskript zu Gesicht und veranlasste die Erstpublikation auf Englisch im Herbst 1954 in New York. Im Sommer 1955 folgte die britische Ausgabe, später kamen Übersetzungen ins Schwedische, Norwegische und Holländische, ins Dänische und Italienische, Japanische und Spanische, Französische und Finnische hinzu. Die erste deutsche Ausgabe 1959 blieb ohne jede Resonanz, das Buch war praktisch für deutsche Leser verschollen. Die Neuauflage von 2003 folgt mit einigen Korrekturen dem Text von 1959, stellt aber eine Art Wiederentdeckung mit rasantem Erfolg dar. Der Zeitpunkt ist nicht zufällig: Das Buch traf genau in die Konjunktur der plötzlichen deutschen Wiedererinnerung an die eigenen Schicksale in den Kriegs- und Nachkriegsjahren und während der Vertreibung, mit der Debatte um ein Denkmal gegen die Vertreibung, mit Jörg Friedrichs „Der Brand" und einer Reihe weiterer, sehr erfolgreicher Bücher, etwa über „Breslau 1945" oder „Die Vertreibung der Sudetendeutschen".[37]

II.

Die meisten Autoren führen – allerdings unterschiedlich intensiv – hinein in die Innensicht auf die spezifischen Milieus, in denen sie leben. Das ist bei Jünger der Lebensstil und die Geselligkeit des Offizierskorps, zunächst in Stellungen am Westwall, dann beim Einmarsch hinter den kämpfenden Verbänden in Frankreich und schließlich in der deutschen Militärverwaltung in Paris im Hotel Majestic sowie im Übernachtungsquartier der höheren Stäbe im Raphaël. Jüngers Pariser Tagebücher spiegeln deutlich das systemkritische Selbstverständnis einiger Offiziere am Sitz der deutschen Militärverwaltung wider. Zu Karl-Heinrich von Stülpnagel, dem Kopf des 20. Juli in Paris, stand Jünger in einem vertrauten Verhältnis.[38] Jünger zufolge trafen sich die Wehrmachtsoffiziere zu „freimütigen Gesprächen" und „Besprechungen der Lage" (auch im Hotel „Ritz" und „George V"), deren Inhalt in den Tagebüchern jedoch ziemlich dunkel bleibt.[39] Im Wesentlichen allerdings stilisiert sich Jünger als Einzelgänger, der höchst unterschiedliche Rollen verbindet: die des unkorrumpierbaren, selbstständigen, aber traditionsstolzen, strategisch denkenden Offiziers, der überall den Überblick behält, und die des Literaten und Dandy, der mit Künstlerkollegen verkehrt, die Boulevards durchstreift und exotischen Lektüren nachgeht.[40]

Jochen Klepper schildert den Vormarsch in Russland 1941 aus der Stellung eines Gefreiten, der dann dem Stabe eines Divisions-Nachschub-Führers zugeteilt wurde und die Aufgabe bekam, einen Bericht über den Nachschub zu schreiben. Klepper schreibt wesentlich aus der Perspektive „von unten", allerdings auch aus der Position des geübten und leidenschaftlichen Diaristen und eines Mannes, der nach Herkunft, Bildung, militärischer Haltung und offenbar auch nach der Einschätzung der Offiziere selbst eigentlich dem Offizierskorps hätte angehören müssen. Seine Beobachtungen zum Verhältnis zwischen Offizieren und Mannschaften setzen einen Kontrapunkt zu der später gern verbreiteten Legende von der nahtlosen Einheit von oben und unten in der Wehrmacht. Pars pro toto hier eine Eintragung vom 5. August 1941 vom Vormarsch in der Ukraine: „Die Allüren des Offizierkorps bei der Truppe immer verhaßter; sehr, sehr schade, da so viele Werte hier wie dort. Nichts von Frontkameradschaft zwischen Offizier und Mann."[41] Klepper brauchte zum Leben das Gute im Menschen, er suchte die „Einzelgespräche mit Kameraden [...]. Negative Eindrücke selten. Und noch seltener die Fälle von Abgründigkeit, die ja aber natürlich allüberall in der Welt sind."[42] Mit den Feldwebeln stehe er besonders gut, berichtet er. Nach einigen Monaten dringt jedoch ein schärferer Ton der kritischen Distanzierung von der Gefühls- und Denkweise der einfachen Soldaten durch. Klepper wird „klar, daß der Durchschnittslandser überhaupt nicht selbständig und unvoreingenommen beobachtet, sondern genau im Klischee das wiedergibt, was ihm durch die Pressepropaganda eingeprägt ist"[43]. Die „Landsergespräche" erscheinen ihm jetzt als „öde, primitiv-lebenslustig" und „wirklich tolerierbar" nur durch die herrschende „gute Kameradschaft" in seinem engsten Umkreis.[44]

Dies sind – noch deutlich verschärft – von vornherein die Diktion und der Tonfall Erich Kubys. Kuby empfand das Leben im Feld, das er auf engstem Raum mit den Gefreiten und Feldwebeln teilen musste, als sinnlose Zumutung, die ihm das NS-Regime auferlegte. Diese Position ermöglichte ihm nah- und scharfsichtige Beobachtungen und Analysen, förderte aber auch den Wunsch, sich abzugrenzen.[45] Er fügte sich notgedrungen in die Soldatenexistenz ein, aber die Unteroffiziere spürten seine untergründige Renitenz – was Kuby im Juli 1941 mitten in Russland ein Kriegsgerichtsverfahren eintrug mit einer Anklage auf zweieinhalb Jahre und mit einem Urteil auf neun Monate Gefängnis. Das Urteil wurde bald umgewandelt in eine Strafversetzung zur Infanterie. Die dabei gemachten Erfahrungen setzte Kuby in beißende Portraits seines Hauptkontrahenten um und wollte in diesem Feldwebel das „Bild eines typischen Deutschen von 1941" sehen.[46] Auch Kuby beschreibt zwar mehrfach loyales Verhalten und menschliche Integrität in seiner Umgebung – mit der für ihn typischen sarkastischen Schnoddrigkeit: „Im Rahmen unseres welthistorischen Auftrages habe ich es gut, sehr gut getroffen. Das menschliche Meublement meiner Schreibstube ist leidlich"[47] – aber der Grundtenor ist kritisch und geht sofort ins Politische: „Diese Soldaten sind ein unmündiges, unkritisches, politisch auf Grund seiner selbstverschuldeten Unmündigkeit irregeleitetes, meist (aber keineswegs nur) untergründig machthungriges und rücksichtsloses, zu allem fähiges Soldatenvolk."[48]

Genaue Informationen, Gesprächswiedergaben, militärische und politische Einschätzungen und Wertungen erhält man bei Ursula von Kardorff aus den Redaktionsstuben der „Deutschen Allgemeinen Zeitung" bis zum März 1945 sowie aus dem gesellschaftlichen und konspirativen Umgang einiger Verschwörer des 20. Juli und ihres weiteren politisch-militärischen und persönlichen Netzwerks. Die Lektüre macht evident, warum die Verschwörer so unvorsichtig waren und welche Form diese Unvorsichtigkeit annahm. Eine traditionelle Herrschaftsklasse ‚konspiriert' nicht nach den Regeln erfolgreicher Untergrundkämpfer, auch wenn sie, wie der deutsche Adel, vom herrschenden System diskreditiert wird und gleichzeitig in ihrer Eigenschaft als bedeutendster, wenn auch zunehmend in Frage gestellter Träger des Offizierskorps die zu diesem Zeitpunkt wichtigste, wenn auch selbstverschuldete Aufgabe des Staates erfüllt: den militärischen Überlebenskampf der Nation zu organisieren und unterhalb der Ebene der Führerbefehle diesen Kampf zumindest teilweise auch anzuführen.[49] Kardorff reflektiert selbst gelegentlich auf ihre Unvorsichtigkeit, zum Beispiel als sie ein Flugblatt der „Weißen Rose" weitergibt; sie folgt dabei einem aristokratischen Ehrenkodex der Offenheit, etwa wenn sie über Gespräche mit Ulrich von Hassell und dessen Sohn berichtet.[50] Dazu kommt, dass sich in der Hauptstadt Berlin die Verkehrskreise von etablierten Nationalsozialisten und den im Widerstand aktiven Vertretern der alten Elite vielfach überschnitten. Bezeichnend dafür ist eine Eintragung vom 1. November 1942, als die Autorin ein „Fest im Zeichen des Krieges" veranstaltet:

> Merkwürdiger Abend. Viele hatten keine Lust zum Tanzen, sondern saßen in meinem Zimmer und diskutierten. Nicht ganz ungefährlich, da in letzter Minute Schwarz van Berk erschienen war, SS-Mann und Journalist [...]. Vermutlich hat er selten so offen Reden gehört wie bei uns. Gestern sagt er am Telefon zu Mama, er sei entsetzt gewesen über so viel Defätismus. Es war ihm wenig erspart worden. Die heftigsten Angriffe kamen von den Soldaten [...]. Werner Haeften [...], der mit seiner schweren Verwundung monatelang im Lazarett gelegen hat [...], sagt ironisch zu Schwarz van Berk: „Wir wollen nichts anderes mit euch machen, als euch alle auf eine Insel bringen, dort müßtet ihr von morgens bis abends durch den Lautsprecher eure eigenen Reden anhören." Schwarz van Berk verteidigte sich so gut er konnte [...], freilich können sich verwundete Soldaten die offenste Sprache erlauben.[51]

Alle Autoren schreiben unter dem Druck eines Herrschafts- und Terrorsystems, dessen Mechanismen vielfach bis zum letzten Moment funktionierten. Ernst Jünger, der als örtlicher Kommandant des Volkssturms bemüht war, die Besetzung durch die Amerikaner möglichst reibungslos zu gestalten, fand es nicht ratsam, sich zu früh zu exponieren.[52] Kardorff notiert vielfach eigene und fremde kritische Äußerungen zum NS-System und seinem Personal. Kuby räsoniert völlig unverblümt; auch in den Briefen fällt manches erstaunlich kritische Wort.[53] Am aufschlussreichsten für die politische Stunde Null ist hier die „Anonyma", deren Notizen sich auf die Übergangsphase zwischen Krieg und Besatzungsregime in Berlin konzentrieren. Exakt registriert sie, wie die Ordnung schrittweise zusammenbricht: Am

20. April 1945 gegen sieben Uhr abends fährt die Autorin noch einmal mit der Straßenbahn; die Zeitung verkündet, dass künftig nur noch Inhaber der roten Karte von Stufe III, nicht mehr von Fahrausweisen der Stufen I und II die Verkehrsmittel benutzen dürfen. Am 26. April klebt noch einmal eine Zeitung namens „Panzerbär" am Schaufenster des Bäckers, mit dem Wehrmachtsbericht. Am 21. April aber schon hat die Autorin festgestellt, dass nicht mehr regiert wird und dass Bürokratie offenbar eine „Schönwettersache" sei; die Ämter lösten sich auf, „sobald es Granatsplitter regnete". Am 22. April noch hängen an einen Ahornbaum festgepinnt zwei Anschläge, Kartonstücke, mit Rotstift und Blaustift säuberlich handbeschrieben und mit den Worten „Hitler" und „Göbbels" untermalt. Das eine Schild warnt vor Kapitulation und droht mit Erhängen und Erschießen. Das andere, „Forderungen an die Berliner" betitelt, warnt vor aufsässigen Ausländern und fordert alle Männer auf zu kämpfen. Am 24. April, mittags, ordnen vier Polizisten noch die Lebensmittelverteilung. Danach ist erst einmal Schluss mit aller Ordnung von oben. Gleichwohl bildet sich von selbst sogleich eine neue Art von Ordnung, von unten her, überall, in jedem Keller.[54] Hier, in ihrem jetzigen Keller, sind es zwei Frauen, „Leitstuten", die als „ordnende, anordnende Geister Autorität" gewinnen; in einem anderen Keller beherrscht allerdings ein „mächtig herumbrüllender Leitbulle das Feld [...], ein Major a.d., der nicht Mann noch Weib neben sich aufkommen ließ"[55]. An sich selbst beobachtet die „Anonyma", dass sie willig folgt, wenn das Leittier ruft, folgsam inmitten des Beschusses Wasser schöpft und dabei feststellt, dass sie „nicht einmal Angst verspürt, weil man völlig abgelenkt und ausgesogen ist".[56] Am 2. Mai 1945 setzen dann die ersten Verwaltungsakte der Russen ein. Ab dem 8. Mai gibt es Nummern für künftigen Brotbezug, am 14. Mai kleben gedruckte „Nachrichten für Deutsche" neben der Haustür, und ein anderer Anschlag verkündet die berühmten fünf Gruppen für die Staffelung der Lebensmittelrationen.[57] Am 18. Mai spricht sich herum, dass eine Untersuchungsstation für vergewaltigte Frauen eingerichtet wurde, um Schwangerschaften und Geschlechtskrankheiten festzustellen.[58] Ab dem 22. Mai beginnt die Fron als Trümmerfrau.

Zur politischen Einstellung der Bevölkerung hält sich die „Anonyma" mit eigenen Urteilen zurück, aber sie referiert ‚Volkes Stimme'. Großer Enthusiasmus für Führer und Reich herrscht im Keller Ende April nicht mehr. Es gibt einen alten Schwätzer, „Siegesmund" geheißen, weil er bis zum letzten Moment Siegparolen ausgibt; er gilt aber als Verrückter, mit dem sich niemand auf Streit einlässt. Das Volk rückt beim Schlangestehen ab vom Führer: „Kein Galgen ist zu hoch für den" oder, reflektierter, zur Lage nach dem Einmarsch der Russen: „Das kannst du noch Adolf auf die Rechnung schreiben."[59] Das „neue Morgen- und Abendgebet" der Volks- und Kellergemeinschaft ist einfach die im Wortlaut unveränderte Travestie des Propagandasatzes „Dies alles verdanken wir dem Führer."[60] Keineswegs entsteht der Eindruck, die Mehrzahl dieser Leute sei noch bis vor Kurzem nazikritisch gewesen, wohl aber, dass sie sich jetzt als lernfähig erweisen. Einige Nazi-Selbstmorde registriert die „Anonyma" eher beiläufig, es gibt auch nicht viel Bedauern, als ein untergetauchter Parteibonze im Haus verhaftet wird; seine Geliebte verhält sich dem Bericht der „Anonyma" zufolge so, wie man es erwarten möchte: Sie ist die erste, die sich dann mit einem amerikanischen Besatzer einlässt.[61]

Jochen Klepper sagt zur politischen Volksmeinung fast gar nichts, umso mehr stechen dann einzelne Bemerkungen hervor wie: „Es wird viel gemeckert; nie, nie aber am Sieg gezweifelt."[62] Zu der für ihn bedrückendsten Frage notiert er am 20. September 1941: „Zu allen, von allem kann ich frei reden: nur nicht zur Judenfrage. Hier sehe ich, daß die Propaganda ihr volles Werk geleistet hat. Doch wüßte ich, daß ich durch das Erzählen von Einzelschicksalen die Augen und die Herzen öffnen könnte. Dies aber darf ich als Soldat nicht."[63] Klepper blieb trotz seines grauenhaften persönlichen Leidens und der bereits 1934 zum ersten Mal im Tagebuch angedeuteten Suizid-Überlegungen in einer prinzipiellen nationalkonservativen Zustimmungsbereitschaft befangen.[64] Ansätze zu einer profilierten historischen oder soziologischen NS-Deutung kommen nicht vor.

Das Verhältnis von Ernst Jünger zum Nationalsozialismus ist extensiv erforscht worden, gleichwohl erweist sich eine genauere Analyse der „Strahlungen" als sehr ergiebig. Den Begriff „Nationalsozialismus" verwendet Jünger grundsätzlich nicht. Die Nazis bezeichnet er entweder mit den bekannten Decknamen „Kniebolo" oder „Grandgochier" für Hitler und Goebbels, allgemeiner als „Lemuren", „Mauretanier" oder „Nihilisten", die NSDAP heißt die „Volkspartei".[65] Den Zweiten Weltkrieg und den Massenmord an den Juden, von dem Jünger Kenntnis nimmt, deutet er als Folge einer allgemeinen geistig-moralischen Krise des 20. Jahrhunderts, die Jünger als „Nihilismus" beschreibt und nicht als klar identifizierbares Werk der Nationalsozialisten. Dabei kreisen die Tagebücher unaufhörlich um das politisch-kulturelle Phänomen des Nationalsozialismus und um den Krieg. In einer zusammenfassenden historischen Bilanz am 23. Mai 1945 gibt es Ansätze zu einer politischen und sozialen Erklärung für das Emporkommen des Nationalsozialismus, doch kommt er über die übliche Schuldzuweisung an den Versailler Vertrag und über den konservativen Topos von der „Vermassung" seit der Französischen Revolution nicht hinaus. Konkrete Verantwortliche unterhalb des NS-Spitzenpersonals um Hitler und Goebbels kennt Jünger nicht, oder sie handeln als Agenten eines nicht mehr hinterfragbaren historischen Geschicks:

> Die Katastrophe mußte kommen, sie wählte sich den Krieg als ihren besten Förderer. Doch hätte auch ohne ihn der Bürgerkrieg das Werk vollbracht, wie es in Spanien geschah, oder ganz einfach ein Komet, ein Feuer vom Himmel, eine Erderschütterung. Die Städte waren reif geworden und mürbe wie Zunder – und der Mensch begierig auf Brandstiftung. Was kommen mußte, ließ sich genau erraten, als er in Rußland die Kirchen, in Deutschland die Synagogen in Brand steckte, und als er Seinesgleichen ohne Recht und Urteil in den Zwangslagern verkommen ließ. Die Dinge erreichen den Punkt, an dem sie zum Himmel schreien.[66]

Nennenswerte Unterschiede zwischen Kommunismus und Nationalsozialismus sieht Jünger nicht. Was die realen Verantwortlichkeiten angeht, so formuliert er in seiner Mai-Bilanz zwei Sätze, in denen etwas Richtiges gesehen, aber so geschmacklos formuliert ist, dass sie von Grund auf falsch werden:

> Der Gedanke, daß Millionen deshalb die Welt verlassen, weil ein Herr Himmler am Hebel der Vernichtungsmaschine zieht, gehört zu den optischen Täuschungen. Wenn einen langen Winter hindurch der Schnee fiel, genügt die Pfote eines Hasen, und die Lawine geht zu Tal.[67]

Weitaus am nüchternsten, präzisesten und auch kenntnisreichsten zu Ursachen, Folgen und spezifisch deutschen Voraussetzungen des Nationalsozialismus äußert sich der künftige Radikaldemokrat und Linksintellektuelle Kuby. Seine Berichte vom Frankreichfeldzug sind teilweise noch in das milde Licht von Kulturerlebnissen und -aktivitäten getaucht, aber schon bald stellt Kuby die Vernunftfähigkeit des gewöhnlichen Soldaten in Frage und findet einen Zusammenhang zwischen der festgestellten bereitwilligen Hinnahme der soldatischen Existenz durch seine Kriegskameraden und dem diktatorischen Regime Hitlers:

> Sie sind im bürgerlichen Sinne anständig, ehrlich usw. Aber sie sind unfähig, irgendeinen selbständigen Gedanken zu fassen. Kurz, sie sind wirklich Masse, ein Ausdruck, den ich nicht mag, aber mögen muß. Kindisch auch in der unmittelbaren Art zu reagieren. Als Gesamterscheinung sind sie mir lächerlich, das heißt sie wären es, wenn sich nicht eben von ihnen die ganze Struktur des Staates herleiten würde; sie sind es doch, um die ER buhlt.[68]

Zwar rekurriert Kuby hier – wenn auch mit schlechtem Gewissen – auf den bildungsbürgerlichen Abscheubegriff der „Masse", aber seine Kritik richtet sich auch gegen die kleine Elite systemkritischer Gebildeter.

Im Juni 1944 kommt Kuby auf dem Weg zur Westfront durch Straßburg, wo er als naher Verwandter Werner Heisenbergs einige Tage im Kreise der Geistesgrößen um Karl Friedrich von Weizsäcker mit seinem „Physikalischen Institut" verbringt. Zu diesem Zirkel gehören unter anderen auch der spätere Direktor des Max-Planck-Institutes für Bildungsforschung in Berlin, Helmuth Becker, und der Physiker Finklenburg. Gerade angesichts dieses Kreises formuliert Kuby einmal mehr sein ceterum censeo, dass alle, auch die sogenannten Gebildeten und gerade sie, mitverantwortlich sind für die NS-Herrschaft und dass es nicht angeht, zwischen einem guten, eigentlichen, gebildeten Deutschland und den Nazigrößen und ihrer Gefolgschaft einen grundsätzlichen Schnitt zu machen:

Was mich an diesem Kreis stört, ist sein elitäres Gehabe, und was ich am wenigsten vertrage, ist Ironie gegenüber den Nazis, die sich gefahrlos äußert. Diese Kultur- und Wissenschaftsplutokraten tragen ein unsichtbares Schild um den Hals: Wir sind die anderen Deutschen. Wer glaubt, ein ‚anderer' Deutscher zu sein und sich dennoch als Repräsentant der Deutschen schlechthin fühlt, beteiligt sich an dem Schwindel, die deutsche Führung, Hitler, Goebbels, Göring, Schacht, Bormann, Heydrich seien keine exemplarischen Deutschen. Das aber sind sie. Wer sich nicht zu deren Komplizen machen will, muß auch die Taue kappen, die ihn mit seinem Volk verbinden.[69]

Kubys scharfsinnigen und beißenden Raisonnements über das Regime und seine Taten stehen im Zeichen einer vorbehaltlosen nationalen Selbstkritik. Sie umschließt immer wiederkehrende Bemerkungen über die Mentalität der Deutschen (man könnte auch sagen den „Nationalcharakter"), dessen Hauptmerkmal er, implizit immer den Vergleich mit Frankreich vor Augen, in einer prinzipiellen Vernunftunwilligkeit sieht, aber auch in bestimmten historischen Prozessen.[70] Mehrfach reflektiert er seine eigene Zugehörigkeit zu der von ihm leidenschaftlich kritisierten Nation, grenzt sich ab, erkennt aber auch eine nicht aufzuhebende Zugehörigkeit an.[71] Aus seiner Straßburger Erfahrung zieht er jedenfalls die Konsequenz, nach dem Krieg an einem ganz anderen Punkt anzusetzen als diese „Gebildeten" – gemäß einem Programm, das er in seinen Grundzügen schon am 15. Dezember 1940 definiert hatte: „Es ist gefährlich, überhaupt mit einem Ganzheitsbegriff zu arbeiten, ganz gleich, welchen Inhalt man da hineinpackt. Der ‚zersetzende' Intellektuelle wird benötigt. Nicht umsonst ist das ein Schimpfwort."[72] Zudem setzt sich Kuby von Beginn des Krieges an, wenn auch mit steigender Intensität, polemisch mit den zukünftigen Selbstentlastungsstrategien der Deutschen auseinander und nimmt dabei in wesentlichen Aspekten die tatsächlichen späteren Schuld-Debatten vorweg.[73]

Als wichtiger Befund ergibt sich schließlich aus allen Tagebüchern – mit Ausnahme Kubys – die Selbstverständlichkeit eines gesteigerten nationalen Selbstbewusstseins. Zwar lässt sich Ernst Jünger dazu explizit kaum vernehmen, aber die Genugtuung über den Vormarsch spricht doch aus jeder Zeile. Seine Vergleiche zwischen der Kriegsführung des Ersten und des Zweiten Weltkriegs sind allerdings mehr seinem grundsätzlichen Technikinteresse und seiner Kulturkritik zuzuordnen.[74] Auch zeigt sich Jünger sehr bemüht, überall, wo er einquartiert wird und selbst zu befehlen hat, den kultivierten und humanen deutschen Offizier darzustellen.[75] Von einem vordergründigen Nationalismus hält sich Jünger völlig frei. Den kultivierten Deutschen rückt auch Kuby während seines Aufenthalts in Frankreich in den Vordergrund; an einer einzigen Stelle brechen bei ihm nationale Ressentiments durch. Im März 1943 berichtet er bei einem Aufenthalt in Kempten: „Die polnischen Gefangenen bzw. Ostarbeiter werden stellenweise frech in unserer Gegend. Unsere gutmütigen Bauern behandeln sie zu freundlich."[76] Klepper dagegen sieht in den Deutschen wegen ihrer Tüchtigkeit, ihres Gemüthes und der Humanität ihrer Soldaten ein „herrliches Volk".[77] Margret Boveri äußert sich nicht zu Nationaleigenschaften, auch nicht zu solchen der Russen beim Einmarsch der Roten Armee, aber sie dachte und handelte wohl ganz ähnlich wie die „Anonyma", die sehenden Auges in Berlin blieb, weil sie „das Schicksal ihres Volkes teilen" wollte.[78] Die „Anonyma" findet am 5. Mai 1945 zwischen dem Bericht über den Hunger und einer Vergewaltigungsgeschichte – der einzigen übrigens, in der ein Ehemann, ein kleiner stämmiger bayerischer Buchhändler, seine Frau beherzt gegen einen Russen verteidigt – Zeit zu der Eintragung:

Bange ist mir nicht. Ich vertraue mein Schifflein blindlings den Zeitläufen an. Mich trug es bisher stets ans grüne Ufer. Aber unser Land, unser Volk – weh ist uns zu Mute. Verbrecher und Hasardeure haben uns geführt und wir haben uns führen lassen wie die Schafe zur Schlachtbank. Nun loht Haß in dem elenden Haufen. [79]

Kardorff bezeichnet die Deutschen als Volk der Extreme und notiert, dass sie dieses Land nach der Reichskristallnacht „nicht mehr lieben" konnte, eine Emigration erklärt sie aber für undenkbar.[80] Im Übrigen beschreiben die Tagebücher der Frauen einen Befund, den die Forschung erst spät thematisiert hat: die Entstehung der Volksgemeinschaft im Bombenhagel. Noch am 6. Februar 1945 notiert Boveri:

Bisher hab ich es für einen Zeitungsstuß gehalten, daß nach einem so schweren Angriff die Bevölkerung um so hartnäckiger weitermacht. Aber es stimmt. Nicht Haß, nicht eigentlich Erbitterung, aber das Gefühl: Ich lebe noch und jetzt lebe ich erst recht. Und auch das Gefühl, daß diese Art Vernichtung zu sinnlos ist und nicht kriegsentscheidend.[81]

III.

Das Tagebuch ist auch der Ort, an dem die Erfahrung körperlicher Strapazen und Leiden zur Sprache kommt, bei Männern und Frauen. Am wenigsten äußert sich dazu naturgemäß der Pariser Flaneur Jünger, der nur gelegentlich über ein durch die Großstadtexistenz ausgelöstes körperliches Missbefinden klagt, das er mit ausgedehnten Spaziergängen bekämpft.[82] Anders, ebenso naturgemäß, Klepper, der mit seiner Nachrichteneinheit kurz hinter der Front in Russland vorrückt, dem Staub und Dreck der Straßen ausgesetzt ist, unter Mangel an Wasser leidet, beginnenden Frost registriert, gelegentlich von der „drangvoll fürchterlichen Enge"[83] spricht, die gängigen Krankheiten (Durchfall) durchleidet und ebenso wie bereits im Herbst 1941 die allgemeine Erschöpfung durch Überforderung registriert.[84] Gleichwohl hat man bei Klepper den Eindruck einer Art Genesung durch die körperliche Anstrengung. Der Literat und leidende Familienvater, der in der Aufmarschphase noch über Schlaflosigkeit klagte, berichtet am 24. Juni 1941, dass er sich schon längere Zeit eines guten Schlafes erfreue.[85] Kuby berichtet ein generelles Schicksal, wenn er seine Krankheiten, vor allem ein für den Infanteristen extrem quälendes Fußleiden, Aufenthalte im Lazarett usw. schildert.[86] In den Tagebüchern der Frauen aber ist festgehalten, wofür der Ausdruck „Körpererfahrung" eine eher zynische Umschreibung ist.

Kardorff ist durch die Flucht aus Berlin im März um das Schlimmste herumgekommen, notiert aber die Vergewaltigung einer Bekannten durch französische Besatzer in Jettingen.[87] Die nüchterne und schwer zu erschütternde Margret Boveri berichtet knapp darüber, was sie über Vergewaltigungen und ihre Folgen in ihrem Bekanntenkreis erzählt bekommt.[88] Drastisch, sarkastisch und mit genauer Beschreibung aller Begleitumstände überliefert die „Anonyma", was sich bei der Eroberung Berlins durch die russischen Soldaten abspielte. Den Bericht über Freitag, den 27. April 1947, überschreibt sie mit „Tag der Katastrophe, wilder Wirbel – notiert Samstag vormittag".[89] Zunächst scheint alles gut zu gehen, auch weil die Erzählerin russisch spricht, damit erst einmal einen Abschreckungseffekt erzielt und für die anderen Frauen parlamentiert. Aber dann wird sie doch angefallen und in kurzen Abständen mehrfach vergewaltigt:

> Als ich aufstand, Schwindel, Brechreiz. Die Lumpen fielen mir auf die Füße. Ich torkelte durch den Flur, an der schluchzenden Witwe vorüber ins Bad. Erbrechen. Das grüne Gesicht im Spiegel, die Brocken im Becken. Ich hockte auf der Wannenkante, wagte nicht nachzuspülen, da immer wieder Würgen und das Wasser im Spüleimer so

knapp. Sagte dann laut: Verdammt! und faßte einen Entschluß. Ganz klar: Hier muß ein Wolf her, der mir die Wölfe vom Leib hält. Offizier, so hoch es geht, Kommandant, General, was ich kriegen kann. Wozu hab ich meinen Grips und mein bißchen Kenntnis der Feindsprache?

Sie erwischt einen Oberleutnant, Anatol, einen Ukrainer, der nun gleichsam ein Recht auf ihr Bett hat; dieser Anatol zieht „wie ein Komet einen Schweif junger Leute hinter sich her", der sich im Hause einrichtet, aber er ist „wenigstens ein vollsaftiges zwei Zentner Mannsbild", das die erhoffte Tabu-Wirkung auf die anderen tatsächlich ausübt, wenn auch nicht ohne Mühen.[90] Am 2. Mai bereits ist Anatol allerdings zum Stab versetzt und weit weg, und ein anderer, vermittelt durch einen der vielen „Gäste" der letzten Tage, tritt an seine Stelle – nach einer „Werbung", die von der Erzählerin als Groteske sondergleichen dargestellt wird.[91] So wird also ein Major zum „Hausherren", es entwickelt sich eine „Idylle" der besonderen Art: Geselligkeit mit verschiedenen russischen Offizieren und Unteroffizieren bei Kerzenschein und dem Verzehr mitgebrachter Nahrungsmittel, starkem Trinken und gelegentlichem feurigem Aufspielen des Majors auf seiner kleinen Mundharmonika, mit Stücken aus „Rigoletto" oder dem „Troubadour", zudem tanzt der Major trotz schmerzhafter Knieverletzung auf Socken einen Krakowiak.[92] Am 9. Mai 1945 verabschiedet sich auch der Major, diesmal zu einem Erholungsurlaub in einem Soldatenheim, traurig und ernst gestimmt. Die Erzählerin verliert damit den Ernährer für sich und ihre ‚Zufallsfamilie', der aber auch nicht mehr so dringend nötig ist, denn mit dem „wilden Drauflosschänden der ersten Tage ist es nichts mehr, die Beute ist knapp geworden. Und auch andere Frauen sind, wie ich höre, inzwischen genau wie ich in festen Händen und Tabu".

Über das seltsame Verhältnis gibt sich die Erzählerin genau Rechenschaft. Den Anstoß gab zunächst das Bedürfnis nach einem von den Umständen erzwungenen minimalen Selbstschutz gegenüber den wüstesten Exzessen, dann der Hunger und das Verlangen, sich irgendwie im Chaos einzurichten.[93] Ein typisierendes Bild „des" Russen skizziert sie explizit nicht, im Gegenteil, sie verwundert sich über die „unerschöpfliche Mustersammlung" unterschiedlichster Typen, die „die UdSSR da geschickt habe".[94] Aber als Kollektiveigenschaften kommen am Ende bei ihren Beobachtungen doch heraus: die rasche Enthemmtheit durch Alkohol, eine allgemeine Simplizität, von den Frauen boshaft auch in den Sexualpraktiken der Vergewaltiger festgestellt, die Unberechenbarkeit der Stimmungsumschwünge zwischen Gutmütigkeit und nackter Gewalt, die Primitivität beim Beutemachen ohne Maßstäbe für Nützlichkeit und Wert der Gegenstände, die vorzivilisatorische Hemmungslosigkeit, den eigenen Unrat überall abzulassen. Die vereinzelten Ausnahmen bei diesem Verhalten erweisen sich dann regelmäßig entweder als Volksdeutsche oder als Polen – jedenfalls nicht als Russen oder Asiaten.[95]

Mit diesem Thema – aber nicht nur damit – erweisen sich die Tagebücher als überaus sensible Quelle für eine tiefgreifende Erschütterung der Geschlechterordnung. Der Hauptmann Ernst Jünger lässt recht konventionell immer wieder erotische Abenteuer durchblicken, eine ernsthafte Affäre mit einer Pariser Ärztin verschleiert und potenziert er zugleich kunstvoll, indem er der Dame verschiedene Namen verleiht.[96] Bei Klepper gewinnt man den Eindruck, dass er in der Männerwelt des Militärs auflebt, solange er sich Hoffnung macht, dass das Wohlwollen seiner Vorgesetzten und seine militärische Bewährung, die ihn ohne die „rassefremde" Ehefrau sehr bald in die Offizierslaufbahn geführt hätte, seinen Ausschluss aus der Wehrmacht verhindern könne. Naturnähe, einfaches Leben, Männergemeinschaft und dabei doch eine von ihm als ausreichend empfundene individuelle Freiheit – das fügt sich bei ihm zusammen zu einem melancholischen, gleichwohl merkwürdig harmonisch klingenden Akkord eines weltbejahenden Lebensgefühls. Die folgende Eintragung ist dafür symptomatisch; sie stammt allerdings vom 3. August 1941 – also aus der Kulminationsphase der deutschen Anfangserfolge in Russland:

Honigfrühstück mit Martin Ninas, Erich, Ali, Walter Greiner unterm Birnbaum. Ringsum nur Rasen, Bäume, Königskerzen – so dicht, so schön und weit. Auf den Mittag zu wird der Tag immer besonnter. Blauer Himmel, weiße Wolken, Wind, weiche, graue flüchtige Schatten. Ich arbeite mit dem Adjutanten am großen Tisch, er in der Sonne, ich im Schatten, wie jeder es liebt. Welch ein schönes Quartier ist ein Garten – zumal am Sonntag. Bald schlägt der Adjutant wieder den „Vater" [Jochen Kleppers Biographie Friedrich Wilhelms I., W. H.] auf. Ich denke viel an die Gegenüberstellung der beiden ausgesprochensten Formen männlichen Lebens: Kloster und Heer.[97]

Am wenigsten findet sich zu diesem Thema bei Kuby, der dem Militär grundsätzlich ablehnend gegenüberstand, widerstrebend und mit heftigen Konflikten diente und ein klares und selbstsicheres republikanisch-demokratisches Selbstbewusstsein hatte; vielleicht trägt auch die Form seines Tagebuchs, das vielfach aus Briefen an seine Frau bestand, zur Neutralität gegenüber diesem Thema bei.

Bei den Autorinnen sieht es anders aus. Kardorff äußert keinerlei grundsätzliche Zweifel – wohl schon deshalb nicht, weil sie dazu im täglichen Umgang mit der Elite der Offiziere des 20. Juli kaum Anlass hatte.

Zudem war Kardorff eine lebenslustige, gesellige und viel umworbene Frau. Von außen herangetragene und im eigenen Inneren entstandene Spannungen im Verhältnis zu ihrer eigenen Geschlechtlichkeit ergaben sich offenkundig gerade aus ihrem betonten Festhalten an der eigenen Weiblichkeit. Sie notiert „Kräche mit Mama", weil diese ihr das Ausgehen, das Tanzen und den Flirt vorwirft und möchte, dass die Tochter dem Vaterland als Rüstungsarbeiterin dient.[98] Aus Kardorffs Aufzeichnungen ergibt sich vielfach, mit welcher außerordentlichen Tüchtigkeit viele Frauen die Nöte des Alltags meisterten, im Widerstand tätige Männer und – wie die Redaktionssekretärin Bähr – untergetauchte Juden unterstützten.[99] Kardorff prägt in Analogie zum „Fronterlebnis" der Männer das Wort vom „Berlinerlebnis" der Frauen,[100] fragt sich nach Feuerlöschen und Brandwachen, was eigentlich noch der Unterschied zum Soldaten im Schützengraben sei[101] und registriert einen umfassenden Rollenwechsel: „Die Frauen gelten nicht mehr als das von Natur schwächere Geschlecht."[102] Mit Sarkasmus wird der Vorwurf mancher Soldaten auf Heimatbesuch gegen die „unnationale Haltung" oder das „unwürdige" Verhalten der Frauen registriert, die sich mit Witz und gesundem Menschenverstand gegen die Umstände behaupteten.[103] Margret Boveri dagegen wird drastisch-polemisch. So notiert sie zum Beispiel am 24. April 1945 im Anschluss an Nachrichten von einem Panzergefecht am Wannsee:

Die Frauen halten die Verbindung aufrecht. Die Männer sind krank – Amöbenruhr, verstauchter Knöchel usw. (darunter die meisten meiner Kollegen). Nach dem Mann, der mir imponiert, suche ich immer noch. Vielleicht ist es ein Wunschtraum.[104]

Schließlich die „Anonyma": Der Moment der extremen Erniedrigung der Frauen erweist sich – nur scheinbar paradox – als Stunde einer langfristig wirksamen und fundamentalen Entmächtigung der Männer. Nicht nur kommt den Frauen jetzt zugute, dass sie immer „das Nächstliegende im Kopf" haben und vom „Grübeln über Künftiges ins Gegenwärtige flüchten".[105] Vor allem erleben sie das Versagen der eigenen Männer. Diese sind entweder nicht da, weil im Krieg, oder sie schlagen vor den Augen der Frauen die letzte Schlacht – besser gesagt, sie ziehen sich zurück, oder sie müssen hilflos zusehen, was mit den Frauen passiert. Anschaulich – in der Wertung aus heutiger Sicht allerdings zunächst auch befremdlich – ist die Schilderung von vorüberziehenden Soldaten, die matt ihre Füße schleppen, stumm und ohne Tritt dahintrotten, mit eingefallenen und stoppeligen Gesichtern, auf dem Rücken schweres Gepäck. „All diese Gestalten sind so armselig, so gar keine Männer mehr. Man kann sie nur bemitleiden."[106] Es fragt sich, was die Dame von Infanteristen nach vier Jahren Russlandkrieg im Zustand äußerster Erschöpfung und im Angesicht einer ausweglosen Niederlage erwartet? Beim nächsten Anblick versprengter, sich zurückziehender Soldaten reflektiert die Erzählerin dann aber selbst ihr Gefühl:

> Immer wieder bemerke ich in diesen Tagen, daß sich mein Gefühl, das Gefühl aller Frauen den Männern gegenüber ändert. Sie tun uns leid, erscheinen so kümmerlich und kraftlos. Das schwächliche Geschlecht. Eine Art von Kollektiv-Enttäuschung breitet sich unter der Oberfläche bei den Frauen vor.

Und dann in zwei knappen Sätzen zwei präzise Überlegungen:

> Die männerbeherrschte, den starken Mann verherrlichende Naziwelt wankt – und mit ihr der Mythos „Mann". In früheren Kriegen konnten die Männer darauf pochen, daß ihnen das Privileg des Tötens und Getötetwerdens fürs Vaterland zustand. Heute haben wir Frauen daran teil. Das formt uns um.[107]

Bei all der Schilderung physischer und psychischer Leiden – nirgends erfährt man so viel und Glaubwürdiges auch über die Faszination und die Euphorien des Krieges wie in den Tagebüchern. Das gilt für die männlichen wie die weiblichen Autoren – wobei gleichwohl die geschlechtsspezifischen Unterschiede der Erfahrungswelten deutlich hervortreten. Männer wie Frauen spüren und beschreiben das Außeralltägliche ihrer eigenen Lebensführung und der Ereignisse, mit denen sie konfrontiert sind. Jünger und Klepper bejahen die spezifischen Lebensbedingungen des Soldaten und die besondere Herausforderung, die das Soldaten-Sein mit seinen körperlichen, intellektuellen und psychischen Belastungen mit sich bringt, während Kuby den Krieg und die von ihm erzwungenen Lebensformen prinzipiell ablehnt. Jünger inszeniert genießerisch seine Rolle als Befehlshaber einer kleineren Einheit bis zu seiner Versetzung nach Paris. Der geborene Krieger will zudem unbedingt noch direkt an die Front und „ins Feuer". Als Hauptmann „zur besonderen Verwendung" im Kommandostab des Militärbefehlshabers Frankreich saß er dann allerdings in Paris mit den offiziellen Aufgaben „Feindaufklärung", „Abwehr" und „geistige Betreuung" im Büro – ein kritisch-reflexives Verhältnis zum Nationalsozialismus tritt jetzt deutlicher hervor.[108]

Jochen Klepper erlebte die Monate des Russlandfeldzuges trotz des von Anfang an drohenden Ausschlusses aus der Wehrmacht offensichtlich als einen Lebenshöhepunkt; zeitweise tauchte er in ein Milieu ein, in dem er sich wohlfühlte und das ihm guttat, gefördert durch den Respekt der Vorgesetzten, die Resonanz, die seine Biographie Friedrich Wilhelms I. bei Offizieren und Mannschaften fand, die offensichtliche

Hochachtung und selbst Zuneigung vieler einfacher Soldaten in seinem unmittelbaren Umkreis. Zahlreiche Eintragungen lassen darauf schließen, dass viele, die mit ihm zu tun hatten, eine für sie förderliche Aura von Aufmerksamkeit und persönlicher Disziplin verspürten, die religiös-spirituelle Durchdringung der Lebensführung Kleppers, die sich zweifellos auch im persönlichen Umgang mitteilte, akzeptierten und dass diese Erfahrung des Akzeptiertseins durch die Bewährung im Krieg belebend auf Klepper zurückwirkte. Entsprechend vernichtend muss er den Ausschluss aus der Wehrmacht erlebt haben.[109] Und selbst der regimefeindliche und militärverachtende Erich Kuby registrierte im Sommer 1941 immerhin sehr genau die Fortschritte des Vormarsches auf St. Petersburg und forderte einmal sogar – trotz immer wieder eingeschobener skeptischer Wendungen – von einer Bekannten Adressen von Personen in St. Petersburg und Moskau an, die er dort besuchen wolle.[110]

Margret Boveri wirkt in den ersten Wochen ihrer Aufzeichnungen wie aufgezogen, euphorisiert, dann plötzlich, nachdem ihr Sommerhäuschen am Teupitzsee südlich von Berlin verwüstet worden ist, deutlich herabgestimmt, aber als dann die ersten (und letzten) Wehrmachtspanzer nahe ihrer Wohnung am Lietzensee auffahren, lässt sie sich von der Mannschaft doch das Gefährt genau erklären und klettert schließlich selbst hinein. In ihrer Einleitung spricht sie zurückblickend selbst von der

ungeheuren Erhöhung des Lebensgefühls durch die dauernde Nähe des Todes. „Ich lebe noch ... und nun erst recht." Im Wiederlesen dieser Briefe und Postkarten ist mir erst zum Bewußtsein gekommen, warum bei vielen von uns die Erinnerungen an die schlimmen Jahre – Bombenzeit, Russenzeit, Erfrierungs- und Hungerwinter 1946/47, Blockadejahr 1948/49 – Erinnerungen an Hoch-Zeiten sind.[111]

Kardorff schildert ihr Leben als zeitweiligen Tanz auf dem „Vulkan" mit der Aufgeputschtheit der Feste, der „hysterischen Fröhlichkeit" nach dem Ausräumen der Reste aus der total zerbombten Wohnung und notiert nach einer Einladung, sie sei „bis zum Bersten mit Vitalität und Heiterkeit angefüllt. Eigentlich furchtbar, dieses Gefühl [...], durch eine Mauer von allem Schrecklichen abgesperrt zu sein. So als ginge nichts mich wirklich an."[112] Am 20. April 1944, dem Geburtstag des „Führers", bilanziert sie schließlich, nachdem sie Schuttberge und Klopfzeichen von unter Trümmern begrabenen Menschen beschrieben hat: „Möglich, daß ich eines Tages sagen werde, wie glücklich war ich 1944 in meiner ‚Portierloge' am Pariser Platz. Ich kann es nicht leugnen, ich liebe das Leben. Jeden Tag freue ich mich auf den nächsten."[113]

Und selbst der schauerliche Bericht der „Anonyma" über die letzten Kriegstage und die Frauenschicksale beim Einmarsch der Roten Armee ist durchzogen von einem irritierenden Ton der Aufgekratztheit und Überwachheit, den die Autorin gelegentlich auch selbst reflektiert.[114] Viele der hier aufgeführten Beobachtungen und Reflexionen verweisen auf die Erkenntnischancen der Erfahrungsperspektive, wie sie das Tagebuch ermöglicht. Daher verdient auch die Gattungsspezifik eine genauere Analyse und historische Einordnung, die im Folgenden noch angedeutet werden sollen.

IV.

Als wesentliche Merkmale des Tagebuchs gelten in der literarischen Gattungspoetik seine „Formlosigkeit, Fragmentarität, Inkohärenz, Vorläufigkeit, Spontaneität, Abkürzung, seine Freiheit von Handlung, Kontext, Stilschranken, thematischen Grenzen, sein lebensweltlicher Bezug"[115]. Alle diese Eigenschaften leiten sich letztlich aus *einem* Merkmal ab, der extremen Verknappung der Zeitperspektive: „Der persönliche Augenblick ist das kennzeichnende Merkmal des (authentischen) Tagebuchs."[116] Prinzipiell ist das Tagebuch ein Notiz- oder Merkbuch, das von Tag zu Tag geführt wird, wobei manche Eintragungen natürlich auch mehr oder weniger nachträglich vorgenommen werden können. Aus der Summe der Eintragungen entsteht kein kontinuierlich fortlaufender Text, vielmehr beginnt der Diarist mit jedem Tag (oder der sonst gewählten Zeiteinheit) neu und behandelt ihn als in sich abgeschlossene Einheit. Natürlich kann der Diarist in seinen Reflexionen diese Bindung an den Augenblick sprengen, historisch zurück oder auch imaginierend und prognostizierend vorausgreifen, aber immer nur ausgehend von einer unmittelbar gegenwärtigen Beobachtung.[117]

Das ist die entscheidende Stärke – und natürlich auch Schwäche – des Kriegstagebuchs als historischer Erzählung, unabhängig davon, ob man sie nun als historische Quelle oder als literarisches Artefakt – was sich eben nicht ausschließt – betrachtet. Das Zeitzeugen-Tagebuch ist eine moderne Chronistik mit der übersichtlichsten Zeitstruktur, die sich überhaupt denken lässt, der Einteilung nach Tagen. Mit der zeitlichen verknappt sich auch die räumliche Perspetive des Zeitzeugen-Tagebuchs aufs Äußerste. Der Diarist fußt mit seinen Beschreibungen und

Reflexionen immer auf dem unmittelbar im persönlichen Lebensumkreis Gesehenen und Gehörten, das er durch die Hinzunahme weiterer Informationsquellen mehr oder weniger erweitern kann. Für die – nach wie vor sinnvolle – heuristische Unterscheidung von Ereignis und Struktur in historiographischen Texten heißt dies, dass die Ereignisseite unbedingt dominiert und die eigentliche Stärke des Tagebuchs ist. Strukturelle, also allgemeinere Aussagen über eine Situation, ihre längerfristigen Ursachen und Folgen und ihre Deutung kommen natürlich vor und werden von manchen Diaristen mit Hilfe unterschiedlicher literarischer Techniken bewusst eingebaut, mitunter nachträglich.

Ein gängiges Mittel, den begrenzten persönlichen Zeit- und Raumhorizont zu durchbrechen, ist in den Kriegstagebüchern das Zitieren aus Wehrmachtsberichten, das Referieren von Erkenntnissen und Meinungen Dritter, bei nachträglicher Literarisierung auch das Einschieben erklärender oder verdeutlichender Ergänzungen, Briefe, „Anmerkungen" in verschiedener Form etc.[118] „Historische Augenblicke" in dem Sinne, dass hier gesamtgeschichtlich wichtige Weichenstellungen und Entscheidungen stattfinden, kommen daher entweder gar nicht vor oder haben keine herausgehobene Stellung. Wenn sie tatsächlich vorkommen, spiegeln sie die Zufallsperspektive des Diaristen und seines Informationsstandes wider oder sind durch nachträgliche Bearbeitung mehr oder weniger „literarisiert". Auch dann können sie höchst aufschlussreich sein, wie etwa die Erlebnisse von Kardorffs in den Tagen vor und nach dem 20. Juli selbst sowie manche verdeutlichenden Formulierungen zur Judenverfolgung, die in den ursprünglichen Notizen aber durchaus einen Ankerpunkt haben.[119] Nicht ihretwegen ist das Tagebuch eine so aufschlussreiche historische Quelle, sondern weil sich in ihm gleichsam der Alltag der Ausnahmesituation niederschlägt, mit der Zeitperspektive von einem Tag auf den anderen, der engen Begrenztheit des Schauplatzes, dem fehlenden Überblick über das Gesamtgeschehen, der konstellationsbedingten Einschränkung der Wahrnehmungen und deren unaufhebbare Individualisierung mit der relativen Unmittelbarkeit der Gefühle und Wertungen (die allerdings mit dem Akt der Niederschrift schon ein Stück weit gebrochen werden). Auch Jüngers hochgradig literarisierte Eintragungen zur Pariser Situation am 20. Juli und danach sind selbstverständlich in hohem Maße lesenswert – zumindest als Dokumente für die Selbststilisierung des Autors. Solche „Highlights" in der Geschichtserzählung der Diaristen sind aber eher die Ausnahme. „Historisch" ist alles, was der Diarist berichtet, einfach dadurch, dass er es berichtet.[120] Manchmal wird dieser Gegensatz der Perspektiven vom Ich beziehungsweise vom „Allgemeinen" her ausdrücklich ironisierend zugespitzt, so bei Boveri:

Gestern hat es mir wieder eine Tür kaputtgehauen. Sie ist schon wieder repariert. – Daran, daß sich hier Weltgeschichte abspielt, denkt von uns, glaube ich, niemand. Das unmittelbar Nächstliegende ist das, was die Gedanken in Anspruch nimmt und vornan der Wunsch, daß unser Haus erhalten bleiben möge. Über das Nachher nachzudenken ist überhaupt keine Zeit und Neigung und da die Zeitungen mit den täglichen Vergewaltigungsgeschichten ausbleiben, hat auch dieses vorher so beliebte Thema seine Anziehungskraft verloren.[121]

Im Zentrum des Tagebuchs steht also mit der größten Entschiedenheit der einzelne Mensch mit seinen Erlebnissen, Erfahrungen, Reflexionen, Deutungen. Die Erlebnis- und Erfahrungsdimension ist beherrschend. Man erfährt so viel und so Genaues wie nirgendwo sonst darüber, wie der einzelne Moment erlebt und erfahren wird, an der Front, hinter der Front, auf der Flucht, beim Heimaturlaub, im Alltag der Stadt, im Bombenkrieg. Berichtet wird über die persönlichen und überindividuellen Strategien, damit fertig zu werden, über die Netzwerke von Bekanntschaften, Freundschaften, Kameradschaften, in denen sich der Einzelne bewegt, über zufällige, aber in irgendeiner Weise symptomatische Gespräche, man erfährt so viel wie in keiner anderen Quelle über feindliche Begegnungen der verschiedensten Art, über persönliche Arrangements, über das Funktionieren von Freundschaften, über die Techniken und Listen des sich Behauptens und Überlebens in einer extrem feindlichen Umwelt.

Eine große Stärke des Tagebuchs ist daher die Menschenschilderung und damit auch eine Individualisierung von Erfahrungen, Verhaltensweisen und Deutungen, wie sie sonst in den Quellen nicht zu haben ist. Die äußere Erscheinung, die Reaktionsweisen, wesentliche Charakterzüge, Typisches am Einzelnen und das irreduzibel Besondere – all das bietet die Menschenschilderung des Tagebuchs. Bei Jünger erhebt sich das Porträtieren gern zu einem verallgemeinernden Stilisieren. Die Porträts etwa von Otto und Karl-Heinrich von Stülpnagel, den Militärbefehlshabern in Paris, sind aufschlussreich, wenn auch nur teilweise wahrheitsgemäß.[122] Klepper schildert die Soldaten, Unteroffiziere und Offiziere seiner unmittelbaren Umgebung – wenn auch primär unter der Perspektive des eigenen Anerkannt- und Geschätztwerdens. Insofern dienen sie mindestens ebenso sehr der Spiegelung seiner eigenen Situation wie einer objektivierenden Beschreibung. Sarkastischpolemisch, zum Teil hasserfüllt, aber eben auch höchst aussagekräftig, sind die Porträts, die Kuby von den Unteroffizieren gibt, die ihn drangsalieren. Die „Anonyma" beschreibt bis ins Einzelne das „Kellervolk" und die Personen ihrer bombenbedingten Zufalls-Hausgemeinschaft, so etwa deren wichtigste Stütze, eine kleinbürgerliche, aber vitale und lebenstüchtige Witwe und ihren Untermieter, Herrn Pauli, der sich beim Einmarsch der Russen krank ins Bett legt und trotzdem, durch seine bloße Anwesenheit, eine abschreckende Funktion ausübt. Ganz besonders versteht sich auf die Kunst, Menschen mit wenigen Sätzen zu charakterisieren, Ursula von Kardorff: Ungemein plausibel schildert sie die Verwirrtheit, den Trotz gegen die Verhältnisse und die großartige Verranntheit in die eigene geistige Welt bei ihrem Vater, der, als Frau und Tochter verschmutzt und erschöpft vom Brändelöschen in der unmittelbaren Umgebung zurückkommen, verständnislos und mit Marcel Prousts „Auf der Suche nach der verloren Zeit" im Arm aus seinem Zimmer auftaucht.[123] Suggestiv gelingen ihr auch Porträts von schillernden Figuren wie das des NS-Journalisten Schwarz van Berk. Am wichtigsten sind Kardorffs Porträts der Widerständler, sowohl die der unauffälligen, etwa der mit ihr befreundeten Redaktionssekretärin Bähr, die die Juden ihrer Nachbarschaft vor deren Deportation noch mit einem Kleidungs- und Nahrungspaket versorgt, wie die der bekannten, zum Beispiel Fritz-Dietlof von Schulenburg, Carl-Hans Graf Hardenberg oder Stauffenbergs Ordonnanzoffizier und Mittäter Werner von Haeften. Zur Vergegenwärtigung des Vergangenen, wie sie kein anderer historiographischer Text so wirklichkeitsnah leisten kann, gehört schließlich die wörtliche oder paraphrasierende Wiedergabe von Briefen, Gesprächen und auch Träumen.

Besondere Aufmerksamkeit verdient die Frage nach der Aussagekraft der Tagebücher über die Emotionen: Schrecken, Furcht, Hoffnungen, Erwartungen, Erinnerungen, insgesamt die Subjektivität der Autoren. Hier wie auch beim objektivierenden neutralen Bericht über Geschehendes im Tagebuch gilt es zu unterscheiden zwischen Aussagen, die die Subjektivität der Autoren selbst spiegeln, und dem, was die Autoren von anderen Menschen erfahren, über sie denken und fühlen. Das Tagebuch führt so nahe an das Gefühlsleben heran wie keine andere Quelle. Jünger und Kardorff notieren Träume.[124] Kardorff schildert ihre Verzweiflung, nachdem sich das Scheitern des Putsches abzeichnet, nach Verhaftung und Berichten aus dem Volksgerichtshof auch ihre Ängste und die zeitweilige Erleichterung während und nach ihren Vernehmungen.[125] Von den Euphorien und dem untergründigen Glücksgefühl über das Durchstehen von Extremsituationen war schon die Rede. Die sonst eher nüchtern-schnoddrige Margret Boveri zeigt sich erschüttert über das Aussehen einer mehrfach vergewaltigten Bekannten.[126] Bei Klepper dominiert zunächst das Glück der Gemeinschaft, ehe mit der Unabweisbarkeit der Ausstoßung aus der Wehrmacht der anfangs nur latente Unterton der Verzweiflung durchdringt.

Ungeachtet der Bedeutsamkeit dieser Ebene des Subjektiven ist aber festzustellen, dass die Autoren viel weniger Gefühle als Fakten, visuelle und optische Wahrnehmungen, Gespräche – also „Objektives", Faktisches – notieren. Klepper und Kuby berichten aus Russland immer wieder über den Zustand der Straßen, Häuser, Ortschaften; Jünger beschreibt mit fast lustvoller Genauigkeit Zerstörung, Tod und Verwesung auf einem Schlachtfeld bei einem Vormarsch nach Frankreich und fasst diese Beschreibung dann nur kurz in der Bemerkung zusammen, dass ein solcher Anblick den Geist aus den Angeln heben würde, gäbe es da nicht dazwischen auch lebendige Menschen.[127] Bei den Beschreibungen aus Berlin liest man viel über Schuttberge, Brände, zerfetztes Mobiliar, über Schlangestehen und Plünderung, über Artillerie- und Bombengeräusche. „Keine Zeit für Seelenleben" schreibt die „Anonyma".[128] Bei Vergewaltigungen notiert sie ihre körperlichen Reaktionen, das Brechen, den Schwindel. Die eigentliche Seelenverwirrung und Seelenqual aber, die bei alledem entsteht, breitet sie nicht aus, sondern deutet sie nur gelegentlich mit bemerkenswerter Stilsicherheit an – und zwar unter dem distanzierenden und ironisierenden Stichwort „für Romanautoren".[129] Sie stößt als Autorin an die Grenzen dessen, was sie ausdrücken kann und will, sie deutet diese Dimension an, wobei sie tatsächlich im sprachlichen Ausdruck auch die Grenzen des guten Geschmacks streift, und lässt es dabei bewenden.

Zu dieser Nüchternheit und Sachlichkeit passt es dann, dass man diese Tagebücher weithin als Reisetagebücher lesen kann – die männlichen wie die weiblichen, die männlichen deutlicher. Die Männer gehen auf große Reise und in das Abenteuer Krieg, auch wenn sie den Krieg früher (wie Kuby) oder später (wie Jünger) ablehnen. Bei Jünger ist es anfangs buchstäblich auch eine Reise in die Vergangenheit, zu den Stätten des Ersten Weltkriegs, er sieht die Schauplätze seiner eigenen Kämpfe 1914 bis 1918 wieder; zudem steht die Grunderzählung des Ersten Weltkriegs als Muster und bald immer stärker als Kontrast hinter seinen deutenden Erzählungen in der unmittelbaren Gegenwart.[130] Man kann die „Strahlungen" als eine Art literarisches Reisetagebuch lesen, auch mit der Beschreibung klassischer Orte wie Laon mit seiner Kathedrale.[131] Während des Frankreichfeldzugs besuchte Erich Kuby – wie Jünger in Paris – französische Literaten wie Romain Rolland und gab im Übrigen im romanischen Dom von Vezelay ein Orgelkonzert vor seinem General.[132] Am stärksten tritt der Charakter des Reisetagebuchs bei Klepper hervor. Ausführlich, hingebungsvoll und suggestiv beschreibt er Landschaften, den großen Himmel mit seinen Wolkenformationen, Häuser und Siedlungen, ihre Bauart, ihren Erhaltungszustand, die Innenausstattung der Häuser, das Äußere und das Auftreten (und Sich-Fernhalten) der Bevölkerung, sehr aufmerksam für deren Offenheit oder Ablehnung gegenüber den Besatzern. Klepper rückt mit ethnologischem Blick in Russland ein.[133] Alle Autoren halten Gespräche und Reaktionsweisen der fremden Menschen fest. Boveri und Kardorff beschreiben ihre Flucht nach Süddeutschland, eine Reise quer durch Deutschland. Selbst den Bericht der „Anonyma", die Berlin nicht verlässt, kann man im übertragenen Sinn als Bericht von einer Reise lesen, einer Reise in eine unbekannte, fürchterliche, aber eben auch erregende Welt des Erlebens.

Diese Befunde stimmen mit dem überein, was die literaturwissenschaftliche Forschung zur Entwicklung des literarischen Tagebuchs in der Moderne diagnostiziert. Der moderne Diarist schreibt weniger auf der Suche nach Sinnzusammenhängen, meist ordnet er nur die Ordnungslosigkeit und beschränkt sich darauf, den Augenblick festzuhalten.[134] In gattungsgeschichtlicher Perspektive erscheint das Tagebuch entstanden aus dem Niedergang der metaphysischen Systeme im Vorlauf der Neuzeit. In dem Maß, in dem die prägende Kraft umfassender Sinndeutungen nachließ, empfand sich der Tagebuch schreibende Zeitbeobachter uneindeutig, zerrissen, form- und ordnungsbedürftig. An den Tagebüchern von Hebbel und Amiel ist die Feststellung gewonnen, dass diese Diaristen die Chaotik, die Anarchie, die Form- und Ordnungslosigkeit des Lebens buchstäblich am eigenen Leib empfunden hätten, „so elementar, daß keine der herkömmlichen poetischen Gattungen hinreichte, diesem Leben Ausdruck zu verleihen"[135]. Es bedarf keiner langen Begründung, dass gerade das Zeitzeugen-Tagebuch aus dem Krieg die Form- und Ordnungslosigkeit des Lebens darstellerisch reproduziert und symbolisiert. Insofern erscheint das Tagebuch als eine der Kriegserfahrung besonders angemessene Form. Allerdings muss man Einschränkungen machen: Für Ernst Jünger sind seine Kriegstagebücher *die* literarische Form, um seine umfassende Vorstellung von der Geschichte als ewigem Kreislauf von Geburt, Tod und Wiedergeburt literarisch angemessen zu formulieren, bis hin zu der – widerwilligen – Anerkennung der deutschen Niederlage als notwendiges Schicksal. Die schwermütige und ergreifende Ruhe, die streckenweise über Kleppers Kriegstagebuch liegt, erklärt sich wesentlich aus seiner – zwar nicht unangefochtenen, aber doch lebensformenden – lutherischen Religiosität.[136] Kardorff geht öfters zur Kirche, beklagt die Abgehobenheit der protestantischen Predigt (in der Gedächtniskirche wohlgemerkt) von der Realität, und die „Anonyma" wünscht sich ein- oder zweimal verzweifelt, glauben zu können.[137]

V.

Immer wird bei literaturwissenschaftlichen Überlegungen zur Gattungspoetik direkt oder indirekt auch nach den Funktionen des Tagebuchs für den Autor gefragt. Diese Frage ist auch für unsere Texte relevant und unvermeidlich, soll hier aber nur noch angesprochen werden, soweit sie zur Klärung der Erkenntnis- wie der Wirkungschancen dieser Tagebücher beitragen kann. Als solche Funktionen werden meist genannt: die Selbstverständigung des Autors, oder genauer: die Erkundung „auf die Grenzen einer bedrohlich oder unerträglich gewordenen Lebenssituation" hin – wobei mitunter ausdrücklich auf eine knapp werdende Überlebensfrist Bezug genommen wird; im Tagebuch dokumentiere sich die Absicht, „sich nicht aufzugeben", sei es gegenüber einer bedrohlichen äußeren, sei es, bei den literarischen Tagebüchern, vor allem inneren Wirklichkeit.[138] Das Tagebuch bietet eine Möglichkeit der Selbstbehauptung, die sich vor allem durch die Objektivierung als psychische Entlastung darstellt. Ganz bestimmt trifft die Beobachtung zu, dass der Tagebuchautor versucht, durch sein Schreiben Gelassenheit zu gewinnen. Das gilt unzweifelhaft für alle hier behandelten Autoren. Nicht zu gering sollte man schließlich eine elementare Schreibleidenschaft veranschlagen. Jünger und Klepper sind geborene Diaristen, Klepper notiert immer wieder, wo und unter welchen Umständen er sein Tagebuch führt, und alle hier behandelten Autoren haben das Schreiben zu ihrem Beruf gemacht.

Im Übrigen ruht die Sinngebung dieser Texte im Wesentlichen in sich selbst, in dem Aufschreiben und Überliefernwollen. Das betrifft sowohl die Funktionen des Tagebuchs für die Autoren selbst – Bewältigung des Chaos, des Unbegreiflichen, der Katastrophe durch das distanzierende und objektivierende Schreiben – als auch eine mehr oder weniger ausdrücklich referierte Überlieferungsabsicht. Alle Autoren empfinden sich als Chronisten ihrer Epoche und wollen das Erlebte für später festhalten. Die Gelegenheitschronistinnen Boveri und „Anonyma" kleiden ihren eigentlichen Wunsch in die Bescheidenheits- und Sehnsuchtsformel einer Anrufung des „großen Autors": „Um diesen Krieg [...] zu beschreiben muß es einmal einen ganz großen Mann geben, Beobachter und Denker und Dichter zugleich."[139] Kardorff will unzweifelhaft zur Erinnerung an den 20. Juli beitragen. Bei allen artikuliert sich das Bewusstsein einer Extremsituation und – wenn auch unterschiedlich klar – eines historischen Umbruchs. Die Überlieferungsabsicht stellt auch die eigentliche Antwort auf die alle Autoren bedrängende Frage nach dem Sinn des Erlebten dar. Gerade gegenüber dem Andrang des rein Faktischen und der Übermacht eines katastrophalen Geschehens ist diese tiefe Sehnsucht nach Sinn zu spüren. Dort, wo solcher Sinn explizit angeboten wird, bei Jünger und Klepper, wirkt er aus heutiger Sicht tief problematisch, manchmal geradezu dubios (Jünger) und erscheint als mitverursachender Teil der Katastrophe selbst. Viel überzeugender wirkt da der fragende und suchende, selbst, wie bei Kuby, der erbittert kritische Gestus, der zum Schluss auf die deutende (und vielleicht auch tröstende) Kraft der Literatur selbst zurückführt: Das Burckhardt- oder Jüngerzitat, das Kleist- oder Hebbelzitat bei Kardorff.[140] Die „Anonyma" verspürt nach dem Ende der schlimmsten Not und Bedrängnis ein vitales Sinn- und Deutungsbedürfnis. Die Erzählerin macht sich über die zusammengestoppelte Bibliothek der Zufallswohnung her, in die es sie verschlagen hat, ackert sich durch einen Band mit Dramen von Aischylos und entdeckt dabei die „Perserklage":

Mit ihrem Wehschreien der Besiegten paßte sie gut zu unserer Niederlage – und paßt doch gar nicht. Unser deutsches Unglück hat einen Beigeschmack von Ekel, Krankheit und Wahnsinn, ist mit nichts Historischem vergleichbar. Soeben kam durchs Radio wieder eine KZ-Reportage. Das Gräßlichste bei all dem ist die Ordnung und Sparsamkeit: Millionen Menschen als Dünger, Matratzenfüllung, Schmierseife, Filzmatte – dergleichen kannte Aischylos doch nicht.[141]

Anmerkungen

[1] Vgl. dazu Susanne zur Nieden, Aus dem vergessenen Alltag der Tyrannei. Die Aufzeichnungen Victor Klemperers im Vergleich zur zeitgenössischen Tagebuchliteratur, in: Hannes Heer (Hg.), Im Herzen der Finsternis, Berlin 1997, S. 110f.

[2] Das Tagebuch der Anne Frank, Heidelberg 1950 (niederländ. 1947).

[3] Ernst Jünger, Strahlungen, Tübingen 1949; im Folgenden benützt in der Ausgabe Ernst Jünger, Werke. Tagebücher II, Tagebücher III (Strahlungen 1. Teil, Strahlungen 2. Teil), Stuttgart o. J.

4 Victor Klemperer, Leben sammeln, nicht fragen wozu und warum: Tagebücher 1918–1933, hg. v. Walter Nowojski, Berlin 1996; Victor Klemperer, Ich will Zeugnis ablegen bis zum letzten: Tagebücher 1933–1945, hg. v. Walter Nowojski, Berlin 1995; So sitze ich denn zwischen allen Stühlen: Tagebücher des Victor Klemperer 1945–1959, hg. v. Walter Nowojski unter Mitarb. von Christian Löser, Berlin 1999.
5 Anonyma, Eine Frau in Berlin. Tagebuchaufzeichnungen vom 20. April bis zum 22. Juni 1945, 9. Aufl., Frankfurt a.M. 2003.
6 Walter Kempowski, Das Echolot. Barbarossa '41. Ein kollektives Tagebuch, München 2002; ders., Das Echolot. Ein kollektives Tagebuch. Januar und Februar 1943, 4 Bde., München 1993; ders., Fuga furiosa. Ein kollektives Tagebuch. Winter 1945, 4 Bde., München 2004; ders., Abgesang '45. Ein kollektives Tagebuch, München 2005. Eine nützliche Sammlung von Tagebuchauszügen edierte bereits Heinrich Breloer, Geheime Welten. Deutsche Tagebücher aus den Jahren 1939 bis 1947, Köln 1984, jetzt wieder in: „Die Andere Bibliothek", hg. v. Hans Magnus Enzensberger, Frankfurt a.M. 1999.
7 Gerhard Nebel, zit. in: Nieden, Alltag der Tyrannei, S. 110.
8 Ursula von Kardorff in einem Essay im Herbst 1942 in der Deutschen Allgemeinen Zeitung, zit. in: Nieden, Alltag der Tyrannei, S. 110.
9 Norbert Frei, Vergangenheitspolitik. Die Anfänge der Bundesrepublik und die NS-Vergangenheit, München 1996; Jeffrey Herf, Divided Memory: The Nazi Past in the two Germanys, Cambridge 1997 (deutsch: Zweierlei Erinnerung. Die NS-Vergangenheit im geteilten Deutschland, Berlin 1998); Edgar Wolfrum, Geschichtspolitik in der Bundesrepublik Deutschland. Der Weg zur bundesrepublikanischen Erinnerung 1948–1990, Darmstadt 1999; ders., Geschichte als Waffe. Vom Kaiserreich bis zur Wiedervereinigung, Göttingen 2001; Wolfgang Hardtwig, Fiktive Zeitgeschichte? Literarische Erzählung, Geschichtswissenschaften und Erinnerungskultur in Deutschland, in: ders., Hochkultur des bürgerlichen Zeitalters, Göttingen 2005, S. 114–135; vgl. dazu Izabela Sellmer, „Warum schreibe ich das alles?" Zur Rolle des Tagebuchs für deutschsprachige Exilschriftsteller 1933–1945, Frankfurt a.M. 1997; Lothar Bluhm, Das Tagebuch zum Dritten Reich. Zeugnisse der inneren Emigration von Jochen Klepper bis Ernst Jünger, Bonn 1991.
10 Neuerdings in Hans Magnus Enzensbergers Anderer Bibliothek neu aufgelegt: Friedrich Reck, Tagebuch eines Verzweifelten, Frankfurt a.M. 1994, ein in hohem Maße „literarisiertes" Tagebuch, das in wahrhaft erschütternder Weise zeigt, in welchem Maße der politische Zorn auf Adolf Hitler und sein Regime den Autor in eine aporetische Lebenssituation trieb; Reck wurde Ende 1944 verhaftet und starb im KZ Dachau.
11 Jünger, Strahlungen; Jochen Klepper, Überwindung. Tagebücher und Aufzeichnungen aus dem Kriege, Stuttgart 1958; Erich Kuby, Mein Krieg. Aufzeichnungen aus 2129 Tagen, Berlin 1999; Ursula von Kardorff, Berliner Aufzeichnungen 1942 bis 1945, unter Verwendung der Original-Tagebücher neu hg. u. kommentiert v. Peter Hartl, München 1997; Margret Boveri, Tage des Überlebens. Berlin 1945, München 1985; Anonyma, Frau in Berlin; dies sind die von mir benutzten Ausgaben; zur Editionsgeschichte vgl. ausführlicher den Abschnitt II; zum Tagebuch als Chronistik vgl. Susanne zur Nieden, Literatur des Kerkers? Die Diaristik im Nationalsozialismus, in: dies., Alltag im Ausnahmezustand. Frauentagebücher im zerstörten Deutschland 1943 bis 1945, Berlin 1993; Heinke M. Kalinke (Hg.), Brief, Erzählung, Tagebuch: Autobiographische Dokumente als Quellen zur Kultur und Geschichte der Deutschen in und aus dem östlichen Europa. Referate der

Tagung des Johannes-Künzig-Instituts für ostdeutsche Volksgeschichte vom 8./9. September 1999, Freiburg 2000.

12 Ralph-Rainer Wuthenow, Moderne europäische Diaristik, in: Hans Joachim Piechotta (Hg.), Die literarische Moderne in Europa, Oblaten 1994, S. 394; vgl. allgemeiner ders., Europäische Tagebücher. Eigenart, Formen, Entwicklung, Darmstadt 1990.

13 Die Unterscheidung geht zurück auf Hans Rudolf Picard, Das Tagebuch als Gattung zwischen Intimität und Öffentlichkeit, in: Archiv für das Studium der neueren Sprachen und Literaturen 223 (1986), S. 17–25.

14 Auch ein „authentisches" Tagebuch kann durchaus auf literarische Mittel zurückgreifen. Ob und in welcher Weise eine Veröffentlichungsabsicht vorlag, ist oft schwer festzustellen; das authentische und das literarische Tagebuch jeweils mit Vorstellungen von wahr oder wahrhaftig auf der einen, fiktional oder erfunden auf der anderen Seite gleichzusetzen, geht in die Irre.

15 So Lothar Bluhm, Ernst Jünger als Tagebuchautor und die innere Emigration, in: Hans-Harald Müller (Hg.), Ernst Jünger im 20. Jahrhundert, München 1995, S. 133. Auch das „literarische Tagebuch" ist im Wesentlichen nicht-fiktional und erhebt Anspruch auf dokumentarischen Wert; denkbar sind allerdings auch fiktive Tagebücher, in denen der Autor nur die Darstellungsform des Tagebuchs nutzt, aber keinen Anspruch auf dokumentarischen Wert seiner Niederschrift erhebt.

16 Elias Canetti, Dialog mit dem grausamen Partner, in: Uwe Schultz (Hg.), Das Tagebuch und der moderne Autor, Frankfurt 1982, S. 55; vgl. dazu Hargen Thomsen, Das Tagebuch im Übergang zur literarischen Kunstform, in: Germanisch-Romanische Monatsschrift 75 (1994), S. 371–389.

17 Das Gesamtkonvolut seiner Aufzeichnungen umfasst Briefe, Tagebücher, Kalender-Notizen, aus denen er für die Erstpublikation 1945 ein Kondensat von etwa einem Zehntel der ursprünglichen Aufzeichnungen auswählte. Soweit Briefe Teil des Textes sind, erfüllt dieser nicht die strikte Definition des Tagebuchs. Da beim Briefschreiben ein spezifischer Adressat gemeint ist, wird die Unmittelbarkeit der Aussage stärker als bei der Reinform des „authentischen" Tagebuchs gebrochen. Andererseits ist ein wesentliches Definitionskriterium des Tagebuchs, die zeitnahe Aufzeichnung von Tag zu Tag, erfüllt; vgl. zu diesem Kriterium u. a. Peter Boerner, Das Tagebuch, Stuttgart 1969, S. 11; Sellmer, Warum schreibe ich, S. 20ff. Kuby selbst stellt einschränkend fest, dass seine Kürzungen den Aussagen eine Stringenz gegeben hätten, die den Originalnotizen nicht zu eigen sei: „Ich habe damals alles geschrieben, was ich hier vorlege, und doch nicht dieses Buch. Es ist durch einen Prozeß der Verdichtung entstanden, vorgenommen mit dem Rotstift. Ihm fiel kein Satz, ja kein Wort zum Opfer, dessen Unterdrückung eine nachträgliche Korrektur, in welchem Sinne auch immer, bedeutet hätte." (Kuby, Mein Krieg, S. 4).

18 Hier gilt also Ähnliches wie bei Kuby, allerdings hat die Autorin keine spätere Auswahl getroffen.

19 Inhaltlich am ehesten vergleichbar mit dem Tagebuch der Anonyma sind die Aufzeichnungen von Herman Kasack für den Zeitraum zwischen dem 6. Mai 1945 und Mitte Februar 1946, mit dem Schwerpunkt auf den ersten „13 Wochen" des Besatzungsregimes der Russen in Potsdam: Hermann Kasack, 13 Wochen. Tage- und Nachtblätter. Aufzeichnungen aus dem Jahre 1945 über das Kriegsende in Potsdam, hg. v. Wolfgang Kasack, Berlin 1996. Diese Aufzeichnungen sind nicht Tag für Tag geschrieben, aber zeitnah, gleichwohl in hohem Maße literarisiert.

[20] Zur Debatte um die Autorin, die Authentizität des Tagebuchs bzw. die Möglichkeit eines redigierenden Eingriffs durch C. W. Ceram vgl. zunächst das Nachwort von Ceram selbst in der Publikation von 2003: Anonyma, Frau in Berlin, S. 285–289; die „offenen Fragen" zur Autorschaft, die allerdings den hier zugrunde gelegten Quellenwert des Buches nicht tangieren, diskutiert Götz Aly, Ein Fall für Historiker, in: Süddeutsche Zeitung, 18./19. 10. 2003; das – allerdings nicht sehr ergiebige – Echtheitsgutachten von Walter Kempowski in der Frankfurter Allgemeinen Zeitung, 20. 1. 2004, S. 35.

[21] Als bibliographische Hilfsmittel vgl. v. a. Horst Mühleisen, Bibliographie der Werke Ernst Jüngers, begründet von Hans Peter de Coudres, Stuttgart 1996; Nicolai Riedel, Internationale Ernst-Jünger-Bibliographie (1986–1996). Ein Jahrzehnt Wirkungsgeschichte im Spiegelgeist wissenschaftlicher und naturwissenschaftlicher Forschung, in: Les Carnets Ernst Jünger 1 (1996), S. 205–222, und ebd., 2 (1997), S. 5–222; hilfreiche Monographie Martin Meyer, Ernst Jünger, München 1990; spezieller die beiden Publikationen von Bluhm, Tagebuch zum Dritten Reich; ders., Ernst Jünger als Tagebuchautor und die „Innere Emigration" (Gärten und Straßen 1942 und Strahlungen 1949), in: Hans-Harald Müller u. Harro Segeberg (Hg.), Ernst Jünger im 20. Jahrhundert, München 1995, S. 125–153; Helmuth Kiesel, Zwischen Kritik und Affirmation. Ernst Jüngers Auseinandersetzung mit dem Nationalsozialismus, in: Günther Rüther (Hg.), Literatur in der Diktatur. Schreiben im Nationalsozialismus und DDR-Sozialismus, Paderborn 1997, S. 163–172.

[22] Die Editionsgeschichte ist resümiert bei Felix Krömer, Offizier und Tagebuchautor im besetzten Paris. Die Darstellung des NS-Regimes in Ernst Jüngers Journalen 1941–1944, Magisterarbeit, HU Berlin 2004; hier findet sich ein exakter Vergleich der verschiedenen Fassungen der Pariser Tagebücher; vgl. auch ders., Die Handschriften von Ernst Jüngers Pariser Tagebüchern – stereoskopisch betrachtet, in: Zeitschrift für Germanistik 2 (2005), S. 337–351.

[23] Zum Problem der Fassungen bei Ernst Jünger allgemein bereits Ulrich Böhme, Fassungen bei Ernst Jünger, Meisenheim am Glan 1972; vgl. auch Bluhm, Tagebuch zum Dritten Reich, S. 140–154; vgl. zusammenfassend ebd., S. 38–72.

[24] Jochen Klepper, Der Vater. Der Roman des Soldatenkönigs, Stuttgart 1937.

[25] Ders., Unter dem Schatten Deiner Flügel. Aus den Tagebüchern der Jahre 1932 bis 1942, hg. v. Hildegard Klepper. Auswahl, Anmerkungen und Nachwort von Benno Mascher, Geleitwort von Reinhold Schneider, Stuttgart 1983.

[26] Dazu auch der Roman: Rosemarie. Des Deutschen Wunders liebstes Kind, Stuttgart 1958, der 17 Übersetzungen erlebte; weitere Buchklubpublikationen u. a.: Wie das Dritte Reich Italien ruinierte, Hamburg 1982; Als Polen deutsch war 1939–1945, Ismaning bei München 1986; Mein ärgerliches Vaterland, Berlin 1989; Der Preis der Einheit, Hamburg 1990.

[27] Vgl. dazu Norbert Frei u. Johannes Schmitz, Journalismus im Dritten Reich, 3. Aufl., München 1999, S. 124–126.

[28] Kardorff, Berliner Aufzeichnungen, S. 33. Kardorff selbst hat offengelegt, dass sie bei der Publikation vor allem Begriffe der NS-Terminologie durch neutralere Ausdrücke ersetzte: aus dem „Führer" wurde „Hitler", aus „schweißtriefenden Plutokraten" „verängstigte Reiche", „Russenweiber" wurden zu „Ostarbeiterinnen", vgl. ebd., S. 27. Dass hier insgesamt nur eine „Tagebuchfiktion" vorliege, scheint mir ein stark überzogenes Urteil, so Nieden, Literatur des Kerkers, S. 64; vgl. auch Frei u. Schmitz, Journalismus im Dritten Reich, S. 150–154.

[29] Freundliche Auskunft des Verlages.

30 Kardorff, Berliner Aufzeichnungen, S. 101.
31 Ebd., S. 111.
32 Ebd., S. 92.
33 Vgl. die knappe Würdigung Ralf Breslau u. Arnulf Baring, Margret Boveri (1900–1975) – Eine deutsche Journalistin, in: Staatsbibliothek Berlin, Mitteilungen 9 (2000), S. 244–266; nach Abschluss des Manuskripts erschien Heike B. Görtemaker, Ein deutsches Leben. Die Geschichte der Margret Boveri, München 2005. Auf Betreiben von Uwe Johnson schrieb Margret Boveri in den siebziger Jahren eine Autobiographie (Margret Boveri, Verzweigungen. Eine Autobiographie, hg. v. Uwe Johnson, München 1977, wieder als ungekürzte Ausgabe bei dtv 1982), die allerdings nur bis zum Ende der dreißiger Jahre reicht. Ein höchst aufschlussreiches Dokument für den Kampf um die Erinnerung ist das umfangreiche Nachwort des Herausgebers (S. 351–409), in dem er vielfach aus den Briefen Boveris an ihn zitiert; vgl. dazu auch Roland Berbig, „Having learned my lesson". Margret Boveris Autobiographie ‚Verzweigungen' und ihre Herausgeber Elisabeth und Uwe Johnson, in: Deutsche Vierteljahrsschrift für Literaturwissenschaft und Geistesgeschichte 70 (1996), S. 138–169; vgl. auch Frei u. Schmitz, Journalismus im Dritten Reich, S. 136–143; zur Frankfurter Zeitung und zum Reich vgl. ebd., S. 126–128, 139–142 u. ö.; 108–120, 169–172 u. ö.
34 Vgl. Boveri, Tage des Überlebens, S. 7–32.
35 Vgl. z. B. die umfangreichen Einschübe „Zeitgeschichte" in: ebd., S. 53–59, 138–148, 160–173.
36 Vgl. oben Anm. 20.
37 Jörg Friedrich, Der Brand. Deutschland im Bombenkrieg 1940–1945, Berlin 2002; Gregor Thum, Die fremde Stadt. Breslau 1945, Berlin 2003; Peter Glotz, Die Vertreibung. Böhmen als Lehrstück, München 2003.
38 Jünger, Strahlungen II, 1.8.1943, 31.4.1944; Krömer, Offizier und Tagebuchautor, S. 37ff.
39 Vgl. ebd., S. 11; Jünger, Strahlungen II, u. a. S. 136, 291, 294.
40 Vgl. Krömer, Offizier und Tagebuchautor, S. 64ff.; allgemein Hans-Joachim Schickedanz, Ästhetische Rebellion und rebellische Ästheten. Eine kulturgeschichtliche Studie über den europäischen Dandyismus, Frankfurt a.M. 2000; Rainer Gruenter, Formen des Dandyismus. Eine problemgeschichtliche Studie über Ernst Jünger, in: Euphorion 46 (1952), S. 170–202; Helmut Lethen, Verhaltenslehren der Kälte. Lebensversuche zwischen den Kriegen. Frankfurt a.M. 1994, S. 188.
41 Klepper, Überwindung, S. 127, vgl. auch S. 64, 68 u. ö; zur Nachkriegslegende über das Verhältnis von Offizieren und Soldaten in der Wehrmacht vgl. Habbo Knoch, Die lange Dauer der Propaganda. Populäre Kriegsdarstellung in der frühen Bundesrepublik, in: Wolfgang Hardtwig u. Erhard Schütz (Hg.), Geschichte für Leser. Populäre Geschichtsschreibung in Deutschland im 20. Jahrhundert, Stuttgart 2005, S. 205–223.
42 Ebd., S. 117 u. ö.
43 Ebd., S. 160.
44 Ebd., S. 168.
45 Später im Kriegsgefangenenlager bewegte er sich in einem Kreis von Personen, die in ähnlichen Kategorien dachten und urteilten wie er, vgl. Kuby, Mein Krieg, S. 446, 447, 458f. u. ö.; Kubys „summarischer Eindruck von diesen Siegern" lautet: „Sie sind politisch so dumm wie menschlich angenehm.", S. 453.

⁴⁶ Ebd., S. 110. Das Verhalten Kubys schildert durchaus kritisch der mit Kuby befreundete und später bei Stalingrad gefallene Bildhauer Hans Heinrich Bertram in einem Brief an Kubys Frau, ebd., S. 154.
⁴⁷ Ebd., S. 241, ähnlich S. 99.
⁴⁸ Ebd., S. 99.
⁴⁹ Diese Feststellung gilt ungeachtet der jüngsten Darstellung über die Anfälligkeit des Adels für die NS-Ideologie; vgl. Stephan Malinowski, Vom König zum Führer. Sozialer Niedergang und politische Radikalisierung im deutschen Adel zwischen Kaiserreich und NS-Staat, Berlin 2003.
⁵⁰ Kardorff, Berliner Aufzeichnungen, S. 82, 83, 94.
⁵¹ Ebd., S. 39, vgl. auch S. 68 u. ö.
⁵² Jünger, Strahlungen II, 6.4.1945, 11.4.1945.
⁵³ Kardorff, Berliner Aufzeichnungen, vgl. u. a. S. 62f., 67, 72f., 82ff., 176f., 206, 208, 209, 234.
⁵⁴ Anonyma, Frau in Berlin, S. 13f., 21, 27f., 34f.; als beliebig herausgegriffene Beispiele bei Kuby, Mein Krieg, S. 164f., 179f., 209, 228, 341.
⁵⁵ Ebd., S. 21.
⁵⁶ Ebd., S. 45, 21.
⁵⁷ Ebd., S. 196.
⁵⁸ Ebd., S. 215.
⁵⁹ Ebd., S. 28.
⁶⁰ Ebd., S. 98.
⁶¹ Ebd., S. 211, 212, 219.
⁶² Klepper, Überwindung, S. 83.
⁶³ Ebd., S. 206.
⁶⁴ Eine sehr umsichtige und durchaus kritische Analyse findet sich bereits bei Hellmut Seier, Kollaborative und oppositionelle Momente der inneren Emigration Jochen Kleppers, in: Jahrbuch für die Geschichte Mittel- und Osteuropas 8 (1959), S. 319–347.
⁶⁵ Vgl. Jünger, Strahlungen II, 21.7.1944; Krömer, Offizier und Tagebuchautor, S. 31.
⁶⁶ Jünger, Strahlungen II, 27.11.1943, zit. in: Krömer, Offizier und Tagebuchautor, S. 32.
⁶⁷ Jünger, Strahlungen II, 23.5.1945. Diese Aufzeichnungen stammen aus dem „Tagebuch" Jahre der Okkupation, das Jünger erst 1958 erstmals publizierte, dann aber den Strahlungen zuordnete.
⁶⁸ Kuby, Mein Krieg, S. 26.
⁶⁹ Ebd., S. 412f., vgl. die ganze Eintragung.
⁷⁰ Vgl. ebd., u. a. S. 84, 102, 105, 110f., 164, 307f., 313.
⁷¹ Ebd., S. 143.
⁷² Ebd., S. 72.
⁷³ Ebd., S. 22, 164, 307, 313.
⁷⁴ Jünger, Strahlungen I, 31.5.1940, 6.6.1940, 10.6.1940, 14.6.1940.
⁷⁵ Ebd., 13.7.1940, 14.6.1940.
⁷⁶ Kuby, Mein Krieg, S. 325.
⁷⁷ Klepper, Überwindung, S. 84, vgl. auch S. 87, 121, 135.
⁷⁸ Anonyma, Frau in Berlin, S. 194, vgl. auch S. 90.
⁷⁹ Ebd., S. 146.
⁸⁰ Kardorff, Berliner Aufzeichnungen, S. 106, 169 u. ö.
⁸¹ Boveri, Tage des Überlebens, S. 37; noch prägnanter bei Kardorff, Berliner Aufzeichnungen, u. a. S. 160.
⁸² Jünger, Strahlungen II, 4.9.1943, 5.9.1943, 2.10.1943.

[83] Klepper, Überwindung, S. 18, 60, 62, 66, 71, 64, 67, zit. S. 24, 81.
[84] Ebd., S. 225, 223.
[85] Ebd., S. 19, 21, 24, 52.
[86] Kuby, Mein Krieg, S. 188ff., 394ff.
[87] Kardorff, Berliner Aufzeichnungen, S. 321, 356.
[88] Boveri, Tage des Überlebens, S. 105, 116.
[89] Anonyma, Frau in Berlin, S. 53.
[90] Ebd., S. 90.
[91] Ebd., S. 112.
[92] Ebd., S. 145.
[93] Ebd., S. 130f.
[94] Ebd., S. 112.
[95] Ebd., S. 109f.
[96] Vgl. Krömer, Offizier und Tagebuchautor, S. 26ff.
[97] Klepper, Überwindung, S. 123f.
[98] Kardorff, Berliner Aufzeichnungen, S. 64.
[99] Ebd., S. 42f., 91f., 160, 206f.
[100] Ebd., S. 174.
[101] Ebd., S. 165.
[102] Ebd., S. 172ff. Gelegentlich kommt es auch zu einem spontanen Ausbruch gegen diese „idiotischen Männer", ebd., S. 89f.
[103] Ebd., S. 89. Das Unverständnis der heimkehrenden Männer gegenüber den Überlebensstrategien der Frauen ist auch bei Anonyma ein zentrales Thema.
[104] Boveri, Tage des Überlebens, S. 65, vgl. auch S. 52, 53, 122.
[105] Anonyma, Frau in Berlin, S. 41.
[106] Ebd., S. 27.
[107] Ebd., S. 51, vgl. auch S. 85, 87. Thematisch geworden ist diese Umkehrung der Geschlechterordnung schließlich in dem von Christian Graf von Krockow formulierten Bericht seiner Schwester Libussa über Flucht und Vertreibung, Christian Graf von Krockow, Die Stunde der Frauen. Bericht aus Pommern, Stuttgart 1988, hier benutzt in der Ausgabe München 1993.
[108] Vgl. Jünger, Strahlungen I, 27.5.1940.
[109] Klepper, Überwindung, S. 71, 115, 125, 164, 216f., 222.
[110] Kuby, Mein Krieg, S. 129, 131.
[111] Boveri, Tage des Überlebens, S. 9.
[112] Kardorff, Berliner Aufzeichnungen, S. 95, 157, 59.
[113] Ebd., S. 181.
[114] Anonyma, Frau in Berlin, S. 23, 45.
[115] Picard, Tagebuch als Gattung, S. 21; vgl. auch Thomson, Tagebuch im Übergang, S. 373; Wuthenow, Moderner europäische Diaristik, S. 393f.
[116] Thomson, Tagebuch im Übergang, S. 376.
[117] Ebd., S. 374f.; Boerner, Tagebuch, S. 11; Sellmer, Warum schreibe ich, S. 20, 23.
[118] Vgl. z. B. Boveri, Tage des Überlebens, S. 66, 67, 70f., 72f., 75 u. ö.; Kuby, Mein Krieg, u. a. S. 72, 78, 89f., 90f., 92f.
[119] Kardorff, Berliner Aufzeichnungen, S. 71, 96 u. ö.
[120] Vgl. z. B. Goebbels Sportpalastrede zit. ebd., S. 67, vgl. auch S. 96, 205, 233 u. ö.
[121] Boveri, Tage des Überlebens, S. 73f.

[122] Zur Verantwortlichkeit Otto von Stülpnagels für deutsche Kriegsverbrechen in Frankreich vgl. u. a. Hans Umbreit, Der Militärbefehlshaber in Frankreich 1940–1944, Boppard a. Rh. 1968; Jean Solchany, Das deutsche Bild der Resistance. Identifizierungslogiken und Ausrottungsstrategien des Militärbefehlshabers in Frankreich, in: Ahlrich Meyer (Hg.), Repression und Kriegsverbrechen. Die Bekämpfung von Widerstands- und Partisanenbewegungen gegen die deutsche Besatzung in West- und Südeuropa, Berlin 1997, S. 25–42; Krömer, Offizier und Tagebuchautor, S. 37ff. Anhand des Fassungsvergleichs weist Krömer die grundsätzliche Anonymisierungs- und Verallgemeinerungsstrategie in der Berichterstattung Jüngers auf.

[123] Kardorff, Berliner Aufzeichnungen, S. 39f., 46, 65.

[124] Jünger, Strahlungen I, S. 175 u. ö.; Kardorff, Berliner Aufzeichnungen, S. 66, 60. Traumerzählungen ziehen sich durch viele Texte Jüngers, vom Abenteuerlichen Herz über die Marmorklippen bis zur Zwille und gehören zur Faktur des Textes wie die Darstellung von faktischem Geschehen; hier Jünger, Strahlungen I, u. a. 1.6.1940, 8.7.1940, 18.6.1941; ebd. II, 24.8.1943.

[125] Kardorff, Berliner Aufzeichnungen, S. 210–273 passim.

[126] Boveri, Tage des Überlebens, S. 105f.

[127] Jünger, Strahlungen I, 27.5.1940, 30.5.1940.

[128] Anonyma, Frau in Berlin, S. 282.

[129] Ebd., S. 161.

[130] Jünger, Strahlungen I, 31.5.1940.

[131] Ebd., 10.6.1940.

[132] Kuby, Mein Krieg, S. 63ff.

[133] Klepper, Überwindung, S. 13, 16, 17, 26, 33, 82, 136, 154 u. ö.

[134] Thomson, Tagebuch im Übergang, S. 380; zur betonten Sachlichkeit, dem Vorrang der Beobachtung vor der psychologischen Selbstdeutung und der Autonomie des Augenblicks im literarischen Tagebuch des 20. Jahrhunderts vgl. Boerner, Tagebuch, S. 59; Wuthenow, Moderne europäische Diaristik, S. 395ff.; Gerhard P. Knapp, Studien zur Entwicklung und Ästhetik des literarischen Tagebuchs der Moderne, in: Sprachkunst 28 (1997), S. 291–316.

[135] Thomson, Tagebuch im Übergang, S. 381.

[136] Vgl. u. a. Klepper, Überwindung, S. 22, 51, 114.

[137] Kardorff, Berliner Aufzeichnungen, S. 47, 76 u. ö.

[138] Wuthenow, Moderne europäische Diaristik, S. 396.

[139] Boveri, Tage des Überlebens, S. 48 (4.3.1945).

[140] Kardorff, Berliner Aufzeichnungen, S. 64, 81, 96, 164, 169, 218, 230; Boveri liest während des Einmarsches der Roten Armee Goethes Italienische Reise und spielt ab und zu eine Bach-Fuge auf dem Klavier!

[141] Anonyma, Frau in Berlin, S. 278.

9. Zeitgeschichte in der Literatur 1945–2000

In der von der „Frankfurter Allgemeinen Zeitung" inszenierten Debatte um Jonathan Littells Roman „Die Wohlgesinnten" führte der Frankreich-Korrespondent der Zeitung, Jürg Altwegg, ein Gespräch mit Jorge Semprun, dem spanisch-französischen Autor, Intellektuellen und Buchenwald-Überlebenden, über Littells in Frankreich sensationell erfolgreiches Werk. Dabei ging es auch um die Frage, wie geschichtliche Erinnerung über die Generationen hinweg tradiert werden kann. Die These Sempruns dazu ist einfach und eindeutig: „Wie viele Franzosen haben Raul Hilbergs Standardwerk über die Ermordung der Juden gelesen? Wenige. In fünfzig Jahren wird sich das kollektive Erinnern an die Shoah nicht auf Hilberg beziehen. Sondern auf Littell. ‚Die Wohlgesinnten' werden die Wahrnehmung prägen, nicht die Historiker."[1]

Ein Blick auf zahlreiche zeitgeschichtliche Kontroversen der jüngsten Vergangenheit liefert viel Material zur Bestätigung dieser These, von der „Goldhagen-Kontroverse" und der neuen Aufregung über Albert Speers Verantwortlichkeit für Untaten des Dritten Reichs bis zur anhaltenden Konjunktur des Themas „Flucht und Vertreibung" in der medialen Öffentlichkeit seit den späten 1990er Jahren. Regelmäßig erhebt sich bei solchen Gelegenheiten der Vorwurf an die Historiker, das jeweils für eine breite Rezeption aktualisierte Thema unzureichend erforscht und – wenn überhaupt – dann in zu esoterischer Form dargestellt zu haben. Dieser Vorwurf mag hier und da durchaus berechtigt sein, in seiner – vorhersagbaren – immer wiederkehrenden Pauschalität und moralischen Entrüstetheit geht er fehl. Denn immer stellte sich dabei im Nachhinein heraus, dass die Fachwissenschaft sehr viel mehr Fakten und Zusammenhänge erforscht und dargestellt hatte als der „Öffentlichkeit", auch der sogenannten gebildeten Öffentlichkeit, außerhalb der fachwissenschaftlichen Kreise bekannt war.[2]

Doch sollen hier nicht die Mechanismen des medialen Marktes beklagt werden, in denen der Fachwissenschaftler per se einen schweren Stand hat, weil er, solange er Wissenschaftler ist, primär in einem Spezialistendiskurs und erst sekundär im Diskurs der politisch-kulturellen Öffentlichkeit steht. Wichtiger erscheint demgegenüber die Frage, was die spezifisch literarische Überlieferung des Vergangenen, also die historische Erinnerung durch fiktionale Texte, wirklich leistet und leisten kann. Gewiss beruht das Bild, das sich die politisch-kulturelle Öffentlichkeit von der jüngeren und jüngsten Vergangenheit macht, zu einem beträchtlichen Teil auf der Wissensvermittlung durch die Schule, auf Informationen durch die Printmedien und das Fernsehen, die, wenn es gut geht, letztlich die Ergebnisse der Geschichtswissenschaft verwerten. Auch die bestgeschriebene geschichtswissenschaftliche Darstellung reicht aber nicht entfernt an die prägende Kraft der literarisch geformten Erinnerung heran. Die außerordentliche Konjunktur der Geschichtserzählung schon seit den frühen 1960er Jahren in West- ebenso wie in Ostdeutschland, die sich nach 1989 noch einmal verstärkt hat, spielt für die Vermittlung historischer Erfahrung und Orientierung der deutschen Leser vermutlich wirklich eine größere Rolle als die fachwissenschaftliche Aufarbeitung der Vergangenheit – wie Jorge Semprun vermutet.[3]

Nachdem die letzten Jahre neuerdings eine Vielzahl von historischen Familien- und Generationenerzählungen hervorgebracht haben, meldet sich hie und da mittlerweile ein gewisser Überdruss an der Geschichtspräsentation in der fiktionalen Literatur. Warum so wenig Gegenwart in der deutschen Gegenwartsliteratur, wird da gefragt. Blicke man auf die jüngsten Bucherfolge deutscher Autoren, so dominiere eindeutig die Retrospektive: „Der historische Familien- oder Generationenroman, gern als episches Jahrhundertpanorama, beherrscht die Szene. [...] Man beginnt als Leser unter einseitiger Ernährung zu leiden."[4] Man wird dem Kritiker nicht Unrecht geben können, auch wenn dieses Unbehagen an einer Überpräsenz von geschichtlicher Erinnerung in der literarischen Produktion für das Geschichtsinteresse insgesamt wenig Gutes erwarten lässt. Aber es ist für den Geschichtswissenschaftler eine durchaus ambivalente Beobachtung, dass auch sehr schwerwiegende Probleme der deutschen Geschichte, wie etwa der Untergang der Weimarer Republik oder die Arisierung jüdischen Vermögens im Dritten Reich, zum Gegenstand etwa von erfolgreichen Kriminalromanen geworden sind.[5] So erfreulich das geschichtliche Interesse ist, das solchen Bucherfolgen zugrunde liegt, so sehr drängt sich doch die Frage auf, was es bedeutet, dass alles, wirklich alles, zum Gegenstand von Unterhaltung wird. Jedenfalls ist es höchste Zeit, dass sich nun auch die betroffenen Wissenschaften, die Geschichts- und Literaturwissenschaft, der Frage annehmen, in welcher Weise die literarische Geschichtserzählung Vergangenheit präsentiert, was ihre Spezifik gegenüber der historiografischen Darstellung ausmacht und was ihre aktuelle Konjunktur für das Geschichtsbewusstsein bedeutet.

Wenig spektakulär, aber doch festzuhalten, ist zunächst die Beobachtung, wie sehr für die Epoche seit den 20er Jahren des 20. Jahrhunderts allgemein- und literaturhistorische Periodisierungen unter nationalgeschichtlichem Vorzeichen zusammenfallen. Ältere Stil-, Schul- oder Epochenbegriffe von der „Barocklyrik" bis zum „Expressionismus" sind ganz indifferent gegenüber den allgemeingeschichtlichen Epochenbezeichnungen. Für das 20. Jahrhundert ändert sich das, von der „Literatur der Weimarer Republik" oder der „zwanziger Jahre" über die „Literatur im NS", die „Emigrantenliteratur" oder die Literatur der „Inneren Emigration" bis zur Literatur des „Neuanfangs nach 1945", der „frühen Bundesrepublik", der „späten Bundesrepublik", zur „DDR-Literatur" und der „Literatur nach 1989".[6] Geschichtswissenschaftliche Revisionen und Kontroversen finden sich auch in der Literaturwissenschaft wieder, etwa im Kampf um die Frage nach bestimmenden Zäsuren – Stichwort: „Zwei Wendezeiten" –, in der Debatte über den restaurativen oder nichtrestaurativen Charakter der 1950er Jahre oder bei bestimmten zeitgeschichtlichen Neuakzentuierungen.[7] Gelegentlich gibt es in der Geschichts- und Literaturwissenschaft ganz analoge Kontroversen, fast gleichzeitig, wie etwa die Debatte über den Luftkrieg mit W.G. Sebald und Jörg Friedrich.[8] Mag es auch keine explizite Verständigung zwischen den Autoren gegeben haben, eher das mehr oder weniger parallele Aufgreifen desselben Themas hier und dort, so konstituieren beide Bücher doch denselben neuen Opferdiskurs der nationalen Erinnerungskultur mit, der in der Form, die er seither angenommen hat, in den 1970er oder 1980er Jahren ganz unvorstellbar gewesen wäre.

Dieser Konvergenz von geschichts- und literaturwissenschaftlicher Periodisierung und bei der Schwerpunktbildung der Fragestellungen und Themen entspricht auch die gemeinsame Hinwendung zu einem Deutungsansatz, der in den letzten Jahren in beiden Disziplinen bis hin zum Modischen Furore gemacht hat: der Generationalität. Die Rede von der Generationengemeinschaft oder -differenz hat dabei schon eine lange Vorgeschichte. In seiner Darmstädter Dankesrede bei der Entgegennahme des Georg-Büchner-Preises 1962 analysierte Wolfgang Koeppen bereits die Vorzüge und die Schwächen des Generationenkonzepts, indem er seine eigene Situation beschrieb:

Ich zähle aber auch, ich kann es nicht ändern, zu einer Generation, die leider nicht die Unmenschlichkeit, die Macht in ihrer bösesten Gestalt genug geärgert und bekämpft hat und deshalb der Welt zu einem Ärgernis geworden ist. Ich las in Elio Vittorinis „Offenem Tagebuch" gerade den Satz: „Mein Buch gehört meiner Generation". Ich wollte dem zustimmen. Natürlich gehört ein Werk zur Ernte der Generation seines Urhebers. Aber wie ist es, wenn der Autor mit seiner Generation zerfallen ist, oder wenn er sich von dem Lebensabenteuer seiner Generation abseits hält? Ich war, als Hitler zur Macht kam, beschäftigt, meinen ersten Roman zu schreiben, und es ist sicher, daß meine Generation, die damals und mit mir jungen Menschen es waren, die Hitler trugen, stützten, inthronisierten, und es war die von mir, dem Einzelnen, dem Außenseiter von Beginn an als schrecklich, als unheilvoll empfundene Bewegung doch das Abenteuer, die Aufgabe, die es zu bewältigen galt, das Glück und das Unglück meiner Generation. Es waren unsere und leider auch meine Jahre, die da verbrannten, für mich, der ich nicht mitmarschierte, nicht in brauner Reihe ging, verlorene, erlittene, sprachlose Jahre.[9]

Die Rede von der Generation betrifft alle Deutschen. Der Begriff kann integrierend oder ausgrenzend gemeint sein. In den 60er Jahren setzten sich Ältere, also Angehörige der Vorkriegsgenerationen und der Kriegsgeneration selbst, gegen den Abgrenzungsgestus der „jungen Generation" zur Wehr, mit dem sich, so ihr Eindruck, jüngere Schriftsteller der Verantwortung und der Unteilbarkeit der nationalen Geschichte entzögen und unter dem Begriff der „jungen Generation" aus der Schuldgemeinschaft der Deutschen auszusteigen hofften. Dieser Vorwurf, den etwa Friedrich Sieburg 1961 in einer Rezension zu Martin Walsers „Halbzeit" erhob, mag die sogenannte Flakhelfergeneration damals empört haben, inzwischen hat sich in irritierender Weise am Beispiel von Grass' Eingeständnis seiner SS-Mitgliedschaft und der Auffindung von NSDAP-Beitrittserklärungen etwa von Siegfried Lenz, Dieter Hildebrandt, Walter Jens oder auch Herrmann Lübbe gezeigt, dass er nicht unberechtigt war.[10] Ein ganz kursorischer Blick in die Literatur zeigt, wie nach dem Problematisch-Werden der eigenen Generationenzugehörigkeit bei den einstigen Akteuren das Generationenkonzept für die Geschichts- wie für die Literaturwissenschaft endemisch geworden ist.[11] In der Literaturwissenschaft ist jetzt die Rede von der „veränderten Generationenkonstellation" durch das Jahr des Prager Frühlings und seines durch die Warschauer-Pakt-Truppen erzwungenen Endes und von „zwei Schreibgenerationen" in der DRR, etwa der Generation Christa Wolfs und Brigitte Reimanns.[12] In der Literaturbeilage der FAZ wurde kürzlich im Titelartikel eine neue „Schriftstellergeneration U 30" kreiert und die virtuelle Grenze des Jahrgangs 1977 eingeführt.[13]

Generationen können in Anlehnung an Karl Mannheim als „Erfahrungsgemeinschaften" beschrieben werden, etwa die Generation derer, die 1989 gerade mit der Schule fertig waren und die dann durch eine gemeinsame Sicht auf die Welt geprägt wurden, in der DDR etwa durch den „Furor Melancholicus".[14] Dass die „Generationen" als Erfahrungsgemeinschaften für die Geschichts- und die Literaturwissenschaft gleichermaßen attraktiv sind, dürfte ganz wesentlich darin begründet sein, dass sie es erlauben, nicht nur über sich und über eine Einzelperson zu sprechen, sondern das Individuelle zum Exemplarischen zu erheben.

Meike Herrmann unterscheidet drei Erzählergenerationen: die erste der „Zeitzeugen" Martin Walser, Dieter Forte, Jürgen Becker, Dieter Wellershoff – zu ergänzen wäre noch der 2007 verstorbene Walter Kempowski mit seinem letzten Roman „Alles umsonst" (München 2006) –, eine zweite Generation, die der Kriegskinder wie Monika Maron und Uwe Timm, und eine „nachgeborene Autorengeneration", bei der von individueller, persönlicher Erinnerung keine Rede mehr sein könne. Hier stelle sich die Frage, wie die Geschichte, der historische Stoff, in den Roman komme, wenn das über die subjektive, individuelle Erinnerung nicht mehr möglich sei.[15]

Während die Nachkriegserzähler inzwischen von der Literaturwissenschaft ausgiebig bearbeitet worden sind, steht die intensivere Auseinandersetzung mit den nach Kriegsende geborenen Autoren und ihren Stoffen noch vielfach aus. Sie verlangen schon deshalb unser besonderes Interesse, weil ihnen der auktoriale Gestus des „Selbst-dabei-gewesen-Seins" für die Zeit des Dritten Reiches nicht mehr zu Gebote steht, weil aber auch keiner dieser Autoren sich anmaßen würde, die mehr oder weniger indirekte Prägekraft der Jahre 1933–1945 für diejenigen zu bestreiten, die erst nach der Mitte der 60er Jahre ins Erwachsenenalter einrückten. Das erinnernde Erzählen wird dadurch komplizierter, unübersichtlicher. Die Erzähler müssen miterzählen, woher sie ihre Erinnerung an diese Jahre haben, wie gesichert und ungesichert, wie komplex oder fragil sie ist. Sie müssen den Prozess und die Anstrengung des Erinnerns selbst darstellen. Sie brauchen neue Plausibilisierungsstrategien für ihre Geschichten. Zu Recht ist daher festgestellt worden, dass die Bezeichnung „Erinnerungsliteratur" für die aktuelle Literatur über den Nationalsozialismus und Holocaust missverständlich ist. Denn diese Literatur erinnert uns zwar an die Geschichte und formt damit das Geschichtsbild mit, aber diese Literatur erinnert „sich" nicht. Die jüngste fiktionale deutschsprachige Literatur über den Nationalsozialismus kennt kaum „sich erinnernde" literarische Subjekte, das heißt: kaum Erzählerfiguren, die sich konkret und selbst an die NS-Zeit erinnern.

Nach wie vor wird sehr viel über die Jahre vor 1945 erzählt, das scheint ein Bedürfnis von Autoren und Lesern zu sein. Naturgemäß aber rückt der Fokus des Interesses in der Chronologie weiter voran. Wenn Zeitgeschichte nach der allseits anerkannten Definition von Hans Rothfels die Geschichte der heute Lebenden ist, dann stehen die 50er Jahre in der Bundesrepublik mit dem Wirtschaftswunder, der Wiederbewaffnungsdebatte und der Atomkriegsangst, der Aufbau des Sozialismus in der DDR, die Studentenrevolte im Westen und die Erschütterung des Vertrauens in die Sowjetunion und den Fortschrittsweg des Sozialismus nach dem Ende des Prager Frühlings im Osten heute mehr im Zentrum der konkreten Erinnerung als die Kriegsjahre 1939 bis 1945.[16] Die 60er Jahre sind längst Geschichte und Geschichte sind auch die Ausreisewelle der DDR-Bürger im Sommer und Herbst 1989, der Mauerfall am 9. November 1989, die Geschehnisse des nationalen Einigungsprozesses bis zum 3. Oktober 1990 und bis zur darauf folgenden „Eroberung" Ostdeutschlands durch den Kapitalismus.[17] Die Geschichte der Deutschen bietet unendlichen Stoff, um in fiktionalen Erzählungen „durchschnittliche" oder „exzentrische" Viten darzustellen, Familiengeschichten über mehrere Generationen hinweg auszuspinnen, Exempla über die „Macht der Geschichte" zu präsentieren.

Deutsche Literatur ist in den vergangenen Jahrzehnten und, wie es scheint, zuletzt immer mehr vor allem als Beitrag zur nationalen Erinnerungskultur gelesen und möglicherweise auch konzipiert worden. Es geht um den „Herkunftskomplex" (Thomas Bernhard) der Deutschen in zwei Diktaturen, um das Schicksal der Deutschen im Dritten Reich, um das gesellschaftlich-politische und kulturelle Zwangsexperiment der Deutschen Demokratischen Republik, ihrer Ursprungsmythen und ihrer realen Entstehung; es geht um das Leben unter dem Druck von Zwang und Terror, um die Judenvernichtung und um die Erinnerung an all dieses und seine Nachwirkung und Bedeutung für die Späteren. Das Leben in der freien Gesellschaft der Bundesrepublik nach 1945 steht, so scheint es, immer unter dem Vorzeichen der geschichtlichen Belastung und nach 1989 dann der doppelten Belastung durch die nationalsozialistische und die kommunistische Diktatur.

Die fiktionale, romanhafte Darstellung ist dabei eingelassen in einen multimedialen Vermittlungsbetrieb, der vom Illustrierten-Roman über die Kolportage-Literatur niedriger oder „gehobener" Provenienz von Konsalik und Hans Helmut Kirst bis zum breiten Spektrum der Filme über das Dritte Reich und bis zu den neuerdings beliebten Filmen über die DDR-Vergangenheit reicht. Diese Darstellungen überschneiden sich teilweise mit der Flut an Spielfilmen und „Dokumentationen" unterschiedlichster Dignität und mit mehr oder minder geringer Einmischung fiktionaler Elemente.[18] Wichtig für das Geschichtsbild der Deutschen waren sicherlich, um jetzt auf die Rolle der fiktionalen Literatur zurückzukommen, bedeutende Literaturverfilmungen wie etwa „Die Blechtrommel" nach Günter Grass und „Die verlorene Ehre der Katharina Blum" nach Heinrich Böll von Volker Schlöndorff.

Das Verhältnis zwischen den Medien und ihren Techniken und Botschaften ist gegenüber den älteren reinen Literaturverfilmungen immer komplexer geworden. Inzwischen empfiehlt es sich ja, bei der Frage nach dem Verhältnis von Wort und Bild nicht nach der Literaturvorlage für den Film zu fragen, sondern nach dem „Buch zum Film". Erzähler, die sich heute dem Dritten Reich zuwenden, haben sich mit einer ungemein dichten Hitler-Überlieferung und mit „Hitler-Bildern" in unendlichen Variationen auseinanderzusetzen und nicht immer liegt das Verhältnis von Konzeptualisierung und Produkt so einfach wie beim viel diskutierten Film „Der Untergang" (2004), den Bernd Eichinger produzierte und bei dem Oliver Hirschbiegel Regie führte, dem aber eine Historiker-Darstellung der letzten Tage in der Reichskanzlei zugrunde lag.[19] Die Frage nach der Präsentation von Zeitgeschichte in der Gegenwartsliteratur muss also die Frage nach den medialen Strukturen einschließen, in denen Wissen über die Vergangenheit heute überhaupt nur noch präsent sein kann.[20]

Schon seit den 50er Jahren zeigte sich zum Beispiel in Westdeutschland, dass drängende zeitgeschichtlich-politische Probleme, wie etwa die Zukunftsangst vor dem bevorstehenden Atomkrieg, in enger Wechselbeziehung zwischen Science-Fiction-Storys, einflussreichen Filmen wie Stanley Kubricks „Dr. Strangelove" (1963) und Zukunftsromanen abgehandelt wurden – wobei den Annahmen über die Zukunft immer sehr bestimmte „Erkenntnisse" oder Meinungen über den Zweiten Weltkrieg zugrunde lagen.[21] Ein extremes Geschehen wie der Terrorismus der 70er Jahre ist überhaupt nur noch im Blitzlichtgewitter multimedialer Aufmerksamkeit und damit immer schon in der medialen Ausdeutung zu erfassen; dazu gehört auch, dass der Terrorismus seine eigene Kommunikationsstrategie entwickelt hat, die sich vom „Kern" der terroristischen Aktion schon deshalb gar nicht ablösen lässt, weil das Logo der RAF in der Fernsehaufnahme ihrer Flugblätter immer mit im Bild ist. Ein Roman, der mit literarischen Mitteln die Hintergründe, die Aktionsweisen, die Ziele des Terrorismus ebenso erfassen möchte wie seine Rückwirkungen auf die inhaftierten Terroristen in der Zelle selbst, kommt also nicht umhin zu zeigen, „dass und wie die sogenannte Realität nicht nur für den abseits stehenden Beobachter kommunikativ generiert wird", sondern er zeigt und thematisiert damit auch die „fiktionalen Elemente beim Schreiben von Zeitgeschichte und die zeitgeschichtlichen Elemente beim Verfassen von Literatur".[22]

Zweifellos ist die zeitgeschichtlich interessierte literarische Erzählung in Deutschland zu einem wesentlichen Medium des kulturellen Funktionsgedächtnisses (Aleida Assmann) geworden. Große Skandale oder Kontroversen, in deren Mittelpunkt „Dichter" oder „Literaten" stehen, erschüttern die nationale kulturelle Öffentlichkeit mit schöner Regelmäßigkeit. Immer geht es dabei um das Sich-Erinnern, Sich-Nicht-Erinnern oder Nicht-Erinnern-Wollen im Kontext der nationalen Geschichte. Das gilt für den sogenannten Literaturstreit um Christa Wolf 1990/91[23] ebenso wie für die Walser-Bubis-Kontroverse 1998[24] und für die Enthüllungen von Günter Grass über seine SS-Mitgliedschaft im Jahr 2006. Die Literatur ist ein „Medium kultureller Selbstverständigung" und muss als eine eigenständige Form kollektiver Sinnstiftung neben die herkömmlichen kulturellen Sinnstiftungssysteme und damit auch neben andere Medien der Erinnerungskultur[25] gestellt werden.

Wenn vom „kulturellen Funktionsgedächtnis" die Rede ist, so ist damit primär, wenn auch keineswegs ausschließlich, die „nationalkulturelle" Dimension gemeint. Denn die Rezeption der literarischen Texte, insbesondere derer, die nicht kanonische und insofern vielleicht auch weltliterarische Geltung erlangen, geschieht über die nationalsprachliche Lesergemeinschaft. Dass es eine besondere Nähe von Erinnerungskultur und Nation gibt, dass sich Erinnerung vorrangig im national-sprachlichen bzw. nationalstaatlichen Rahmen abspielt, liegt auf der Hand, konstituiert sich doch die moderne Nation ganz wesentlich insgesamt als Erinnerungsgemeinschaft – ein Befund, den die konstruktivistische Nationalismustheorie mit Konzepten wie der „imagined community" und der „invention of tradition" nur neu bestätigt hat.[26]

Insofern literarische Texte wichtige Medien der nationalen – nur ganz gelegentlich auch der transnationalen – Erinnerungskultur sind, stellen sie unverzichtbare Quellen für den Historiker dar – teils weil Historiker und Schriftsteller gemeinsam wesentliche Träger des Erinnerungsdiskurses sind, teils weil literarische Texte, wie andere Texte auch, als Quellen zur Erschließung der Erinnerungskulturen dienen können. Dabei fällt die herausragende Rolle der Schriftsteller umso mehr ins Auge, als diese sich seit Beginn des 20. Jahrhunderts, und in Deutschland verstärkt seit 1945, als Intellektuelle darstellen. Der

„freie Intellektuelle", von dem hier die Rede ist, nicht der „verstaatlichte", ist zwar nicht wirklich „sozial freischwebend", aber er gehört doch zu einer „nicht allzu fest gelagerten Schicht im sozialen Raum"[27], was ihm eine gewisse Distanz zu unmittelbar politischen Interessen ermöglicht. Der Schriftsteller verfügt über eines der unumstrittenen Definitionsmerkmale des Intellektuellen, die Fähigkeit zur Handhabung des gesprochenen und geschriebenen Wortes[28] und eben damit bestimmt er mit über die Weltsicht, „das heißt die wahren Bewertungskategorien von Welt, die Konstruktionsprinzipien von sozialer Welt, die Definition dessen, was wesentlich und was unwesentlich ist, was würdig ist, repräsentiert, dargestellt zu werden und was nicht".[29] Ob der Intellektuelle damit den Anspruch erheben kann, „das Ganze" zu vertreten und im Namen universalistischer Werte zu sprechen, wie Bourdieu meint, ist durchaus fraglich. Das 20. Jahrhundert hat mit Rechtsintellektuellen und kommunistischen Kaderintellektuellen zahlreiche Spielarten eines „Partikularintellektuellen"[30] hervorgebracht. Aber dass sich der Intellektuelle für die symbolische Ordnung der Dinge zuständig fühlt und in einer pluralistischen Gesellschaft oft auch als Autorität dafür anerkannt wird, ist nicht zu bestreiten. Dass er dabei auch häufig die „Heilsherrschaft über alle Wirklichkeit" beanspruchte, wie Helmut Schelsky polemisierte,[31] ist nicht zu leugnen, andererseits aber auch nicht, dass der kritische Intellektuelle häufig als Moralist auftritt, dabei durchaus etwas riskiert, indem er sich ungebeten in alle möglichen Fragen einmischt, bei denen ihm gerne vorgehalten wird, dass er von ihnen eigentlich nichts versteht, und dadurch nicht nur mit seinen Texten, sondern auch als Person für die Öffentlichkeit sichtbar wird.[32] Das gilt vor allem für Dissidenten in totalitären Regimen,[33] es gilt aber auch – wenn auch mit erheblich geringerem Risiko – für den Petitionen unterschreibenden, Interviews gebenden und Reden haltenden Schriftsteller in demokratischen Staaten. In beiden Fällen übernehmen Schriftsteller über die Rolle des Textproduzenten hinaus die Rolle öffentlicher Instanzen, die mit Begriffen wie „Schuld", „Verantwortung", „Gewissen", „Versagen" u.ä. ihre Leser und Hörer unter Druck setzen.

Diese Intellektuellenrolle kann hoch hinauf, aber, wie wir am Beispiel von Günter Grass gerade erlebt haben, auch zu tiefen Abstürzen führen. In jedem Fall zieht sie die Aufmerksamkeit nicht nur der Literaturwissenschaften, sondern auch der Historiker auf sich. Dichter-Eigenschaft und öffentliche Sprechereigenschaft lassen sich eben nicht wirklich trennen, die Autorität des Dichters speist sich nicht zuletzt aus seinem Werk – für Bourdieu ist die Kompetenz in einer autonomen Sphäre, also etwa der Literatur, sogar die eigentliche Qualifikation des Intellektuellen. Die Kontroversen um Christa Wolf, Martin Walser und Günter Grass, um nur die Prominentesten zu nennen, wären jedenfalls in der erlebten Form nicht entstanden, wenn hinter den politischen Äußerungen der Autoren nicht ein auch unter ästhetischen Gesichtspunkten bedeutendes Werk stünde. Allerdings wandelt sich die Rolle des Dichter-Intellektuellen auch, die Prominenz der Einzelnen scheint sich abzuschwächen, was auch strukturelle Gründe haben dürfte. Beim Tod von Heinrich Böll 1987 beschrieb Hans Magnus Enzensberger Heinrich Böll bereits als zeitspezifische „Gegenfigur zu Adenauer. Die Gesellschaft hat damals solche Erscheinungen benötigt und hervorgebracht: Autorität und Gegen-Autorität. [...] Wir haben Heinrich Böll verloren. Aber dafür haben wir Amnesty und Greenpeace."[34] Wenn also der Dichter als öffentliche Figur, als moralische Instanz, als Dichter-Intellektueller zurücktritt, wie es bei den jüngeren deutschen Autoren der Fall zu sein scheint, dann werden die Texte selbst umso wichtiger und mit ihnen – den literarischen Texten im eigentlichen Wortsinn – hat der Historiker auch die größten methodologischen Probleme.

Bevor ich auf die Spezifik literarischer Texte und die Fragen eingehe, die sich daraus für den Historiker ergeben, noch eine Beobachtung am Rande. Es scheint kein Zufall, dass in der deutschen Literatur nach 1945 vereinzelt der Historiker selbst als neue literarische Figur auftaucht. Man kann die Autoren nach Generationen unterscheiden, auf der einen Seite Ernst Jünger, Heimito von Doderer, Manès Sperber und Hans-Erich Nossack, auf der anderen Autoren wie Christoph Hein und Monika Maron. Bei der Generation der um 1900 Geborenen tritt der Historiker als kontemplative Gestalt auf, neben dem Geschehen, aber teilweise auch in dieses verwickelt, wenn auch nicht als treibender Akteur und – überraschenderweise – keineswegs mehrheitlich als alter Mann. Ernst Jünger führt in seinem etwas kuriosen Alterswerk „Eumeswil"[35] einen Barkeeper ein, der gleichsam am Hof eines künftigen Diktators, des „Kondors", den inneren Betrieb der Macht oder, wie Jünger vermutlich sagen würde, die Physik der Macht studiert und gleichzeitig nebenbei in etwas knabenhafter Weise für den künftigen Sturz des Diktators ein Ausweichquartier im Wald vorbereitet. Es geht in den Gesprächen etwa um den Wechsel der Staatsformen, um die „wertfreie Betrachtung der Zersetzung", um die Tyrannis als den „einzigen Rahmen, in dem die atomisierte Masse in Form gehalten und der Kampf aller gegen alle verzögert werden kann".[36] Der Erzähler verkörpert die bei Jünger altbekannten Figuren des „Waldgängers" und des „Anarchen", hier in der Verkleidung eines futuristischen Barmanns, der auf dreitausend Jahre Geschichte zurückblickt und dabei das Indianerspielen immer noch nicht lassen kann. Sehr viel anrührender ist demgegenüber der alte Professor von Stetten in Manès Sperbers „Wie eine Träne im Ozean"[37]. Die Schüler des Professors haben sich in die Konspirationen der kommunistischen Weltbewegung verwickelt, an deren Sinn der alte Historiker nicht mehr glauben kann. Andererseits vermag er sich aber auch von der menschlichen Bindung an die von der politischen Leidenschaft getriebenen jungen Leute nicht zu lösen. Eine ironische Wendung erhält der literarisch gewordene Historiker in Hans Erich Nossacks „Dem unbekannten Sieger"[38]. Der Titelheld ist einer der Anführer der Deutschen Revolution von 1918, ein „strategisches Genie"; als gealterter Familienvater camoufliert er später seine einstige historische Rolle und lässt seinen Sohn, einen Geschichtslehrer, der in seiner Dissertation nichts ahnend eben diesem unbekannten Sieger ein Denkmal setzen will, sarkastisch ins Leere laufen. In Heimito von Doderers „Dämonen"[39] publiziert und kommentiert der angehende Historiker René Stangeler einen bis dato unbekannten spätmittelalterlichen Text über eine Hexenfolterung, der andeutet, dass sexualpathologische Erscheinungen wesentlich zu jener Dämonie des Alltags beitragen, aus der die politische Gewalt im Zeitalter der Ideologien herauswächst.

Bei den jüngeren Autoren, Christoph Hein und Monika Maron, entwickelt sich die Fabel aus der Unfähigkeit der „Helden", sich übermächtigen Gewaltstrukturen und der Macht der Akteure im totalitären System zu entziehen. Bei beiden Autoren geht es um junge Historiker, die entweder an ihrem Institut den diversen ideologischen Kurswechseln zu folgen haben oder eben nicht mehr dazu bereit sind und die so selbst zu Opfern der mehr oder weniger subtilen politischen Gewalt werden. Im Falle von Heins „Tangospieler"[40] ist dies eine kurzfristige Haft aus nichtigem Anlass, im Falle der Erzählerin in Marons „Stille Zeile sechs"[41] ein sexueller Übergriff eines Altfunktionärs der SED, der sich von der jungen Historikerin seine Erinnerungen schreiben lässt.

Der Historiker – so kann man bilanzieren – ist in das Geschehen involviert, gerät in den Sog der Macht, da er sich menschlichen Bindungen nicht entziehen kann, vermag das Geschehen ein Stück weit zu distanzieren, zu schildern oder auch zu erklären – ohne dass ihn seine Kompetenz für die Analyse und Erklärung von Macht- und Gewaltstrukturen wirklich frei macht von deren Zwängen und Deformationskräften. Eine überaus komplexe Spielart dieser Erzähl(er)figur

„Historiker" präsentiert übrigens Rainald Goetz in seinem Roman „Kontrolliert" über den Terrorismus im Jahr 1977. Er nutzt seine Kompetenz als Autor einer historischen – und einer medizinischen – Promotion (1978 und 1982 an der LMU München), um auf dem Weg über seine Arbeit über die Freunde und Feinde des Kaisers Domitian Carl Schmitts Freund-Feind-Dichotomie in die Analyse der polarisierten BRD-Gesellschaft einzuführen. Goetz' Geschichte der Jahre 1977 zeigt die „Wirkmächtigkeit der Differenz von Freund und Feind für die Selbstbeschreibung der Gesellschaft [...] in den 1970er Jahren sowohl durch den Staat als auch durch die außerparlamentarische Opposition, die RAF und die Massenmedien".[42] In gewisser Weise gehört auch der Erzähler von „Alternativgeschichten" in die Reihe solcher Historiker-Figuren. Ihm ist es, anders als dem „eigentlichen" Geschichtsschreiber, in der künstlerischen Fiktion erlaubt, die „Suggestivkraft der ästhetisch geformten Wünsche" in Form einer temporären und illusionären Erfüllung auszuspielen – von Wünschen, die aber wie eine Art Schatten nur im Bannstrahl der wirklich geschehenen Geschichte sichtbar werden können.[43] Mit diesen und einigen weiteren Beispielen dürfte übrigens dann auch die Rolle des Historikers als literarische Figur ausgespielt sein. Sie gehört in die politische Gewaltgeschichte Deutschlands im 20. Jahrhundert und wird mutmaßlich verschwinden, wenn der Fokus der Erinnerungskultur weiterrückt.

Nun aber abschließend zu der Frage, die für den Historiker den Schlüssel zur Beschäftigung mit Literatur oder – enger und nicht in polemischer Absicht formuliert – zur Benutzung von Literatur darstellt. Umberto Eco hat vorgeschlagen, zwischen der Benutzung und der Interpretation eines literarischen Textes zu unterscheiden; der Text könne als Mittel zum Zweck, als Quelle, verwendet werden oder als Selbstzweck.[44] Aber hilft diese Unterscheidung wirklich weiter? Denn wird der Text richtig benutzt, wenn er nicht vorher interpretiert ist? Kann man ihn als Mittel zum Zweck der geschichtswissenschaftlichen Analyse und Deutung optimal ausschöpfen, ohne ihn auch als „Selbstzweck" betrachtet zu haben? Für den methodenbewussten Historiker jedenfalls ist die saubere Trennung zwischen literatur- und geschichtswissenschaftlichen Fragestellungen und Methoden im Kontext der neuen Kulturgeschichte nicht mehr selbstverständlich. Für die Autobiografie z. B. ist gezeigt worden, dass sich der Historiker „Fragen der Form, des Codes, der Sprache, der Textualität" nicht entziehen kann. Autobiografien interessieren zwar nach wie vor als Steinbruch für Fakten und Praktiken und auch als Seelenspiegel – dies alles aber nur, wenn sie als „biografische Sinnkonstruktionen" verstanden werden, die in den „beliebten Paarungen ‚Faktualität' und ‚Fiktionalität', ‚Wahrheit' und ‚Lüge', ‚Authentizität' und ‚Verzerrung' nicht aufgehen".[45] Was ist das spezifische Leistungsvermögen des literarischen Textes, das sich der Historiker erschließen sollte?

Literarische Texte organisieren ihr Material auf eine Weise, die sie von jedem anderen Text unterscheidet, sodass ihre soziale Funktion nur über ihre ästhetische Wirkungsstruktur wirklich erfasst werden kann.[46] Dass literarische Texte Wirklichkeit nicht nur spiegeln, sondern auch schaffen, scheint sie noch nicht eo ipso von anderen Texten zu unterscheiden. Geschichtsschreibung kann das auch, auch wenn sie es im Zeichen ihres wissenschaftlichen Objektivitätsideals vielleicht gar nicht will. Ganz gewiss gilt nach wie vor die aristotelische Unterscheidung, dass Dichtung Erfundenes, Geschichtsschreibung aber tatsächlich abgelaufenes Geschehen darstellt. Aber mit der Entfabelung des Romans und dem Aufkommen etwa der Collage als literarischer Technik wird selbst hier die Grenze fließender. In Alexander Kluges „Schlachtbeschreibung" oder Walter Kempowskis „Echolot" reduziert sich die Erfindungsleistung scheinbar auf die Komposition der Dokumente – ihre Beschaffung und Lektüre war zweifellos sehr viel aufwendiger als ihre Anordnung.[47] Gleichwohl ist auch nach Hayden White die Unterscheidung von fiktionalem und wissenschaftlichem – oder allgemeiner: nichtfiktionalem – Text selbstverständlich geblieben. Natürlich beruht kein Text auf reiner Erfindung, immer fließen in ihn historische Erfahrungen und die Wahrnehmung einer unverwechselbaren sozialen und kulturellen, vielleicht auch politischen Situation ein. Das gilt auch, ebenso wie der grundsätzliche Bruch des literarischen Textes mit der Wirklichkeit, wenn man die historisch höchst unterschiedlichen Vorstellungen von der gesellschaftlichen Rolle und schöpferischen Kraft des Autors zwischen Genieästhetik und einem strukturalistisch gelesenen Text zugrunde legt. Literarische Texte spiegeln modellhaft Situationen, Konflikte, Wertungen, Weltdeutungen wider, wie sie gewesen sein könnten, in ihrer speziellen Konstellation aber nicht nachgewiesen und nicht nachweisbar sind – vielleicht auch gar nicht einmal wahrscheinlich gewesen sind –, wie sie aber grundsätzlich hätten stattfinden können. Sie sind vorstellbar. Der literarische Erzähler hat die Möglichkeit einer Zuspitzung, Konzentration, Hervorhebung, wie sie dem Historiografen versagt ist, er kann einzelne Motive verstärken, isolieren, in spezieller Weise verknüpfen. Er kann durch die Imagination von Innenwelten Handlungsantriebe oder -hemmungen darstellen, die historiografisch nicht belegbar, aber möglicherweise durchaus „real" gewesen sind. Er kann ganz generell die psychischen Beweggründe des Handelns genauer ausleuchten – wenn auch eben nur im Rahmen einer erfundenen Geschichte. Damit lassen sich auch die Konflikte des persönlichen und gesellschaftlichen Lebens stärker strukturieren oder differenzieren, feinteiliger verfolgen und zu einer unendlichen Vielzahl von Lösungen (oder Nichtlösungen) führen. Der „Dichter" hat die Möglichkeit der erzählerischen Anreicherung einer Situation oder eines Verlaufs weit über die des Historiografen hinaus, möglicherweise schon deshalb, weil er eine zeitlich und räumlich überschaubarere Anordnung des Geschehens imaginieren kann, als es der Historiker gemeinhin tut. Er kann eine Komplexität der Darstellung erreichen – und wird es in der Regel tun –, die für den Historiker unerreichbar ist.

Der literarische Autor hat alle diese Möglichkeiten u. a. deshalb, weil er nicht auf das institutionell überlieferte Wissen angewiesen ist – er *kann* sich darauf stützen, *muss* es aber nicht. Dokumente gibt es vor allem über diejenigen Lebensbereiche, die von den gesellschaftlichen Institutionen für registrierens- und überlieferswert gehalten worden sind. Ob der Historiker will oder nicht, er muss sich primär auf dieses mehr oder weniger institutionell selektierte Wissen verlassen und wird es in seiner Darstellung vorzugsweise reproduzieren. Das Argument führt noch weiter: „die Literatur macht jeweils mit Vorzug das zu ihrem Thema, was von den Wissenschaften ihrer Zeit als unexakte Materie ausgegrenzt und damit unbearbeitet" geblieben ist. Sie wendet sich also bevorzugt denjenigen Lebensbewandtnissen zu, „die von der Gesellschaftsordnung einer Zeit nicht versöhnt oder doch erträglich geregelt sind".[48] Das bedeutet, dass Literatur eine kritische Funktion erhält, dass sie thematisiert, was sonst unbehandelt oder ungedeutet bleibt, was beiseite geschoben und verdrängt wird.

Das kann, um es etwas konkreter zu machen, dazu führen, dass gängige historiografische Interpretamente entweder bestätigt und variiert oder aber explizit oder implizit kritisiert werden, dass die literarische Deutung historischer Situationen und Konflikte Alternativen anbietet zur historiografischen Deutung und damit, funktional für die Erinnerungskultur gesprochen, eine Ergänzungs- oder Komplementäraufgabe übernimmt. So wird man vermutlich sagen können, dass Bertolt Brecht mit seinem Roman „Die Geschäfte des Herren Julius Cäsar" (entstanden 1938/39) eine Erklärung geben wollte für den Aufstieg Adolf Hitlers – auf der Basis der These, dass der Faschismus die entwickeltste Form der Herrschaft des Kapitals sei. Das entsprach nicht dem bürgerlichen, aber dem marxistischen Erklärungsmodell für das Aufkommen des Nationalsozialismus, bot seinerzeit dem nichtmarxistischen Leser einen stupend neuen Blick auf mögliche Zusammenhänge von Kapitalismus und Diktatur, blieb als Erzählwerk aber doch sehr schematisch. Von der anderen Seite des literarischen Spektrums her sieht es so aus, als bewege sich Thomas Mann mit seinem „Doktor Faustus" (1947) im Rahmen der zeitgenössisch gängigen Deutung des Nationalsozialismus als Ausbruch dämonischer Kräfte.[49] Thomas Mann deutete seine Gegenwart als Ergebnis einer Seelengeschichte der Deutschen,[50] als Ergebnis eines luziferischen Zuges, der in der Nation seit dem Mittelalter tief eingewurzelt sei und sich nun neu aktualisiert habe. Thomas Manns Deutung geht darin sicher nicht auf, aber sie führt aus diesem Dämonie-Interpretament, das in der Emigration, aber nach 1945 vor allem auch in der entstehenden Bundesrepublik selbst, gängig war, nicht grundsätzlich heraus. Sehr viel entschiedener ist der Bruch mit dem zeitgenössischen Diskurs über den Nationalsozialismus in der „Blechtrommel" des Günter Grass. Zwar war die Bedeutung, die hier dem Kleinbürgertum zugemessen wird, auch nicht ganz neu, aber Grass führte in seine Danziger Geschichte doch eine Reihe von Motiven ein, die schockierend wirken mussten: die sozusagen sozialgeschichtliche Verortung in der Lebenswelt der Kleinbürgerwohnung; den Hinweis auf das millionenfache Mitläufertum, das im Prinzip keinen Deutschen mehr von der Anfälligkeit für den NS ausschloss, auch wenn er nicht dem Kleinbürgertum angehörte; den Hinweis auf die Langeweile als Motivationshintergrund für das Mitläufertum. Dass die Sinnleere des alltäglichen kleinbürgerlichen Lebens die Einbruchstelle für den nationalsozialistischen Aktivismus und Radikalismus darstellte, ist hier erzählerisch zur Evidenz gebracht. Demgegenüber dauerte es bis heute, bis die Historiker Mittel und Wege fanden, Langeweile wissenschaftlich ernst zu nehmen und den Zusammenhang von Sinnleere und Aktivismus etwa in der SA wissenschaftlich adäquat zu rekonstruieren.

Golo Mann sprach gelegentlich vom „tief Unterhaltenden" der Geschichte und fügte hinzu, auch insofern habe Hitler die Welt zerstört: „Der unendliche Bilderreichtum des Menschenlebens ist einfach weg [...]. Es gibt die glanzvollen oder skurrilen Szenen nicht mehr, so wenig wie die wahrhaft unausdenkbaren Akzente mit dem immer neu in Gang gesetzten Schauspiel von Größe, Schuldigkeit und Versagen, statt dessen herrschen die kalten Exekutoren."[51] Es sieht so aus, als widerlege die rückwärts gewandte Erzählfreude dieses Urteil, das der lange nachwirkenden erinnerungspolitischen Schockstarre der Nachkriegsjahrzehnte entsprungen zu sein scheint. Eine Gesellschaft – und eine Nation – gräbt unter dem Schutt der alltäglichen und äußerst geschichtsfernen Geschäfte von heute die Geschichten aus oder denkt sie sich nacherlebend und nachfühlend neu aus, die ihnen ihre individuelle und kollektive Herkunft verständlich machen und ihrem Dasein Dauer verleihen, in den Katastrophen und durch diese hindurch. „Historia" war ursprünglich die Bezeichnung für das Erzählen einer besonderen, unverwechselbaren, insofern inkomparablen Begebenheit, für das zufällige, nicht weiter ableitbare, gegenüber den „großen Wahrheiten" vielleicht auch beiläufige, jedenfalls nicht auf einen Erklärungsnenner zu bringende Geschehen, in dem sich das Leben der vielen Einzelnen vollzieht. Das Handeln der „kalten Exekutoren" hat Menschenleben in der schrecklichst möglichen Weise zu Millionen ausgelöscht. Aber die Überlebenden und ihre Nachkommen setzen das „Menschentreiben" fort und damit auch die Erinnerung an das Menschentreiben der Früheren. Zudem ist die nach 1945 zunächst so scharf gezogene Trennlinie zwischen den „kalten Exekutoren" und allen anderen Handelnden und Leidenden in den totalitären Systemen durchlässiger geworden als man lange für möglich gehalten hatte. Das verleiht vielen der Geschichten, die da neuerdings erzählt werden, eine Schärfe und, wenn gut erzählt wird, eine moralische Dringlichkeit, die deutlich macht, dass es eigentlich immer, bei jeder Erzählung, über die Verwicklung der Einzelnen in das Geschehen, ins Ganze geht.

Dass dabei als Triebkraft hinter den deutschen Geschichtserzählungen auch eine Fasziniertheit vom eigenen „Schicksal" steht, ist anzunehmen. Das Ambivalente, Fragwürdige, auch das Schreckliche ist bekanntlich interessanter als das Eindeutige. Andererseits aber sorgt der wachsende Zeitabstand dafür, dass die existentielle Wucht bei der Suche und dem Dingfestmachen von „Schuld" und der Möglichkeit und Notwendigkeit von „Sühne" allmählich zurücktritt, bei der Geschichte des Dritten Reichs ohnehin, aber zunehmend auch bei der Geschichte der kommunistischen Zwangsherrschaft in der DDR. Da erzählt es sich leichter, unbefangener, freier. Nach der Fixierung auf die mit den Chiffren „Auschwitz", „Dachau" oder „Buchenwald" umschriebenen Taten der „kalten Exekutoren" tritt der „unendliche Bilderreichtum" des Menschentreibens selbst unter dem disziplinierenden Terror oder dem Druck der Diktaturen wieder deutlicher hervor. Dass diese Geschichten etwas „tief Unterhaltsames" an sich haben, heißt dabei nicht, dass sie zur Unterhaltung verkommen müssen. Bestimmte Tendenzen bei der Medialisierung des Umgangs mit der Vergangenheit zeigen allerdings, dass diese Gefahr durchaus besteht. Kritik an der alles gleichmachenden „Unterhaltungsindustrie" ist nicht schon deshalb unberechtigt, weil sie in Deutschland am wirkungsvollsten von den Begründern der „Frankfurter Schule" vorgebracht wurde. Außerdem gibt es durchaus Mittel gegen die Unterhaltungsindustrialisierung der Vergangenheit. Das wichtigste ist die Geschichtswissenschaft. Wo Vergangenheit nicht immer wieder neu erforscht und auf der Basis der Forschung gedeutet wird, wird auch die „Vermittlung" rasch langweilig. Und nur erfundene Geschichten ohne Erfahrungssubstanz – die notwendig schwindet – und ohne Wissenssubstanz – die täglich wächst – werden rasch schal.

Anmerkungen

[1] FAZ vom 8.2.2008, S. 35; Beginn des Vorabdrucks des Romans, der inzwischen auch im Buchhandel zu haben ist, ab 02.02.2008. Zum biografischen Hintergrund des Autors und seiner eigenen Deutung des Werks vgl. das Spiegelgespräch „Die Henker sprechen lassen", in: Der Spiegel 7, 11.02.2008, S. 150–153.

[2] Vgl. u. a. Katja Stopka, Vertriebene Erinnerung. Transgenerationale Nachwirkungen von Flucht und Vertreibung im literarischen Gedächtnis am Beispiel von Hans-Ulrich Treichels Prosa, in: Keiner kommt davon. Zeitgeschichte in der Literatur nach 1945, hg. v. Erhard Schütz u. Wolfgang Hardtwig, Göttingen 2008, S. 166–184; Michael Braun, Wem gehört die Geschichte? Tanja Dückers, Uwe Timm, Günter Grass und der Streit um die Erinnerung in der deutschen Gegenwartsliteratur, in: ebd., S. 100–114.

[3] Vgl. Wolfgang Hardtwig, Fiktive Zeitgeschichte? Literarische Erzählung, Geschichtswissenschaft und Erinnerungskultur in Deutschland, in: ders., Hochkultur des bürgerlichen Zeitalters, Göttingen 2005, S. 114–135. Zum Spannungsverhältnis von Geschichtswissenschaft und Erinnerungskultur vgl. Konrad H. Jarausch u. Martin Sabrow (Hg.), Verletztes Gedächtnis. Erinnerungskultur und Zeitgeschichte im Konflikt, Frankfurt a.M. u. a. 2002.

[4] Richard Kämmerlings, Am Tellerrand gescheitert. Warum die Gegenwartsliteratur die Gegenwart meidet, in: FAZ vom 1.2.2008, S. 35; vgl. dazu auch die Besprechungen der neuen Bücher von Bernhard Schlink, Michael Kumpfmüller und Dirk Kurbjuweit, in: FAZ vom 1.3.2008, Literatur 5; Wolfgang Höbel, Am Tatort der Politik, in: Der Spiegel 9, 25.2.2008, S. 154–156.

[5] Vgl. u. a. Robert Hültner, Inspektor Kajetan und die Sache Koslowski, Berlin 2003; Christian von Dietfurth macht einen nicht reüssierenden, habilitierten Historiker zum erfolgreichen Ermittler: Christian von Ditfurth, Mann ohne Makel, 6. Aufl., Köln 2006; Volker Kutscher, Der nasse Fisch, Köln 2007; zum Genre gehören auch die Bestseller von Anna-Maria Schenkel.

[6] Vgl. etwa Erhard Schütz, Romane der Weimarer Republik, München 1986; Franz Schonauer, Deutsche Literatur im Dritten Reich. Versuch einer Darstellung in polemisch-didaktischer Absicht, Olten, Freiburg i.Br. 1961; Ludwig Fischer (Hg.), Literatur in der Bundesrepublik Deutschland bis 1967, München 1986 (Hansers

Sozialgeschichte der deutschen Literatur, Bd. 10); Sven Hanuschek, Terese Hörnigk u. Christine Malende (Hg.), Schriftsteller als Intellektuelle. Politik und Literatur im Kalten Krieg, Tübingen 2000.

[7] Vgl. etwa Walter Erhart u. Dirk Niefanger (Hg.), Zwei Wendezeiten: Blicke auf die deutsche Literatur 1945 und 1989, Tübingen 1997; Helmuth Kiesel, Die Restaurationsthese als Problem für die Literaturgeschichte, in: ebd., S. 13–46; Axel Schildt, Nachkriegszeit. Möglichkeiten und Probleme einer Periodisierung der westdeutschen Geschichte nach dem Zweiten Weltkrieg und ihrer Einordnung in die deutsche Geschichte des zwanzigsten Jahrhunderts, in: Geschichte in Wissenschaft und Unterricht 44 (1994), S. 567–584; Georg Bollenbeck, Die fünfziger Jahre und die Künste: Kontinuität und Diskontinuität, in: ders. (Hg.), Die januskôpfigen fünfziger Jahre. Kulturelle Moderne und bildungsbürgerliche Semantik III, Wiesbaden 2000, S. 190–213. Solche Debatten haben natürlich immer auch ältere Vorläufer, vgl. z. B. Heinrich Vormweg, Deutsche Literatur 1945–1960: Keine Stunde Null, in: Manfred Durzak (Hg.), Die deutsche Literatur der Gegenwart. Aspekte und Tendenzen, Stuttgart 1971, S. 175–196.

[8] Vgl. W. G. Sebald, Luftkrieg und Literatur, München 1999; Jörg Friedrich, Der Brand. Deutschland und der Bombenkrieg 1940–1945, München 2002.

[9] Zit. n. Hans Mayer, Die umerzogene Literatur. Deutsche Schriftsteller und Bücher 1945 bis 1967, Berlin 1988, S. 121.

[10] Vgl. Günter Grass, Beim Häuten der Zwiebel, Göttingen 2006; zuletzt Tilman Jens, „Vaters Vergessen", in: FAZ vom 4.3.2008; dazu die nicht unberechtigten Leserbriefe in der FAZ vom 15.3.2008, S. 41; zu Friedrich Sieburg vgl. Wolfram Knäbich, Intellektuelle Selbstbehauptung. Friedrich Sieburg in der frühen Bundesrepublik, Magisterarbeit HU Berlin 2007, S. 86.

[11] Für die Geschichtswissenschaft vgl. die Bilanz bei Jürgen Reulecke (Hg.), Generationalität und Lebensgeschichte im zwanzigsten Jahrhundert, München 2003. Zur Anwendung des Konzepts auf die Geschichtswissenschaftler selbst vgl. Paul Nolte, Die Historiker der Bundesrepublik. Rückblick auf eine „lange Generation", in: Merkur 53 (1999), S. 412ff.

[12] Vgl. Wolfgang Emmerich, Deutsche Schriftsteller als Intellektuelle. Strategien und Aporien des Engagements in Ost und West von 1945 bis heute, in: LiLi. Zeitschrift für Literaturwissenschaft und Linguistik 124 (2001), S. 28–45, hier S. 37 und 39.

[13] Vgl. Richard Kämmerlings, FAZ, Literaturbeilage vom 21.3.2007, S. 1.

[14] Vgl. Jörg Magenau, Literatur als Selbstverständigungsmedium einer Generation, in: LiLi. Zeitschrift für Literaturwissenschaft und Linguistik 124 (2001), S. 56–64. Das Zitat bei Emmerich, Deutsche Schriftsteller, S. 42.

[15] Vgl. Meike Herrmann, Erinnerungsliteratur ohne sich erinnernde Subjekte. Oder: Wie die Zeitgeschichte in den Roman kommt. Zu Erzähltexten von Katharina Hacker, Thomas Lehr, Tanja Dückers und Marcel Bayer, in: Keiner kommt davon. Zeitgeschichte in der Literatur nach 1945, hg. v. Erhard Schütz u. Wolfgang Hardtwig, Göttingen 2008, S. 251–265; vgl. auch Stopka, Vertriebene Erinnerung, S. 166–184. Zur Rolle des „Erzählers" bzw. Arrangeurs in den Collagen von Alexander Kluge (z. B. Schlachtbeschreibung, Olten, Freiburg i.Br. 1964; Lebensläufe, Frankfurt a.M. 1986) vgl. Matthias Uecker, Wiederholungszwang und Veränderungswunsch – zu einem Motiv in Alexander Kluges Prosa, in: Keiner kommt davon. Zeitgeschichte in der Literatur nach 1945, hg. v. Erhard Schütz u. Wolfgang Hardtwig, Göttingen 2008, S. 7–25.

[16] Vgl. ebd., S. 115ff. Vgl. Björn Weyand, Jetztzeitarchivalik. Markenwaren als zeitgeschichtliche Archivalien der Nachkriegszeit: Heinrich Bölls *Das Brot der frühen*

Jahre (1955) und Wolfgang Koeppens *Tauben im Gras* (1951), in: Keiner kommt davon. Zeitgeschichte in der Literatur nach 1945, hg. v. Erhard Schütz u. Wolfgang Hardtwig, Göttingen 2008, S. 74–86; Helmut Mörchen, Deutschland, Wirtschaftswunderland? Anmerkungen zu alten und neuen Romanen, ebd., S. 185–191; Andy Hahnemann, Keiner kommt davon. Der Dritte Weltkrieg in der deutschen Literatur der 50er Jahre, in: ebd., S. 151–165; Peter Fritzsche, Sorgen der Nachkriegserzähler, in: ebd., S. 87–99.

[17] Vgl. Steffen Martus, „also man lacht sich wirklich tot". Teilnehmer- und Beobachterperspektiven auf Uwe Timms 68er-Romane *Heißer Sommer* und *Der Freund und der Fremde*, in: Keiner kommt davon. Zeitgeschichte in der Literatur nach 1945, hg. v. Erhard Schütz u. Wolfgang Hardtwig, Göttingen 2008, S. 192–215; Thomas Wegmann, Zellenbildung oder Was Literatur über den Terrorismus der siebziger Jahre wissen und erzählen kann: *Kontrolliert* von Rainald Goetz, in: ebd., S. 216–237; Elke Brüns, Neues Geld, neues Leben, neue Literatur. Zeitgeschichte als ökonomischer Umbruch nach 1990, in: ebd., S. 238–250.

[18] Zum Thema Vergangenheitsbewältigung vgl. den Aufriss bei Wolfgang Hardtwig, Vergangenheitsbewältigung, in: Thomas Hertfelder u. Andreas Rödder (Hg.), Modell Deutschland. Erfolgsgeschichte oder Illusion?, Göttingen 2007, S. 171–189; zum Illustrierten-Roman nach 1975 vgl. zuletzt Habbo Knoch, Die lange Dauer der Propaganda. Populäre Kriegsdarstellung in der frühen Bundesrepublik, in: Wolfgang Hardtwig u. Erhard Schütz (Hg.), Geschichte für Leser. Populäre Geschichtsdarstellungen im 19. und 20. Jahrhundert, Stuttgart 2005, S. 205–223; zum Boom der NS-Zeit im Fernsehen vgl. u. a. Frank Bösch, Das „Dritte Reich" ferngesehen. Geschichtsvermittlung in der historischen Dokumentation, in: Geschichte in Wissenschaft und Unterricht 50 (1999), S. 204–220; Frank Bösch, Holokaust mit „K". Audiovisuelle Narrative in neueren Fernsehdokumentationen, in: Gerhard Paul (Hg.), Visual History. Die Historiker und die Bilder, Göttingen 2006, S. 326–342.; einen Überblick bietet Norbert Frei, 1945 und wir. Das Dritte Reich im Bewußtsein der Deutschen, München 2005.

[19] Zur multimedialen Hitler-Präsentation vgl. Alexandra Tacke, De-/Constructing Hitler. Das Spiel mit den Masken des Bösen, in: Keiner kommt davon. Zeitgeschichte in der Literatur nach 1945, hg. v. Erhard Schütz u. Wolfgang Hardtwig, Göttingen 2008, S. 266–285; Joachim Fest, Der Untergang. Hitler und das Ende des Dritten Reiches. Eine historische Skizze, Reinbek bei Hamburg, 2003.

[20] Zur Medialisierung der Politik im 20. Jahrhundert insgesamt vgl. Wolfgang Hardtwig, Performanz und Öffentlichkeit in der krisenhaften Moderne. Visualisierung des Politischen in Deutschland 1900 bis 1936, in: Herfried Münkler u. Jens Hacke (Hg.), Strategien der Visualisierung. Verbildlichung als Mittel politischer Kommunikation, Frankfurt a.M. 2009, S. 71–92.

[21] Vgl. Hahnemann, Keiner kommt davon, S. 153ff.

[22] Wegmann, Zellenbildung, S. 224.

[23] Aus der empörten Sicht der Autorin vgl. Christa Wolf, Ein Tag im Jahr. 1960–2000, München 2003, S. 464ff.; Günter de Bruyn, Jubelschreie, Trauergesänge. Deutsche Befindlichkeiten, Frankfurt a.M. 1991, S. 46–56.

[24] Vgl. Frank Schirrmacher (Hg.), Die Walser-Bubis-Debatte. Eine Dokumentation, Frankfurt a.M. 1999.

[25] Vgl. Winfried Fluck, Das kulturelle Imaginäre. Eine Funktionsgeschichte des amerikanischen Romans 1790–1900, Frankfurt a.M. 1997, S. 18. Vgl. dazu Astrid Erll u. Ansgar Nünning: Literatur und Erinnerungskultur. Eine narratologische funktionsgeschichtliche Theorieskizze mit Fallbeispielen aus der britischen Literatur

des 19. und 20. Jahrhunderts, in: Günter Oesterle (Hg.), Erinnern, Gedächtnis, Wissen. Grundzüge einer kulturwissenschaftlichen Gedächtnisforschung, Göttingen 2005, S. 185–210; dort weitere Literatur zum Verhältnis von Literatur und kulturellem Gedächtnis in der Anmerkung.

[26] Vgl. grundlegend v.a.: Benedict Anderson, Die Erfindung der Nation. Zur Karriere eines erfolgreichen Konzepts, Frankfurt 1988; Ernest Gellner, Nationalismus und Moderne, Berlin 1991; Eric J. Hobsbawm, Nationen und Nationalismus, Mythos und Realität seit 1780, Frankfurt 1991; zu Deutschland vgl. Wolfgang Hardtwig, Nationalismus und Bürgerkultur, Göttingen 1994.

[27] Karl Mannheim, Ideologie und Utopie, Bonn 1929, S. 123.

[28] Vgl. M. Rainer Lepsius, Kritik als Beruf. Zur Soziologie des Intellektuellen (1964), in: ders., Interessen, Ideen und Institutionen, Opladen 1990, S. 270–285; zum ganzen vgl. auch Georg Jäger, Der Schriftsteller als Intellektueller. Ein Problemaufriss, in: Hanuschek, Hörnigk u. Malende, Schriftsteller als Intellektuelle, S. 1–25.

[29] Pierre Bourdieu, Das intellektuelle Feld: Eine Welt für sich, in: ders., Rede und Antwort, Frankfurt 1992, S. 155–166, hier S. 165; vgl. auch Jäger, Der Schriftsteller als Intellektueller, S. 6.

[30] Emmerich, Deutsche Schriftsteller als Intellektuelle, S. 32; vgl. dazu auch die Systematisierung von Intellektuellentypen bei Thomas Hertfelder, Kritik und Mandat, in: Gangolf Hübinger u. Thomas Hertfelder (Hg.), Kritik und Mandat, Stuttgart, München 2000, S. 11–29; zu den verschiedenen Varianten kommunistischen Kaderintellektuellentums in der DDR, die hier freilich großzügig unter den Begriff des „literarischen Intellektuellen" zusammengefasst werden vgl.: Werner Mittenzwei, Die Intellektuellen. Literatur und Politik in Ostdeutschland von 1945 bis 2000, Leipzig 2001, S. 5.

[31] Helmut Schelsky, Die Arbeit tun die Anderen. Klassenkampf und Priesterherrschaft der Intellektuellen, Opladen 1975, zit. n. Jäger, Der Schriftsteller als Intellektueller, S. 7.

[32] Vgl. Jäger, Der Schriftsteller als Intellektueller, S. 8f.

[33] In den Jahrzehnten der Sowjetherrschaft haben dissertierende Intellektuelle aus den ostmitteleuropäischen Staaten immer wieder die besondere Aufgabe des Intellektuellen betont und beschrieben und für sie ein besonderes Pathos der Verteidigung von Wahrheit, intellektueller Unabhängigkeit und nichtkorrumpierbarer Geistigkeit in Anspruch genommen, vgl. z. B. Czesław Miłosz, Verführtes Denken (1953), Frankfurt a.M. 1974, S. 43ff.; Witold Gombrowicz, Tagebuch 1953 bis 1969 (1971), Frankfurt a.M. 2004, S. 71, 96ff., 329ff.

[34] Hans Magnus Enzensberger, Das empfindliche Ungeheuer. Eine Wahlkampf-Unterhaltung aus dem Jahre 1987 mit Hellmuth Karasek, in: ders., Mittelmaß und Wahn. Gesammelte Zerstreuungen, Frankfurt a.M. 1988, S. 238 f.

[35] Ernst Jünger, Eumeswil, Stuttgart 1977.

[36] Ebd., S. 194, 203.

[37] Manès Sperber, Wie eine Träne im Ozean, Köln u. a. 1961.

[38] Hans Erich Nossack, Dem unbekannten Sieger, Frankfurt a.M. 1969.

[39] Heimito von Doderer, Die Dämonen. Nach der Chronik des Sektionsrates Geyrenhoff, München 1956.

[40] Christoph Hein, Der Tangospieler, Berlin 1989.

[41] Monika Maron, Stille Zeile Sechs, 2. Aufl., Frankfurt a.M. 1991.

[42] Wegmann, Zellenbildung, S. 234.

[43] Vgl. dazu Erhard Schütz, Der kontaminierte Tagtraum. Alternativgeschichte und Geschichtsalternative, in: Keiner kommt davon. Zeitgeschichte in der Literatur

nach 1945, hg. v. Erhard Schütz u. Wolfgang Hardtwig, Göttingen 2008, S. 47–73, hier S. 73.
44 Vgl. Umberto Eco, Grenzen der Interpretation, München u. a. 1992, S. 47.
45 Dagmar Günther, „And now for something completely different". Prolegomena zur Autobiografie als Quelle der Geschichtswissenschaft, in: Historische Zeitschrift 272 (2001), S. 59.
46 Vgl. Erll u. Nünnig, Literatur und Erinnerungskultur, S. 7.
47 Wie sehr es aber gerade auf die Anordnung ankommt, zeigen Matthias Uecker, Wiederholungszwang und Veränderungswunsch, in: Keiner kommt davon. Zeitgeschichte in der Literatur nach 1945, hg. v. Erhard Schütz u. Wolfgang Hardtwig, Göttingen 2008, S. 115–129, und Raoul Calzoni, Vielstimmigkeit der Zeitgeschichte in Walter Kempowskis *Das Echolot*, in: ebd., S. 130–150.
48 Eberhard Lämmert, Geschichten von der Geschichte. Geschichtsschreibung und Geschichtsdarstellung im Roman, in: Poetica 17 (1985), S. 228–254, hier S. 242.
49 Hierzu und zum Folgenden vgl. Helmut Koopmann, Der Faschismus als Kleinbürgertum und was daraus wurde, in: Volker Neuhaus u. Daniel Hermes (Hg.), Die „Danziger Trilogie" von Günter Grass, Texte, Bilder, Daten, Frankfurt a.M. 1991, S. 200–222.
50 Vgl. ebd., S. 203.
51 Ref. nach Joachim Fest, Begegnungen. Über nahe und ferne Freunde, Hamburg 2006, darin: Glück als Verdienst. Eine biografische Beobachtung über Golo Mann, S. 215–248, hier S. 243f.

Geschichtswissenschaft und Öffentlichkeit

10. Geschichtskultur in Deutschland von 1850 bis 1871

Die in vieler Hinsicht fragwürdige Blüte der Geschichtskultur im neu gegründeten Deutschen Reich nach 1871 ist ein inzwischen intensiv erforschtes Thema.[1] Die kleindeutsch-protestantisch dominierte nationale Einigung, der anhaltende gewaltige, allerdings etwas unstete wirtschaftliche Aufschwung und der enorme, wenn auch ungleich verteilte Reichtum, den er hervorbrachte, der tiefgreifende Urbanisierungsprozess, die Bildungsexpansion und der Ausbau kulturstaatlicher Einrichtungen formten unter dem ästhetischen Signum des Späthistorismus das optische Erscheinungsbild der alten Haupt- und Residenzstädte wie auch jener alten Städte, die am Industrialisierungsprozess partizipierten und sich in moderne Großstädte verwandelten. Demgegenüber erscheinen die 1850er und 1860er Jahre für die Geschichtskultur in Deutschland als weniger bedeutsam. Tatsächlich brachte die nachrevolutionäre Reaktion die 1848/49 nach der langen Vorlaufzeit seit der Jahrhundertwende aufgebrochene politische Dynamik weithin zum Erliegen oder dämpfte sie zumindest erheblich.[2]

In Preußen wie in vielen anderen Staaten des Deutschen Bundes begann sich jedoch seit 1859 der moderne politische Massenmarkt zu entwickeln. Parteien und Verbände formierten sich neu. Obgleich die nationale Einheit zunächst auf lange Zeit unerreichbar schien, schlug sie das politisch geweckte Bürgertum trotz der postrevolutionären Reaktion alsbald wieder in ihren Bann. Die von den alten Eliten getragene Außenpolitik der beiden Großmächte im Bund, Preußen und Österreich, geriet in den Sog einer neu aktivierten europäischen Mächterivalität. Bei genauerem Hinsehen zeigt sich auch, dass gerade die beiden Jahrzehnte zwischen Revolution und Reichsgründung die Epoche einer zunehmend in die Breite und Tiefe gehenden Geschichtskultur sind.[3] Das betrifft zunächst die große Geschichtsschreibung akademischer Provenienz. So publizierte Leopold von Ranke zwischen 1847 und 1868 von seinem Berliner Lehrstuhl aus seine bedeutenden vielbändigen Staatengeschichten Preußens, Frankreichs und Englands, die in Deutschland das Bild des spätmittelalterlich-neuzeitlichen Europa und der Politik der „Großen Mächte" wesentlich prägten.[4] Johann Gustav Droysen, der frühere Aktivist der Schleswig-Holsteinischen

Nationalbewegung und Paulskirchenabgeordnete, konzipierte in der Reaktion auf die gescheiterte Revolution 1852 in Jena seine „Geschichte der preußischen Politik", die dann zwischen 1855 und 1886 in vierzehn Bänden erschien – eines der Hauptwerke der „borussianischen" Geschichtsauffassung. In ihm suchte Droysen, seit 1859 ebenfalls Inhaber eines Lehrstuhls in Berlin, einen vermeintlich „deutschen Beruf" Preußens vom staufischen Kaisertum bis zu seiner Gegenwart nachzuweisen. Seit 1857 trug Droysen zudem seine Vorlesung über „Enzyklopädie und Methodologie der Geschichte" vor – bis heute unter dem Titel „Grundriß der Historik" der wichtigste geschichtstheoretische Text der deutschen Geschichtswissenschaft.[5] 1859 publizierte der junge Heinrich von Treitschke seine „Gesellschaftswissenschaft", in der er eine Öffnung der Geschichtswissenschaft für Themen aus Wirtschaft und Gesellschaft zu signalisieren schien, eine eigenständige Sozialwissenschaft gegenüber dem Primat staatlicher Politik aber für unnötig erklärte.[6] 1860 erschien, in kritischer Distanz zum deutschen Historismus, jedoch aus dem deutschsprachigen Geschichtsdenken der Epoche nicht wegzudenken, die „Cultur der Renaissance" des jungen Basler Professors für Geschichte und später auch für Kunstgeschichte, Jacob Burckhardt.[7]

Gerade die fünfziger und sechziger Jahre sind zudem nicht nur Jahrzehnte klassisch gewordener Geschichtsschreibung, sondern auch der Institutionalisierung von Geschichtswissenschaft.[8] 1853 begann mit dem Auftrag der Berliner Akademie der Wissenschaften an den kurzzeitig wegen seiner Verwicklung in die 48er-Bewegung in die Schweiz emigrierten Theodor Mommsen für das „Corpus Inscriptionum Latinarum" die akademiegestützte moderne „Großforschung" zur Alten Geschichte.[9] 1855 gründete Maximilian II. von Bayern die Historische Kommission bei der Bayerischen Akademie der Wissenschaften,[10] 1857 ermöglichte er die erste Gründung eines Historischen Seminars[11] durch den 1856 nach München berufenen Bonner Mediävisten und Neuzeithistoriker Heinrich von Sybel in München. 1859 rief Sybel die „Historische Zeitschrift" ins Leben.[12]

Die Vergegenwärtigung der Vergangenheit stieg auch in den Künsten endgültig zum dominierenden Interesse der Epoche auf. Die Gestaltung des öffentlichen Raumes durch staatliche Repräsentationsbauten vergegenwärtigte vergangene „Stile" in verschiedenen Synkretismen; in der Innenausstattung florierten historistische Geschichtsmalerei und historisierendes Kunstgewerbe.[13] Selbst in der Literatur hatten historische Stoffe eine enorme Konjunktur.

Mehr Schwierigkeiten als die Frage nach Umfang und Gewicht des Geschichtsinteresses wirft der Zuschnitt des hier zu behandelnden Zeitraumes auf. Die herkömmliche Periodisierung folgt dem Rhythmus der politischen Geschichte und unterscheidet die Ära des „Frühhistorismus" – die einer mit ihren Ausläufern bis um 1820 reichenden Aufklärung folgt – parallel zu Restauration und Vormärz, gefolgt von der Revolution 1848/49, der Reaktionszeit bis 1859/63, der Reichsgründungsära bis 1871 und dann der Geschichte des Kaiserreichs. In der Tat sind und bleiben die Zäsuren, die sowohl die politische wie die Wirtschafts- und Sozialgeschichte mit Revolution und Reichsgründung einerseits, der Take-off-Phase der Industrialisierung und ihren sozialgeschichtlichen Folgen andererseits setzen, auch für einen kulturgeschichtlich erweiterten Blick maßgeblich. Kultur- und wissenschaftsgeschichtliche sowie generationelle Gesichtspunkte legen es jedoch nahe, diesen Epochenzuschnitt zumindest zu relativieren. Die Wendungen der politischen und der Rhythmus der Gesellschaftsgeschichte beeinflussen das Geschichtsbewusstsein zutiefst, doch folgen Erkenntnisgewinne, Methodenwechsel, die neue Formulierung von Fragestellungen und erkenntnisleitenden Interessen auch – und primär – einer eigenen Logik, die zwar in vielfacher Wechselwirkung zur politischen Geschichte und zu sozioökonomischen Prozessen steht, von ihr aber nicht determiniert wird.

Was in der Periodisierung der politischen Geschichte und der Sozialgeschichte klar getrennt erscheint, stellt sich in der lebensgeschichtlichen Perspektive von Zeitgenossen primär als Kontinuum dar. Ein kurzer Blick auf die Geburtsjahrgänge von Persönlichkeiten, die in der deutschen Geschichtskultur seit der Mitte des 19. Jahrhunderts eine zentrale Rolle gespielt haben, zeigt einerseits generationenspezifische Erfahrungen und auch politische Wertungen, andererseits aber auch erhebliche Unterschiede in der Verarbeitung analoger Erfahrungen und Positionen und die Gleichzeitigkeit von scheinbar ungleichzeitigen Deutungsmustern. Generationelle Gemeinsamkeiten sind neuerdings in der Geschichtswissenschaft ein viel diskutiertes Thema. Man begreift Generationen in Anlehnung an Karl Mannheim als Erfahrungs- und Erlebnisgemeinschaften – allerdings nicht determinierenden Charakters, denn die Gemeinsamkeit der Erfahrungen ist gebrochen durch eine Vielzahl unterschiedlicher Faktoren, wie Schulzusammenhänge, Deutungs- und Darstellungstraditionen, irreduzible Faktoren der Individualität und andere.[14] Unübersehbar ist zum Beispiel der deutliche Schnitt zwischen der Generation Rankes (1795) und der Folgegeneration, der unter anderen Gustav Freytag (1816), Theodor Mommsen (1817), Heinrich von Sybel (1817), Jacob Burckhardt (1818) und Theodor Fontane (1819), aber auch Adolph Menzel (1815) angehören. Der geschichtspessimistische Historienmaler Karl von Piloty, 1826 geboren, kann derselben Generation zugerechnet werden wie Paul Anton Bötticher (1827), der unter dem Namen Paul de Lagarde 1873 seine „Deutschen Schriften" publizierte, eines der Hauptwerke des Kulturpessimismus um 1900. Andererseits verkörperte der nur wenige Jahre jüngere Viktor Scheffel (1836) mit seinen historischen Romanen und Verserzählungen eine kulturliberale Sichtweise auf die Geschichte und war damit seit den 1850er Jahren auf dem literarischen Markt enorm erfolgreich.

I.

Das Konzept der „Geschichtskultur" selbst wirft in diesem Zusammenhang zahlreiche praktische Probleme auf. Ob man Geschichtskultur als „Gesamtheit der Formen, in denen Geschichtswissen in einer Gesellschaft präsent ist"[15], oder als „praktisch wirksame Artikulation von Geschichtsbewußtsein im Leben einer Gesellschaft"[16] oder als „Modus, nach dem eine Gegenwart Rechenschaft von ihrer Vergangenheit gibt", bestimmt[17], in jedem Fall zieht der Begriff die Konsequenz aus der Einsicht, dass die Vergangenheit einer Gruppe, einer Gesellschaft oder Nation nicht naturwüchsig gegeben, sondern kulturell geschaffen und vermittelt ist, dass sie im Modus wie in der Komplexität ihrer Darstellung unterschiedliche Formen symbolischer Verdichtung annimmt, und dass es darauf ankommt, gerade die Vielzahl von jeweils spezifischen Absichten, Leistungen und Funktionen dieser Formen zu erschließen. Das ist leicht definiert, aber für unseren Zeitraum schwer empirisch zu rekonstruieren. Auf den ersten Blick bietet die Epoche das Bild eines relativ einheitlichen, klar zu fassenden Modus, in dem die damalige Gegenwart Rechenschaft von ihrer Vergangenheit gab und daraus Schlussfolgerungen für die Zukunft zog. Bei genauerem Hinsehen aber splittert sich die Geschichtskultur dieser Jahrzehnte in eine Vielzahl von Institutionen und Gruppen auf, die sie trugen, in eine Vielzahl von unterschiedlichen thematischen Schwerpunkten, Erzähl- und Deutungsmustern, schließlich auch in ganz unterschiedliche Konzepte der Vermittlung von Vergangenheit, Gegenwart und Zukunft.

Die gängige Vorstellung einer in ihren Wertvorstellungen, politischen Zielen, Gegenwartsdeutungen, Vergangenheits- und Zukunftsvorstellungen relativ einheitlichen bürgerlichen Gesellschaft, die durch die vermeintliche Zielgerichtetheit der wesentlichen historischen Prozesse in Richtung eines liberal verfassten Nationalstaates und einer von bürgerlichen Werten geprägten Erwerbs- und Bildungswelt vermittelt wird, bedarf einer erheblichen Differenzierung. Denn selbst im Rahmen der bürgerlichen Hochkultur, um die es im Folgenden gehen soll, artikulieren sich bürgerlich-monarchische Kooperationen und verschiedene Varianten bürgerlichen Selbstbewusstseins höchst vielgestaltig und zum Teil auch widersprüchlich im gesellschaftlichen, politischen und konfessionell-kulturellen Spannungsfeld zwischen monarchisch geprägtem Konservativismus und Liberal- bzw. Sozialdemokratie, von Katholizismus und Protestantismus und von einem breiten Spektrum unterschiedlicher historisch-politischer Sinnentwürfe. Im Folgenden kann es nicht darum gehen, die Artefakte, Interpretamente und Interessen dieser Geschichtskultur in Deutschland zwischen 1850 und 1870 auch nur annähernd vollständig zu erfassen. Vielmehr können nur einige wesentliche Aspekte des Themas skizziert werden. Wichtig ist jedoch, belletristische und bildnerische Artefakte des Geschichtsbewusstseins und Geschichtsinteresses einzubeziehen. Denn sie prägen die Vorstellungen von der Vergangenheit weit stärker, als dies die Geschichtswissenschaft im engeren Sinn jemals konnte.

Der gegenwärtige Trend bei der Erforschung von Vergangenheitsbezügen einer Gesellschaft, eines Staates oder einer Nation geht seit längerem dahin, die gemeinschaftlichen, integrativen Elemente des „sozialen Gedächtnisses" (Peter Burke) oder „kollektiven Gedächtnisses" (Jan Assmann) herauszuarbeiten.[18] Diese Engführung liegt in der Logik sowohl der neueren nationalismus- wie gesellschaftsgeschichtlichen Ansätze. Sie nimmt in der Neigung der internationalen wie der deutschen Forschung, die erinnerungsgeschichtliche Fragestellung zu einem eigenen Paradigma zu erheben, tendenziell tautologische Züge an. Die von Pierre Nora ausgehende und an ihn angelehnte Darstellung der sogenannten „Erinnerungsorte" treibt diese Tendenz auf die Spitze und muss sich mit dem Problem auseinandersetzen, dass sie mitunter voraussetzt, was sie aufzuzeigen unternimmt.[19] Neuere Versuche, den bewussten Umgang einzelner Vergangenheiten mit ihrer Geschichte in Begriffen wie „Geschichtspolitik" (Wolfrum) und „Vergangenheitspolitik" (Norbert Frei) zu erfassen, arbeiten vorrangig Tendenzen in der deutschen Gesellschaft und Politik des 20. Jahrhunderts heraus, „die

Geschichte" kollektiv zu bewältigen oder instrumentell für staatliche und machtpolitische Zwecke zu nutzen.[20]

Dies alles sind wichtige und produktive Forschungsansätze. Allerdings führen sie notwendigerweise dazu, Gemeinsamkeiten und Vereinheitlichungstendenzen im Verhältnis von Gesellschaften, Staaten und Nationen zu ihrer Vergangenheit in den Vordergrund zu rücken und Divergenzen, Ungleichzeitigkeiten und Widersprüche zu vernachlässigen. Sie zeigen eher die Karriere und gesellschaftliche Durchsetzung aufsteigender und erfolgreicher Deutungsmuster als die Überlebensformen ihrer unterlegenen und absteigenden Kontrahenten, eher die „Disziplinierung" einer Gesellschaft durch eine erinnerungsgeschichtliche Idee als die Spannungen, die sie notwendigerweise auch produziert. Sie heben eher das Integrierende als das Spaltende hervor oder setzen beides in eine klare zeitliche Abfolge. Dies gilt selbst dort, wo „Geschichte als Waffe" konzeptionalisiert wird, weil am Ende die siegreichen erinnerungspolitischen Waffen im Vordergrund stehen. Wie gesagt – das Paradigma der Erinnerungskultur ist sinnvoll und erkenntnisträchtig. Aber es kann nicht schaden, die Perspektive einmal umzukehren und nach der prinzipiellen Fragmentiertheit der Erinnerung gerade in modernen Gesellschaften zu fragen. Denn mit der Pluralisierung von Wertorientierungen, Interessen und Sinndeutungen pluralisieren sich auch die Konzeptionalisierungen des Verhältnisses von Gegenwart und Vergangenheit und damit die Vergangenheitsdeutungen selbst von Grund auf.

Der durchgängige, wenn auch immer wieder retardierte und aus sich heraus immer neue Widerstände produzierende Trend der Individualisierung als Merkmal der Moderne[21] individualisiert auch die Zugänge zur Geschichte. Das „kollektive Gedächtnis" einer modernen Gesellschaft ist eine Abstraktion, zu deren Verständnis sowohl die Pluralisierungs- wie die Vereinheitlichungstendenzen der Erinnerung und sowohl deren integrative wie desintegrative Wirkungen erfasst werden müssen. Das Zurückgedrängte oder Nicht-Vollentfaltete steht neben dem Dominanten, das weniger Gewichtige neben dem Gewichtigen, und nichts davon darf vernachlässigt werden.[22] Die Gewichte der Präsenz von Vergangenheit oder Vergangenheiten verschieben sich aber, mehr oder weniger stark, permanent. Unsere heutige Erinnerungskultur insgesamt, aber auch das geschichtswissenschaftliche Wissen, sind das Ergebnis nicht nur des Erinnerns, sondern auch des mehr oder weniger vollständigen und mehr oder weniger willentlichen Vergessens wichtiger Tatbestände – ganz abgesehen davon, dass unüberwundene

Vorurteile und individuelle oder kollektive Erkenntnispräferenzen und Erkenntnismethoden unseren heutigen Zugang zur Vergangenheit ebenso fragmentieren wie denjenigen jedweder Vergangenheit zu ihrer Vergangenheit – oder besser: zu ihren Vergangenheiten. Es sieht so aus, als eigne sich das Konzept der „Geschichtskultur" zur Erfassung solcher Pluralisierungsvorgänge, vermeintlicher Widersprüche und Gedächtniskonglomerate besser als das der „Erinnerungskultur".

Diese Überlegungen sollen nun an der deutschen Geschichtskultur zwischen der 48er Revolution und der Wilhelminischen Ära exemplifiziert werden. Zunächst skizziere ich wesentliche kulturelle, politische und gesellschaftliche Strukturen und Prozesse, ohne deren Kenntnis die Geschichtskultur der Epoche nicht zu verstehen ist. In einem zweiten Schritt werden, ebenfalls sehr knapp, Formen und Träger von Geschichtsinteresse und Geschichtspolitik dargestellt. Ein dritter, ausführlicherer Schritt dient dazu, Deutungsmuster und Ordnungsprobleme des Geschichtsdenkens zwischen 1850 und 1870 in der Kontroverse zu rekonstruieren – wobei diese Daten, wie erwähnt, abkürzend stehen für Zäsuren bzw. Wendephasen der Geschichtskultur, die sich nicht auf Tag und Stunde genau festlegen lassen. Im vierten Schritt soll dann versucht werden, die Befunde in einigen Thesen neu zusammenzufassen. Bewusst ausgeklammert sind jene Segmentierungen der Gesellschaft und der politischen Kultur, die in der Forschung intensiv behandelt wurden und über deren Bedeutung für die deutsche Geschichte seit Mitte des 19. Jahrhunderts weitgehender Konsens besteht: die konfessionelle Spaltung und die zunehmende Klassentrennung von Bürgertum und Arbeiterschaft. Es geht um die bürgerliche Geschichtskultur im konstitutionellen Staat.

II.

Am Anfang war das Erbe des Vormärz: die Biographien von Anführern der „Bewegungspartei" aus Liberalismus und Demokratie gingen – sofern diese am Leben und im Land geblieben waren – weiter, wenn auch nicht ohne schwere Irritationen. Die nationalpolitische Aufbruchsstimmung war eingetrübt und verdunkelt, aber nicht gebrochen; das aufstrebende Bürgertum suchte nach wie vor und vielleicht sogar verstärkt nach geschichtlicher Selbstvergewisserung und opponierte nach einer 10-jährigen Phase (erzwungener) Apathie wieder verstärkt gegen den bürokratischen Obrigkeitsstaat. Die Niederschlagung der Revolution 1848/49 hatte den Prozess politischer Selbstfindung und Selbstorganisation des Bürgertums unterbrochen und verformt, aber nicht einfach unterdrücken können.[23] Das weitgehende, aber keineswegs vollständige Scheitern der revolutionären Ziele, aber auch die Erfahrung einer als bedrohlich empfundenen sozialen Unruhe und Umsturzbereitschaft von unten förderten die Bereitschaft zu einem adlig-bürgerlichen Herrschaftskompromiss – in Preußen wurde sie allerdings erst durch die Niederlage des Liberalismus im Heeres- und Verfassungskonflikt 1859–1862 erzwungen. In der Sicht der ‚alten Eliten', der Dynastien, der großen Mehrheit des Adels und seiner Repräsentanten in den Regierungen, in Verwaltung, Militär und Justiz hatte die Revolutionserfahrung die Reformbewegung insgesamt, die Politisierung von Bürgertum und städtischen Unterschichten und selbst die versuchte Nationalstaatsgründung diskreditiert, soweit sie von Demokraten getragen war. Die Vertreter der ehemaligen „Bewegungspartei" standen je nach dem Maß eigener ausgestandener Revolutionsfurcht in verschiedensten Varianten zwar unter dem Eindruck einer brutalen und blutigen Unterdrückung ihrer politischen Aktivitäten und der Wiederherstellung der – allerdings doch wesentlich modifizierten – alten politischen Ordnung in der Reaktionspolitik seit Herbst 1848. Aber sie nahmen, indem sie das Erlebte in ihr historisch-politisches Weltbild zu integrieren versuchten, den Kampf um ihre wesentlichen Ziele bald wieder auf.[24]

Die Lebensläufe profilierter Exponenten der deutschen Geschichtskultur der nächsten vierzig Jahre begannen daher in den Katastrophenjahren unmittelbar nach 1849 nicht einfach neu. Man kann ausschließen, dass die Unterdrückungserfahrung bei denjenigen, die professionell über Geschichte nachdachten, also bei den Professoren, Literaten und Geschichtsmalern der Epoche, keine Spuren hinterlassen hat. Die Reaktionen der bürgerlich-adligen Elite und des deutschen Bürgertums insgesamt auf das Revolutionserlebnis sind bekannt. Es liegt auf der Hand, dass die politischen, sozialen und schließlich auch militärisch-kämpferischen Turbulenzen und die massive Erfahrung des bürgerlichen Scheiterns keine kollektive positive Erinnerung erzeugen konnte, die über die aktuellen Reminiszenzen der Zeitgenossen hinausgereicht hätte. Linksliberale, demokratische Deutungen blieben auf das linke politische Milieu beschränkt, verkümmerten dort aber zusehends und wanderten bald in die Arbeiterbewegung ab, die seit den späten 1860er Jahren den 18. März 1848 regelmäßig feierte.[25] Das bürgerlich-liberale Milieu erinnerte die erlebte Gewalttätigkeit als „verhüllte" Überlieferung, vermied es aber verständlicherweise, sie explizit zu machen. Die staatliche Politik hingegen unterdrückte positiv bewertete Revolutionserfahrungen systematisch. Die Wiedererweckung der liberalnationalen Hoffnungen im 1859 gegründeten „Deutschen Nationalverein" durchbrach zwar diese „öffentliche Tabuisierung" (Hettling) ein Stück weit, aber ein positiver Mythos der Revolution, ihrer Ziele, Aktionen und auch – in langer Frist gesehen – Erfolge, konnte sich so nicht entfalten. Die Reichsgründung von 1871 erlaubte es dann gleichsam in aller Form, die Revolution zu „schließen", indem große Teile des Bürgertums und der alten Eliten die Revolutionserinnerung – wenn sie denn überhaupt noch bemüht wurde – in die neue kleindeutschprotestantisch-nationalstaatliche Perspektive einbanden und damit marginalisierten und domestizierten.[26]

Für das politische System der deutschen Einzelstaaten zog die Erfahrung und die verhüllte Erinnerung an die Revolution hingegen gravierende Folgen nach sich. Im März 1848 hatten die Monarchien gewankt, aber sie waren nicht gestürzt. Sie hatten eine Existenzkrise durchlitten, erinnerten sich hieran sehr genau und zogen daraus ihre Schlussfolgerungen. Liberales Bürgertum und Monarchie waren partiell zusammengerückt – wenn auch noch keineswegs so weit gehend wie dann nach den erfolgreichen Einigungskriegen. Immerhin gab es in den Staaten des deutschen Bundes – mit Ausnahme Österreichs – seit 1848 überall Verfassungen und Parlamente, in denen sich der Bürgerwille – wenn auch stark verformt und abgeschwächt – artikulieren konnte.

Kirche und Schule rückten ins Zentrum des Interesses der verunsicherten Monarchen und ihrer Regierungen. Im Zeichen der Reaktion entstand die Formel der Einheit von „Thron und Altar", der Staat nahm die Kirchen noch stärker als bisher in den Dienst seiner Integrationsinteressen, was in der Regel bis Anfang der 60er Jahre gut ging, dann nicht mehr. Denn gerade der Streit um die große Sozialisationsinstanz der Schule förderte den Konflikt zwischen katholisch-konfessionellem Milieu, das sich den Einfluss auf den Unterricht nicht nehmen lassen wollte, und dem Staat, der auf der Basis des monarchisch-liberal-konservativen Herrschaftskompromisses die alleinige Schulhoheit beanspruchte.

Die 1850er und 60er Jahre zählen wirtschaftlich und gesellschaftlich zu den wichtigsten Umbruchperioden der deutschen Geschichte. Das politische System der Reaktion geriet in einen wachsenden Widerspruch zur ökonomischen und gesellschaftlichen Dynamisierung der Gesellschaft, den es durch Teilliberalisierungen – seit 1863 nicht ohne Erfolg –

so weit auflösen konnte, dass sich keine revolutionäre Spannung aufzubauen vermochte. Die Take-off-Phase der Industriewirtschaft mit einem sich selbst tragenden Wirtschaftswachstum beendete einerseits die Hungerkrisen des vormärzlichen Pauperismus, bereitete aber andererseits die Klassenspaltung der modernen Industriegesellschaft vor. Schließlich brachten die Kriege von 1864 und 1866, die Bildung des Norddeutschen Bundes, der Krieg von 1870/71 und die Gründung des kleindeutschen Nationalstaates auch staaten- und machtpolitisch einen grundstürzenden Wandel hervor, indem der preußische Ministerpräsident Otto von Bismarck den Staatenbund von 1815 und 1850 in den Bundesstaat von 1871 verwandelte und die Sehnsucht des deutschen Bürgertums nach Nationalstaatlichkeit erfüllte.[27]

III.

Im Gefolge der Revolutionserfahrung und aus dem Gefühl der Gefährdetheit im gesellschaftlichen und politischen Wandel betrieben die Monarchen und ihre Regierungen deutlicher noch als vor 1848 und explizit in antirevolutionärer Absicht eine zielstrebige Kulturpolitik. Die offizielle Geschichtspolitik in den deutschen Staaten bestand seit 1850 vorrangig darin, die monarchische Autorität mit Hilfe eines entsprechend selektierten, aufbereiteten und der Öffentlichkeit präsentierten Geschichtsbildes neu zu legitimieren. Dazu gehörten die Richtlinien für den staatlichen Schulunterricht, aber auch die sinnlich-anschauliche Präsentation und Verherrlichung der jeweiligen Monarchie und des von ihr beherrschten und repräsentierten Staatsvolkes sowie der Harmonie zwischen beiden. Die Monarchien entwickelten ein neues Bewusstsein für die Notwendigkeit öffentlicher Selbstdarstellung und begannen, die Bild- und Printmedien in neuer Weise dafür zu instrumentalisieren.[28]

Besonders zielstrebig und konsequent ging hier Maximilian II. von Bayern vor, der das Königsamt nach dem Rücktritt seines Vaters Ludwigs I. schon am 20. März 1848 mit 37 Jahren geerbt hatte.[29] Für die Haupt- und Residenzstadt München schuf er eine neue Achse monarchischer Repräsentation in einem von seinem Architekten Friedrich Bürklein auf sein Geheiß neu kreierten romanisch-gotischen Mischstil, die „Maximilianstraße".[30] (Programmschrift und Architekturwettbewerb 1850; Baubeginn für die Wohn- und Geschäftshäuser 1854, für die Staatsbauten am „Forum" 1856 – Regierung von Oberbayern – und

1858 – Bayerisches Nationalmuseum). Abgeschlossen und bekrönt wurde sie 1857 bis 1874 durch das „Maximilianeum" auf dem jenseitigen Isarhochufer, einen weithin sichtbaren und im Wortsinn (wegen seiner mosaizierten Fassade) glänzenden Bau für die Zöglinge einer vom König inaugurierten, bis heute bestehenden Elitestiftung für die besten Studenten Bayerns (heute Sitz des Bayerischen Landtags).[31] Als Gesamtkunstwerk konzipiert, bereitete es mit seiner Historischen Galerie das offizielle dynastisch-staatliche Geschichtsbild anschaulich auf. Der Vorstellung einer sich seit dem Mittelalter kontinuierlich fortentwickelnden bayerischen Nationalkultur – und einer zeitgemäßen Gewerbeförderung – diente die Gründung des Bayerischen Nationalmuseums.[32] Es erhielt seinen Standort an der platzartigen Erweiterung dieser neuen repräsentativen Achse, dem „Forum" (1858 begonnen). Heute ist in dem Gebäude das Völkerkundemuseum untergebracht. Nachdem der dritte Sohn Ludwigs I. nach dem Tod von dessen Enkel Ludwig II. 1886 die Regentschaft in Bayern übernommen hatte und seine eigene Prachtstraße, die „Prinzregentenstraße" erhielt, wurde an deren Nordseite 1892–1900 ein weitläufiger Neubau für das Nationalmuseum errichtet.

Der Förderung der Wissenschaft – und damit der Betonung der eigenen Modernität – diente schließlich die Berufung der „Nordlichter", berühmter norddeutsch-protestantischer Professoren an die 1825 von Landshut nach München verlegte bayerische Landesuniversität.[33] Bei alledem ging es – in den zeitgenössischen Termini – um die „Bildung und Zivilisierung" der „Nation" (das heißt zu diesem Zeitpunkt der einzelstaatlichen Bevölkerung), um die Ausprägung territorialstaatlichen Bewusstseins, um Ansehen und Ruhm des Einzelstaates, im Falle Bayerns auch um die machtpolitische Dimension im Rahmen der Triaspolitik. Sicherung der Monarchie, Integration der neubayerischen Gebiete und die historische Fundierung der eigenen „deutschen" Politik – das waren die Hauptziele der offiziellen Münchner Geschichtspolitik. Gesellschaftspolitisch zielte das alles darauf, das gebildete Bürgertum mit der Monarchie zu versöhnen.

Das junge (seit 1806) Königreich Bayern stellt in der deutschen Staatenwelt der Jahrhundertmitte mit seiner Geschichtspolitik ein besonders markantes Beispiel dar, doch sind deren Grundzüge auch in den anderen Staaten des „Deutschen Bundes" – die Großmächte Preußen und Österreich eingeschlossen – überall gleich. Als symptomatisch für die Kultur- und Nationalpolitik eines seit dem späten 18. Jahrhundert besonders profilierten deutschen Kleinstaats kann die Errichtung des „Goethe-Schiller-Denkmals" gelten, das 1857 mit einem zeittypischen politischen Fest auf dem Platz vor dem Weimarer Theater enthüllt wurde.[34] Es demonstrierte die erhoffte und nicht zu Unrecht in die Vergangenheit zurückprojizierte Harmonie zwischen Monarchie und Bürgertum, indem es die machtgeschützte Innerlichkeit der deutschen klassischen Literaturperiode in ihren beiden wichtigsten Exponenten personifiziert auftreten ließ. Der Ort ist zweckentsprechend gewählt, vor dem – zeitweise von Goethe geleiteten – „Nationaltheater" der kleinen Residenzstadt Weimar. Der stürmische politische Freiheitsimpuls und die scharfe Hof- und Absolutismuskritik des jungen Schiller sind im optischen Zusammenspiel mit dem konservativen „Olympier" Goethe neutralisiert. Das Dichterpaar verkörpert anschaulich das Leitbild einer unter der Schirmherrschaft wohlwollend fördernder Monarchen blühenden Kulturnation, die mit sich selbst und der Herrschaft einer milden, konfliktarmen konstitutionellen Monarchie im Einklang ist. Das Denkmal steht sowohl in monarchischer wie in bürgerlicher Tradition. Schon die Finanzierung deutet darauf hin. Das Projekt eines Doppeldenkmals für die Nationaldichter kam erst durch monarchische Spenden in Gang. Der im März 1848 abgedankte Ludwig I. von Bayern stellte das Erz für die Statuen zur Verfügung, der Großherzog von Baden übernahm die Kosten für das Postament usw.; die allgemeinen Sammlungen in den deutschen Territorien erbrachten rund 8000 Taler.

Ungeachtet der deutlichen Dominanz der Monarchie führte das Projekt auch die Tradition des kulturellen Nationaldenkmals für bürgerliche Geistesheroen fort, die im Vormärz mit dem Lutherdenkmal Johann Gottfried Schadows in Wittenberg (1818), dem Gutenbergdenkmal Berthel Thorvaldsens in Mainz (1837) und dem Schillerdenkmal Thorvaldsens in Stuttgart (1839) eingesetzt hatte.[35] Es spiegelte das nationale Selbst- und Einheitsbewusstsein, das sich angesichts der verwehrten politischen Einheit auf die nationalen Literatur- und Kulturgrößen stützte. Aber dieses Bewusstsein wurde nun noch deutlicher als vor 1848 monarchisch-etatistisch überformt. Der sachsen-weimarische Großherzog Carl Alexander verknüpfte die Einweihung des Goethe-Schiller-Denkmals mit der Grundsteinlegung eines Karl-August-Monuments zu dessen 100. Geburtstag. Das Festprogramm betonte die Harmonie von Macht und Geist im Zusammenwirken von Fürst und Dichtern. Dass die Weimarer Dichtergrößen Wieland, Herder und Schiller zunächst die Französische Revolution entschieden befürwortet hatten, blieb unerwähnt – acht Jahre nach dem Scheitern bzw. der blutigen Niederschlagung der bürgerlich-nationalen Revolution stellte das eine bewusste Absage an die liberal-demokratische Nationalbewegung dar. Die offizielle Denkmals-Deutung blieb bemüht unpolitisch, der nationale Machtanspruch machte sich in den Reden am Denkmal aber in kultureller Verhüllung dann doch deutlich bemerkbar: Goethe und Schiller verkörperten die prätendierte deutsche Vormachtstellung in Europa zumindest in Kultur und Wissenschaft, wenn den Deutschen schon eine überlegene wirtschaftliche oder politische Machtstellung versagt war.[36]

Anders als die – aus der Sicht späterer Weltmachtambitionen höchst gemäßigten – Reden spiegelt das von dem Dresdner Rauch-Schüler und Akademieprofessor Ernst Friedrich August Rietschel geschaffene Denkmal selbst nichts von verdeckten oder offenen Machtambitionen wider. Das Kunstwerk ging in den Sinnzuschreibungen der „Schriftleute" nicht auf. Was Rietschel wirklich beschäftigt hatte und was er tatsächlich sichtbar machte, war die geistige und menschliche Nähe zweier sehr bürgerlicher und betont volksnah gesehener Poeten und Intellektuellen, ihre freundschaftliche Beziehung und zugleich die Unterschiedlichkeit in ihrem Verhältnis zur Kunst und zur bürgerlichen Existenz. Rietschel ist damit eines der unprätentiösesten, originellsten und sympathischsten Exempel der an ästhetisch und politisch fragwürdigen Produkten so reichen deutschen Nationaldenkmalskultur des 19. Jahrhunderts gelungen.[37]

In den Residenzstädten blieb die Besetzung des öffentlichen Raumes mit politischer Symbolik bis 1890 und letztlich bis 1914 generell monarchisch dominiert.[38] Doch entwickelten sich vor allem Städte mit rapider Urbanisierung unter der Leitung ihrer bürgerlichen Selbstverwaltung zunehmend zu Orten, an denen sich bürgerliches Selbstbewusstsein und eine spezifisch bürgerliche Interpretation der Vergangenheit artikulieren konnten und in denen bürgerliche Geschichtspolitik anschauliche Gestaltung fand.[39] Besonders der Rathausbau stieg zum Symbol bürgerlicher Selbstbestimmtheit und Macht auf. In ihren neuen Rathäusern demonstrierten die Städte auch bürgerliches Selbstbewusstsein, indem sie ihre Rolle als Träger von Kultur und der Förderung von Kunst darstellten und inszenierten. Schon seit den 50er Jahren erwiesen sich vielerorts Neubauten als nötig, um der Vielzahl neuer Funktionen der bürgerlichen Selbstverwaltung für eine rapide wachsende Bevölkerung gerecht zu werden. Exemplarisch lässt sich die Entwicklung dieser Bauaufgabe zwischen moderner Funktion und bürgerlicher Repräsentation an den Beispielen Hamburg 1854, Berlin 1857, München 1866/67 (und Wien 1869) verfolgen.[40] An ihnen kristallisierte sich immer wieder die architektonische Streitfrage des Jahrhunderts, die der Karlsruher

Residenzbaumeister Heinrich Hübsch 1828 klassisch formuliert hatte: „In welchem Style sollen wir bauen?" Es ging darum, in welchen historisierenden Formen wirtschaftliche Potenz, politische Selbstbestimmtheit und kulturelle Leistung am besten zu symbolisieren seien. Auf die Kontroversen um die Vorzüge von Gotik oder Renaissance, um die Ausstattungsprogramme, um die Visualisierung bürgerlicher Selbstbestimmtheit und monarchischen Herrschaftsanspruchs gerade bei den residenzstädtischen Projekten wie etwa in Berlin ist hier nicht weiter einzugehen.[41] Festzuhalten bleibt aber, dass unser ‚Bild' des 19. Jahrhunderts ganz wesentlich von diesen Architekturen und der Ausstattung ihrer Fest- und Sitzungssäle mit Wandbildern voller bedeutungsträchtiger ikonografischer Programme geprägt ist. Ihren Kulminationspunkt erreichten diese Ausstattungsorgien allerdings erst in den 80er und 90er Jahren. Insgesamt entstanden zwischen der Mitte des 19. Jahrhunderts und dem Ersten Weltkrieg auf dem Gebiet des späteren Kaiserreichs rund 200 neue Rathäuser mit exzessiven Gemäldefolgen im Inneren, aber auch mit ausgeklügelten plastischen Fassadenprogrammen.

Unterhalb dieser Ebene institutioneller Geschichtspolitik schuf sich die bürgerliche Geschichtskultur ein breites Fundament im immer dichter werdenden Netz der Geschichtsvereine. Im Vereinswesen insgesamt fand die bürgerliche Gesellschaft des 19. Jahrhunderts *eine*, um nicht zu sagen *die* adäquate Organisationsform.[42] Die Geschichtsvereine boomten neben und zum Teil in Spannung zu der akademisch-universitären Geschichtswissenschaft. Hier fand der historisch interessierte und engagierte Dilettant Gleichgesinnte.[43] Im Sinne von Nietzsches ebenso prägnanter wie umfassender Typisierung der Bedeutung der Geschichte „für das Leben" in seiner „Zweiten Unzeitgemäßen Betrachtung: Vom Nutzen und Nachteil der Historie für das Leben" fand in den Geschichtsvereinen kaum ein „kritisches", mehr schon ein „monumentalisches", vor allem aber ein „antiquarisches" Geschichtsinteresse seinen Ort. Aber auch diese Vereine agierten nicht in einem herrschaftsfreien Raum, in den Residenzstädten noch weniger als in der Provinz oder an der Peripherie. In der eigentlichen Gründungsphase nach 1815 waren sie meist aus monarchisch-gouvernementalen Initiativen entstanden und dienten demgemäß deren Integrations- und Legitimierungsinteressen. Gleichwohl schlugen sich auch in ihrer Arbeit wesentliche kulturelle und politische Gegensätze und Deutungskämpfe der Epoche nieder.

Schließlich ist die Geschichtskultur der Zeit getragen von der dynamischen Expansion des literarischen Marktes und einer Flut historischer

Erzählungen im Spannungsbogen zwischen empirisch-positivistischem Wahrheitsanspruch und Fiktion. Die sich selbst als „streng" und exklusiv verstehende akademische Geschichtswissenschaft vergisst gerne ihre eher marginale Position auf dem literarischen Markt.[44] Ich will das an drei Beispielen demonstrieren. Sie stehen exemplarisch für die seit den 50er Jahren florierende und unter dem Stichwort „Professorenliteratur" bekannte historische Belletristik. Ihr wichtigster Repräsentant ist zweifellos Gustav Freytag.[45] Er hatte sich 1839 in Breslau für deutsche Sprache und Literatur habilitiert, war aber 1844 wegen eines Konflikts mit der Fakultät aus der Universität ausgeschieden und gehört somit in die Reihe der kritischen und oppositionellen Privatdozenten, die im dominanten konservativen Etatismus der vormärzlichen Universitäten keinen Platz fanden. Freytag wandte sich dann der Publizistik zu, befreundete sich mit Herzog Ernst von Coburg-Gotha (1818–1893), der zu der kleinen Fraktion entschieden liberaler Fürsten in Deutschland zählte und zehn Jahre nach dem Ende der Revolution der sich regenerierenden liberalen Nationalbewegung im „Deutschen Nationalverein" in seiner Residenzstadt Coburg Sitz und Unterstützung bot. Der kleinstaatliche liberale Monarch ernannte Freytag 1854 zum Hofrat, später zum Geheimen Hofrat; 1893 endete die Ämterlaufbahn Freytags mit dem „Wirklichen Geheimen Rat" und dem Titel „Exzellenz".

Gustav Freytag verkörpert mit seinem Lebensweg einen für die 50er und 60er Jahre und dann auch für die ersten zwei Jahrzehnte des Kaiserreichs bedeutsamen und charakteristischen Typus: den des jugendlich-radikalen oder zumindest oppositionell bewegten Dichter-Gelehrten des Vormärz, der sich nach der Revolution zu einem National-Liberalismus milderer Observanz mäßigte und es nach und nach in Gesellschaft und Staat zu hohen Ehren und Ämtern brachte. Dabei kam diesen Ex-Radikalen die politische Vielfalt und die Rivalität der Monarchien und Höfe in Deutschland zugute – seit jeher ein Strukturmerkmal der politischen Ordnung des Alten Reichs wie später des Deutschen Bundes, das gefährdeten Gelehrten und Intellektuellen immer wieder Chancen des Ausweichens und der Sicherung ihrer Tätigkeit an anderen Orten in Deutschland bot. Wie schon im Vormärz half diese Meinungsvielfalt und Staatenrivalität in den 50er/60er Jahren den politisierenden Literaten, ihre noch immer prekäre Existenz auf dem literarischen und künstlerischen Markt mit Hilfe höfischer Ämter und Zuwendungen abzustützen. Die Buchproduktion expandierte nach dem reaktionsbedingten Einbruch Anfang der 50er Jahre seit etwa 1860 wieder dynamisch.

Signifikante Beispiele für diesen Typus und seinen Lebensweg bieten neben Freytag auch der im Vormärz mit Ferdinand Freiligrath befreundete Lübecker Lyriker und Dramatiker Emanuel Geibel, den König Max II. 1852 auf eine bestens dotierte Ehrenprofessur für deutsche Literatur und Poetik nach München berief, wo er als zentrale Gestalt des „Königlichen Symposiums" und des Dichterkreises „Das Krokodil" die Kulturpolitik des Königs unterstützte. Weiterhin der Dichter, Kunst- und Theaterkritiker Franz von Dingelstedt, den wiederum Max II. 1851 zum Leiter des Münchner Hoftheaters berief, von wo aus er 1857 zunächst als Generalintendant der Hofbühne nach Weimar und 1870 als Hofoperndirektor nach Wien wechselte. Um auf Gustav Freytag zurückzukommen: Er publizierte zwischen 1859 und 1867 in fünf Bänden seinen Bestseller „Bilder aus der deutschen Vergangenheit", der 1902 in der 25. Auflage erschien. Zwischen 1872 und 1878 brachte er eine Reihe von kulturhistorisch-poetischen Erzählungen, wie den dickleibigen Roman „Die Ahnen" und „Ingo und Ingraban" (30. Auflage 1902), heraus. Sein dreibändiger Roman aus dem Kaufmannsleben „Soll und Haben" (1855) zählt wie die anderen genannten Bücher zu den meistgelesenen Werken im 19. Jahrhundert und zierte gemeinsam mit ihnen auch in der ersten Hälfte des 20. Jahrhunderts noch die durchschnittliche bildungsbürgerliche Bibliothek in Deutschland.[46]

Als weiteres für die literarische Geschichtsvermittlung signifikantes Beispiel sei der Karlsruher Viktor Scheffel genannt (seit 1876 von Scheffel).[47] Er war befreundet mit Friedrich Eggers, dem Freund von Franz Kugler und Theodor Fontane. In der Paulskirche 1848 stand er als Sekretär dem badischen Wortführer des gemäßigten, betont historisch argumentierenden Liberalismus Karl Welcker zur Seite. 1849 promovierte er mit einer juristischen Dissertation. 1853 publizierte er ein auf Capri geschriebenes Versepos aus dem Deutschland des 17. Jahrhunderts mit einer Liebesgeschichte zwischen der Tochter adliger Eltern und einem Bürgerlichen, „Der Trompeter von Säkkingen". 1855 folgte „Ekkehard", eine tragische Liebesgeschichte um die Entstehung des Walthari-Liedes im 10. Jahrhundert. Scheffel schlug sich zunächst als Bibliothekar und Archivar in Donaueschingen (seit 1857) durch, seit den 60er Jahren konnte er von seinen Einkünften als freier Schriftsteller leben und avancierte zum beliebtesten deutschen Autor überhaupt. 1870 erschien die elfte, 1892 die 200. Auflage des „Trompeters", „Ekkehard" wurde in den 70er Jahren fünfzig Mal neu aufgelegt und erreichte bis 1904 ebenfalls die 200. Auflage.[48]

Abbildung 1: Viktor von Scheffel

Das letzte Beispiel: Zwischen 1859 und 1873 schrieb der 1854 in München promovierte Einserjurist Felix Dahn, der sich 1857 habilitierte, 1863 nach Königsberg und 1888 nach Breslau berufen wurde, sein ebenso umfangreiches wie spannendes Buch „Ein Kampf um Rom", das bis zum Ende des Kaiserreichs rund 110 Neuauflagen erzielte.[49] Im Dritten Reich brachte es dieser historische Reißer zum meistverkauften Buch in Deutschland nach Hitlers „Mein Kampf" – und selbst in den 1950er Jahren haben es die männlichen Jugendlichen aus dem Bürgertum noch verschlungen.[50] Felix Dahn war neben seiner Tätigkeit als historisierender Romancier ein überaus produktiver Rechtshistoriker. Zwischen 1857 und 1909 entstand eine Gesamtdarstellung „Könige der Germanen" in zwanzig Büchern. Droysens vierzehnbändige, aber gelehrt langwierige und auch langweilige „Preußische Geschichte", Treitschkes gut geschriebene fünfbändige „Deutsche Geschichte", Rankes vielbändige „Nationalgeschichten" – selbst wenn sie es wie Treitschke auf vier oder sechs Auflagen brachten – und sogar Jacob Burckhardts verspäteter Erfolg mit der „Cultur der Renaissance" (1869 zweite, 1922 dreizehnte Auflage), erscheinen dagegen als marginal.

Nicht zur „Professorenliteratur" gehören die Werke des gelernten Apothekers, Journalisten, Reise- und Kriegsschriftstellers und schließ-

Abbildung 2: Theodor Fontane, 1860

lich Romanciers Theodor Fontane.⁵¹ Wie der königliche Kapellmeister Richard Wagner in Dresden stand er 1848/49 noch – vermutlich eigenhändig schießend – in Berlin auf den Barrikaden, nahm aber 1850 unter der staatskonservativen Regierung Manteuffel eine Anstellung beim preußischen Presse- und Zensurbüro an, lebte 1852 und 1855–1859 als preußischer Pressebeauftragter in England und trat 1860 in die Redaktion der hochkonservativen preußischen „Kreuzzeitung" ein. In seiner um 1855 einsetzenden mittleren Schaffensperiode reihte sich Fontane mit seiner ganz eigenständigen Kunstform des gelehrt nachforschenden und breit erzählenden Reisefeuilletons in die Riege der erfolgreichen Geschichtsdarsteller der Epoche ein. Seine „Wanderungen durch die Mark Brandenburg" (fünf Bände, 1862–1889) boten ausführliche und verlässliche Informationen über Land, Leute und Geschichte Brandenburgs. Sie bedienten das „antiquarische" und das „monumentalische" Interesse der Leser in einer zugleich gediegenen und elegant-lockeren Form. Fontane bemängelte, dass in der heimischen Geschichts- und Reiseliteratur „die Schauplätze, auf denen sich unser politisches Leben abgesponnen, [...] relativ unbelebt blieben. Interesselos ging man dran vorüber [...] Das Schön-Menschliche blieb tot. Der Zweck meines Buches ist, nach dieser Seite hin anregend und belebend zu wirken und die ‚Lokalität' wie die Prinzessin im Märchen zu erlösen [...] *Detailschilderung* behufs bessrer Erkenntnis und größrer Liebgewinnung historischer Personen, *Belebung des Lokalen und schließlich Charakterisierung märkischer Landschaft und Natur* – das sind die Dinge, denen ich vorzugsweise nachgestrebt habe."[52]

IV.

Sucht man eine Betrachtungsebene, von der aus sich die bisherigen Überlegungen – verbunden mit einigen Beobachtungen zur Historienmalerei der Epoche – zusammenführen lassen, so bietet es sich an, zunächst nach dem Verhältnis von Bürgerlichkeit und Herrschaft bzw. Monarchie zu fragen. Die zeitgenössische Historienmalerei lebte vor wie nach 1848 vielfach von monarchischen Aufträgen, stellte sich insofern auch in den Dienst der Legitimierung monarchischer Herrschaft und ging doch nicht einfach in ihr auf.[53] Bürgerlichkeit und „große" – naturgemäß von Monarchen und ihren Ministern und Generälen betriebene – Politik mit allem, was dazugehört: Dynastischem und persönlichem Ehrgeiz von Autokraten, Staatsräson und Verzicht auf die normalen moralischen Maßstäbe, Machtstreben um jeden Preis, Krieg als Fortsetzung der Politik mit anderen Mitteln, stehen einander sehr viel weniger gegensätzlich gegenüber, als die ältere Theorie des deutschen Sonderwegs mit ihrer idealisierten Vorstellung eines beschaulich-moralischen, obrigkeitlich missgeleiteten, vor allem weithin machtabstinenten Bürgertums gern unterstellt hat.

Bis in die 1830er Jahre hatte die „große", das heißt die auswärtige Politik im bürgerlichen Denken tatsächlich eine geringe Rolle gespielt, danach aber im Maße des innenpolitischen Machtanspruchs an Aufmerksamkeit und Gewicht gewonnen.[54] Zumal die bittere und ernüchternde Erfahrung der Niederlage in der Revolution verstärkte die Wendung zur „Realpolitik", wie das berühmt gewordene Schlagwort des liberalen Publizisten August Ludwig von Rochau von 1853 lautete.[55] Droysen setzte seine Ohnmachtserfahrung in der Paulskirche in die Geschichte der primär auswärtigen, also der Machtpolitik der aus kleinen Anfängen aufsteigenden europäischen Großmacht Preußen um. Und der Basler Machtskeptiker und Verfechter der Bildung Alteuropas, Jacob Burckhardt, zitierte zwar gerne den – nicht verbürgten – Spruch des Heidelberger spätaufklärerischen Geschichtsschreibers und Verfassers einer 19-bändigen „Weltgeschichte für das deutsche Volk" (1843–1857) Friedrich Christoph Schlosser: „Die Macht an sich ist böse", schilderte aber fasziniert Formen ihrer ruchlosen Ausübung durch die Feldherren, Tyrannen und Päpste, aber auch Literaten der italienischen Renaissance. Das bedeutete auch, dass der Krieg als selbstverständliches und notwendiges Mittel nicht nur der Politik, sondern auch der Kultur galt. „Nur im Kampf erfährt der Mensch, wer er ist und was er kann", formulierte der Machtkritiker Burckhardt.[56] Die „Professorenromane" der Dahn, Freytag, Geibel, Heyse und Scheffel (wobei es Heyse nicht zu einer festen Professur brachte) spielen in den harten Zeiten der Hunneneinfälle und der Kämpfe beim Untergang des Römischen Reiches (nicht zufällig heißt der Roman Dahns „Ein Kampf um Rom"), des mittelalterlichen Rittertums und der Renaissance mit ihrer (seit Burckhardt 1860) ‚entfesselten Individualität'. Keineswegs war die demokratische Linke 1848 und danach – soweit es sie noch gab – machtabstinenter als die Nationalliberalen oder die alte Elite des Adels in Beamtenschaft und Offizierskorps. Die Monarchie stand 1848 vor dem Zusammenbruch, aber sie reorganisierte sich und gewann insbesondere in Preußen durch die gewaltsamen Reichseinigungskriege von oben bald nur noch wenig beschränkten Beifall und damit neue Legitimität für ihre Machtpolitik und die altgewohnte Fortsetzung der Politik durch den Krieg.

Schon als Adolph Menzel Ende der 1830er Jahre Franz Kuglers 1840 zum 100-jährigen Regierungsantritt publiziertes Erfolgsbuch über Friedrich den Großen illustrierte, machte er sich Sorgen über den letzten – friedlichen – Lebensabschnitt Friedrichs, weil er „wirklich an dankbaren Motiven weniger reich" sei.[57] Das ästhetische Kalkül hätte hier ohne Weiteres eventuelle politische Bedenken Menzels geschluckt – die Menzel im Übrigen ganz fern lagen. Er bewunderte zwar den Aufklärer Friedrich, doch mehr noch zeigte er sich fasziniert von der Person des Feldherrn und stellte ihn insgesamt fünfundzwanzig Mal in dieser Rolle dar. Erheblich häufiger noch finden sich in dem „Volksbuch" Kriegsszenen ohne Friedrich – Szenen aus dem ‚Krieg an sich'.[58] Allerdings deuteten sich sowohl in der Erzählung Kuglers wie in den Illustrationen Menzels Ambivalenzen an, die dann in Menzels Friedrich-Bildern aus den 50er Jahren schärfer hervortraten. Hier begann der Realist Menzel, alles Rituelle zu entwerten, er betonte, obwohl Ölgemälde im Vergleich zu den Holzschnittillustrationen des „Volksbuchs" per se an ein stärker hieratisierendes Formprinzip gebunden waren, den Augenblicks- und Fragmentcharakter der jeweiligen Szene, vernachlässigte den Repräsentationsaspekt, demokratisierte gleichsam die Bildstruktur und entauratisierte damit bei aller Bewunderung für die Person Friedrichs die Monarchie.[59] Vergleichbare Tendenzen finden

Abbildung 3: Adolph Menzel, Friedrich und die Seinen in der Schlacht bei Hochkirch, 1850–1856 (ehemals Berlin, Alte Nationalgalerie; Kriegsverlust)

sich auch bei anderen eigenständigen Historienmalern dieser Jahre, wie etwa dem Münchner Genre- und Historienmaler und Akademieprofessor Karl von Piloty, zum Beispiel in dessen Gemälde „Heinrich VIII. wirbt auf dem Ball bei Kardinal Wolsey um Anna Boleyn", das um 1871 entstand.[60] Pilotys meist riesige und heute in die Magazine verbannten Historien mit Themen von der Antike bis zur Gegenwart verraten ein durchaus brüchig-pessimistisches Geschichtsbild, das merkwürdig mit den monumentalen Formen und einer gewissen koloristischen Meisterschaft kontrastiert, die ihn zu einem Anziehungspunkt für begabte Schüler wie Franz von Lenbach, Hans Makart und Max von Gabriel machte. Eines seiner ersten Erfolgsbilder zeigt „Seni vor der Leiche Wallensteins" (1855); es steht für eine Geschichtsmalerei, die „monumentalisches" Interesse im Sinne Nietzsches in einer für diese Jahrzehnte auffallenden Weise mit einer „kritischen" Sicht auf die Vergangenheit und ihre Helden und Heldenerzählungen verknüpfte.[61]

Den Befund, das Bürgertum habe sich nach 1849 betont realistisch in neuer Weise Machtinteressen geöffnet, darf man allerdings auch wieder nicht zu sehr betonen. Denn in der Geschichtskultur der Jahre 1849–1870 nimmt die „Kultur" neben der Faszination durch die Macht eine zentrale Stelle ein. In den Geschichtserzählungen Rankes, Droysens oder Sybels trug vor allem der monarchische Staat die geschichtliche Dynamik. Neuerdings ist aber gezeigt worden, wie eng gerade für den jungen Ranke speziell die Entwicklung der Nationalliteraturen mit der jeweiligen Staatenpolitik zusammengehörte und wie weit gehend auch Rankes nachrevolutionäre Geschichtsdeutung etwa in seiner „Französischen Geschichte" (Bände I–V, 1812–1861) noch auf seiner ästhetischen Geschichtsdeutung aus den Jahrzehnten vor 1848 aufbaut.[62] Auch für Droysen ließ sich zeigen, wie sehr er seine „Historik" aus der stark ästhetisch bestimmten Zielvorstellung von Bildung und Selbstbestimmtheit der Menschheit entwickelte.[63] Daneben aber hat die Historiographiegeschichte bis in die jüngste Vergangenheit die Breite, Differenziertheit und das Gewicht kulturhistorischer Forschungen und auch Darstellungen gerade um die Jahrhundertmitte erheblich unterschätzt. Diese Tradition wird erst jetzt wirklich wiederentdeckt.[64] Bis heute wirkt nach, wie massiv die „Nürnberger Kulturgeschichtsschreibung" im Umkreis der Gründung und frühen Wirkung des „Germanischen Nationalmuseums" von der staatsfixierten akademischen Geschichtsschreibung förmlich niedergekämpft wurde.[65]

Wie die politische Geschichtsschreibung dieser Jahre weist auch die deutsche Kulturgeschichtsschreibung der 1840er und 50er Jahre sehr unterschiedliche Herkunftslinien und Varianten auf. Neben dem mit der Gründung des „Germanischen Nationalmuseums" verbundenen „Anzeiger für Kunde des deutschen Mittelalters" (später „der deutschen Vorzeit") mit seiner kulturgeschichtlichen Perspektive auf die ältere deutsche Geschichte war es vor allem der im Königreich Sachsen mehrfach relegierte Leipziger Staatswissenschaftler, Vormärz-Oppositionelle, Paulskirchenabgeordnete der linken Mitte und spätere nationalliberale Reichstagsabgeordnete (1871–1874) Karl Biedermann, der im Zusammenwirken mit dem Nürnberger Museumsgründer Hans von Aufseß kulturhistorische Vereine und Zeitschriften förderte und als Kulturhistoriker selbst mit einem bedeutenden vierteiligen Werk über „Deutschland im 18. Jahrhundert" (1854–1875) hervortrat.[66] Gemeinsam ist diesen Organisationen, Institutionen und Werken, dass sie vom „Volk" ausgingen, worunter vor allem die Bürger – von Patriziat und kaufmännischer Führungsschicht über den „Mittelstand" der Handwerker und Händler bis zu den niedrigen Gruppen des ständisch hoch differenzierten Bürgertums – zu verstehen sind. Diese Kulturgeschichte bezog die nichtschriftlichen Quellen und Artefakte, die bildende Kunst im Ganzen, das Kunsthandwerk, die Gebrauchsgegenstände ein. Sie wollte nicht nur durch Textinterpretation, sondern auch durch sinnliche Anschauung Erkenntnis gewinnen und stellte nicht die Schilderung klar umrissener Ereignisfolgen sondern die Beschreibung von „Zuständen" ins Zentrum – besonders der Kulturzustände des Bürgertums in den Reichsstädten des Spätmittelalters und der Reformationszeit.[67] Dahinter stand die Vorstellung, aus der bürgerlichen Vergangenheit Leitbilder für ein aktives, ökonomisch und kulturell produktives und selbstbewusstes Bürgertum in der Gegenwart zu gewinnen.[68]

Wir würden jedoch in den Frontstellungen des Kampfes zwischen Kulturgeschichte und politischer Geschichtsschreibung aus der Mitte des 19. Jahrhunderts steckenbleiben, verstünden wir diese kulturgeschichtlichen Ansätze einfach als „unpolitisch". Weder verzichteten sie ganz auf die Politikgeschichte, noch ist die Hochschätzung der kulturellen Überlieferungen im deutschen Bürgertum an sich unpolitisch. Solange dieses – und die wenigen Vertreter eines Reformadels – den Nationalstaat nicht besaßen und sich politisch nicht wirklich artikulieren durften, nahmen sie die kulturelle Überlieferung „des Volkes" kryptopolitisch für die Größe und Macht der deutschen Nation in Anspruch. Dies zeigen unter anderem die Nationaldenkmäler für Gutenberg und Schiller und die massenhaften Schillerfeiern zum 100. Geburtstag 1859, die als Foren für die mehr oder weniger verdeckte Artikulation von politischen Freiheits- und nationalen Einheitswünschen dienten.[69] Es passt in dieses Bild bürgerlicher Kultur, wenn Karl von Piloty große Entdecker und Gelehrte wie Christoph Kolumbus und Galileo Galilei malte – Schlüsselgestalten einer neuen und revolutionären Erschließung der Welt, aber sichtlich eingesperrt in die Ambivalenz zwischen triumphalem Aufbruch und lähmendem Herrschaftsdruck.

Aber es ging auch ohne das „Heroische" – oder, erneut in Nietzsches Terminus, das „Monumentalische". Die unermüdliche Sammel-, Forschungs- und Editionstätigkeit der historischen Vereine lässt sich am besten mit den durchaus liebevollen Formulierungen beschreiben, die Nietzsche in seiner „Zweiten Unzeitgemäßen Betrachtung" 1873 für die antiquarische Geschichtsbetrachtung gefunden hat: „Die Geschichte gehört [...] dem Bewahrenden und Verehrenden, dem, der mit Treue und Liebe dorthin zurückblickt, woher er kommt, worin er geworden ist; durch diese Pietät trägt er gleichsam den Dank für sein Dasein ab. Indem er das von Alters her Bestehende mit behutsamer Hand pflegt, will er die Bedingungen, unter denen er entstanden ist, für solche bewahren, welche nach ihm entstehen sollen [...]: Das Kleine, das Beschränkte, das Morsche und Veraltete erhält seine eigene Würde und

Unantastbarkeit dadurch, daß die bewahrende und verehrende Seele des antiquarischen Menschen in diese Dinge übersiedelt und sich darin ein heimisches Nest bereitet".[70] Natürlich fehlt bei Nietzsche nicht die Kritik an diesem antiquarischen Geschichtsinteresse, an der Neigung, „zuletzt mit jeder Kost zufrieden" zu sein und „mit Lust selbst den Staub bibliographischer Quisquilien" zu fressen, am Verdorren der Pietät „zu gelehrtenhafte[r] Gewöhnung" und an der Beschränkung des Gesichtsfeldes.[71] Aber die Tätigkeit der historischen Vereine geht auch nicht in der antiquarischen Betätigung auf; ein Element „monumentalischen" Geschichtsinteresses als eines – wie Nietzsche formulierte – „Mittels gegen die Resignation" ist immer mit im Spiel.

Damit ist ein dritter Gesichtspunkt angeschnitten, das Verhältnis von Nation und Region. Unter „Region" sind hier sowohl der Einzelstaat wie die Stadt verstanden. Das nationalismusgeschichtliche „master narrative" machte uns lange Zeit glauben, das historisch-politische Bewusstsein der Menschen im 19. Jahrhundert habe sich immer mehr mit nationalpolitischen Vorstellungen gefüllt und dabei ältere Loyalitäten, den Einzelstaat bzw. die Region, Stadt und Dorf abgestoßen oder „überwunden". Diese Erzählung ist mittlerweile dekonstruiert. Das Vordringen des nationalen Bewusstseins verlief vielschichtiger und scheinbar widersprüchlicher, als man unter dem Vorzeichen der – selbstverständlich tiefgehenden – Nationalisierung des Bewusstseins lange gedacht hatte.[72] Die alten „Vaterländer", die Einzelstaaten, verschwanden keineswegs in dem Maße aus dem Bewusstsein, wie das große gemeinsame Vaterland, der Nationalstaat, sich etablierte und institutionell verfestigte. Aber auch die korrespondierende Gegenthese, zwischen einzelstaatlichem Partikularismus etwa der Bayern oder der Württemberger und dem neudeutschen Reich habe es zeitweise einen ausschließenden Gegensatz gegeben, trifft nicht zu.

Das lässt sich unter anderem an einem neuralgischen Punkt der Geschichtskultur ablesen, dem Geschichtsunterricht in den Schulen. Hier zeigt sich zum Beispiel, dass sich bayerische Einzelstaatlichkeit und Nationalidee bis etwa 1860 problemlos verschränken ließen, solange sich letztere vorrangig auf die sprachlich-kulturelle Identität stützte. In den sechziger Jahren intensivierten sich dann in Bayern die Kämpfe zwischen Anhängern der Nationalstaatsidee und den Verfechtern einer vorrangigen bayerischen Eigenstaatlichkeit. Aber so wenig das Geschichtsbild in bayerischen Schulbüchern vor 1870 a-national war, so wenig verschwanden danach die einzelstaatlichen Gedächtnis-Topoi. Die bayerischen Schulbuchherausgeber versuchten von den 1840er bis in die 1880er Jahre, bayerische Einzelstaatlichkeit und wittelsbachisch-dynastische Prägung auf der einen und „deutsche Nation" auf der anderen Seite miteinander zu vermitteln. Das auf Veranlassung des bayerischen Volksschullehrervereins zusammengestellte „Lese- und Sprachbuch für die Oberklassen der Volksschulen" (zweite Auflage 1870) ließ die deutsche Geschichte mit der Hermannsschlacht beginnen, in der deutsches Recht, deutsche Sprache und auch die deutsche Freiheit gerettet worden seien. Mit der Kyffhäuser-Sage und den Befreiungskriegen, bei deren Schilderung die preußische Führungsrolle anhand der Figur des populären Feldmarschalls Blücher betont wurde, waren die wichtigsten historischen Bezugspunkte einer nationalen Geschichtserzählung enthalten, doch lavierte das Buch auch zwischen klein- und großdeutscher Position; es hob den österreichischen Anteil an der Leipziger Völkerschlacht hervor und bewertete die Herrschaftsleistung der Habsburger insgesamt positiv. Die Neuausgabe des Schulbuchs von 1879 betonte dann zwar einerseits die Zugehörigkeit Bayerns zur deutschen Nation, andererseits aber auch die vermeintlich eigenständige Rolle Bayerns in den Schlachten des Deutsch-Französischen Krieges und bei der Übertragung der neuen Kaiserwürde an Wilhelm I., die von Ludwig II. ausgegangen sei.[73]

Ein retardierendes, tendenziell spannungsverschärfendes Element brachten hier nicht die Bürger, sondern die einzelstaatlichen Dynastien und ihre Regierungen in die Geschichtskultur. So ist die Geschichte der Museumsgründungen in Deutschland seit dem eigentlichen Beginn des „Revolutionszeitalters" (Jacob Burckhardt) mit dem kultur-, gesellschafts- und staatspolitisch konservativ-restaurativen Interesse der Fürsten verbunden. Das schließt nicht aus, dass in die ersten Öffnungen fürstlicher Kunstkammern und Museen in den letzten Jahrzehnten des 18. Jahrhunderts aufklärerische Impulse sozialintegrativer und pädagogischer Art eingeflossen sind. Das reformkonservative kulturpolitische Fürsteninteresse stützte sich zudem auf eine spezifisch bürgerliche Kunst- und Bildungsidee, in der die Anschauung des Schönen oder – allgemeiner – des gelungenen Artefakts einen unverzichtbaren Schritt zur „ästhetischen Erziehung" und damit zur Selbstfindung des Bürgers gegenüber äußeren Zwängen darstellte. Aber die – für Deutschland maßstabsetzende und vorbildliche – Gründung des Alten Museums in Berlin durch Wilhelm von Humboldt, Karl Friedrich Schinkel und den ersten Kultusminister Preußens, Karl Freiherrn vom Stein zu Altenstein (1817–1838) unter der Ägide von König Friedrich Wilhelm III. demonstrierte durch Standort und Bauform die Herkunft des bildungssakralen

Abbildung 4: Altes Museum, Berlin, 1825–1830. Im Hintergrund rechts: Alte Nationalgalerie, 1867–1876 (Foto um 1900)

Museumstempels aus dem fürstlichen Mäzenatentum und offerierte – und das war neu und wegweisend – königliche Repräsentationsarchitektur aus einem bürgerlichen Kulturverständnis.[74] Hier schon, in der Restaurationsära nach 1815, diente die Museumsgründung selbstverständlich der Legitimierung des monarchischen Staates, der auf dem Weg über eine von oben geförderte Bildungs- und Kunstreligion energische politische Partizipationsforderungen zu dämpfen hoffte. Sie förderte dabei aber auch nolens volens die Autonomisierung der Kunst und überstieg damit entschieden die bloße herrschaftspolitische Funktion.

In denselben Kontext gehören die museumspolitischen Aktivitäten des Monarchen in den anderen Staaten des Deutschen Bundes zwischen 1815 und 1848, so etwa die Eröffnung der Stuttgarter Staatsgalerie 1843, der Kunsthalle Karlsruhe 1837, des Hessischen Landesmuseums Darmstadt 1820. Am exzessivsten betrieb Ludwig I. von Bayern schon als Kronprinz und seit 1825 als König das Museumsgründen in München, von der Glyptothek (1816–1830) über die Alte Pinakothek (1826–1836) bis zur Neuen Pinakothek (1846–1853).[75] Zwar kann man ästhetische Absichten und Bedürfnisse des Monarchen nicht einfach gleichsetzen mit seiner zielbewussten Geschichtspolitik, aber dass auch die

Abbildung 5: Maximilianstraße, München, 1852–1875. Blick zum Maximilianeum, rechts der erste Bau des Bayerischen Nationalmuseums (Foto um 1885/1915; Zentralinstitut für Kunstgeschichte, Inv.nr. 325750)

Museumsgründungen und die dort ausgestellten Kunstwerke sich in die antirevolutionäre Intention seiner Geschichtspflege fügten, wird niemand bestreiten.[76]

Mit dem Bau der Pinakotheken in München münden – zeitlich gesehen – die fürstlichen Museumsgründungen aus der Ära relativer politischer Ruhelage 1820 bis 1847 in die Jahre der gesamteuropäischen und deutschen Revolutionsbewegung 1848/49 und der postrevolutionären Reaktion ein. Die Kontinuität der Musemspolitik über die sozialen und politischen Turbulenzen hinweg zeigt sich besonders deutlich am Bau der Dresdner Gemäldegalerie zwischen 1838 und 1855 durch den Akademieprofessor in Dresden und Leiter der Bauschule, 1848er-Revolutionär und zeitweiligen Emigranten in Paris und London, Gottfried Semper.[77] Hier reicht die konservative Tradition monarchisch-einzelstaatlicher Pflege von ästhetischer Kultur und Geschichte besonders weit und in besonders widersprüchlicher Weise in die Ära des industriellen Take-off, der Neuformierung bürgerlicher politischer Partizipationsansprüche und gesamtnationaler Einigungswünsche hinein. Museumspolitisch verschärfte die nachrevolutionäre Situation die einzelstaatlich-monarchische Geschichtspflege noch einmal. In München fasste König Max II. persönlich 1850 den Plan zu einem Geschichts- und Kulturmuseum, das schließlich den bezeichnenden Namen „Bayerisches Nationalmuseum" erhielt. Karl Maria von Aretin, der Vorstand des Geheimen Haus- und Staatsarchivs, brachte das zunächst steckengebliebene Projekt 1853 mit einem „Vorschlag zur Errichtung eines Wittelsbachischen Museums" wieder in Gang. Ausstellungsobjekte sollten Malerei und Plastik, fürstliche Gebrauchsgegenstände und sonstige Artefakte aus Bayern sein. Die neue fürstlich-einzelstaatliche Sammlung mit dem Ziel, ein bayerisch-monarchisches Staatsbewusstsein zu fördern, kam schon 1855 zunächst in der Herzog-Max-Burg unter, bevor sie 1867 in einen der Monumentalbauten an der neuen repräsentativen Ost-West-Achse Münchens, der vom König selbst konzipierten „Maximilianstraße", verlagert wurde und schließlich 1900 ihren heutigen Museumsbau an der Prinzregentenstraße bezog.[78]

Das Bayerische Nationalmuseum ist eine monarchische Gründung in der Absicht, den Bürgern ihre eigenen Artefakte gleichsam aus königlicher Hand zu präsentieren. Nolens volens trug sie dazu bei, die „Volkskunde" zu fördern, deren wissenschaftliches Programm etwa zeitgleich der spätere Direktor des Nationalmuseums (1885), Wilhelm Heinrich Riehl, entwickelte. Riehl, 1854 von Max II. nach München geholt, führte ähnlich wie Gustav Freytag und Felix Dahn ein Leben zwischen Wissenschaft und Poesie. Sein wichtigstes dichterisches Werk trug bezeichnenderweise den Titel „Kulturgeschichtliche Novellen" (1862). Sein Schwerpunkt lag auf der Wissenschaft, deren zeitentsprechend positivistische Tendenzen er allerdings ablehnte. Er verkörperte den Typus des intellektuell regsamen, gleichwohl politisch monarchienahen, liberal-konservativ gewordenen Bildungsbürgers.[79]

Als kurz nach dem Münchner Nationalmuseum in Berlin die „Nationalgalerie" ins Leben gerufen wurde, kam der Gründungsimpuls nicht von der Monarchie, sondern aus dem Bürgertum selbst. Für diese Umkehrung der Rollen bedurfte es allerdings nicht eines Bildungs- sondern eines Besitzbürgers, der seinem König nicht mit Wissenschaft, Bildung und Poesie entgegentreten konnte, sondern mit materiellen Ressourcen. Der Berliner Bankier und Honorarkonsul Joachim Heinrich Wilhelm Wagener bot seine eigene Sammlung der Monarchie als Grundstock für eine „nationale Galerie" – wie es im Testament heißt – an.[80] Dem Geschenk dieser 262 Gemälde zeitgenössischer deutscher Kunst mit dem Schwerpunkt bei der Münchner, der Düsseldorfer und der Berliner Schule aus den 30er bis 60er Jahren konnte sich der neue preußische

König Wilhelm I. nicht entziehen, ungeachtet des bis dahin unerbittlichen Sparwillens der preußischen Regierung und seiner gegenüber dem Vorgänger und Bruder Friedrich Wilhelm IV. ungleich geringeren persönlichen Interessen an Kunst. Aber wer in Deutschland laut Regierungserklärung „moralische Eroberungen" machen wollte, konnte diese Schenkung nicht ablehnen. Wilhelm stiftete aus der königlichen Sammlung weitere 20 Gemälde hinzu. Das neue Museum eröffnete zum Geburtstag des Königs am 22. März 1861 unter dem Namen „Wagenersche und National-Galerie" zunächst am Pariser Platz in den Räumen der Akademie der Künste und blieb dort, bis der von dem Schinkel-Schüler und Oberhofbaurat Heinrich Strack errichtete Kunsttempel der heutigen „Alten Nationalgalerie" 1876 auf der Museumsinsel – wiederum zum Geburtstag des Königs und jetzt auch Deutschen Kaisers Wilhelm I. – eingeweiht wurde.

Die Entstehungsgeschichte dieser „Nationalgalerie" kann als symptomatisch gelten für den gleitenden Übergang vom einzel- zum gesamtstaatlichen Nationsverständnis und für das prekäre, obrigkeitlich dominierte Verhältnis von Bürgertum und Monarchie, wie es sich seit dem Doppelereignis von scheiternder Revolution und gelingender Reichseinigung von oben herausbildete. Wen Wagener mit der von ihm angesprochenen „Nation" gemeint hatte, die Preußen oder die Deutschen oder beide, blieb bei seiner Stiftung in der Schwebe. Der bürgerlich-liberaldemokratische Gedanke einer Galerie der Gesamtnation stand immerhin offiziell schon seit 1848/49 im politischen Raum, seit das Nationalparlament in der Paulskirche eine solche Gründung diskutiert und für wünschenswert erklärt hatte. Aber die Realisierung gelang dann eben erst durch die huldvolle Bereitschaft eines einzelstaatlichen Monarchen, eine bürgerliche Schenkung entgegenzunehmen.

Ungeachtet solcher monarchisch-restaurativen und einzelstaatlichen Tendenzen brachten die 1850er und 60er Jahre aber doch den Durchbruch des bürgerlichen Museumswesens. Es beruhte entweder auf der Initiative von Einzelpersönlichkeiten, die, von nationalromantischen und lokalpatriotischen Motiven bewegt, seit den 1820er Jahren aktiv geworden waren, wie etwa der Kölner Professor Ferdinand Franz Wallraf und der Kölner Kaufmann Johann Heinrich Richartz, wobei Wallraf seine Sammlung der Heimatstadt vermachte und Richartz mit einer großen Stiftung den Bau des 1861 errichteten Museumsgebäudes ermöglichte.[81] In den meisten Fällen sind es jedoch die vormärzlichen Kunstvereine, die – manchmal im Zusammenwirken mit den örtlichen Geschichts- und Altertumsvereinen – für ihre eigenen Bestände wie

Abbildung 6: Kunsthalle, Hamburg, 1863–1869

auch für die Zustiftung älterer Sammlungen den Bau eigener Museen betrieben. In Leipzig eröffnete der bis ins 18. Jahrhundert zurückreichende Kunstverein 1858 ein eigenes Museum, in Hamburg stellte der „Verein für Hamburgische Geschichte" sein Tableau althamburgischer Kultur zunächst 1848 in einem Schulgebäude aus, bevor schließlich nach diversen konzeptionellen Änderungen 1907/08 das „Museum für Hamburgische Geschichte" entstand. In Bremen drangen örtliche Kaufleute seit 1833 auf den Bau einer Kunsthalle, die 1849 auch verwirklicht wurde. In Preußen hatte in seinen letzten Amtsjahren noch der reformerisch gesonnene Staatskanzler von Hardenberg in der Rheinprovinz seine schützende Hand über die Gründung des Rheinischen Landesmuseums in Bonn und des Westfälischen Landesmuseums in Münster 1825 gehalten. Aber die hier gegenüber den stadtbürgerlichen Museumsinitiativen wirksame etatistisch-integrative Motivation trat bald ganz zurück hinter einen kulturnational fundierten Lokalpatriotismus und bürgerlichen Stolz auf die eigene finanzielle Leistungskraft und Organisationsleistung.

Überaus symptomatisch für die unübersichtliche Gemengelage zwischen nationalkulturellem Stolz trotz unerfülltem Nationalstaatswunsch, Lokalpatriotismus, einzelstaatlichen Zwängen und Loyalitätsforderungen, aber auch für das komplizierte Zusammenspiel

Abbildung 7: Freiherr Hans von und zu Aufseß in Ritterrüstung mit Armbrust

zwischen tatkräftigen Einzelpersonen bzw. Vereinen auf der einen, Stadt-, Landes- und schließlich auch Bundesbehörden auf der anderen Seite ist die Gründungsgeschichte des Germanischen Nationalmuseums in Nürnberg zwischen 1832 und 1852/57 und die Fortbildung der Satzungen und Finanzgrundlagen 1869/70.[82] Die Gründungspersönlichkeit, der ursprünglich noch reichsunmittelbare Freiherr Hans von und zu Aufseß (1801–1872) aus fränkischem Adel, vereinigte in sich das Erbe von reichsadligem Freiheitsstolz und einem durch romantische Mittelalterbegeisterung gesteigerten Patriotismus. Bei ihm trafen reichsbezogener Konservativismus und burschenschaftlich-nationalpolitische Freiheitsideen mit antiquarisch-monumentalischer Sammelwut zusammen, die er jedoch mit wissenschaftlicher Ambition und unermüdlicher diplomatisch-propagandistischer Aktivität verband. In dem für die deutsche Freiheitsgeschichte kritischen Jahr 1832, das erst den liberal-demokratischen Aufbruch des Hambacher Fests und dann eine neue Serie restriktiver Bundesgesetze brachte, rief er eine „Gesellschaft zur Erhaltung älterer deutscher Geschichte, Literatur und Kunst" ins Leben, der er leihweise seine Sammlungen zur Verfügung stellte, und die er bereits zusammen mit anderen Leihgaben in Nürnberg ausstellte. Dies war die Keimzelle für das Museum für die ganze Nation, das ihm vorschwebte. Geplant war, „das Museum als ein Zentralinstitut zur Erforschung deutscher Geschichte einzurichten, das durch seine Sammlungsbestände und vor allem durch das systematische Quellenverzeichnis (eines) Generalrepertoriums bedeutende wissenschaftliche Arbeit zu leisten vermochte".[83]

An der Grundidee, eine geistig-kulturelle Institution zur Präsentation und wissenschaftlichen Bearbeitung der nationalen Einheit und Größe an ihren Artefakten zu schaffen, hielt er unverrückbar fest, auch wenn sich das Ziel eines umfassenden Repertoriums aller Quellen zur deutschen Geschichte nicht durchsetzen ließ. Wohl aber gelang es Aufseß gerade in den für die Gründungsgeschichte besonders wichtigen, aber auch prekären 50er Jahren, sein sozial umfassendes Konzept vom „Volk" als Träger der Kultur und die Idee eines Museums als Bildungsort für alle Schichten zu verteidigen. Es stärkte seine Durchsetzungskraft, dass er den Nationalgedanken fördern, die bestehende staatliche Ordnung im Deutschen Bund aber nicht grundsätzlich in Frage stellen wollte. 1846 legte er erstmals dem „Ersten deutschen Germanistentag" seine Pläne vor, und 1852 billigte die erste nachrevolutionäre Versammlung deutscher Geschichts- und Altertumsforscher in Dresden die von Aufseß vorgeschlagenen Satzungen. 1853 erkannte das bayerische Innenministerium diese – wie man heute sagen würde – zivilgesellschaftliche Museumsstiftung als rechtsfähig an und genehmigte die Finanzierung über die Gründung einer Aktiengesellschaft. Ein weiterer entscheidender Schritt war getan, als die Frankfurter Bundesversammlung 1853 beschloss, ihren Regierungen das Germanische Nationalmuseum „als ein für die vaterländische Geschichte wichtiges, nationales Unternehmen" zu empfehlen. 1854 schließlich überließ Bayern ein ehemaliges Klostergebäude in Nürnberg, die Kartause, der Stiftung als Ausstellungsort. Das Museum konnte sich über die Jahre umso besser positionieren, als es – gegen den Willen des Gründers und Leiters (1852–1862) – den nicht realisierbaren Plan des „Generalrepertoriums" aufgab und sich auf das Museumsprogramm konzentrierte. Die immer schwierige finanzielle Lage konsolidierte sich, als noch vor 1870/71 der Norddeutsche Reichstag sein kleindeutschnationalpolitisches Selbstverständnis auch noch durch die Zusicherung eines jährlichen Zuschusses von 6000 Talern demonstrierte.

Abbildung 8: Germanisches Nationalmuseum, Nürnberg, in: Die Gartenlaube 1877

Lokale, einzelstaatlich-regionale und nationale Loyalität schlossen sich also nicht aus, sondern ergänzten und unterstützten sich gegenseitig. Es entstand eine Art Rivalität darum, wer als national besonders opferbereit, wichtig und leistungsfähig gelten konnte. Der in seiner Region oder Stadt verwurzelte Bürger betrachtete sich als ein besonders guter Deutscher nicht *obwohl*, sondern *weil* er Rheinländer, Preuße oder Württemberger war. Die Rheinländer zum Beispiel übernahmen im nationalen Denkmuster seit den 1840er Jahren die Rolle der „Wacht am Rhein" und stützten eben damit die nationale Integrität. Ganz analog argumentierte man in den östlichen Regionen Preußens, die den Schutz Deutschlands vor Russland und dem Zarismus zu übernehmen beanspruchten. In den Kammerdebatten um den Beitritt Bayerns zum Reich dominierte die Argumentationsfigur, das Reich brauche Bayern, weil Bayern zusammen mit den anderen süddeutschen Staaten die Liberalität gegen den preußischen Militär- und Verwaltungsstaat hochhalte und weil es die bedrängte Position des Katholizismus im künftigen Reich stütze.[84]

V.

Dass sich Einzelstaat, lokale Loyalität und Nationalstaat insgesamt sehr wohl vertrugen und ergänzten, deutet auf einen vierten Gesichtspunkt hin, der abschließend noch angerissen werden soll: Man darf die Linearität der tatsächlichen Entwicklungsprozesse ebenso wie der Vorstellungen über den Geschichtsverlauf in der zweiten Hälfte des 19. Jahrhunderts nicht überschätzen. „Ältere" und „jüngere" Zugehörigkeitsgefühle standen nebeneinander und vertrugen sich meist. Zweifellos dominierte insgesamt die Vorstellung eines Fortschritts, der sich in der nationalen und universalen Geschichte ungeachtet vorhandener Widerstände und Rückfälle letzten Endes durchsetzen werde. Der konservative „Freund" des Preußenkönigs Friedrich Wilhelm IV. und „Lehrer" des Bayernkönigs Maximilian II., Leopold von Ranke, hielt zwar nichts von liberaler Fortschrittsfreudigkeit oder gar -euphorie und hütete sich, ein definierbares Ziel der Geschichte anzugeben. Zu Recht aber hat man seine Vorstellung vom Prozess der Weltgeschichte als „Teleologie ohne Telos" bezeichnet (Gerhard Masur), im Sinne eines allgemeinen humanen Fortschritts.[85] Am deutlichsten tritt ein lineares Entwicklungsdenken mit klaren inhaltlichen Zielen des angenommenen Fortschritts in der liberal-nationalen Geschichtsschreibung hervor. Johann Gustav Droysen als ihr theoretisch reflektiertester Exponent glaubte an die permanente Steigerung von Moralität und Leistungskraft, die er im Staat als der wichtigsten „sittlichen Macht" verkörpert sah.[86] Aber es gab auch gegenläufige Tendenzen. Der heute gern als gewaltiges Kuriosum belächelte, in der zweiten Hälfte des 19. Jahrhunderts aber viel bewunderte Meister exzessiv-monumentaler Historienbilder, Karl von Piloty, stand mit seinem düsteren Pessimismus nicht allein in der geschichtskulturellen Landschaft.[87] Schon hingewiesen wurde auf Jacob Burckhardts Kulturpessimismus, der sich historiographisch vor allem in seinem späten Vorlesungsmanuskript zur „Griechischen Kulturgeschichte" niederschlug (vom Neffen Jacob Oeri 1903 aus dem Nachlass herausgegeben).

Seit der Revolutionswelle der Jahrhundertmitte und dem Beginn der Reaktionszeit kam verbreitet zunächst in Frankreich, dann aber bald auch in Deutschland eine förmliche Umkehrung des linear-fortschrittsbezogenen Zeitmodells von den Aufstiegs- zu Niedergangstheorien in Mode. Dazu gehörte das neue Paradigma der Rassengeschichte, das zuerst der französische Graf und Schriftsteller Joseph Arthur de

Abbildung 9: Carl von Piloty, Fotografie, 1856

Gobineau ausformulierte (Essai sur l'inégalité des races humaines, vier Bände, 1853–1855) und das insbesondere seit den 1870er Jahren auch in Deutschland verstärkte Resonanz gewann.[88] Das realgeschichtliche Fundament dieser Niedergangstheorien liegt in den ersten Jahrzehnten nach der Revolution vorwiegend in sozialen Abstiegsängsten der Aristokratie, dann aber auch der Gebildeten bzw. in Deutschland des Bildungsbürgertums, das sein Deutungsmonopol und die damit verbundene privilegierte gesellschaftliche Stellung zunehmend bedroht sah durch die neue technisch-industrielle Zivilisation und diejenigen, die sie verkörperten und von ihr profitierten. Diese Stimmungen und Geschichtsdeutungen stellten das liberal-fortschrittsbezogene Denken seit der innenpolitischen Wende 1878/79 und dann besonders seit den 1890er Jahren in Frage.[89] Sie machten sich allerdings vorrangig nicht in der „disziplinierten" akademischen Wissenschaft, sondern in einer breiteren und sich sozial auffächernden literarischen Öffentlichkeit bemerkbar.

Seit 1853 begann der in Berlin aufgewachsene Gymnasiallehrerssohn und bedeutende Theologe und Orientalist Paul Anton de Lagarde (seit 1869 Professor in Göttingen) mit seiner publizistischen Tätigkeit, indem er erstmals 1878–1881 mit zwei Bänden unter dem Titel „Deutsche Schriften" an die Öffentlichkeit trat.[90] Das Werk entwickelte eine rasante Publizität und entfaltete als Grundbuch des deutschen Kulturpessimismus zwischen Kaiserreich und Nationalsozialismus eine fatale Wirkung. Es umfasste Beiträge zu den Themenfeldern Staat – Nation – Volk und Theologie – Kirche – Religion sowie zu Bildung und Erziehung. Lagarde verband Ansätze eines preußisch-deutschen Radikalnationalismus mit der Idee einer spezifisch deutschen Nationalreligion germanisch-christlichen Zuschnitts und verlangte schon 1853 die Vertreibung der österreichischen und polnischen Juden nach Palästina. Mit seinen Ideen erfüllte er eine Art Scharnierfunktion zwischen einem radikalisierten Altkonservativismus in den Jahrzehnten des ökonomisch-sozialen und politischen Umbruchs nach 1848/49 und der Vorstellungswelt der „konservativen Revolution", die seit den 1890er Jahren an Einfluss gewann. Eine wirklich rasante Publizität erlangte dieses Denkmodell dann allerdings erst mit Julius Langbehns Kultbuch „Rembrandt als Erzieher. Von einem Deutschen", das es allein im Jahre 1890 auf vierzig Auflagen brachte.[91] Erstaunlich viele bildungsbürgerliche Zeitgenossen fanden sich in dem pauschalen Pessimismus wieder, mit dem Langbehn sein Buch eröffnete: „Es ist nachgerade zum öffentlichen Geheimnis geworden, daß das geistige Leben des deutschen Volkes sich gegenwärtig in einem Zustande des langsamen, einige meinen auch des rapiden Verfalls befindet. Die Wissenschaft zerstiebt allseitig im Spezialismus; auf dem Gebiet des Denkens wie der schönen Literatur fehlt es an epochemachenden Individualitäten; die bildende Kunst, obwohl durch bedeutende Meister vertreten, entbehrt doch der Monumentalität und damit ihrer besten Wirkung; Musiker sind selten, Musikanten zahllos. Die Architektur ist die Achse der bildenden Kunst, wie die Philosophie die Achse des wissenschaftlichen Denkens ist; augenblicklich gibt es aber weder eine deutsche Architektur noch eine deutsche Philosophie. Die großen Koryphäen auf den verschiedenen Gebieten sterben aus; [...] Zudem ist die Bildung der Gegenwart vorwiegend eine historische alexandrinische rückwärts gewandte; sie richtet ihr Absehen weit weniger darauf, Werte zu schaffen, als Werte zu registrieren. Und damit ist überhaupt die schwache Seite unserer modernen Zeitbildung getroffen; sie ist wissenschaftlich und will wissenschaftlich sein; aber je wissenschaftlicher sie wird, desto unschöpferischer wird sie".[92]

Dass das bürgerlich-liberale Fortschrittsdenken vereinzelt schon seit den 1850er Jahren zu erodieren begann, hat aber neben den ökonomisch-sozial und politisch bedingten Machtverschiebungen auch rein wissenschaftsgeschichtliche Ursachen. In der zweiten Jahrhunderthälfte begann der Aufstieg der jungen Wissenschaft Anthropologie, die das Interesse der Nationen an den eigenen Ursprüngen auf naturwissenschaftliche Bahnen wies. Seit 1859 sahen sich zudem die Bio- ebenso wie die historischen Wissenschaften von der Darwin'schen Evolutionslehre herausgefordert. Übertrug man diese auf den Menschen, so unterlagen Vergangenheit, Gegenwart und Zukunft einer durchgehenden Gesetzmäßigkeit. Die Frage nach dem künftigen Schicksal von Völkern und „Rassen" stellte sich damit ganz neu – auf einer Ebene, die tiefer zu liegen schien als die traditionelle Staaten- und Völkergeschichte und von der aus sich anscheinend die Evolution in einer neuartigen Synthese von natur- und kulturwissenschaftlicher Erkenntnis darstellte.[93]

Die eigentliche Darwin-Rezeption in Deutschland setzte 1863 mit der berühmt gewordenen Rede des jungen Jenaer Zoologen Ernst Haeckel „Ueber die Entwicklungstheorie Darwins" vor dem „Verein deutscher Naturforscher und Ärzte" in Stettin ein. Haeckel präsentierte hier die Darwin'sche Lehre als eine „die ganze Weltanschauung modifizierende Erkenntnis".[94] Auch wenn das „sozialdarwinistische" Denken, das die Lehre vom Kampf ums Dasein und dem Überleben der Stärksten aus dem Tierreich auf Gesellschaft und Staat übertrug, in den großen Nationalstaaten diesseits und jenseits des Atlantiks erst seit etwa 1890 endemisch wurde, so bereitete sich das neue Paradigma der hemmungslos dilettantischen „Rassegeschichte" unter ihrem Einfluss doch schon seit den 1860er Jahren vor. Befeuert wurde es weniger von den innerwissenschaftlichen Erkenntnisinteressen und -möglichkeiten als durch die gesellschaftlichen Abstiegs- und Untergangsängste und -visionen. Zugleich symptomatisch und als Katalysator dieses suggestiven Gemischs aus Angst und Aggression wirkte die Erfindung eines aus alten Elementen zusammengemixten, in seiner inhaltlichen Stoßrichtung neuen Mythos durch den Dresdner Kapellmeister und Barrikadenkämpfer und zukünftigen Oberhofschleimer Richard Wagner. Sie verlegte die These vom Scheitern des utopischen „Neuen Menschen" (Siegfried) in den Ränkespielen einer egoistisch besitzversessenen und in die nur scheinbare Sicherheit vertraglicher Regelungen zwischen den Menschen vernarrten Welt in die (1853 als Privatdruck publizierte) Untergangsgeschichte vom „Ring des Nibelungen".[95]

In der Spannung höchst unterschiedlicher Entwicklungsvorstellungen und Zeitmodelle stehen auch die erfolgreichen historisierenden Professorenromane. Scheffel stellte in seinem „Ekkehard" die amouröse Verstrickung eines Mönchs und einer Herzogin im 10. Jahrhundert dar und löste sie in einem typisch liberal-kulturoptimistischen Plot auf: Der Mönch besinnt sich, geht asketisch in die Wildnis, zieht sich also in die vita contemplativa zurück und wird dort literarisch produktiv, indem er das Walthari-Lied schreibt, bevor er dann doch einsieht, dass der Mann im tätigen Leben stehen muss und geläutert, aber endlich auch lebenskundig und „realpolitisch" denkend und handelnd, in die Welt des Hofes und damit der Politik zurückkehrt. Triebhafte Verstrickung; Askese und kulturelle Leistung; und schließlich die Verbesserung der Politik: das ist der Dreischritt der Aufwärtsentwicklung. Anders dagegen Felix Dahn in seinem „Kampf um Rom". Die Erzählung endet mit der Niederlage der ursprünglich sittenstrengen, aber im welschen Land von Dekadenz bedrohten gemütvollen und tapferen Ostgoten, die am Ende der überlegenen, mit den Mitteln kalter Staatsräson arbeitenden byzantinischen Staatsmacht erliegen. Viktor von Scheffel steht für die verbreitete Tendenz zur ‚Verbürgerlichung' und damit auch für das distanzlose Naherücken eines Mittelalters, das in ungebrochener Kontinuität zur Gegenwart gesehen wurde. Felix Dahn dagegen zeigt eine charakteristische Erweiterung des Zeithorizonts zurück bis in die Welt der Germanen mit der Botschaft einer unaufhebbaren tragischen Konflikthaftigkeit der Geschichte, die von Auf- und Abstieg, von Ende und Untergang geprägt ist.[96]

Diese Verunsicherung über den Modus, in dem Gegenwart, Vergangenheit und Zukunft in Bezug zu setzen sind, schlug sich schon seit dem ausgehenden 18. Jahrhundert unter anderem in der Neigung nieder, aus der exakten Rekonstruktion von Handlungskonstellationen und Prozessen auszusteigen in die Mythisierung der Vergangenheit.[97] Mythen werden heute als Formen elementarer Erzählung verstanden, die von den Ursprüngen, den Sinnperspektiven und den geschichtlichen Zielen von Gemeinschaften handeln. Sie berichten über Ereignisse und

Abbildung 10: Carl von Piloty, Thusnelda im Triumphzug des Germanicus, 1873

Personen, die für die Dauer und Überlebensfähigkeit, die Kohärenz, die Macht und die kulturelle Bedeutsamkeit einer Gemeinschaft als konstitutiv angesehen wurden. In gewissem Umfang sind historische Mythen durchaus in der Lage, auch Erfahrungswissen über die jüngere Vergangenheit und die Gegenwart zu integrieren – was zu ihrer Plastizität wesentlich beitragen kann. Ihre Faszination beziehen sie aber hauptsächlich daraus, dass sie die Mythenerzähler und -rezipienten aus den Erfahrungen von Niederlagen und Leid der Gemeinschaft ein Stück weit herausheben und ihnen Vergangenes über den Abstand der Zeit hinweg als wertvoll und zustimmungsfähig nahebringen. Damit stiften die Mythen Sinn und verleihen aktuellem Handeln und Produzieren Legitimität.[98] Sie setzen klare Prioritäten, welche Personen und Ereignisse für eine gegenwärtige Ordnung wichtig sind.

Das geht aber nur, indem sie tatsächliche Anfänge im Dunkeln oder Halbdunkeln belassen, die Gegenwart zeit- und sinnverkürzend an bestimmte Vorverläufe anbinden, andere aber vernachlässigen und mit alledem die Schrecken der Wirklichkeit ein Stück weit wegerzählen. Das 19. Jahrhundert ist durchzogen von den verschiedensten Versuchen, eine „neue Mythologie" zu schaffen. Der wachsenden Germanomanie entsprach zum Beispiel die Karriere des Arminiusmythos.[99] Der Germanenfürst, der die Römer im Jahr 9 n. Chr. in der „Varusschlacht" im Teutoburger Wald besiegt hatte und von Tacitus als „Befreier Germaniens" bezeichnet worden war, stieg – jetzt auch unter dem Namen „Hermann der Cherusker" – zum Symbol nationaler Einheit, Freiheit und Wehrhaftigkeit auf. Nach langer Planungs- und Baugeschichte seit 1838, in der sich die Schwierigkeiten teurer nationaler Denkmalsetzung zwischen Vormärz und Kaiserreich widerspiegeln, wurde schließlich die Monumentalfigur des Freiheitshelden mit dem zum Himmel erhobenen Schwert bei Detmold eingeweiht (1875).[100] Nach langem Vorlauf durch das Jahrhundert monumentalisierte das deutsche Bürgertum 1896 auch den Barbarossamythos im gewaltigen Kyffhäuserdenkmal, verknüpfte den „Barba-blanca", Wilhelm I., mit Kaiser „Barba-rossa" und also das neue Kaiserreich mit der vermeintlich glanzvollen Vergangenheit des Stauferreichs im 12. Jahrhundert.[101] Karl von Piloty, als Großmeister der zeitgenössischen Historienmalerei, nahm mit seinem Riesenbild „Thusnelda im Triumphzug des Germanicus" an dieser Mythomanie teil, aber er unterlief ihre „monumentalischen" Absichten auch misstrauisch und skeptisch, indem er nicht den Moment von Sieg und Triumph in der Varusschlacht zeigte, sondern die Demütigung des einstigen Siegers – das Ergebnis von Uneinigkeit, Machtrivalität und logischer Niederlage.[102]

VI.

Überblickt man die zwei Jahrzehnte von Reaktion, „Neuer Ära" und Reichsgründungszeit 1850 bis 1871 (mit ihren Vor- und Nachgeschichten), so erscheinen die Befunde zur Geschichtskultur als vieldeutig, wenn nicht gar widersprüchlich. Gewiss, es gab deutliche Trends: ein gegenüber dem Vormärz nochmals verstärktes Legitimationsbedürfnis der gefährdeten Monarchien; eine weitere „Verbürgerlichung" des Geschichtsbildes: unter anderem in einem ansteigenden „antiquarischen" Geschichtsinteresse, in der Aufwertung der Kulturgeschichte, aber auch in der Bereitschaft, geschichtliche Stoffe in romanhafter Form zu rezipieren; das Vordrängen nationalpolitischer Deutungsmuster und des nationalen Erzählparadigmas; das Denken in den Kategorien mehr oder weniger kontinuierlicher Entwicklungsprozesse. Aber diese Trends sind in sich keineswegs eindimensional, und sie sind begleitet von gegenläufigen Tendenzen.

Bürgerlichkeit konnte sich mit Staatsgläubigkeit, aber auch mit Adels-Herrschaft und Bürokratiekritik verbinden. Ritter-Romantik schloss die Verehrung für städtische Bürgerkultur nicht aus. Dem Fortschrittsoptimismus begegnete neben Anwandlungen postrevolutionärer Resignation und der Bereitschaft zur Anpassung in einem adligbürgerlichen Herrschaftskompromiss zunächst vereinzelt, im Kaiserreich aber zunehmend ein modernitäts- und wissenschaftsfeindlicher Kulturpessimismus.

Dass der fatale Ausgang der Revolution von 1848/49 den enormen Aufschwung der Demokratiebewegung von 1830–1849 gebrochen hat, blieb für die Geschichtskultur in Deutschland bis 1918 nicht ohne gravierende Folgen. Das nationalpolitische Narrativ blieb vorrangig monarchisch-etatistisch und erhielt durch die erfolgreiche „Reichsgründung von oben" neue Dynamik. Die Selbstdarstellung bürgerlichen Freiheits- und Machtwillens wurde zum Teil, wie etwa das Schicksal der Ausstattungsprogramme des neuen Berliner Rathauses zeigt, zielbewusst gebrochen, zum Teil wurde sie monarchisch überformt oder blieb eingelassen in das obrigkeitsstaatlich-dynastische Grundnarrativ. Die Lebensläufe von Protagonisten der Geschichtskultur zeigen in ihrer überwiegenden Mehrheit eine in den 1850er Jahren abknickende Linie von stürmischem freiheitlichem Aufbruch, Erfahrung des Scheiterns in der Revolution und Einschwenken auf die Linie bürgerlich-adliger (bzw. monarchischer) Kooperation im Zeichen eines für beide Teile nutzbringenden Herrschaftskompromisses, der aber letzten Endes den konservativen Kräften zugute kam.

Dieser Befund erscheint umso fataler, je mehr man sich die Kraft, Breite und Vielgestaltigkeit der bürgerlich-liberalen Impulse in der Geschichtskultur der Übergangsjahre zwischen Revolution und Reichsgründung vor Augen führt. Ihr Spektrum reicht von den städtischen Geschichts- und Kunstvereinen über die aufstrebende bürgerlich-kommunale Museumskultur bis zu den – politisch freilich vieldeutigen – Geschichtsromanen und Elementen einer subtilen – allerdings seltenen – antimonumentalen Sicht auf die Vergangenheit bei so unterschiedlichen Geschichtsmalern wie Adolph Menzel und Karl von Piloty. Geschichtskultur, die auf institutionelle Fundamente und finanzielle Förderung angewiesen ist, tut sich insgesamt schwer, sich von etatistischen und herrschaftlichen Vorgaben zu lösen. Gleichwohl kann sie den Wandel in der Einstellung von Gesellschaft und Staat zur Vergangenheit – neue inhaltliche Schwerpunktsetzungen und Narrative, neue Techniken und Formen der medialen Präsentation – abbilden und aktiv fördern. Die Geschichtskultur der Übergangszeit zwischen Revolution und Reichsgründung jedenfalls dokumentiert die Dynamik der bürgerlich-liberalen Impulse, aber auch die Konsequenz und Geschicklichkeit, mit der sie in einen Herrschaftskompromiss eingebunden wurden, der ihre freiheitliche Spitze brach.

Anmerkungen

[1] Revidierte und erweiterte Fassung eines Vortrags zur Ausstellung „Grosser Auftritt. Piloty und die Historienmalerei" in der Neuen Pinakothek München 2003.
[2] Zur Epoche insgesamt vgl. die Gesamtdarstellungen: Thomas Nipperdey, Deutsche Geschichte 1800–1866. Bürgerwelt und starker Staat, München 1983, S. 674–804; Wolfram Siemann, Gesellschaft im Aufbruch. Deutschland 1849–1871, Frankfurt a.M. 1990; Hans-Ulrich Wehler, Deutsche Gesellschaftsgeschichte 1849–1914, München 1995, S. 7–492; Harm-Hinrich Brandt, Deutsche Geschichte 1850–1870. Entscheidung über die Nation, Stuttgart 1999; Friedrich Lenger, Industrielle Revolution und Nationalstaatsgründung (1849–1870er Jahre), Stuttgart 2002.
[3] Zur Kulturgeschichte des Zeitraums in gesamteuropäischer Perspektive: Eric J. Hobsbawm, Die Blütezeit des Kapitals. Eine Kulturgeschichte der Jahre 1848–1875, München 1977.
[4] Vgl. Ulrich Muhlack, „Nachwort", in: Leopold von Ranke, Die großen Mächte, hg. v. Ulrich Muhlack, Frankfurt a.M., Leipzig 1995, S. 115–139; Wolfgang Hardtwig, Geschichtserfahrung der Moderne und Ästhetisierung der Darstellung: Leopold von Ranke, in: ders., Hochkultur des bürgerlichen Zeitalters, Göttingen 2005, S. 35–50; Philipp Müller, Erkenntnis und Erzählung. Ästhetische Geschichtsdeutung in der Historiographie von Ranke, Burckhardt und Taine, Köln, Weimar, Wien 2008, S. 45–144.
[5] Vgl. Wolfgang Hardtwig, Von Preußens Aufgabe in Deutschland zu Deutschlands Aufgabe in der Welt. Liberalismus und borussianisches Geschichtsbild zwischen Revolution und Imperialismus, in: ders., Geschichtskultur und Wissenschaft, München 1990, S. 103–160; zuletzt mit Schwerpunkt auf den politischen Aktivitäten: Wilfried Nippel, Johann Gustav Droysen. Ein Leben zwischen Wissenschaft und Politik, München 2008.
[6] Vgl. Walter Bußmann, Treitschke. Sein Welt- und Geschichtsbild, 2. Aufl., Göttingen 1981; Ulrich Langer, Heinrich von Treitschke. Politische Biographie eines deutschen Nationalisten, Düsseldorf 1998.
[7] Wolfgang Hardtwig, Jacob Burckhardt und Max Weber. Zur Genese und Pathologie der modernen Welt, in: ders., Geschichtskultur, S. 189–223.
[8] Vgl. insgesamt den Aufriss: Wolfgang Hardtwig, Geschichtsstudium, Geschichtswissenschaft und Geschichtstheorie in Deutschland von der Aufklärung bis zur Gegenwart, in: ders., Geschichtskultur, S. 13–57.
[9] Vgl. zuletzt zusammenfassend und mit weiterführender Literatur: Wilfried Nippel, Genese und Ausdifferenzierung der Altertumswissenschaften, in: Heinz-Elmar Tenorth (Hg.), Geschichte der Universität Unter den Linden 1810–2010, Bd. 4, Berlin 2010, S. 199–216, hier S. 209.

[10] Franz Schnabel, Die Idee und die Erscheinung, in: Die Historische Kommission bei der Bayerischen Akademie der Wissenschaften, 1858–1958, Göttingen 1958, S. 7–69.
[11] Markus Huttner, Historische Gesellschaften und die Entstehung historischer Seminare. Zu den Anfängen institutionalisierter Geschichtsstudien an den deutschen Universitäten des 19. Jahrhunderts, in: Matthias Middell, Gabriele Lingelbach u. Frank Hadler (Hg.), Historische Institute im internationalen Vergleich, Leipzig 2001, S. 39–83.
[12] Martin Nissen, Wissenschaft für gebildete Kreise. Zum Entstehungskontext der Historischen Zeitschrift, in: Sigrid Stöckel (Hg.), Verwissenschaftlichung der Gesellschaft – Vergesellschaftung der Wissenschaft. Wissenschaftszeitschriften im 19. und 20. Jahrhundert, Stuttgart 2009, S. 25–44; zu Sybel allgemein: Volker Dotterweich, Heinrich von Sybel. Geschichtswissenschaft in politischer Absicht (1817–1861), Göttingen 1978; Hans-Michael Körner, Heinrich von Sybel (1817–1895), in: Katharina Weigand (Hg.), Münchner Historiker zwischen Politik und Wissenschaft. 150 Jahre Historisches Seminar der Ludwig-Maximilians-Universität, München 2010, S. 79–94.
[13] Vgl. Wolfgang Hardtwig, Kunst und Geschichte im Revolutionszeitalter. Historismus in der Kunst und der Historismusbegriff der Kunstwissenschaft, zuletzt in: ders., Hochkultur des bürgerlichen Zeitalters, Göttingen 2005, S. 205–239; Michael Brix u. Monika Steinhauser (Hg.), „Geschichte allein ist zeitgemäß". Historismus in Deutschland, Gießen 1978.
[14] Jürgen Reulecke (Hg.), Generationalität und Lebensgeschichte im 20. Jahrhundert, München 2003; Michael Wildt u. Ulrike Jureit (Hg.), Generationen. Zur Relevanz eines wissenschaftlichen Grundbegriffs, Hamburg 2005.
[15] Hardtwig, Geschichtskultur, S. 8 f.
[16] Jörn Rüsen, Was ist Geschichtskultur? Überlegungen zu einer neuen Art, über Geschichte nachzudenken, in: Klaus Füßmann u. a. (Hg.), Historische Faszination. Geschichtskultur heute, Köln, Wien, Weimar 1994, S. 3–26; vgl. auch die übrigen Beiträge in diesem Band, insbes. Heinrich Theodor Grütter, Warum fasziniert die Vergangenheit? Perspektiven einer neuen Geschichtskultur, S. 45–60.
[17] Klaus Tenfelde, Geschichtskultur im Ruhrgebiet, in: Gewerkschaftliche Monatshefte 47 (1996), S. 240–253; bilanzierend zur Geschichtskultur jetzt: Bernd Mütter u. a. (Hg.), Geschichtskultur. Theorie – Empirie – Pragmatik, Weinheim 2000; Thomas E. Fischer, Geschichte der Geschichtskultur. Über den öffentlichen Gebrauch von Vergangenheit von den antiken Hochkulturen bis zur Gegenwart, Köln 2000; vgl. auch Dietrich Seybold, Geschichtskultur und Konflikt. Historisch-politische Kontroversen in Gesellschaften der Gegenwart, Bern 2005, u. a. S. 169 ff.
[18] Komprimierter und kompetenter Überblick über Begriffe und Konzeptionen: Christoph Cornelißen, Was heißt Erinnerungskultur? Begriff – Methoden – Perspektiven, in: Geschichte in Wissenschaft und Unterricht 54 (2003), S. 548–563.
[19] Pierre Nora (Hg.), Les lieux de mémoire, Erinnerungsorte Frankreichs, München 2005; Etienne François u. Hagen Schulze (Hg.), Deutsche Erinnerungsorte, 3 Bde., München 2001; vgl. dazu die kritische Rezension: Wolfgang Hardtwig, Rezension Deutsche Erinnerungsorte I, in: HZ 274 (2003), S. 387–390 sowie Paul Nolte, Die Macht der Abbilder. Geschichte zwischen Repräsentation, Realität und Präsenz, in: Merkur 59 (2005), S. 889–898 und Winfried Schulze, Ortsbesichtigung: Deutsche Erinnerungsorte, in: Geschichte in Wissenschaft und Unterricht 54 (2003), S. 608–613.

[20] Edgar Wolfrum, Geschichtspolitik der Bundesrepublik Deutschland. Der Weg zur bundesrepublikanischen Erinnerung 1948-2000, Darmstadt 1999; Norbert Frei, Vergangenheitspolitik. Die Anfänge der Bundesrepublik und die NS-Vergangenheit, München 1996; vgl. auch die Analyse der Umdeutung der Geschichte durch die Unterlegenen bei Wolfgang Schivelbusch, Die Kultur der Niederlage. Der amerikanische Süden 1865, Frankreich 1871 und Deutschland 1918, Berlin 2001.

[21] Vgl. u. a. Niklas Luhmann, Individuum, Individualität, Individualismus, in: ders., Gesellschaftsstruktur und Semantik. Studien zur Wissenssoziologie der modernen Gesellschaft, 2. Aufl., Frankfurt a.M. 2000, S. 149-258; Ulrich Beck u. Elisabeth Beck-Gernsheim (Hg.), Riskante Freiheiten: Individualisierung in modernen Gesellschaften, Frankfurt a.M. 1994; Yuri L. Bessmertny u. Otto Gerhard Oexle (Hg.), Das Individuum und die Seinen: Individualität in der okzidentalen und in der russischen Kultur in Mittelalter und Früher Neuzeit, Göttingen 2001.

[22] Das ist auch das Anliegen des vorzüglichen Buches von Johannes Heinßen, Historismus und Kulturkritik. Studien zur deutschen Geschichtskultur, Göttingen 2003.

[23] Vgl. u. a. Andreas Biefang, Politisches Bürgertum in Deutschland 1857-1868. Nationale Organisation und Eliten, Düsseldorf 1994.

[24] Biefang, Politisches Bürgertum, S. 38-48.

[25] Vgl. Manfred Hettling, Christian Jansen u. Constantin Goschler, „Wer Ew'gem lebt, der wird auch ewig leben". Zeremonien des Gedenkens an die Achtundvierziger, in: Andreas Biefang, Michael Epkenhans u. Klaus Tenfelde (Hg.), Das politische Zeremoniell im Deutschen Kaiserreich, Düsseldorf 2008, S. 367-391; Manfred Hettling, Die Toten und die Lebenden. Der politische Opferkult, in: Christian Jansen u. Thomas Mergel (Hg.), Die Revolutionen von 1848/49. Erfahrung – Verarbeitung – Deutung, Göttingen 1998, S. 54-74.

[26] Thomas Mergel, Sozialmoralische Milieus und Revolutionsgeschichtsschreibung. Zum Bild der Revolution von 1848/49 in den Subgesellschaften des deutschen Kaiserreichs, in: Jansen u. Mergel, Die Revolutionen von 1848/49, S. 247-267.

[27] Vgl. Brandt, Deutsche Geschichte, S. 112-255; Frank Becker, Bilder von Krieg und Nation. Die Einigungskriege in der bürgerlichen Öffentlichkeit Deutschlands 1864-1913, München 2001.

[28] Winfried Ranke, Joseph Albert – Hofphotograph der Bayerischen Könige, München 1977; Johannes Paulmann, Pomp und Politik. Monarchenbegegnungen in Europa zwischen Ancien Régime und Erstem Weltkrieg, Paderborn 2000; Alexa Geisthövel, Den Monarchen im Blick. Wilhelm I. in der illustrierten Familienpresse, in: Habbo Knoch u. Daniel Morat (Hg.), Kommunikation als Beobachtung. Medienwandel und Gesellschaftsbilder 1880-1960, München 2003, S. 59-80.

[29] Manfred Hanisch, Für Fürst und Vaterland. Legitimitätsstiftung in Bayern zwischen Revolution 1848 und deutscher Einheit, München 1991.

[30] Vgl. Eberhard Drüeke, Die Maximilianstraße in München – Zum Problem des neuen Baustils, in: Brix u. Steinhauser, „Geschichte allein ist zeitgemäß", S. 107-120; Zwischen Glaspalast und Maximilianeum. Architektur in Bayern zur Zeit Maximilians II. 1848-1864, Ausst. Kat. hg. v. Winfried Nerdinger, München 1997.

[31] Lothar Altmann u. Wolf-Christian van der Mülbe, Das Maximilianeum in München, Regensburg 1993.

[32] Vgl. allgemein: Bernward Deneke u. Rainer Kahsnitz (Hg.), Das kunst- und kulturgeschichtliche Museum im 19. Jahrhundert, München 1977; Ingolf Bauer,

Wilhelm Heinrich Riehl und das Bayerische Nationalmuseum, in: Bayerisches Jahrbuch für Volkskunde 1997, S. 13-27; Ingolf Bauer (Hg.), Das Bayerische Nationalmuseum. Der Neubau an der Prinzregentenstraße 1892-1900, München 2003; Renate Eikelmann u. Ingolf Bauer (Hg.), Das Bayerische Nationalmuseum 1855-2005. 150 Jahre Sammeln, Forschen, Ausstellen, München 2006.

33 Ulrike Leutheusser u. Heinrich Nöth (Hg.), „Dem Geist alle Tore öffnen". König Maximilian II. und die Wissenschaft, München 2009.

34 Dirk Appelbaum (Hg.), Das Denkmal: Goethe und Schiller als Doppelstandbild in Weimar, Tübingen 1993.

35 Vgl. Thomas Nipperdey, Nationalidee und Nationaldenkmal in Deutschland im 19. Jahrhundert, in: HZ 206 (1968), S. 529-585.

36 Vgl. Wolfgang Hardtwig, Das Denkmal der Kulturnation. Goethe und Schiller in Weimar, in: ders., Politische Kultur der Moderne. Ausgewählte Aufsätze, Göttingen 2011, S. 47-54.

37 Wolfgang Hardtwig, Nationsbildung und politische Mentalität. Denkmal und Fest im Kaiserreich, in: ders., Geschichtskultur, S. 264-301; Wolfgang Hardtwig, Der bezweifelte Patriotismus – nationales Bewußtsein und Denkmal 1786-1933, in: ders., Politische Kultur der Moderne, S. 29-46.

38 Vgl. Wolfgang Hardtwig, Politische Topographie und Nationalismus. Städtegeist, Landespatriotismus und Reichsbewußtsein in München 1871-1914, in: ders., Nationalismus und Bürgerkultur in Deutschland 1500-1914, Göttingen 1994, S. 219-245.

39 Wolfgang Hardtwig, Soziale Räume und politische Herrschaft. Leistungsverwaltung, Stadterweiterung und Architektur in München 1870-1914, in: ders. u. Klaus Tenfelde (Hg.), Soziale Räume in der Urbanisierung. Studien zur Geschichte Münchens im Vergleich 1850 bis 1933, München 1990, S. 59-154.

40 Vgl. Jürgen Paul, Das „Neue Rathaus" – Eine Bauaufgabe des 19. Jahrhunderts, in: Ekkehard Mai, Jürgen Paul u. Stephan Waetzoldt (Hg.), Das Rathaus im Kaiserreich. Kunstpolitische Aspekte einer Bauaufgabe des 19. Jahrhunderts, Berlin 1982, S. 29-90; Winfried Nerdinger u. Birgit Stenger, Das Münchner Rathaus – Architektur zwischen Politik, Ehrgeiz und Intrige, ebd., S. 151-178.

41 Vgl. u. a. Christa Schreiber, Das Berlinische Rathaus – Versuch einer Entstehungs- und Ideengeschichte, in: Mai, Paul u. Waetzoldt, Das Rathaus, S. 91-150.

42 Vgl. Thomas Nipperdey, Der Verein als soziale Struktur, in: ders., Gesellschaft, Kultur, Theorie. Gesammelte Aufsätze zur neueren Geschichte, Göttingen 1976, S. 74-89; Otto Dann (Hg.), Vereinswesen und bürgerliche Gesellschaft, München 1984; Wolfgang Hardtwig, Macht, Emotion und Geselligkeit, Stuttgart 2010, S. 109-214.

43 Als kleines Kabinettsstück der Historiographie immer noch: Hermann Heimpel, Geschichtsvereine einst und jetzt, in: Geschichtswissenschaft und Vereinswesen im 19. Jahrhundert. Beiträge zur Geschichte historischer Forschung in Deutschland, Göttingen 1972, S. 45-73; neuerdings umfassend: Georg Kunz, Verortete Geschichte. Regionales Geschichtsbewußtsein in den deutschen historischen Vereinen des 19. Jahrhunderts, Göttingen 2000.

44 Vgl. dazu jetzt grundlegend: Martin Nissen, Populäre Geschichtsschreibung. Historiker, Verleger und die deutsche Öffentlichkeit (1848-1900), Köln, Weimar, Wien 2009; Martin Nissen, Zwischen Wissenschaft und Wissensvermittlung: Die Bibliothek deutscher Geschichte im J. G. Cottaverlag, in: Monika Estermann u. Ute Schneider (Hg.), Wissenschaftsverlage zwischen Professionalisierung und Popularisierung, Wiesbaden 2007, S. 47-60; Sylvia Paletschek, Popular Presentations of History in the 19th Century: The Example of „Die Gartenlaube", in: dies.,

Popular Historiographies in the 19th and 20th Centuries. Cultural Meanings, Social Practices, Oxford, New York 2011, S. 34–53.

[45] Zuletzt mit den Hinweisen auf die ältere Literatur: Martin Nissen, Populäre Geschichtsschreibung im 19. Jahrhundert. Gustav Freytag und seine Bilder aus der deutschen Vergangenheit, in: Archiv für Kulturgeschichte 89 (2007), S. 395–425.

[46] Nissen, Populäre Geschichtsschreibung, S. 269–316; vorläufig letzte Auflagen der „Bilder aus der deutschen Vergangenheit" Bertelsmann 1998, 1999, Kindler Edition 2011, 3 Bde.

[47] Vgl. Peter Paret, Scheffel und die Verbürgerlichung des deutschen Mittelalters, in: ders., Kunst als Geschichte. Kultur und Politik von Menzel bis Fontane, München 1990, S. 155–174.

[48] Paret, Scheffel, S. 159; eine komplette Taschenbuchausgabe mitsamt der 285 gelehrten Anmerkungen Scheffels im Diogenes Verlag Zürich 1984.

[49] Vgl. Kurt Frech, Felix Dahn. Die Verbreitung völkischen Gedankenguts durch den historischen Roman, in: Uwe Puschner, Walter Schmitz u. Justus H. Ulbricht (Hg.), Handbuch zur völkischen Bewegung 1871–1918, München u. a. 1996, S. 685–694; Hans-Rudolf Wahl, Die Religion des deutschen Nationalismus. Eine mentalitätsgeschichtliche Studie zur Literatur des Kaiserreichs: Felix Dahn, Ernst von Wildenbruch, Walter Flex, Heidelberg 2002; Rainer Kipper, Der völkische Mythos: „Ein Kampf um Rom" von Felix Dahn, in: ders., Der Germanenmythos im Deutschen Kaiserreich. Formen und Funktionen historischer Selbstthematisierung, Göttingen 2002, S. 118–149.

[50] Zur Konjunktur von Felix Dahn und einer posthistoristischen, nicht- oder semiwissenschaftlichen Historiographie seit dem Kaiserreich vgl. Wolfgang Hardtwig, Die Krise des Geschichtsbewußtseins in Kaiserreich und Weimarer Republik und der Aufstieg des Nationalsozialismus, in: ders., Hochkultur, S. 77–102.

[51] Zur Thematisierung der Geschichte bei Fontane vgl. Paret, Kunst als Geschichte, S. 210–228; Gordon A. Craig, Über Fontane, München 1997, bes. S. 69–98.

[52] Theodor Fontane an Wilhelm Hertz, 31.10.1861, in: Fontanes Briefe in zwei Bänden, ausgew. u. erl. v. Gotthard Erler, Berlin, Weimar 1968, S. 290 f.; vgl. auch ausführlich ebd., S. 291 f.

[53] Prägnanter Aufriss: Frank Büttner, Gemalte Geschichte. Carl Theodor von Piloty und die europäische Historienmalerei des 19. Jahrhunderts, in: ders. u. Reinhold Baumstark (Hg.), Großer Auftritt. Piloty und die Historienmalerei, München 2003, S. 23–67.

[54] Vgl. Manfred Meyer, Freiheit und Macht. Studien zum Nationalismus süddeutscher, insbesondere badischer Liberaler 1830–1848, Frankfurt a.M. 1994.

[55] Ludwig August von Rochau, Grundsätze der Realpolitik, angewendet auf die staatlichen Zustände Deutschlands (1853), hg. u. eingel. v. Hans-Ulrich Wehler, Frankfurt a.M. 1972.

[56] Jacob Burckhardt, Über das Studium der Geschichte. Der Text der „Weltgeschichtlichen Betrachtungen", nach den Handschriften hg. von Peter Ganz, München 1982.

[57] Vgl. Wolfgang Hardtwig, Kugler, Menzel und das Bild Friedrichs des Großen, in: ders., Hochkultur, S. 303–322, hier S. 318.

[58] Ebd., S. 320.

[59] Vgl. Hubertus Kohle, Adolph Menzels Friedrich-Bilder. Theorie und Praxis der Geschichtsmalerei im Berlin der 1850er Jahre, Berlin 2001, S. 69–122 u. 260–279.

[60] Baumstark u. Büttner, Großer Auftritt, S. 301–317.

[61] Ebd., S 162–179.

[62] Philipp Müller, Erkenntnis und Erzählung, S. 96–144.

⁶³ Vgl. Daniel Fulda, Wissenschaft aus Kunst. Die Entstehung der modernen deutschen Geschichtsschreibung, Berlin, New York 1996, S. 411–446.
⁶⁴ Vgl. u. a. Hans Schleier, Historisches Denken in der Krise der Kultur. Fachhistorie, Kulturgeschichte und Anfänge der Kulturwissenschaften in Deutschland, Göttingen 2000.
⁶⁵ Annelore Rieke-Müller u. Siegfried Müller, Konzeptionen der Kulturgeschichte um die Mitte des 19. Jahrhunderts. Das Germanische Nationalmuseum in Nürnberg und die Zeitschrift für deutsche Kulturgeschichte, in: Archiv für Kulturgeschichte 82 (2000), H. 2, S. 345–375.
⁶⁶ Karl Biedermann, Deutschland im 18. Jahrhundert, 4 Bde., 1867–1880, in einem Bd. hg. u. eingel. v. Wolfgang Emmerich, Frankfurt a.M. u. a. 1980; vgl. auch ders., Mein Leben und ein Stück Zeitgeschichte, 2 Bde., Breslau 1886–1887; Richard J. Bazillion, Modernizing Germany. Karl Biedermann's career in the Kingdom of Saxony 1835–1901, New York u. a. 1990.
⁶⁷ Rieke-Müller u. Müller, S. 358 f.
⁶⁸ Wolfgang Hardtwig, Geschichtsreligion – Wissenschaft als Arbeit – Objektivität: Der Historismus in neuer Sicht, in: ders., Hochkultur, S. 51–76.
⁶⁹ Rainer Noltenius, Dichterfeiern in Deutschland. Rezeptionsgeschichte als Sozialgeschichte am Beispiel der Schiller- und Freiligrath-Feiern, München 1984.
⁷⁰ Nietzsche, Vom Nutzen und Nachtheil der Historie für das Leben, in: Kritische Studienausgabe, hg. v. Giorgio Colli u. Mazzino Montinari, Bd. 1, München, Berlin, New York 1988, S. 265.
⁷¹ Ebd., S. 267 f.
⁷² Vgl. u. a. Wolfgang Hardtwig, Nation – Region – Stadt. Strukturmerkmale des deutschen Nationalismus im 19. Jahrhundert, zuletzt in: ders., Hochkultur, S. 240–268; vgl. auch Dieter Langewiesche, Nation, Nationalismus, Nationalstaat in Deutschland und Europa, München 2000, S. 55–104; ders., Reich, Nation, Föderation. Deutschland und Europa, München 2008, bes. S. 145–160, 180–193, 211–234; Siegfried Weichlein, Nation und Region. Integrationsprozesse im Bismarckreich, Düsseldorf 2004.
⁷³ Andrea Meissner, Von der Waffenbrüderschaft zum Volkstum. Die Transformation des Nationalismus in bayerischen Volksschul-Lehrbüchern zwischen liberaler und katholischer Dominanz 1858–1933, in: Zeitschrift für bayerische Landesgeschichte 70 (2007), S. 853–885; zur Schulpolitik als Teil der Geschichtspolitik vgl. dies., Die Nationalisierung der Volksschule. Geschichtspolitik im Niederen Schulwesen Preußens und des deutschsprachigen Österreich, 1866–1933/38, Berlin 2009.
⁷⁴ Vgl. Paul Ortwin Rave, Schinkels Museum in Berlin oder die klassische Idee des Museums, in: Museumskunde 29 (1960), S. 1–21; Volker Plagemann, Das deutsche Kunstmuseum 1790–1870. Lage, Baukörper, Raumorganisation, Bildprogramm, München 1967; Hermann Lübbe, Deutscher Idealismus als Philosophie preußischer Kulturpolitik, in: Otto Pöggeler u. Annemarie Gethmann-Siefert (Hg.), Kunsterfahrung und Kulturpolitik im Berlin Hegels, Bonn 1983, S. 3–27; Hermann Lübbe, Wilhelm von Humboldt und die Berliner Museumsgründung 1830, in: Deutsche Vierteljahrsschrift für Literaturwissenschaft und Geistesgeschichte 54 (1980), S. 656–676, hier S. 663 ff.
⁷⁵ „Ihm, welcher der Andacht Tempel baut…". Ludwig I. und die Alte Pinakothek. Festschrift zum Jubiläumsjahr 1986, hg. v. der Bayerischen Staatsgemäldesammlung, München 1986; Herbert W. Rott (Hg.), Ludwig I. und die Neue Pinakothek, Köln, München 2003; Glyptothek München 1830–1980. Jubiläumsausstellung zur

Entstehungs- und Baugeschichte, München 1980; Monika Wagner, Allegorie und Geschichte. Ausstattungsprogramme öffentlicher Gebäude des 19. Jahrhunderts in Deutschland von der Cornelius-Schule zur Malerei der Wilhelminischen Ära, Tübingen 1989.

76 Wolfgang Hardtwig, Privatvergnügen oder Staatsaufgabe? Monarchisches Sammeln, bürgerliche Kunstkompetenz und Museum 1800-1914, zuletzt in: Hardtwig, Hochkultur, S. 323-344; Frank Büttner, Ludwig I. - Kunstförderung und Kunstpolitik, in: Alois Schmid u. Katharina Weigand (Hg.), Die Herrscher Bayerns, 25 historische Porträts von Tassilo III. bis Ludwig III., München 2001, S. 314-333.

77 Vgl. hierzu und zum Folgenden: Walter Hochreiter, Vom Musentempel zum Lernort. Zur Sozialgeschichte deutscher Museen 1800-1914, Darmstadt 1994.

78 Vgl. die Literatur Anm. 32.

79 Aus der umfangreichen Literatur hier nur: Peter Steinbach, Wilhelm Heinrich Riehl, in: Hans-Ulrich Wehler (Hg.), Deutsche Historiker, Bd. 6, Göttingen 1980, S. 37-54; Jasper von Altenbockum, Wilhelm Heinrich Riehl 1823-1897. Sozialwissenschaft zwischen Kulturgeschichte und Ethnographie, Köln, Weimar, Wien 1994; Wolfram Siemann, Wilhelm Heinrich Riehl (1823-1897), in: Weigand (Hg.), Münchner Historiker, S. 95-118.

80 Vgl. Ludwig Reidemeister, Die nationale Galerie und ihre Stifter. Ausstellung zum 100jährigen Bestehen der Nationalgalerie, Berlin 1961; Paul Ortwin Rave, Die Geschichte der Nationalgalerie Berlin, Berlin 1968; Dieter Honisch, Die Nationalgalerie Berlin, Recklinghausen 1979; Eberhard Roters, Die Nationalgalerie und ihre Stifter. Mäzenatentum und staatliche Förderung, in: Dialog und Widerspruch, in: Günter u. Waltraud Braun (Hg.), Mäzenatentum in Berlin. Bürgersinn und kulturelle Kompetenz unter sich verändernden Bedingungen, Berlin, New York 1993, S. 73-98; Die Sammlung des Bankiers Wagener, Ausst. Kat. hg. v. Udo Kittelmann, Birgit Verwiebe u. Angelika Wesenberg, Leipzig 2011.

81 Ekkehard Mai, „Wallrafs Chaos" (Goethe) - Städels Stiftung, in: Ekkehard Mai u. Peter Paret (Hg.), Sammler, Stifter & Museen. Kunstförderung in Deutschland im 19. und 20. Jahrhundert, Köln 1993, S. 63-80.

82 Theodor Hampe, Das Germanische Nationalmuseum von 1852-1902, Leipzig 1902; Bernward Deneke, Rainer Kahsnitz (Hg.), Das Germanische Nationalmuseum Nürnberg 1852-1977, München, Berlin 1978.

83 Hochreiter, Vom Musentempel, S. 70.

84 Vgl. Hardtwig, Nation - Region - Stadt, S. 253 ff.

85 Vgl. zuletzt mit der einschlägigen Literatur: Ulrich Muhlack, Das Problem der Weltgeschichte bei Leopold Ranke, in: Wolfgang Hardtwig u. Philipp Müller (Hg.), Die Vergangenheit der Weltgeschichte. Universalhistorisches Denken in Berlin 1800-1933, Göttingen 2010, S. 143-172.

86 Günther Birtsch, Die Nation als sittliche Idee. Der Nationalstaatsbegriff in Geschichtsschreibung und politischer Gedankenwelt J. G. Droysens, Köln 1964.

87 Vgl. Baumstark u. Büttner, Großer Auftritt, bes. S. 57 f.

88 Joseph Arthur Comte de Gobineau: Versuch über die Ungleichheit der Menschenrassen, 4 Bde., Stuttgart 1898-1901; Ludwig Schemann, Gobineaus Rassenwerk, Stuttgart 1910; Rolf Peter Sieferle, Rassismus, Rassenhygiene, Menschenzuchtideale, in: Puschner, Schmitz u. Ulbricht (Hg.), Handbuch zur völkischen Bewegung, S. 436-448, bes. 438 ff.

89 Vgl. Hardtwig, Die Krise des Geschichtsbewußtseins.

⁹⁰ Zum Folgenden immer noch lesenswert: Fritz Stern, Kulturpessimismus als politische Gefahr. Eine Analyse nationaler Ideologie in Deutschland, Bern, Stuttgart 1963; zu Lagarde: Ina Ulrike Paul, Paul Anton de Lagarde, in: Puschner, Schmitz u. Ulbricht (Hg.), Handbuch zur völkischen Bewegung, S. 45–93; Johannes Heinßen, Historismus und Kulturkritik, S. 464–488.
⁹¹ Vgl. Bernd Behrendt, August Julius Langbehn, Der „Rembrandtdeutsche", in: Puschner, Schmitz u. Ulbricht (Hg.), Handbuch zur völkischen Bewegung, S. 94–113; Heinßen, Historismus und Kulturkritik, S. 433–463.
⁹² Rembrandt als Erzieher. Von einem Deutschen, Leipzig 1922, S. 45.
⁹³ Vgl. zum Ganzen: Peter E. Becker, Sozialdarwinismus, Antisemitismus und völkischer Gedanke. Wege ins Dritte Reich, Teil II, Stuttgart 1990; Sieferle, Rassismus.
⁹⁴ Zit. nach Andreas Daum, Wissenschaftspopularisierung im 19. Jahrhundert. Bürgerliche Kultur, naturwissenschaftliche Bildung und die deutsche Öffentlichkeit 1848–1914, München 1998, S. 303; Heinßen, Historismus und Kulturkritik, S. 103–122.
⁹⁵ Vgl. dazu immer noch vorzüglich: Martin Gregor-Dellin, Richard Wagner. Sein Leben, sein Werk, sein Jahrhundert, München 1980, S. 279–369; Dieter Borchmeyer (Hg.), Wege des Mythos in die Moderne. Richard Wagners „Ring der Nibelungen", München 1987; Lothar Gall, Gegenwart und Mythos in Richard Wagners „Ring", in: Wolfgang Hardtwig u. Harm-Hinrich Brandt (Hg.), Deutschlands Weg in die Moderne. Politik, Gesellschaft und Kultur im 19. Jahrhundert, München 1993, S. 243–253; zum Wagner-Kult u. a.: Winfried Schüler, Der Bayreuther Kreis von seiner Entstehung bis zum Ausgang der wilhelminischen Ära, Münster 1971.
⁹⁶ Vgl. Frech, Felix Dahn; Arnold Esch, Ein Kampf um Rom, in: François u. Schulze (Hg.), Deutsche Erinnerungsorte Bd. 1, S. 27–40; ausführlich zu Felix Dahn (und Gustav Freytag): Rainer Kipper, Der Germanenmythos im Deutschen Kaiserreich. Formen und Funktionen historischer Selbstthematisierung, Göttingen 2002.
⁹⁷ Vgl. Hardtwig, Die Krise des Geschichtsbewußtseins.
⁹⁸ Wolfgang Hardtwig, Der Bismarck-Mythos. Gestalt und Funktionen zwischen politischer Öffentlichkeit und Wissenschaft, zuletzt in: ders., Politische Kultur der Moderne, S. 157–178; Robert Gerwarth, Der Bismarck-Mythos. Die Deutschen und der Eiserne Kanzler, München 2007.
⁹⁹ Wulf Wülfing u. a., Historische Mythologie der Deutschen, München 1991; Rudolf Speth, Nation und Revolution. Politische Mythen im 19. Jahrhundert, Opladen 2000.
¹⁰⁰ Andreas Dörner, Politischer Mythos und symbolische Politik. Sinnstiftung durch symbolische Formen am Beispiel des Hermannsmythos, Opladen 1995; Charlotte Tacke, Denkmal im sozialen Raum. Nationale Symbole in Deutschland und Frankreich im 19. Jahrhundert, Göttingen 1995.
¹⁰¹ Arno Borst, Barbarossas Erwachen. Zur Geschichte der deutschen Identität, in: Odo Marquardt u. Karlheinz Stierle (Hg.), Identität, 2. Aufl., München 1996, S. 17–60; Gunther Mai, Das Kyffhäuser-Denkmal 1896–1996, Köln, Weimar, Wien 1997; Camilla Kaul, Friedrich Barbarossa im Kyffhäuser. Bilder eines nationalen Mythos im 19. Jahrhundert, 2 Bde., Köln 2007; weiterhin zentral: Monika Arndt, Das Kyffhäuser-Denkmal. Ein Beitrag zur Ikonographie des Zweiten Kaiserreichs, in: Wallraf-Richartz-Jahrbuch 40 (1978), S. 75–127.
¹⁰² Baumstark u. Büttner, Großer Auftritt, S. 318–349.

11. Friedrich Naumann in der deutschen Geschichte

In 45 Minuten Friedrich Naumann und seine Stellung in der deutschen Geschichte darzustellen, ist eine kaum zu bewältigende Aufgabe.[1] Wenn überhaupt, so geht das nur in skizzenhafter Verknappung und also auch nur mit gelegentlicher Überzeichnung einzelner Konturen einerseits, notwendigen Weglassungen andererseits. Schon der Blick auf die pure Lebenszeit Naumanns, 1860–1919, zeigt eine Biographie, die sehr viel mehr als andere von Übergängen geprägt ist, vom Druck extremer Gegensätze, von Kontinuitätsbrüchen und Umschwüngen.[2]

Zwischen 1860 und 1870 ist eine Reihe bedeutender Liberaler geboren worden, so etwa Hugo Preuss (1860–1925), Friedrich Meinecke (1862–1954), Max und Alfred Weber (1864–1920 und 1868–1958) und eben Friedrich Naumann. Es ist die Generation, die politisch wach wurde unter dem Eindruck der erfolgreichen Reichsgründung und der enormen Erfolge des Liberalismus in der Zusammenarbeit mit Bismarck in der Reichgründungsära zwischen 1866 und 1878.

Zugleich aber schürzten sich in den 1860er Jahren die Knoten, die friedlich aufzulösen dieser Generation letztlich nicht vergönnt war: Die Take-off-Phase der Industrialisierung bis 1873 förderte nach der Trennung von Liberal- und Sozialdemokratie zwischen 1863 und 1869 die Entstehung eines eigenen, rapide wachsenden sozialistischen Milieus. Dessen innere Spannung und Fraktionierung in eine stärker liberal-demokratische und die sozialistisch-marxistische Richtung konnte allerdings trotz des Zusammenschlusses des Lassalleanischen und Bebel-Liebknecht'schen Zweiges der Sozialdemokraten auf dem Gothaer Vereinigungsparteitag 1875 nie ganz überwunden werden. Wie sich die auseinandergefallenen politischen Strömungen und Parteien von Liberal- und Sozialdemokratie wieder verbinden könnten – das entwickelte sich zu einem der Lebensthemen Friedrich Naumanns. Auch mit dem epochalen Ereignis der Reichsgründung – erst durch das Hinausdrängen Österreichs 1866 und dann mit dem Versailler Einigungsakt der deutschen Länder 1871 auf der Basis der französischen Kriegsniederlage – war bei genauerem Hinsehen ein Knoten geschürzt, an dessen

Abbildung 1: Gedenktafel für Friedrich Naumann am Naumann-Hof, Nordschleswiger Straße, Hamburg Dulsberg

Auflösung die Generation Naumann sich abzuarbeiten hatte: Die Entstehung eines neuen Großstaates in der Mitte Europas in höchst fragilen Beziehungen zu allen europäischen Großmächten – zum mühsam neutral gehaltenen Russland, zum unversöhnlich feindlichen Frankreich, zum besiegten, aber nicht aus dem Bewusstsein der Zugehörigkeit zu Deutschland hinausgetriebenen, österreichisch regierten Habsburger Reich und zu England, das sich nach dem Umsturz der Machtverhältnisse in Mitteleuropa auf neue Wege besann, seine Balance of Power gegenüber dem Kontinent und seine imperiale Vormachtstellung zu behaupten. Seit der Mitte der 1890er Jahre begann die ‚Generation Naumann' mit einem europäischen Krieg zu rechnen. Vielfach wollte sie ihn, wobei nur die Frage des günstigsten Zeitpunkts offen blieb. Aber natürlich fürchtete sie ihn auch. Die Kriegsanspannung 1914–18 und die Folgen der Niederlage konfrontierten die ‚Generation Naumann' schließlich auch noch mit der scheinbar 1867/71 gelösten Frage nach dem Funktionieren und der Haltbarkeit der Verfassung des neu gegründeten Reichs mit seiner Dauerspannung zwischen dem egalitären Männer-Reichstagswahlrecht und dem Dreiklassenwahlrecht in Preußen sowie der Frage nach der Funktionsfähigkeit der konstitutionellen Monarchie. Beide Probleme verschärften und dramatisierten sich durch den in den bisherigen politischen Formen nicht mehr kanalisierbaren

Drang nach Mitbestimmung und Umgestaltung der gesellschaftlichen und politischen Machtstrukturen durch die Arbeiterschaft.

Friedrich Naumann begegnet uns nicht nur in allen diesen politischen Diskursen, sondern auch als publizistischer Anwalt der kulturellen Moderne. Er trat als beredter Verfechter der Kunstgewerbereformbewegung hervor – die sehr viel mehr ist als dieses Wort zu umfassen scheint, nämlich Avantgarde-Bewegung im Fundamentalprozess des Aufstiegs der modernen Massenkultur. Naumann zählte zu den publizistischen Verfechtern und Gründern des „Deutschen Werkbundes" und propagierte damit den Übergang zum modernen Design in allen Gattungen. Er verknüpfte aber dieses ästhetische Anliegen auch mit einem ökonomischen und national-machtpolitischen: Die neue Kunst sollte sachlich, nüchtern, formschön und dem Industriezeitalter und seiner Funktionalität angemessen sein, sie sollte aber auch die Produkte deutscher Arbeit auf dem Weltmarkt platzieren und also der Nation bei der Gestaltung der Oberfläche der Welt den Vorrang sichern.

I.

Spannungsreich wie die Epoche ist auch das Urteil der Nachwelt über die Person Friedrich Naumann. Sein Bild in der Geschichte ist nicht zu denken ohne Theodor Heuss, der ihm als junger Publizist und Politiker nahe stand. Heuss nahm nicht zu Unrecht Naumanns politisch-intellektuelles Erbe für sich und seine politischen Freunde in Anspruch und bestimmte mit seiner großen Biographie und einzelnen Vorträgen das spätere Urteil über Naumann wesentlich. Der heutige Historiker wird manches kritischer sehen als der unmittelbare Gefolgsmann und mittelbare Nachfolger in der Parteiführung. Aber dass Naumann eine charismatische Erscheinung war, wird man Heuss abnehmen, selbst wenn er nicht, wie Heuss meint, der „größte Volksredner seiner Tage" gewesen sein sollte.[3]

Ein merkwürdig scharfes Urteil fällte dagegen in der Frühgeschichte der Bundesrepublik 1950 Werner Conze, einer der führenden Historiker dieser Jahre. Conze warf Naumann vor, dass er seinen „National-Sozialen Verein" um die Jahrhundertwende nicht zum Erfolg führen konnte. Möglicherweise klingt hier bei dem ehemaligen Nationalsozialisten Conze in einer nicht ganz untypischen Verschiebung von Verantwortlichkeit und Schuld auch eine gewisse Erbitterung darüber nach, dass Naumanns Kernidee, der national-soziale Gedanke, dann eben doch nur in der pervertierten nationalsozialistischen Variante realisiert und insoweit auch zerstört worden ist. Damit ist eine für die neuere deutsche Geschichte ganz zentrale Frage aufgeworfen, auf die sich Naumann-Exegeten nach 1945 lange nicht einlassen wollten und deren Beantwortung auch heute große Umsicht erfordert – die Frage nämlich, ob mit der semantischen Nähe zwischen „national-sozial" und „national-sozialistisch" auch inhaltliche Übereinstimmungen verbunden sind. Im Übrigen echauffierte sich Conze über den angeblich naiven Optimismus Naumanns, darüber, dass er nie in „Zuständen", sondern stets in „Bewegungen" gedacht habe, und verglich sein Denken und seine Person umstandslos mit der „Schärfe des wissenschaftlichen Geistes" und dem „tapferen Pessimismus" Max Webers. Logischerweise sieht Naumann gegenüber der „letzten Härte" und „Unerbittlichkeit" Max Webers unvorteilhaft aus mit seiner angeblichen Eigenart, die Wirklichkeit zu beschönigen und der angeblich mangelnden Befähigung, „die Dinge praktisch und fest in den Griff zu bekommen".[4] Für Conze war Naumann am Ende „nur ein erfolgloser Parlamentär zwischen den Fronten".[5] Mir scheint, Conze reproduziert hier eine noch zeittypisch nachwirkende dezisionistische Vorstellung von politischem Erfolg. War es denn etwa kein Erfolg – so fragt man sich –, wenn sich das von Friedrich Naumann geführte fortschrittsbereite Bürgertum am Ende zur Zusammenarbeit mit den Sozialdemokraten durchkämpfte; war es kein Erfolg, wenn die Parlamentarisierung dann doch kam, wenn auch vermutlich zum falschen Zeitpunkt; war es kein Erfolg, wenn linksliberale Politiker wie Max Weber und Hugo Preuß, aber auch Naumann selbst, die Reichsverfassung mitschrieben; war es kein Erfolg, wenn die bürgerliche Frauenbewegung ihre durchaus herausragende politische Repräsentanz seit Beginn des 20. Jahrhunderts in der Partei Friedrich Naumanns fand? Parlamentarische Arbeit – schon gar zwischen den Fronten – scheint nicht eben angesehen zu sein; übrigens auch bei Theodor Heuss weniger als man meinen möchte, wenn er sehr volltönend beklagt, dass der „politische Denker" und „Volksmann" Naumann nicht „vor die Bewährung als Staatsmann" gestellt worden sei.[6]

Gerade hier möchte ich ansetzen und aus heutiger Perspektive noch einmal fragen, worin Naumanns Leistungen gelegen haben könnten, wobei auf der Suche nach einer angemessenen Würdigung Naumanns mögliche „Irrtümer" und „Fehler" nicht verschwiegen werden können. Ich möchte also gerade nach dem beweglichen, optimistischen, zukunftsgläubigen Naumann fragen, aber auch nach dem Politiker ohne Staatsamt, nach dem Parteimann und Parlamentarier und seinen Zielen und Aktionen. Nicht ausklammern lässt sich dabei die Wendung zur Weltpolitik, der Zug zum Imperialismus, der Wunsch nach einem Platz an der Sonne für Deutschland, der Naumann in Abwandlung von des Kaisers berühmt-berüchtigter Hunnenrede zur China-Expedition Falkenhayns das Beiwort „Hunnenpastor" eintrug. Vor allem kommen wir nicht um dasjenige Projekt herum, mit dem Naumanns Name bis heute wahrscheinlich am intensivsten verbunden ist, das „Mitteleuropa-Projekt". Abschließend will ich versuchen, die Nachwirkung Naumann'scher Ideen und Konzeptionen in den verschiedenen historischen Konstellationen der 20er und 30er Jahre sowie ganz skizzenhaft auch noch nach 1945 nachzuzeichnen.

II.

Friedrich Naumann war bekanntlich kein geborener Linksliberaler, sondern brauchte zwei Anläufe, bevor er zur ‚richtigen' Partei fand. Sein Erfahrungshintergrund war das protestantische Pfarrhaus, von Anfang an mit einem selbst gewählten sozialen Engagement, das frisch-freudig, vielleicht in etwas naivem, liberalem Optimismus ausgeübt wurde. Es führte ihn zunächst in das „Rauhe Haus", das zur Zeit des jungen, gerade in den Beruf eintretenden Naumann vom Sohn des Gründers Johann Hinrich Wichern geleitet wurde. Es folgte eine – wie man heute sagen würde – soziale Brennpunkt-Pfarrei im Erzgebirge und schließlich die Tätigkeit als Vereinspfarrer bei der Inneren Mission in Frankfurt/Main. Politisch hatte sich Naumann der christlich-sozialen Bewegung des Hofpredigers Adolf Stoecker angeschlossen, den er als Student in Leipzig reden gehört hatte. Die Gemeindeerfahrung – das sei pars pro toto erwähnt – gab ihm in einer Predigtdisposition den Satz ein: „Not lehrt Fluchen". Zunehmend betrachtete er, mit Theodor Heuss zu reden, das „Evangelium mit den Augen der Mühseligen und Beladenen und entdeckt[e], daß die Sünder und Zöllner, zu denen Jesus ging, heute Sozialdemokraten heißen, zu denen die Kirche nicht geht, aber Feindschaft und Warnung sendet".[7] Ein predigerhaftes Element blieb bei Naumann zeitlebens erhalten, seine Leitartikel in seiner Zeitschrift „Die Hilfe" haben häufig einen etwas pastoralen Tonfall. Naumanns meist gelesene Publikation dieser frühen Jahre hieß „Jesus als Volksmann", geschrieben für die von ihm gegründete „Göttinger Arbeiterbibliothek" im Verlag

Vandenhoeck & Ruprecht, mit rasch aufeinander folgenden vier Auflagen von zusammen 90.000 Stück.[8] Naumann nahm in seinen geistlichen Ämtern zu sozialpolitischen Tagesfragen Stellung und sprengte damit das Konzept der christlich-konservativen Stoecker-Anhänger, die zwar die Proletarier politisch für die bestehende Ordnung gewinnen, die sozialen und politischen Strukturen aber nicht ändern wollten und zu Zwecken der Mobilisierung ihrer Anhänger und Wähler gern auf die antisemitische Karte setzten.

Mitte der 1890er Jahre resignierte Naumann vor der Intransigenz des Konservativismus und des starren protestantischen Kirchenregiments, mit dem er mehrfach Streit gehabt hatte. Auch Stoecker selbst zog einen eindeutigen Trennungsstrich und wollte sich mit den sozialpolitischen Vorschlägen Naumanns und seiner Anhänger nicht mehr herumschlagen müssen. Von einem Nicht-zu-Ende-Denken und von Harmoniesucht, wie sie Werner Conze tadelt, kann ich bei Naumanns Abwendung von den christlich-sozialen Konservativen nichts erkennen. Natürlich startete er keinen Angriff auf die bestehende Eigentumsordnung. Wohl aber wandte er sich gegen den christlichen Paternalismus genau in dem Augenblick, als Wilhelm II. nach anfänglichen Versuchen, die Regierung zu mehr Sozialpolitik zu drängen, rasch resigniert und verbittert jede Sympathie für einen sozialpolitischen Kurs verlor. Immerhin forderte Naumann gerade jetzt auch das Bürgertum auf, mit den Sozialdemokraten zusammenzuarbeiten – in einem Moment, als das Stichwort „sozial" noch überwiegend negativ besetzt war. Es klang misstönend in einem Diskurs, der die Sozialdemokraten als atheistische und vaterlandslose Gesellen brandmarkte. Dass Naumann 1896 den „National-Sozialen Verein" gründete, markiert somit einen wichtigen Schritt auf dem langen Weg der Worte „sozial" und „Sozialismus" weg von einer sprachlichen Gettoexistenz, hin zu einem zunehmend positiv aufgeladenen politischen Fahnenwort. Dass eine solche Umwertung auch fragwürdige Nebenfolgen mit sich bringen konnte, wissen wir und haben es dann auch noch genauer zu diskutieren. Bei aller Hinwendung zu konkreter sozialer Reformpolitik blieb die protestantische Grundprägung Naumanns erhalten, er hat sie nie verleugnet. Das schon deshalb, weil gegenüber der marxistischen oder – wie es bei Naumann und vielen seiner Mitstreiter hieß – der „materialistischen" Ideologie der Sozialdemokraten ein irgendwie ideal oder idealistisch klingendes Konzept unverzichtbarer Bestandteil der bürgerlichen Diskurshaltung war. Aber der Schwerpunkt verlagerte sich bei alledem doch hin zu einer eindeutig reformistischen Sozialpolitik. Die neue national-soziale

Bewegung sollte „die Partei der Arbeit" sein, „nicht die Partei der Bildung"; die Bildung sollte nur „aufhelfen".⁹

Die praktische Probe aufs Exempel für diesen deutlichen Linksschwenk ließ nicht lange auf sich warten. Noch vor der Verabschiedung des Gründungsprogramms des National-Sozialen Vereins 1896 nahm Naumanns Zeitschrift „Die Hilfe" Stellung auf Seiten des für legitim erklärten „Kampfes gegen die Willkür des Großkapitals" im Konflikt um den Streik der Hamburger Hafenarbeiter. Um die Schärfe dieser Auseinandersetzung zu verstehen, muss man sich für einen Augenblick die Kompromisslosigkeit der Arbeitgeberposition vergegenwärtigen. Der konservative Großindustrielle Stumm erklärte es im Reichstag ausdrücklich zum Ziel des Arbeitskampfes, die politischen und interessenpolitischen Organe der Arbeiter, die Sozialdemokratie und die Gewerkschaften, aus der Regelung von Arbeitskonflikten ganz hinauszudrängen. Als zu befürchten war, dass die Streikkasse sich vorzeitig leeren würde, rief Naumann zu Spenden auf, was ihm selbst ein Gerichtsverfahren, seinem Mitstreiter, dem Verleger Wilhelm Ruprecht in Göttingen gar den Verlust seines Reserveoffizierspatents einbrachte.

Der Hamburger Hafenarbeiterstreik endete allerdings mit einer vollkommenen Niederlage der Streikenden. Naumanns Absicht bei seiner Stellungnahme war aber auch nicht einfach, Partei zu ergreifen auf Seiten der Arbeiter, sondern Sozialdemokratie und Bürgertum miteinander zu versöhnen. Zwischen 1895 und 1905 entwickelte Naumann sein sozialpolitisches „Mindestprogramm", mit dem er dann die Geduld seiner vielfach industrienahen linksliberalen Parteifreunde strapazierte: Naumann und sein Kreis akzeptierten jetzt die Politik wohlfahrtsstaatlicher Daseinsvorsorge, die Bismarck aus seinem patriarchalischen Konservativismus heraus selbst noch gegen den Widerstand der Liberalen seit 1881 in Gang gesetzt hatte – die Unfall-, die Alters-, die Invaliditäts- und die Krankenversicherung der Arbeiter.

Damit unterstützte Naumann zwar die Tendenz zum neuen Interventionsstaat, dem in Deutschland von den Bismarck'schen Anfängen her eine sozialkonservative Ausrichtung implantiert war. Gleichzeitig aber suchte er den bürokratischen Interventionsstaat nach Möglichkeit zu ersetzen durch das damals noch bitter umkämpfte Prinzip der Tarifpartnerschaft. Die Anerkennung der Gewerkschaften als Verhandlungspartner der Unternehmer „auf gleicher Augenhöhe" ist uns heute so selbstverständlich, dass die Zähigkeit und Langwierigkeit der Kämpfe auf dem Weg dorthin kaum mehr jemandem geläufig ist. Naumann verlangte die Vereins- und Koalitionsfreiheit für Arbeitnehmer und zielte darüber hinaus auf eine Erweiterung der Mitspracherechte der Belegschaften durch ihre Organisationen. Er wollte mehr Mitbestimmung – in der etwas biedermeierlichen Sprache seiner Zeit heißt das „Betriebsparlamentarismus".[10]

Friedrich Naumann war stellvertretend für das schmale bildungsbürgerlich-fortschrittliche Segment der deutschen Wählerschaft in der modernen Industriegesellschaft angekommen und versuchte seinen bürgerlichen Zeitgenossen deren ökonomische Antriebskräfte und Funktionsmechanismen sowie die Probleme der sozialen und politischen Machtverteilung in ihr nahe zu bringen. Seine Reden und Publikationen kreisen um Themen wie „Das Arbeitsverhältnis in den privaten Riesenbetrieben" (1905), das „Verhältnis der Kartelle zum Staat" (1905), „Die politischen Aufgaben im Industriezeitalter" (1904). Der protestantische Pfarrer arbeitete sich in die Probleme der Nationalökonomie ein und publizierte 1906 sein Buch über „Neudeutsche Wirtschaftspolitik" (3. Aufl. 1917), in dem er, vom demografischen Ist-Zustand des frühen 20. Jahrhunderts ausgehend, u. a. den Wandel der Berufsstruktur, die Stellung der Frauen in der Industriegesellschaft, Funktionsmechanismen des Kapitalismus, die „Organisation der Arbeit" und die Bedeutung des Staates für die ökonomische Ordnungs- und Sozialpolitik darstellte. Dass diese aktive, aufgeklärte und fortschrittsfreudige Auseinandersetzung mit der modernen Gesellschaft im deutschen Bildungsbürgertum alles andere als selbstverständlich war, sieht man schon an der gleichzeitigen Hochkonjunktur kulturpessimistischer, modernitätskritischer Schriften von Paul de Lagarde bis Julius Langbehn mit seinem 1890 bis 1892 in 40 Auflagen gedruckten Erguss über „Rembrandt als Erzieher" – von anderen Fluchtbewegungen aus der Rationalität der Moderne, wie dem Antisemitismus und den völkischen Geschichtsspekulationen, ganz zu schweigen.

Aus alledem ergab sich logisch, dass Naumann die Ausgrenzung der sozialdemokratischen Arbeiterbewegung aus der Gesellschaft und Politik des Kaiserreichs scharf ablehnte – das ist die eigentliche Stoßrichtung seiner ganzen politischen Tätigkeit in diesen Jahren. Er kämpfte für die Wiederannäherung und Zusammenarbeit von Bürgertum und Arbeiterschaft. Man muss sich für einen Moment die Ausgangssituation der 1890er Jahre vergegenwärtigen, um diese Position Naumanns, die uns heute so selbstverständlich und manchem abgestanden erscheinen mag, in ihrer Kühnheit zu würdigen. Zwischen 1890 und 1900 vollzog sich, statistisch gesehen, der Übergang von der Agrar- zur Industriegesellschaft, als die Zahl der Beschäftigungen in Gewerbe, Industrie,

Handel und Dienstleistungen die Beschäftigungszahl im primären Sektor, Landwirtschaft und Forsten, zu übersteigen begann. Dies und die zunehmende internationale Konkurrenz auf dem Agrarmarkt trieben die Großlandwirte ebenso wie die kleinen und mittleren Bauern zu einer massiven Interessenorganisation, kulminierend in der Gründung des mächtigen „Bundes der Landwirte" 1893, der sich politisch immer mehr als Massengefolgschaft des Konservativismus gerierte und die Reichspolitik mit der Forderung nach Schutzzöllen, also einer Belastung der Konsumentenmassen, unter massiven agrarischen Interessendruck setzte. Das katholische Zentrum begann sich aus der Bismarck'schen Stigmatisierung als „Reichsfeind" zu lösen und gouvernemental zu werden – für jeden liberalen Protestanten ein Alptraum. Auf der anderen Seite hatte sich gezeigt, dass die Repressionspolitik gegenüber den Sozialdemokraten zum Scheitern verurteilt war, so dass 1890 die Verbotsgesetze aufgehoben wurden und jetzt der nur noch partiell gehinderte Vormarsch sozialdemokratischer Abgeordneter in den egalitär gewählten Reichstag, aber auch in die Landtage und die kommunalen Gremien einsetzte. Wie unwillig das hingenommen wurde, zeigt der Kampf um die sogenannte „Umsturzvorlage" 1894/95, mit der das Straf- und das Pressegesetz für die Bekämpfung von Anarchisten, Sozialisten und Internationalisten, zunehmend aber auch von Kirchenkritikern, verschärft werden sollte. Der Reichstag verweigerte sich unter Anführung der Liberalen, aber der Kaiser und seine Umgebung und die Konservativen erwogen den Staatstreich von oben und heizten die Konfliktstimmung zusätzlich an.

Es heißt dann schon etwas, wenn Naumann betont sachlich und gegen die verschleiernde Diktion der bürgerlichen Rhetorik die Klassenstruktur der Gesellschaft und die Legitimität von Klasseninteressen hervorhob, wenn er mit dem Koalitionsrecht für die Arbeiter die Waffengleichheit von Arbeitgebern und Arbeitnehmern im Tarifkampf verlangte und wenn er umgekehrt die Sozialdemokraten beschwor, sich ihrer bürgerlich-radikaldemokratischen Herkunft wieder bewusster zu werden und auf die marxistischen Konzepte in Ideologie und politischer Praxis zu verzichten. Immer wieder forderte Naumann die SPD auf, ihre organisatorische Stärke für soziale Reformpolitik zu nutzen und sich nicht selbst durch das Dogma des Klassenkampfes zu dauerhafter politischer Einflusslosigkeit zu verurteilen. Konkret verlangte er ein Zusammengehen von linksliberalem Bürgertum und sozialdemokratischer Arbeiterschaft, zunächst vor allem auf der Ebene der Länder. Realisierbar war das bis 1916 nur hier und da in einzelnen süddeutschen Ländern. Das setzte allerdings auch eine Neuorientierung beim linksliberalen Bürgertum voraus, die Naumann wiederum energisch vorantrieb.

Zu seinem Programm des Realismus gehörte zunächst eine scharfe Kritik des Liberalismus überhaupt. Er solle sich verabschieden von der altüberlieferten Ideologie, dass der politisch organisierte Liberalismus das „Allgemeine" schlechthin repräsentiere. Der Liberalismus müsse vielmehr eine richtig verstandene bürgerliche Klassenpolitik betreiben, er müsse selbst- und machtbewusster werden sowohl gegenüber den traditionellen Machteliten wie auch gegenüber den aufsteigenden Sozialdemokraten. Naumann persiflierte mit einer charakteristischen Mischung aus Milde und Schärfe typische Debattenverläufe in den realexistierenden Liberalen-Vereinen und forderte mehr Organisationsbereitschaft bei den bürgerlichen Individualisten. Allerdings gab er sich wohl Illusionen hin über das Wählerreservoir des Liberalismus. Er hoffte, die agrarischen Mittelschichten von der Bindung an die konservative Interessenpolitik lösen zu können. Er verkündete – sachlich zutreffend, aber parteipolitisch zu optimistisch –, dass Handwerk und Kleinhandel sich in der linken Mitte platzieren und nicht einem protektionistischen Konservativismus auf den Leim gehen würden. Und er setzte allzu optimistisch auf die reformistischen Strömungen der Sozialdemokratie, die sich auf der Ebene des Reiches jedenfalls bis 1914 nicht gegen die Bebel/Kautsky'sche Orthodoxie durchsetzen konnten. Bei alledem fiel Naumann der Übergang vom konservativen Christlich-Sozialen zum Links-Liberalen nicht leicht. Er brauchte eine Zwischenstation, den von ihm gegründeten „National-Sozialen Verein" (1896–1903). Dieser Name verweist auf den zweiten Schwerpunkt von Naumanns politischer Programmatik, das Nationale, oder sagen wir ruhig, den Nationalismus.

III.

National zu sein, das hieß für den deutschen Bürger in den 1890er Jahren und danach imperialistisch zu sein, für deutsche „Weltpolitik" einzutreten. Wiederum – aber jetzt in der Gegenrichtung argumentiert: Es ist uns heute so selbstverständlich, diese Politik kritisch zu sehen, dass man ihre Selbstverständlichkeit für die Zeitgenossen gern unterschätzt. Vertrat Naumann im Verhältnis zur SPD die Position einer kleinen Minderheit im deutschen Bürgertum, so schwamm er bei der „Weltpolitik" mit dem großen Strom. Symptomatisch dafür, und wegen ihrer Prägnanz zu Recht immer wieder zitiert, ist Max Webers berühmte Freiburger Antrittsvorlesung von 1895, die für Naumanns Hinwendung zu seiner national-sozialen Idee sehr bedeutsam wurde. Dort heißt es: „Wir müssen begreifen, dass die Einigung Deutschlands ein Jugendstreich war, den die Nation auf ihre alten Tage beging und seiner Kostspieligkeit halber besser unterlassen hätte, wenn sie der Abschluß und nicht der Ausgangspunkt einer deutschen Weltmachtpolitik sein sollte."[11] Naumann schloss sich dem nahtlos an und sprach etwa 1905 davon, dass in Deutschland im Jahr 1925 voraussichtlich 80 Mio. Menschen leben würden. „Was wir brauchen", so schloss er, „ist Tropenland, wo man für uns Südfrüchte, Kaffee, Reis und Baumwolle pflegt und herstellt, wir brauchen fremde Steppen, wo für uns Wolle und Leder fertig gemacht wird [...]. Das ist die große Lebensfrage der Nation geworden, denn ohne eine fast fabelhafte Vermehrung des Quantums der Güter kommen wir in keiner Weise vorwärts." Ungewöhnlich ist dann aber die Ergänzung, dass „wir Deutschen trotz unserer wachsenden Volkszahl im Bereich der Slaven nichts Neues mehr zu suchen haben, und daß die europäischen Landesgrenzen heilig gehalten werden sollen [...]. Der Boden, von dem wir leben wollen, kann nicht neben unseren Landesgrenzen liegen".[12]

Für die Weltpolitik zu sein, hieß seit 1895 notwendigerweise auch die Flottenpolitik Wilhelms II. und seines Staatssekretärs Admiral Tirpitz gutzuheißen. Deutschlands neuer Anspruch, in der Weltpolitik mitzumischen, verstand sich für das deutsche Bürgertum um 1900 von selbst. Deutschland trat nicht nur, wie es oft scheinen mochte, aus „Großmannssucht" in die Weltpolitik ein oder weil es wie andere Staaten vom „imperialistischen Fieber ergriffen wurde", vielmehr gab es eine Reihe rationaler Gründe, die sich aus der Logik der zeitgenössischen Machtpolitik ergaben: „Es war nicht vorstellbar, den Status einer souveränen Großmacht freiwillig preiszugeben oder aufs Spiel zu setzen, darum mußte man Weltpolitik betreiben. Das primäre und alte Ziel der deutschen Sicherheit war mit dem neuen Ziel des Ausgriffs in die Welt verkoppelt, die Angst um die Existenz als kontinentale Großmacht mit der Angst um den Ausschluß aus der Welt."[13] Der Aufbau einer deutschen Flotte ergab sich von dieser Ausgangslage aus mit einer gewissen Zwangsläufigkeit. Bei einem möglichen Krieg mussten, so schien es, die Küsten gegen die starke russische und französische, aber natürlich auch gegen die englische Flotte verteidigt werden. Dass deutsche wirtschaftliche Auslandsinteressen notfalls mit Kanonenboot-Diplomatie geschützt werden müssten, galt als selbstverständlich. Kritisch wurde es seit 1897, als Tirpitz neben ein paar Auslands-Kreuzern mit dem systematischen Bau einer Schlachtflotte begann, die für die genannten Zwecke eigentlich nicht nötig war. Aber selbst diese große Schlachtflotte entsprach dem allgemeinen „Navalismus" der imperialistischen Mächte, der herrschenden Theorie, dass Weltpolitik ohne eine große Flotte nicht zu machen sei. Dass der deutschen Schlachtflottenbau enorme Risiken barg und am Ende eine realpolitische Fehleinschätzung gigantischen Ausmaßes darstellte, ist heute leicht zu erkennen, war aber in der bürgerlich-industriellen Gesellschaft des späten Kaiserreichs mit ihrer Hochstimmung eines enormen wirtschaftlichen Aufschwungs, des Gefühls, jung, vital und kraftvoll zu sein und jetzt endlich sich machtpolitisch auf dem Niveau der anderen Großmächte zu bewegen, kaum einsehbar. Als Spätkommer traf Deutschland auf eine überseeische Welt voller älterer, etablierter und daher machtpolitisch auch besser fundierter Interessen und Ansprüche. Wer schon Weltmacht war, England, Frankreich, Russland, in gewisser Weise auch schon die USA, der brauchte von Weltgeltung nicht zu reden, das blieb die Rolle des Aufsteigers Deutschland und der spielte diese Rolle ebenso forciert wie dilettantisch. Mit der Vermehrung der Schlachtschiffe, ihrer Vergrößerung und später dann auch der Beschleunigung des Bautempos wies diese Politik eine immer schärfere anti-englische Logik auf. Friedrich Naumann schloss sich dieser anti-englischen Grundstimmung bedenkenlos an.

Warum tat er das? Zum einen, weil es selbstverständlich oder „normal" war und weil man die Risiken entweder nicht oder zu spät sah. Zum anderen, weil der Imperialismus die Möglichkeit zu bieten schien, die Arbeiterschaft in die Nation zu integrieren und die vermeintliche Staatsfeindschaft der SPD zu überwinden. Bürgertum und proletarische Masse mussten, so dachte Naumann, zusammenfinden, und einen Weg dazu sahen Naumann und seine Freunde in einer militärisch fundierten energischen Nationalpolitik, die um 1900 eben nur Weltpolitik sein konnte. Aus der radikalen „Ablehnungspartei" könne nur dann eine am Staat beteiligte und den Staat mitführende Partei werden, wenn sie den „radikalen, internationalen, revolutionären, Völker befreienden Marxismus" hinter sich lasse und wenn sie sage: „Wir sind die Massen, die den Industrialismus in die Zukunft hineinführen, und da wollen wir unseren Anteil."[14] Darüber hinaus enthält dieser Naumann'sche Nationalismus sehr wohl Elemente einer säkularisierten protestantischen Religiosität. Manches, was Religion und Kirche bisher geleistet hatten, konnte demnach jetzt besser und in zeitgemäßerer Form die Nation übernehmen:

das Sich-Herausheben aus einer Existenz ohne ideelle Antriebe und Ziele, die Herstellung von Gemeinschaftlichkeit, die Evokation des Gefühls einer uranfänglichen Gleichheit aller, jetzt nicht mehr vor Gott, sondern vor der Nation; schließlich auch die Organisation gegenseitiger Unterstützung und Solidarität.

Die Befangenheit Naumanns in solch einem protestantisch unterlegten Nationalismus hinderte ihn auch nicht daran, reichlich sozialdarwinistisches Gedankengut aufzunehmen. Die Dynamik der demographischen und ökonomischen Entwicklung bestärkte ihn in seiner Überzeugung von der Zwangsläufigkeit imperialistischer Machtpolitik. Der Kampf um den Weltmarkt erschien ihm als Kampf ums politische Dasein. Nationale Politik war notwendigerweise expansiv. „Was ist das Nationale?", so fragte er 1896 und antwortete: „Es ist der Trieb des deutschen Volkes, seinen Einfluß auf die Erdkugel auszudehnen." In der Logik dieser Politik verlangte Naumann eine „weltgeschichtliche Koalition" gegen England, die am Ende den schon 1899 für unvermeidlich gehaltenen „Weltkrieg gegen England" führen sollte.[15] Diese anglophobe idée fixe legte Naumann andererseits die Hoffnung nahe, dass sich Deutschland langfristig doch mit dem revanchebedürftigen Frankreich arrangieren könne. Schließlich – und das sollte für ihn am folgenreichsten werden – sah er in Russland einen prinzipiellen Kontrahenten und legte schon um 1900 mit einer Publikation „Deutschland und Österreich" eine feste Bindung des Deutschen Reiches an das Habsburger Reich nahe – ein sehr problematisches Konzept, denn damit band es sich tendenziell an die – wie Max Weber im Weltkrieg dann formulieren sollte – „Dummheit" der „Wiener Hofpolitik", wie sie in der Julikrise 1914 betrieben wurde.[16]

Anders als die Formulierungen um 1900 erwarten lassen, verfiel Naumann nach dem 1. August 1914 aber keineswegs in einen Kriegsrausch. Zwar blieb auch er nicht verschont von der euphorischen Siegeszuversicht der ersten Kriegswochen, aber schon im Januar 1915 prognostizierte er deutlich herabgestimmt, dass der „Krieg [...] remis ausgehen" werde.[17] In dieser Bedrängnis arbeitete er seine großdeutsche Vorkriegsidee zu seiner einflussreichsten Publikation aus, dem „Mitteleuropa-Buch" vom Oktober 1915, das binnen acht Monaten in 100.000 Exemplaren gedruckt wurde und das man auch heute noch mit seinem Namen verbindet.

Drei Hauptthesen machten das Buch für den deutschen und österreichischen Leser im Krieg attraktiv: Erstens, die Behauptung, das künftige Europa werde durch zwei von Norden nach Süden verlaufende

Grenzwälle – „chinesische Mauern aus Erde und Stacheldraht" – in drei Blöcke gespalten, der eine Wall „irgendwie vom Unterrhein bis zu den Alpen" reichend, der andere „von Kurland bis rechts oder links von Rumänien". Deutschland werde sich für die Zukunft auf eine „Politik des Schützengrabens", also eines zivilen Zweifrontenkrieges, einrichten müssen.[18] Die Hoffnung auf ein Arrangement mit Frankreich war damit begraben und auf der anderen Seite der spätere Kampf um die Revision der in Versailles fixierten deutschen Ostgrenze vorweggenommen. Zweitens, der gegenwärtige deutsch-habsburgische Verteidigungsbund müsse weiterentwickelt werden zu einer umfassenden Wirtschaftsgemeinschaft. Der Druck des Krieges und der tatsächlichen Tendenz zur Transformation des Privatkapitalismus zu einer Art Staatssozialismus werde Deutsche, Österreicher und Ungarn in ihrer Wirtschaftsgesinnung zu einem einheitlichen „Wirtschaftsvolk" verschmelzen, in dem sich *die* Wirtschaftsform der Zukunft vorbereite. Drittens schließlich schlug Naumann einen staatlichen Zusammenschluss zumindest des Deutschen Reiches und Österreich-Ungarns vor, dem er später im Krieg noch Bulgarien hinzufügte. Naumann wollte die bestehenden Staaten durchaus erhalten, sie sollten innere Streitfragen, etwa der Konfession und der Nationalitätenpolitik, weiterhin selbst entscheiden, aber über ihnen sollte sich ein „Oberstaat Mitteleuropa" wölben, der hauptsächlich für Wirtschaft und Militär zuständig sein sollte. Damit dachte Naumann in den älteren Kategorien eines deutschen Staatenbundes. Er transformierte sie kriegsentsprechend, gab ihnen dabei allerdings auch eine deutsche Zielprojektion über das Ende des Weltkriegs hinaus. Natürlich sollte Deutschland die führende Rolle in diesem Staatsgebilde spielen. Aber weitab von allem alldeutschen Nationalismus sprach er den sogenannten „Zwischenvölkern" durchaus ein Recht auf Selbstbestimmung zu, dessen Grenzen Naumann allerdings nicht genauer bestimmte. Immerhin wurden unter dem Druck der sich verschlechternden Kriegslage seine Formulierungen insbesondere gegenüber dem polnischen Anspruch auf die Wiederherstellung eines eigenen Staates immer weicher. Das Buch wurde im Habsburger Reich wie in Deutschland lebhaft und vielfach diskutiert, Naumann erhielt viel Zuspruch auch von bürgerlich-liberalen Deutsch-Österreichern, und es hat sicher dazu beigetragen, der großdeutschen Idee den enormen Auftrieb zu geben, den sie dann während der Weimarer Jahre hatte.

Dass Naumanns Mitteleuropa-Idee ein „Verteidigungsgedanke gegenüber dem östlichen und westlichen Imperialismus" gewesen sei, wie Theodor Heuss 1923 meinte,[19] scheint eine etwas zu freundliche Formulierung. Nur defensiv oder in Kategorien eines status quo ante 1914 dachten weder die Reichsregierung noch das politische, wirtschaftliche und wissenschaftliche Establishment, noch die Mehrheit der deutschen Wähler, die allerdings während des Krieges auch nicht zu den Urnen gerufen wurden. Immerhin hielt sich Naumann aus den leidenschaftlichen Kriegszieldebatten und ihren annexionistischen Wunschträumen weitgehend heraus.

IV.

Die breite Resonanz auf das Buch mag ihn vielleicht ein wenig entschädigt haben für die zumindest anfänglich hartnäckige Erfolglosigkeit bei einem Projekt, das uns heute wichtiger erscheint als manches andere Vorhaben Naumanns: dem Kampf um stärkeren Parlamentseinfluss. Man kann nicht wirklich sagen, für Naumann sei die Parlamentarisierung des Reiches von Anfang an ein Hauptziel gewesen. Auch zu Beginn des Krieges beschäftigte ihn das Thema wenig. Im Gegenteil – es mochte scheinen, als liege ihm an der Stärkung der kaiserlichen Stellung. Er hatte die frühen Sympathien Wilhelms II. für eine reformistische Sozialpolitik ernstgenommen und glaubte, in einem sozialen Kaisertum die wesentliche Klammer für die Integration der nationalen Gesellschaft gefunden zu haben. Der griffige Titel für dieses 1900 in einer größeren Schrift publizierte Programm lautete: „Kaisertum und Demokratie". Das Kaisertum stand für die Einheit aller Deutschen, die Demokratie auf der Basis des allgemeinen und gleichen Männerwahlrechts zum Reichstag für bürgerliche Selbstbestimmtheit und die Mobilisierung aller Ressourcen der Nation, die durch die imperialistische Machtpolitik geboten schien. Der deutsche Imperialismus sollte also auch der notwendigen Modernisierung von Wirtschaft, Kultur und Gesellschaft Deutschlands dienen.

Naumanns Versuch, mit dem „National-Sozialen Verein" unter dem Vorzeichen deutscher „Weltpolitik" zu einer parteipolitischen Synthese von Nationalismus, Sozialismus und Liberalismus zu kommen, scheiterte allerdings aus mehreren Gründen. Der politisierende Ex-Pastor und Bildungsbürger Naumann entwickelte zwar eine charismatische Anziehungskraft auf politisch engagierte, sozialbewusste Bildungsbürger, junge und ältere Professoren, auf die kathedersozialistischen Gelehrten, vor allem auf politisierende protestantische Pfarrer. Aber es gelang ihm nicht, breite Wählerschichten anzusprechen. Er teilte damit als parteipolitischer Newcomer das Schicksal des Liberalismus insgesamt, der angesichts der zunehmenden Fragmentierung und interessenpolitischen Versäulung der Gesellschaft an Überzeugungskraft und Attraktivität verlor. Offensichtlich durchschaute Naumann sein Dilemma ziemlich genau, an der Spitze einer elitenpolitisch originellen und im Rahmen einer reinen Elitensammlung auch recht erfolgreichen Bewegung zu stehen, damit aber auch Gefahr zu laufen, letztlich in einer bildungsbürgerlichen Honoratiorenvereinigung stecken zu bleiben. Sonst hätte er seinen Anlauf zu einer Parteigründung nicht tentativ-zurückhaltend „Verein" genannt und sich nicht nach dem Scheitern bei den Reichstagswahlen 1898 und 1903 der etablierten Partei des fortschrittlichen Teils der liberalen Gesamtbewegung, der „Freisinnigen Vereinigung", angeschlossen.

Aus heutiger Sicht ist gleichwohl Naumanns Fähigkeit hervorzuheben, mit Gelehrten und Intellektuellen in Kontakt zu kommen und sie zur Mitarbeit in der aktiven Politik zu bewegen – wobei das Ausmaß der praktischen Mitarbeit natürlich weit hinter Naumanns Vorstellungen zurückblieb. Naumann war ein ingeniöser Netzwerker. Es ist schon eine Leistung, wenn der Anführer einer politischen Splittergruppe, die der National-Soziale Verein letztlich war, seine Politik im engsten persönlichen Austausch mit dem bedeutendsten Soziologen des 20. Jahrhunderts formulierte, mit Max Weber; wenn er den führenden Nationalökonomen seiner Zeit, Lujo Brentano, gewinnen konnte, wenn er sich mit dem bedeutenden Juristen und Rechtshistoriker Rudolf Sohm politisch zusammentat und wenn er mit der Zeitschrift „Die Hilfe" ein in linksliberalen Kreisen viel gelesenes, qualitativ hochrangiges Diskussionsforum schuf und eben damit ein ausgeprägtes und – für die Verhältnisse des individualistischen Liberalismus – auch belastbares Gemeinschaftsbewusstsein stiftete. Ich selbst stieß übrigens kürzlich im Nachlass meines Großvaters Eduard Hamm, eines insgesamt eher konservativen, wirtschaftsnahen bayerischen Linksliberalen, auf einen großen Stapel dieser charakteristischen gelben Hefte aus den 20er und 30er Jahren bis zur weitgehenden Gleichschaltung 1936, vielfach sorgfältig mit Unterstreichungen durchgearbeitet.

Als der Verein mit seinen Kandidaten bei der Reichstagswahl 1903 durchfiel, suchte Naumann zum Teil gegen den Willen seiner Mitstreiter entschieden den Weg heraus aus dem politischen Konventikel-Dasein, wandte sich endgültig dem Linksliberalismus zu und widmete einen beträchtlichen Teil seiner Arbeitskraft dem 1910 schließlich erfolgreichen

Unternehmen, die drei linksliberalen Gruppierungen im Reichstag zu einer einzigen, der „Fortschrittlichen Volkspartei" zusammenzufassen. Naumann wuchs, nachdem er 1907 auch selbst ein Reichstagsmandat erobert hatte, in den letzten zwölf Jahren seines Lebens zu einem der führenden Parlamentarier des Reichs heran. Zunehmend kämpfte er jetzt auch darum, die Parlamentsrechte schrittweise auszuweiten. Der entscheidende Einschnitt liegt hier wohl im Jahr 1908, als es Wilhelm II. in der Daily-Telegraph-Affäre in einer selbst für ihn singulären Weise gelungen war, das Reich zu blamieren. Es fehle dem deutschen Volk – so schrieb daraufhin Naumann in der „Hilfe" – „die Sicherheit, daß wir so gut regiert werden, als es menschenmöglich ist". Verantwortlich für diesen Fehlschlag der deutschen Politik sei einzig und allein die „unabsetzbare und unverantwortliche monarchische Person, die unsrer Politik den Charakter des Undurchgearbeiteten und Unberechenbaren gibt [...]. Wir wollen vom verantwortlichen Reichskanzler im Namen des Kaisers völkerrechtlich vertreten werden, aber nicht vom Kaiser selbst."[20] Unter Anführung Naumanns betrieben die Linksliberalen eine gemeinsame Adresse des Reichstags an den Kaiser, die freilich nicht zustande kam, weil der nationalliberale Parteiführer Ernst Bassermann vor einem so weit gehenden Angriff auf die verfassungsrechtliche Stellung des Kaisers dann doch zurückschreckte. Naumann wollte ein Ministerverantwortlichkeitsgesetz, das die Verantwortlichkeit des Reichskanzlers gegenüber der Volksvertretung grundsätzlich formulieren sollte; zudem sollte in §15 der Reichsverfassung, in dem von der Ernennung des Reichskanzlers durch den Kaiser die Rede ist, eingeschoben werden: „nach Vorschlag des Reichstags".

Dieses Gesetz hätte einen enormen Schritt in die Richtung einer parlamentarischen Monarchie dargestellt. Allerdings ging Naumann selbst nicht mit letzter Entschlossenheit vor. Die Bloßstellung des Reichskanzlers Bülow durch das Gerede des Kaisers im „Daily Telegraph" hätte die Möglichkeit geboten, Bülow selbst zu stürzen und damit auch ein verfahrensbildendes Exempel dafür zu statuieren, dass die Benennung und Entlassung des Reichskanzlers in die Zuständigkeit des Reichstags fiel. Gegen ein solch energisches Vorgehen sprach aber für Naumann unter anderem das von ihm als hoch eingeschätzte Risiko, dass eine solche Krise am Ende unabsehbare Weiterungen nach sich ziehen könne und schließlich nicht mehr unter Kontrolle zu bringen sei.

Energischer und entschlossener betrieb Naumann dagegen nach Ausbruch des Krieges die Demokratisierung des preußischen Dreiklassenwahlrechts – neben der herausgehobenen Stellung des Kaisers die entscheidende Friktion im Verfassungsgefüge des Kaiserreichs. Damit war zumindest ein verfassungspolitischer Minimalkonsens auch mit der SPD und mit dem katholischen Zentrum gefunden, der dann seit Ende 1916 zur praktischen Zusammenarbeit der späteren „Weimarer Koalition" führte. Naumann spielte bei dieser zögerlichen und von der Notlage erzwungenen Annäherung zwischen Fortschrittlich-Liberalen, SPD und Zentrum die bedeutende Rolle, die von ihm zu erwarten war. Auch jetzt noch fiel ihm die Abkehr von der Monarchie und die Wendung zum reinen Parlamentarismus schwer: „Was bei uns das Volk will, ist nicht Republik, sondern Durchführung der preußischen Verfassung", schrieb er im Mai 1917 in seinem Artikel „Die Monarchie im Kriege". Er bemühte vor allem das Argument, eine stärkere Entfaltung des Parlamentarismus werde am Ende auch der Monarchie zugute kommen.[21] Aber nolens volens trieb er im Oktober 1918 dann doch den endgültigen Durchbruch des Parlamentarismus voran. Damit komme ich zu einer kurzen abschließenden Bilanz.

V.

Gewisse Irritation dürfte nach wie vor die semantische Nähe von „nationalsozial" und national-sozialistisch" auslösen. „National-sozial" nannte Naumann ein Konzept, das für ihn und Mitstreiter wie Max Weber zwingend notwendig, aber ohne imperialistische Weltpolitik nicht vorstellbar war. Nach dem Zusammenbruch aller deutschen Weltmachtambitionen im November 1918 löste sich Naumann erstaunlich rasch von der Obsession durch die „Weltpolitik". Anders als vor 1914 hatte sie auch keinerlei Fundament mehr in den ökonomischen Ressourcen Deutschlands und in den Funktionsmechanismen des internationalen Systems. Umso wichtiger ist es festzuhalten, worum es bei der Verbindung des Nationalen mit dem Sozialen in der Sicht der linksliberalen Bildungs- und auch Wirtschaftsbürger eigentlich ging: etwas modisch gesprochen um das Heranholen einer Parallelgesellschaft, der „Subkultur" der sozialistischen Arbeiterbewegung, an die bürgerliche Gesellschaft. Dafür musste auch diese selbst sich öffnen. Grundsätzlich hat sich das Konzept durchgesetzt, zumindest in den Anfangsjahren der Weimarer Republik und dann in den späten 1940er und 50er Jahren. Die Entproletarisierung der Arbeiterschaft im westdeutschen Wirtschaftsaufschwung führte zu jener „nivellierten Mittelstandsgesellschaft" (Helmut Schelsky), die als

Zukunftsvision hinter Naumanns Gesellschaftsmodell gestanden hatte und von der er nicht ganz ohne Grund glaubte, dass sie politisch für den Sozial-Liberalismus optieren werde. Dass man in dieser Mittelstandsgesellschaft den Partei-Liberalismus gar nicht mehr so dringend brauchen würde wie vor und nach 1914, weil sowohl CDU wie SPD liberale Kernforderungen in ihre Programmatik aufnahmen und verwirklichten, hat Friedrich Naumann wohl nicht vorhergesehen. Möglicherweise hätte es ihn auch gar nicht besonders gestört.

Problematischer scheint dagegen der nationalstaatliche Machtimpuls, erst mit der „Weltpolitik", dann mit dem „Mitteleuropa-Konzept". Wie zwingend dem deutschen Bürgertum vor 1914 die Weltpolitik erschien (jedenfalls in der Zielsetzung, nicht so sehr in den vielfach schon von den Zeitgenossen kritisierten Formen und Methoden), habe ich anzudeuten versucht. Die Mitteleuropa-Idee blieb im Urteil der Späteren lange belastet durch die Nähe zum großdeutschen Gedanken, durch die Perspektive einer Ausdehnung über das Habsburger Reich hinaus nach Südosten sowie durch die Tatsache, dass Naumanns Konzilianz gegenüber den nationalpolnischen Forderungen durch die Notlage des Krieges erzwungen wurde. Natürlich herrschte bei Naumann letztlich die Vorstellung vor, Deutschland stehe aufgrund seiner kulturellen Überlegenheit eine, wenn auch indirekte, politische Herrschaft über Polen zu. Andererseits hat sich Naumann, anders als manche seiner Mitstreiter wie etwa Paul Rohrbach, von Anwandlungen eines völkischen Deutsch-Nationalismus freigehalten. Ethnisch fundierter Nationalismus lag ihm fern – allerdings lässt sich zwischen ethnischem und Kulturnationalismus nicht immer ganz deutlich trennen. Selbst wenn sich Adolf Hitler gelegentlich in „Mein Kampf" auf Naumanns „Mitteleuropa" bezog, so unterschied sich Naumanns Idee doch in so gut wie allen Punkten von Hitlers Großdeutschland oder gar seinen Ostraum-Phantasien.[22] Schon im Kaiserreich hatte Naumann heftig die Intoleranz gegenüber der elsässischen und der dänischen Minderheit und die antipolnische Germanisierungspolitik kritisiert. Nicht alle Linksliberalen waren in diesem Punkt so konsequent wie Naumann. Überhaupt fällt auf, dass sich die relative Geschlossenheit der sozialliberalen Kerntruppe aus dem Kaiserreich schon im Krieg und dann vor allem zum Ende der Weimarer Republik hin weitgehend auflöste. Einige Vertreter des sozialen Flügels wie Anton Erkelenz und Helmut von Gerlach gingen nach links, die meisten zumindest ein Stück weit nach rechts.

Man kann das Mitteleuropa-Buch allerdings sehr wohl auch als gemäßigte Antwort eines liberal und national gesinnten Bürgers auf die alldeutschen Annexions-Phantasien im Ersten Weltkrieg lesen. Walter Rathenau entwarf in den ersten Monaten des Weltkriegs ganz ähnliche Vorstellungen. Wer weit zurückgreifen will, stößt nicht nur auf die Idee eines Doppelbundes in der Revolution 1848/49, sondern schon im Vormärz auf Friedrich Lists politisch aufgeladene Schutzzoll-Vorstellungen für einen südostmitteleuropäischen Wirtschaftsraum. Naumanns Konzept ist zwar machtpolitisch inspiriert, aber verfassungspolitisch föderativ gedacht. Die weitgehende Autonomie der einzelnen Staaten sollte nur bei der wirtschaftlichen und militärischen Vereinheitlichung unter deutscher Führung eingeschränkt werden. Erinnert sei auch daran, dass Naumanns Schützengraben-Theorie gegenüber einem Nachkriegs-Frankreich ein spezifisches Kriegsprodukt ist und dass er im Gegensatz zu fast allen politisch Verantwortlichen und Denkenden einen Ausgleich mit Frankreich prinzipiell für wünschenswert und auch möglich hielt. Was hindert uns, für einen Moment an den heutigen Zustand Europas und der Europäischen Union zu denken? Dass es einen faktischen informellen Primat der Zentralmächte Deutschland und Frankreich gibt, wird kaum jemand bestreiten, räumlich ist die Dimension durch den Einbezug Südeuropas zwar eine ganz andere geworden, aber das Hauptgewicht der europäischen Einigung liegt bei der Wirtschaftsverfassung; die militärische Zusammenarbeit ist ausreichend, sie weiter zu forcieren, liegt derzeit kein unmittelbarer Anlass vor. Im Übrigen muss man mit solchen Streiflichtern in die Gegenwart natürlich sehr vorsichtig umgehen.

Wichtiger als eine in jedem Fall prekäre posthume Ehrenrettung des Mitteleuropa-Buches ist es mir, noch einmal das Profil des Politikers und politischen Denkers Naumann zu schärfen. Naumanns politische Biographie ist geprägt von durchgängigen und tiefgreifenden Lernprozessen, denen er sich, in der Reaktion auf Zustände, die er als unhaltbar empfand, zeitlebens unterzog. Naumann bewegte sich politisch, er analysierte die jeweils aktuellen Handlungsbedingungen und -chancen, er zwang sich – weithin mit Erfolg – zu Realismus und Machtorientierung, so etwa bei der Abgrenzung vom steril gewordenen christlich-sozialen Konservativismus, aber auch vom dogmatischen Manchester-Liberalismus mancher Freisinnigen im Kaiserreich. Aber er wurde dabei auch nicht zum gedankenarmen reinen Pragmatiker. Als politischer Kommentator und Publizist, aber auch als Redner, fiel er durch Lebensnähe, seine zupackende Sprache und seinen Humor auf. Was die politischen Inhalte angeht, so stand Naumann in der Tat – blickt man auf die Konstellation ‚Kaisertum/alte Eliten, Links- und Nationalliberale, Zentrum und Sozialdemokraten' – intellektuell und politisch zwischen den Parteien, aber er agierte dabei keineswegs dogmatisch oder rechthaberisch, sondern in der Einsicht in die Mechanismen der Politik – wenn er sich mit ihnen auch niemals ganz zufrieden gab. Er war ein Parteiführer, der sich tatsächlich nicht scheute, als „Parlamentär zwischen den Fronten" (Conze) zu stehen. Vielmehr suchte er diese Rolle geradezu. „Parlamentär zwischen den Fronten", ohne das Fundament der eigenen Partei preiszugeben – das ist aus heutiger Sicht kein Negativattribut, sondern genau das, was wir brauchen und was auch damals, beim Übergang von der konstitutionellen Monarchie zur demokratischen Republik inmitten katastrophaler Krisen und Nöte, gebraucht wurde. Es bedarf, um einer solchen Rolle gerecht zu werden, beträchtlicher intellektueller Qualitäten, großer politischer Erfahrung, eines umsichtigen Realitätssinns, und schließlich der Bereitschaft, Verantwortung zu übernehmen und eine gewisse Selbständigkeit auch gegenüber der eigenen Partei zu wahren. Knapp 90 Jahre nach Naumanns Tod steht für die Diskussion über sein Erbe weniger der Sozialliberale, schon gar nicht der Imperialist, sondern vor allem der lernfähige intellektuelle Politiker und Parlamentarier Naumann im Vordergrund des Interesses.

Anmerkungen

1 Bei dem vorliegenden Text handelt es sich um die leicht überarbeitete Fassung eines Vortrags, der am 22.10.2010 in Heilbronn gehalten wurde. Die Vortragsform ist beibehalten. Auf Anmerkungen wurde weitgehend verzichtet, sie dienen hauptsächlich dem Nachweis wörtlicher Zitate. Die benutzte Literatur folgt in Anmerkung 2.

2 Zu Friedrich Naumann: Friedrich Naumann, Werke, hg. im Auftrag der Friedrich-Naumann-Stiftung von Walter Ubsadel u. a., 6 Bde., Köln, Opladen 1964–1969; Theodor Heuss, Das war Friedrich Naumann, Berlin, Wien 1923 (Nachdruck München 1974); Theodor Heuss, Friedrich Naumann. Der Mann, das Werk, die Zeit, Stuttgart, Tübingen 1937, München, Hamburg 1968 (3. Aufl.); Richard Nürnberger, Imperialismus, Sozialismus und Christentum bei Friedrich Naumann, in: HZ 170 (1950), S. 525–48; Werner Conze, Friedrich Naumann. Grundlagen und Ansatz seiner Politik 1895–1903, in: Schicksalswege deutscher Vergangenheit. Festschrift für S. A. Kaehler, Düsseldorf 1950 (Reprint Goldbach 1993), S. 355–386; Erhard Eppler, Die Mehrheit links vom Zentrum. Theoretischer und praktischer Liberalismus – Friedrich Naumann (Vortrag Freiburg 1963), in: ders., Das Schwerste ist die Glaubwürdigkeit. Gespräche über ein Politikerleben mit Freimut Duve, Reinbek 1978, S. 38–49; Wolfgang Schieder, Einleitung zu den Schriften zum „Mitteleuropaproblem", in: Friedrich Naumann, Werke Bd. 4, Köln 1966, S. 374–399; Wilhelm Happ, Das Staatsdenken Friedrich Naumanns, Köln 1968; Jürgen Christ, Staat und Staatsraison bei Friedrich

Naumann, Heidelberg 1969; Peter Theiner, Sozialer Liberalismus und deutsche Weltpolitik. Friedrich Naumann im Wilhelminischen Deutschland (1860-1919), Baden-Baden 1983; Wilhelm Spael, Friedrich Naumanns Verhältnis zu Max Weber, Sankt Augustin 1985; Walter Göggelmann, Christliche Weltverantwortung zwischen sozialer Frage und Nationalstaat. Zur Entwicklung Friedrich Naumanns 1860-1903, Baden-Baden 1987; Ursula Krey, Der Naumann-Kreis im Kaiserreich. Liberales Milieu und protestantisches Bürgertum, in: Jahrbuch zur Liberalismus-Forschung 7 (1995), S. 57-81; Rüdiger vom Bruch (Hg.), Friedrich Naumann in seiner Zeit, Berlin 2000; Jürgen Frölich, Friedrich Naumanns „Mitteleuropa". Ein Buch, seine Umstände und seine Folgen, in: Rüdiger vom Bruch (Hg.), Friedrich Naumann in seiner Zeit, Berlin 2000, S. 245-267. Allgemeine Literatur: Dieter Düding, Der Nationalsoziale Verein 1896-1903. Der gescheiterte Versuch einer parteipolitischen Synthese von Nationalismus, Sozialismus und Liberalismus, München 1972; Klaus Erich Pollmann, Landesherrliches Kirchenregiment und soziale Frage nach 1890, Berlin 1973; Dieter Langewiesche, Liberalismus in Deutschland, Frankfurt a.M. 1988; Gangolf Hübinger, Hochindustrialisierung und die Kulturwerte des deutschen Liberalismus, in: Dieter Langewiesche (Hg.), Liberalismus im 19. Jahrhundert. Deutschland im europäischen Vergleich, Göttingen 1988, S. 193-208; Dieter Langewiesche, Bildungsbürgertum und Liberalismus im 19. Jahrhundert, in: Jürgen Kocka (Hg.), Bildungsbürgertum im 19. Jahrhundert. Teil 4: Politischer Einfluß und gesellschaftliche Formation, Stuttgart 1989, S. 95-121; Wolfgang J. Mommsen, Der autoritäre Nationalstaat. Verfassung, Gesellschaft und Kultur im Deutschen Kaiserreich, Frankfurt a. M. 1990; Thomas Nipperdey, Deutsche Geschichte 1866-1918, Bd. 1: Arbeitswelt und Bürgergeist, München 1990, Bd. 2: Machtstaat vor der Demokratie, München 1992; Wolfgang Hardtwig, Kunst, liberaler Nationalismus und Weltpolitik. Der Deutsche Werkbund, in: ders., Nationalismus und Bürgerkultur in Deutschland 1500-1914, Göttingen 1994, S. 246-274; Gangolf Hübinger, Kulturprotestantismus und Politik. Zum Verhältnis von Liberalismus und Protestantismus im Wilhelminischen Deutschland, Tübingen 1994; Hans-Ulrich Wehler, Deutsche Gesellschaftsgeschichte, Bd. 3: 1848-1914, München 1995; Ernst Wolfgang Becker, Biographie als Lebensform. Theodor Heuss als Biograph im Nationalsozialismus, in: Wolfgang Hardtwig u. Erhard Schütz (Hg.), Geschichte für Leser. Populäre Geschichtsschreibung in Deutschland im 20. Jahrhundert, Stuttgart 2005, S. 57-92; Eric Kurlander, Living with Hitler. Liberal Democrats in the Third Reich, New Haven 2009.

[3] Heuss 1923 (wie Anm. 2), S. 17 f., 66.
[4] Conze (wie Anm. 2), S. 358 f.
[5] Ebd., S. 379.
[6] Heuss 1923 (wie Anm. 2), S. 65.
[7] Ebd., S. 23.
[8] Spael (wie Anm. 2), S. 40.
[9] Düding (wie Anm. 2), S. 57.
[10] Friedrich Naumann, Die Leidensgeschichte des deutschen Liberalismus, in: ders., Werke (wie Anm. 2), Bd. 4, S. 291-316, hier S. 313.
[11] Max Weber, Der Nationalstaat und die Volkswirtschaftspolitik, in: Johannes Winckelmann (Hg.), Max Weber. Gesammelte politische Schriften, 2., erw. Aufl., Tübingen 1974, S. 30.
[12] Vortrag Weltmarkt und Weltmacht, gehalten in Hamburg und Heidelberg, Berlin 1905, zit. nach Spael (wie Anm. 2), S. 141.

13 Nipperdey (wie Anm. 2), S. 631.
14 Friedrich Naumann, Der Niedergang des Liberalismus, in: ders., Werke (wie Anm. 2), Bd. 4, S. 215–236, hier S. 226.
15 Zit. nach Schieder (wie Anm. 2), S. 375 f.
16 Zit. nach Spael (wie Anm. 2), S. 144.
17 Zit. nach ebd., S. 142.
18 Zit. nach Schieder (wie Anm. 2), S. 385; vgl. zum Ganzen die Einleitung ebd., S. 374–399; Frölich (wie Anm. 2).
19 Heuss 1923 (wie Anm. 2), S. 63.
20 Zit. nach Spael (wie Anm. 2), S. 115. Zum Zusammenhang vgl. insgesamt ebd., S. 114 ff.
21 Zit. nach Spae1, S. 156.
22 Vgl. zur Nachwirkung von Naumanns Mitteleuropakonzept Kurlander (wie Anm. 2), S. 85 ff., 117 ff., 124 ff., 128 ff., 142 ff.

12. Der Weimarer Demokrat Eduard Hamm 1879–1944. Persönliches Profil und politisches Handeln zwischen Kaiserreich und Widerstand

Am 13. November 1944 schrieb meine Mutter Dr. Gertrud Hardtwig-Hamm[1] drei Tage nach meiner Geburt aus dem Krankenhaus Reit im Winkl folgenden Brief an Theodor Heuss:

Sehr verehrter lieber Herr Heuss!
Aus der Tatsache, dass vor ein paar Tagen eine weitere Sendung von Ihnen an den Vater gekommen ist, entnehme ich, dass Sie noch nicht wissen, was bei uns geschehen ist.
Im Auftrag der Mutter, die sich zum Schreiben noch nicht recht aufraffen kann, teile ich Ihnen doch das Wesentliche kurz mit: am 2. Sept. wurde der Vater innerhalb kürzester Zeit vom Hof weggeholt und, wie wir später erfuhren nach Berlin gebracht. Wir blieben bis Mitte Oktober ohne Nachricht über sein Ergehen. Schließlich fragte ein jüngerer Bruder des Vaters, der als Kapitän z. S. nicht eher von Holland abkommen konnte, in Berlin persönlich nach und erhielt den Bescheid, der Vater habe sich nach 3 Wochen [...] Haft schon im Sept. das Leben genommen. Wir selbst sind bis heute ohne jede Nachricht. Es ist [für] uns sehr schwer, das Ganze zu verstehen. Schreiben kann man ja nicht darüber. Mir persönlich hilft nur der absolute Glaube an den Vater darüber weg [...].
Geben Sie uns doch bitte Bescheid, ob wir Ihr Schreiben weiter aufbewahren sollen. Bombensicher sind wir hier ja ziemlich, aber wer weiß, ob wir auf die Dauer hier bleiben können. Wissen Sie etwas von den Allgäuer Freunden? Bitte nehmen Sie es der Mutter nicht übel, dass sie nicht selbst schreibt, der Schmerz ist für sie noch zu schwer.
Ihre Dr. Gertrud Hardtwig-Hamm[2]

Was war geschehen? Am 2. September war Eduard Hamm auf seinem nahe Reit im Winkl (Obb.) gelegenen Hof verhaftet worden, den er 1932 gekauft hatte und in den die Familie angesichts der zunehmenden Bombenangriffe auf München umgezogen war. Der Gestapo-Mann war beim Umkleiden im Schlafzimmer zugegen geblieben und hatte auch verhindert, dass Hamm noch einmal mit seiner Frau sprechen konnte. Zudem ermahnte er dessen Tochter Gertrud Hardtwig-Hamm, sie solle auf rasche Abfahrt drängen, da in München noch der Abendschnellzug nach Berlin erreicht werden müsse.[3]

Abbildung 1: Baierhof (Reit im Winkl), Ort der Verhaftung von Eduard Hamm

I.

Eduard Hamm war Mitbegründer der linksliberalen DDP in Bayern und ein wichtiger bürgerlicher Politiker der Weimarer Republik, zunächst als Wirtschafts- und Verkehrsminister in Bayern, dann als Staatssekretär in der Reichskanzlei in der Regierung Cuno sowie als Wirtschaftsminister in den beiden Regierungen Wilhelm Marx. Von Februar 1925 bis zum April 1933 führte er als Geschäftsführendes Präsidialmitglied des Deutschen Industrie- und Handelstages einen der Spitzenverbände der deutschen Wirtschaft. Über die Parteigrenzen hinweg galt er als außergewöhnlich integrer, kompetenter und rastlos tätiger Politiker und gesinnungsfester Demokrat. Der mit ihm befreundete, von den Nazis aus dem Amt getriebene und 1945 im KZ Sachsenhausen ermordete jüdische Bürgermeister von Berlin (1931–1933) Fritz Elsas, der dem liberalen Widerstandskreis um Robinsohn und Strassmann angehörte, dürfte das Urteil vieler von Hamms Bekannten zusammengefasst haben, wenn er – nach dem Hinweis auf seine „durch berufliche Meinungsverschiedenheiten nie getrübte, persönliche Freundschaft" mit Eduard Hamm – diesen insgesamt charakterisierte: „immer bemüht, sich gleich-

Abbildung 2: Eduard Hamm, 1920

mäßig über alle wirtschaftlichen, nationalen und internationalen Fragen zu unterrichten, war er charakteristisch das Vorbild eines ausgezeichneten Mannes, der unabhängig von Tagesströmungen seine Meinung sagte und vertrat und der in menschlichen Beziehungen ein nie versagender Freund war."[4]

Eine erste Würdigung der Persönlichkeit Hamms findet sich in dem von Karl Dietrich Bracher und Annedore Leber gemeinsam mit Willy Brandt herausgegebenen Band mit Lebensbildern aus dem Widerstand „Das Gewissen entscheidet" (1957), der zusammen mit dem analogen Band „Das Gewissen steht auf" (1954) Maßstäbe setzte im Kampf um die allmähliche Anerkennung des Widerstandes in der deutschen Öffentlichkeit der 50er Jahre.[5] Trotzdem ist Hamms Rolle im aktiven Widerstand weithin unbeachtet geblieben. Einer der Gründe dafür mag sein, dass er nicht zur ersten Reihe der bekannten Weimarer Politiker gehört hatte. Andere Gründe aber verweisen auf die Mechanismen, nach denen die Erinnerungskultur im Nachkriegsdeutschland funktionierte – und bis heute funktioniert –, und verdienen daher, einleitend kurz diskutiert zu werden.

Es lag in der Natur der Sache, dass anfangs ganz der militärische Widerstand und das Attentat Stauffenbergs im Vordergrund standen. Sieht man vom engsten Kreis der Verschwörung um Stauffenberg ab, so wurde und wird erinnert, wer eine Partei oder eine Interessengruppe hinter sich hat, für die es sich politisch lohnt oder zu lohnen scheint, auf eine Tradition des Widerstands im Dritten Reich verweisen zu können.[6] Daher gliederte sich lange Zeit auch die Forschung hauptsächlich in Fragen nach dem militärischen, dem sozialdemokratischen, christlichen und kommunistischen Widerstand. Es war das Verdienst von Peter Steinbach, damals Professor für Historische Grundlagen der Politik in Hamms Geburtsort Passau und zugleich Leiter der Gedenkstätte Deutscher Widerstand im Bendler-Block in Berlin, sich der Rehabilitierung Hamms energisch anzunehmen. Er veranstaltete an der Universität Passau, unterstützt vom örtlichen Zweig der Deutsch-Jüdischen Gesellschaft, eine jährliche „Eduard-Hamm-Gedächtnis-Vorlesung" zum deutschen Widerstand mit beachtlicher Resonanz in der Lokalpresse und sorgte dafür, dass Eduard Hamm in der Porträt-Galerie der Berliner Gedenkstätte zu sehen ist.[7] In Passau kämpfte er erfolgreich dafür, dass wenigstens eine Vorortstraße nach Eduard Hamm benannt wurde. Einen energischen Mitstreiter hatte Steinbach in dem damaligen FDP-Stadtrat, späteren Bundestagsabgeordneten und heutigen Staatssekretär im Justizministerium, Dr. Max Stadler. Dass es einen, wenn auch sehr schmalen, liberalen Widerstand gegeben hat, wurde bis vor Kurzem übersehen. Dazu hat der organisierte Liberalismus durchaus selbst beigetragen.[8] Weder die rechtslastige FDP der 50er und frühen 60er Jahre noch die sozialliberale Regierungspartei der 70er Jahre zeigten irgendein Interesse an diesem Erbe. Und dass sich die Westerwelle/Möllemann-FDP für diese Tradition interessiert hätte, wird man ohnehin nicht erwarten. Zweifellos erklärt sich das anfängliche Desinteresse der FDP zunächst aus der geringen Resistenzkraft des Linksliberalismus gegenüber dem NS-Regime überhaupt und, daraus folgend, der Macht ihrer nationalpolitischen Prägungen in der unmittelbaren Nachkriegszeit. Darüber hinaus fällt auf, wie wenig sich die FDP auch bei ihrer sozialliberalen Neuorientierung seit 1966 ihrer linksliberalen Vergangenheit erinnerte. Seit Beginn der 80er Jahre hat schließlich die Verengung des liberalen Denkens auf puren Ökonomismus der Partei ihr historisch-moralisches Fundament weitgehend entzogen.

Nicht übersehen werden darf, dass für die Präsenz einzelner Gestalten im historischen Bewusstsein der Nation auch die familiäre

Abbildung 3: Gedenkstein für Eduard Hamm in Reit im Winkl, 2011

Traditionspflege bedeutsam ist.⁹ 2011 entschloss sich auf Betreiben der Familie die Gemeinde Reit im Winkl, angeführt von dem geschichtsbewussten, umsichtigen und energischen Bürgermeister Josef Heigenhauser, einen Gedenkstein zu setzen. Das Erinnerungszeichen ist zwar weit außerhalb des Dorfes, aber an einer landschaftlich ungewöhnlich schönen Stelle platziert, etwa 100 Meter entfernt vom Ort der Verhaftung Hamms.¹⁰

Schließlich: Der Widerstandskreis um Franz Sperr, den ehemaligen bayerischen Offizier und letzten bayerischen Gesandten in Berlin, dem Eduard Hamm angehörte, ist erst neuerdings von der Forschung stärker beachtet worden. Der Hauptgrund dafür liegt in der Quellenlage.¹¹ Der Sperr-Kreis verzichtete auf jede schriftliche Fixierung seiner Überlegungen und Pläne. Auch wurde streng darauf geachtet, dass neue ‚Mitglieder' (soweit bei dieser Organisationsweise davon gesprochen werden kann) bzw. sympathisierende oder für eine künftige Regierungs- oder Verwaltungsfunktion vorgesehene Personen nur höchst vorsichtig kontaktiert und ins Vertrauen gezogen wurden.¹² Es gab eine locker definierte Zuständigkeit der vier Führungspersönlichkeiten des Kreises: Franz Sperr selbst kümmerte sich vor allem um die Beziehungen zu Militär und Polizei, Eduard Hamm um den künftigen

Aufbau der Verwaltung, der frühere Bauernbündler und Reichs- und Landesminister für Ernährung und Landwirtschaft Anton Fehr um Versorgungsfragen und der ehemalige Reichswehrminister Otto Gessler um die Kontakte zum Ausland.[13] Keine dieser Aktivitäten wurde in irgendeiner Form schriftlich festgehalten, so dass sie sich, ebenso wie das personelle Netzwerk von derzeit 40 ermittelten Personen, nur mit größter Mühe – wenn überhaupt – rekonstruieren lassen.

Nicht unwichtig für die stärkere Beachtung des Sperr-Kreises ist auch, dass sich in den letzten Jahren die Bewertung eines von der Wissenschaft bis dahin wenig geschätzten Quellentypus deutlich verändert hat, der im Fall Hamms besonders ergiebig ist: Lebensbeschreibungen, Würdigungen, Charakterbilder ex post, sofern sie zeitnah und von sachkundigen Zeitzeugen verfasst worden sind. Naturgemäß ist der Historiker hier aufgefordert, Bewertungen und Meinungen mit noch schärferem Blick zu prüfen als bei anderen Quellen. Beim Mangel einer anderweitigen Überlieferung können sie jedoch manche Informationslücke schließen und das persönliche Profil der fraglichen Person schärfer zu erfassen helfen. Winfried Becker hält diesen Zeugnissen weiterhin zugute, dass Freunde, Arbeitskollegen und Familienmitglieder bei solchen Niederschriften, anders als die Verfasser koävaler Dokumente, keine Rücksicht auf die Einschränkung der Meinungsfreiheit im Dritten Reich nehmen mussten.[14] Zu Eduard Hamm sind eine ganze Reihe solcher Dokumente überliefert. Am wichtigsten und ergiebigsten sind jeweils zwei Niederschriften der Tochter Gertrud Hardtwig-Hamm und deren Ehemann Erwin Hardtwig aus den Jahren 1945 und 1946. Sie waren veranlasst durch eine Anfrage von Ricarda Huch, der großen alten Dame der deutschen Literatur und entschiedenen NS-Gegnerin, die im hohen Alter von 81 Jahren noch ein Buch über den Widerstand zu schreiben beabsichtigte, wozu es aber nicht mehr gekommen ist.[15]

Im Folgenden soll das Profil des Politikers Eduard Hamm gezeichnet werden, vorwiegend aus bisher entweder gar nicht oder nur sporadisch benützten familiären Quellen, die jetzt fast alle im Bayerischen Hauptstaatsarchiv liegen, und aus der Rekonstruktion der Wirtschafts- und Finanzpolitik der Weimarer Republik 1925 bis 1933 auf der Grundlage von Hamms Niederschriften in der Reichskanzlei und seiner zahlreichen Analysen und Reden in den Ausschüssen und auf den jährlichen Vollversammlungen des Deutschen Industrie- und Handelstags.

II.

Eduard Hamm wurde 1879 als Sohn des liberal gesonnenen Amtsrichters Johann Baptist Hamm und seiner Frau Luise, geb. Niederleuthner, in Passau geboren. Da Johann Baptist in seiner Juristenlaufbahn mehrfach versetzt wurde, besuchte der Sohn Eduard unter anderem die Klosterschule in Metten und schloss das Gymnasium in St. Stephan in Augsburg ab, mit einer Abiturnote, die ihm das elitäre Stipendium im „Maximilianeum" einbrachte. Wie sein Vater trat er der Studentenverbindung „Akademischer Gesangsverein" bei, einer liberalen, musischen Alternative zu den gängigen, zunehmend reaktionären und antisemitischen, meist schlagenden Corps und Burschenschaften des Kaiserreichs. Anfang des 20. Jahrhunderts schloss er sich der bayerischen „Jungliberalen Bewegung" sowie dem „Naumannkreis" an, in dem sich seit 1897 ein kleines fortschrittliches Segment junger Bildungsbürger zusammenfand und zu dem unter anderem bald in prominenter Stellung Theodor Heuss und der Historiker Walter Goetz gehörten. Goetz berichtet, es sei für ihn „ein Gewinn fürs Leben gewesen, mit Naumann und Brentano [Lujo Brentano, Professor für Nationalökonomie in München und einer der führenden ‚Kathedersozialisten'], mit Heuss und Otto Gessler, mit Eduard Hamm und Georg Hohmann [Professor für Orthopädie und 1945 erster Nachkriegsrektor der Universität München] eine lebenslange Verbindung einzugehen"[16].

Der junge Eduard Hamm teilte mit Friedrich Naumann und dem gesamten deutschen Parteienspektrum mit Ausnahme der Sozialdemokraten die Begeisterung für die „Weltpolitik".[17] In einer Rede zur Reichsgründungsfeier 1911 in Memmingen argumentierte er ähnlich wie Max Weber in seiner Freiburger Antrittsrede von 1895, wenngleich deutlich defensiver, indem er die Ära und Politik Bismarcks mit der gegenwärtigen politischen Weltlage verglich:

Neue Zeiten, neue Ziele! Wir leben nicht mehr in Bismarcks Zeit. Seine Politik war Europapolitik, sein Ziel, die Einigung, ist erreicht, also dass keiner mehr sie missen möchte. Aber immer wieder kehrt bei Bismarck der Gedanke, dass mit dem Erfolg von 1870 für alle Zukunft unser Volkstum gesättigt sei. Wenn dem so wäre! Aber unser Volk wächst [...]. Die Welt muß uns offenstehen. Nicht zu kriegerischen Eroberungen, aber zur Betätigung unseres wachsenden Volkes, dass deutsche Schiffe alle Meere befahren, deutscher Fleiß in den fernsten Erdteilen säen und ernten möge und keinem Deutschen der Boden zu eng, die Sonne zu arm zu werden braucht.

Hamm verwies dann auf den Überfall der englischen Flotte auf Kopenhagen mitten im Frieden 1811 und fuhr fort: „Es gibt nur eine Gewähr gegen Gewalttat gleicher Art, eine Rüstung, die zur Vorsicht mahnt.

Darum brauchen wir das schimmernde Kleid der Seewehr [...]".[18] Auch das Mitteleuropaprogramm Naumanns war ganz in Hamms Sinne. Es wundert bei dem gebürtigen Passauer wenig, dass er in späteren Jahren das von den Siegermächten 1921 abgelehnte Anschlussbegehren Österreichs massiv unterstützte und auch als Wirtschafts- und Handelspolitiker im DIHT für eine südosteuropäische Zollunion eintrat – wenn auch immer nur mit wirtschafts- und handelspolitischer Begründung. So mag sich auch die aus heutiger Sicht irritierende Euphorie Hamms beim Anschluss Österreichs 1938 erklären. Selbst die Zerschlagung der Tschechoslowakei und den Polenfeldzug hieß der von der Tradition der „Weltpolitik", von Krieg, Niederlage und Versailler Vertrag, von der französischen Ruhrbesetzung und dem Zusammenbruch des internationalen Systems in der Weltwirtschaft geprägte Hamm noch gut.[19]

Hamm war ein brillanter Jurist. Er begann seine Laufbahn in der Kommunalverwaltung, trat dann aber bald in den gegenüber der Kommunallaufbahn höher angesehenen bayerischen Staatsdienst über und wurde 1909 Bezirksamtsassessor in Memmingen. 1911 wechselte er ins Bayerische Innenministerium und machte dort zügig Karriere. 1915 kam er als Vertreter Bayerns ins Kriegsernährungsamt nach Berlin. Mit vier Orden ausgezeichnet, beendete er seine bayerische Verwaltungslaufbahn als Legationsrat im bayerischen Staatsministerium des Äußeren.[20]

Eduard Hamms politische Laufbahn ist mit den dramatischen Ereignissen in Bayern zwischen Revolutionsbeginn und Niederschlagung der Räterepublik im Mai 1919 eng verbunden. Hamm zählte schon im Nov./Dez. 1918 zu den Mitbegründern der DDP in Bayern und wurde in der gewählten bayerischen Regierung unter dem Sozialdemokraten Johannes Hoffmann am 31. Mai 1919 zum Leiter des kurz zuvor gegründeten Ministeriums für Handel, Industrie und Gewerbe berufen – heute würde man nach dem Ressortzuschnitt Wirtschafts- und Verkehrsministerium sagen. Seine persönliche Revolutionserfahrung war schockhaft, seine Abwendung von der Monarchie gleichwohl sehr ausdrücklich – beide Aspekte sind für die Motivation und die politische Programmatik der späteren Widerstandstätigkeit bedeutsam.[21] Angelehnt an die berühmte Unterscheidung Friedrich Meineckes vom Januar 1919: „Ich bleibe, der Vergangenheit zugewandt, Herzensmonarchist und werde, der Zukunft zugewandt, Vernunftrepublikaner", erklärte Hamm als Abgeordneter im Reichstag 1922, deutlich über Meinecke hinausgehend, die Republik sei ihm „Herzenssache" – die „höchste Staatsform, geeignet, das verantwortliche Staatsbürgertum aller Klassen zu erreichen".[22]

Hamms politische Position in dieser frühen Phase der Republik verdeutlicht vielleicht am besten ein Brief an seinen engen persönlichen und politischen Freund Otto Gessler vom 22. März 1920. Er berichtet darin von dem Besuch, den ihm eine Münchner Bürger- und Arbeitgeberdelegation (unter anderen aus Vertretern des Münchner Bürgerrats und des Arbeitgeberkartells) in seinem Ministerium abgestattet und bei dem sich die Münchner Bürger bei ihm über Aussagen Gesslers unmittelbar nach dem Kapp-Putsch am 13. März 1920 beschwert hatten:

zwischen dem Putsch des Herrn Kapp und einem kommunistischen Putsch [so Gessler, W. H.] bestehe kein Unterschied; Du hättest Dich ferner zur Berechtigung des politischen Generalstreiks bekannt [...]. In der Verhandlung mit der Streikleitung [...] hättest Du Säuberung der Reichswehr zugesagt und auch sonst noch Zusagen gemacht in einem Sinn, der als bürgerfeindlich gelten müsse. Ich habe den Herren erklärt, dass es am Sonntag und Montag gegolten habe, starke Gelüste bei Militärs nach Rechtsumsturz zu bekämpfen und mit aller Schärfe die notwendige gemeinsame Aufrechterhaltung der Verfassung durchzusetzen [...].

Hamm registrierte eine „reaktionäre Bürgerstimmung, die nun herrliche Zeiten angebrochen glaubt." Der Gegensatz von republikfreundlich und -feindlich gehe auch durch die Partei: „Ich weiß nicht, ob wir, die wir zwar in keiner Weise der Sozialdemokratie nachlaufen, die wir aber doch den wirtschaftlichen und seelischen Bedürfnissen des Arbeitervolkes Rechnung tragen wollen, im Augenblick, bei dem größten Pendelausschlag der öffentlichen Stimmung, wirklich die Mehrheit haben." In der bayerischen Regierung gehe es bisher friedlich zu; dagegen habe die Münchner Polizeidirektion wieder einmal versagt, „indem sie die Öffentlichkeit [...] völlig wilden Flugblättern deutsch-völkischer Judenhetze einerseits und kommunistischen Handzetteln andererseits überließ [...]."[23]

Der innerliberale Streit verknüpfte sich schon 1920 bis 1922 mit dem Kampf um die Einwohnerwehren und – allgemeiner gesprochen – um die Politik der „Ordnungszelle Bayern".[24] Nach dem Kapp-Putsch im März 1920 übernahm der bayerische Zweig der katholischen Zentrumspartei, die Bayerische Volkspartei (BVP) unter der Führung des früheren Regierungspräsidenten von Oberbayern, Gustav von Kahr, die Regierung. Die bayerischen Beamtenfamilien von Kahr und Hamm hatten vor 1918 in gesellschaftlichem Kontakt gestanden.[25] In der politischen Szenerie Bayerns seit 1921 allerdings trennten sich die Wege. Kahr, seit 1920 Vertrauensmann der rechten Wehrverbände, widersetzte sich allen Versuchen der Reichsregierung, der ultimativen Forderung der Siegermächte nach Auflösung der Einwohnerwehren in Deutschland Folge zu leisten. Hamm trat dem Kurs Kahrs und der BVP in dieser Frage im

Kabinett und in der Öffentlichkeit zunehmend entschieden entgegen.²⁶ Hier wie auch in der noch dramatischer sich zuspitzenden Konfrontation zwischen Bayern und dem Reich in Kompetenz- und Verfassungsfragen zur Republikschutzgesetzgebung nach dem Mord an Matthias Erzberger am 26. August 1921 betätigte sich Hamm unermüdlich als Vermittler zwischen Bayern und dem Reich.²⁷ Angesichts der Intransigenz der Rechten erklärte Hamm aber bereits im September 1921 vor seiner Partei, „dass ihm das Verweilen in der Regierung auf die Dauer unmöglich sei, dass er je eher, desto lieber sein Amt niederlege."²⁸ Kahr wurde in der Frage der Einwohnerwehren schließlich auch von der BVP, der er nicht angehörte, die ihn aber parlamentarisch getragen hatte, fallen gelassen. Er kam allerdings am 26. September 1923, in der Krise nach dem Abbruch des Ruhrkampfes durch den neuen Reichskanzler Stresemann, wieder, und zwar in der Stellung eines Generalstaatskommissars, das heißt praktisch eines bayerischen Diktators im Rahmen des bayerischen Ausnahmezustands. Eduard Hamm hatte unterdessen in dem auf die Regierung von Kahr I folgenden Kabinett des gemäßigteren Grafen Hugo Lerchenfeld-Koefering weiteramtiert, bis auch Lerchenfeld sich nach dem Rathenau-Mord den zwei Notverordnungen zum Schutz der Republik vom 26. und 29. Juni 1922 widersetzte. Nachdem Hamms Versuche, eine für das Eigenstaatsbewusstsein Bayerns wie für das Reich annehmbare Lösung zu finden, zunächst gescheitert waren, trat er am 22. Juli 1922 zurück.²⁹

Nach dem Hitler-Putsch am 9./10. November 1923 verfasste Hamm als der ehemalige jüngere Kollege im bayerischen Staatsdienst und Mitglied des ersten Kabinetts von Kahr einen für seine Verhältnisse erbitterten Brief an diesen, in dem er Kahr eine erhebliche Mitverantwortung für den Staatsstreichversuch zuschrieb. Er warf ihm vor, „je nach den Umständen zu nationalen Zielen über das Verfassungsrecht hinwegschreiten" zu wollen und sich niemals klar auf den Boden der Weimarer Reichs- und der bayerischen Landesverfassung gestellt zu haben.³⁰

III.

Seit der Reichstagswahl 1920 nahm Hamm neben seinem Ministeramt ein Reichstagsmandat in Berlin wahr – ausgerechnet in dem früheren Wahlkreis des radikalen Pazifisten und Kritikers des Kaisers, Ludwig Quidde.³¹ Als Minister, als Organisator und Kommunikator war Hamm völlig unumstritten und neben dem schon im Kaiserreich als linksliberaler Streiter und RT-Abgeordneter bewährten neuen Justizminister Ernst Müller-Meinigen sowie neben dem früheren Nürnberger Oberbürgermeister und Nachfolger von Gustav Noske im Reichswehrministerium (März 1920), Otto Gessler, der eigentliche und noch sehr junge Hoffnungsträger der bayerischen Demokraten.³² Trotz seiner allseits gepriesenen Rednergabe und auch seines Einsatzes als Redner in Wahlkämpfen war er eher ein Mann der Verwaltung und Exekutive als der Legislative.³³ Daher stützte sich seine Karriere auch auf seine außergewöhnliche Verwaltungsbegabung mit besonderer wirtschaftlicher Fachkompetenz. Gleichwohl gab er der Partei, was sie verlangte und brauchte.

Die DDP tendierte insgesamt zu deutlich mehr Unitarismus, als ihn die Bismarck'sche Reichsverfassung aufgewiesen hatte, aber sie zählte auch zu den Trägern des republiktreuen, von der SPD geführten demokratischen und bei weitem größten und mächtigsten Einzelstaats Preußen. In ihrer deutlichen Mehrheit konnte sie sich die von Hugo Preuss vorgeschlagene Aufteilung Preußens zugunsten einer strikt unitarischen Reichsorganisation nicht vorstellen.³⁴ Einen „dezentralisierten Einheitsstaat" anzustreben, wie Preuss vorgeschlagen hatte, ging den Linksliberalen zu weit, obwohl sie zu einer deutlichen Stärkung der Reichsgewalt tendierten. Unmittelbar vor der dritten Lesung der Reichsverfassung vom 29. bis 31. Juli 1919 war es auf dem ersten Parteitag der DDP vom 19. bis 22. Juli 1919 in Berlin bereits zu einer scharfen Attacke der unitaristischen Delegierten unter Anführung des einflußreichen Redakteurs der „Frankfurter Zeitung" Dr. Wilhelm Cohnstaedt gegen den gemäßigten Kurs des Parteivorstands in dieser Frage gekommen. Eine „rechtzeitige und gründliche Durchführung der Gedanken von Hugo Preuss" zu einer Neugliederung des Reichs hätte – so das stärkste realpolitische Argument Cohnstaedts – dem Reich viele Gefahren erspart, unter denen man in den letzten Wochen oft gezittert habe „und die uns noch auf Jahre hinaus in den Grenzgebieten des Reichs bedrohen werden".³⁵

Eineinhalb Jahre später stand das Thema wieder auf der Tagesordnung der Partei. Am 11. Dezember 1920 hielt Hamm auf dem zweiten ordentlichen Parteitag der DDP in Nürnberg das Grundsatzreferat über das Verhältnis Reich-Länder in und aufgrund der Weimarer Reichsverfassung. Hamms Rede lässt über das spezielle Thema hinaus einige Grundzüge seines politischen Weltbilds erkennen: „Alle Leidenschaft und alle Glut legen wir hinein in [den] Gedanken an den einen deutschen Staat [...]. Die deutsche Aufgabe dieser Zeit ist der deutsche Staat".[36] Dass Hamm den Staat so in den Vordergrund stellte, zeigt die stark beamtenliberale Prägung des deutschen Liberalismus, steht aber hier auch im Kontext der unmittelbar drängenden Aufgabe, die erste demokratische Republik Deutschland lebensfähig zu machen. Dabei werden Staat und Volk eng zusammengeführt. Die deutsche „Volkspersönlichkeit" verlange, dass man ihr „Schutz und Kraft in einem deutschen Staat [...], aber auch Heim und Herd" gebe, sie verlange „wirtschaftliche Wohlfahrt, ausgleichende Gerechtigkeit, Schutz der Schwachen"; und nicht zuletzt verlange sie, dass dieser deutsche Staat der „Freiheit der Persönlichkeit Raum" gebe.[37] Das nationale Pathos solcher Sätze wird gemildert durch den ausdrücklichen Hinweis auf frühere deutsche „Patrioten", die grundsätzlich übernational gedacht hätten. Hamm zählt sie zu den „größten und unsterblichsten Gestalten" der deutschen Geschichte, weil sie „weit über das Deutschtum hinaus in einem übernationalen Beruf die eigentliche Aufgabe des deutschen Volkes" erblickt hätten.[38] Die bedrängende Nachkriegsgegenwart verlange jedoch nicht übernationale, sondern nationale Gesinnung.

Bei allem gesamtdeutschen Einheitsbewusstsein – so Hamm weiter – gehöre jedoch zur deutschen Staats- und Volkspersönlichkeit die Vielheit der „kulturellen, wirtschaftlichen, stammlichen Eigenarten und Besonderheiten", die durch die „bildende und bindende Kraft der Geschichte mehr als bloße Zufallsbildung" geworden seien.[39] Natürlich ist der Hinweis auf die übernationale Aufgabe Deutschlands selbst auch eine nationalistische Denkfigur, und natürlich argumentiert Hamm hier aus der Tradition süddeutschen Reichsdenkens heraus gegen eine borussianisch-protestantisch-kleindeutsche Verengung der deutschen Identität. In der Manier des altliberalen historisch-organologischen Denkens verlangt er eine gewisse „Ehrfurcht vor der Geschichte" und die „Abkehr von einer allzu nationalistischen Neu-Berliner Art, die da glaubt, alle Dinge ‚aufziehen' oder organisieren zu können, von heute auf morgen machen zu können, was doch nur wachsen" könne.[40] Dass das Ungleichgewicht in der Reichsgliederung durch das Übergewicht Preußens in Zukunft abgebaut werden müsse, schreibt er den Delegierten schon einmal ins Stammbuch. Als wesentlichen Pfeiler der Gesellschafts- und Staatsordnung und als Korrektiv für „ausschließliche Einförmigkeit und zentralistische Verwaltung" postuliert er eine umfassende Stärkung der „Selbstverwaltung" auf allen Ebenen.[41] Hamm beruft sich bei seiner Betonung der Selbstverwaltung u. a. auf die Erfahrungen mit der Ineffizienz und der Zerstörung aller Eigeninitiative durch die Kriegswirtschaft der vergangenen Jahre, deren von Land zu Land unterschiedliche Regelungen bekanntlich noch bis 1921/22 weiter bestanden.[42]

IV.

Sehr bald nach seinem Rücktritt in Bayern wurde Hamm am 22. November 1922 zum Staatssekretär in der Reichskanzlei berufen. Die DDP schickte ihn in die bis dahin am weitesten rechts stehende Regierung unter dem parteilosen, aber DVP-nahen Generaldirektor der Hamburg-Amerika-Linie, Wilhelm Cuno. Cuno und Hamm kannten sich bereits aus der gemeinsamen Arbeit im Kriegsernährungsamt in Berlin 1917. Cuno kam auf das persönliche Betreiben des Reichspräsidenten Ebert ins Amt, der sich angesichts der sich zuspitzenden Konflikte über die Reparationszahlungen von Cuno wirtschafts- und handelspolitische Kompetenz und diplomatische Geschicklichkeit erhoffte. Es handelte sich um das erste sogenannte „Kabinett der Fachleute", das in der Forschung lange als ein erstes Indiz für die Flucht der Parteien – insbesondere der SPD – aus der Regierungsverantwortung und insofern als Symptom für die Krise des Weimarer Parlamentarismus, wenn nicht gar als eine Art „Rückfall in den Obrigkeitsstaat" gewertet wurde.[43] Eduard Hamm selbst urteilte nachträglich durchaus kritisch über die Person des Reichskanzlers: „Ich schätze ihn als Charakter sehr hoch, es fehlte ihm jedoch die politische Leidenschaft, die Sachnähe und die Unerbittlichkeit unerwünschte Gefahren und Gedanken bis zum bitteren Ende durchzudenken".[44] Was man auch von dieser Regierung halten mag – fest steht, dass sie die bei weitem stärksten Turbulenzen in der Zeit zwischen der Revolution 1918 und dem Höhepunkt der Weltwirtschaftskrise in Deutschland im Juni 1931 auszuhalten hatte. Hamm führte die Kabinettsprotokolle, analysierte in zahlreichen Denkschriften die verschiedenen Krisenherde und machte Lösungsvorschläge.[45] Zugleich diente er als wichtigster Manager der Regierung.

Es waren mehrere Konflikte, die sich in den knapp neun Monaten zwischen dem 22. November 1922 und dem 13. August 1923 überschnitten, gegenseitig verstärkten und von denen jeder für sich schon genug Sprengstoff barg, um die junge Republik zu zerstören.[46]

Im Vordergrund standen zunächst zweifellos die Ruhrbesetzung und der Ruhrkampf. Ob dieser wirklich unumgänglich war, ist heute eine obsolete Frage. Gewiss fehlte es der Vorgängerregierung unter Joseph Wirth und auch Cuno an dem unbedingten Willen, alle Reparationsverpflichtungen auf Punkt und Komma zu erfüllen. Ebenso gewiss hatte sich der französische Ministerpräsident Poincaré – auch unter dem Eindruck des Rapallo-Paktes – schon im Sommer 1922 entschlossen, das Ruhrgebiet zu besetzen, und in der unmittelbaren Vorgeschichte des Einmarsches alles getan, um ein denkbares Entgegenkommen der deutschen Seite zu blockieren.[47] Der Einmarsch französischer und belgischer Truppen am 11. Januar 1923 trieb die deutsche Bevölkerung quer durch alle Klassen und Schichten – diese Formel ist hier weitgehend berechtigt – mit Ausnahme der Kommunisten in einen Sturm der Empörung, dem sich die Regierung nach einigem Zögern anschloss. Sie erteilte gewaltsamen Aktionen gegen die Besatzer eine Absage und legte sich auf die Politik des „passiven Widerstands" fest.[48]

Hamm spielte bei der Konzeption und Durchführung des passiven Widerstands eine maßgebliche Rolle und übernahm als Chef der Reichskanzlei die Funktion eines „Chefs des Stabes aller Kräfte des passiven Widerstands" – so der Pressesprecher der Regierung, sein späterer Freund und Mitverschworener im Widerstand, Ministerialdirektor Friedrich Heilbron. Nach Heilbrons Ansicht war Hamm „seiner ganzen Natur nach für den Posten [...] geradezu prädestiniert", abgesehen vielleicht von der unbegrenzten Belastbarkeit, die dieses Amt forderte.[49] Ähnliches berichtet der wichtigste Chronist dieser Jahre, Harry Graf Kessler, der in einem Gespräch mit dem Außenstaatssekretär Ago von Maltzahn die Idee eines „Ruhrdiktators" verfolgte und mit diesem Anliegen am 6. Februar 1923 Hamm in der Reichskanzlei aufsuchte. Kessler schildert Hamm als „kleinen feinen Süddeutschen (Baier), der mich etwas an den Onkel Chlodwig [den ehemalige Reichskanzler Chlodwig von Hohenlohe-Schillingsfürst] erinnerte (den ich im Nebenraum zu ebener Erde als Reichskanzler erlebte)". „Man hatte bei ihm im Ganzen den Eindruck eines großen guten Willens und einer menschlich sympathischen Feinheit und Durchgeistigung. Weniger von Kraft".[50] Ago von Maltzahn, damals der starke Mann im Außenministerium, urteilte dazu, Hamm habe die Sache in der Hand, aber er habe auch noch anderes zu tun.[51] Die Frage der „Kraft" ist nicht unwichtig. Immerhin bedeuteten die Krisen-Jahre der Republik für fast alle wichtigen Akteure eine Phase extremer Strapazen. Gessler, der seinerseits als stabil, aber auch bequem galt, sah beispielsweise Cuno vor seinem Rücktritt am

13. August 1923 vor einem „nervösen Zusammenbruch". Die Nerven von Cunos Vorgänger Wirth waren am Ende seiner Amtstätigkeit völlig verschlissen, ebenso wie die des letzten Finanzministers der Brüning-Ära, Hermann Dietrich, und vieler anderer Kanzler und Minister, die „unter der Last der Verantwortung und der Arbeit erdrückt wurden". Friedrich Ebert, Hermann Müller und Gustav Stresemann starben unter den Belastungen ihrer Ämter.[52]

Bei aller Erregung und bei allem Bemühen, die prekäre gemeinsame Front von Arbeiterschaft und Unternehmern aufrechtzuerhalten, war Hamm gleichwohl stark darauf bedacht, nationalistische Exzesse und vor allem Gewalttaten zu verhindern – aus innen- wie außenpolitischen Gründen. In einer Aufzeichnung vom 20. Juli 1923 für den Reichskanzler referiert er den Lage- und Stimmungsbericht zweier Gewerkschaftsführer aus dem Ruhrgebiet, dass die „Kampfstimmung" im Herbst nur noch schwer zu halten sein werde. „Rechtsradikale Umtriebe" müssten unbedingt vermieden werden, sonst bröckle die Unterstützung der Arbeiter; Sabotageakte, wie der Sprengstoffanschlag auf die Duisburger Rheinbrücke am 30. Juni oder auf das sozialdemokratische Verlagsunternehmen „Volkswille" am 24. Juni 1923, müssten verhindert werden.[53]

Mit dem Ruhrkampf steigerten sich noch einmal die Exzesse der Inflation. Der Übergang von der immerhin schon trabenden in die galoppierende Geldentwertung hatte in Deutschland bereits im Juli des Jahres 1922 stattgefunden. Als die Regierung Cuno ins Amt kam, befand sie sich schon in der Hyperinflation. Man sollte sich der Tatsache bewusst sein, dass das Geldvermögen der Deutschen schon lange vor 1923 völlig entwertet war. Der Grund dafür lag neben den altbekannten Nachwirkungen der Kriegsfinanzierung auf Pump und den politisch bereitwillig akzeptierten massiven Lohnsteigerungen der Jahre 1919 bis 1921 zum Zweck der Revolutionsdämpfung vor allem in den finanziellen Lasten des passiven Widerstands.[54] Zur rasenden Geldentwertung notierte Eduard Hamm in einer Denkschrift am 25. Juli 1923:

Die ständige Entwertung der Mark bringt fieberhafte Unruhe in Geschäfts- und Familienleben, drückt die Stellung des Käufers gegenüber dem Verkäufer und wird, selbst wo die Einnahmen einigermaßen folgen, zu einer allmählich unerträglichen seelischen Qual. Die gleiche Entwertung der Mark bringt weiten Kreisen eine unsinnige Steigerung der vermeintlichen Gewinne aus Börsengeschäften, deren Erträge zum großen Teil in ärgerlichem Luxus angelegt werden [...]. Was demgegenüber Heilung bringen kann, ist grundsätzlich Stillegung der Notenpresse, möglichste Herstellung der Bilanz von Ein- und Ausfuhr, außen- und innenpolitische Befestigung der staatlichen Sicherheit Deutschlands.

Darauf folgt dann eine detaillierte Auflistung möglicher Maßnahmen, die aber in vergleichsweise kleinen Schritten und Summen stehenbleiben musste, solange die ingeniöse Fiktion zur Deckung der späteren Rentenmark nicht erfunden war.[55] Wenige Wochen zuvor hatte sich Hamm in einer Denkschrift für den Reichskanzler mit den zunehmenden Spannungen in der deutschen Gesellschaft auf der Grundlage der desolaten Wirtschaftslage auseinandergesetzt: In „weitesten Kreisen des Volkes, bei der Masse der Arbeiter und Angestellten, aber auch sonst" herrsche „große Erregung und tiefe Bitterkeit gegen Staat und Wirtschaft" – gegen die Wirtschaft, weil man bei ihr „sichtbare Opfer in Industrie, Landwirtschaft, Bankwesen und Großhandel" vermisse, gegen den Staat, weil er nichts dagegen unternehme.[56]

Den dritten Problemkreis definierte Hamm selbst als „möglichste innenpolitische Befestigung der staatlichen Sicherheit Deutschlands." Auch auf diesem Krisenfeld, dem Anwachsen des politischen Radikalismus links und rechts, dramatisierte sich das Geschehen während seiner Amtszeit und mündete schließlich in die Reichsexekution in Sachsen und den Hitlerputsch vom 8./9. November 1923. Im Sommer 1923 näherten sich die von der Internationale gesteuerten Kommunisten bekanntlich sogar dem Rechtsradikalismus, als Karl Radek in Moskau den Ende Mai von den Franzosen hingerichteten Unterführer eines illegalen Sabotagetrupps, Leo Schlageter, als „Märtyrer des deutschen Nationalismus" und Mitstreiter in dem von den Kommunisten propagierten Kampf gleichermaßen gegen Poincaré und Cuno pries.[57] Zugleich trieb die KPD in Sachsen und Thüringen die Bildung einer Volksfrontregierung voran, SPD und KPD wählten in Sachsen den linken Sozialdemokraten Erich Zeigner zum Ministerpräsidenten. Die radikalen Kräfte bei den Kommunisten in den mitteldeutschen Industrierevieren bildeten so genannte „Hundertschaften", die als Bürgerkriegstruppe gedacht waren. Heute kennen wir die Harmlosigkeit dieser vermeintlich schlagkräftigen Einheiten.[58] Gleichwohl lässt sich nicht bestreiten, dass die wachsende Notlage der Arbeiterschaft im Sommer 1923 den Kommunisten ungewöhnliche Agitations-Chancen bot. Auch auf der Rechten spitzte sich im Lauf des Jahres 1923 die Bedrohungslage zu. Hitler hatte schon am 11. Januar im Zirkus Krone die Parole ausgegeben: „Nicht nieder mit Frankreich, sondern nieder mit den Novemberverbrechern!"[59] Der Aufmarsch der SA vom 23. August 1923 zeigte, dass hier die eigentliche, straff geführte und von der Reichswehr vielfach geduldete Bürgerkriegstruppe entstanden war. Am 1. Mai versuchten SA und „Bund Oberland" die Kundgebung von SPD und Gewerkschaften gewaltsam zu sprengen. Beim „Deutschen Tag" in Nürnberg am 1./2. September 1923 gründeten die SA sowie die Wehrverbände „Reichskriegsflagge" und „Bund Oberland" den gemeinsamen „Deutschen Kampfbund", wodurch auch die Staatsstreichabsichten Ludendorffs und Hitlers offener hervortraten.[60]

Mit dieser Lage setzte sich Eduard Hamm mehrfach eingehend auseinander, analysierte das Auftreten von KPD und NSDAP bzw. der Deutsch-Völkischen Freiheitspartei und den ihnen nahe stehenden Wehrverbänden in Preußen, Sachsen/Thüringen und Bayern und machte detaillierte Vorschläge, wie gegen die gewaltbereiten Verbände vorgegangen werden müsse. Er folgte dabei mehreren Leitlinien. Die wichtigste: der Staat müsse sein Gewaltmonopol energischer verteidigen bzw. zurückerkämpfen; der Schutz der Rechtsordnung sei Sache des Staates. Auch müsse dafür gesorgt werden, dass das Reich nicht, wie gegenwärtig, „von einzelnen Landesregierungen auseinanderregiert" werde. Daher wandte sich Hamm auch entschieden gegen die unterschiedliche Behandlung von Kommunisten einerseits und Nationalsozialisten andererseits in den verschiedenen Ländern.[61] In seinen schriftlichen Analysen nahm dagegen die Kritik an der Duldsamkeit der bayerischen Justiz und Regierung gegen die extreme Rechte den größten Raum ein.[62] Aus Hamms Sicht erfüllten sowohl die rechts- wie die linksgerichteten Länderregierungen ihre polizeilichen Aufgaben zu wenig: „die gegenwärtige Art, wie in den großen Ländern regiert wird", gefährde die Reichseinheit. Die Gefahr für den inneren Frieden und den Bestand des Reiches schien ihm bei einem scharfen Vorgehen gegen Bayern offensichtlich sehr viel größer als bei entsprechenden Maßnahmen gegen Sachsen und Thüringen.[63] Einen württembergischen Vorschlag, die Landesregierungen durch eine Notverordnung nach Artikel 48 zu stärkerem Vorgehen zu ermächtigen, lehnte er aus seinem peniblen Verfassungsverständnis heraus jedoch ab. Notverordnungen sollten von der Reichsregierung grundsätzlich nur in Fällen „augenblicklicher nicht anders zu behebender Not" erlassen werden. Wohl aber verlangte er ein „Schutzgesetz [...] gegenüber den kommunistischen, wie auch gegenüber nationalsozialistischen Treibereien".[64]

Am 13. August 1923 trat die Regierung Cuno angesichts der verfahrenen innen- wie außenpolitischen Situation zurück. Hamm gehörte den beiden folgenden kurzen, aber einschneidenden Regierungen Stresemann nicht an. In den darauffolgenden beiden Kabinetten des Zentrumsmannes Wilhelm Marx 1924/25 übernahm er dann jedoch das Wirtschaftsministerium (Dezember 1923 bis Februar 1925). Der

Schwerpunkt seiner Tätigkeit lag hier auf flankierenden Maßnahmen zur extrem schwierigen Mark-Stabilisierung, wobei die unterschiedlichen Interessen in Deutschland möglichst gleichmäßig berücksichtigt werden sollten. Gleichzeitig die Wirtschaft nach Ruhrkampf und Währungszusammenbruch wieder in Gang zu bringen und dafür zu sorgen, dass die teilweise Aufwertung der Mark von öffentlichen Körperschaften und Kreditinstituten bewältigt werden konnte, stellte eine Zerreißprobe für die Wirtschafts- und Finanzpolitik dar.[65] Bei dieser „Aufwertung" ging es um die – heftig umstrittene – Teilaufwertung der durch die Inflation gänzlich entwerteten Schuldtitel, insbesondere der Anleihen des Reiches, der Länder und der Kommunen sowie z. B. der Pfandbriefanstalten. Für sie mussten dann auch Zinsen bezahlt werden. Ein gewisser Prozentsatz der Entwertung der Geldvermögen wurde dadurch wieder rückgängig gemacht. In der Zollpolitik vertrat das Reichswirtschaftsministerium wie das Außenministerium unter Stresemann die Politik einer konsequenten Öffnung nach außen, zur Orientierung auf den Weltmarkt hin.

V.

Mit den desaströsen Wahlniederlagen der bayerischen DDP 1924 und dem Verlust des Reichstagsmandats hatte Hamm letztlich die Basis seiner politischen Karriere verloren. So war es ihm offensichtlich willkommen, dass Franz von Mendelssohn als Präsident des DIHT ihm die Stellung des „Geschäftsführenden Präsidialmitglieds" anbot. Heute würde man sagen, Hamm wechselte kurzfristig in die Wirtschaft und wurde „Interessenvertreter". Dem ist so – allerdings kommt es in so einem Fall schon darauf an, *welche* Interessen vertreten werden und *wie* das geschieht.

Der DIHT (heute Industrie- und Handelskammertag) war der Dachverband aller Industrie- und Handelskammern, die ihrerseits als öffentlich-rechtliche Korporationen mit Zwangsmitgliedschaft aller Gewerbetreibenden verfasst waren. Den ursprünglichen Kern der ‚Handelskammern' bildeten der Groß- und Einzelhandel, hinzu kamen die kleinen und mittleren produzierenden Unternehmen. Mitglieder waren aber auch die Firmen der Großindustrie. Ungeachtet von derer Mitgliedschaft kamen im Verband aber die Interessen der kleinen, mittleren und großen Unternehmen der verarbeitenden und exportierenden

Industrie und der Banken zur Geltung. Die eigentliche Schwerindustrie wurde hauptsächlich durch ihren eigenen Verband, den „Reichsverband der deutschen Industrie" (RDI) vertreten. Gleichwohl gab es Doppelmitgliedschaften und in vielen Fällen Interessenparallelitäten. Es wäre aber auch nicht richtig, den RDI nur als Vertretung der Schwerindustrie zu bezeichnen. Im Übrigen ist festzuhalten, dass die handels-, wirtschafts- und allgemeinpolitische Position vieler Unternehmer nicht nur sehr viel mehr schwankte, sondern auch weniger von der Branchenzugehörigkeit abhing als vielfach angenommen.[66] Aus den zahlreichen Reden und Diskussionsbeiträgen Hamms in den Ausschüssen und bei den alljährlichen Vollversammlungen des DIHT gewinnt man den Eindruck, dass er die Verbandspolitik im Wesentlichen bestimmte und das Amt mit breiter Zustimmung der Mitglieder führte.[67]

Verfolgt man diese ausführlichen, durchaus akademisch angelegten Reden, etwa – alljährlich – über die „Wirtschaftspolitische Lage", über die „Verwaltungsreform Deutschlands in der Weltwirtschaft", die „Reparationspolitische Lage" usw., so findet man sich seit 1925 im Zentrum jener Probleme, die sich in der deutschen Wirtschafts-, Sozial- und Haushaltspolitik seit 1928 und in der Weltwirtschaftskrise seit 1929 dramatisch zuspitzten und am Ende zum Untergang der Republik führten.[68] Über die Ursachen der Weltwirtschaftskrise wird nach wie vor kontrovers diskutiert, einig ist sich die Wissenschaft nur in dem Gemeinplatz, dass sie letzten Endes aus einer „zufälligen Verkettung unglücklicher Umstände" entstanden sei.[69] Die Wirtschaftshistoriker beschreiben sie als Zuspitzung einer ökonomischen Krisengeschichte, auf die die Wirtschafts- und Finanzpolitik letztlich nur noch *reagierte*, und zwar vielfach *falsch* reagierte, auf Seiten aller Beteiligten. Genannt wird *erstens* die Zerstörung der weltwirtschaftlichen Arbeitsteilung durch den Krieg und die allseitige Unfähigkeit nach 1918, sie wiederherzustellen – ein auch bei Hamm Jahr für Jahr wiederkehrender Befund.[70] Hinzu kam *zweitens* die Verschiebung der Schuldner-Gläubiger-Relationen durch die internationale Kriegsfinanzierung, die dadurch veränderten globalen Finanzmärkte und die Tatsache, dass die USA ihrer neuen weltwirtschaftlichen Führungsverantwortung nicht gerecht wurden – dieser Problemkreis spiegelt sich in den Debatten um die Reparationszahlungen, die seit den Plänen der Young-Kommission, die Reparationen neu und moderater zu regulieren, von Jahr zu Jahr heftiger wurden. *Drittens* waren weltweit im und unmittelbar nach dem Ersten Weltkrieg Überkapazitäten entstanden, die allerorts auf die Produktionsziffern und die Preise drückten – wiederum ein Standardbefund bei

Hamm.⁷¹ *Viertens* wird die Strukturkrise der Landwirtschaft genannt, in Deutschland mit sinkenden Preisen, dramatischer Verschuldung und der Neigung aller Teilnehmer am Agrarmarkt, sich in nationale Schutzzölle zu flüchten – ein im DIHT viel diskutiertes Thema, zu dem Hamm am 28. Juni 1929 auch die Berichterstattung und die Vorlage von „Richtlinien zur Förderung der Landwirtschaft" übernommen hatte.⁷² *Fünftens* findet man in fast jeder Rede – jetzt speziell auf Deutschland bezogen – die übermäßige und schlecht strukturierte Auslandsverschuldung, verbunden mit der Reparationenfrage, die mangelnde Auslastung der Kapazitäten und eine notorische Investitionsschwäche.⁷³ *Sechstens*: Überall in Europa stellten der Ausbau des Sozial- und Interventionsstaats und der entstandene politische Massenmarkt ein Problem für das Funktionieren der Wirtschaft dar; nie zuvor war über Wirtschafts-, Finanz- und Sozialpolitik so viel, so kontrovers und vielfach auch so hasserfüllt gestritten worden. Bei Hamm steht dieses Thema regelmäßig auf dem Programm – immer mit der Forderung, den Staatsinterventionismus auf allen einschlägigen Feldern zurückzufahren.⁷⁴

Um Hamms Politik in den entscheidenden Krisenjahren der Republik von der Großen Koalition unter Hermann Müller bis zur Machtübertragung an Hitler wenigstens andeutungsweise zu konturieren, soll seine Stellung zu einigen Schlüsselproblemen dieser Jahre skizziert werden: Zur Sozialpolitik und der prekären Sozialstaatlichkeit Weimars, zur Spar-, Haushalts- und Reparationenpolitik Brünings und zu den verfassungspolitischen Vorstellungen Hamms am Ende der Republik.

Als Eduard Hamm im Winter 1925 die Geschäftsführung des Vorstands des DIHT übernahm, klagte er über die vielen sozialpolitischen Anträge der Linken im Reichstag und darüber, dass die anhaltenden Wahlkämpfe allzu oft eine „ruhige, nüchterne, sachliche Durchsetzung des Notwendigen" bedrohten. Andrerseits aber warnte er sein Publikum: „Ein Unternehmertum, das sich von vornherein gegen hohe Löhne ausspräche, würde nicht nur die politischen Zeichen der Zeit verkennen und soziale Aufgaben geringschätzen, sondern auch gegen seinen eigenen wirtschaftlichen Nutzen handeln". Starker Konsum sei an sich wünschenswert – eine Position, die auf der politischen Rechten in der Regel nicht geteilt wurde. Aber nach Lage der Dinge müsse in Deutschland die Kapitalbildung im Vordergrund stehen. Mit anderen Worten: Weitere sozialpolitische Wünsche gefährdeten die Rentabilität und damit die Investitionskraft der deutschen Wirtschaft.⁷⁵

Über Erfolg oder Scheitern der schon seit 1929 einsetzenden Sparpolitik wird seit etwa 35 Jahren erbittert diskutiert. Nach 1945 hatte die Keynes'sche Krisen- und Konjunkturtheorie die Interpretation der internationalen und der deutschen Krise weitgehend bestimmt. Ihr zufolge hatte der Staat zu schwach oder zu spät mit antizyklischer Stoßrichtung, das heißt mit Ausweitung der Liquidität und staatlichen Arbeitsbeschaffungsprogrammen in den Konjunkturverlauf interveniert. Dieser Sicht widersprachen dann vor allem Knut Borchardt mit der nach ihm benannten These und angelsächsische Wirtschaftshistoriker. Die Borchhardt-These besagt, dass Deutschland vor allem an einer zu geringen Rentabilität seiner Betriebe litt und dass es daher unabdingbar gewesen sei, die Sozialpolitik abzuschwächen, die Löhne zu senken und dafür die staatliche Stützung von Arbeitnehmeransprüchen durch das staatliche Schlichtungswesen aufzubrechen.[76] Ganz in diesem Sinne betonte Hamm immer wieder die Notwendigkeit, die Rentabilität der deutschen Unternehmen zu steigern und verlangte seit 1929 mit zunehmender Schärfe sozialpolitische Zurückhaltung. Im April 1928 sprach er von der außerordentlichen Macht des Schlichters und deutete vorsichtig eine Präferenz der staatlichen Schlichtung für die Arbeitnehmerseite an, stellte die Schlichtung selbst aber nicht in Frage und forderte nur, die bei den Schwerindustriellen besonders verhasste Verbindlichkeitserklärung auf diejenigen Fälle zu beschränken, „wo überragende Interessen des Staates und der Volkswirtschaft zusammentreffend danach verlangen".[77]

Auch auf dem Höhepunkt der Weltwirtschaftskrise, am 23. Juni 1931, beharrte Hamm aber darauf, dass die „Entwicklung des Staats vom Sicherheits- zum Wohlfahrts- und Sozialstaat [...] grundsätzlich unentbehrlich" sei.[78] Als der RDI dazu überging, diese Errungenschaften des Weimarer Sozialstaats ganz beseitigen zu wollen, blieb Hamm bei einer gemäßigten Linie.[79] Auch noch Ende 1932 hielt er sowohl an der Zwangsschlichtung wie an der von der Schwerindustrie und auch von manchen DIHT-Mitgliedern scharf abgelehnten Verbindlichkeitserklärung fest.[80] Auch sonst wich der Kurs des DIHT spätestens seit Sommer 1929 vielfach vom RDI ab, vor allem wenn es darum ging, die Interessen der verarbeitenden und der Exportindustrie gegen die der Ruhrbarone zu wahren sowie Forderungen nach Schutzzöllen entgegenzutreten.[81] Die seit der Großen Koalition unter Hermann Müller vorsichtig und nur unter dem Druck der sich verschlechternden Konjunkturlage einsetzenden Sparbemühungen unterstützte Hamm ohne Wenn und Aber. Allenfalls kritisierte er, dass sie nicht rasch und energisch genug vorgenommen würden. Die Notverordnungen Brünings hielt er für unumgänglich und den Kampf Brünings gegen die Einberu-

Abbildung 4: Eduard Hamm (rechts in der Mitte) bei einer Sitzung der Donaukommission der Internationalen Handelskammer in Budapest, November 1932

fung des Reichstags nach der Notverordnung vom 5. Juni 1931 – womit eine sichere Mehrheit gegen die Notverordnung verhindert werden sollte – für unvermeidbar.[82]

Den Anstieg der Arbeitslosenzahlen registrierte Hamm seit 1928 zunehmend alarmiert. Am 17. April 1928 forderte er die Arbeitgeber auf, „soziale Härten und Nöte im Rahmen des wirtschaftlich Möglichen zu vermeiden" und meinte damit vor allem, dass auf die Entlassung älterer Angestellter möglichst verzichtet werden solle. „Kaum eine andere der Tatsachen unseres sozialen Lebens ist seelisch belastender für die Arbeitnehmer als die Unsicherheit ihrer Beschäftigung".[83] Bei alledem beharrte Hamm darauf, Arbeitsbeschaffungsmaßnahmen soweit irgend möglich zu unterlassen – immer mit dem Argument, sie könnten nur über interne Kreditausweitung oder die Aufnahme von Auslandskrediten finanziert werden und würden die unumgängliche Konsolidierung des Haushalts stören.[84]

Bei alledem darf man nicht vergessen, dass seit Sommer 1932 auf den Straßen bürgerkriegsartige Zustände herrschten, dass die Regierung Papen das SA-Verbot wieder aufgehoben hatte, dass Kommunisten und

Nationalsozialisten im Streik der Berliner Verkehrsbetriebe im November 1932 zusammenarbeiteten und die Clique um von Papen, den General von Schleicher und Hindenburgs Staatssekretär Meissner im weitgehenden Einverständnis mit den führenden Großindustriellen den endgültigen Übergang zum autoritären Staat betrieb. Hamm hatte wie viele andere schon 1927, freilich im Kontext der „Reichsreform" – die 1927 bei ihm noch unter dem Stichwort „Verwaltungsreform" lief – ein „Übermaß an Parlamentarismus beklagt".[85] Hamms Argumente haben allerdings wenig zu tun mit einer grundsätzlichen Kritik an Demokratie und Parlamentarismus. Eher spricht hier die Sorge sowohl des effizienten Verwaltungsfachmannes wie des erfahrenen Parlamentariers vor Kompetenzwirrwarr, Undurchsichtigkeit von Entscheidungsstrukturen und der Verschwendung von Ressourcen.

Im Oktober 1932 diskutierte Hamm vor dem DIHT in einer breit fundierten Rede von eher wissenschaftlicher als politischer Diktion den zeitgenössischen Diskurs um ständestaatliche Ordnungsmodelle.[86] Obgleich Hamm in diesem Vortrag mehr referierte als urteilte, traten seine eigenen Vorstellungen von Wirtschaftspolitik und Wirtschaftsverfassung doch unmissverständlich hervor. Den Primat nationalpolitischer Ziele in Fragen der Wirtschaftsordnung lehnte er ab und wandte sich mehrfach deutlich gegen die von der politischen Rechten und den Agrariern vorgebrachten Autarkiepostulate[87] ebenso wie gegen jede Art von planwirtschaftlichen Maßnahmen, seien sie mehr sozialistisch oder mehr national akzentuiert. Suspekt erschien ihm die Verknüpfung von ständestaatlichen Ideen mit der Hervorhebung eines forcierten „Führer-Prinzips".[88] Nützliche und zukunftsträchtige berufsständische Traditionen sah er in Deutschland ohnehin im Genossenschafts- und Kammerwesen vertreten. Gewisse Hoffnungen setzte er in den von Brüning berufenen „Reichswirtschaftsrat", den er als zeitentsprechende Ausprägung der deutschen Tradition von Selbstverwaltung interpretierte und aufgewertet wissen wollte. Vor allem plädierte er für die Einführung einer zweiten, berufsständischen Kammer, um, wie er meinte, die Sachkunde und Lebensnähe der arbeitenden Bevölkerung neben dem zunehmend in ideologische Parteilager zerfallenen Reichstag zu stärken und die Regierung „vom Wechsel der Parteimeinungen" unabhängiger zu machen.[89] Wahrscheinlich dachte Hamm dabei in die Richtung, den praktisch wirkungslos gebliebenen „Vorläufigen Reichswirtschaftsrat" umzuwandeln in eine Institution wie den zu Beginn der Weimarer Republik geplanten „Wirtschaftsrat". Mit mehr Mitspracherechten ausgestattet, hätte er aus der Sicht Hamms vermutlich zu einer stärkeren „Versachlichung" der Politik beitragen sollen.[90] Am 18. Januar 1927 hatte Hamm über den „Entwurf eines Gesetzes über den Reichswirtschaftsrat" referiert und einen Entschließungsantrag vorgelegt, der auf intensivere Beratung und genauere Bestimmungen des Gesetzentwurfs drang. Aus den vorsichtigen Formulierungen zu seiner Begründung, etwa „daß der Reichswirtschaftsrat gute, entwicklungsfähige Seiten hat", lässt sich aber auf den Plan einer einflussreichen, einer Zweiten Kammer gleichkommenden berufsständischen Vertretung noch nicht gesichert schließen.[91]

Aber wie schon im Sommer 1923 warnte Hamm auch jetzt wieder vor einem zu bedenkenlosen Rückgriff auf den Paragraphen 48 der Reichsverfassung.[92] Nachdem Kurt Schleicher am 28. Januar 1933 zurückgetreten und wenig später verlautet worden war, dass Papen Fühlung zu Hitler aufgenommen habe, schrieben Eduard Hamm und sein Kollege Ludwig Kastl vom Reichsverband in einem alarmierten Brief an Hindenburgs Staatssekretär Meissner, die „fortgesetzten Beunruhigungen durch politische Krisen vernicht(et)en alle Keime der wirtschaftlichen Besserung."[93] Den Politikern der Weimarer Republik ist – nicht zu Unrecht – immer wieder vorgeworfen worden, sie hätten die Republik nicht energisch genug verteidigt. Auf Hamm trifft dieser Vorwurf nicht zu, trotz des Plädoyers für eine zweite, berufsständische Kammer neben dem Reichstag Ende 1932. Hamm hat durchaus einzelne seiner politischen Positionen im Lauf der Jahre verändert, das parlamentarische Prinzip und die Weimarer Verfassung aber waren ihm sakrosankt.[94]

VI.

Nach Hitlers Machtergreifung hatte Hamm zunächst vor, im Amt zu bleiben und so viel wie möglich zu tun, um eine NS-Wirtschaftspolitik, von der er das Schlimmste befürchtete, zu verhindern.[95] Hamm wäre wohl zunächst weiterhin im DIHT geduldet worden, weigerte sich aber, der NSDAP beizutreten, und musste am 10. Mai 1933 aus dem Verband ausscheiden.[96] Anschließend lebte er zunächst bis 1936 mit seiner Familie in Berlin und erhielt dort im Sommer 1934 die Zulassung zum Rechtsanwalt. Die anwaltliche Tätigkeit setzte er nach seinem Umzug 1936 in München fort. Wahrscheinlich schon in diesen Berliner Jahren gehörte Hamm zum Widerstandskreis um den ehemaligen bayerischen Gesandten in Berlin, Franz Sperr.[97]

Der wichtigste Mann im Kreis, neben dem ehemaligen Generalstabsoffizier und Diplomaten Sperr, zu dem Hamm schon vor 1933 freundschaftliche Beziehungen unterhalten hatte, war der persönliche und politische Freund Hamms und langjährige, wenngleich heftig umstrittene Reichswehrminister Otto Gessler. Zu Gessler nahm 1934/35 der bayerische Kronprinz Rupprecht Kontakt auf. Über Gessler stieß Hamm als Berater für Wirtschaftsfragen zum Kreis. Sperr, Gessler, Hamm und der Kabinettschef des Kronprinzen, von Redwitz, trafen sich ab 1935 entweder in dessen Wohnung, oder gelegentlich auch bei Rupprecht in dessen Schloss Leutstetten bei Starnberg. Redwitz zufolge stellte man sich zu diesem frühen Zeitpunkt zwei Aufgaben: staatsrechtliche Überlegungen für eine Regierungsübernahme im Fall eines Zusammenbruchs der NS-Herrschaft anzustellen und Personen zu rekrutieren, die für wichtige Aufgaben und Ämter in Frage kamen. Mit der Teilnahme Rupprechts war klar, dass der Kreis an eine Monarchie als künftige Staatsform dachte. Das mag auf den ersten Blick angesichts der entschiedenen Hinwendung Hamms zur Republik 1918/19 verwundern. Seit Hitlers Machtergreifung wurde bei Hamm aber wohl vor allem die Überlegung relevant, dass nach dem Zusammenbruch des deutschen Parteiensystems und der Institutionen der Reichsverfassung eine übergeordnete Autorität nötig sein würde, um stabile Verhältnisse zu schaffen. Dahinter standen die Erfahrungen mit der zerfallenden Reichsautorität seit 1930, aber auch die Revolutionserfahrung in Bayern einschließlich des gegenrevolutionären Weißen Terrors. Wer sich von der Schockwirkung der Münchner Räterepublik auf das bürgerliche Bewusstsein ein Bild machen möchte, lese die Tagebücher von Thomas Mann. Sie zeigen den Wandel von einem Bürger, der aus Hass gegen den „bourgeoisen" Westen anfangs salonbolschewistische Neigungen pflegte, zum bedingungslosen Befürworter gegenrevolutionärer Militärherrschaft.[98]

Mit dem monarchischen Gedanken verband sich naturgemäß ein starker bayerischer Föderalismus. Auch hier ist zu bedenken, wie sehr die aktuelle Situation die Meinungsbildung bestimmte. In der Frühzeit der Republik hatte Hamm als führendes Mitglied der einzigen in Bayern wirklich unitarisch gesinnten bürgerlichen Partei im Reich um Verständnis für die bayerische Besonderheit geworben. Seit 1925 hatte er sich aber zunehmend für unitarische Reformen stark gemacht, wobei er im Kreise der Reichsreformer wiederum zu denen gehörte, die den Föderalismus keineswegs ganz abschaffen wollten.[99] Als er 1932 für die Einführung einer zweiten, berufsständischen Kammer plädierte, sah er die größte Schwierigkeit darin, dass eine gesamtstaatliche Zweite Kammer nicht ins föderative Institutionengefüge passte.[100] Die reibungs- und widerstandslose Gleichschaltung der Länder im Frühjahr 1933, auch Bayerns, auf dessen Widerstand alle Hitlergegner ebenso hoffnungsvoll wie vergeblich gewartet hatten, veränderte für ihn die Lage offenkundig dramatisch. Die kontinuierlichen, letztlich zentral aus Berlin gesteuerten Rechtsbrüche dürften ihn dazu bewogen haben, als Gegengewicht einen föderalen Schutzwall wieder höher zu ziehen.

In den folgenden Jahren warb Hamm zunächst in München und dann in Augsburg Vertrauensmänner an, wobei er sich vorzugsweise auf Personen stützte, die er von seiner bayerischen Beamten- und Ministerzeit her oder aus dem Umkreis der Industrie- und Handelskammern kannte. Mit ihnen besprach er mögliche weitere Kontakte und konkrete Maßnahmen für den Fall eines Zusammenbruchs des Dritten Reichs, so die künftige Währungspolitik, Arbeitsbeschaffungsmaßnahmen sowie die Sozialpolitik.[101]

Dem ehemaligen Offizier Sperr, dem ehemaligen Reichswehrminister Gessler, aber auch Hamm war klar, dass für die Machtübernahme nach einem Ende des Dritten Reichs in Bayern Teile des Militärs gewonnen sein mussten, schon um mit der SS fertig zu werden. Der prominenteste dieser Kontakte führte zu dem wegen zunehmender Divergenzen mit Hitler in Strategiefragen am 24. September 1942 entlassenen Generalstabschef des Heeres, Franz Halder.[102] Für eine Besprechung nahe der Hamm'schen Wohnung ist eine Teilnahme Hamms nicht verbürgt, aber wahrscheinlich. Auf die Frage Sperrs an Halder, ob er bereit sei, „bei dem zu erwartenden militärischen Zusammenbruch in die Bresche zu springen und die Herrschaft des hitlerschen Klüngels zu beseitigen", erklärte Halder Sperr dessen Aussage zufolge „vorbehaltlos" die Bereitschaft dazu.[103] In der Niederschrift von Gertrud Hardtwig-Hamm heißt es zu Halder: „Sein [Hamms] scharfes Urteil über die Militärs machte vor ihm Halt. Über Zusammenkünfte mit ihm hat er nicht gesprochen, doch wußte er soviel Einzelheiten über Halders Fall in ‚Ungnade', dass anzunehmen ist, er habe ihn persönlich gekannt und mit ihm verkehrt".[104] „Hamm verlor im Lauf der Jahre zunehmend die Achtung vor dem aktiven Offizierscorps".[105] Hamms Schwiegersohn ergänzte dazu in seiner Niederschrift von 1946, „[Hamm] sprach zuletzt eigentlich nur noch mit Verachtung von den Generalen und ihrem Kadavergehorsam Hitler gegenüber".[106] Ins Vertrauen gezogen hat Hamm aber den Hausherrn seiner Münchner Wohnung in der Friedrichstraße, General a. D. Oswald Lutz, der als General der Panzertruppen bis zur Blomberg-Fritsch-Krise

1938 Chef der „Schnellen Truppen" gewesen war. Nach Aussage von Hardtwig-Hamm suchte ihr Vater den Kontakt zu Lutz anfangs bewusst, um sich über die Stimmung der Militärs zu informieren und „ihn gegebenenfalls auf seine Seite zu ziehen". Dann aber befreundeten sich die beiden Männer ernstlich und Lutz „erzählte bei einem Abendessen [...] schon sehr früh und vollkommen unverblümt von den Verbrechen wider die Menschlichkeit, die er im Osten mit angesehen habe".[107]

1939 trafen Mitglieder des Sperr-Kreises mindestens dreimal mit dem ehemaligen deutschen Botschafter in Rom und späteren Widerständler Ulrich von Hassell zusammen – ein Kontakt, an dem den Sperr-Leuten offenkundig sehr gelegen war. Die Teilnahme von Hamm, Sperr, Gessler und Walter Goetz ist durch die Tagebücher von Hassells und die sogenannten „Kaltenbrunner-Berichte" des Heydrich-Nachfolgers als Chef des Reichssicherheitshauptamtes belegt.[108] Nicht ohne Ironie notierte von Hassell nach einem Treffen am 17. Januar 1939: „Stimmung politisch sehr besorgt. Hamm und Gessler sind alte Demokraten, Goetz alter Naumannianer. Zwischen ihren Auffassungen und denen alter Deutschnationaler bestehen heute materiell keine Unterschiede. Politics makes strange bed fellows".[109]

Über den Jesuitenpater Alfred Delp kam auch eine lockere Verbindung zum Kreisauer Kreis um Helmuth James Graf von Moltke zustande. Beide Gruppen lehnten zumindest anfangs ein Attentat ab, waren überkonfessionell und überparteilich. Im Frühsommer 1943 trafen sich in Delps Pfarrhof St. Georg in Bogenhausen einige Mitglieder des Sperr-Kreises mit drei Jesuitenpatres um Delp und den „Kreisauern" Theodor Steltzer, Carlo Mierendorff und – mit Ausnahme des ersten Treffens – auch Moltke selbst. Allerdings gab es Differenzen. Moltke galt als Vertreter eines nicht-marxistischen Sozialismus englischer Prägung, Sperr war wie Hamm und Gessler Anhänger einer sozial eingehegten liberalkapitalistischen Wirtschaftsverfassung. Deutliche Divergenzen traten – wie nicht anders zu erwarten – auch bei Verfassungsfragen und militärischen Plänen auf.[110] Die Kreisauer Pläne, Bayern aufzuteilen, stießen ebenso auf Ablehnung wie „die Zumutung", mit der „preußische Generäle [...] durch die Vermittlung des Grafen Moltke" an die Bayern herantraten, „Bayern solle mit einem bewaffneten Aufstand vorausgehen, sie würden daraufhin ebenfalls losschlagen".[111]

Auch zu Carl Goerdeler entstand 1943 ein intensiver Kontakt, der offenkundig über Hamm lief und von Goerdeler ausging. Hamm und Goerdeler kannten sich aus den frühen 30er Jahren, als Goerdeler nach der Ernennung zum Reichspreiskommissar durch Brüning (Dezember 1931) vor dem DIHT im Januar 1932 über „Probleme des Preisabbaus" referiert hatte.[112] Goerdeler hielt viel von Hamm, Hamm seinerseits stand Goerdeler mit Vorbehalten gegenüber, „nannte ihn einen Hitzkopf und bezeichnete seine Ideen über den Ständestaat als etwas verworren".[113] In engem Austausch stand Hamm weiterhin mit ehemaligen politischen Mitstreitern aus der hohen Ministerialbürokratie, wie etwa mit seinem Amtsvorgänger in der Reichskanzlei, Heinrich Albert, mit Friedrich Heilbron und Franz Kempner und mit seinen ehemaligen Parteifreunden Theodor Heuss, Eugen Schiffer und Hermann Dietrich. Kurz vor dem Attentat vom 20. Juli suchte schließlich Stauffenberg selbst den Kontakt zu Franz Sperr. Dieser hielt ein Attentat angesichts der unzureichenden Vorbereitungen für verfrüht, über die detaillierten Planungen des militärischen Widerstands war er offenbar nicht informiert.[114] Sperr zögerte, mit Stauffenberg zusammenzutreffen, und holte die Meinung Hamms ein. Im späteren Verhör erklärte Sperr, dass Hamm ihm geraten habe, zum Treffen nach Bamberg zu fahren.[115] Hamm wusste jedenfalls über Sperr von Stauffenbergs Plänen und zeigte sich nach dem misslungenen Attentat vom 20. Juli auch relativ gelassen. Laut Bericht seines Schwiegersohnes meinte er, „das Ganze [sei] offenbar ungeschickt gemacht worden, nicht nur technisch, sondern vor allem auch hinsichtlich des Zeitpunkts der Tat". Der Fehlschlag kam für Hamm nicht überraschend, vielmehr „sah er darin offenkundig [...] eine Bestätigung für die Unfähigkeit der Generäle, selbst zu handeln, wo es darauf ankommt".[116] Seine Einschätzung der Generalität entspricht damit ganz der von Stauffenberg selbst, der bekanntlich an deren Untätigkeit verzweifelte und schließlich notgedrungen beschloss, alles selber zu machen.[117]

Mitte Juni 1944 traf sich Hamm mit seinem Freund Heinrich Albert und seinem mit fast allen Widerstandskreisen vernetzten früheren Ministerialdirektor Franz Kempner zu einem Frühstück in Berlin. Möglicherweise wurde ihm erst dieses Treffen kurz vor Stauffenbergs Attentat zum Verhängnis. Jedenfalls gibt es Anhaltspunkte dafür, dass er dabei von der Gestapo überwacht wurde. Auf dem Weg zurück nach Reit im Winkl legte Hamm in München einen Halt ein und schrieb am 22. Juni 1944 sein Testament.

Kurz nach dem 20. Juli wurden aus dem Sperr-Kreis Otto Gessler, Franz Sperr und Anton Fehr verhaftet. Meine Großmutter Maria Hamm berichtet, dass ihr Mann nach dem missglückten Attentat mit einer „großen Anzahl von Verhaftungen unter den alten Politikern" gerechnet habe; er habe „alle jene Männer in Gefahr" gesehen, „die gleich ihm in der Lage waren, nach einem Sturz des nationalsozialistischen Regimes die Regierungsgeschäfte weiterzuführen".[118] Die Historiker kennen diese seit Mitte August 1944 tatsächlich vollzogene Verhaftungswelle unter dem Namen „Aktion Gewitter". Als Grundlage für die Verhaftungswelle diente eine Auflistung des SD,[119] „Erfassung führender Männer der Systemzeit", in der auch Hamm verzeichnet war. In den Kreis der zu Verhaftenden kann Hamm aber auch auf anderem Wege gekommen sein. Er selbst sagte zu seiner Tochter: „wenn mich Goerdeler nur nicht auf einer Liste stehen hat!" – doch war diese Befürchtung unberechtigt.[120] Der Bericht Kaltenbrunners an Bormann vom 31. August enthält hingegen Hinweise darauf, dass es möglicherweise Sperr war, der im Verhör den Namen Hamms preisgegeben hat.[121]

Hamm selbst gab in den Verhören im Gefängnis Lehrter Straße über sein Verhältnis zum „Dritten Reich" zu Protokoll, er habe „vor 1933 [...] im Hinblick auf die schwache Stellung Deutschlands die außenpolitische Zielsetzung des Nationalsozialismus für gefährlich gehalten" und sei „gegen die Wirtschaftspolitik von Gottfried Feder eingestellt gewesen". Nach 1933 habe er „nur die nationalsozialistischen Rechtsauffassungen beanstandet".[122] Diese Aussage klingt unscheinbar, bedeutet aber bei näherem Hinsehen im lebensbedrohlichen Moment der Entscheidung eine umfassende Absage an das Regime.[123]

Nach mehr als 60 Jahren Widerstandsforschung, die nach zögerlichem Beginn an Breite, Intensität und Begriffsschärfe immer mehr gewonnen hat, liegt auch bei den Aktivitäten des Sperr-Kreises im Allgemeinen und Hamms im Besonderen die Frage nahe, welche Wertigkeit und welches Gewicht diesen Aktivitäten beizumessen sind. Die Widerstandsforschung hat sich nach der Rekonstruktion und Würdigung des militärisch-politischen Widerstands im Umkreis des 20. Juli 1944 den verschiedenen religiös-kirchlichen und politischen Milieus, aber auch dem Verhalten bestimmter gesellschaftlicher Gruppen wie der Industriearbeiter, Bauern und Jugendgruppen zugewandt und so auch Widerstands- oder Resistenzformen erforscht, die weit entfernt waren vom Kernwiderstand bewusst und zielstrebig handelnder politisch-oppositioneller Kreise.[124] Angesichts des totalitären Prinzips der NS-Herrschaft – ganz unabhängig von der Frage, wie „polykratisch" oder auch inkohärent sie im Einzelnen gewesen sein mag – hat die Widerstandsforschung auch nur bescheidene Formen von Resistenz, Innerer Emigration und sogar purer Passivität zumindest als Vorformen von Widerstand gewürdigt. In Rechnung gestellt wurde dabei, welch geringer Spielraum den Akteuren in der Illegalität verblieb und wie sehr sich ihre Organisationsfähigkeit einengte. Die umfassende Durchdringung aller Lebensbereiche und der immer härter werdende Druck der inhumanen Ideologie transformierte tendenziell jede Form des Nicht-Mitmachens zu einem Akt der Resistenz.

Gleichwohl hob die Widerstandsforschung je länger desto mehr bewusste Akte reflektierter Zurückweisung oder gar aktiver Bekämpfung des Regimes selbst im kleinen und verborgenen Kreis von den oft alltäglichen, vorübergehenden und in der Regel auch eher unauffälligen Resistenzen ab. Je mehr sich die Aktivitätsschwelle im Zuge einer verbreiterten und intensivierten Widerstandsforschung nach unten verschob und dabei die Übergangszonen zwischen aktivem und passivem Widerstand verflossen,[125] desto klarer traten die Reflektiertheit und die lebensbedrohliche Risikobereitschaft der organisierten, auf die Beendigung des NS-Systems zielenden Widerstandshandlungen gegenüber den „Kleinformen"[126] der Resistenz hervor. Die zahlreichen Typisierungen von Grundformen des Widerstands, die in den letzten drei Jahrzehnten vorgenommen wurden, heben alle gegenüber den verschiedenen Spielarten gesellschaftlicher Verweigerung, Herrschaftsbegrenzung durch Resistenz, Nonkonformität und Leistungsverweigerung – insgesamt also eines mehr oder weniger deutlichen ‚abweichenden Verhaltens' oder auch von bloßem „Dissens" (Ian Kershaw) – die Besonderheit eines „politischen Widerstands (Widerstand im engeren Sinn)" mit hohem Organisationsgrad und daher notwendigerweise konspirativen Elementen hervor.[127] Hamms Agieren im Sperr-Kreis setzte eine klare politische Absicht voraus und schloss ein gemeinsames Nachdenken über Alternativen, also eine theoretische Selbstvergewisserung über die künftige Staats- und Gesellschaftsverfassung, mit ein. Im Rahmen des systembedingt Möglichen erreichte der Sperr-Kreis, zumindest was seine vier Hauptvertreter angeht, einen hohen Organisations- und Aktivitätsgrad. Er zielte auf den Umsturz und das Ende des NS-Regimes, auch wenn ähnlich wie im Kreisauer Kreis ein Attentat nicht angestrebt wurde. Selbstverständlich bleibt noch einmal eine große Differenz zu den Akteuren des militärischen Widerstands, die freilich auch allein über die für ein Attentat und einen gewaltsamen Umsturz möglichen Mittel verfügten. Festzuhalten ist auch der parteiübergreifend antitotalitäre, auf einem bewusst liberal-ethischen Freiheitsverständnis beruhende Grundkonsens im Kreis. Die genaue Erforschung des Sperr-Kreises durch Manuel Limbach dürfte darüber hinaus zeigen, dass es, wenn auch äußerst sporadisch, ein gewisses bürgerlich-freiheitliches Milieu in der bayerischen Gesellschaft gab.[128] Eduard Hamm jedenfalls

Abbildung 5: Eduard Hamm, 1943

rekrutierte die von ihm für den Umsturzfall und den Neubau einer freiheitlichen politischen Ordnung vorgesehenen Personen aus dem Mitgliederkreis der ehemaligen Industrie- und Handelskammern sowie aus der bayerischen Beamtenschaft. Zu Recht urteilt Kurlander: „In fact Elsas and Eduard Hamm were the only prominent Democrats to pay the ultimate price for their involvement in the 20 July plot".[129] Vielleicht fällt dann trotzdem angesichts der Befunde zu Hamm und zum Sperr-Kreis auch auf das deutsche Bürgertum insgesamt ein – wenn auch sehr bescheidenes – freundlicheres Licht.

Zum Schluss sei noch kurz auf mögliche persönliche Motive für das lebensgefährliche Agieren Eduard Hamms eingegangen. Hamm war beim Ausscheiden aus dem DIHT 53 Jahre alt und stand auf dem Höhepunkt seiner Kräfte und Möglichkeiten. Der von politischer Leidenschaft und bei aller Bescheidenheit doch auch von dem berechtigten Bewusstsein einer überlegenen sachlichen Kompetenz getriebene Mann ertrug die erzwungene Passivität nur schwer. Die Familie berichtet von seiner immerwährenden Unruhe in diesen Jahren. Hamm war religiös, wenn auch kritisch gegenüber beiden Kirchen. Höchst aufschlussreich für seine Denkweise und seine zunehmende Verzweiflung über die Untaten des Regimes sind zwei Briefe, die er an den mit ihm verwandten Erlanger Kirchenhistoriker Walther von Loewenich schrieb. Der erste stammt aus den Tagen unmittelbar nach der Reichspogromnacht im November 1938: „Dabei sind ja wirklich nicht Erdbeben und Vulkanausbrüche als das Schlimmste zu empfinden, sondern die Greuel, die von Menschen selbst ausgehen, und zwar nicht von unentwickelten, ‚wildem' Zustand nahen Menschen, sondern von zivilisierten bewußt grausamen Menschen, die darin Rechte eines Übermenschentums sehen [...].Woher kommt diese entsetzliche Greuelfähigkeit des Menschen?"[130] Die protestantische Antwort, die Hamm der Lektüre einiger Schriften des zum Kreis der Bekennenden Kirche gehörenden Theologen Helmut Thielicke entnommen hatte, genügte ihm nicht: „Dazu wird", so Hamm über Thielicke, „darauf hingewiesen, dass Gott duldete, dass sein eigener Sohn an dieser Welt sterbe [...]. Dabei scheint mir manchmal der Ausweg nach der Stelle des geringeren Widerstands genommen zu werden".[131]

Es ist nicht endgültig geklärt, ob Hamm beim Verhör aus dem 3. Stock gestoßen wurde oder selbst sprang. Die Evidenz für einen Freitod ist aber fast unumstößlich. Dass er Mitverschworene und die Familie möglichst schützen wollte und auch erfolgreich geschützt hat, liegt auf der Hand – von den 36 inzwischen bekannten Mitgliedern des Sperr-Kreises wurden nur fünf verhaftet. Hamm wusste, was auf ihn zukommen konnte und suchte, sich physisch und seelisch darauf vorzubereiten. Seine jüngere Tochter Fride Krug berichtet aus einem Gespräch während einer Wanderung im Kaisergebirge kurz vor der Verhaftung sinngemäß seinen Ausspruch, dass er die Entscheidung über sein Schicksal nicht von „diesen Leuten" abhängig machen werde; „das mache ich mit mir und meinem Gott selber aus". Sehr plausibel klingt auch der Bericht meiner Mutter, dass ihr strikt rechtlich denkender Vater nicht bereit war, sich der von Hitler/Gürtner/Freisler etc. deformierten NS-Justiz zu unterwerfen. „Nichts hat der Vater so verabscheut wie den sog. Volksgerichtshof und mehrmals, zuletzt im Zusammenhang mit einer möglichen bevorstehenden Verhaftung, hat er die Äußerung getan, dass er sich nicht vor solche Burschen und juristische Ignoranten stellen lassen würde".[132] Diese Äußerungen klingen authentisch. Es spricht daraus ein unbeugsamer Wille zur Selbstbestimmtheit bei gleichzeitiger Anerkennung einer übergeordneten Fügung, das professionelle Ethos eines christlich-humanistischen Juristen und ein Selbstbewusstsein, das seine Mitmenschen illusionslos einzuschätzen wusste und sich auch zu klaren Bewertungen bekannte.

Anmerkungen

1 Bei dem vorliegenden Text handelt es sich um einen überarbeiteten Vortrag, den ich am 26.6.2012 vor der Stiftung Theodor-Heuss-Haus in Stuttgart über meinen Großvater gehalten habe. Als Historiker kenne ich die Gefahren, die mit der wissenschaftlichen Beschäftigung mit der eigenen Familie verbunden sind. Beim Schreiben konnte ich selbst eine Tendenz beobachten, in strittigen Bewertungsfragen dem Grundsatz „in dubio pro reo" zu folgen. Gleichwohl hielt ich es für wichtig, Eduard Hamm dem Publikum in dieser Weise selbst vorzustellen. Ich habe es auch bewusst nicht vermieden, gelegentlich auf die innerfamiliäre Überlieferung zurückzugreifen. Für die sorgfältige Lektüre des Manuskripts und zahlreiche wichtige Hinweise danke ich Knut Borchardt, Moritz Föllmer, Alexa Geisthövel, Rüdiger Graf, Per Leo, Manuel Limbach, Birgit Lulay, Philipp Müller, Werner Plumpe, Christine Tauber und Jens Thiel.

2 Dr. Gertrud Hardtwig-Hamm an Theodor Heuss, 13.11.1944, Bundesarchiv Theodor Heuss, N 1221, 81; den Hinweis verdanke ich Elke Seefried. Mit dem „Schreiben" von Heuss ist ein Kapitel aus der Biographie des Industriellen Robert Bosch gemeint, die Heuss in diesen Jahren verfasste. Heuss verteilte Durchschläge des Manuskripts jeweils an einzelne Freunde, für den Fall, dass seine eigene Wohnung durchsucht und das Manuskript beschlagnahmt würde. Am selben Tag, dem 13.11.1944, schrieb er an den mit ihm befreundeten Historiker Walter Goetz: „Sehr bestürzt hat uns die Nachricht vom Tode Eduard Hamms, was ist denn geschehen? Ich wage gar nicht recht an seine Frau zu schreiben [...] Es ist ein schrecklicher Zustand, dass man von den Freunden meist schlechte Nachricht erhält [...]", Heuss an Walter Goetz, 13.11.1944, in: Theodor Heuss, In der Defensive. Briefe 1933–1945, hg. u. bearb. v. Elke Seefried, Theodor Heuss. Stuttgarter Ausgabe Bd. 3, München 2009, S. 505f.; den Hinweis verdanke ich Thomas Hertfelder; mit „Allgäuer Freunde" ist die Familie des ehemaligen Reichswehrministers Otto Gessler gemeint, der bereits wenige Tage nach dem Attentat verhaftet worden war.

3 Eine genaue Schilderung des Ablaufs gibt meine Mutter: Gertrud Hardtwig-Hamm, Nachtrag zum Lebenslauf Dr. E. Hamm für Ricarda Huch, BayHStA, NL Hamm 110; zu dieser und weiteren familiären Quellen vgl. unten Anm. 11. Alle diese Quellen sind minutiös und umsichtig verarbeitet in Manuel Limbach, Eduard Hamm. Ein liberaler Repräsentant der Weimarer Republik im Widerstand gegen den Nationalsozialismus, Magisterarbeit, Bonn 2010; es handelt sich um die erste gründliche Forschungsarbeit zu Eduard Hamm; eine knappe Zusammenfassung: ders., Eduard Hamm – Ein Weimarer Liberaler im Widerstand gegen den Nationalsozialismus, in: Jahrbuch für Liberalismus-Forschung 23 (2011), S. 241–255. Zur Darstellung von Hamms Widerstandstätigkeit stütze ich mich weitgehend auf die Arbeit Limbachs (sowie auf die familiären Dokumente im Nachlass im BayHStA). Auch zu anderen Stationen im Lebensweg Hamms bietet Limbach die bislang umfangreichsten und sorgfältig recherchierten Informationen. Für die Karriere Hamms in Bayern bis 1922 vgl. neuerdings v. a. Michael Unger, Das bayerische Staatsministerium für Handel, Industrie und Gewerbe. Organisation, Personal und Mittelstandspolitik des Wirtschaftsressorts 1919–1933, München 2009, passim, bes. S. 249–269.

4 Zit. nach Fritz Elsas, Ein Demokrat im Widerstand. Zeugnisse eines Liberalen in der Weimarer Republik, hg. v. Manfred Schmid, Gerlingen 1999, S. 28.

⁵ Karl Dietrich Bracher u. Annedore Leber (Hg.), „Das Gewissen steht auf". Lebensbilder aus dem deutschen Widerstand 1933–1945, Mainz 1984, S. 356–358. Diese Neuauflage enthält die beiden Bände von 1954 und 1957.

⁶ Zu dieser Problematik exemplarisch Peter Steinbach, Widerstandsforschung im politischen Spannungsfeld, in: Peter Steinbach u. Johannes Tuchel (Hg.), Widerstand gegen den Nationalsozialismus, Bonn 1994, S. 597–622; das Thema klingt auch in zahlreichen anderen Studien von Steinbach zum Widerstand an; vgl. auch Joachim Scholtyseck, „Bürgerlicher Widerstand" gegen Hitler nach 60 Jahren Forschung, in: Jahrbuch zur Liberalismus-Forschung 17 (2005), S. 45–57; Jürgen Frölich, Opposition und Widerstand auf liberaler Grundlage, in: Peter Steinbach u. Johannes Tuchel (Hg.), Widerstand gegen die Nationalsozialistische Diktatur, Berlin 2004, S. 167–184.

⁷ Vgl. Peter Steinbach, Eduard Hamm – Ein liberaler Widerstandskämpfer. Zur Eröffnung der alljährlichen Eduard-Hamm Gedächtnisvorlesungen an der Universität Passau, in: liberal 32 (1990), Heft 2, S. 105–108; Peter Steinbach an Gertrud Hardtwig-Hamm, 10.11.1987, Nachlass Gertrud Hardtwig (W. Hardtwig, München); unabhängig davon hatte Wolfgang Altgeld sechs Jahre zuvor eine erste umsichtige wissenschaftliche Würdigung Eduard Hamms vorgenommen und auf das Fehlen einer Biographie hingewiesen, vgl. Wolfgang Altgeld, Zum 40. Jahrestag des 20. Juli 1944 – Eduard Hamm, in: liberal 26 (1984), Heft 4, S. 125–128; vgl. auch Karlheinrich Rieker, Artikel Eduard Hamm, in: NDB, Bd. 7, 1966, S. 586 f.

⁸ Vgl. Limbach, Eduard Hamm, S. 7 f.; zu der oft sehr ambivalenten Haltung führender Linksliberaler im Dritten Reich jetzt: Eric Kurlander, Living with Hitler. Liberal Democrats in the Third Reich, New Haven u. London 2009. Die Ausnahmerolle Eduard Hamms würdigt Kurlander ausdrücklich, S. 44. Die Widerstandstätigkeit des ehemaligen Reichswehrministers Otto Gessler bleibt unerwähnt – zweifellos, weil der Sperr-Kreis und seine Aktivitäten erst neuerdings gründlich aufgearbeitet werden.

⁹ Dass sie im Falle Eduard Hamms erst so spät einsetzte, mag u.a. an einer dem Ethos Hamms selbst verpflichteten Scheu davor liegen, für die schmerzhafte und lange nachwirkende Erinnerung öffentlich die Trommel zu rühren.

¹⁰ Vgl. Hannes Obermaier, Ein Gedenkstein für einen aufrechten Demokraten, in: Traunsteiner Tagblatt, 6.6.2011; ders., Dr. Eduard Hamm, ein aufrechter Demokrat, in: Chiemgau Blätter Nr. 38, 19.9.2009.

¹¹ Vgl. jetzt Winfried Becker, Franz Sperr und sein Widerstandskreis, in: Hermann Rumschöttel u. Walter Ziegler (Hg.), Franz Sperr und der Widerstand gegen den Nationalsozialismus in Bayern, München 2001, S. 83–173; ders., Der bayerische Widerstandskreis um Franz Sperr und Otto Gessler, in: Ulrich Karpen (Hg.), Europas Zukunft. Vorstellungen des Kreisauer Kreises um Helmuth James Graf von Moltke, Heidelberg 2005, S. 33–51.

¹² Becker, Franz Sperr, S. 95.

¹³ So Otto Gessler, Ausführungen von Herrn Minister a. D. Dr. Gessler anläßlich der Gedenkfeierstunde für Franz Sperr in München am 9. Dezember 1950, abgedr. in: Becker, Franz Sperr, S. 164–167, hier S. 166; erste eingehendere Beschäftigung mit dem Sperr-Kreis bei Heike Bretschneider, Der Widerstand gegen den Nationalsozialismus in München 1933–1945, München 1968, S. 154–178.

¹⁴ Becker, Franz Sperr, S. 39 f.; die gesamte Literatur zu Hamm und Sperr bei Limbach, Eduard Hamm, S. 5 ff.

¹⁵ Gertrud Hardtwig-Hamm, Zum Gedenken an Herrn Reichsminister a. D. Dr. hc. Eduard Hamm (o. J.), BayHStA, NL Hamm 110; dies., Nachtrag zum Lebenslauf

Dr. E. Hamm; dies., Aus der privaten Lebenssphäre von Eduard Hamm (Frühjahr 1947) BayHStA, NL Hamm 110; Schreiben von Erwin Hardtwig an Constantin von Dietze, 8.2.1946, BayHStA, NL Hamm 108; Dr. Erwin Hardtwig, Nachtrag zur Lebensskizze von Eduard Hamm, BayHStA, NL Hamm 108.

[16] Walter Goetz, Aus dem Leben eines deutschen Historikers, in: ders., Historiker in meiner Zeit. Gesammelte Aufsätze, hg. v. Herbert Grundmann, Köln, Graz 1957, S. 32; vgl. auch Ursula Krey, Der Naumann-Kreis im Kaiserreich. Liberales Mileu und protestantisches Bürgertum, in: Jahrbuch zur Libralismus-Forschung 7 (1995), S. 57–81.

[17] Vgl. Wolfgang Hardtwig, Friedrich Naumann in der deutschen Geschichte, in diesem Band S. 289–312; dort auch die weitere Literatur; vgl. zuletzt v. a. die Beiträge in: Rüdiger vom Bruch (Hg.), Friedrich Naumann in seiner Zeit, Berlin 2000.

[18] Rede zur Reichsgründungsfeier 1911 in Memmingen am 21.1.1911; aus einem Heft, in dem Hamms Frau Maria Hamm, geb. von Merz, die wichtigsten Reden ihres Mannes handschriftlich aufgezeichnet hat (Nachlass Gertrud Hardtwig, im Besitz des Verf.); zur „Weltpolitik" zuletzt: Konrad Canis, Von Bismarck zur Weltpolitik. Deutsche Außenpolitik 1890–1902, Berlin 1997; ders., Der Weg in den Abgrund. Deutsche Außenpolitik 1902–1914, Paderborn 2011; soeben erschienen, mit einer noch weitergehenden Verteilung der Verantwortlichkeit für den Ausbruch des 1. Weltkriegs an alle europäischen Großmächte: Christopher Clark, The Sleepwalkers. How Europe went to War in 1914, Allen Lane 2012; zur Resonanz der Weltpolitik im Bürgertum noch immer die plausible Argumentation bei Thomas Nipperdey, Deutsche Geschichte 1866–1918, Bd. II: Machtstaat vor der Demokratie, München 1992, S. 630 f.

[19] Zur Zollpolitik im DIHT vgl. u. a.: Verhandlungen des DIHT 1930, Heft 12, S. 72; 1931, S. 101 ff.; Eduard Hamm, Grundlagen und Wege eines mitteleuropäischen Wirtschaftsblocks, in: Mitteleuropäische Wirtschaftspolitik 1 (1930), S. 59–68; zur anhaltenden Wirkung von Naumanns Mitteleuropakonzept bei den Linksliberalen: Kurlander, Living with Hitler, S. 142–144; dazu und zu Hamms Anschlussbegeisterung vgl. Limbach, Eduard Hamm, S. 50–56.

[20] Vgl. Maria Hamm, Familienchronik, passim, bes. 31.1.1918, wo sie notiert: „[...] hatte Edi seine erste Audienz beim König mit 4 Orden geschmückt, das stand ihm sehr gut und das letzte Mal im schwarzen Frack, denn nun kommt der ‚rote' an die Reihe. Aber befriedigt war er von der Audienz nicht sonderlich. Am selben Tag fingen auch in München die Arbeiter zu streiken an"; für die Verwaltungslaufbahn bis 1919 vgl. Unger, Das bayerische Staatsministerium, S. 249–256.

[21] Vgl. die Aussage Otto Gesslers, der Sperr-Kreis habe „vorbeugen" wollen, damit „nicht wieder die Straße die Hauptstadt beherrscht", in: Becker, Franz Sperr, S. 166; die Bereitschaft des offenkundig als gesinnungsfester Demokrat geltenden Hamm nach 1933, in Bayern die Wiederherstellung der Wittelsbacher Monarchie zu akzeptieren, löste z.B. bei dem mitverschworenen ehemaligen Münchner Oberbürgermeister Karl Scharnagl (BVP) freudige Überraschung aus, vgl. Karl Scharnagl, Die politische Tätigkeit des Herrn ehem. Staatsministers Dr. Hamm (Manuskript), München, 30.7.1946, BayHStA, NL Hamm 110; vgl. auch Limbach, Eduard Hamm, S. 63.

[22] Verhandlungen des Reichstags, 1. Wahlperiode 1920, Bd. 356, Stenografische Berichte, 249. Sitzung, 12.7.1922, Berlin 1922, S. 8469–8477, hier S. 8475 f., zit. nach Limbach, Eduard Hamm, S. 26 f., der die Frage nach „Vernunft" – oder „Herzensrepublikanismus" eingehend diskutiert.

[23] Brief von Eduard Hamm an Otto Gessler, 22.3.1920, Bundesarchiv, Nachlass Gessler, II (?), S. 27–29; Gessler selbst, seit Oktober 1919 Chef des neu gegrün-

deten Ministeriums für Wiederaufbau, berichtet in seinen Erinnerungen über den Vorgang: Otto Gessler, Reichswehrpolitik in der Weimarer Zeit, hg. v. Kurt Sendtner, Stuttgart 1958, S. 125 f.; zu Gesslers von ihm selbst in Anspruch genommenem „Vernunftrepublikanismus" zuletzt kritisch Thomas Hertfelder, „Meteor in einer anderen Welt". Die Weimarer Republik in der Diskussion des Hilfe-Kreises, in: Andreas Wirsching u. Jürgen Eder (Hg.), Vernunftrepublikanismus in der Weimarer Republik. Politik, Literatur, Wissenschaft, Stuttgart 2008, S. 30; vgl. auch die anderen Beiträge in diesem Band sowie die Einleitung von Andreas Wirsching, Vernunftrepublikanismus in der Weimarer Republik. Neue Analysen und offene Fragen, ebd., S. 9–28.

[24] Vgl. Hans Fenske, Konservativismus und Rechtsradikalismus in Bayern nach 1918, Bad Homburg 1969; Bruno Thoß, Der Ludendorff-Kreis 1919–1923. München als Zentrum der mitteleuropäischen Gegenrevolution zwischen Revolution und Hitler-Putsch, München 1978; Heinrich Hillmayr, Roter und Weißer Terror in Bayern nach 1918. Ursachen, Erscheinungsformen und Folgen der Gewalttätigkeiten, München 1974; Hans-Joachim Mauch, Nationalistische Wehrorganisationen in der Weimarer Republik. Zur Entwicklung und Ideologie des „Paramilitarismus", Frankfurt a. M. 1982.

[25] Maria Hamm hielt in ihrer Familienchronik fest, dass ihr „Staatsrat von Kahr" anlässlich der Ernennung ihres Mannes zum Regierungsassessor im Innenministerium am 12.2.1913 mit „ein paar Veilchensträußchen herzlichst" gratuliert habe, Familienchronik, 12.2.1913.

[26] Ministerratsprotokoll, 12.4.1920, BayHStA, MA 99515; Hamm an Ministerpräsident von Kahr, 1.9.1921, BayHStA, NL Hamm 20; Rede vor dem Zentralverband des Deutschen Großhandels, 14.9.1921, BayHStA, NL Hamm 51.

[27] Vgl. Ministerratsprotokolle, 8.4.1920, 12.4.1920, 17.4.1920, 19.4.1920, 23.4.1920, 28.4.1920, Hamm an Anton Erkelenz MdR, 19.9.1921, BayHStA, NL Hamm 20.

[28] Niederschrift über die Sitzung des Landesvorstands der DDP, 1.9.1921, Stadtarchiv München, NL Dirr 306; Pius Dirr war Leiter des Stadtarchivs München und Vorsitzender der DDP-Fraktion im Bayerischen Landtag; zum Ganzen vgl. auch Unger, Das bayerische Staatsministerium, S. 266 f.

[29] Am 24.7.1922 verschickte er an die Partei- bzw. Fraktionsvorsitzenden von DDP und DVP, Anton Erkelenz und Gustav Stresemann, eine zehnseitige „Aufzeichnung über die bayerische Krise" mit detaillierten Vorschlägen für eine bayerische Sonderregelung, die dann im sog. „Berliner Protokoll" vom 11.8.1922 zum Ausgleich wesentlich beigetragen haben, Archiv des Auswärtigen Amtes, NL Gustav Stresemann 3096/248/ 14414018–19; Bundesarchiv, NL Anton Erkelenz 127. Der wirkliche Vollzug des jetzt auch in Bayern gültigen Republikschutzgesetzes vom 21.7.1922 stand allerdings auf einem anderen Blatt.

[30] Brief an Gustav von Kahr, 13.11.1923, BayHStA, NL Hamm 74.

[31] Zu Quidde vgl. zuletzt Karl Holl, Ludwig Quidde (1858–1941). Eine Biografie, Düsseldorf 2007.

[32] Die komplizierte Gründungs- und Frühgeschichte der DDP in Bayern blieb lange so gut wie unerforscht. Erst jetzt gibt es die ausgezeichnete Studie von Larry E. Jones, Nationalism, Particularism, and the Collapse of the Bavarian Liberal Parties in the early Weimar Republic 1918–1924, in: Jahrbuch zur Liberalismusforschung 14 (2002), S. 105–142; sie behandelt auch das schwierige Verhältnis der bayerischen DDP zur Partei im Reich und würdigt angemessen die spezifisch bayerischen Voraussetzungen. Ich verdanke Jones zahlreiche wichtige Hinweise.

33 Vgl. den umfangreichen Bestand der überlieferten Reden sowie die von ihm selbst zusammengestellte Liste seiner Rednertour im Wahlkampf 1920, BayHStA, NL Hamm 45–51.
34 Zu den Weimarer Verfassungsberatungen und ihren Stationen vgl. kurz und präzise Horst Möller, Die Weimarer Republik. Eine unvollendete Demokratie, 8. Aufl., München 2006, S. 130 ff.
35 Bericht über die Verhandlungen des ersten Parteitags der Deutschen Demokratischen Partei, abgehalten in Berlin vom 19. bis 22. Juli 1919, Berlin [1919].
36 Bericht über die Verhandlungen des zweiten ordentlichen Parteitages der Deutschen Demokratischen Partei, abgehalten in Nürnberg, 11. bis 14. Dezember 1920, Berlin [1921], S. 44.
37 Ebd., S. 44.
38 Ebd., S. 44 f.; zum republikanisch-demokratischen Nationalismus der DDP insgesamt vgl. Jürgen C. Hess, „Das ganze Deutschland soll es sein". Demokratischer Nationalismus in der Weimarer Republik am Beispiel der Deutschen Demokratischen Partei, Stuttgart 1978; die beste Zusammenfassung zur Situation des Liberalismus in der Weimarer Republik: Dieter Langewiesche, Liberalismus in Deutschland, Frankfurt a.M. 1988.
39 Bericht über die Verhandlungen [...] 1920, S. 45.
40 Ebd., S. 45, 52. Zur Spezifik des liberalen Nationalismus in Deutschland vgl. u. a. die Beiträge in Wolfgang Hardtwig, Nationalismus und Bürgerkultur in Deutschland 1500–1914, Göttingen 1994, bes. S. 91–273; Dieter Langewiesche, Nation, Nationalismus, Nationalstaat in Deutschland und Europa, München 2000.
41 Bericht über die Verhandlungen [...] 1920, S. 56 u. ö.
42 Ebd., S. 47 ff.
43 Heinrich August Winkler, Weimar 1915–1933. Die Geschichte der ersten deutschen Demokratie, München 1993, S. 185.
44 Hardtwig-Hamm, Zum Gedenken, S. 10.
45 Vgl. Das Kabinett Cuno, 22.11.1922–12.8.1923, bearb. v. Karl-Heinz Harbeck, Akten der Reichskanzlei, Weimarer Republik, Boppard a. Rh. 1968, passim.
46 Zusammenfassende Darstellung des „Katastrophenjahrs 1923" bei Winkler, Weimar, S. 186–243.
47 Vgl. dazu Peter Krüger, Die Außenpolitik der Republik von Weimar, Darmstadt 1985, S. 183 ff.
48 Winkler, Weimar, S. 188 f.; Klaus Hildebrand, Das vergangene Reich. Deutsche Außenpolitik von Bismarck bis Hitler, durchgesehene Ausgabe, Stuttgart 1999, S. 501–508, bes. 504.
49 „Nach meiner Beobachtung fehlte ihm nur eins: das Maß von Robustheit, das erforderlich gewesen wäre, um ohne eigenen Schaden die ungemessene Arbeitslast zu tragen, die sein Amt ihm unentrinnbar auferlegte." Bericht Heilbron (Manuskript, 3. Ausfertigung) BayHStA, NL Hamm 110, S. 4 f.
50 Harry Graf Kessler, Das Tagebuch, Bd. VII: 1919–1923, hg. v. Angela Reinthal, Stuttgart 2007, 6.2.1923, S. 667.
51 Ebd., 3.2.1923, S. 665; die Passage bei Kessler lautet vollständig: „Malzahn griff meine Idee eines Organisators des neuen Krieges an der Ruhr sehr lebhaft auf. ‚Wem sagen Sie das? Ich predige das seit Wochen. Die Leute kommen zu mir gelaufen; aber ich habe noch etwas Anderes zu tun, die Sabotage an der Ruhr zu organisieren. Hamm hat die Sache in der Hand; aber er hat auch noch Andres zu tun. Wir brauchen einen Ruhr-Diktator. Aber es war bisher nicht durchzusetzen. Sehen Sie Hamm! Sagen Sie ihm, was Sie mir gesagt haben; vielleicht werden Sie mehr Eindruck machen'. Er telefonierte gleich Hamm an, um mich bei ihm anzumelden".

⁵² Hagen Schulze, Weimar. Deutschland 1917–1933, 2. Aufl., Berlin 1983, S. 254. Der ‚Familienroman' berichtet hingegen von der außerordentlichen Belastbarkeit Hamms. Andererseits sorgten sich Mitverschworene 1943 ernstlich um Hamms Gesundheitszustand, er wirkte gehetzt, unvorsichtig geworden und einem Zusammenbruch nahe; vgl. dazu Limbach, Eduard Hamm, S. 77 f.

⁵³ Aufzeichnung des Staatssekretärs Hamm über die Lage im Ruhrgebiet, 20.7.1923, Akten Kabinett Cuno, S. 649–651; eine Hauptschwierigkeit der Regierung Cuno bestand darin, durch beständige Ausgleichsbemühungen zwischen der Rechten und Linken die Einheitsfront an der Ruhr aufrechtzuerhalten; Außenminister Hans von Rosenberg kommentierte das Dilemma gegenüber Kessler gesprächsweise: „Die jetzige Regierung habe überhaupt nur durch ein beständiges Lavieren zwischen rechts und links das deutsche Volk für den geschlossenen Widerstand zusammenhalten können. Es sei sehr leicht, durch ein kompromißloses Eintreten für rechts oder links sich einen großen Augenblicks Erfolg zu verschaffen; aber das wäre dann eben blos ein Augenblickserfolg, nach dem das Chaos käme"; „die zunehmend gewaltsamen Sabotageakte gefährden die Balance. Daher die Verlegenheit der Regierung", Kessler, Tagebuch Bd. 8, S. 52, 56 f.

⁵⁴ Gerald D. Feldman, Carl Ludwig Holtfrerich, Gerhard A. Ritter u. Peter Christian Witt (Hg.), Die deutsche Inflation. Eine Zwischenbilanz, Berlin u. New York 1982; Gerald D. Feldman (Hg.), Nachwirkungen der Inflation auf die deutsche Geschichte, 1924–1933, München 1985; ders., The Great Disorder. Politics, Economics and Society in the German Inflation 1914–1924, Oxford 1993; Winkler, Weimar, S. 188–200, bes. 199.

⁵⁵ Denkschrift des Staatssekretärs Hamm zur Finanz- und Wirtschaftspolitik, 25.7.1923, Akten Kabinett Cuno, S. 662–666; vgl. ähnlich S. 575 ff.

⁵⁶ Hamm schlug vor, das Gesamtkabinett müsse sich mit diesen Fragen auseinandersetzen und mögliche Maßnahmen beschließen. Zu den von Hamm festgehaltenen Gravamina gehörte die defizitäre deutsche Zahlungsbilanz, die zu langsame Anpassung der Löhne und Gehälter an die Preissteigerungen, das zu niedrige Einkommen Verheirateter im Verhältnis zum Einkommen von Jugendlichen und Unverheirateten, die verspätete Anpassung der direkten Steuern an die Geldentwertung und die zu große Duldsamkeit der Polizei gegenüber Luxusvergehen u. a. Hamm verlangte, die Grundlinien der Wirtschaftspolitik in kurz- und langfristiger Perspektive im Kabinett einheitlich festzulegen und nach außen zu vertreten. Ein Briefentwurf des Regierungsrats Kempner vom selben Tag lud die Ressorts zu einer baldigen Kabinettsberatung ein, doch wurde der Brief nicht abgeschickt. Vgl. Denkschrift des Staatssekretärs Hamm zur Wirtschaftslage, 16.6.1923, Akten Kabinett Cuno, S. 575–577; am 21., 22. und 26.6. behandelte das Kabinett jedoch Wirtschaftsfragen.

⁵⁷ Vgl. Winkler, Weimar, S. 190. Dem „Märtyrer" Schlageter widmete die dankbare deutsche Bevölkerung alsbald etwa 100 Denkmäler, das größte davon errichtete Clemens Holzmeister.

⁵⁸ Vgl. u. a. Dirk Schumann, Politische Gewalt in der Weimarer Republik 1918–1933. Kampf um die Straße und Furcht vor dem Bürgerkrieg, Essen 2001; Klaus-Michael Mallmann, Kommunisten in der Weimarer Republik. Sozialgeschichte einer revolutionären Bewegung, Darmstadt 1996.

⁵⁹ Vgl. Winkler, Weimar, S. 189.

⁶⁰ Vgl. Schwarz, Die Zeit von 1918–1933, S. 474 f.

⁶¹ Aufzeichnungen des Staatssekretärs Hamm über die innere Lage, 15.4.1923, Akten Kabinett Cuno, S. 377–383, hier S. 382, 377.

62 Aufzeichnungen des Staatssekretärs Hamm, 15.4.1923, Akten Kabinett Cuno, S. 378–382.
63 Aufzeichnung des Staatssekretärs Hamm über die innere Lage, [19.4.1923] Akten Kabinett Cuno S. 407–411, hier S. 407.
64 Ebd., S. 407, 408 f.
65 Vgl. dazu die Erinnerungen des zeitweiligen persönlichen Referenten von Hamm: Hans Staudinger, Wirtschaftspolitik im Weimarer Staat. Lebenserinnerungen eines politischen Beamten im Reich und in Preußen 1889–1934, hg. u. eingel. v. Hagen Schulze, Bonn 1982, S. 34.
66 Vgl. Harold James, Deutschland in der Weltwirtschaftskrise 1924–1936, Stuttgart 1988, S. 30 f.
67 Hans-Ulrich Wehler ist in der ganzen Diskussion um den Einfluss der Interessenverbände in der Weimarer Republik der DIHT nur einen einzigen Satz wert, in dem er allerdings anerkennend von dessen „mißliebigem liberalen Kurs" spricht: H.-U. Wehler, Deutsche Gesellschaftsgeschichte 1914–1949, München 2003, S. 373.
68 Die „Verhandlungen des Deutschen Industrie- und Handelstages" verzeichnen u. a. Referate über „Handelspolitik und Handelsverträge" (1925), über „Reparationszahlungen" und „Finanzausgleich" (1926), über Fragen von Staat und Wirtschaft (1927), über wirtschafts- und sozialpolitische Fragen und über „Fragen des Handelskammerwesens" (1928), über die „Finanzpolitische Lage", „Reparationsfragen" und „Handelspolitische Arbeiten des Völkerbundes" (1929), über die „Handelspolitische Lage" und „Fragen der Arbeitslosigkeit und Preissenkung" (1930), über die „Reparationspolitische Lage" und die „Frage der Vorzugszölle und Zollbündnisse" (1931) und zur „Wirtschaftspolitischen Lage" (1932).
69 Werner Plumpe, Wirtschaftskrisen. Geschichte und Gegenwart, 2. Aufl., München 2011, S. 89.
70 Vgl. u. a. Verh. des DIHT 1925, Heft 10, 45. Vollversammlung, 29.4.1925, S. 19, Verh. des DIHT 1930, Heft 12, HA, 9.10.1930, S. 50 ff., S. 79 ff.
71 Vgl. u. a. Verh. des DIHT 1927, Heft 13, HA, 5.10.1927, S. 20 ff., Verh. des DIHT 1925, Heft 8, HA, 28.4.1925, S. 7–9, Verh. des DIHT 1928, Heft 5, 48. Vollversammlung, 18.4.1928, S. 136 f.; zum Sinken der Nachfrage nach deutschen Exportgütern vgl. James, Weltwirtschaftskrise, S. 31 f. u. ö.; die wichtigsten Befunde zur Stagnation der Wirtschaft in der Zwischenkriegszeit in gesamteuropäischer Perspektive bei Gunther Mai, Europa 1918–1939, Stuttgart 2001, S. 53–72.
72 Verh. des DIHT 1929, Heft 10, HA, 28.6.1929, S. 61–76.
73 Zu den Schwierigkeiten der Kapitalbeschaffung und den Auswirkungen der Kapitalknappheit vgl. James, Weltwirtschaftskrise, u. a. S. 31, 39; vgl. Verh. des DIHT 1930, Heft 15, 28.11.1930, S. 76 f., Verh. des DIHT 1929, Heft 10, HA, 28.6.1929, S. 53.
74 Vgl. Plumpe, Wirtschaftskrisen, S. 91.
75 Verh. des DIHT 1925, Heft 10, 45. Vollversammlung, 29.4.1925, S. 13 f.
76 Knut Borchardt, Zwangslagen und Handlungsspielräume in der großen Weltwirtschaftskrise der frühen dreißiger Jahre, in: ders., Wachstum, Krisen, Handlungsspielräume der Wirtschaftspolitik. Studien zur Wirtschaftsgeschichte des 19. Und 20. Jahrhunderts, Göttingen 1982, S. 165–182, sowie zahlreiche weitere Studien Borchardts; ergiebiger Forschungsüberblick bei Andreas Wirsching, Die Weimarer Republik. Politik und Wirtschaft, München 2000, 24–46, 69–83.
77 Ebd., S. 133 f.; zum Ruhreisenstreit vgl. James, Weltwirtschaft, S. 121 f.; Winkler, Weimar, S. 341 f.; zu Schlichtung und Verbindlichkeitserklärung: Johannes Bähr, Staatliche Schlichtung in der Weimarer Republik. Tarifpolitik, Korpora-

tismus und industrieller Konflikt zwischen Inflation und Deflation 1919-1932, Berlin 1989; Clemens Zahn, Arbeitskosten und Lebenslagen zwischen Inflation und Großer Krise. Zur Geschichte der Weimarer Lohnbewegung, St. Katharinen 1996; Andreas Wirsching, Die Weimarer Republik. Politik und Wirtschaft, München 2000, S. 70.

78 Verh. des DIHT 1931, Heft 7, HA, 23.6. 1931, S. 37.
79 Zur Politik der Schwerindustrie vgl. James, Weltwirtschaftskrise, S. 179 ff.
80 Vgl. Verh. des DIHT 1931, Heft 7, HA, 23.6.1931, S. 37; vgl. auch Verh. des DIHT 1932, Heft 5, HA, 5.10.1932, S. 64.
81 Vgl. Michael Grübler, Die Spitzenverbände der Wirtschaft und das erste Kabinett Brüning, Düsseldorf 1982, S. 130 ff., 238 ff., 297 ff.
82 Vgl. Verh. des DIHT 1931, Heft 7, HA, 23.6.1931, S. 36 f.
83 Verh. des DIHT 1928, Heft 5, 48. Vollversammlung, 18.4.1928, S. 132.
84 Die Argumentation hat inzwischen in der Literatur sehr viel Anerkennung gefunden. Zuletzt ganz im Sinne Borchardts: Tooze, Ökonomie, S. 37: „Die hitzigen Diskussionen, die [...] über die zwischen März 1930 und Mai 1932 getroffenen wirtschaftspolitischen Entscheidungen von Reichskanzler Brüning und Reichsbankpräsident Luther geführt wurden, lassen sich kaum noch zählen. Doch kaum eine dieser Debatten traf ins Schwarze. [...] Da sie [Brüning, Luther, W. H.] an den Regeln des Goldstandards festhalten mußten, während der Young-Plan Annuitäten von 2 Milliarden Reichsmark forderte und die internationalen Kapitalmärkte angesichts der deutschen Kreditnahmen zunehmend nervös reagierten, war Deflation die einzig noch verbliebene Möglichkeit."
85 Vorträge, 1927, 8.9.1927, S. 55.
86 Eduard Hamm, Zum Problem des berufsständischen Aufbaus, Sonderdr. aus „Deutsche Wirtschaftszeitung", Berlin 1932, Nr. 30, 28.7.1932; vgl. die vorzügliche zusammenfassende Darstellung der umlaufenden Ideen bei Paul Nolte, Die Ordnung der deutschen Gesellschaft. Selbstentwurf und Selbstbeschreibung im 20. Jahrhundert, München 2000, S. 179-186; ders., Ständische Ordnung im Europa der Zwischenkriegszeit, in: Wolfgang Hardtwig (Hg.), Utopie und politische Herrschaft im Europa der Zwischenkriegszeit, München 2003, S. 233-256.
87 Ebd., u. a. S. 2.
88 Ebd., S. 8.
89 Verh. des DIHT 1932, Heft 5, HA, 5.10.32, S. 68 f. Denkbar ist, dass sich Hamm diese Kammer so ähnlich vorstellte wie den „Senat" in der Bayerischen Landesverfassung, der erst zum Ende des Jahres 1999 abgeschafft wurde.
90 Darauf deuten schon die Formulierungen hin, mit denen Hamm 1926 in seinem Grundsatzreferat vor der Vollversammlung des DIHT die gewünschte Form des geplanten Reichswirtschaftsrates umschrieben hat, vgl. Verh. des DIHT 1926, 28.4.1926, S. 56.
91 Verh. des DIHT 1927, 18.1.1927, S. 51 f. und 50.
92 Verh. des DIHT 1931, Heft 12, HA, 3.12.1931, S. 66 f.
93 Weiter heißt es dort: „Die politischen Schwierigkeiten dieser Zeit mit der geringst möglichen politischen Beunruhigung unseres Volkes zu überwinden, scheint uns daher das wichtigste Gebot einer auf Arbeitsbeschaffung gerichteten Politik [...]", zit. nach Winkler, Weimar, S. 586.
94 Symptomatisch dafür die Rede, die Hamm am 21.7.1931 zur Enthüllung des Bismarck-Denkmals bei Lindau hielt: Dort ist sehr viel mehr von „Volkstum", „Raum", vom „glühende[n] Wille[n] zur Macht und Größe der Nation" die Rede als in der Frühzeit der Republik (S. 10, 12 f.); allerdings klingt auch hier an, dass der Reichstag und damit die Weimarer Verfassung verteidigt werden müssten (S. 9), BayHStA, NL Hamm 51.

95 Limbach, Eduard Hamm, S. 37; auf Betreiben Hamms war in dem von ihm herausgegebenen Organ des DIHT, der „Deutschen Wirtschaftszeitung", eine Artikelserie aus der Feder des Schriftleiters Karlheinrich Rieker erschienen, in der die Öffentlichkeit über den Dilettantismus des NS-Wirtschaftsprogramms aufgeklärt werden sollte. Rieker kritisierte u. a. die romantisierende Neigung zum Mittelalter mit seinen überschaubaren Märkten, den antisemitischen Topos von der modernen privatkapitalistischen Geldwirtschaft als jüdischer Erfindung und das Fehlen einer kohärenten Theorie. Vgl. die Artikelreihe in: Deutsche Wirtschaftszeitung Jg. 29 (1932), Nr. 33, 34, 36, 38, 39, 40; vgl. dazu Karlheinrich Rieker, Reichsminister a. D. Dr. Eduard Hamm im Deutschen Industrie- und Handelstag (Manuskript), BayHStA, NL Hamm 42, S. 4.
96 Limbach, Eduard Hamm, S. 42.
97 Im Folgenden stütze ich mich – neben den Materialien im Nachlass – vor allem auf Manuel Limbach.
98 Thomas Mann, Tagebücher 1918–1921, hg. von Peter de Mendelssohn, Frankfurt a. M., 2.5.1919; 4.5.1919.
99 Vgl. u. a. Verh. des DIHT 1927, Heft 16, Gemeinsame Sitzung des Landesausschusses der Preußischen Industrie- und Handelskammern und des HA des DIHT, 8.12.1927, S. 57–88; Verh. des DIHT 1931, Heft 12, HA, 3.12.1931, S. 61; Verh. des DIHT 1932, Heft 5, HA, 5.10.1932, S. 66 ff. (zum „Preußenschlag" kritisch).
100 Verh. des DIHT 1932, Heft 5, HA, 5.10.1932, S. 69.
101 Limbach, Eduard Hamm, S. 57–72.
102 Halders zwielichtiges Agieren gegenüber allen Annäherungsversuchen aus verschiedenen Kreisen des Widerstands wie auch später in der amerikanischen Kriegsgefangenschaft ist hier nicht zu diskutieren, vgl. Christian Hartmann, Halder – Generalstabschef Hitlers 1938–1942, Paderborn u. a. 1991.
103 Limbach, Eduard Hamm, S. 65.
104 Hardtwig-Hamm, Nachtrag zum Lebenslauf Dr. E. Hamm.
105 Ebd.
106 Erwin Hardtwig, Nachtrag zur Lebensskizze von Eduard Hamm, S. 4.
107 Hardtwig-Hamm, Aus der privaten Lebenssphäre, S. 12.
108 Bericht Kaltenbrunners an Bormann vom 15.9.1944, in: Hans-Adolf Jacobsen (Hg.), Opposition gegen Hitler und der Staatsstreich vom 20. Juli 1944 in der SD-Berichterstattung. Geheime Dokumente aus dem ehemaligen Reichssicherheitshauptamt, Bd. I, Stuttgart 1989, S. 387–391, hier S. 390; vgl. dazu Limbach, Eduard Hamm, S. 74.
109 Ulrich von Hassell, Vom andern Deutschland: Aus den nachgelassenen Tagebüchern 1938–1944, Frankfurt a. M. 1964 [Zürich 1946], S. 40; die Erstausgabe stand in der Reit im Winkler Bibliothek. Zu den Kontakten vgl. Limbach, Eduard Hamm, S. 74. Zu von Hassell vgl. Gregor Schöllgen, Ulrich von Hassell 1881–1944. Ein Konservativer in der Opposition, München 1990 (ohne Hinweis auf diese Kontakte).
110 Zur Entwicklung der Programmatik im Kreisauer Kreis vgl. zuletzt Günter Brakelmann, Helmut James von Moltke 1907–1945. Eine Biographie, München 2009, S. 137–208, 260–268.
111 Zit. nach Limbach, Eduard Hamm, S. 80.
112 Verh. des DIHT 1932, Heft 1, Gemeinsame Sitzung des HA des DIHT und des Landesausschusses der Preußischen Industrie- und Handelskammern, S. 15–22. Die Wiederaufnahme des Kontakts geschah über Karl Scharnagl, den Münchner Oberbürgermeister vor und nach dem Dritten Reich. Offenbar benötigte

Scharnagl für die Kommunalwahl im Mai 1948 noch „Persilscheine" für den US-Informationsdienst und wandte sich an Maria Hamm. Diese bestätigte mehrere Besuche und Gespräche Anfang 1943, Karl Scharnagl an Maria Hamm, 26.12.1947, Maria Hamm an Dr. Karl Scharnagl, 5.1.1948, Nachlass Gertrud Hardtwig.

[113] Hardtwig-Hamm, Nachtrag zum Lebenslauf Dr. E. Hamm, vgl. dazu auch Limbach, Eduard Hamm, S. 82–85.
[114] Limbach, Eduard Hamm, S. 81.
[115] Ebd.
[116] Erwin Hardtwig, Nachtrag zur Lebensskizze von Eduard Hamm, S. 5, vgl. Limbach, Eduard Hamm, S. 81 f.
[117] Peter Hoffmann, Claus Schenk Graf von Stauffenberg und seine Brüder, 2. Aufl., Stuttgart 1982, S. 268.
[118] Schreiben von Maria Hamm an die Alliierte Militärregierung in Deutschland, 16.10.1945, BayHStA, NL Hamm 108.
[119] Vgl. dazu Ulrike Hett u. Johannes Tuchel, Die Reaktion des NS-Staates auf den Umsturzversuch vom 20. Juli 1944, in: Peter Steinbach u. Johannes Tuchel (Hg.), Widerstand gegen die nationalsozialistische Diktatur 1933–1945, Berlin 2004, S. 522–538.
[120] Hardtwig-Hamm, Nachtrag zum Lebenslauf Dr. E. Hamm, S. 5.
[121] Vgl. Bericht Kaltenbrunners, siehe Limbach, Eduard Hamm, S. 94. In ihrer verzweifelten Ungewissheit über die Todesumstände ihres Mannes wandte sich Maria Hamm sogar während der Nürnberger Prozesse an Kaltenbrunner selbst mit der Bitte um Auskunft. Kaltenbrunners Verteidiger antwortete: „Der Angeklagte Kaltenbrunner hat keine Kenntnis über diesen Fall", Dr. Kurt Kauffmann an Maria Hamm, 2.3.1946, Nachlass Gertrud Hardtwig.
[122] Bericht von Kaltenbrunner, S. 390.
[123] Vgl. Limbach, Eduard Hamm, S. 94.
[124] Vgl. aus der riesigen Literatur u. a. Wolfgang Altgeld, Zur Geschichte der Widerstandsforschung. Überblick und Auswahlbibliographie, in: Rudolf Lill u. Heinrich Oberreuter (Hg.), 20. Juli. Porträts des Widerstands, Düsseldorf, Wien 1984, S. 377–392; Jürgen Schmädeke, Peter Steinbach (Hg.), Der Widerstand gegen den Nationalsozialismus. Die deutsche Gesellschaft und der Widerstand gegen Hitler, 2. Aufl., München u. Zürich 1986; Winfried Becker, Begriffe und Erscheinungsformen des Widerstands gegen den Nationalsozialismus, in: Jahrbuch für Volkskunde (1989), S. 11–42; im Folgenden schließe ich mich teilweise den Argumentationen und begrifflichen Unterscheidungen in diesem vorzüglichen Aufsatz an. Jüngste Beiträge zu der Begriffs- und Wertungsdebatte: Joachim Scholtyseck, Individuelle Freiheit als Leitmotiv? Religiöse Aspekte der Widerstandsbewegung im „Dritten Reich", in: J. Dierken u. A. v. Schehila (Hg.), Freiheit und Menschenwürde. Studien zum Beitrag des Protestantismus, Tübingen 2005, S. 277–293; Michael Kissener, „Katholischer Widerstand"? Ansichten einer problematischen Begriffsbildung, in: Rolf-Ulrich Kunze (Hg.), Distanz zum Unrecht, 1933–1945. Methoden und Probleme der deutschen Widerstandsforschung, Konstanz 2006, S. 75–90; ders., Ist „Widerstand" nicht „das richtige Wort"?, in: Karl-Joseph Hummel u. Michael Kissener (Hg.), Die Katholiken und das Dritte Reich. Kontroversen und Debatten, Paderborn u. a. 2009, S. 167–178.
[125] Becker, Widerstand gegen NS, S. 16.
[126] Elke Fröhlich, Gegenwärtige Forschungen zur Herrschafts- und Verhaltensgeschichte in der NS-Zeit. Das Projekt „Widerstand und Verfolgung in Bayern 1933–1945" des Instituts für Zeitgeschichte, in: Christoph Klessmann u. Falk Pingel

(Hg.), Gegner des Nationalsozialismus. Wissenschaftler und Widerstandskämpfer auf der Suche nach historischer Wirklichkeit, Frankfurt a.M. u. New York 1980, S. 27–34, 31.

[127] Gerhard Botz, Methoden- und Theorieprobleme der historischen Widerstandsforschung, in: Schmädeke u. Steinbach (Hg.), Der Widerstand, S. 137–151.

[128] Vgl. demnächst die Dissertation von Limbach über den Sperr-Kreis.

[129] Kurlander, Living with Hitler, S. 42–46, 43.

[130] Eduard Hamm an Walther von Loewenich, 16.11.1938; Hamm verlangte von den Kirchen, nicht bloß ihrer eigenen Zerschlagung entgegenzutreten, sondern als einzig verbliebene moralische Instanz im Dritten Reich auch ethisch und geistig deutlicher gegen den NS aufzutreten.

[131] Hamm an Walther von Loewenich, 16.5.1944, beide Briefe im Nachlass Hamm (Christine Beßner, Hamburg), hier zit. nach Limbach, Eduard Hamm, S. 48 ff. Elly Heuss-Knapp ist ein weiteres Dokument über die einerseits liberale, andererseits suchende Religiosität Hamms zu verdanken. Vermutlich unter dem Eindruck der Nachricht über seinen Tod schrieb sie eine „Persönliche Erinnerung an Dr. Eduard Hamm" nieder, in der sie sehr anrührend auch die „Aura" der „Stille" schildert, die den gleichwohl temperamentvollen und rastlos aktiven Mann umgeben habe. Unter anderem fragte er sie nach Berliner Kirchen, in denen man eine gute Predigt hören könne, und wurde von ihr auf Otto Dibelius und Romano Guardini verwiesen. Heuss fand diese undatierte Aufzeichnung beim Ordnen des Nachlasses seiner Frau und schickte sie am 21.10.1952 an meine Großmutter, Nachlass Gertrud Hardtwig.

[132] Hardtwig-Hamm, Nachtrag zum Lebenslauf Dr. E. Hamm; für dieses Motiv spricht der Bericht des Mitverschworenen Hermann Aumer, der bei der Volksgerichtshofsitzung gegen „Prof. Huber und Genossen" in München zugegen gewesen war und deren „krasse und schreckliche Formen" einem kleinen Freundeskreis geschildert hatte, Schreiben Hermann Aumer an Gertrud Hardtwig-Hamm, 24.7.1946, BayHStA, NL Hamm 108.

13. Von der „Vergangenheitsbewältigung" zur Erinnerungskultur. Vom Umgang mit der NS-Vergangenheit in Deutschland

Auch über sechzig Jahre nach dem Ende des „Dritten Reiches" wird man nicht sagen können, dass unsere Vergangenheit „bewältigt" sei. Klar ist, welche Vergangenheit gemeint ist – die von nationalsozialistischer Gewaltherrschaft, Krieg und Kriegsverbrechen und Holocaust. Aber 1987 attestierte Ralph Giordano den Deutschen eine „zweite Schuld", die Schuld, das Erbe des Nationalsozialismus in der frühen Bundesrepublik nicht energischer bekämpft, die Täter nicht dingfest gemacht und bestraft zu haben.[1] Das Buch ist den „schuldlos beladenen Töchtern und Enkeln" gewidmet, nimmt den nachfolgenden Generationen also zwar den Schuldvorwurf, nicht aber die Last von der Schulter, mit der Vergangenheit ihrer Vorfahren leben zu müssen. Aber ist dann der Vorwurf von der zweiten Schuld wirklich berechtigt? Komplizierend tritt seit 1989 eine dritte Vergangenheit hinzu, die der „zweiten deutschen Diktatur" in der DDR, und auch sie verlangt nach „Bewältigung" oder zumindest nach „Verarbeitung", wie der etwas neutralere, in fünfzig Jahren Sprachgebrauch aber mit der „Bewältigung" immer eng verbundene Terminus lautet. Diese *zweite* deutsche Vergangenheitsverarbeitung stand – darüber gab es von Anfang an keinerlei Zweifel – unter dem Vorzeichen der *ersten:* Dass auch diese Vergangenheit verarbeitet werden müsse, war klar, die „Fehler" im Umgang mit der Vergangenheit zwischen 1945 und 1989 in beiden deutschen Teilstaaten sollten vermieden, aus ihnen sollte gelernt werden. So sehr diese zweite totalitäre „Vergangenheitsbewältigung" unter dem Vorzeichen der ersten stand, so wenig konnte sie diese überlagern oder gar verdrängen. Vergleichbar ist der Modus, in dem sich die inkriminierte Vergangenheit der beiden – höchst unterschiedlichen – Systeme bemerkbar machte und macht: in der Form des Skandals oder der Skandalisierung, die immer wieder Phasen vermeintlicher erinnerungsgeschichtlicher Normalität durchbrechen. Etwas zugespitzt, aber nicht ohne Grund, ist die Besonderheit der bundesdeutschen Erinnerungskultur in einer

„fortwährenden Ambivalenz aus Skandalisierung und Tabuisierung" gesehen worden.[2] Für die fünfziger und sechziger Jahre der alten Bundesrepublik, auf deren Geschichte ich mich im Folgenden konzentriere, ist diese Charakterisierung sicher nicht falsch. Aber reicht sie auch aus?

In der geschichtswissenschaftlichen Forschung zur „Vergangenheitsbewältigung" hat sich seit Beginn der neunziger Jahre viel getan. Zwar standen die Fachhistoriker vor zehn Jahren in der „Goldhagen-Debatte" einem rasanten Skandalisierungsgeschehen noch einmal ziemlich hilflos gegenüber. Doch ist seit Beginn der neunziger Jahre die empirische Erforschung der zwiefachen Vergangenheit – der Wirklichkeit des „Dritten Reichs" und der Erinnerung an diese Wirklichkeit – entschieden vorangekommen. Thesen, Forderungen, Meinungen stehen auf einem ungleich solideren empirischen Forschungsfundament als zuvor. Eine Ursache dafür liegt in einem Perspektivenwechsel der Geschichtswissenschaft selbst, der Konjunktur des Paradigmas „Erinnerungskultur", die zu einer Fülle von Arbeiten über das kollektive und kulturelle Gedächtnis der deutschen Nation nach 1945 geführt hat. Mit dem fortschreitenden Zeitabstand geriet zudem die Frühgeschichte der Bundesrepublik stärker in den Fokus der Aufmerksamkeit und damit auch die Geltung der so genannten „Restaurations"-These.

Diese These war, vereinfachend gesagt, aus einer linksliberalen Kampfposition gegen die Adenauer-Politik in den fünfziger Jahren und aus ihrer Fortsetzung, Steigerung und insofern auch Verfälschung durch die Achtundsechziger-Generation entstanden und besagt, dass die fünfziger Jahre, gerade was die Erinnerung an die Verbrechen aus der Zeit vor 1945 und ihre justizielle und historisch-moralische Aufarbeitung angeht, eine „bleierne Zeit" gewesen seien. Hier hat die Forschung inzwischen zwei – auf den ersten Blick scheinbar ganz widersprüchliche – Erkenntnisse herausgearbeitet: Zum einen hat sie gezeigt, wie sehr die rechten Intellektuellen, etwa zwischen „Tat-Kreis", Hans Grimm und Ernst Jünger, sich an die normative Vorgabe der Demokratie als wünschenswerter Staatsform anpassten oder, sofern sie es nicht taten, ihre Deutungsmacht einbüßten; rechtsradikales Gedankengut hatte schon Mitte der fünfziger Jahre seine Salonfähigkeit eingebüßt, und selbst Parteien wie die „Deutsche Partei" oder die „Sozialistische Reichspartei" waren spätestens Mitte der fünfziger Jahre marginalisiert. Andererseits hat die genauere Durchleuchtung der mythischen „Stunde Null" unsere Kenntnis über eine unerhörte Elitenkontinuität über das Jahr 1945 hinaus entschieden erweitert. Dazu einige genauere Angaben, weil sie für das Folgende unerlässlich sind.

Man unterscheidet zwischen den „traditionellen Eliten" in Wirtschaft, Verwaltung, Wissenschaft und Militär und den eigentlichen „NS-Eliten", der „Spitze des Staats- und Parteiapparates des Regimes"; dazu gehören vor allem die Angehörigen der Führungsebenen in den Sonderbehörden, Gauleitungen und der Parteiorganisation sowie jene Männer, die in der SS, im Reichssicherheits-, Wirtschafts- und Verwaltungshauptamt, bei Sicherheitspolizei und Einsatzgruppen sowie bei den deutschen Besatzungsbehörden in den besetzten Ländern vor allem des Ostens führende Positionen eingenommen hatten und für die daher die „Nähe zu und Verantwortung für die Terror- und Vernichtungspolitik des Regimes" kennzeichnend ist.[3] Bei der Ausschaltung dieses engeren Personenkreises waren die Siegermächte zunächst sehr entschieden vorgegangen. Gleichwohl endete diese Säuberung insgesamt für die NS-Eliten eher glimpflich. Die Internierungslager erwiesen sich de facto tatsächlich als eine Art Umerziehungslager, allerdings mit ambivalentem Ausgang: Die meisten der führenden Nazis krochen zwar zu Kreuze, weil sie nur so eine privilegierte Stellung erhalten oder wiedererlangen konnten. Der Anpassungsdruck führte langfristig dazu, dass aus dieser Gruppe kaum noch jemand bereit war, nach 1945 rechtsextremistisches Gedankengut offen oder gar in Form von Parteiorganisation zu vertreten – schon um Nachfragen nach der Vergangenheit zu vermeiden – und die alsbald neu erkämpfte bürgerliche Respektabilität zu gefährden.

Gleichwohl wurden die alliierten Säuberungsmaßnahmen in regelrechten Kampagnen bekämpft – häufig mit dem Argument, dass sich die Alliierten mit Internierungslagern, Spruchkammern und Entnazifizierung im Grunde derselben Methoden bedienten wie die Nationalsozialisten mit den NS-Konzentrationslagern. Das Scheitern des juristischen angloamerikanischen Entnazifizierungskonzepts (auf dessen Ursachen und Formen hier nicht eingegangen werden kann) verkehrte die Intentionen des Verfahrens am Ende in sein Gegenteil. Eigentlich hätte es dazu dienen sollen, die profilierten Nationalsozialisten aus dem politischen, wirtschaftlichen und kulturellen Leben zu entfernen, aber im Ergebnis wusch das Verfahren die einstigen Nazis mehr oder weniger weiß vom Stigma ihrer früheren Tätigkeit. Die Mitglieder der Führungsspitzen von NSDAP, SS und Sicherheitspolizei, vom stellvertretenden Gauleiter, Kriminaldirektor und Standartenführer an aufwärts, kamen mit durchschnittlich 4000 Mark Geldstrafe bzw. zwei Jahren Haft davon, auf die auch noch ihre Internierungszeit angerechnet wurde. Insgesamt führten also einerseits die weltpolitische Konstellation mit Koreakrieg und Verschärfung des Kalten Krieges, die praktisch die Einstellung der alliierten Entnazifizierungspolitik zur Folge hatte, und andererseits das hartnäckige Widerstreben der deutschen Verantwortlichen und zunehmend auch der Bevölkerungsmehrheit zu einer am Ende überaus milden Behandlung. Die Mehrzahl der Westdeutschen änderte in den vier Jahren zwischen 1946 und 1950 ihre Meinung zur kritischen Aufarbeitung der Vergangenheit gravierend. Anfänglich hatten über 70 Prozent der Westdeutschen die Kriegsverbrecher-Prozesse bejaht, 1950 lehnten ebenso viele sie ab. Hinter der Kampfparole gegen die so genannte „Siegerjustiz", die auf die strafrechtliche Verfolgung der NS-Verbrechen durch deutsche oder alliierte Gerichte angewandt wurde, schlossen sich durchaus unheilige Allianzen zusammen, etwa die Betroffenen, die sich als Privatleute zunehmend auch wieder organisierten, und die Kirchen.

Mit der Gründung der Bundesrepublik 1949 setzte dann von deutscher Seite jene bis etwa 1955 reichende Ära einer systematischen Entlastungs- und Integrationspolitik ein, die unter dem Begriff „Vergangenheitspolitik" zusammengefasst worden ist. Darunter sei hier ein „politischer Prozeß" verstanden, „der sich [...] durch hohe gesellschaftliche Akzeptanz" auszeichnete, ja „geradezu kollektiv erwartet wurde". Konkret gemeint sind damit weitreichende gesetzgeberische Maßnahmen, so die Amnestiegesetze von 1949 und 1954, die eine große Mehrheit der von den deutschen Gerichten bestraften NS-Täter begnadigten und ihre Strafen und die Urteile der Spruchgerichte aus dem Strafregister strichen. Der viel zitierte Grundgesetzartikel 131 ermöglichte es 1951 fast allen Beamten, die nach dem Krieg von den Alliierten aus politischen Gründen aus dem öffentlichen Dienst entfernt worden waren, in ihre einstigen Positionen zurückzukehren. Es ging also, so der Historiker Norbert Frei, um Strafaufhebungen und Integrationsleistungen zugunsten eines Millionenheers ehemaliger Parteigenossen, die fast ausnahmslos in ihren sozialen, beruflichen und staatsbürgerlichen – nicht jedoch politischen – Status quo ante versetzt wurden, den sie im Zuge der Entnazifizierung, Internierung oder Ahndung ‚politischer' Straftaten verloren hatten. Damit war in weniger als fünf Jahren das Gros der nationalsozialistischen Funktionsträger amnestiert und weitgehend reintegriert. Gleichwohl sorgte diese „Vergangenheitspolitik" – das muss festgehalten werden – auch für eine „politische und justizielle Grenzziehung gegenüber den ideologischen Restgruppen des Nationalsozialismus"[4] und kodifizierte von Fall zu

Fall (man könnte auch sagen von Skandal zu Skandal) in geradezu paradoxer Weise den antinationalsozialistischen Gründungskonsens der Nachkriegsdemokratie.

Somit steht man vor dem verblüffenden Befund, mit dem ich meine sehr kursorischen Bemerkungen über den Forschungsstand zur „Vergangenheitsbewältigung" in der Bundesrepublik abschließen möchte: Die traditionellen deutschen Eliten waren in ihre einstigen Positionen in Politik, Wirtschaft, Verwaltung und Wissenschaft zurückgekehrt. Auch die NS-Eliten im engeren Sinn, also die eigentlichen „Täter" und Verantwortlichen der NS-Verbrechen, hatten sich vor allem in freien Berufen und in der Industrie neue Karrieren geschaffen und lebten in Wohlstand (und – in längerfristiger sozialgeschichtlicher Perspektive gesehen – in ebenjenen Positionen, die sie auch eingenommen hätten, wenn sie nicht in der NS-Zeit in zeitlich beschleunigte und mit enormer zusätzlicher Aufstiegsdynamik versehene Berufskarrieren eingestiegen wären). Im Folgenden will ich nun nicht die einzelnen Etappen der „Vergangenheitsbewältigung" noch einmal darstellen und kommentieren – vielmehr möchte ich einige Gesichtspunkte herausgreifen und in einer systematischen Fragestellung vertiefen, die vielleicht in der Forschungsflut etwas unterbelichtet geblieben sind und die es am Ende erlauben sollen, die Ausgangssituation unserer Fragestellung zwischen 1945 und 1955 mit der Frage zu verknüpfen, wie wir heute mit einer Vergangenheit umgehen sollen, die auch mehr als sechzig Jahre nach dem Ende des Regimes „nicht vergehen will". Ich werde also zunächst den Begriff „Vergangenheitsbewältigung" selbst genauer untersuchen, danach soll die „Öffentlichkeit" schärfer in den Blick genommen werden, in der sich die Auseinandersetzungen über die Vergangenheit abspielten, und eine Differenzierung von verschiedenen Öffentlichkeiten vorgenommen werden. Diese konstituieren allerdings insgesamt eine bundesrepublikanisch-nationale Öffentlichkeit, und das bringt uns auf die Frage, welche Bedeutung eigentlich externen Faktoren – vor allem den Interventionen der Siegermächte und des zweiten deutschen Staates, der DDR – bei der „Vergangenheitsbewältigung" zukommt. Schließlich möchte ich der Frage nachgehen, wie das Verhältnis von Individuum und Nation in den vergangenen sechzig Jahren in Konfrontation mit der NS-Vergangenheit gedacht wurde.

I.

Der Begriff „Vergangenheitsbewältigung" ist bis heute umgangssprachlich üblich und wird auch in der Wissenschaft nach wie vor mehr oder weniger selbstverständlich verwendet. Das Wort selbst kam erst Mitte der fünfziger Jahre in Gebrauch, erfuhr 1959/60 eine starke Konjunktur und ist seither aus der Debatte über das Verhältnis der Bundesrepublik zur NS-Vergangenheit nicht mehr wegzudenken. Das heißt nicht, dass das Thema selbst nicht schon in den späten vierziger und frühen fünfziger Jahren behandelt worden wäre; gesprochen wird dann etwa von „zeitgeschichtlicher Aufklärung" oder „Auseinandersetzung mit der NS-Vergangenheit", von ihrer „innerlichen Verarbeitung" oder, in Abgrenzung zum kritisierten Gegenteil, vom „Nicht-Schweigen" oder „Nicht-Vergessen". Dass eine Vergangenheit „bewältigt" werden müsse, ist eine ganz neue Denkfigur. Einen vergleichbaren Begriff kannte das 19. Jahrhundert überhaupt nicht, er scheint also ein fundamental neues Bedürfnis im Umgang mit der Vergangenheit auszudrücken – und damit eine inkomparable Qualität dieser Vergangenheit selbst.

Daher ist es sicher kein Zufall, dass der Begriff zunächst im theologisch-kirchlichen Kontext auftauchte, 1955 bei einer Evangelischen Akademietagung, als die Aufgabe formuliert wurde, „Gewissensfragen nach Mitverantwortung und Mitschuld an allem, was von 1933 bis 1945 in und durch Deutschland geschehen war", zu beantworten.[5] Schon 1952 hatte der katholische Theologe Romano Guardini die Frage aufgeworfen, ob die vorhandenen Kategorien ausreichten, um die Verbrechen des „Dritten Reiches" „ethisch bewältigen" zu können. „Aufgearbeitet" werden müsse das Geschehene jedenfalls.[6] Damit war auch die von jetzt ab gängige Verknüpfung von „Vergangenheitsbewältigung" und „Aufarbeitung der Vergangenheit" geschaffen. Bis 1959 hatte das Wort „Vergangenheitsbewältigung" nach der Beobachtung des Historikers Hans Rothfels weithin Eingang in den historisch-politischen Wortschatz gefunden, und Theodor Heuss sprach von einem „plastisch gewählten Schlagwort",[7] in dem sich eine „tiefe Not" verberge, mit der man aber nur fertig werde, wenn man sich „ohne Überschwang, doch mit unverschwärmter Klarheit mit der Zukunft verbündet weiß."[8]

Neben der Herkunft aus dem Reflexionsfeld von Ethik und Gewissen fallen zwei weitere häufige Verknüpfungen ins Auge. Historiker wie Hermann Heimpel, Hans Rothfels und Reinhard Wittram verbanden mit der „unbewältigten Vergangenheit" die Diagnose eines allgemeinen

„Verlustes der Geschichte" in ihrer Gegenwart. Aus ihrer Sicht war demnach die erratische und überfordernde Erfahrung des „Dritten Reichs" und seiner Verbrechen mitverantwortlich für eine allgemeine Geschichtsmüdigkeit und Geschichtsunkenntnis, auf die es insbesondere im Bereich der Zeitgeschichte auch handfeste empirische Hinweise gab.[9] Daneben besteht ein innerer Zusammenhang zwischen der Formel von der „Vergangenheitsbewältigung" und einem Deutungsmuster, das die ominösen zwölf Jahre weniger in politischen, gesellschaftlichen oder kulturellen Kategorien zu erfassen suchte als in medizinischen. Guardini sprach 1952 vom „Gift" jener Jahre, das demnach aus dem Körper der Nation beseitigt werden musste, wenn er eine Zukunft haben wollte.[10] Der linkskatholische Publizist Walter Dirks beklagte 1960 eine „Verengung und Erstarrung unseres Fühlens und Denkens" in „der krankhaften neurotischen Form", die die Zeitgenossen unfrei mache, gehemmt oder auch hemmungslos und manchmal mechanisch in ihrem Verhalten.[11] Vor allem aber gewann das psychoanalytische Theorem von einer in Krankheitssymptomen wiederkehrenden, weil verdrängten Schuld seit Theodor Adornos Vortrag von 1959 „Was bedeutet: Aufarbeitung der Vergangenheit?" an Bedeutung; durch das nach dem Ende der Auschwitz-Prozesse (1963/65, 1965/66) erschienene Buch von Alexander und Margarete Mitscherlich „Die Unfähigkeit zu Trauern" (1967) erlangte es eine geradezu kanonische Geltung. Hohe Plausibilität hat noch heute das Argument Adornos, dass „der Nationalsozialismus den kollektiven Narzißmus, schlicht gesagt: die nationale Eitelkeit ins Ungemessene" gesteigert habe. Dieser kollektive Narzissmus sei durch den Zusammenbruch des Hitlerregimes aufs Schwerste geschädigt worden, ohne dass die Einzelnen sich dies „bewußt gemacht hätten und dadurch mit ihr [der Vergangenheit] fertig geworden wären" (und das sei der „sozialpsychologisch zutreffende Sinn der Rede von der unbewältigten Vergangenheit"). Aber Adorno sah in der Tilgung der Erinnerung letztlich mehr eine „Leistung des *allzu wachen* Bewußtseins als dessen Schwäche gegenüber der Übermacht unbewußter Prozesse" und führte das Vergessen des Nationalsozialismus sehr viel entschiedener als auf „Psychopathologie" auf die „*allgemeine* gesellschaftliche Situation" zurück.[12]

Die politische Bewertung des Terminus war bei alledem durchaus kontrovers. Die eher linke, kritische Publizistik bewertete die „Bewältigung" als schwere, aber unabdingbar notwendige Anstrengung, um nach der Katastrophe wieder zu ethisch vertretbaren und politisch vernünftigen Maßstäben des Verhaltens und Handelns zu kommen.

Manche Kritiker – darunter auch Hannah Arendt – vermuteten in dem Wort aber auch ein mehr oder weniger heimliches Bedürfnis, die Auseinandersetzung mit der Vergangenheit abzuschließen, also eine besonders subtile Formulierung für das verbreitete Schlussstrichbedürfnis. „Rechte" Publizisten dagegen etikettierten die Bewältigungs-Verfechter mit all den Formeln, die in ihrem Syndrom von Schuldbestreitung, nationaler Selbstbehauptung, Kritik an den Siegermächten und einem pauschalen Antikommunismus gängig waren, von der Beschimpfung des „Literatenvolks" als „Prediger der Kollektiv-Schuld" und als Verfechter eines „Schuld-Masochismus" bis zur Rede von einer „Intellektuellenschaft", der die Vergangenheit wichtiger sei als die Gegenwart und die ihre Landsleute zu typisch deutscher „Zimperlichkeit und Selbstmitleid" anhalte.[13]

II.

Die unterschiedlichen Auslegungsmöglichkeiten des Begriffs „Vergangenheitsbewältigung" verweisen auf vielschichtige Diskurse, die sich in den späten fünfziger Jahren bereits etabliert hatten, und damit auf den zweiten Gesichtspunkt, den ich ausführlicher ansprechen möchte: die allmähliche Formierung einer kritischen Öffentlichkeit. In Anlehnung an zeitgenössische Formulierungen könnte man mit Blick auf unser Thema von grundsätzlichen Möglichkeiten sprechen, sich öffentlich zu den Untaten des „Dritten Reiches" zu verhalten: zum einen von einer „Nicht-Öffentlichkeit", wie es Franz Böhm und Theodor Adorno mit guten Gründen Ende der fünfziger Jahre formulierten – zum anderen von einer sofort nach dem Zusammenbruch des „Dritten Reiches" sich artikulierenden, aber quantitativ ausgesprochen minoritären, erinnerungspolitisch sensiblen Öffentlichkeit, die sich im Laufe der fünfziger Jahre verstärkt Gehör verschaffte. Zur „Nicht-Öffentlichkeit" würde man jene 55 Prozent der Deutschen zählen, die 1947 laut einem OMGUS-Survey den Nationalsozialismus als gute Idee bezeichneten, die nur schlecht verwirklicht worden sei (gegenüber nur 35 Prozent, für die der Nationalsozialismus per se eine schlechte Idee war). 1955 meinten 48 Prozent der Befragten in einer Allensbach-Umfrage, ohne den Krieg wäre Hitler einer der größten Staatsmänner gewesen. 1951 hatten auf die Frage, wann es Deutschland am besten gegangen sei, 42 Prozent „zwischen 1933 und 1939" geantwortet; der Wirtschaftsaufschwung reduzierte diese Zahl allerdings bis 1963 auf 10 Prozent (meist aus den Altergruppen der 45- bis 59-jährigen).[14] Andere Zahlen, etwa zur Berechtigung des Wiedergutmachungsabkommens mit Israel 1953, bestätigen die Ausdehnung dieser „Nicht-Öffentlichkeit". „Nicht-Öffentlichkeit" – der Ausdruck ist deshalb so einleuchtend, weil die öffentliche politische Formulierung dieser Positionen bei weitem nicht die Intensität entwickelte, die diese Zahlen an sich erwarten ließen. Seit 1945 bereits, aber fortgesetzt nach 1949, hatte sich ein antitotalitärer Grundkonsens herausgebildet, in dem so gut wie niemand mehr ein offenes Bekenntnis zur NS-Ideologie wagte. Gegenentwürfe zur parlamentarischen Demokratie blieben, wenn überhaupt noch vorhanden, marginal. Die alte intellektuelle Rechte hatte sich zur Mitte bewegt oder schwieg trotzig – was aber alles eben nicht bedeutete, dass Mitte der fünfziger Jahre die überwiegende Mehrheit der Bevölkerung eine kritische Auseinandersetzung mit den Untaten des Nationalsozialismus befürwortet hätte. Es herrschte jene „gewisse Zurückhaltung in der öffentlichen Thematisierung individueller oder auch institutioneller Nazi-Vergangenheiten", die nach Hermann Lübbes inzwischen von der Forschung weithin akzeptierten These von 1983 eine entscheidende Vorraussetzung für die Integration der Bevölkerungsmehrheit in die „Staatlichkeit der zweiten deutschen Demokratie" gewesen ist.[15]

Allerdings war diese „gewisse Stille" auch keineswegs eine vollständige Stille. Zwischen dem Ende des „Dritten Reichs" und der Gründung der Bundesrepublik hatte die Auseinandersetzung um die Vergangenheit die Medien weitgehend beherrscht. Danach trat sie zwar weit zurück, aber kritische Stimmen gab es immer wieder und auf verschiedenen Feldern. Auf dem Buchmarkt wurde z. B. das zuerst 1947 in Deutschland publizierte „Tagebuch der Anne Frank" bis 1958 700.000-mal verkauft, die Theaterfassung kam allein 1957 rund 1700-mal zur Aufführung.[16] In der Belletristik begannen Autoren wie Wolfgang Koeppen und Heinrich Böll die bedrückende Elitenkontinuität zu thematisieren, bis hin zu heute schwer verständlichen Verschwörungsanspielungen. Eine Belletristik, die erfolgreich zwischen Kolportage und literarischem Anspruch lavierte, begann zwar noch nicht die Legende von der „sauberen Wehrmacht" zu kritisieren, wohl aber die nazistische Deformierung des Bewusstseins im Offizierkorps und ihre Folgen drastisch darzustellen – so etwa Hans Hellmut Kirst, insbesondere mit seinem Roman „Fabrik der Offiziere" (1960). Seit dem Ulmer Einsatzgruppen-Prozess und den darauf folgenden Kölner

Hakenkreuzschmierereien von 1959 forderten immer mehr Stimmen die „Aufarbeitung" der jüngsten Vergangenheit im Schulunterricht.

Neueste Publikationen zur gerichtlichen Verfolgung von NS-Tätern haben auch allzu pauschale Urteile über das Versagen der bundesdeutschen Justiz bei der Aufarbeitung der NS-Vergangenheit revidiert. Allerdings bleibt es dabei, dass es fast immer eines manifesten Skandals bedurfte, um öffentliche Kritik zu provozieren und eine Aufarbeitung von Fall zu Fall in Gang zu bringen, bis dann seit der Einrichtung der Ludwigsburger „Zentralstelle zur Verfolgung von NS-Verbrechen" 1958, seit dem Eichmann-Prozess in Jerusalem 1961 und seit den Auschwitz-Prozessen zwischen 1962 und 1966 eine breite und systematische Verfolgung von NS-Verbrechen einsetzte. Die reinen Zahlen der gerichtlichen Verfolgung von NS-Verbrechen sind ernüchternd. 1984 bilanzierte die „Süddeutsche Zeitung", dass von rund 88.500 Personen, die bis zum 1. Januar 1983 nationalsozialistischer Straftaten beschuldigt worden waren, nur 6465 verurteilt worden waren, zwölf zum Tode, 185 zu lebenslanger Freiheitsstrafe. 80.355 Personen dagegen wurden freigesprochen und gegen 1767 Angeklagte liefen noch Verfahren, allerdings ohne dass noch mit erheblichen Freiheitsstrafen gerechnet wurde.[17] Aber die Zahlen sind hier nicht alles.

Ich will aus der Unmasse des Materials zwei Beispiele aus dem baden-württembergischen Umkreis herausgreifen, um anzudeuten, welche Bandbreite von Verhaltensmöglichkeiten es gegeben hat: eine aus heutiger Sicht unbegreifliche Vertuschungs- und Verleugnungsmentalität, bemerkenswerte Initiativen Einzelner und eine allmählich aus einer Vielzahl ganz unterschiedlicher Motive gewachsene Einsicht, dass die NS-Verbrechen systematisch verfolgt werden müssten – bei all den prozeduralen, generationellen und auch rechtsstaatlichen Hindernissen, die einer Aufarbeitung vielfach objektiv im Weg standen. Staatsanwalt Sichting von der Ludwigsburger Zentralstelle z. B. stellte 1961 fest, dass Eugen Karl Steimle, ehemaliger Führer des NS-Sonderkommandos der Einsatzgruppe B, der von der amerikanischen Militärjustiz erst zum Tode verurteilt und dann begnadigt worden war, seit 1955 mit amerikanischer Zustimmung als Studienrat und Erzieher im evangelischen Internat der Ziegler'schen Anstalten in Wilhelmsdorf arbeitete. Der Staatsanwalt wandte sich an seinen Behördenleiter, der auf seine Anfrage die Antwort aus Stuttgart erhielt, dass Generalstaatsanwalt Nellmann mit Kultusminister Storz über den Fall gesprochen habe. Storz habe erklärt, sein Ministerium habe auf die Stellenbesetzung keinen Einfluss. Ein Gespräch mit Kirchenpräsident Weber habe zudem ergeben, dass die Mitglieder des Oberkirchenrates von der Vergangenheit Steimles wüssten. Sie seien aber davon überzeugt, dass Steimle „unter seiner Vergangenheit im Gegensatz zu anderen Tätern schwer leide und bereue, was vorgefallen sei". Der Kirche stehe es frei, einem reuigen Sünder entgegenzukommen. Unter diesem Gesichtspunkt habe man Steimle angestellt.[18]

Während dieser Vorgang behördenintern erledigt wurde, war bei der Einrichtung der Ludwigsburger Zentralstelle die Öffentlichkeit wesentlich beteiligt. Im Verlauf der Ermittlungen zum Ulmer Einsatzgruppen-Prozess hatten die Ulmer Staatsanwälte feststellen müssen, dass sich Staatsanwaltschaften und Gerichte anderer Bundesländer geweigert hatten, gegen Tatverdächtige vorzugehen. Es zeigte sich, dass eine ganze Reihe hochrangiger SS-Leute unter falschem Namen untergetaucht war und dass in der Republik wohlbestallte „Ehemalige" systematisch gedeckt wurden. Oberstaatsanwalt Nellmann tat nun den für die damalige Justiz durchaus ungewöhnlichen Schritt, selbst an die Öffentlichkeit zu treten. In einem Artikel in der „Stuttgarter Zeitung" brachte er 1958 vor allem zwei Argumente vor: Das bislang praktizierte Zufallsprinzip bei der Verfolgung von NS-Verbrechen widerspreche dem rechtsstaatlichen Gleichheitsgebot; und die aktuellen Justizskandale erklärten sich nicht zuletzt aus der NS-Belastung des bundesdeutschen Polizeidienstes. Als der baden-württembergische Justizminister Wolfgang Haussmann (FDP) die Initiative zur Einrichtung der Zentralstelle ergriff, unterstützte ihn zunächst nur das bayerische Justizministerium – allerdings weniger aus rechtlicher Überzeugung, sondern weil es wegen der kurz zuvor geschehenen erfolgreichen Flucht des Buchenwalder KZ-Arztes Dr. Hans Eisele selbst gerade unter starkem Druck der kritischen Öffentlichkeit stand. Dagegen meinte der schleswig-holsteinische Justizminister Leverenz (übrigens wie Haussmann von der FDP), man solle sich nicht zu „Knechten der Presse und der öffentlichen Meinung" machen, Vergangenheitserforschung sei „nicht Aufgabe der Justiz, sondern der Historiker".[19]

Neben der „Nicht-Öffentlichkeit" und der „kritischen Öffentlichkeit", die sich seit Ende der fünfziger Jahre immer entschiedener und breiter zu Wort meldete, ist noch eine dritte Form von Öffentlichkeit zu erwähnen, deren Bedeutung nicht unterschätzt werden sollte: die offizielle Erinnerungskultur des neuen Staatswesens „Bundesrepublik". Zwischen Kriegsende und Staatsgründung entstand, sozusagen wildwüchsig, eine Vielzahl von Zeichen der Erinnerung an Opfer des Nationalsozialismus, etwa an bestimmten Orten der so genannten Todesmärsche, kleinere und größere Monumente, die zum Teil nach 1949 wieder verschwanden. Aber der neugegründete Staat selbst begann sich langsam der Opfer des Nationalsozialismus in einem ritualisierten Gedenken anzunehmen, mit der Einrichtung von Gedenktagen, mit regelmäßigen Gedenkansprachen oder mit der Errichtung von Erinnerungszeichen, die häufig auch der Ort für solche offiziellen Ansprachen waren. Als Beispiele wären zu nennen die regelmäßigen jährlichen Ansprachen zum Gedenken an die Opfer des Widerstandes in der Berliner Bendlerstraße und im Zuchthaus Plötzensee sowie der „Tag des Gedenkens an die Opfer des Nationalsozialismus". Letzteren führte 1996 der damalige Bundespräsident Roman Herzog ein und setzte ihn auf den 27. Januar fest, den Tag, an dem 1945 Soldaten der Roten Armee die Überlebenden des Konzentrationslagers Auschwitz befreit hatten. Am 1. November 2005 erklärte die Generalversammlung der Vereinten Nationen den 27. Januar in einer Resolution zum internationalen Holocaustgedenktag, der unter anderem in Israel, Großbritannien und Italien offiziell begangen wird.

Seit den frühen fünfziger Jahren hat sich die offizielle Gedenkkultur in der Bundesrepublik immer mehr verbreitet und intensiviert. Das Spektrum reicht vom „Volkstrauertag" am vorletzten Sonntag vor dem 1. Advent bis zum regelmäßigen Gedenken an die so genannte „Reichskristallnacht" am 9. November. Bei den Denkmälern, die dem Themenkreis „Vergangenheitsbewältigung" zugerechnet werden können, ist vor allem auf die Denkmäler für den Widerstand und die Opfer-Denkmäler hinzuweisen. Für die Bundesrepublik wurde 1995 eine Gesamtzahl von rund 8000 Opferdenkmälern unterschiedlichster Provenienz, Größe, künstlerischer Qualität und spezieller Gedenkzwecke gezählt. Das Spektrum reicht hier von der einfachen Gedenktafel an der einstigen Wohnung des Opfers über das figürliche oder abstrakte Erinnerungsmal bis zu der „komplexen Verschränkung von Denkmal, Museum, kirchlicher Gedenkstätte und Präsentation der überkommenen sachlichen Reste", etwa bei den ehemaligen Konzentrationslagern Dachau und Flossenbürg.[20]

Schon die Breite des Spektrums dieser Gedenkanlässe und -formen enthält Hinweise auf die Komplexität der über Denkmäler vermittelten Erinnerung als Beitrag zur „Vergangenheitsbewältigung". Denn jedes Denkmal ist Ausdruck einer expliziten Geschichtsdeutung, es selektiert die Erinnerung, es folgt der Absicht auf Traditionsstiftung und ist insofern tief verflochten in das Netz mitunter sehr handfester materieller und ideeller Bedürfnisse und Interessen, von denen sich die Erinnerung nicht ablösen lässt. Den Denkmälern des Widerstandes etwa konnte vorgeworfen werden, dass hier ein „besseres Deutschland" auf Kosten der Opfer stilisiert worden sei. Mitte der achtziger Jahre tobte ein heftiger Streit, ob der kommunistische Widerstand legitimerweise in die zentrale Gedenkstätte am Bendlerplatz aufgenommen werden solle oder nicht, und bei den Opferdenkmälern kommt immer wieder die Frage auf, wessen hier eigentlich gedacht werden soll, der Juden, sonstiger Opfergruppen wie der Sinti und Roma, der „Opfer von Krieg und Gewalt" (wie es an der Gedenkstätte der Neuen Wache in Berlin heißt), was dann deutsche Soldaten und Zivilbevölkerung einschließt usw.

So wie die Politik der Wiedergutmachung gegenüber Israel anfangs eine Minderheitenpolitik war, so auch die Erinnerungspolitik, die seit Beginn der fünfziger Jahre daranging, eine breite Erinnerungskultur zu institutionalisieren. Die Anstöße kamen vielfach von Opfergruppen bzw. Nachkommen aus deren Kreis, so etwa in Bergen-Belsen – dem Lager mit besonders vielen nichtdeutschen Opfern aus den verschiedensten Nationen – so vielfach bei Denkmälern zur Erinnerung an den Holocaust. Energische und zielstrebige Einzelne spielten bei dieser allmählichen Formung einer offiziellen Erinnerungskultur eine erhebliche Rolle, etwa der Student Reinhard Strecker, der 1958 mit enormer Zähigkeit die (1959 erstmals gezeigte) Ausstellung „Ungesühnte Nazijustiz. Dokumente zur NS-Justiz" gegen massive Widerstände in Hochschule, Stadt, Staat und natürlich bei den Juristen durchsetzte und schließlich erreichte, dass die Ausstellung zwar nicht Teil der offiziellen Erinnerungskultur wurde, aber nach ihrer ersten Präsentation in West-Berlin in mindestens neun westdeutschen Städten und darüber hinaus im Ausland gezeigt wurde. Analogien zur Wehrmachtsausstellung und zum Kampf um sie in den neunziger Jahren liegen auf der Hand.

Die Reden der Bundespräsidenten, insbesondere von Heuss, Weizsäcker und Herzog, setzten für diesen Aufbau der Erinnerungskultur Maßstäbe, und sie schrieben diese Maßstäbe gemäß den Einsichten von kritischer Öffentlichkeit und Wissenschaft im Laufe der Jahrzehnte auch um. In den Nachkriegsjahrzehnten verknüpften sie – nach der inzwischen eingebürgerten Begrifflichkeit – „kollektives Gedächtnis" und „kulturelles Gedächtnis": das kollektive Gedächtnis als Erinnerungsensemble, das sich noch aus unmittelbarer Erfahrung speist, und das „kulturelle Gedächtnis", das sich über lange Zeiträume speichert und daher verstärkt auf die Stützung durch Institutionen angewiesen ist. Reden bei Ritualen sind oft bedrückend redundant und gedankenlos, aber die Wiederholung ist für die Stabilisierung einer politisch-moralischen Wertordnung ein Wert an sich. Demgegenüber setzte gerade Theodor

Heuss schon früh Maßstäbe für die historisch-moralische Selbstprüfung. Seine Reden stehen allein deshalb vielfach am Anfang einer bis heute reichenden Tradition, weil sie persönliche Erfahrung und Deutung in die politische Rhetorik integrierten. Aus den Reden von Heuss zu den Gedenkanlässen der frühen Bundesrepublik 1949, mehrmals 1952, 1954 und 1959 sollen hier nur zwei Aspekte aus der Ansprache zur Einweihung des Denkmals des Konzentrationslagers Bergen-Belsen 1952 angesprochen werden: zum einen ein unleugbar defensiver Unterton, der die zu erwartende und in Leserbriefen dann auch formulierte Kritik am Mahnmal und am Willen zur Erinnerung vorwegnimmt, um sie dann zu widerlegen; zum anderen eine Diktion, die damals deutlich war, aus heutiger Sicht aber nicht frei erscheint von jener zeittypischen Tendenz zur abschwächenden Sprache, die Adorno 1959 scharf kritisiert hat. Heuss' Satz „Wir haben von den Dingen gewußt" zieht sich in die Weichheit des metaphorischen Ausdrucks zurück, und Bilder von Überlebenden aus dem Vernichtungslager sind in heutiger Sprache alles Mögliche, nur keine „schreckhaftesten Dokumente".[21]

III.

Die allmähliche Ausbildung einer Erinnerungskultur, in der die politischen Eliten schließlich zu der Meinung kamen, die NS-Vergangenheit müsse „aufgearbeitet", insofern also auch „bewältigt" werden und die deutsche Gesellschaft habe die Erinnerung an die NS-Verbrechen wach zu halten und auch materielle Konsequenzen zu ziehen – bis hin zur Zwangsarbeiterentschädigung –, ist im Übrigen keine Leistung, zu der sich die bundesrepublikanische Gesellschaft autochthon durchgerungen hätte. Man muss deutlich auf den äußeren Druck hinweisen, der über die Jahrzehnte hinweg notwendig war, bis die – immer noch mehr symbolische als reale – Entschädigung der Zwangsarbeiter für die erfahrenen Leiden durchgesetzt werden konnte. Die deutsche Erinnerungspolitik im wiedervereinigten Deutschland der neunziger Jahre und der Umgang mit den NS-Verbrechen in den Anfangsjahren der Bundesrepublik lassen sich zumindest insofern vergleichen, als ohne die Einwirkung von außen vermutlich hier wie dort sehr wenig geschehen wäre. Meinen dritten Gesichtspunkt möchte ich also bewusst zugespitzt in der Form einer Frage formulieren: Hätte es eine deutsche „Vergangenheitsbewältigung" nach 1945 gegeben ohne die Intervention des Auslands? Unter „Ausland" sind hier die Regierungen und Öffentlichkeiten insbesondere in den USA und in England zu verstehen; hinzu kamen die Spitzen von Staat und Partei in dem unmittelbar nach der Bundesrepublik gegründeten zweiten deutschen Staat, der DDR. Zwar war die Entnazifizierungspolitik der Westalliierten insofern gescheitert, als sich die Mehrheit der Westdeutschen als Objekte einer ungerechtfertigten Siegerjustiz fühlte und sich mehrheitlich als „Volksgemeinschaft der Besiegten" verstand. Die in ihrer Integrationswirkung so überaus erfolgreiche bundesrepublikanische Vergangenheitspolitik der Jahre 1949 bis 1955 war wesentlich eine Politik gegen das Siegerregime. Aber dieses Siegerregime war doch insofern höchst erfolgreich gewesen, als es den Tätern und Belasteten zwar nach Verbüßung der Strafen bzw. nach Strafnachlass und Strafbefreiung beachtliche Wirtschaftskarrieren und den Aufbau geachteter gesellschaftlicher Positionen ermöglichte, kaum aber den Wiedereinstieg in die Politik. Zwar gab es die bekannten Fälle – die doch auch immer „Skandale" waren –, in denen eine weitreichende NS-Vergangenheit bei wichtigen Regierungsvertretern aufgedeckt wurde, wie etwa in den Fällen Hans Globke, Friedrich Karl Vialon oder Theodor Oberländer. Aber der verblüffende Befund in einem Bericht des englischen Botschafters in Bonn an sein Außenministerium 1959 lautete eben doch: Die meisten ehemaligen Nationalsozialisten seien in wichtige Positionen in Staat und Gesellschaft der Bundesrepublik zurückgekehrt – eine Gefahr für deren demokratische Ordnung bestehe aber keineswegs. Der Grund dafür liegt zu einem guten Teil darin, dass die Westalliierten der deutschen Vergangenheits- sprich Selbstentlastungspolitik manchmal entschiedene Grenzen setzten, so etwa wenn sie allzu weit gehende Forderungen zur Begnadigung von Kriegsverbrechern verwarfen oder auf Jahre hinaus vertagten. Als die Unterwanderung vor allem der nordrhein-westfälischen FDP durch Ex-Nazis wie den Stellvertreter Heydrichs, Werner Best, und andere Mitglieder von Netzwerken der NS-Elite bedrohlich zu werden begann, verboten die englischen Behörden den so genannten Naumann-Kreis um den ehemaligen Staatssekretär in Goebbels' Propagandaministerium – übrigens durchaus mit Zustimmung Konrad Adenauers.

Bei der Behandlung der zahlreichen „Fälle" und „Skandale" in den frühen fünfziger und sechziger Jahren, auch in der Prozess-Welle zwischen 1958 und 1965 spielte zudem das Argument „Was wird das Ausland sagen?" eine ganz zentrale Rolle – und zwar auf beiden Seiten, bei den Gegnern wie bei den Befürwortern der „Aufarbeitung". Die

Gegner argumentierten regelmäßig, das Wühlen in der Vergangenheit biete dem Ausland nur neue Vorwände für anti-deutsche Propaganda, immer neue Demütigungen der deutschen Nation und realpolitisch die Ausgrenzung aus allen wichtigen internationalen Entscheidungen. Dass die Ludwigsburger Vorermittlungsstelle nach langen Auseinandersetzungen 1958 dann doch eingerichtet wurde, geht nicht zuletzt auf den Hinweis des Bundesjustizministers Schäffer zurück, dass „man Schwierigkeiten bekommen" werde, wenn man nichts tue.[22] Damit war die kritische Öffentlichkeit in Deutschland gemeint, ebenso aber die Akzeptanz der Bundesrepublik bei den westlichen Siegermächten – und schließlich, fast noch wichtiger, die Agitationstätigkeit der DDR. Seit dem Eichmann-Prozess war die Ludwigsburger Stelle ein hochwillkommenes Aushängeschild der Bundesrepublik, mit dem man glaubte, allen Vorwürfen begegnen zu können.

Nach dem KPD-Verbot des Bundesverfassungsgerichts im August 1956 hatte die DDR-Führung den Kampf gegen die „renazifizierte Bundesrepublik" verstärkt und die NS-Vergangenheit vieler deutscher Justizbeamter und Rechtswissenschaftler als Kampfmittel entdeckt. Wenige Wochen vor der Wahl zum dritten deutschen Bundestag, im Mai 1957, eröffnete die DDR ihre erste Offensive „Hitlers Blutrichter im Dienste des Adenauer-Regimes", die nach längerer Anlaufzeit erhebliche Erfolge zeitigte. Das Thema avancierte schließlich zu einem Streitpunkt zwischen Außen- und Innenministerium. Der damalige Innenminister Gerhard Schröder (CDU) lehnte schon eine bloße dienstrechtliche Überprüfung von Justizbeamten der Bundesbehörden ab; der Staatssekretär im Außenministerium, Karl Heinrich Knappstein, hielt dagegen, dass Parlamentsanfragen britischer Unterhaus-Abgeordneter zu diesem Thema nicht aufgehört hätten und dass die deutsche Außenpolitik nach „gewissen Vorkommnissen der letzten Zeit" (Prozess Zind, Prozess Sommer, der Fall des Staatsanwalts von Decker, die Flucht Dr. Eiseles, der Fall der Ärztin Oberhäuser usw.) dem steigenden Interesse der Öffentlichkeit der westlichen Länder Rechnung tragen müsse. Wenn einzelne Kritiker schon in den späten vierziger Jahren meinten, dass die Gewissenserforschung des deutschen Volkes nicht recht vom Fleck komme, so muss man aus heutiger Sicht bilanzierend sagen: Ohne die Intervention von außen, auch wenn sie manchmal aus höchst fragwürdigen Motiven geschah, wäre das auch so geblieben.

IV.

Der Hinweis auf die Impulse von außen soll aber nun nicht die Leistung derjenigen schmälern, die von Anfang an auf der deutschen Verantwortlichkeit und Schuld bestanden und so die Entstehung einer kritischen Erinnerungskultur vorangebracht haben. Ich möchte also viertens und abschließend noch eingehen auf einige charakteristische Deutungsmuster und die Frage, wie mit dem Problem jeweils persönlicher Verantwortlichkeit umgegangen wurde.

Es ist heute Forschungskonsens, die ambivalenten Auswirkungen der Nürnberger Kriegsverbrecherprozesse von 1945/46 zu betonen. In ihnen sei den noch lebenden Hauptverantwortlichen wie etwa Göring, Heß, Ribbentrop oder Speer ihre Schuld nachgewiesen worden und mit den Verurteilungen Gerechtigkeit geschehen. Doch hätten diese Urteile die Neigung der Deutschen gefördert, zwischen sich und den „eigentlichen Tätern" einen klaren Strich zu ziehen und sich selbst von jeder konkreten Mitverantwortung freizusprechen. Andererseits hätten Deutungsversuche etwa von Friedrich Meinecke und Gerhard Ritter Stichworte zu einer Dämonisierung Hitlers und seiner Gefolgschaft geliefert und auf diesem Wege dazu beigetragen, das „Dritte Reich" eher als Bruch mit der deutschen Geschichte oder als „Entartung deutschen Menschentums" zu deuten denn als ein in der nationalpolitischen Tradition oder in massenhaften Fehleinschätzungen und -entscheidungen zwischen 1918 und 1945 begründetes Geschehen – was wiederum die Selbstfreisprechung der Deutschen von jeder konkreten Mitverantwortung gefördert habe. Das alles ist zweifellos durchaus richtig gesehen und im Übrigen wohl verständlich. Die „deutsche Zusammenbruchsgesellschaft" nach 1945, die von „Millionen Flüchtlingen, Vertriebenen, Ausgebombten und Kriegsinvaliden geprägt war und eine Gesellschaft in Bewegung darstellte", haderte mehr mit dem eigenen Schicksal, und ihre Mitglieder waren kaum dazu bereit, über ihre persönliche oder die kollektive Mitverantwortung für diese Situation nachzudenken.[23] In den für die unmittelbaren Nachkriegsjahre charakteristischen Trümmer- und Kriegsfilmen wurde – so die heutigen Befunde – nicht die Vergangenheit, sondern die deutsche Niederlage bewältigt, die Handelnden erschienen als Opfer eines übermächtigen Schicksals, die deutschen Soldaten als Privatleute, die es in einen Krieg verschlagen hatte, den sie nicht gewollt hatten und den sie für sinnlos hielten.

Bei all diesen Deutungen stand das nationale Kollektiv ganz im Vordergrund. Akteur oder Opfer war die „deutsche Nation", und mitunter unterliefen in der Debatte auch sehr selbstkritischen Autoren Begriffe und Vorstellungen, die ihre Herkunft aus der Vorstellungswelt der zwanziger und dreißiger Jahre nicht verleugnen konnten. Theodor Heuss sprach 1952 von der „Scham", dass sich solche Verbrechen im „Raum der Volksgeschichte" vollzogen hätten, aus der „Lessing und Kant, Goethe und Schiller in das Weltbewußtsein traten."[24] Ein entschiedener Verfechter der Aufarbeitung zeigte sich Ende der fünfziger Jahre besorgt, dass das „völkische Geschichtsbewußtsein" so diskreditiert sei, dass man in Zukunft von den Deutschen keinerlei Opferbereitschaft mehr erwarten könne.[25] Auch die von Karl Jaspers 1945 – übrigens in sehr differenzierter Weise – in die Diskussion eingeführte „Kollektivschuldthese" bewegte sich selbstverständlich auf dieser nationalen Deutungsebene. Theodor Heuss wies in einer seiner ersten richtungweisenden Reden 1949 die Kollektivschuldthese zurück, insistierte aber auf einer unabdingbaren deutschen „Kollektivscham"[26] und brachte dann jene Frage nach der individuellen Verantwortung zur Sprache, die sich, wie mir scheint, im Laufe der Jahrzehnte bis heute immer stärker als die entscheidende Frage herausgestellt hat: „Sind wir, bin ich, bist du schuld, weil wir in Deutschland lebten, sind wir mitschuldig an diesem teuflischen Verbrechen"? Zeitbedingt ist zweifellos die Abschwächung, die in der Formulierung liegt „*weil* wir in Deutschland lebten", denn es geht ja nicht nur um das In-Deutschland-gelebt-Haben, sondern darum, in irgendeiner Form mitgewirkt zu haben am Verbrechen der Entrechtung und massenhaften Ermordung der Juden. Andererseits polemisierte Adorno 1959 gegen die „Phrase, es komme allein auf den Menschen an", wodurch alles den Menschen zugeschoben werde, „was an den Verhältnissen liegt, wodurch dann wieder die Verhältnisse unbehelligt bleiben".[27]

Walter Dirks hat 1960 in einem Artikel „Unbewältigte Vergangenheit – Demokratische Zukunft" in den „Frankfurter Heften" bewundernswert genau den Zusammenhang aufgedeckt, auf den es hier ankommt: Niemand werde bestreiten – so Dirks –, dass die Nation ein „Subjekt der Geschichte" sei; aber sie sei eben auch ein Personenverband, der in seiner „staatlichen Spitze nur durch das Zusammenwirken von Millionen von einzelnen, durch unendlich viele Handlungen, Worte, Unterlassungen vieler Millionen zum Handeln" komme. Daher genüge es nicht, die Schuld nur bei den „Staatsverbrechern" zu suchen, und auch nicht, heute mit den Fingern auf solche Parteigenossen und Funktionäre zu weisen, die wieder zu Amt und Ehre gekommen sind, sei es durch Qualität und Leistung, sei es nach unbezweifelbarer Umbesinnung, sei es durch Täuschung oder Nachlässigkeit der Verantwortlichen. Wer die Kollektivschuld bestreitet, muss so konsequent sein, die Schuld bei jedem Einzelnen zu suchen. Er werde sie nicht bei jedem finden, wohl aber, wenn er wirklich suche, vor allem bei sich selbst. Für Dirks hatte diese Schuld eine moralische Dimension, in der Form von privaten Schäbigkeiten, von Verrat, aufgrund von Brüchen im Charakter usw., aber sie hatte eben auch eine entschieden politische Qualität. Es reiche nicht aus, sich an die „offenbaren Sündenböcke zu halten, an Adolf Hitler, seine Helfershelfer und seine nationalsozialistischen Steigbügelhalter", sondern „wir Älteren" insgesamt seien für Adolf Hitler mitverantwortlich, weil wir „für die Umstände mitverantwortlich sind, die ihm die Chance gaben [...]." Die moralische Seite ist für Dirks aufs Engste verknüpft mit der „intellektuellen und politischen" Seite der Mitverantwortung. Es geht nicht nur um die Erkenntnis von Schuld, sondern auch um Verkennungen der Wirklichkeit, um falsche Berechnungen, und daher ist bei der Auseinandersetzung mit der Vergangenheit wie bei der Gestaltung von Gegenwart und Zukunft die „Klugheit [...] ebenso aufgerufen wie das Gewissen. Die Klugheit hilft der Gerechtigkeit."[28]

V.

Zum Schluss sei aus dem Gesagten noch eine Überlegung abgeleitet, die den scheinbar paradoxen Zusammenhang von Universalisierung und Individualisierung der Erinnerung betrifft. Für Deutsche und also Angehörige der Ursprungsgesellschaft oder -nation des Holocaust muss es eine höchst zwiespältige Erfahrung sein zu sehen, wie sich die Erinnerung an den Holocaust gleichsam verselbständigt und zunehmend universalisiert. Holocaustmuseen und -gedenkstätten entstehen inzwischen an vielen Orten, Staatspräsidenten und Regierungschefs aus Ländern, die für den Holocaust wahrhaftig nicht verantwortlich gemacht werden können, versammeln sich zu einer internationalen Konferenz in Stockholm und verabschieden eine Deklaration, dass sich dergleichen nie wiederholen dürfe. Hier sind selbstverständlich Moden und, deutlich gesagt, erinnerungspolitische Mitnahmeeffekte im Spiel, aber im Kern geht es doch um etwas Wichtiges, Legitimes und vielleicht sogar Notwendiges: um die Globalisierung der Erinnerung. In ihr stellt der Holocaust ein Extremereignis dar, das für die einzelnen nationalen Erinnerungskulturen in dem Maße wichtiger wird, als sie sich miteinander verschränken. Die Vergegenwärtigung der jeweils eigenen System- oder Nationalgeschichte reicht offenkundig nicht aus, um sich für die Zukunft hinlänglich zu orientieren. Die Universalisierung des Holocaust wird, so viele Bedenken die Historiker dagegen vorbringen mögen, zweifellos noch zunehmen. Mit der Universalisierung ist aber merkwürdigerweise auch eine Personalisierung verbunden. Es ist eine andere Personalisierung als das Abschieben der Verantwortung auf einen isolierten Täterkreis, zu dem die Deutschen in den fünfziger Jahren neigten. Immer stärker tritt stattdessen die Bedeutung kleiner, persönlicher Wertentscheidungen hervor – auch von vermeintlich anonymen historischen Subjekten, in ihrem individuellen, oft sehr beschränkten Wirkungskreis, in ihrem alltäglichen Handeln, in ihren ganz unspektakulären politischen Optionen. Die Vergegenwärtigung politisch falscher oder moralisch schuldhafter Wertentscheidungen der Vergangenheit durch eine sich universalisierende Erinnerungskultur dient der Einsicht in die Bedeutung der kleinen individuellen Entscheidungen bei jedem Einzelnen und zu jedem Zeitpunkt.

Anmerkungen

[1] Ralph Giordano, Die zweite Schuld oder Von der Last Deutscher zu sein, Hamburg 1987.
[2] Klaus Naumann, Zwischen Tabu und Skandal. Zur Aufarbeitung der NS-Vergangenheit in der Bundesrepublik, in: Christoph Butterwege u. FH Potsdam (Hg.), NS-Vergangenheit, Antisemitismus und Nationalismus in Deutschland. Beiträge zur politischen Kultur der Bundesrepublik und zur politischen Bildung, Baden-Baden 1997, S. 46.
[3] Hierzu und zum Folgenden Ulrich Herbert, NS-Eliten in der Bundesrepublik, in: Wilfried Loth u. Bernd A. Rusinek (Hg.), Verwandlungspolitik. NS-Eliten in der westdeutschen Nachkriegsgesellschaft, Frankfurt a. M. 1998, S. 93–115, hier S. 96.
[4] Norbert Frei, Vergangenheitspolitik. Die Anfänge der Bundesrepublik und die NS-Vergangenheit, München 1996, S. 13–14.
[5] Zit. nach Grete Klingenstein, Über Herkunft und Verwendung des Wortes „Vergangenheitsbewältigung", in: Geschichte und Gegenwart 7 (1988), S. 301–312, hier S. 301.
[6] Romano Guardini, Verantwortung. Gedanken zur jüdischen Frage. Eine Universitätsrede, 3. Aufl., München 1954 (zuerst 1952), S. 31 u. 34.
[7] Theodor Heuss im Gespräch mit dem Intendanten des Süddeutschen Rundfunks Hans Bausch, in: Frankfurter Allgemeine Zeitung, 2. Januar 1960.

8 Theodor Heuss, Wert und Unwert einer Tradition. Festvortrag des Bundespräsidenten vom 25. Juni 1959 im Rahmen der Kieler Woche, in: Bulletin des Presse- und Informationsamtes der Bundesregierung. Nr. 118, 4. Juli 1959. S. 1197–1200, Zitat S. 1200.
9 Hermann Heimpel, Verlust der Geschichte, Göttingen 1957.
10 Guardini [wie Anm. 6], S. 9 u. 32.
11 Walter Dirks, Unbewältigte Vergangenheit – Demokratische Zukunft, in: Frankfurter Hefte 15 (1960), S. 153–158, hier S. 154.
12 Theodor W. Adorno, Was bedeutet: Aufarbeitung der Vergangenheit? [zuerst 1959], in: ders., Gesammelte Schriften, Bd. 10/11, Frankfurt a. M. 1997, S. 555–572, hier S. 558 u. 563.
13 Helmuth Ibach, Die Geschichte einer Phrase. Was heißt „unbewältigte Vergangenheit"?, in: Die politische Meinung 5 (1960), H. 47, S. 29–37, hier S. 34, 31 u. 35; noch wesentlich exzessiver Armin Mohler, Vergangenheitsbewältigung. Von der Läuterung zur Manipulation, Stuttgart 1968.
14 Vgl. Theodor Eschenburg, Jahre der Besatzung. 1945–1949, Stuttgart 1983, S. 431–432.
15 Hermann Lübbe, Der Nationalsozialismus im deutschen Nachkriegsbewußtsein, in: Historische Zeitschrift 236 (1983), S. 579–599, hier S. 585 u. 587.
16 Meike Herrmann, Historische Quelle, Sachbericht und autobiographische Literatur. Berichte von Überlebenden der Konzentrationslager als populäre Geschichtsschreibung?, in: Wolfgang Hardtwig u. Erhard Schütz (Hg.), Geschichte für Leser. Populäre Geschichtsschreibung in Deutschland im 20. Jahrhundert, Stuttgart 2005, S. 123–145, hier S. 124, Anm. 6.
17 Zit. nach Hermann Glaser, Totschweigen, Entlasten, Umschulden. Die „Bewältigung der Vergangenheit" im Nachkriegsdeutschland, in: Tribüne. Zeitschrift zum Verständnis des Judentums 26 (1987), S. 118.
18 Schreiben des Generalstaatsanwalts Erich Nellmann an den Behördenleiter der Zentralen Stelle der Landesjustiz Ludwigsburg, Erwin Schüle, vom 1. Februar 1961, zit. nach Anette Weinke, Die Verfolgung von NS-Tätern im geteilten Deutschland. Vergangenheitsbewältigung 1949–1969 oder: Eine deutsch-deutsche Beziehungsgeschichte im Kalten Krieg, Paderborn 2002, S. 166.
19 Niederschrift über die 27. Justizministerkonferenz, zit. nach dml., S. 86–87.
20 Hans-Michael Körner, „Vergangenheitsbewältigung" im Denkmal?, in: Susanne Bönnig-Weis u. a. (Hg.), Monumental. Festschrift für Michael Petzet, München 1998, S. 105–110, hier S. 107.
21 Theodor Heuss, Das Mahnmal (Rede anlässlich der Einweihung der Gedenkstätte Bergen-Belsen am 30. November 1952), in: ders., Die großen Reden, Bd. 2: Der Staatsmann, Tübingen 1965, S. 224–230, hier S. 225 u. 229; vgl. dazu im Einzelnen: Ulrich Baumgärtner, Reden nach Hitler. Theodor Heuss – Die Auseinandersetzung mit dem Nationalsozialismus, Stuttgart 2001.
22 Niederschrift über die 27. Justizministerkonferenz, zit. nach Weinke [wie Anm. 18], S. 87; nach Weinke auch das Folgende.
23 Hans-Ulrich Thamer, Die Auseinandersetzung mit dem Nationalsozialismus. Eine mißlungene Vergangenheitsbewältigung?, in: Werner Billing (Hg.), Rechtsextremismus in der Bundesrepublik Deutschland, Baden-Baden 1993, S. 9–23, hier S. 15 u. 17.
24 Heuss, Mahnmal [wie Anm. 21], S. 228.
25 Kurt Fackinger, Jugend, Schule, Nationalsozialismus, in: Frankfurter Hefte 15 (1959), H. 8, S. 549–569.

[26] Theodor Heuss, Mut zur Liebe (Rede anlässlich der Feierstunde der Gesellschaft für christlich-jüdische Zusammenarbeit in Wiesbaden am 7. Dezember 1949), in: ders., Die großen Reden, Bd. 2 [wie Anm. 21], S. 99–107, hier S. 100 u. 101.
[27] Adorno [wie Anm. 12], S. 560.
[28] Dirks [wie Anm. 11], S. 154–156.

14. Verlust der Geschichte – oder wie unterhaltsam ist die Vergangenheit?

Am Dienstag, den 7. Juli 2009 machte die Geschichte Pause. In den öffentlichen und den meisten privaten Fernsehsendern gab es keine Abendnachrichten: keine Unruhen im Iran oder in China, keine Finanzkrise, keinen Auftritt Obamas – nichts. Stattdessen: drei Stunden Übertragung der Trauerfeierlichkeiten, das heißt einer Unterhaltungsshow, zum Tod des „King of Pop", Michael Jackson. Ein Teilnehmer äußerte später im Interview: „Es war großartig, es war einmalig, das ist Geschichte"!"

Das mag ein extremes Beispiel sein, aber dass Unterhaltung Geschichte wird und Geschichte ausdrücklich unterhaltsam sein soll – das erleben wir immer öfter. In wenigen Jahren ist ein breiter und differenzierter Markt für Geschichte entstanden, auf dem gelernte Historiker mit unterschiedlichen Studienwegen und Ausbildungsintensitäten sehr gute Chancen haben. Eine neuerdings boomende private Kulturwirtschaft braucht Kulturunternehmer, vom Organisator oder Mitwirkenden an „Living-History-Events" über das Angebot von Recherche- oder Erzähldienstleistungen für Unternehmen bis zum Reiseleiter oder „Destinationsmanager" im Kulturtourismus. Chancen haben vor allem breit ausgebildete Historiker, solche, die auch von Antike und Mittelalter eine Ahnung haben, und solche Historiker, die es verstehen, eine aktuelle Nachfrage zu bedienen oder gar neue Bedürfnisse zu wecken.[1] Pars pro toto sei aus einer Werbeanzeige in der FAZ zitiert:

Braunschweig lädt ein zum „Kaiserjahr". Die Löwenstadt feiert das 800-jährige Krönungsjubiläum Kaiser Ottos IV. [...] Für einen vergnüglichen Rundgang durch die Stadt steht Besuchern [...] ein Zeitgenosse Ottos zur Seite: Per Audioguide begleitet Gunzelin von Wolfenbüttel, der Truchsess des Kaisers, Individualtouristen als virtuelle, jedoch historisch verbürgte Figur [...]. In den Monaten Juli und Oktober [...] steht die Kaiserstadt ganz im Zeichen der alten Kunst des Minnesangs. Unter dem Motto „Herr keiser, sit ir willekomen" rufen Sänger nach mittelalterlichem Vorbild [...] zum Wettstreit nach Braunschweig [...]. Mit spannenden Schaukämpfen, historischen Kostümen und mehr als dreihundert Akteuren lädt das „Große Braunschweiger Ritterturnier" Jung und Alt an einen geschichtsträchtigen Ort ein. Am Kloster Ridaggshausen am Stadtrand der Kaiserstadt können Sie Schwertkämpfe zu Fuß und mit Pferden erleben [...].[2]

Hier tut sich ein neues Berufsfeld für Historiker auf. In der deutschen Öffentlichkeit scheint sich ein noch vor wenigen Jahren unvorstellbares allgemeines Interesse an der Vergangenheit durchgesetzt zu haben. Handelt es sich um ein artikuliertes Geschichtsbewusstsein oder um ein etwas naives Bedürfnis, sich selbst in ein positives Verhältnis zum eigenen Herkommen zu setzen – und das auch nicht nur, soweit die eigene Lebensgeschichte direkt betroffen ist, sondern mit langem Atem und jahrhunderteweit in die Vergangenheit zurückreichend? Oder ist hier ein ganz anderes Bedürfnis am Werk, in diversen Mischungsverhältnissen mit den zuvor genannten Faktoren? Noch vor 30 Jahren grämten sich die Historiker über das, was sie „Verlust der Geschichte" nannten und wozu Große des Fachs von Hermann Heimpel[3] über Alfred Heuss[4] bis zu Reinhart Koselleck[5] und Thomas Nipperdey[6] bedeutende Aufsätze schrieben. Heute dagegen wird ein „Overkill an Erinnerung" kritisiert und der vielfach diagnostizierte Geschichtsboom kritisch beäugt. Demnach kann also von einem „Verlust der Geschichte" nicht mehr die Rede sein – oder etwa doch?

Zweifellos hat die Stadt Braunschweig für die Planung und Ausgestaltung ihrer Festivitäten eine der zahlreichen neu gegründeten, kommerziell arbeitenden Agenturen beauftragt, der gelernte Historiker angehören. Es sind vielfach Freiberufler, die so die Geschichte verkaufen. Der Doppelsinn dieser Formulierung ist nicht polemisch gemeint, er soll nur auf die Marktförmigkeit dieser Art des Umgangs mit Geschichte hinweisen. Verkaufen lässt sich ein Produkt umso besser, je attraktiver es für die Kunden ist. Und Kunde ist auf diesem neuen Geschichtsmarkt potentiell jeder, der sich ein historisches Kostümfest oder eine historische Doku-Soap anschaut. Attraktiv für ein breites Publikum wiederum – so viel kann man ohne große Bedenken behaupten – wird Geschichte in dem Maße, wie sie unterhaltsam ist. Diese Dimension – die Unterhaltsamkeit von Geschichte – soll im Folgenden etwas genauer untersucht werden.

Fangen wir mit dem altmodischen Medium Buch an, so registrieren wir seit den 1980er Jahren eine Vielzahl von seriösen, durchaus wissenschaftlichen Büchern, meist Synthesen, mit erstaunlichen Auflagenziffern.[7] Hinzu kommen Bestseller wie Daniel Goldhagens „Hitlers willige Vollstrecker"[8] oder „Der Brand" des erklärten Geschichtsrevisionisten[9] Jörg Friedrich mit der Schilderung des alliierten Bombenkrieges gegen Deutschland im Zweiten Weltkrieg[10] – Darstellungen, die auf dem Markt auch von einer gewissen „emotionalen Schleusenöffnung" profitierten.

Solche viel gekauften Bücher bilden indessen nur ein Segment im Gesamtangebot an Geschichtsvermittlung. Dem traditionellen Kulturangebot am nächsten kommen noch die inzwischen zahllosen Museen, von den alten Tempeln der Hochkultur über Industriemuseen und Freilichtmuseen aus Bauernhäusern bis hin zu städtischen oder privatwirtschaftlich betriebenen Einrichtungen, etwa zwischen einem Mammut-Museum im oberbayerischen Siegsdorf und dem DDR-Museum im Zentrum Berlins. Museumsbesuch an sich ist gut und schön, aber der allein tut es immer weniger. Viele deutsche Museen schließen sich jetzt einem vor allem andernorts schon lange florierenden Trend zur Eventisierung ihrer Themen in Gestalt von „Living-History"-Aufführungen an. Kostümierte Interpreten stellen an restaurierten oder rekonstruierten „Original"-Schauplätzen das Leben in bestimmten Epochen dar.[11] Dem Trend zur Eventisierung kann derzeit kaum ein Tätigkeitsfeld entgehen, selbst das extrem trockene der Wissenschaft nicht, wie wir spätestens seit Einführung der „Langen Nacht der Wissenschaft" in Berlin 2001 wissen. Hinzu kommt das entweder kommerziell oder von engagierten Laien getragene „Re-Enactment". Besonders beliebt ist das Nachspielen von Schlachten oder von Ereignissen wie dem Durchmarsch der französischen Truppen durch das Brandenburger Tor im Jubiläums-Jahr 2006, anlässlich der Schlacht von Jena/Auerstedt, des Zusammenbruchs Preußens, aber auch des eigentlichen Beginns der Preußischen Reformzeit. Mitglieder von Re-Enactment-Vereinen verbringen manchmal ihre gesamte Freizeit mit der, wie sie meinen, lebensechten Inszenierung vergangener Lebenswirklichkeiten.[12] Das Beispiel Braunschweig ist gar nichts Besonderes. Die Stadt Trier etwa bietet regelmäßig Re-Enactments mit ansprechenden Titeln wie: „Verrat in den Kaiserthermen" oder „Das Geheimnis der Porta Nigra".[13]

Die Publikumsresonanz bei alledem ist gewaltig. Das DDR-Museum verzeichnete im Jahr 2008 mehr als 308.000 Besucher.[14] Etwa die Hälfte aller Bundesbürger geht gelegentlich, ein Drittel regelmäßig ins Museum. Die Maßstäbe haben sich verschoben: Wurden Mitte der 1970er Jahre nur rund 25 Millionen Besucher in deutschen Museen gezählt, waren es 2002 bereits 103 Millionen.[15] Die „Wehrmachtsausstellung" mit dem Titel „Vernichtungskrieg. Verbrechen der Wehrmacht 1941 bis 1944" – hochkontrovers und mit einer sehr wenig unterhaltsamen These – zog von 1995 bis 1999 über 800.000 Besucher an.[16] Verblüffend sind auch die Angebote und Zuschauerzahlen des Fernsehens. Jörg Pilawas „Geschichtsquiz" in der ARD sahen 2006 mehr als 6 Millionen Zuschauer. Als sehr erfolgreich haben sich auch Living-History-Programme erwiesen, wo im Sinne von Reality-TV die Kamera das alltägliche Zusammenleben von Menschen unter außergewöhnlichen

Bedingungen beobachtet. So präsentierte der Südwestfunk vor einigen Jahren die Serie „Schwarzwaldhaus 1902" als vierteilige Dokumentation der „Zeitreise" der Familie Boro.[17] In solchen Produktionen übernehmen meist „Zeitschleusen" wie Kutsche, Bahn oder Segelboot die Aufgabe der Zeitmaschine, die man aus H.G. Wells Science-Fiction-Klassiker „Die Zeitmaschine" kennt – mit dem Unterschied, dass der Protagonist, der bei Wells in eine düstere Zukunft reist, seine heutige Zeitreise in eine oft als romantisch empfundene Vergangenheit antritt.[18]

Auch wirklich düstere Vergangenheiten werden in der massenmedialen Geschichtspräsentation nicht ausgelassen. Ich spreche jetzt nicht von der Knopp'schen Hitler/NS- und Vertreibungsfilmfabrik im ZDF. Hinweisen möchte ich stattdessen auf zwei „heimliche Miterzieher" in Sachen Geschichte, die uns akademischen Historikern vermutlich am fernsten stehen: das Computerspiel und der Comic. Bei den Computerspielen meine ich solche, die suggerieren, dass der Spieler selbst gestaltend und entscheidend in eine historische Epoche eintaucht. Insgesamt wurden in Deutschland 2007 rund 50 Millionen Computerspiele verkauft.[19] Die Werbung verspricht dann, dass der Spieler „die größten Schlachten Napoleons" nachspielen oder „grandiose historische Massenschlachten" erleben kann.[20] Ihr beliebtestes Thema ist sowohl in Deutschland wie international der Zweite Weltkrieg. In chronologischen Fragen sind die Hersteller und ihre Werber nicht kleinlich: „Erleben Sie über 500.000 Jahre Menschheitsgeschichte dieser einzigartigen Strategie-Sammlung"; oder es wird versprochen, den Spieler zum „Feldherrn über die gewaltigsten Armeen der Zeitgeschichte" zu machen – das Ganze spielt freilich im antiken Rom.[21]

Geht es bei den Computerspielen vor allem um Schlachtgeschehen und Spitzenleistungen der Waffentechnik, so nimmt sich der historische Comic seit Art Spiegelmans „Maus" von 1983 gerne Adolf Hitler, das Konzentrationslager, den Holocaust überhaupt vor. 1989 erschien der Comic „Hitler" von Friedemann Bedürftig und Dieter Kahlenbach und erhob den Anspruch, mit der Biographie Hitlers auch die Geschichte des Faschismus in Deutschland insgesamt zu erzählen.[22] Die 2002 auf den Markt gebrachte Graphic-Novel – wie solche Stücke jetzt genannt werden – mit dem Titel „Auschwitz" (von Pascal Croci) will ausdrücklich als realistischer Comic über die Shoa gelten. Croci zufolge geht es in seinem Comic darum, „Alltagsbegebenheiten [zu zeigen], für die sich Geschichtswissenschaftler nicht so interessieren".[23] Zu alledem gibt es aufschlussreiche Literatur und Selbstzeugnisse der Macher. Eine Holocaust-Comiczeichnerin zum Beispiel bekennt, es wäre schon nützlich, wenn bei ihrer Arbeit jemand dabei wäre, der „von der Sache eine Ahnung hat".[24] Allerdings handelt der historische Comic nicht nur vom Holocaust. In Gestalt der Asterix-Hefte beschäftigt er sich schon seit Jahrzehnten mit den alten Galliern; oder er nimmt sich zum Beispiel Albrecht Dürer vor. Die Zeichnerin, der vorgehalten wurde, sie diskutiere nicht, ob Dürer schwul war, erklärte, ihr Comic wolle nicht jedes Detail vermitteln, sondern vielmehr ein Gefühl für die Atmosphäre und den Alltag zur Zeit Dürers.[25]

Wir brauchen bei dieser Art von Geschichtsvermittlung dringend Spielverderber – und wer soll das sein, wenn nicht die professionellen Historiker. Andererseits stellen sich doch weiterführende Fragen: Stehen die professionellen Historiker wirklich so ganz außerhalb dieser Praktiken der Geschichtsvermittlung? Ist diese Art, mit Geschichte umzugehen, wirklich ganz neu? Was bedeutet sie für den Geschichtsunterricht in den Schulen? Der Comic zum Beispiel ist längst ein von international besetzten Kommissionen erörtertes Unterrichtsmittel zum Holocaust geworden. Praktisch ist das Argument nicht zu schlagen, diese Medien erlaubten es leseferneren Schichten und Gruppen, etwas über Geschichte zu erfahren. Mehr oder weniger untergründig spürt man dabei auch in den Verlautbarungen der „Histotainer" immer wieder ihre Attitüde, Dinge zu zeigen und Vermittlungsformen nutzen zu wollen, die die akademischen Historiker in ihrem sprichwörtlichen Elfenbeinturm borniertweise übersehen hätten oder geringschätzten. Andererseits: Welcher gelernte Historiker hat nie Umberto Ecos „Der Name der Rose" oder sonstige historisierende Romane wie Ken Folletts „Säulen der Erde", den „Medicus" von Noah Gordon – oder gar Dan Browns „Illuminati" oder „Sakrileg" – gelesen?[26] Historiker, die in vollkommener Abstinenz von solchen Medien leben, gibt es wahrscheinlich nicht – und das wäre auch nicht erstrebenswert; es wäre dann ein bedenklicher Mangel an Phantasiebedürfnis zu beklagen. Jedenfalls: Die Massenmedien prägen wesentlich die zeitgenössische Geschichtsvermittlung, gut lesbare Bücher und das Fernsehen ebenso wie schlechte oder gute Filme, von den sogenannten „Sandalenfilmen" aus Hollywood über die römische Antike bis zu den neuen Vertreibungs-, Opfer- und Untergangs-Soaps à la „Wilhelm Gustloff" oder „Dresden" und zu Tom Cruise und seiner Stauffenberg-Performance.[27]

Kritische Stimmen dazu hört man immer wieder, aber sie setzen sich prinzipiell dem Elitismus-Verdacht aus.[28] Als Historiker wissen wir auch, dass Kulturkritik schnell veraltet und sich niemals gegen das von ihr Kritisierte durchgesetzt hat. Als vor 50 Jahren die Comics ihren

Siegeszug begannen, klagte die „Zeit" über deren „geisttötende Wirkung".[29] Schon in den späten 1920er Jahren trugen hoch angesehene deutsche Historiker einen Streit mit erfolgreichen Literaten um die „historische Belletristik" aus. Universitätshistoriker wie Heinrich von Srbik und Wilhelm Mommsen polemisierten erbittert gegen traditionskritische Biographien von Paul Wiedler oder Werner Hegemann.[30] Vor allem Emil Ludwig stand im Kreuzfeuer, ein weltweit erfolgreicher Schreiber von Biographien u. a. über Bismarck und Wilhelm II., die vom Ullstein-Verlag aggressiv vermarktet wurden.[31] Die damaligen Frontlinien in diesem Streit sind heute leicht aufzufinden, sich ein wirklich adäquates Urteil zu bilden erscheint dagegen sehr viel schwerer. Selbstverständlich arbeitete Emil Ludwig mit den Fakten, die zunächst die Wissenschaft ermittelt hatte, er erlaubte sich dabei allerdings sehr viel „Einfühlung", entwickelte unbeweisbare Psychologeme und verstieg sich schließlich noch zu der Behauptung, er verfüge über die eigentlich wahrheitsträchtige historische Methode.[32] Andererseits aber standen diese kritischen Biographen aus heutiger Sicht politisch durchaus auf der richtigen Seite und kämpften mit Hilfe ihrer historischen Schriftstellerei gegen Autoritätsfixierung und für republikanische Bewusstseinsbildung. Historiographischer Dilettantismus und kritisch-demokratischer Geschichtsrevisionismus auf der einen Seite standen also gegen den professionellen Anspruch auf historische Wahrheit, die hier allerdings weithin aus dem bloßen Fortschreiben des Bismarck-Mythos und sonstiger nationaler und/oder konservativer Stereotypen bestand.[33] Die „zünftischen" Historiker spürten jedenfalls sehr wohl, dass hier neue literarische Darstellungsformen und aus ihrer Sicht unwissenschaftliche Erklärungsmodelle enorme Erfolge beim Lesepublikum erzielten und damit die Bildungshoheit der Universitätshistorie in der Öffentlichkeit in Frage stellten – ein Vorspiel dessen, was wir heute erleben.[34] Es ist Vorsicht geboten bei der Neigung des professionellen Historikers zur Kritik am Gängigen und Viel-Nachgefragten. Schließlich blicken wir auf rund 250 Jahre „Schunddiskurs" zurück; genützt hat er nie etwas![35]

Man sollte auch wissen, dass die Unterscheidung von E- und U-Vermittlung schon seit der Aufklärung sehr viel weniger scharf war als vielfach angenommen. Kürzlich wurde im einzelnen nachgewiesen, dass die heute geschätzten Großen der Geschichtsschreibung des 19. Jahrhunderts in der Publikumsgunst weit hinten rangierten gegenüber Autoren wie Johann Christoph Schlosser, den man durchaus als aufklärerischen Vielschreiber bezeichnen würde, was nicht per se ein

Negativattribut ist, sondern die wissenschafts- und kulturgeschichtlich begründete zeitentsprechende Publikationsweise darstellte – wie Gustav Freytag oder Wilhelm Heinrich Riehl.[36] Heinrich von Treitschkes fünfbändige „Deutsche Geschichte im 19. Jahrhundert (1879–1894)", markiert das Problem ziemlich präzise. Es ist mit seiner Integration kultur- und mentalitätsgeschichtlicher Fragestellungen ein bedeutendes Werk, aber es ging Treitschke nach eigener Aussage darum, „zu erzählen und zu urteilen" – das Forschen war weniger seine Sache.[37] „Popularität im besten Sinn des Wortes" strebten alle an, und solange sie ein fast geschlossenes bildungsbürgerliches Publikum vor sich hatten, orientierten sich auch die historisch versierten Bestseller-Autoren an universitären Maßstäben.[38] Erst seit etwa 1880 entwickelten sich Forschung und „populäre Geschichtsvermittlung" deutlicher auseinander, zum einen, weil sich die Fachwissenschaft bis zur Undarstellbarkeit ihrer Ergebnisse zu spezialisieren begann, zum anderen weil ein breiter werdendes Lesepublikum jetzt stärker in Form von Kriegserzählungen oder Biographien à la Emil Ludwig oder Stefan Zweig unterhalten, oder durch die großartige, weltanschaulich-dramatisch aufgeladene, geschichtsphilosophische Geste à la Oswald Spengler erregt werden wollte.[39] Diese Aufspaltung ist nicht unwiderruflich und eindeutig. Gerade seit den 1980er Jahren gibt es zahlreiche Beispiele von auf dem Markt höchst erfolgreichen, wissenschaftlich seriösen Synthesen. Selbst der mit harten Fakten und Zahlen reichlich gesäumte zweibändige „Lange Weg nach Westen"[40] – sozusagen ein historiographischer Jacobsweg – bringt offenkundig wenige Leser wirklich außer Atem.

Auch die bildliche Geschichtsvermittlung zog schon im 19. Jahrhundert ein breites Publikum an. So florierte das meist privatwirtschaftliche und oft von Ort zu Ort transferierbare „Panorama", zunächst vor allem in Frankreich; hier ließen sich die napoleonischen Schlachten detailliert und farbenprächtig in Szene setzen. Deutschland sah die Hochkonjunktur des Panoramas nach dem 1870er Krieg.[41] Noch eine andere Gattung rankte sich im Kaiserreich an den erst kurz zurückliegenden Schlachtentriumphen empor, die sogenannte „Projektionskunst" – Aufführungen mit projizierten Lichtbildern. Man nutzte dafür einen Nebelbildapparat mit mehreren Projektionseinheiten, bei der zwei oder mehr Projektionseinheiten eingeblendet oder überblendet werden konnten. Die Aufführungen waren Live-Ereignisse, die Bildprojektion bildete zusammen mit Rezitation, Erläuterung und der Musik etwa eines Posaunenquartetts des örtlichen Regiments eine performative Einheit.[42] So kündigte zum Beispiel eine Annonce in der Malstatt-Burbacher Zeitung am 14. August 1895 für den darauffolgenden Sonntag eine Veranstaltung mit dem „Fürstlichen Hof-Rezitator Neander unter gütiger Mitwirkung eines Extra-Posaunen- und Konzertquartetts der Kapelle des 70. Infanterieregiments" an, „verbunden mit der Darstellung von 65 meisterhaft kolorierten Schlachtenlichtbildern". Mitunter konnte solche populäre Geschichtsvermittlung auch schon in Frühformen moderner Propaganda übergehen. Die Kriegervereine gewährten ihren Mitgliedern eine Ermäßigung von 20 Pfennig auf den Eintrittspreis von 50 Pfennig, ebenso wie die evangelischen Arbeiter- und Jünglingsvereine. Bei einer eigenen „Schüleraufführung" war der Eintritt ganz frei. Der Hersteller des Produktionsapparates bewarb sein Produkt in einem Handbuch „Die Projektionskunst für Schulen und öffentliche Vorstellungen", indem er auf die Verbindung von Belehrung und Unterhaltung hinwies.[43]

Der Aufstieg des Spielfilms, der sich seinerseits rasch historischer Stoffe bemächtigte, brachte das Ende von Panorama und Projektionskunst mit sich. 1911 kamen die ersten vier Filme über die „glorreichen Kriegsjahre 70–71" in die Kinos: „Mutterfreuden eines Landwehrmannes", „Edelmut unter Feinden", „Franc-Tireur" und „Aus Deutschlands Ruhmestagen".[44] Manche dieser Filme knüpften explizit an die Historienmalerei des 19. Jahrhunderts an, die auch für die Lichtbilder schon als Vorlage gedient hatte und warben mit ihrer Wahrheitstreue: „Man kann sich den großen Helden [Bismarck] nicht naturgetreuer denken".[45] Als dann ab 1912 der lange Spielfilm auf den deutschen Markt vordrang, schlossen sich erstmals Geschichtspräsentation auf dem Massenmarkt und Starkult um die Darsteller kurz, etwa mit Asta Nielsen in dem Streifen „Die Verräterin. Kriegsdrama aus dem Jahre 1870/71" und Henny Porten, die in dem Streifen „Kai Schön? Der Franc-tireur-Krieg, eine Episode aus 1870/71" die Frau eines französischen Telegraphisten spielt; gut und böse sind hier übrigens in keiner Weise national zugeordnet, deshalb wurde der Film 1914 auch verboten.[46]

Sollte im bisherigen Verlauf der Ausführungen der Eindruck entstanden sein, der Autor mache sich über die massenkulturelle Geschichtsvermittlung lustig, so war das nicht seine Absicht, im Gegenteil. Jeder Historiker freut sich über Auflagen, die über das bei Dissertationen übliche Minimum von 5–700 Exemplaren (die auch nur möglich sind durch erhebliche, selbst aufzubringende Druckkostenzuschüsse) hinausgehen. Es ist höchst erfreulich, dass unser Buchmarkt, jedenfalls derzeit noch, wissenschaftliche Darstellungen in vier, sechs und selbst zwölf Auflagen verbreiten kann. Im Fernsehen gibt es ausgezeichnete historische Dokumentationen und selbst bei den Doku-Soaps und den melodramatischen historischen Spielfilmen dürften die begrüßenswerte Informations- oder zumindest Anstoßwirkung insgesamt größer sein als die geschichtskulturellen Nachteile.[47] Die in vielen Dokumentationen eingeschlossenen Re-Enactment-Szenen mögen auf den akademisch ge- und möglicherweise auch verbildeten Historiker mitunter albern wirken – so etwa, wenn in der Sendereihe „Die Deutschen" Luthers Entsetzen über das von ihm mitverschuldete Niedermetzeln der aufständischen Bauern 1525 dadurch veranschaulicht wird, dass der – gerade nackt in einem Waschzuber sitzende – Reformator seinen Kopf ins Wasser taucht, während seine Frau Käthe von Bora schon auf die anschließenden Spiele des Paares auf dem Ehebett wartet. Solche Szenen erreichen aber offenkundig ihren Zweck, die Verbesserung der Quote. Die Differenz von akademisch betriebener Geschichtswissenschaft und ihrer Darstellung einerseits und Geschichtsvermittlung auf dem Massenmarkt andererseits geht auch nicht einfach in der Unterscheidung von guter und schlechter Qualität auf. Vielmehr nimmt der Geschichtsmarkt offenkundig Bedürfnisse auf und befriedigt sie, die von der akademischen Geschichtsschreibung nicht erfüllt werden – und das schon seit mehr als hundert Jahren.

Schon die „Geschichte von unten"- und „Geschichtswerkstättenbewegung" seit den 1970er Jahren artikulierte vielfach eine Suche nach der eigenen Herkunftsgeschichte vor Ort, sei sie nun erfreulich oder unerfreulich gewesen.[48] Neben die Polarität von akademischer und außerakademischer Geschichtsdarstellung tut sich zudem, teilweise sich damit überschneidend, eine Zweigleisigkeit zwischen offiziellem und inoffiziellem Gedächtnis auf. Den „alten" Institutionen des Kulturbetriebs kommt keineswegs immer, aber doch häufig und vielleicht auch notwendigerweise, eine Vermittlerrolle für die großen nationalen oder neuerdings europäischen oder atlantischen Narrative eines offiziellen Gedächtnisses zu. Nur: Für viele Menschen existieren daneben und vielleicht sogar dagegen in ihrer Alltagswelt andere, vielleicht auch viel bedeutsamere Erinnerungsbezüge, die sich ihren eigenen Markt geschaffen haben. So besteht vielfach längst eine Zweigleisigkeit zwischen offiziellem und inoffiziellem, privatem Gedächtnis, zwischen den historisch-politischen Deklamationen und Zeichensetzungen des Staates auf der einen und einem davon zwar sicher mitbeeinflussten, aber von ihm nicht determinierten sozialen Gedächtnis.[49]

Aus alledem ergibt sich, dass bei der Geschichtsvermittlung so wenig wie in anderen Bereichen der Kulturproduktion eine ganz eindeutige Trennung von Hoch- und Populärkultur angebracht ist. Mit „populär" soll hier zunächst einfach die Differenz zur ernsten oder Hochkultur gezeigt werden, die den Zeitgenossen des 19. und 20. Jahrhunderts durchaus bewusst gewesen ist. Das deutsche Bürgertum war auch im 19. Jahrhundert schon für unterhaltsame Geschichte zu haben, offenkundig trug ja gerade diese Empfänglichkeit zur Schärfe der kulturkritischen Töne gegenüber der „Massenkultur" bei. Das Vergnügliche und Unterhaltende vertrug sich in der bürgerlichen Kultur vielfach sehr wohl mit dem Belehrenden und Bildenden und insofern auch Nützlichen, wenn auch vielleicht nicht ohne schlechtes Gewissen und permanente eingestandene und uneingestandene Distinktionsbemühungen. Der Konsum von großer Oper – ihrerseits oft höchst unterhaltsam – oder Beethoven-Klavierkonzerten schloss den von Johann-Strauss-Walzern und später, seit dem Aufkommen der Schallplatte, von Schlagern aus der Musikindustrie in keiner Weise aus. Filmstars wie Asta Nielsen und Henny Porten zogen Vorstadtpublikum ebenso wie Bildungsbürger an. Die Tagebücher Victor Klemperers aus den 1920er Jahren schildern einen geradezu suchtartigen Kinobesuch und gelegentlich auch groteske Szenen, wenn Professorenkollegen mit Gattin demselben Kino zustrebten, sich dabei keinesfalls begegnen wollten, schließlich aber doch trafen und endlich gegenseitig ihr Vergnügen am Kino eingestanden.[50] Eine stärker sinnlich-spontane und körperbezogene Kultur der Unterschicht und die „Hochkultur" gingen viele Verbindungen ein und es wäre auch zu einfach, nur von einer Annäherung der Hochkultur an diese sinnlichere Populärkultur, also eine Nivellierung nach unten zu sprechen. Panoramen, Projektionskunst, Film – das alles sprach das Auge an, reizte die Sinne stärker als die bloße Lektüre. Seit etwa 1900 löste sich auch die Konsumkultur allmählich von der Bilderwelt des Historismus und entwickelte in der Werbung vielfach avantgardistische Perspektiven auf die angepriesenen Waren.[51] Der umjubelste Theaterregisseur des späten Kaiserreichs, Max Reinhardt, überwältigte die Sinne mit opulenter Ausstattung der Bühne, mit Lichteffekten und Massenszenen – Kunstmittel, derer sich auch der frühe Film bediente; zudem führte er bald auch Filmregie. Gerade die fortschrittsfreudigen und kulturell aufgeschlossenen Teile des Bürgertums kokettierten mit ihrem Besuch beim Rummel, fanden das Kino intellektuell faszinierend, bejubelten – wie bei Brechts „Dreigroschenoper" (1928) die Behandlung von Themen aus der Unterwelt, taten etwas gegen die „Verkopfung" der Kultur, hielten sich etwas auf ihre Volkstümlichkeit zugute und genossen mit alledem die ästhetisch gekonnt aufbereiteten „Wonnen der Gewöhnlichkeit".

Insofern liegen die Jahrzehnte um 1900 nicht so fern ab von unserer Gegenwart – obwohl für manche Studierende alles Geschehen vor dem 20. Jahrhundert zu einer Art Vor- und Frühgeschichte geworden zu sein scheint. Eine abgrenzbare „bürgerliche Hochkultur" als ein klar abgrenzbares Segment von Kulturproduktion wurde jedenfalls spätestens seit dem Ende des 19. Jahrhunderts brüchig und gibt es heute überhaupt nicht mehr, schon gar nicht in einer hierarchischen Stellung von „oben" versus „unten". Die einschlägigen Wissenschaften – Kulturwissenschaften und Ethnologie – sprechen daher von der herrschenden „Massenkultur" oder, wenn das schlechte Gewissen über den immer noch mitschwingendem pejorativen Nebensinn des Wortes zu groß ist, von „Populärkultur" und „Erlebniskultur". Für unsere Gesellschaft hat sich der Terminus „Erlebnisgesellschaft" eingebürgert, wobei von unterschiedlichen Erlebnismustern in unterschiedlichen Milieus ausgegangen werden muss, es somit nicht die eine Erlebnisgesellschaft gibt, und Aussagen zur Eventisierung auch nicht immer zu einer pauschalen Beschreibung eines Gesellschaftszustands taugen.[52] Dennoch: Kultur wird zunehmend als Ereignis und als Erlebnis inszeniert und konsumiert.[53]

Die „Erlebnis"- oder „Populärkultur" ist medial vermittelt und stellt heute für die meisten Menschen in unserer Zivilisation den primären Erfahrungshorizont dar. Angestrebt wird in der Erlebniskultur eine intensivierte Erfahrung des Jetzt. Sie zielt auf ein gesteigertes Erlebnis der Gegenwart, nicht eigentlich auf Vergangenheit. Mittelalter- oder Barock-Events sind an der historischen Wirklichkeit selbst nicht primär interessiert. Die Erlebnisgesellschaft ist aber auch eine Gesellschaft der generalisierten Kommunikation, die Gesellschaft der Massenmedien. 2005 verbrachten Bundesbürger im Alter von über 14 Jahren im Schnitt zehn Stunden täglich, also 70 Stunden pro Woche, mit Massenmedien; rund sieben Stunden pro Tag entfallen auf Hörfunk und Fernsehen, je eine dreiviertel Stunde auf das Internet und Musik von Tonträgern.[54] Was sich gegenüber den Anfängen der aufstrebenden Massen-, Populär- oder Unterhaltungskultur heute geändert hat, ist also zunächst einmal das Ausmaß, in dem diese genossen wird, seit die Bundesbürger mehr Zeit mit Unterhaltungsangeboten als am Arbeitsplatz verbringen. Was aber verstehen wir eigentlich unter „Unterhaltung"?

Der Historiker ist bei diesem Thema auf die Begriffsbildung in Nachbarwissenschaften angewiesen. Der Ethnologe Kaspar Maase, der auch zur historischen Unterhaltungsforschung wesentliche Beiträge geleistet hat, schlägt vor, unter „Unterhaltung [...] einen besonderen kognitiven

Stil zu verstehen, als spezifische Verknüpfung von Erlebnis- und Wissensorientierung." Die Mitglieder einer Gesellschaft verfügen demnach über „verschiedene kognitive Stile, die sie gegenstands- und situationsabhängig anwenden". Beim schulischen Lernen etwa oder bei der wissenschaftlichen Forschung sind Erleben und Erkennen auf jeweils andere Weise verknüpft als im Traum und im Spiel. Den Stil, in dem die meisten Menschen die meiste Zeit Massenmedien nutzen, nennt Maase „Unterhaltung". Unterhaltung bezeichnet demnach „eine bestimmte Einstellung der Nutzer", mit der sie unterschiedlichste Angebote rezipieren. Es geht also einerseits um eine bestimmte Form von „Erlebnis", andererseits aber und zugleich damit auch um Wissen. Den kognitiven Stil „Unterhaltung" und den mit ihm potentiell verbundenen Wissenserwerb sieht Maase gekennzeichnet durch die „Erwartung, ohne spürbare Anstrengung, ohne lästige Konzentration, ohne aufwändige Mobilisierung von Wissensbeständen, Fühlen und Denken auf physisch angenehm empfundene Weise anzuregen."[55] Unterhaltung spricht Sinnprovinzen an, die freigestellt sind von den unmittelbaren Erfordernissen des Alltags. So muss sich der Zuschauer, der einen Krimi ansieht, nicht gegen den Gewalttäter auf dem Bildschirm wehren. Die Wahrnehmung bleibt gleichwohl intellektuell und emotional an sein Relevanzsystem gekoppelt – der Zuschauer empfindet dargestellte Gewalt als bedrohlich und denkt über ihre Abwehr und Bestrafung nach. Unterhaltung funktioniert auch nicht ohne Kennerschaft und insofern ohne Vorwissen.[56] Vor allem aber gehört zur Unterhaltung Distanzierung. Daher können wir vor dem Bildschirm oder im Kino täglich erleben, wie auch die katastrophalsten Geschehnisse offenkundig im Modus der Unterhaltung dargeboten werden. Günter Anders sprach schon 1956 von dem durch Distanzierung erreichten „Phantomcharakter des Repräsentierten".[57] Im Falle der Geschichte kommt zur Distanzierung durch die Gesetze der Massenmedien noch die Distanziertheit durch ihren logischen Status hinzu: Sie ist vorbei, unwiderruflich. So lässt sich auch verstehen, was Marc Bloch mit dem Hinweis meint, gegen die Geschichte lasse sich manches vorbringen, jedenfalls aber sei sie unterhaltsam.[58]

Schließlich geht es bei der Erlebnisqualität des Fernsehens auch so gut wie nie um einander ausschließende Alternativen: Unterhaltung oder Information, Gefühl oder Wissen, sondern um Mischungen. Der Modus des „Als-Ob", in dem wir uns in Situationen der Unterhaltung begeben, soll einen als angenehm erlebten Zustand herbeiführen. Das heißt aber gerade nicht, dass er nicht auch ein Sich-Informieren, das Aufnehmen von Wissen und auch wirkliches emotionales Teilnehmen ermöglicht. Unterhaltung und Information, Gefühl und Wissen schließen sich nicht aus, sondern treten in den unterschiedlichsten Mischungsverhältnissen auf, von der optischen Sensation des Panoramas oder gefühligen Bildern aus der deutschen Vergangenheit von Gustav Freytag im 19. Jahrhundert bis zum „Erlebnis" des Luftkriegs gegen Dresden oder selbst der Präsentation des Holocaust im Fernsehen. Was die Verknüpfungsmöglichkeiten von Unterhaltung und Wissenserwerb angeht, so kann man übrigens tatsächlich aus der Geschichte lernen. Der amerikanische Spielfilm „Holocaust", der 1979 die Mehrzahl der deutschen TV-Seher vor dem Bildschirm versammelte, ist mit seinen Wirkungen in der Geschichte der Unterhaltung wie in der Geschichte des Wissens über Geschichte ein epochales Ereignis, um das keine Unterhaltungskritik mehr herumkommt. Geschichtsunterhaltung kann angenehm, aber auch informativ sein und gelegentlich auch sehr Unangenehmes vermitteln. Daher hat es keinen Sinn, wenn der akademische Historiker grämlich oder mit erhobenem Zeigefinder grundsätzlich neben der unterhaltsamen Geschichtsvermittlung steht. Die Zunft der Historiker hat auch zu akzeptieren, dass sie nur noch einer, und zwar ein sehr kleiner Anbieter auf dem boomenden Geschichtsmarkt ist. Sie muss allerdings sehr wohl darüber nachdenken, was die Geschichtsunterhaltung mit unserem Geschichtswissen und auch mit uns als Bürgern eigentlich macht und worauf wir zu achten haben.

Ohne Medien, soviel ist klar, gibt es keine Erinnerungskultur – wobei Medium im allgemeinen Sinne auch der Erzähler einer schriftfernen Kultur sein kann. Die bei weitem einflussreichsten Medien sind aber heute die Massenmedien. Sie geben den Raum des Sagbaren, die Grenzen des gesellschaftlichen Diskurses weitgehend vor.[59] Sie mediatisieren die Vergangenheit immer mehr – vom „Enactor" der „Living- History", der im römischen Kolosseum dem Besucher entgegentritt und nicht wie ein tatsächlicher Römer kostümiert ist und agiert, sondern wie ein Kostümträger aus den Sandalenfilmen Hollywoods, bis hin zum Besucher von KZ-Gedenkstätten, dessen Vorstellungswelt inzwischen im Wesentlichen von Filmen geprägt ist.

Die Medien übernehmen dabei nicht nur das Informieren, sondern auch die Zuweisung von Bedeutung. Sie verleihen dem ausgetauschten Sinn Prägnanz.[60] Durch sie erst können wir unterscheiden zwischen Vorder- und Hintergrund, profilieren wir in unserem Bewusstsein Formen und Gestalten und machen sie damit kommunikabel. Bei der Videoaufnahme eines Zeitzeugenberichts zum Beispiel geht zunächst die Dialogizität der ursprünglichen Situation verloren. Wir sehen und hören in aller Regel nur einen Monolog. Die Fragen des Interviewenden sind meist weggeschnitten, auch sonstige Eigenschaften der Interviewsituation gehen auf dem Weg zum medialen Endprodukt verloren – auch, dass das in der Dokumentation Gesagte vorher immer ein Gefragtes war. Die Medien tun damit etwas, was auch unsere menschliche Wahrnehmung per se immer tut. Erst die Prägnanzbildung macht ein Ereignis nachvollzieh- und kommunizierbar.[61] Auch wir selbst bilden im Moment der Rezeption Prägnanz, indem wir die Inhalte gemäß unseren Einstellungen und der Rezeptionssituation formen.

Die Prägnanzbildung hängt dabei ganz wesentlich davon ab, inwieweit die Medienerzählung an bereits vorhandenes Wissen bzw. Narrative anknüpft. Wenn uns eine Erzählung präsentiert wird, die wir schon von anderen Geschichten her kennen und die diesen widerspricht, wird es diese Erzählung schwer haben sich durchzusetzen. Speziell für das Fernsehen ist die an sich triviale Erkenntnis doch festzuhalten, dass eine Information nichts gilt, wenn sie nicht von Bildern begleitet wird. Infolge dessen haben sich „zu bestimmten Inhaltskategorien ganz eigene Bilderkanons ausgebildet".[62] Wozu das führen kann, zeigt ein Beispiel, auch wenn es nicht aus der Bildproduktion, sondern aus einer Sprechsituationen gewählt ist. Alle kennen die Parole „Stell dir vor, es ist Krieg, und keiner geht hin." Sie gilt als Brecht-Zitat. Wer weiß schon, wie es weitergeht: „Dann kommt der Krieg zu euch" – und das findet Brecht keineswegs gut.[63] Hier ist also eine Aussage durch ihren Verwendungskontext in ihr Gegenteil verkehrt worden und dient in dieser sinnverkehrten Form als gängige Münze der Verständigung. Auch bei anderen Medien sind solche Prägnanzbildungen – (das simple Wort „Sinnentstellungen" wage ich kaum zu gebrauchen) unumgänglich. Die bildschriftliche Konstruktion der Wirklichkeit im Comic macht durch ihre Unterkomplexität die Mitteilung bestimmter Sachverhalte schlechthin unmöglich. Oder nehmen wir das Computerspiel „Colonisation" (1994). Die Macher entschieden sich dagegen, bei ihrer Darstellung der Kolonisierung Amerikas das Thema Sklaverei zu behandeln: „Man würde eine [...] Grenze überschreiten, wenn der Spieler von ‚Colonisation' aufgefordert würde, afrikanische Sklaven mittels Auswahl-Mouseklick quer über die Overhead-Karte zu schieben und sie zur Arbeit auf Feldern und in Silberminen zu platzieren."[64] Die teilweise Vernichtung der Indianerstämme im Sinne einer „wahren Erzählung" wird dagegen einbezogen; bei ihr gibt allerdings das ethische Radar auch sehr viel schwächere Zeichen; Krieg ist schließlich ein gängiges Element in Computerspielen und der Spieler erwartet es.

Darüber hinaus wird man fragen müssen, welcher Computerspieler sich darüber Rechenschaft ablegt, welche Geschichtsbilder seinen Spielen zugrunde liegen. Dass, wie gelegentlich behauptet wird, populäre Vergnügen und Erlebnisse prinzipiell in Opposition oder in einem widerspenstigen Verhältnis zu Macht und hegemonialer Ordnung stehen – sei diese nun gesellschaftlich, moralisch, ästhetisch oder textuell bestimmt – scheint mir ein ideologischer Restposten von 1968. Zumindest das populäre Vergnügen der Computerspiele setzt auf große Männer und auf die konkret-narrative und konventionell-affirmative Ebene des Geschichtsbewusstseins.[65] Ähnliches gilt auch für andere Formen der unterhaltsamen Geschichtspräsentation. Living-History soll vielfach Naturerfahrung ermöglichen und präsentiert Geschichte als Erlebnisraum, als „Abenteuerspielplatz"; Living-History wie Zeitreisen überhaupt haben meistens einen ganz affirmativen Rahmen. Sie suggerieren das vermeintlich einfachere frühere Leben mit klar geordnetem Oben und Unten, naturnaher Existenz und sauberer Trennung von Männer- und Frauenrollen. Die Geschlechterordnung ist auch ein meist ganz traditionell interpretiertes Leitmotiv des populären historischen Romans.[66]

Schließlich scheint mir noch ein Gesichtspunkt wichtig, der allerdings höchst unterschiedlich gedeutet werden kann: die Mobilisierung von Moralisierungsbereitschaft. Die Massenmedien greifen Nachrichten über die Vergangenheit vor allem dann gern auf, wenn sie zu normativer Beurteilung auffordern, wenn sie moralisierungsfähig sind. Strukturgeschichtliche Sachverhalte und die Analyse anonymer Prozesse schaffen es sehr viel schwerer in die Feuilletons der großen Zeitungen und in die Sendungen der Prime Time als Normverstöße und Skandale. Vielleicht beruht der Erfolg der Knopp'schen Hitler- und NS-Sendungen gerade darauf: Sie bieten Biographisches und Krieg – seit jeher die Hauptthemen populärer Geschichtsvermittlung[67] – und verbinden sie mit permanenter moralischer Wertung. Das ist notwendig und wünschenswert, aber das Moralisieren erleichtert auch den Ausstieg aus der Informationsbemühung; dieser erscheint spätestens dann als überflüssig, wenn vermeintlich genügend Kenntnisse vermittelt sind, um ein Urteil abzugeben.[68] Jeder Lehrende hat wahrscheinlich ausgiebige Erfahrung damit, wie mühsam es sein kann, wohlmeinende Studierende vom bequemen Moralisieren zum mühsamen Analysieren zu bewegen.

Bilanzierend kann man feststellen, dass sich die Grenze zwischen der fachwissenschaftlichen und der breiteren Öffentlichkeit in der modernen Mediengesellschaft immer mehr auflöst. Die Massenmedien mit ihrer nicht ausschließlichen, aber doch primären Unterhaltungsfunktion ermöglichen es, historische Information und auch Reflexion einem viel größeren Publikum nahezubringen als je zuvor. Kulturkämpferische Parolen gegen die angeblich hegemoniale, elitäre und unterhaltungsfeindliche „bürgerliche Hochkultur" sind längst obsolet geworden. Damit ist – wie ich meine – aber doch längst nicht alles gut. Golo Mann sprach gelegentlich vom „tief Unterhaltenden" der Geschichte. Er fügte aber hinzu, auch in dieser Hinsicht habe Hitler die Welt zerstört: „Der unendliche Bilderreichtum des Menschenlebens ist einfach weg [...]. Es gibt die glanzvollen oder skurrilen Szenen nicht mehr, sowenig wie die wahrhaft unausdenkbaren Akzente mit dem immer neu in Gang gesetzten Schauspiel von Größe, Schuldigkeit und Versagen, stattdessen herrschen die kalten Exekutoren".[69] Golo Mann sah hier offenkundig eine absolute Grenze von „Unterhaltung". Diese Grenze ist inzwischen auch von verantwortungsbewussten Kulturproduzenten längst überschritten worden. Alle, aber auch wirklich alle Themen und Verhaltensweisen haben sich der Verknüpfung mit Unterhaltung zugänglich erwiesen. Jüngst wurde der Film „Inglorious Basterds" von Quentin Tarantino von der Kritik hymnisch gefeiert. Er erzählt davon, wie eine Gruppe jüdischer GIs mit zwei deutschen Deserteuren unter Führung von Brad Pitt im besetzten Frankreich auf Nazijagd geht und ein „fröhliches Nazi-Schlachten" beginnt.[70] Mir selbst sträuben sich bei solcher Lektüre die Haare, aber vielleicht liegt ja einer der Hauptdarsteller, Eli Roth, wirklich nicht ganz falsch, wenn er hofft, dass so das Kino Hitler den Garaus macht – durch Unterhaltung; immerhin gibt es da als Vorgänger Chaplins „Großen Diktator". Zivilgesellschaftlich bleibt es gleichwohl notwendig, gegenüber der Erlebnis- und Spaßdimension die Wissensorientierung von Unterhaltung aufrechtzuerhalten und so weit wie möglich zu stärken.

Noch so viel Wissenserwerb im Modus der Unterhaltung, also in einer Einstellung des „Als Ob", befreit uns am Ende nicht von der Notwendigkeit, uns zwischen den Vergangenheiten, die wir in uns oder die wir zum Wissen objektiviert haben, zu entscheiden. Daher fragt sich, ob nicht doch mit dem gegenwärtigen Geschichtsboom und der Allpräsenz von Geschichte im Modus der Unterhaltung ein Verlust der Geschichte einhergeht – Geschichte als Handlungsorientierung. Da nützt auch kein mediales Moralisierungsgebot. Irgendwann hilft uns das Sich-Informieren, das Erlebnis und das Räsonieren im Modus des „Als Ob" nicht weiter. Vielleicht ist der Geschichtsboom unserer Gegenwart wirklich erst möglich geworden durch ein zunehmendes Ausklammern von Geschichte als Handlungsorientierung – Handlungsorientierung durch Tradition, Kritik der Tradition und Entscheidung in den unendlich vielen Mischungsverhältnissen, die diese Zustände eingehen. Ob das wirklich so ist, kann hier nicht diskutiert werden. Zumindest so viel aber muss man festhalten: „Die Geschichte ist mehr als eine Hilfswissenschaft für Anwendungskontexte";[71] und Geschichtsunterhaltung ist gut, wenn sie einen „Weiterleitungseffekt" enthält, das heißt ein „Mehr-Wissen-Können" und „Mehr-Wissen-Wollen" ermöglicht.[72] Viele gelernte Historiker werden in Zukunft mit irgendeiner Form von Histotainment ihr Geld verdienen, und hoffentlich gut Geld verdienen. Allen ist zu wünschen, dass ihr Berufsleben auf der Basis Ihres Geschichtsstudiums auch unterhaltsam sein wird. Der Universitätshistoriker wird auch in Zukunft das Kerngeschäft der Forschung und Lehre betreiben – dabei aber auch genau beobachten, was in der Welt außerhalb der Hörsäle vor sich geht. Es ist zu hoffen, dass kein Historiker, wo immer er tätig ist, die manchmal nicht besonders unterhaltsamen Botschaften der „zünftischen" Geschichtswissenschaft vergisst. Mit dieser Hoffnung allein ist es aber noch nicht getan. Wenn die zünftischen Historiker sich auch in Zukunft die Aufgabe zusprechen wollen, Kultur, Gesellschaft und Politik öffentlichkeitswirksam kritisch zu beleuchten, dann muss auch gefordert werden, dass sie zur Eventisierung der Geschichte ein kritisches Korrektiv bilden. So sehr sie sich mitunter auch dagegen sträuben, sie müssen sich mitverantwortlich fühlen für die Geschichtsbilderproduktion in den Medien und eine aktive Rolle in der Erlebnis- und Mediengesellschaft spielen. Die zünftischen Historiker werden nicht umhin kommen, sehr viel aktiver als bisher in den Diskurs um die Qualitätsstandards der Geschichtsvermittlung einzusteigen und vor allem auch die Maßstäbe der Qualitätsbewertung mitzuprägen. Wollen wir auch in Zukunft eine lebendige und kritische Geschichtskultur, so bleibt den Historikern nichts anderes übrig, als auch unter den immer komplexer und diffuser werdenden medialen und gesamtkulturellen Bedingungen der Zukunft die Rolle eines in unterschiedlichsten Kontexten innerhalb und außerhalb der Universität vermittelnden, moderierenden, mediengewandten Akteurs zu spielen, dessen maßgebliche Orientierungsgröße gleichwohl das Wahrheitsideal der Wissenschaft bleibt.

Anmerkungen

1. Zum Markt für Geschichte und seiner Repräsentation in populären Medien: Wolfgang Hardtwig u. Alexander Schug (Hg.), History Sells! Angewandte Geschichte als Wissenschaft und Markt, Stuttgart 2009; Christoph Kühberger, Christian Lübke u. Thomas Terberger (Hg.), Wahre Geschichte – Geschichte als Ware. Die Verantwortung der historischen Forschung für Wissenschaft und Gesellschaft, Rahden 2007; Rosmarie Beier-de Haan, Erinnerte Geschichte – Inszenierte Geschichte. Ausstellungen und Museen in der Zweiten Moderne, Frankfurt a.M. 2005, siehe insbesondere zur Expansion historischer Ausstellungen und Museen, S. 11–16; Barbara Korte u. Sylvia Paletschek (Hg.), History goes Pop. Zur Repräsentation von Geschichte in populären Medien und Genres, Bielefeld 2009; Sabine Horn u. Michael Sauer (Hg.), Geschichte und Öffentlichkeit. Orte – Medien – Institutionen, Göttingen 2009; Frank Bösch u. Constantin Goschler (Hg.), Public History. Öffentliche Darstellungen des Nationalsozialismus jenseits der Geschichtswissenschaft, Frankfurt a.M. 2009.
2. Frankfurter Allgemeine Zeitung, 11.07.2009.
3. Hermann Heimpel, Der Mensch in seiner Gegenwart, Göttingen 1954; ders., Kapitulation vor der Geschichte, 3. Aufl., Göttingen 1960.
4. Alfred Heuß, Verlust der Geschichte, Göttingen 1959.
5. Reinhart Koselleck, Wozu noch Historie? (1970), in: Wolfgang Hardtwig (Hg.), Über das Studium der Geschichte, München 1990, S. 347–365.
6. Thomas Nipperdey, Wozu noch Geschichte? (1975), in: Wolfgang Hardtwig (Hg.), Über das Studium der Geschichte, München 1990, S. 366–387; vgl. auch Karl-Ernst Jeismann, Verlust der Geschichte? Zur gesellschaftlichen und anthropologischen Funktion des Geschichtsbewußtseins in der gegenwärtigen Situation, in: Wolfgang Jacobmeyer u. Erich Kosthorst (Hg.), Geschichte als Horizont der Gegenwart. Über den Zusammenhang von Vergangenheitsdeutung, Gegenwartsverständnis und Zukunftsperspektiven, Paderborn 1985.
7. Thomas Nipperdey, Deutsche Geschichte 1800–1918: Arbeitswelt und Bürgergeist. Machtstaat vor der Demokratie, 3 Bde., München 1998; Ian Kershaw, Hitler. 1936–1945, München 2000; Heinrich August Winkler, Der lange Weg nach Westen. Deutsche Geschichte vom Ende des Alten Reiches bis zum Untergang der Weimarer Republik (Bd. 1) und Deutsche Geschichte vom Dritten Reich bis zur Wiedervereinigung (Bd. 2), München 2000; weitere Beispiele in: Wolfgang Hardtwig, Geschichte für Leser. Populäre Geschichtsschreibung in Deutschland im 20. Jahrhundert, in: ders. u. Erhard Schütz (Hg.), Geschichte für Leser. Populäre Geschichtsschreibung in Deutschland im 20. Jahrhundert, Stuttgart 2005, S. 11–34, hier S. 13.
8. Daniel Jonah Goldhagen, Hitlers willige Vollstrecker. Ganz gewöhnliche Deutsche und der Holocaust, Berlin 1998.
9. http://www.guardian.co.uk/world/2003/oct/21 1artsandhumanities.germany, 24.2.2010.
10. Jörg Friedrich, Der Brand. Deutschland im Bombenkrieg 1940–1945, München 2002.
11. Vgl. Wolfgang Hochbruck, Zwischen Ritterspiel und Museumstheater, in: Hardtwig u. Schug (Hg.), History Sells!, Stuttgart 2009, S. 163–173, hier S. 164.
12. Michaela Fenske, Abenteuer Geschichte. Zeitreisen in die Spätmoderne. Reisefieber Richtung Vergangenheit, in: Hardtwig u. Schug (Hg.), History Sells!, S. 79–90, hier S. 80.

[13] http://www.erlebnisfuehrungen.de/, 24.02.2010.
[14] Robert Rückel, Angewandte Geschichte im DDR-Museum, in: Hardtwig u. Schug (Hg.), History Sells!, S. 307–316, hier S. 313.
[15] Rosmarie Beier-de Haan, Erinnerte Geschichte – Inszenierte Geschichte. Ausstellungen und Museen in der Zweiten Moderne, Frankfurt a.M. 2005.
[16] Nach Auskunft des Hamburger Instituts für Sozialforschung, 10.03.2010.
[17] http://www.daserste.de/doku/021202.asp, 24.02.2010; http://www.schwarzwaldhausmuenstertal.de/schwarzwaldhaus1902/index.html, 24.02.2010.
[18] Vgl. Fenske, Abenteuer Geschichte, S. 79–90, hier S. 79 ff.
[19] Rainer Pöppinghege, Wenn Geschichte keine Rolle spielt. Historische Computerspiele, in: Hardtwig u. Schug (Hg.), History Sells!, S. 131–149, hier S. 131.
[20] Ebd., S. 132.
[21] Ebd.
[22] Friedemann Bedürftig u. Dieter Kalenbach, Hitler. Die Machtergreifung (Bd. 1) und Der Völkermörder (Bd. 2), Hamburg 1989. Vgl. Frankfurter Allgemeine Zeitung, Holocaust und Hitler im Comic, 10.10.1989, siehe: http://www.faz.net/s/RubC10D9206628744DF8144756DC9EB7C2C/Doc~ED406168695614E79B9CF7325938CE4CA~ATpl~Ecommon~Scontent.html, 24.02.2010.
[23] Janis Nalbadidacis, Bang, Boom, Grhhhh. Geschichtsvermittlung per Comic, in: Hardtwig u. Schug (Hg.), History Sells!, S. 151–162, hier S. 155.
[24] Ebd., S. 157, Anm. 75.
[25] Vgl. ebd., S. 158.
[26] Umberto Eco, Im Namen der Rose, München 1982; Ken Follett, Die Säulen der Erde, Köln 1990; Dan Brown, Illuminati, Köln 2005; ders., Sakrileg, Köln 2006.
[27] Vgl. Edgar Lersch u. Reinhold Viehoff, Folgenlose Unterhaltung oder kunstvoller Wissenstransfer? Geschichtsfernsehen, in: Hardtwig u. Schug (Hg.), History Sells!, S. 91–105, hier S. 103, Anm. 1.
[28] Vgl. Kaspar Maase, Massenkultur, in: Hans-Otto Hügel, (Hg.), Handbuch Populäre Kultur. Begriffe, Theorien und Diskussionen, Stuttgart 2003, S. 48–56, hier S. 50.
[29] Nalbadidacis, Bang, Boom, Grhhhh, S. 153.
[30] Vgl. Sebastian Ullrich, „Der Fesselndste unter den Biographen ist heute nicht mehr der Historiker". Emil Ludwig und seine historischen Biographien, in: Hardtwig u. Schütz (Hg.), Geschichte für Leser, S. 35–56 hier S. 35.
[31] Vgl. Hardtwig, Geschichte für Leser, S. 14.
[32] Vgl. Ullrich, Emil Ludwig, S. 45 f.
[33] Zur mythischen Struktur des Nationalismus bei Autoren wie Erich Marcks etc. vgl. Wolfgang Hardtwig, Der Bismarck-Mythos. Gestalt und Funktionen zwischen politischer Öffentlichkeit und Wissenschaft, in: ders. (Hg.), Politische Kulturgeschichte der Zwischenkriegszeit 1918–1939, Göttingen 2005, S. 61–90.
[34] Vgl. Martin Nissen, „Popularität im bessern Sinn des Wortes". Wissenschaftlichkeit und Allgemeinverständlichkeit in historiografischen Werken des 19. Jahrhunderts, in: Hardtwig u. Schug (Hg.), History Sells! S. 188–199, hier S. 196; Ullrich, Emil Ludwig, S. 35.
[35] Vgl. Maase, Unterhaltung, S. 50–55.
[36] Nissen, Popularität, S. 191.
[37] Zitat auch nachgewiesen in: Martin Baumeister (Hg.), Die Kunst der Geschichte. Historiographie, Ästhetik, Erzählung, Göttingen 2009.
[38] Nissen, Popularität, S. 193.

39 Vgl. Wolfgang Hardtwig, Die Krise des Geschichtsbewusstseins in Kaiserreich und Weimarer Republik und der Aufstieg des Nationalsozialismus, in: ders., Hochkultur des bürgerlichen Zeitalters, Göttingen 2005, S. 77–102; vgl. auch: Johannes Heinßen, Historismus und Kulturkritik. Studien zur deutschen Geschichtskultur im späten 19. Jahrhundert, Göttingen 2003.
40 Heinrich August Winkler, Der lange Weg nach Westen, München 2000.
41 Vgl. Silke Eilers, Kommerzialisierung nationaler Gedächtniskultur. Panoramabilder im 19. Jahrhundert, in: Hardtwig u. Schug (Hg.), History Sells! S. 217–228, hier S. 219.
42 Vgl. Brigitte Braun u. Ludwig Vogl-Bienek, „Erquickliche Feldzüge für Jung und Alt". Lichtbilder und frühe Filme über den deutsch-französischen Krieg 1870/71, in: Hardtwig u. Schug (Hg.), History Sells!, S. 229–241, hier S. 233.
43 Paul E. Liesegang, Die Projektionskunst für Schulen, Familien und öffentliche Vorstellungen. Nebst einer Anleitung zum Malen auf Glas und Beschreibung optischer, magnetischer, chemischer und electrischer Versuche, 12. Aufl., 1909, Düsseldorf 1876, S. 233.
44 Vgl. Braun u. Vogl-Bienek, Feldzüge, S. 234.
45 Ebd., S. 235.
46 Vgl. ebd., S. 237.
47 Zur Bilanz: Guido Knopp u. Siegfried Quant (Hg.), Geschichte im Fernsehen. Ein Handbuch, Darmstadt 1988; Edgar Lersch u. Reinhold Viehoff, Geschichte im Fernsehen. Eine Untersuchung zur Entwicklung des Genres und der Gattungsästhetik geschichtlicher Darstellung im Fernsehen 1995 bis 2003, Berlin 2007; Thomas Fischer u. Rainer Wirtz, Alles authentisch? Popularisierung der Geschichte im Fernsehen, Konstanz 2008.
48 Vgl. Etta Grotrian, Geschichtswerkstätten und alternative Geschichtspraxis in den Achtzigern, in: Hardtwig u. Schug (Hg.), History Sells!, S. 243–253, hier S. 244.
49 Vgl. Hilmar Sack u. Alexander Schug, Geschichte gegen Stundenlohn. Die Berliner Vergangenheitsagentur, in: Hardtwig u. Schug (Hg.), History Sells!, S. 364–369, hier S. 366.
50 Klemperers Tagebücher verzeichnen seit den 30er Jahren immer wieder Kinobesuche, vgl. z.B.: Victor Klemperer, Leben sammeln, nicht fragen wozu und warum. Tagebücher 1918–1924, hg. von Walter Nowojski unter Mitarbeit von Christian Löser, Bd. 1, Berlin 1996, S. 442, vgl. auch S. 440; Bd. 2, S. 159, 754 u. ö.
51 Vgl. als wichtiges Symptom die Emanzipation der Werbung und die Attraktivität von Werbeaufträgen gerade auch für avantgardistische Künstler: Alexander Schug, Das Ende der Hochkultur? Ästhetische Strategien der Werbung 1900–1933, in: Wolfgang Hardtwig (Hg.), Ordnungen in der Krise. Zur politischen Kulturgeschichte Deutschlands 1900–1933, München 2007, S. 501–530; ders., Missionare der globalen Konsumkultur: Corporate Identity und Absatzstrategien amerikanischer Unternehmen in Deutschland im frühen 20. Jahrhundert, in: Wolfgang Hardtwig (Hg.), Politische Kulturgeschichte der Zwischenkriegszeit 1918–1939, Göttingen 2005, S. 307–342.
52 Vgl. Gerhard Schulze: Die Erlebnisgesellschaft. Kultursoziologie der Gegenwart. Frankfurt a.M. 1992.
53 Vgl. Winter, Erlebniskultur, S. 32; Vgl. auch Maase, Massenkultur, S. 48; Udo Göttlich u. Rainer Winter (Hg.), Politik des Vergnügens. Zur Diskussion der Populärkultur in den Cultural Studies, Köln 2000.
54 Vgl. Kaspar Maase, Grenzenloses Vergnügen? Zum Unbehagen in der Unterhaltungskultur, in: Brigitte Frizzoni u. Ingrid Tomkowiak (Hg.), Unterhaltung. Konzepte, Formen, Wirkungen, Zürich 2006, S. 49–67, hier S. 50, Anm. 4.

55 Vgl. ebd., S. 51; vgl. auch Hügel, Unterhaltung (Stichwort), S. 73–82, hier S. 73 f.
56 Vgl. Maase, Massenkultur, S. 49; vgl. auch Grimmsches Wörterbuch zu Unterhaltung, zitiert in: Hügel, Unterhaltung, S. 73.
57 Vgl. Maase, Grenzenloses Vergnügen, S. 53.
58 Vgl. Hans-Otto Hügel, Genaue Lektüren. Zu Begriff, Theorie und Geschichte der Unterhaltung, in: Frizzoni u. Tomkowiak (Hg.), Unterhaltung, S. 31–48, hier S. 40.
59 Vgl. Mathias Berek, Medien und Erinnerungskultur. Eine notwendige Beziehung, in: Hardtwig u. Schug (Hg.), History Sells!, S. 54–61, hier S. 57.
60 Vgl. Berek, Medien und Erinnerungskultur, S. 55 f.
61 Vgl. ebd., S. 57.
62 Ebd., S. 59.
63 Der Anfang stammmt von dem amerikanischen Dichter Carl Sandburg aus dem Gedichtband „The People, Yes" von 1936 (Someday they'll give a war and nobody will come). Ein unbekannter Autor hat hinzugefügt „…dann kommt der Krieg zu euch" und das Ganze vor eine Stelle aus der „Koloman Wallisch Kantate" von Bertolt Brecht eingesetzt, die einem 1934 bei einem Arbeiteraufstand umgekommenen österreichischen Revolutionär gewidmet ist. Das angebliche Zitat ist in der Friedensbewegung populär geworden. Brecht selbst hätte wohl keinen solchen radikalen Pazifismus vertreten und die Vorstellung, einem modernen Massenvernichtungskrieg durch Fernbleiben entgehen zu können, für naiv gehalten.
64 Esther MacCallum-Stewart, Geschichte und Computerspiele, in: Hardtwig u. Schug (Hg.), History Sells!, S. 119–129, hier S. 125.
65 Vgl. Pöppinghege, Geschichte, S. 134.
66 Fenske, Abenteuer Geschichte, S. 82.
67 Vgl. Hardtwig, Geschichte für Leser, S. 16.
68 Vgl. Klaus Große-Kracht, Kontroverse Zeitgeschichte. Historiker im öffentlichen Meinungsstreit, in: Sabine Horn u. Michael Sauer, Geschichte und Öffentlichkeit. Orte – Medien – Institutionen, Göttingen 2009, S. 15–23.
69 Vgl. Hardtwig, Geschichte für Leser, S. 24.
70 Frankfurter Allgemeine Zeitung, 22.5.2009, S. 33.
71 Nissen, Popularität, S. 197.
72 Vgl. Schug, Geschichte, S. 369.

Quellenverzeichnis

1. Konzeption und Begriff der Forschung in der deutschen Historie des 19. Jahrhundert, in: Konzeption und Begriff der Forschung in den Wissenschaften des 19. Jahrhunderts. Referate und Diskussionen des 10. wissenschaftstheoretischen Kolloquiums 1975 = 19. Jahrhundert, Forschungsunternehmen der Fritz Thyssen Stiftung, hg. v. Alwin Diemer, Anton Hain Verlag, Meisenheim 1978, S. 11–26.

2. Theorie und Erzählung – eine falsche Alternative, in: Theorie und Erzählung in der Geschichte, hg. v. Jürgen Kocka und Thomas Nipperdey, dtv, München 1979, S. 290–299.

3. Personalisierung als Darstellungsprinzip, in: Geschichte im Fernsehen. Ein Handbuch, hg. v. Guido Knopp u. Siegfried Quandt, Wissenschaftliche Buchgesellschaft, Darmstadt 1988, S. 234–241.

4. Neuzeithistorie in Berlin 1810–1918, in: Geschichte der Universität Unter den Linden 1810–2010, Bd. 4, Genese der Disziplinen. Die Konstitution der Universität, hg. v. Heinz-Elmar Tenorth, Akademie Verlag, Berlin 2010, S. 291–318.

5. Neuzeitgeschichtswissenschaften 1918–1945, in: Geschichte der Universität Unter den Linden 1810–2010, Bd. 5, Transformation der Wissensordnung, hg. v. Heinz-Elmar Tenorth, Akademie Verlag, Berlin 2010, S. 418–434.

6. Forschung und Parteilichkeit. Die Neuzeithistorie an der Berliner Universität nach 1945, in: Geschichte der Universität Unter den Linden 1810–2010, Bd. 6, Selbstbehauptung einer Vision, hg. v. Heinz-Elmar Tenorth, Akademie Verlag, Berlin 2010, S. 333–361.

7. Geschichte für Leser. Populäre Geschichtsschreibung in Deutschland im 20. Jahrhundert, in: Geschichte für Leser. Populäre Geschichtsschreibung in Deutschland im 20. Jahrhundert, hg. v. Wolfgang Hardtwig u. Erhard Schütz, Franz Steiner Verlag, Stuttgart 2002, S. 11–34.

8. Der Literat als Chronist. Tagebücher aus dem Krieg 1939–1945, in: Geschichte für Leser. Populäre Geschichtsschreibung in Deutschland im 20. Jahrhundert, hg. v. Wolfgang Hardtwig u. Erhard Schütz, Franz Steiner Verlag, Stuttgart 2002, S. 147–180.

9. Zeitgeschichte in der Literatur 1945–2005. Eine Einleitung, in: Keiner kommt davon. Zeitgeschichte in der Literatur nach 1945, hg. v. Erhard Schütz u. Wolfgang Hardtwig, Vandenhoeck und Ruprecht, Göttingen 2008, S. 7–25.

10. Geschichtskultur in Deutschland 1850–1870, Erstveröffentlichung.

11. Friedrich Naumann in der deutschen Geschichte, in: Jahrbuch zur Liberalismus-Forschung 23 (2011), S. 9–28.

12. Vom Kaiserreich zum Widerstand: Der Weimarer Demokrat Eduard Hamm 1879–1944, Erstveröffentlichung.

13. Von der „Vergangenheitsbewältigung" zur Erinnerungskultur. Vom Umgang mit der NS-Vergangenheit in Deutschland, in: Modell Deutschland. Erfolgsgeschichte oder Illusion?, hg. v. Thomas Hertfelder u. Andreas Rödder, Vandenhoeck und Ruprecht, Göttingen 2007, S. 171–189.

14. Verlust der Geschichte – oder wie unterhaltsam ist die Vergangenheit? Vergangenheitsverlag, Berlin 2010, S. 7–64.

www.ingramcontent.com/pod-product-compliance
Lightning Source LLC
Chambersburg PA
CBHW021140160426
43194CB00007B/634